临沧文史资料选辑第十五辑

三好临沧

中国人民政治协商会议临沧市委员会　编

中国文史出版社

编辑委员会

编 辑 部

主　编　张大远

编　辑　王　斌　李爱萍　肖　江　康传菊　周智明
彭玉泉　鲁见明　张亚萍　洪桂珍　陈京晶
浦文平　施文明　李卫华　吴永达　张雁红
赵健达　张荷群　何　丽　邓仙伟　桂含玉
马秀美

编写说明

2021年8月19日，习近平总书记给沧源县边境村老支书们的回信，情真意切、语重心长、意蕴深厚，习近平总书记的深情厚望温暖着224万临沧人民。近四年来，在中共临沧市委的领导下，全市各族干部群众满怀“我们都是收信人”的高度自觉，凝聚起“心向总书记、心向党、心向国家”的强烈共识。

临沧市政协党组在学习研讨和凝聚广大政协委员思想共识的过程中，深刻地认识到“建设好美丽家园，维护好民族团结，守护好神圣国土”的殷殷嘱托，是习近平总书记以深邃的历史眼光，把历史、现实、未来贯通起来，把世界历史、中国历史、临沧历史联系起来，重视历史、研究历史、借鉴历史的光辉典范。既充分肯定临沧各族人民建设美丽家园、维护民族团结、守护神圣国土的生动历史，又对临沧各族人民奋进新时代、共享中华民族伟大复兴荣光指出具体方向和路径。

推动学习习近平总书记重要回信精神往深里走、往实里走、往心里走，急需突破临沧当代史“三个三”特点[①]形成的历史研究难点，征编一套让广大干部群众看得更清、追得更远、思得更明、悟得更透，整体呈现临沧近代以来历史主题和主线、主流及本质的文史资料，通过以史鉴今、以史化人，教育引导全市各族各界群众坚定历史自信、增强历史主动，知史爱党、知史爱国，“心向总书记、心向党、心向国家”，增进对中国共产党和中国特色社会主义的政治认同、思想认同、理论认同、情感认同。

自2022年2月以来，临沧市政协着手谋划《习近平总书记给沧源县边境村老支书们回信一周年——“三好”临沧文史资料》征集工作。经市政协党组反复研究，2022年5月最终确定“以临沧政协文史馆‘党的光辉照边疆，政协委员心向党’的‘三封信’[②]历史逻辑为基础，出版一辑反映近代以来临沧人民‘三打一拥护’[③]光荣历史的文史资料”，并启动了征编工作。经过派出工作专班赴云南省档案馆及有关州市查阅档案、系统归集史料、分组撰写组稿、集中研讨审稿、广泛征求云南省政协有关领导及有关院校专家学者意见，形成初稿4卷，分大国之殇、边疆之痛、寻路之憾、回归之路、幸福之歌5个篇章。

成书后，我们邀请有关专家和学者进行论证和指导，他们认为：“这是一部从临沧出发却具有全球史视野的边疆史，是一部中国西南边疆的变迁史，是一部临沧各族人民交往交流交融的团结史，是一部临沧各民族保家卫国、共御外侮的爱国史，是一部边疆各族人民在党和国家坚强领导下的发展史，是一部实现了编纂体例创新的地方史。”除了解决临沧历史研究的难点问题外，为云南全省上下深入学习好领会好贯彻好习近平总书记给沧源县边境村老支书们的重要回信精神找到了索引，具有较高的历史价值。较以往临沧市政协征编的文史资料，有如下三个方面特点：

一是整体呈现。本书对突破临沧当代史“三个三”特点形成的历史研究难点进行了探索和尝试，把临沧放在世界近代史、中国近代史大背景中去考察、分析，从整体性、系统性和方向性上呈现临沧历史，同时把临沧重大历史事件和历史人物贯穿其中，点线面结合，力求讲好临沧这个云南最年轻的地级市（地区）的近代史。

二是有机贯通。注重把握临沧近代史的主要方面，以“三打一拥护”为主线，对分散在各类典籍和资料中的临沧近代以来的重大历史事件进行了归集，串联起滇缅勘界悬案、“班洪抗英”事件、“1941年线”、滇缅铁路、班老回归、佤山幸福工程、习近平总书记给沧源县边境村老支书们回信等重大历史事件的发展脉络和逻辑关系，把临沧的前途与国家、民族的命运紧密联系起来，为各界人士认识临沧、研究临沧提供了新的视角和生动的史料。

三是拾遗补缺。收纳了一批珍贵的“三亲”材料，重点归集没有在临沧市文史资料选（专）辑中出版过的有分量的文史资料，新形成了一批具有历史价值的文史资料，收集了一些重要的历史照片。

本书的编纂、出版得到了中共云南省委宣传部和中国文史出版社的关心和帮助。其中系统梳理从临沧解放、班老回归到习近平总书记给沧源县边境村老支书们回信70多年的历史脉络，并整体呈现临沧市学习贯彻重要回信精神的扎实措施和显著成效，内容为“回归之路”“幸福之歌”的《“三好”临沧——临沧文史资料选辑第十六辑》已经于2024年3月出版。

人民政协的文史资料工作历来坚持“征集无禁区，出版有纪律”，以近代以来旧中国积贫积弱的“大国之殇”为背景，反映边陲临沧饱受宰割的“边疆之痛”、临沧人民以身许国的“寻路之憾”的《“三好”临沧——临沧文史资料选辑第十五辑》，严格按照出版物审查审批规定，经云南文史研究馆组织专家审读，中国文史出版社把关，国家新闻出版局审批，终于与读者见面。这一过程虽然煎熬，现在看来也是临沧政协文史资料工作的向上攀登。

《“三好”临沧——临沧文史资料选辑第十五辑》出版之际，反复审读书稿，感到诸如内容重复累赘、体例风格不一、论证不够缜密等缺点和问题实在不少，实在有负组织的重托和读者的期盼，为此，我们诚恳地欢迎广大读者给予批评和建议，帮助我们不断改进和提高文史资料工作的质量和水平。

编　者

2025年7月

注：

① 临沧当代史“三个三”特点：临沧地区的解放是党的三个组织、三个专区、三支部队协同作战的历史，进而在1952年建立缅宁专区。一是从临沧地区的政区构成上看，涉及三个专区（即大理专区的云县、凤庆、缅宁；保山专区的双

江、耿马、镇康；宁洱专区的沧源）。二是从党组织上看，涉及三个地区的党组织（即滇西地委的蒙化地工委、保山地委和宁洱地委）。三是从武装力量上看，涉及三支部队（即迤南边区人民自卫军第一支队，后改称“二纵”十一支队，整编时为九支队；七支队的三十一团；八支队的三十八团）。

② 近代以来对临沧历史发展具有重要意义的三封书信：一是1936年，胡玉山与佤山17个部落王共商抗英保土之计，发出由17部落王印签的《敬告祖国同胞书》。二是1953年班老地方头人为争取班老回归给毛主席的信。三是2021年8月19日，习近平总书记给沧源县边境村老支书们的回信。

③ 近代以来临沧各族人民为维护国家主权和领土完整，进行了艰苦卓绝、抵御外侮的斗争，形成了“英国侵略者来了我们打、日本侵略者来了我们打、国民党窜匪来了我们打，共产党来了我们拥护”——“三打一拥护”的光荣历史。

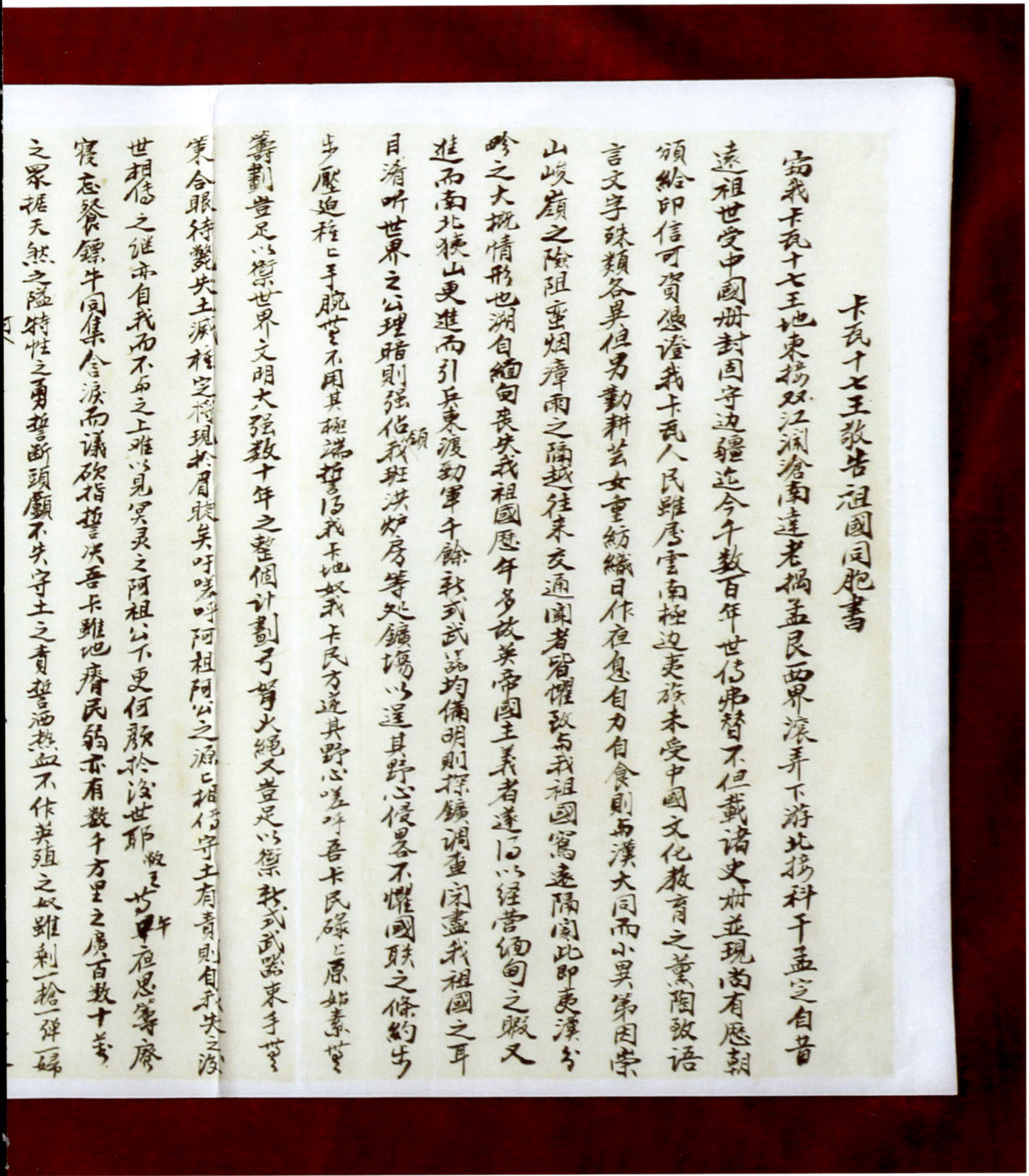
卡瓦十七王敬告祖國同胞書
窃我卡瓦十七王地東接双江瀾滄南達老撾孟艮西界滚弄下游北接科干孟定之自昔
遠祖世受中國冊封固守边疆迄今千數百年世傳弗替不但載諸史冊並現尚有歷朝
頒給印信可資憑證我卡瓦人民雖居雲南極边夷族未受中國文化教育之薰陶致語
言文字殊類各異但男勤耕芸女重紡織日作夜息自力自食則與漢大同而小異第因崇
山峻嶺之險阻蛮烟瘴雨之隔越往來交通闕者實懼致與我祖國寫遠隔閡此即夷漢分
畛之大概情形也溯自緬甸喪失我祖國歷年多故英帝國主義者遂得以經營緬甸之暇又
進而南北狹山更進而引兵東渡動軍千餘秋戎武器均備明則探鑛調查闇盡我祖國之耳
目瀆聽世界之公理暗則強佔我班洪炉房等処鑛場以逞其野心侵畧不懼國联之條約步
步壓迫種種手腕莫不用其極端茲復得我卡地奴我卡民方遂其野心嗟呼吾卡民碌碌原如素莫
籌劃豈足以禦世界文明大強數十年之整個計劃乎曾火繩又豈足以禦新式武器束手莫
策合眼待斃失土滅種定於現於眉睫矣呼嗟呼阿祖阿公之源源相傳守土有責則自我失之後
世相傳之繼承自我而不而之上雖以見冥灵之阿祖公不更何顏於沒世耶敬王芍早午夜思等廢
寢忘餐鏢牛同集含淚而議砍指誓決吾卡雖地瘠民弱亦有數千方里之廣百數十萬
之眾據天然之隘特性之勇誓斷頭顱不失守土之責誓洒熱血不作英殖之奴雖剩一槍一彈一婦

（大理州档案馆提供）

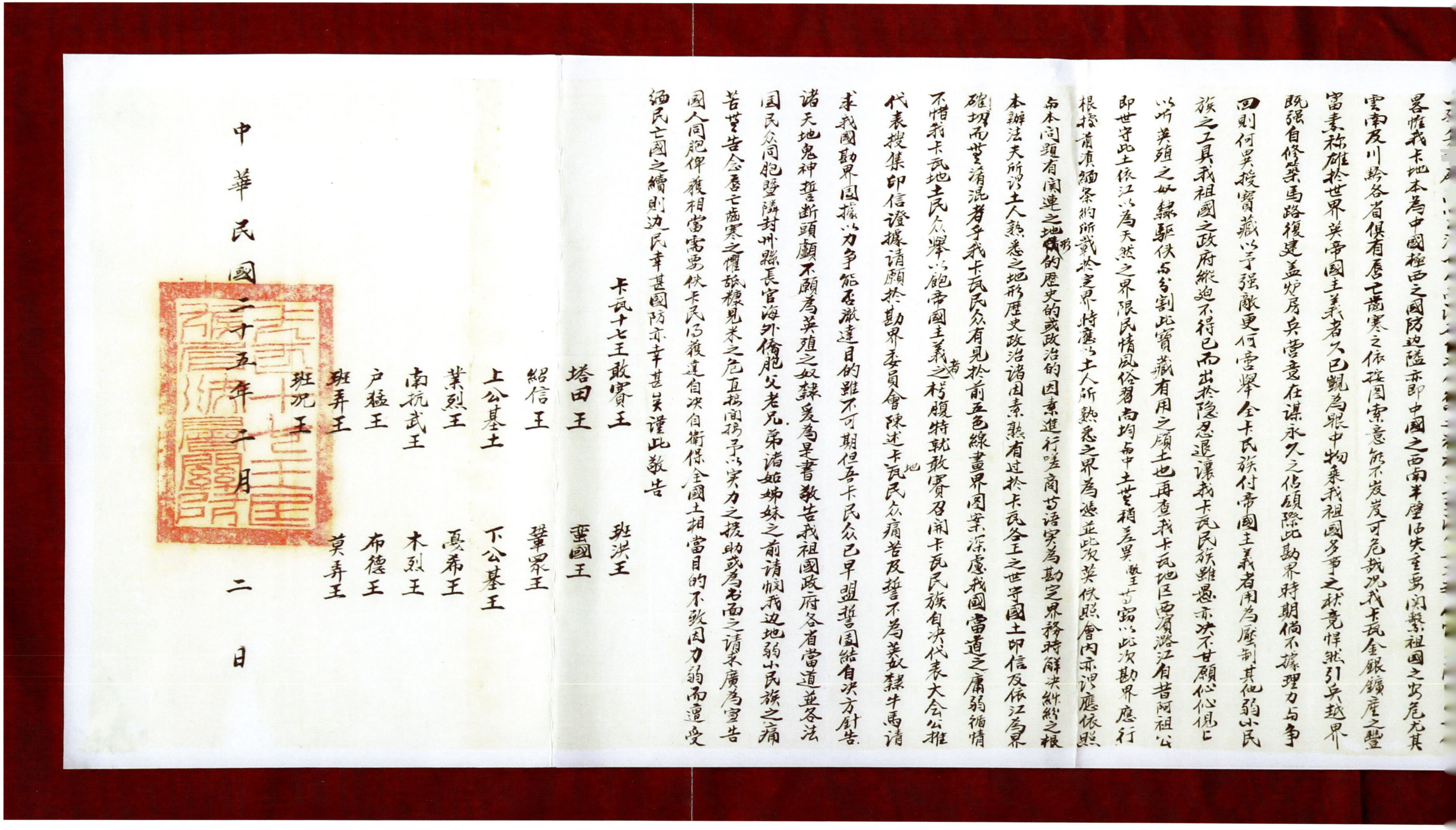

畧惟我卡地本為中國極西之國防边隘亦即中國之西南半壁倘失重要關繫祖國之安危尤其
雲南及川黔各省俱有唇亡齒寒之依據固索意能不岌岌可危哉況我卡瓦金銀鑛產之豐
富素称雄於世界英帝國主義者久已覬為眼中物乘我祖國多事之秋竟悍然引兵越界
既强自修築馬路復建蓋炉房兵營意在謀永久之佔領際此勘界時期倘不據理力与争
回則何異授寶藏以予强敵更何啻舉全卡民族付帝國主義者用為壓制其他弱小民
族之工具我祖國之政府縱迫不得已而出於隐忍退讓我卡瓦民族雖愚亦決不甘願伈伈俔俔
以聽英殖之奴隸驅使而分割此寶藏有用之領土也再查我卡瓦地區西濱潞江自昔阿祖公
即世守此土依江以為天然之界限民情風俗習尚均属中土無稍差異敝王苟竊以此次勘界應行
根據滇緬條約所載於怒界特應以土人所熟悉之界為憑並此次英使照會內亦訊應依照
與本問題有關連之地形的歷史的或政治的因素進行磋商等語実為勘定界務特解決糾紛之根
本辦法夫所謂土人熟悉之地形歷史政治諸因素孰有过於卡瓦各王之世守國土印信及依江為界
確切而無淆混者乎我卡瓦民众有見於前五色線畫界國案深慮我國當道之庸弱循情
不惜將卡瓦地土民众舉以飽帝國主義者之枵腹特就敝寶召開卡瓦民族自决代表大会公推
代表搜集印信證據請願於勘界委員會陳述卡瓦地民众痛苦及誓不為英奴隸牛馬請
求我國勘界固據以力争能否徹達目的雖不可期但吾卡民众已早盟誓團結自决方針告
諸天地鬼神誓斷頭顱不願為英殖之奴隸爰為是書敬告我祖國政府各省當道並各法
團民众同胞暨隣封州縣長官海外僑胞父老兄弟諸姑姊妹之前請憫我边地弱小民族之痛
苦並告念唇亡齒寒之懼舐糠見米之危直接間接予以実力之援助或為右面之請求廣為宣告
國人同胞俾獲相當需要使卡民仍獲達自决自衛保全國土相當目的不致因力弱而遭受
緬民亡國之續則边民幸甚國防亦幸甚矣謹此敬告

卡瓦十七王敢賓王　班洪王
塔田王　蛮國王
紹信王　葦眾王
上公基土　下公基王
業烈王　憂希王
南抗武王　木烈王
户穩王　布德王
班弄王　莫弄王
班況王

中華民國二十五年二月二日

1936年2月2日，卡佤十七王敬告祖国同胞书

目　录

附　录

边疆之痛

附　录

寻路之憾

附　录

附　录

序

谢本书

2024年6月下旬，临沧市政协文化文史和学习委员会主任张大远先生来访，在交谈了“2023年云南省哲学社会科学规划‘三边三好’研究专项”中的《“三好”临沧——临沧文史资料选辑》（以下简称：《“三好”临沧》）的情况和意见后，他希望我为该书再写一个“序”。盛情难却。

《“三好”临沧》以2021年8月19日，习近平总书记给沧源县边境村老支书们重要回信中“建设好美丽家园，维护好民族团结，守护好神圣国土”谆谆嘱托为支点，以地处西南边疆的云南省临沧市（地区）近代历史发展为背景，选择了几个比较重要的历史问题，尤其以中英滇缅边界沿革变迁为重点，进行探讨和论述，并附有若干重要史料和文章，让读者对临沧近代历史发展的基本线索有较清晰的了解。这对于临沧各族人民增强历史、文化自强自信，树立中华民族伟大复兴的坚强意志，是有益的。正如习近平总书记所说：“学史可以看成败，鉴得失，知兴替”[①]，读史对提高文化自强自信是非常必要的。

---

① 习近平总书记2013年3月1日在中央党校建校80周年庆祝大会暨2013年春季学期开学典礼上的讲话。

一

《中共中央关于党的百年奋斗重大成就和历史经验的决议》指出："一八四〇年鸦片战争以后，由于西方列强入侵和封建统治腐败，中国逐步成为半殖民地半封建社会，国家蒙辱、人民蒙难、文明蒙尘，中华民族遭受了前所未有的劫难。"云南及临沧近代历史的发展与中国近代历史发展同步，因此有西方殖民者企图从"后门"入侵云南和中国内地的诸多史事，从而发生了中英滇缅界务之争及其引起的若干问题。云南也遭受了前所未有的劫难。

然而，我们也注意到，地处中国西南边疆的临沧近代历史的发展，有自己的特点。习近平总书记指出，"一个民族需要有民族精神，一个城市同样需要城市精神。城市精神彰显着一个城市的特色风貌。要结合自己的历史传承、区域文化、时代要求，打造自己的城市精神，对外树立形象，对内凝聚人心。"①近代时期，云南虽然经济发展相对滞后，但是在精神文化方面却并未落伍。面对列强的入侵和封建统治的腐败，云南较之全国来说，在反对列强侵略的斗争中，在民族斗争和阶级斗争中，蒙辱之处相对较少，胜利或局部胜利之处更多一些，这是云南各族人民值得自豪的。也就是说，历史发展进入近代以后，云南创造了更多的辉煌业绩，产生了诸多的文化亮点。例如，从政治上说，1915年从云南开始爆发的反袁护国首义和护国战争，1945年也是从云南开始爆发反内战、争民主的"一二·一"运动，以及1949年的卢汉起义，都影响了近代中国历史发展的进程。从经济上说，1910年建成的滇越铁路，1912年建成的中国第一个水力发电站（石龙坝水电站），1938年建成的抗战生命线滇缅公路，随后又开辟了驼峰航线，以及抗战时期在云

① 习近平总书记2015年12月20日在中央城市工作会议上的讲话。

南产生的若干个“第一”，都有重要价值。从军事上说，从辛亥革命到护国战争时期，滇军打出了名，有所谓“滇军精锐，冠于全国”之说；到抗日战争，滇军在台儿庄、中条山等战役中的杰出表现，引人注目。从教育上说，20世纪前半期，云南有一文一武两所著名学校，即云南陆军讲武堂和西南联合大学，前者培养了一大批革命家和军事家，后者培养了一大批教育家和科学家。从文化上说，20世纪30-40年代，当中华民族处于危急关头之际，有对青年影响很大的“一首歌”和“一本书”，一首歌是聂耳作曲的《义勇军进行曲》，一本书是艾思奇的《大众哲学》，而聂耳、艾思奇都是云南籍文化名人。

二

从与临沧市（地区）关系更密切的反对列强入侵云南的斗争来说，更值得注意。近代云南，特别是云南沿边地区，处于列强入侵的前沿地带，云南各族人民为保卫祖国边疆，传承爱国主义精神，对西方列强的入侵较为敏感，反抗之声不绝于耳，并且在多次反侵略斗争中取得胜利或局部胜利。

1874-1875年的马嘉理事件。由于英缅军入侵挑衅，先行开枪，打死边民，我爱国同胞忍无可忍，奋起反抗，打死马嘉理及其随行人员，入侵的英缅军被迫撤退。这是云南近代史上，反击西方列强入侵的第一枪。

1900年的左孝臣事件。由于英军率先入侵，开枪开炮，我各族边民奋起反抗，左孝臣中弹英勇牺牲，然而却将侵略者赶出了中国。

1910-1911年的片马事件。英缅军入侵片马地区，遭到我各族边民的英勇抵抗，虽然片马一度为英军占领，但由于各族人民的反抗，中央政府（从清到民国）和云南地方政府都拒不承认，这就为后来片马回归创造了条件。

1933-1934年的班洪事件，英军入侵，妄图侵吞茂隆银矿，班洪地区各族边民与土司头人（班洪王）等联合反抗，得到全国人民的支持，虽然战争过程中，有胜有负，但最终把侵略者赶出了班洪地区，取得了最后的胜利。而且，这一时期的《卡瓦十七王敬告祖国同胞书》，是一个值得重视的文件，表明边疆各族人民（包括民族上层人士）热爱祖国的赤诚之心，是难得的民国时期铸牢中华民族共同体意识的重要证件。

还有1940-1945年的滇南抗战，拒敌于国门之外；1944-1945年的滇西抗战，最终取得重大胜利，成为抗日战争中最先将日寇赶出中国国境的地区，是抗日战争胜利的先声。

这一切表明，近代云南在一定程度上，支撑了全国的大厦，“以一隅而荷全国之重任”。在历史上，中国西南部与缅甸接壤的边境地区，虽未划定边界线，但滇缅未定界的走向大体是明确的。而西方列强入侵东南亚，越南、缅甸沦为西方殖民地后，又企图从“后门”入侵云南和中国内地，于是出现了中英滇缅界务之争。中英滇缅界务之争，临沧首当其冲。西方殖民者得寸进尺，中国蒙受屈辱。然而，在上层外交谈判中，富有爱国良心的正义之士，仍然坚持正义，尽力挽救，如曾国藩之长子曾纪泽（1839-1890，清末外交官，曾出使英、法、俄等国）。不过由于封建统治腐败，却难以挽回局面。而处于底层的各族群众，却坚持英勇抗争，可歌可泣。这是临沧近代历史上的光荣一页。

三

《“三好”临沧》还记述了滇缅铁路、“1941年线”以及临沧的抗日救亡斗争等问题，这也是临沧近代史上值得关注的问题。

关于滇缅铁路的建筑，早在19世纪后半期已经提出，当时列强出于侵略、通商、掠夺的目的，遭到不同程度的反抗，而未正式提上建筑的日程。1937年抗日战争全面爆发后，中国东部沿岸或沦陷，或被封锁，仅依靠滇越铁路及稍后建成的滇缅公路，难以满足运送军用物资及对外交往的需要。因此滇缅铁路的修筑，出于抗日斗争的需要，正式提上了日程，并于1938年底开工。因为部分路线靠近滇缅未定界区域，遭到英国的阻扰，工程进度缓慢。到1942年底，日军进攻缅甸，入侵滇西地区，云南从抗日大后方，同时变成了抗日大前线，滇缅铁路的修筑被迫中断，已建成部分路基和便道被彻底销毁，整个工程功亏一篑。这条"云南抗日的第五条生命线"最终胎死腹中（其余四条是滇越铁路、滇缅公路、驼峰航线、中印公路）。尽管如此，临沧各族人民为修筑滇缅铁路，付出了沉重的代价，也体现了临沧人民为挽救祖国危亡而投入的巨大热情。

关于滇缅界务的"1941年线"的出现，乃是英国趁中国修筑滇缅铁路之际，说什么线路涉及滇缅未定界问题，对中国施加压力的结果。而中方为了尽快完成滇缅铁路的修筑，被迫作出了让步。1941年6月，中英两国政府在重庆换文，初步划定了两国争论多年的中英滇缅南段未定界。这就是所谓滇缅界务的"1941年"线。换句话说，"1941年线"，中国被迫让步，双方虽然换了文，但边界却未经勘定，疑点问题甚多。新中国成立后，与缅甸签订界务协定时，周恩来总理对此曾作了解释和说明。中国为了顾全大局，承认了"1941年线"的历史事实。然而具体划线过程中也作了某些调整，尤其是班洪班老上层人士坚决要求回归中国，这个要求最后得到了满足。

无论是滇缅铁路的修建，还是"1941年线"的历史，都与列强入侵云南，引起的中英滇缅界务之争相关。因此，列强入侵云南与中英滇缅界务之争，是临沧近代历史上难以回避的重大问题。

《"三好"临沧》以英国入侵云南及中英滇缅界务之争为重点，把临沧近代历史的基本线索串了起来。可以认为，《"三好"临沧》虽然不是全面论述临沧近代历史的进程，却抓住了近代历史发展中的主要问题，这是应该充分肯定的。

此外，今年是班洪抗英事件90周年[①]，2025年是中国人民抗日战争暨世界反法西斯战争胜利80周年，《“三好”临沧》应时付梓显得尤为珍贵，具有重要的历史意义。

这是我学习此书后的感言，并以为“序”。

① 此序完成时间为2024年7月17日。

大国之殇

风雨欲来
——殖民者寻找新的猎获物

自15世纪末新航路开辟以来，西方殖民势力东渐，竞相掠夺东方，扩张殖民版图。16世纪，葡萄牙称霸远东海权与贸易；17世纪，荷兰取而代之，操控商业；至18世纪，英国崛起，主导了这一地区。在他们的殖民扩张中，中国成了他们远东掠夺和侵略活动的主要焦点。

中英第一次鸦片战争以前，在东南沿海和北部边疆，中国与外国侵略势力的接触已有几百年的历史，它们主要是葡萄牙、西班牙、荷兰、英国、法国、美国、俄国等。

葡萄牙人首先来到中国。1514年第一艘葡萄牙商船开到广东；此后来华的商船络绎不绝。西班牙、荷兰、英国、法国、美国商船先后于1575年、1601年、1637年、1660年、1784年来到中国。这些国家都先后和中国发生过通商关系，俄国与中国还订立了条约。尽管中国逐渐面临被动和防御态势，但始终保持主权独立，这一时期的中外关系，更多是基于贸易和外交往来，本质上区别于之后资本主义列强与半殖民地中国之间的不平等关系。

在雍正和乾隆年间，清政府对西方来华的船只、贸易活动以及居住口岸实施了严格的限制。清政府规定了出口商品的种类和数量，同时禁止中国公民私自与外国商人交往。为了更有效地管理对外贸易，清政府建立了行商制度，指定“商总”来负责具体的贸易事务，形成了一种“以官制商，以商制夷”的管理模式。

18世纪初期，英国成为中国贸易的主要伙伴。在第一次鸦片战争之前，中英之间的贸易关系是中外贸易关系的核心。然而，英国对这种贸易模式深感不满。他们无法放弃与中国的贸易，但这种贸易的结果对英国极为不利。英国商人从中国进口了大量茶叶和丝绸，但英国手工工场生产的毛织品和布料却遭到了中国东南沿海地区众多农户的强烈抵制，难以找到市场，这导致大量白银从英国流向中国。随着英国超越西班牙和葡萄牙，成为对华贸易的领头羊，英国对华贸易的逆差也急剧上升。在1760至1764年间，英国对华贸易逆差为50万两白银；到了1765至1769年，这一数字增加到99万两；而在1770至1774年间，逆差为65万两。对于当时正处于资本原始积累阶段的英国来说，这种巨额的白银外流是难以长期承受的。

在常规商品贸易中，中国一直保持着出口国的有利位置。随着资本主义的发展，英国需要寻找新的市场以输出商品并从中获利。英国资产阶级尝试用普通商品打开中国市场，但未能成功。随后，他们开始不道德地推广鸦片贸易，以此作为进入中国市场的手段。1773年是英国对华鸦片贸易的关键年份。在这一年，英属印度政府确立了鸦片政策，并授予东印度公司在印度的鸦片专卖权。到了1797年，东印度公司进一步获得了制造鸦片的特权。从此，英国对华鸦片贸易在这一垄断组织的控制下迅速膨胀。

鸦片贸易为东印度公司、英属印度政府以及鸦片商贩带来了巨大的利益。以1813年的情况为例，印度上等鸦片“公班土”（Bengal opium）每箱的成本仅为237卢比，而包括税费在内的拍卖价格高达2428卢比，[①]东印度公司能够从中获得超过成本九倍的利润，大约占据了总利润的三分之二。

对于英属印度政府而言，鸦片税收构成了其重要的财政收入来源。政府对鸦片征收超过成本300%以上的高额税费，仅在1829至1830年间，从鸦片专卖中获

① H.B.Morse：《The Chronicles of the East India Company Trading to China，1635–1834》卷三，第339页。

得的收入就超过了一百万英镑，占到了当年总收入的十分之一。①

鸦片商贩也从贸易中获得了丰厚且稳定的回报。鸦片贸易相比其他合法贸易更为便捷，因为鸦片是偷运进口的，逃避了高额税收，且买家通常预付货款，几乎没有欠账风险。英国鸦片贩子泰勒（R.Taylor）在1818年曾表示，鸦片像金子一样，随时都能售出。1817年的数据显示，公班土在印度的拍卖价格为1785卢比，而在中国的售价为2618卢比，烟贩每箱的实际利润超过833卢比，折合银洋为400多元。

英国最大的鸦片贩子查顿（W.Jardine）在私信中提到，在最好的年份，鸦片的利润每箱可达1000银元。随着1821年之后贸易的飞速发展，特别是在1831年东印度公司采取了大量生产、低价销售的策略后，鸦片输入中国的数量急剧增加，鸦片贩卖的范围也从沿海地区扩展到了中国内陆的十多个省。

随着鸦片输入的持续增长，19世纪初期，中英之间的贸易格局开始逆转。中国由之前的贸易顺差国转变为逆差国，而英国则从逆差转变为顺差。鸦片贸易的兴起不仅让英国能够弥补与中国在其他商品贸易上的赤字，还导致了中国大量白银的外流。以1830年为例，在大约2300万银元的中英贸易总额中，鸦片贸易占了1300多万银元，造成中国流出的白银超过670万银元，而在此后的年份中，外流的数额进一步加速增加。

白银的大量外流导致了“银贵钱贱”现象的加剧，这直接影响到了社会的各个层面。农民因为货币价值的变化而承受了更大的经济压力，他们实际上的税负相比以往大幅增加。中小商人在经营过程中的成本也无形中增加了百分之五六十以上，这使得商业活动变得更加艰难。

此外，由于白银短缺，地方政府在征收税款时遇到了困难，拖欠上缴国库的银两现象越来越严重。清政府意识到白银枯竭不仅影响了国家财政，还可能动摇其统治基础。因此，多次颁布禁令，试图严格禁止鸦片的进口，以遏制白银的流失并保持经济和统治的稳定。

对于英国来说，尽管鸦片贸易暂时解决了对华贸易的逆差问题，但它并没有打开中国广大的国内市场，也没有满足英国工业资产阶级更深层次的需求。随着

① A.J.Sargent：《Anglo-Chinese Commerce and Diplomacy》，第54页。

工业革命后产能的迅速扩张，英国的工业资产阶级急切希望将棉毛纺织品等工业产品倾销到中国市场。

1834年东印度公司对华贸易的垄断权被取消后，英国政府开始直接管理在华英商的事务，派出驻华商务监督来维护和推动英国在中国的贸易。此后，英国的资本家和相关利益集团不断向政府施压，要求采取更为激进的措施，以彻底解决对华贸易的障碍。

面对中国禁止鸦片贸易的行动，英国的鸦片贩子、商业利益团体以及英国政府展现出了一致的态度。他们认为对付中国唯一的办法“就是先揍它一顿，然后再做解释”，英国唯有事先丝毫不露声色，对中国实行迅雷不及掩耳的沉重打击，这才是对付中国人最恰当的方式，[①]这种思想体现了当时英国对华政策的强硬立场，即通过军事手段来维护贸易利益和国家威望。

1840年1月16日，英国女王维多利亚在议会的演说中明确表达了其蛮横的对华政策。她指出，中国的行为已经影响到英国臣民的商业利益和王室的尊严，她将严重关切并持续关注这一事件。她赤裸裸地为对华鸦片贸易辩护，把“自由贸易”的虚伪性暴露得一览无遗。她强调，如果其他国家效仿中国拒绝自由贸易，英国的经济将无法维持。维多利亚女王的演说不仅宣示了英国政府发动侵华战争的决心，也进一步激励了英国殖民势力的侵略行动。

清政府的禁烟行动成为英国对中国采取军事行动的公开理由。英国意图借此机会打开中国市场，结束由广州单一口岸通商的制度，同时打破行商对贸易的垄断。在这样的背景下，1840年6月，鸦片战争不可避免地爆发了，英国的炮舰抵达广州海面，中国屈辱的近代史开始了。

鸦片战争的结果确实证实了马戛尔尼在1793年出使中国时所作出的判断。他将中华帝国比喻为一艘结构已破败的旧船，之所以能够幸免于难，全赖几位谨慎的船长的领航。然而，一旦无能之辈掌舵，这艘巨舰的纪律和安全就会陷入危机。1842年8月29日，清政府代表耆英、伊里布与英国驻华代表及商务总监璞鼎查（Henry Pottinger），在停泊于南京的英国军舰“汉华丽”号上签订了中国近代史上的第一个不平等条约《江宁条约》，即《南京条约》。

① D.E.Owen：《British Opium Policy in China and India》，第169、170页。

英国画家John Burnet所绘《南京条约》签订场景

鸦片战争的实质是资本主义国家为了扩张市场和寻找殖民地而对一个古老封建国家进行的一次武力征服。英国利用军事优势迫使中国开放市场，也间接为美国和法国等其他资本主义列强在中国的侵略活动铺平了道路。

美国前总统约翰·昆西·亚当斯（J.Q.Adams）在1841年的演说中认为英国对中国的战争是正当的，这反映了当时一些西方政治家对自由贸易和开放市场的推崇，以及对使用武力达成这一目的的“合理化”包装。在中国多年的传教士倪维思（J.L.Nevius）言之更甚：“不管正当不正当，这个战争是按照神意用以开创我们与这个广大帝国关系的新纪元的。[①]”

在这种逻辑下，美国和法国等国也要求获得与英国相同的贸易条件，他们以进一步的军事行动或直接的政治压力对中国进行威胁，纷纷以“进京”“面见皇帝”来恐吓清政府。在惊恐和混乱中，1844年，中国分别与美国和法国签订了《中美五口贸易章程》和《中法五口通商章程》，自此，中国与当时最主要的三个资本主义国家（英国、法国和美国）都订立了不平等条约。

第一次鸦片战争后，西方资本主义列强对于中国市场的开放充满了无限的憧憬和兴奋。他们认为，即便是对于像睡帽这样的小商品，中国的庞大人口基数也

① J.W.Foster：《American Diplomacy in the Orient》，第73页。

意味着巨大的市场需求，足以让英国的工厂应接不暇。璞鼎查曾表示这一条约为英国打开了一个广阔的市场，即便是全开兰开夏（Lancashire）的纺织工厂，也难以满足中国一个省的需求。[①]然而，西方人太过于乐观了。1846年英国对华输出商品总额开始下降，到1854年进一步降低，甚至低于鸦片战争前的水平。导致这一现象的主要原因，首先是中国自给自足的经济结构。中国长期以来的农耕经济使得国内对外国工业品的需求有限。其次是鸦片贸易的影响。鸦片战争后，鸦片贸易的增长挤占了中国对正常商品的进口需求。正如马克思所指出的，“中国人不可能同时既购买大量商品又购买毒品”[②]，鸦片的消费严重影响了中国对其他商品的消费能力。再次是国内矛盾和消费水平下降。鸦片战争加剧了中国的社会矛盾，导致国内不稳定，民众的消费水平下降，市场萎缩，这进一步影响了对外国商品的需求。

尽管如此，列强并不这么认为，他们坚称对华商品输出减少的根源在于中国门户开放程度不足，需要进一步扩大在华利益与特权。

1854年起，英国、美国和法国连续提出“修约”，也就是修改《南京条约》，遭到清政府三番四次拒绝而未果，最终英法决定再次使用武力。

1856年，克里米亚战争结束，这时候英法得以腾出手来侵略中国，俄国也没有了后顾之忧，加大了对黑龙江的渗透。经过3个月的谋划，英法达成了联合出兵的约定，差的就是一个借口罢了。他们很快找到了各自所需的战争借口，分别以亚罗号事件及马神甫事件为由发动战争。

1857年，英国和法国组成联军，攻占了广州，这标志着第二次鸦片战争的开始。1858年，英法舰队北上，在俄国和美国的支持下，攻陷了大沽炮台并逼近天津。随后，英、美、法、俄强迫清政府分别签订了《天津条约》，这些条约进一步打开了中国的市场，扩大了外国在中国的商业和领土利益。

不久之后，英、美、法三国又迫使清政府签订了《通商章程》，进一步确立了他们在华的贸易特权。同时，俄国利用军事压力迫使清黑龙江将军奕山签订了

---

① 汪敬虞：《十九世纪西方资本主义对中国的经济侵略》，人民出版社1983年版，第84页。

② 《马克思恩格斯选集》“鸦片贸易史”中文第2版第1卷，第713–720页。

《瑷珲条约》，从而获得了中国东北的领土利益。

1859年，英法两国以换约（即交换和批准条约）为借口，再次对大沽口发起进攻，但遭到了清军的有力反击，导致英法舰队遭受了重大损失。

1860年，英法联军再次发动了更大规模的侵华战争，攻陷了大沽口和天津，并继续向北京进发。在北京，英法侵略者焚烧了圆明园，声称如果清政府在二十日之内不接受全部条件和“赔偿恤金”五十万两白银，将以同样方式焚毁北京城内的宫殿，向清政府进行武力恫吓和诱降，迫使清政府签订了中英、中法、中俄《北京条约》，并承认俄国与奕山签订的《瑷珲条约》。第二次鸦片战争的结果是外国侵略势力的进一步深入，战争结束后，清政府得以集中力量镇压了太平天国等内部起义，暂时维持了其统治，但外国势力的侵略范围扩大到了沿海各省和长江中下游地区。

叩击后门
——英东印度公司的迂回路线

一位美国学者曾比喻："英国政府犹持剑之士，致力于破开中国牡蛎之坚壳；而英国商人，则致力于取其中之璀璨珍珠。"在他们的眼中，中国无疑是一颗耀眼且巨大的珍珠，散发着诱人的光芒。

为了扩张对华贸易并改变贸易逆差的局面，英国东印度公司试图绕过中国的禁令，寻找新的贸易途径。英国商人放弃广东转而前往浙江，这给清王朝带来了经济和国防上的隐患。1757年，清政府为了维护封建经济秩序和控制外国人活动，决定将对外贸易限制在广州一个口岸，并实施了一系列限制措施。

这些限制措施首先引起了正经历工业革命，急需寻找和扩大商品市场的英国资产阶级的不满。当时，东印度公司正忙于征服印度的军事行动，暂时无法全力东扩。然而，1754年（乾隆十九年），东印度公司指派洪任辉（James Flint）尝试扩大在中国的贸易范围，并开辟新的贸易港口。这一行动引发了所谓的"洪任辉事件"，最终以清政府对英国商人无视中国海禁、强行通商的行为进行惩罚而结束。

面对清王朝实施的海禁政策，英国商人在东南沿海地区的贸易尝试屡屡受挫。1768年2月16日，东印度公司董事会采取了一项新策略，指令当时的孟加拉总督寻求新的商路。探索一条中国西南边疆的贸易路线，通过这种迂回的方式绕到中国的“后门”，避开清政府在广州设立的贸易限制，进而扩大对华贸易，扭转当时的贸易逆差局面。

绕道中国西南边疆具有诸多益处。首先，可以避开海防：通过陆路进入中国西南边疆，可以绕开中国在东南沿海地区的严密海防，寻找贸易监管较为薄弱的环节。其次，减少竞争：能够避开与西班牙、葡萄牙等国在东南沿海的激烈竞争，独享潜在的贸易利益。最后，开拓新市场：避开中国东南沿海小农经济的顽强抵制，有机会向中国西南区域的少数民族群体提供商品，从而开拓新市场，增加出口，帮助平衡英中贸易逆差。

经过第一次鸦片战争，英国撬开了一条缝。第二次鸦片战争，英法把刺刀捅进了清王朝的心脏。英国从中国东南沿海打开了中国的门户，并使清王朝放弃了天朝主义的外交路线。然而，英国对华贸易并未实现英国商人的预期增长。随着现代交通通讯工具在全球范围内的推广，西方列强在华贸易竞争日益激烈，英国迫切需要打入中国内地市场。

19世纪60年代末，世界经济一体化的速度显著加快。苏伊士运河的开通与美国横跨大陆的铁路建设，均对世界经济格局产生了深远影响。这些变革也进一步加剧了英国商人内心欲望与现实之间的冲突。大量英国货物通过新开辟的更短航线，更快、更经济地运抵中国的通商口岸，仿佛汹涌的浪潮冲击着狭窄的“瓶颈”。英国商人急切地希望进入中国的内河与内陆地区，利用现代交通工具将中国各地的市场与英国的工厂紧密地连接起来。更令他们不安的是，国际商业竞争也愈发激烈，各国纷纷涌入中国，使英国的竞争对手不断增加。

面对资本主义强国的竞争，英国政府及商业界均认识到，需明确并制定一套战略，以充分利用英国的有利条件，保持竞争优势并控制中国市场。为此，英国政府与英国商人之间，就对华贸易问题展开了一场深入的辩论。辩论的核心议题在于，是否应借助武力，将中国转变为类似印度的英国殖民地。英国商人主张通过殖民统治，用军事强权来创造英国产品市场，排除其他国家的竞争。然而，英国政府认为，其力量不足以实现对中国的全面征服与统治，因此主张采取“渐进”策略，通过与清王朝的合作，逐步打开并深入中国市场。

在对华贸易的辩论中，一名英属印度退休上尉军官理查德·斯普莱（R.Sprye）的设想引发了广泛的关注和争议。1858年，斯普莱提出：修筑一条由英国独家控制的从缅甸的仰光到中国云南省思茅（现普洱市）的铁路，贯通滇缅，打开中国的“西南后门”，使英国的商业和军事力量将能够北上，与美、俄和法展开竞争。

尽管英国政府最初对斯普莱的铁路计划反应冷淡，但这个设想在英国引发了广泛讨论。最终，英国决策者将斯普莱提议中的开放中国西南沿边向东北推进策略，与其正在实施的开放中国沿海沿江逆长江西进计划相结合，形成了一个新的贸易战略。这个战略的目标是贯通滇缅、贯通藏印，连结英属印度与长江流域，经由一条英国独擅其利的通道，建立英国在华优势地位，与其他资本主义强国争夺中国市场。

中英《天津条约》《北京条约》的签订，开放中国沿海沿江基本完成，此后，英国政府与斯普莱以及英国工商界的争议焦点，已经不再是是否进一步迫使中国开放西南边疆，而是应选择哪条路线来实现这一目标的问题。

1863年，克莱门特·威廉斯（Clement Williams）提出了一条自仰光溯伊洛瓦底江而上至八莫，随后转为陆路穿越野人山，最终抵达腾冲的路线（“威廉斯线”），受到了英国政府的青睐。

此后英国资产阶级不断发出修筑斯普莱路的呼声。英国在1867年派人测量这条路线，并用4个月完成了第一期勘测，英印政府极不赞成在这条路线的勘测上再花费金钱与人力，下令停止勘测。这样斯普莱铁路计划被“冷冻”起来。英属印度政府则排除干扰而致力于八莫路线的打通。

1867年，英属印度政府批准了费兹（Alb Et Fytche）关于迅速开通八莫路沟通从仰光经云南直达中国东海岸的贸易渠道的报告。随后，英属印度政府组织了一支代表团，由驻曼德勒政务长官斯来登（Edward Sladen）领导，于1868年1月13日从曼德勒启程，逆伊洛瓦底江而上，最终在5月26日到达腾冲，确认了“威廉斯线”的可行性。然而，当时的云南正处在各族人民大起义的高潮中，特别是杜文秀领导的起义，不仅攻占了大理并建立了政权，还导致滇缅之间的古老商路中断，英国探险队、商队难以穿越滇西地区。这迫使英国政府不得不暂时搁置其计划，等待云南局势的明朗化。1872年12月27日，杜文秀在尝试与清军议和后被杀，清军随后占领了大理。1873年3月，清军攻陷顺宁，4月占领云州，5月占领腾越，清王朝恢复了对滇西的统治。随着云南局势的稳定，英国政府终于等来了逼迫清政府开放西南边疆的时机。

贼喊捉贼

——马嘉理事件与烟台条约

云南的回民起义被镇压后，英国在印度和缅甸的殖民当局迅速采取行动，组织新的探路队，进一步探测从曼德勒北上进入云南的陆路交通。英国方面特别要求英国驻华公使派遣一名懂汉语且熟悉中国情况的官员参加探路队。

1874年7月，北京的英国使馆向总理衙门提出希望获得“三、四名官员”从缅甸进入云南边境进行“游历”的护照。尽管总理衙门以边境地区的局势不稳定为由试图婉拒，但由于当时日本对台湾的侵略行为导致清朝政府在外交上处于紧张状态，不愿在此时得罪英国，迅速批准了英国使馆的请求。随后，英国公使威妥玛（Thomas Francis Wade）选择了马嘉理（Augustus Raymond Margary）作为翻译，前往云南迎接即将到来的由亨利·阿瑟·柏郎（Horace Albert Browne）率领的探路队。

马嘉理自上海启程，途经汉口、湖南、贵州及云南，于1875年1月17日抵达八莫，与先前于1月15日由曼德勒抵达的柏郎等人会合。2月初，该探路队自八莫启程，向中国边境进发。这支队伍名义上仅为“三、四名官员”的“游历”之行，但实则包括印度派遣的“护送”武装，总人数近200人，实质上是一支军队。云南边地居民，历经长期战乱，对此英国探路队自然心生疑惧。2月21日，探路队到达蛮允，遭到当地民众阻截，马嘉理及4名随行中国人在蛮允附近被杀死，此事件被称为“马嘉理事件”。柏郎亦在途中受阻，不敢继续前行，随即返回八莫。马嘉理被杀及柏郎受阻一事，又称为“云南事件”或“滇案”。

马嘉理被杀的原因，英国政府应首先自我反省。若非其执意开辟滇缅商路，此事本可避免。然而，英国却利用此事件对中国进行勒索，故意扩大“马嘉理事件”的影响，以满足其长期未得逞的侵华野心。

英国外交大臣德比（Derby）向威妥玛发出指示，“料想这事是受腾越官厅的命令”，“应立即要求中国政府严格调查上述事实，并将处理这事的适当步骤报告给我，同时，记住印度政府派柏朗率探路队往滇的目的”。①英国政府在事件尚未得到全面调查的情况下，已经确定了其基本立场和应对策略。威妥玛摸透了清王朝的畏缩和胆怯心理，采取了各种威胁和讹诈的手段，频繁向清政府发出断绝关系和战争的警告，逼迫清政府接受他所提出的条件。

1876年9月13日，在威妥玛威逼下，清政府签订了《烟台条约》。英国用各种手段压迫清王朝而获取了特权，中国政府在没有遭受战争失败的情况下最终接受了不平等条约。该条约规定中英会商滇缅通商事宜，增开宜昌、温州、芜湖等口岸。另议专条又规定英国得派员游历西藏。英国的意图显然是一方面由东向西逆长江而上，另一方面又由西南向东北从缅甸进入云南，两路在长江上游汇合，同时由印度进入西藏，从而贯通滇缅、贯通藏印。

---

①《英国议会文书》，中国，1号（1876）1件，电报：德比致威妥玛，1875年3月4日。

藩篱尽撤
——清王朝户破堂危

中英两国各自分处于亚、欧两洲，本没有共同的边境线，但在近代历史上，随着英国殖民主义势力的不断扩张，亚洲一些与中国相邻的国家纷纷被英国兼并，成为英帝国的一部分，这些国家与中国的领土边界随之也就成了中英两国关注的焦点。在这些相邻边界上，英政府为了维护印度殖民地的战略安全，凭借自身的政治、军事霸权，在中国新疆至云南的西南边界上制造了一系列边界纠纷。

乾隆五十五年（1790年），缅王孟云表文进贡清朝，恳请赐予封号，正式成为清朝的藩属国。缅甸奉中国为宗主国，遵循每十年一次的朝贡制度。清政府亦对缅王孟云给予庇护，双方交往以册封、回赐等礼仪活动为主。直至光绪年间，这一体制维持稳定。

19世纪前半叶，英国与缅甸之间先后爆发两次战争，由于战争地点距离中国较远，缅甸国王未向清朝政府报告，且当时中国国内正值太平天国起义，清政府无暇他顾，因此未对这两场战争进行干涉。在第二次英缅战争结束后，英国并不满足于已占据的下缅甸，而是通过签订多项条约，逐步向上缅甸进行政治和经济上的渗透，进一步加强了对贡榜王朝的控制，意图将整个缅甸纳入其势力范围。

在《中英烟台条约》签署之后，英国资产阶级对缅甸的战略地位愈加重视，将其视为进入中国西南"后门"的关键通道，渴望通过缅甸，将商品输送到云南、四川等广大西南地区，进一步开拓中国市场。他们继续支持英国退伍军官斯普莱的计划，要求开辟这条路线，以实现他们经缅甸进入云南的目的。英国工商界的代表接连不断地向英国政府递交请愿书，促使政府就斯普莱计划采取行动，并在缅甸推行更加激进的政策。1882年，英国又出现了另一种贯通滇缅的铁路计划，这就是"葛洪①（A.R.Colquehoun）计划"（与斯普莱线平行，偏东），计划一出即受到英国资本家们的热烈追捧，并纷纷赞助勘测线路所需经费。而英属印度政府依然主张以八莫或曼德勒连接云南的路线，他们认为通过这两条线路，能够更有效地实现对上缅甸的控制和管理。雄心勃勃的"葛洪计划"最终不过是昙花一现，其结局与斯普莱的计划如出一辙，未能逃脱被"冷冻"的命运。

在19世纪80年代，法国对越南的侵略行为日益加剧，列强间的殖民地争夺亦愈演愈烈。在这种背景下，英国政府开始重新审视其针对缅甸与中国西南地区的侵略策略。此时，英国政府已不再仅仅关注某一条通往中国的路线的得失，而是更加倾向于实施一项全面而彻底的侵略行动，摧毁缅甸的独立地位，将上缅甸纳入其殖民版图，从而建立一个可靠的侵略基地，以进一步推进对中国西南地区的侵略计划。

英国的不断扩张加剧了与英缅的紧张关系。1878年，锡袍成为缅甸国王，他对英国采取了更为疏远的政策。次年，英印政府关闭了曼德勒的驻节官邸。与此同时，缅王寻求外援以平衡英国的压力，法国抓住机会，对缅甸进行"和平渗透"。1885年1月15日，缅甸与法国秘密签订了《法缅条约》，该条约内容包括法国向缅甸提供军事援助，派遣军官训练缅甸军队，以及获得在缅甸开设银行、开采矿产、采伐木材、修建铁路等权利。法国的这一行动直接威胁到了英国在该

---

① 葛洪，又译作柯乐洪（A.R.Colquehoun），英国社会知名人士，曾当过新闻记者，1871年进入印度政府，1881-1882年，从广州到八莫探测了中国到缅甸边境的铁路线，写成《穿越华南边疆、从广州到曼德勒旅行记事》，1911年与孙中山会晤后，通过新闻媒体将孙中山的思想主张介绍给英国，使中国革命获得许多国际舆论的同情与支持。

地区的利益，尤其是对英国的贸易构成了潜在的重大冲击。同年9月，英国和法国就缅甸问题进行了谈判。法国提出在印度支那划分势力范围的建议，而英国则主张应相互克制，避免进一步扩大领土，双方未能达成共识。

谈判结果揭晓后，英国朝野哗然，舆论沸腾。正如葛洪“政府的东方政策”的演讲：既然贸易跟着国旗走，那么英国就不能再鼓励在缅甸和掸邦的无政府状态和失政了，因为，这会有力地把英国商业推出门外。缅甸的重要性不在于它本身的贸易，更重要的是“它构成我们通往中国的大通道的一部分”，中国才是我们将来真正的市场。唯一解决的办法就是合并上缅甸作为取得那条大通道的第一步。[①]葛洪的“政府的东方政策”演讲受到各界关注，不久后，英国首相索尔兹伯里决定对上缅甸实施军事行动。

英属印度政府一直在寻找时机吞并缅甸，而所需的只是一个合适的借口。正如印度总督达弗林（Dufferin）在10月15日致印度事务部秘书的信件中所表示的：“如果锡袍王给我们一个借口，它也许正合我们的胃口——吞并这个国家或把它置于我们的保护之下。”对于英国所需的借口俯拾皆是。英商孟买缅甸公司在上缅甸地区进行柚木采伐与出口活动，依据双方协定，该公司须按时向缅甸政府缴税。然而，该公司却不择手段大量偷逃税款。

8月20日，缅甸当局对此事作出最终决定，责令该公司补缴所欠税款，并课以高额罚款。若该公司拒不执行，缅甸政府将没收其在上缅甸宁阳林区的全部财产。对违法的外国公司进行处罚，本是缅甸政府主权行为。然而，仰光的英商是不愿遵守所在国的法律法规的，他们更习惯于在强权保护下进行不平等贸易。仰光英商会求助英缅专员，保护其在缅甸的贸易利益。英国政府决定以“柚木案”为借口，发起第三次英缅战争。英属缅甸专员于10月22日向缅甸政府发出最后通牒，要求其在11月10日前对英方的诉求作出明确回应。11月9日，缅甸政府答复，表示接受英印在缅甸设置长期代表，缅甸愿帮助英印打通同中国云南的贸易关系，但拒绝英属印度总督特使裁决“柚木案”。13日，英国正式对缅甸宣战。随即，英印军队迅速推进，直逼曼德勒。28日，攻入该城，占领王宫，并将锡袍

---

① 《伦敦市商会会刊》，1888年10月5日，转引自《中国通与英国外交部》，第189页。

王流放到印度西海岸的特纳吉里。英国仅用了不到半个月的时间，便覆灭了贡榜王朝，吞并了上缅甸。

在军事上取得胜利后，派驻缅甸的英国官员们目睹了曼德勒政权的脆弱不堪。他们一致认为，上缅甸不具备阿富汗那样的伸缩性和抵抗能力，难以承担起英法间缓冲国的角色。基于这一评估，英国于1886年1月1日正式宣布将上缅甸并入其版图，使其正式成为英属印度的一部分。

随着清政府自身实力、地位的衰落，已经无法提供宗藩制度运行的保障，眼见英国对自己藩属国所施行的侵略行为，清政府虽然感到突然和愤怒，但并不敢表示反对。1886年7月24日，中英两国在北京正式签署了所谓的《缅甸条款》。依据此条约，中国名义上保留了宗主国的虚名，而英国政府却轻而易举地获得了清政府对其吞并缅甸的默认，并获得了在云南边境通商的实质性利益。通过《缅甸条款》，英国人把头探进中国的“后门”，为后来的中英滇缅边界纠纷埋下了伏笔。

地缘棋局
——晚清与英帝国的滇缅划界博弈

一、失时者凶

缅甸危机出现后，驻英公使曾纪泽迅即将情况向清政府作了汇报，“英久占南缅，今图其北，防法取也。泽意宜自腾越西出数十里，取八募，据怒江上游以通商，勿使英近我界。今英尚未取缅，倘能以口舌得八募尤佳，署意倘同，泽即开谈。”[①]以曾纪泽之意，英灭缅甸不可避免，不如利用这个时机，明确划分双方边界，以此作为防御手段，阻止英国对我领土的进一步蚕食与扩张，从而消除未来的隐患。但清政府则断然否决，要求曾纪泽告诉英国，“缅系朝贡之国，中华与英友谊相关，当可设法调处。令云督等派员向缅开导，改判谢过，以息兵端”[②]。

清廷关注的重点在保留缅甸对华进贡的虚名上，认为拓界“无论人力财力

① 《清季外交史料》，“光绪十一年九月十四日曾纪泽致总理衙门电文”。
② 《清季外交史料》，“光绪十一年九月二十三日总理衙门致曾纪泽电文”。

曾纪泽（1839-1890）

现办不到，即使如愿，乘彼乱而拓我界名亦不正"①。1885年10月14日清廷指示曾纪泽，不宜马上就此事与英国展开谈判，"倘彼谋未定，遂与开谈，是启之也"，只要求曾纪泽和滇督岑毓英、巡抚张凯嵩"一面查复，一面备边"②。清政府所提出的要求，令曾纪泽始料未及。在英国决心武力吞并缅甸时，以朝贡的名义予以阻止，困难重重。事实上，这个要求也脱离清政府自身的实力，目标设定与现有实力相去甚远，已远超出外交努力所能应对的范围。

于是，曾纪泽提出，"缅之贡期疏于越，不提属国，我之进退裕，如提属国则须争，争之不得而听其所为，似损国体，强争又蹈越辙，乞酌"③。曾氏的电文揭示了问题的核心所在，在清政府缺乏实力的情况下，如以朝贡的名义与英进行外交抗争，即或成功，所得无多；倘若失败，将会出现军事对抗。莫如依据自身的实力，就事论事，划分边界，确保云南边疆的安全④。

尽管曾纪泽在交涉过程中受到了清廷本末倒置、一厢情愿策略的制约，但他仍采取了适当的变通手段，先划定边界，再商议朝贡关系。"泽意请英以八募让我为商埠，彼灭缅，我占八募，彼保缅，我保八募。倘英不允，我即具牍云英占

① 故宫博物院编：《文献丛编》，第七辑，1930年。

② 《清季外交史料》，卷61，台北，文海出版社，1985年版，第16页。

③ 《清季外交史料》，卷61，台北，文海出版社，1985年版，第20页。

④ 《清季外交史料》，"光绪十一年九月二十三日总理衙门致曾纪泽电文"。

我朝贡之国，我甚异惜之，但不欲失和俟后再论云云”。其目的在于利用英国对云南开埠通商的迫切需求，将此作为谈判筹码，进而迫使英国考虑清廷的各项要求。“彼平缅而我不认，不与议云界商务，彼惧留后患，或易就范”。[①]

曾纪泽的策略是明智的，方式也是适当的，符合当时中国实力不足的现实情况。外交活动离不开坚实实力的支撑。当时清政府没有强大的武力作为依仗，因此，借助商务手段作为外交筹码，是一种理性的策略选择，至少能促使英国对中国的要求给予重视。缺乏实际筹码，他国是不会轻易施予恩惠的。然而，清政府受限于传统观念，始终坚守以朝贡制度为首要之务，致力于维护缅甸国家的存续，明确指示“至开谈，须以勿阻朝贡为第一义，但使缅祀勿绝，朝贡如故，于中国便无失体。八募通商，宜作第二步办法”[②]，完全否定了曾纪泽的要求。

为了声明立场，曾纪泽向英国政府阐明，缅甸乃清之属邦，并将乾隆五十五年（1790年）御赐缅王之金印样式，转交英国外交大臣，以此作为缅甸确属清廷属邦之铁证。同时，清总理衙门向英方驻华使节明确，清政府所要求的是缅甸不能灭亡，并维护其朝贡中国的传统。然而，此要求超出清政府实力所及范围。即便竭力而为办到，也是徒有虚名。用赫德[③]的话说“虚名无损于实利，而实利能左右虚名”，得不偿失。[④]

从光绪十一年（1885年）起至光绪十二年二月，曾纪泽与英国外交部先后会商十次，英首相沙里士伯原则上同意缅甸国家的存在，另立一国王，管教不管政，由英国管理缅甸的内政。沙氏表示“英徇华请而立王，华于商务宜宽待

---

① 《清季外交史料》，“光绪十一年九月二十三日总理衙门致曾纪泽电文”。

② 《清季外交史料》，“光绪十一年九月二十三日总理衙门致曾纪泽电文”。

③ 罗伯特·赫德（Robert Hart，1835–1911），英国政治家；1854年来到中国，1861年起在上海代理海关总税务司职务，1863年正式接替担任海关总税务司；赫德曾担任晚清海关总税务司达半个世纪之久（1861–1911年），在任内创建了税收、统计、浚港、检疫等一整套严格的海关管理制度，他主持的海关还创建了中国的现代邮政系统。著有《中国论集》等。

④ 中国近代经济史资料丛刊编委会：《中国海关与缅藏问题》，1885年11月23日赫德致金登干电文。

英”，形势稍有松动[1]。英国外交部曾向曾纪泽表示，愿意在界务、商务上作一定让步：第一，“将潞江以东之地，自云南南界之外起，南抵暹罗北界，西滨潞江，即萨尔温江，东抵澜沧江下游，其中北有南掌国，南有掸人各种，或留为属国，或收为属地，悉听中国之便”；第二，以大金沙江即伊洛瓦底江为两国“公共之江”；第三，在八莫近处勘明一地，允许中国立埠，“设关收税”。[2]清廷认为英国未允再立缅王，有违兴灭继绝、字小存祀之义，所商分界各节关系重大，并在光绪十二年三月召回曾纪泽，要与曾纪泽详商后再行定议。而曾纪泽与英国外交部关于缅甸问题交涉的共识，仅互签节略[3]存卷而已。因清廷急于将曾纪泽召回，同时，英国沙里士伯内阁选举失败被迫总辞，交涉宣告停顿。

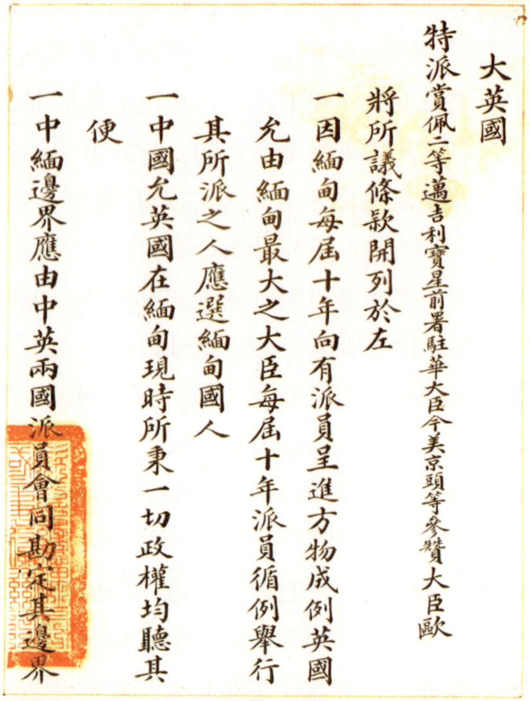
大英國
特派賞佩二等邁吉利寶星前署駐華大臣今美京頭等參贊大臣歐
將所議條款開列於左
一因緬甸每届十年向有派員呈進方物成例英國
允由緬甸最大之大臣每届十年派員循例舉行
其所派之人應選緬甸國人
一中國允英國在緬甸現時所秉一切政權均聽其
便
一中緬邊界應由中英兩國派員會同勘定其邊界

中英《缅甸条款》

格兰斯顿内阁上任后，曾纪泽受命与英国外交部重新开启交涉事宜。然而，新任英国外长完全否定了前议，对于原先所商定的让地及设商埠事宜一概不予认可。让清政府更难接受的是，原先约定由新任缅王遣使进行朝贡的安排也被修改为缅督与云南督抚互赠礼物，或是清帝与英后每隔十年互派使者互赠礼品。为

① 《清季外交史料》，“光绪十一年十二月九日曾纪泽致总理衙门电文”。

② 薛福成：《滇缅划界图说》，第33页。

③ 节略为一种外交文件，国家之间为说明某一问题的详细事实或法律方面的细节，以表明或补充本方的观点或驳复对方的论点时，均可使用此种文件。它可单独使用，也可作为照会的附件，还可作为个人谈话的书面补充文件。

此，清廷表示坚决反对，并电令曾纪泽“仍宜坚守存祀前说，与之始终力争。纵争之不得，尚可留等异日也”[①]，继续与英方进行交涉。

清政府诉求与英方立场相互对立，由于清政府实力薄弱，缺乏足够的力量与之抗衡，亦无法派兵深入缅甸维护权益，仅依赖外交途径寻求解决之道，如此策略势单力薄、独木难支。故而在曾纪泽与英国交涉存祀问题时，英国外交部既不回应亦不辩论，仅以缄默相迎。

英国的态度并非默认清政府的要求，而是在寻找新的筹码，对清政府施加更大的压力。很快他们就利用西藏做文章，依托其印度殖民地，迫使西藏开放，意在声东击西，迫使清政府让步。

他们迅速搬出了1876年中英签署的《烟台条约》中所附带的另议专条，以开放口岸促进贸易往来为借口，提出派遣马科雷进入西藏开展商务调查的要求。

马科雷入藏的消息一经传出，立即引发了藏族民众的强烈反对和忧虑。同时，马科雷虚张声势，公然宣称将率领武装人员入藏，并对任何阻挠者实施严厉惩处，这无疑进一步加剧了藏民的抵制情绪。他们纷纷向清政府提出请求，希望拒绝马科雷入藏，以维护藏区的安宁。

西藏自古以来便是中国不可分割的一部分，清政府允许马科雷入藏是行使其主权事务。然而，对于藏族民众所表达的反对立场，清政府必须予以审慎考量。马科雷及印度殖民政府深谙此道，他们蓄意施压，激化矛盾，企图制造地方与中央之间的隔阂与不满。

缅事未平，藏事又起。西藏是中国领土，缅甸是清朝的属国。在英国交相进攻下，清政府深陷困境。权衡利弊得失之后，清政府最终决定保全西藏。为了促使英国政府放弃马科雷使团入藏的计划，清政府被迫在缅甸问题上作出了退让与妥协。

1886年7月24日，清政府与英国正式签订条款，承认了英国对缅甸的占领，并将划界事宜搁置，以待日后解决。英国如愿以偿地获得了其所期望的全部利益，而清政府一无所获。

---

① 顾廷龙、叶亚康：《李鸿章全集·电稿一》，上海人民出版社1985年版，第652页。

1886年7月24日，总理衙门大臣奕劻与英国驻华公使欧格纳在北京签订《缅甸条款》

时至不行，反受其殃。在缅甸危机的交涉中，清政府自缚手脚于传统的朝贡体制观念，未能充分利用当时英国尚需时间稳固缅甸局势的契机，在局势尚有利于己之时，迅速与英国划定滇缅边界，使后续的滇缅边界勘定陷入极为被动的境地。

二、没有实力，一切都是空谈——孤军奋战的外交官

在中英《缅甸条款》签订之后，英国的大部分精力迅速被缅甸境内此起彼伏的反抗活动所牵制。为此，英国调集了一支四万余人的军队，用了五年时间镇压上缅甸、滇缅边境、掸邦各地以及印缅边境的起义和暴乱。直至1895年，才把缅甸国内的秩序稳定下来，并逐步控制了缅甸边境地区。刘瑞芬在接替曾纪泽成为英俄钦差大臣后，对于滇缅边界勘查事务的处理并未积极催促英国方面派出代表共同勘查，为英国提供了可乘之机，使其得以趁机进一步侵占中国领土。

1890年，薛福成被正式任命为驻英公使，形势已急转直下，英殖民者依托其在缅甸的殖民统治，不断向云南边境扩张。然而，英国却仍不满足，企图继

续蚕食我国领土。他们一方面故意拖延谈判进程，计划派遣欧格纳使团前往北京，对清政府施加压力；另一方面，又声称中国对滇西边地缺乏实际统治，企图在谈判中设置重重障碍，以达成其侵占我领土的目的。

薛福成（1838–1894）

为了避免重蹈中英《缅甸条款》覆辙，薛福成提出：

一、决策宜速不宜迟，早订边界保边疆。[①]列强对中国领土的觊觎之心昭然若揭，延缓划界对中国不利。尽管及早进行划界可能会涉及一定的妥协与让步，但延缓划界国土丧失更大。在此情境下，两害相较，取其轻者。而英国方面故意拖延划界进程，其真实意图在于逐步侵蚀中国领土。“自英人袭取缅甸以来，云南三面与彼毗连。我所宜急，彼所欲缓者，莫如分界；彼所素急，我所稍缓者，莫如通商。曾纪泽前与议定。俟分界后方能通商，盖寓相维相制之意。迩年英兵驻扰滇边，不得不催英廷分界。”[②]

二、防患宜远不宜迩，扼住天险守国疆。[③]经过对滇缅边界形势的分析，他主张以地势险要的野人山作为滇边的自然防线；因为一旦越过野人山后，地势较为平坦，滇边将无险可守，安全堪忧。

三、去虚名，守实利，不以一隅妨全局。[④]为了推动英国外交部加速缔约进程，去虚名取实利，作出必要的妥协与让步。摒弃缅甸对华十年一贡惯例，

① 《薛福成选集》，第516页。
② 《薛福成选集》，第517页。
③ 《薛福成选集》，第516页。
④ 《薛福成选集》，第516页。

以维护英国的体面为代价，力求尽快划定边界。因为随着时间的推移，对中国的不利影响将会逐渐加剧。他提出："不值以一隅妨全局，亦未便争小利而堕诡谋。"①

最终，薛福成促使总理衙门转变思想，摒弃了传统"朝贡"的虚浮观念，转而采取务实策略，以明确划分边界为核心任务。提出了重理"旧议"的谈判目标，争取实现曾纪泽与英国政府就缅甸问题所达成的三项共识：将潞江以东之地，收为中国所有；以大金沙江即伊洛瓦底江为两国"公共之江"；中国在八莫近处勘明一地，设关收税。但是这些共识，只是互书节略存卷，时过六七年，英国已稳固掌控缅甸，要使英国信守诺言，无异于与虎谋皮。

为此，薛福成采取"另辟畦径，改为索野人山地，扼定主脑，与之力争"②的策略。在他看来，英国当时之所以作出让步，允让"三端"，其核心原因在于曾纪泽的坚决努力，力争索还八莫。"曾侯据此立论，故彼意既不将八募（莫）让还，则此三项亦足稍为点缀，用示睦谊"③。因此，薛福成亦沿用了之前的策略，在原有"三端"议题的基础上，额外提出了野人山划分的议题，并主张以大金沙江为界，将江之东岸全部划归中国。鉴于形势的变化，薛福成希望能重新赢得英国对曾纪泽所承诺的"三端"，进而要求将滇缅中段、北段的边界确定在大金沙江与伊洛瓦底江之间。尽管明知此举可能难以得到英国的认同，薛福成仍决定提高谈判条件，以此作为迫使对方作出让步的策略。谈判中，在腾越西南部以八关为限，明确提出对八关以外野人山地的划分要求，争取以大金沙江作为分界。如能争得此野人山地，"足抵前议三端而又过之"④，即便无法实现，通过灵活变通以争取"三端"，似乎更为可行。在薛福成看来，这一策略既保证了英国不会过于轻易地获得所需，进而引发其警惕；同时，也为争取"三端"提供了谈判的条件，促使英国在谈判中作出必要的妥协和退让。

---

① 《薛福成选集》，第516页。

② 薛福成：《出使公牍》卷6，第7页。

③ 薛福成：《出使公牍》卷4，第18页。

④ 薛福成：《出使公牍》卷5，第13-14页。

鉴于以上因素，光绪十八年（1892年）七月十七日，薛福成向马格里[①]明确了谈判方针："须以力争野人山地为第一要义，至少须以大金沙江为界，然后沿边诸土司可以稍安；其次，则争大金沙江为公共之江；又次，则争于新街北岸划一地与我，立埠设关；而争南掌掸人之地，为最后焉"[②]。在谈判过程中，英政府或推翻前议、或迟迟不答、或蛮横无理，几次中断谈判，甚至采取先行军事占领，然后进行谈判的实力政策，派兵攻占腾越边境的昔马。为了迫使薛福成放弃对野人山地的进一步要求，英方作出妥协，愿意将清政府认定的滇西边界向西适度扩展，并将潞江东西一带的科干等地作为补偿。

英国外交部的狡黠，使薛福成清醒地认识到，缺乏强大的实力作为谈判的有力支撑，面对恃强凌弱、侵略本性显露无遗的英帝国主义，仅通过外交场合的唇枪舌剑，要想夺回被其蚕食的土地，即便理论构建得再精巧，事实上亦难以达成目标。他认为"大抵两国办理交涉，其诎伸损益之数，仍各以其力量为主，使臣口舌笔墨之功，不过可得十之二三，中国实在力量并不让人，无如数十年来办理交涉，尚未处处力争先著，以致积重难返，为彼所轻"[③]，建议清政府"见风收帆"[④]。

1894年3月1日，中英签订了《续议滇缅界务商务条款》。界务方面，大致规定了尖高山以南的中缅边界；商务方面则正式开辟滇缅陆路通商。

滇缅边界的初步划定，缓解了滇西边境地区不断受到蚕食的威胁。正如薛福成所云："风示各国稗勿窥视，一也；隐备印度，泯其窥伺，二也；保护土司，免受诱胁，三也；捍卫边防，防彼勘进，四也；援用公法，稍获明效，五

---

① 马格里（Halliday Macartney，1833–1906），英国人，后加入中国籍，字清臣，以示对清廷之忠贞。他与薛福成一起工作，担任外交顾问，参与了多次重要的中外交涉事宜。马格里是马戛尔尼的曾孙，马戛尔尼曾于乾隆年间使华。马格里在晚清时期为曾纪泽、薛福成等人担任外交顾问，协助处理外交事务。

② 薛福成：《出使英法意比四国日记》，第611页。

③ 薛福成：《滇缅划界图说》，第81–82页。

④ 薛福成：《滇缅划界图说》，第80、84页。

也。”①

尽管薛福成付出了诸多努力，然而，滇缅边界中、南段的实际走向相较于英国政府当年对曾纪泽所承诺的分界线显著向东扩展，尤其是南段部分已越过萨尔温江，深入传统边界线中国内侧，致使部分领土沦为他国掌控，英国据缅入滇的战略意图亦得以实现。然而，中英两国关于滇缅边界的协议并未使边界问题得到彻底解决。条约之中，悄然埋下了英国再度对中国施加胁迫的伏笔。

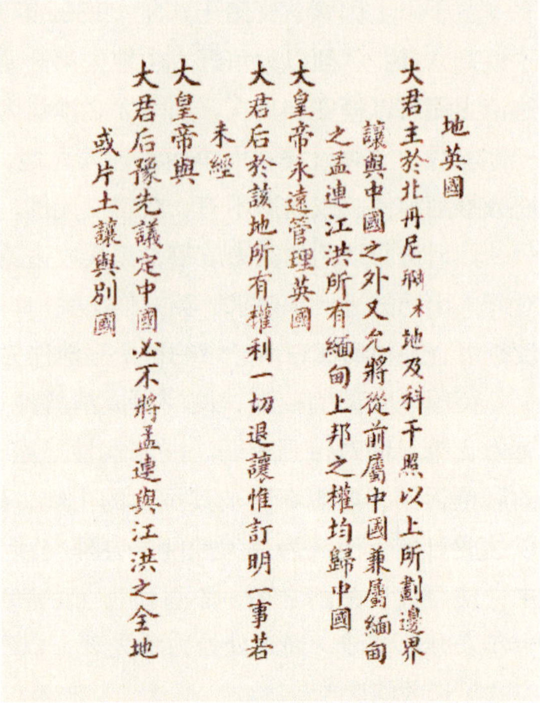
地英國
大君主於北丹尼爾木地及科干照以上所劃邊界
讓與中國之外又允將從前屬中國兼屬緬甸
之孟連江洪所有緬甸上邦之權均歸中國
大皇帝永遠管理英國
大君后於該地所有權利一切退讓惟訂明一事若
未經
大皇帝與
大君后豫先議定中國必不將孟連與江洪之全地
或片土讓與別國

1894年，《中英续议滇缅界务商务条款》

一是第五条规定中国未经英国允许“必不将孟连与江洪之全土或片土让与别国”。倘若清政府拥有足够的实力，足以对抗外部势力，那么这项规定或许不会成为隐患。然而，当时的中国脆弱不堪，几无抵抗之力。因此，这样的规定在实际上束缚了中国的手脚，为英国的干涉提供了可乘之机。二是对北段边界走向未作划分。按照条约第四条规定“今议定：北纬二十五度三十五分之北的一段边界，俟将来查明该地情形稍详，两国再定界线。”北段不作划分，薛福成考虑的是：“英人所注意经营者，欲由滇西野人山通入西藏。惟自昔董以北傈夷怒夷之地，英人亦未尝深入其境。外部初议约分到二十八度之间。但既为人迹所不至，滇中亦无从察考。万一受彼蒙混，分入藏地，将来，彼必执条约为证据，关系非轻。现再四与争，订明二十五度三十五分以北，暂不划分。”②在

① 《清季外交史料》，“使英薛福成奏遵旨与英外部商办滇缅界线滇境西南两面均有展拓片”。

② 薛福成：《滇缅划界图说》，第94页。

边界信息尚未充实，清政府对这一地区的地理形态了解极为有限的情况下，为避免在边界划定过程中遭受损失，薛福成的考量具有一定的合理性。然而，在条约文本的具体表述上，却出现了明显的技术问题。条约北段仅提及纬度而未明确经度，这潜在地增加了英国向东扩张的风险，且未明确指出北部的具体边界范围，若未来涉及西藏、四川等地区的领土争议，如何妥善解决又是一大难题。

三、按下葫芦浮起瓢——英法在滇缅划界中对清政府的竞相压榨

根据中英达成的《续议滇缅界务商务条款》，英国承认江洪地区（亦称车里，相当于现今的西双版纳傣族自治州及甲午战争后割予法国的猛乌、乌得一带）以及孟连全境均完全且单独地归属于中国。“唯订明一事，若未经大皇帝与大君后预先议定，中国必不将孟连与江洪之全地或片土让与别国”。当时，法国对江洪地区野心勃勃，不断向该区域扩张。而英国则暗中盘算，一旦法国对江洪采取行动，英国将借机向中国进行勒索。条约中的第五款更是成为其勒索的“合法依据”，这就是英国精心策划的阴谋。

19世纪末，法国在印度支那的势力扩张态势显著，这一变化引起了英国的极大关注与不安。为了避免其殖民的缅甸在暹罗北部与法国势力直接相邻，英国政府筹划在湄公河上游地区构建一道战略缓冲带，以维护其殖民利益。1892年12月及1893年4月，英国外交大臣劳思伯里曾先后两次向法国发表声明：由于英国吞并了阿瓦王国，所以他得到了统治湄公河东部某些地区的权利，如景栋属国更真已扩展到湄公河东边，景栋北部的江洪地区也是这样。但英国愿意把江洪转让给中国，把更真转让给暹罗，以此把英国的边界限制在湄公河，希望法国也能表明对暹罗东部和东北部边界的观点①。英国此举意在寻求与法国的妥协，旨以防止英属缅甸与法属印度支那接壤，以减少潜在的摩擦和冲突。然而，法国此时正积极推行其侵略暹罗的计划，对于英国的这一提议并未予以回应。1893年10月3日，法国与暹罗签订协议，依据此项协议，暹罗将湄公河以东的领土权益全部转让予法国。自此，法国开始觊觎湄公河以东的江洪地区，并多次向清政府提出划定滇越边界的诉求。

---

① 薛福成：《出使公牍》卷8，第24页。

薛福成对法国的野心早已有所察觉。1893年8月7日，他向总理衙门发送电文以告知相关情况：“暹已割地议和，查车里有四城在湄江西，八城在湄江东，法所觊者东八城也。法印地图将东八城绘入法界”①。同时，法暹协议的签订，阻碍了英国在湄公河上游建立缓冲地带计划的推进。在抵制法国侵占江洪土地的共同目标下，薛福成与英国外交部达成一致，英国方面承认中国对江洪地区的主权。同时，约定在未经英国同意的情况下，不能将江洪地区让予任何其他国家。双方对此均心知肚明，其中所指的“其他国家”是法国。如此，英国规避了在湄公河上游与法属领土接壤，薛福成通过“借英助我作证”的策略，争取英国对中国在江洪地区主权要求的认同，以此遏制法国对江洪领土的企图。然而，这一计划不久便被中日甲午战争的爆发所打断。

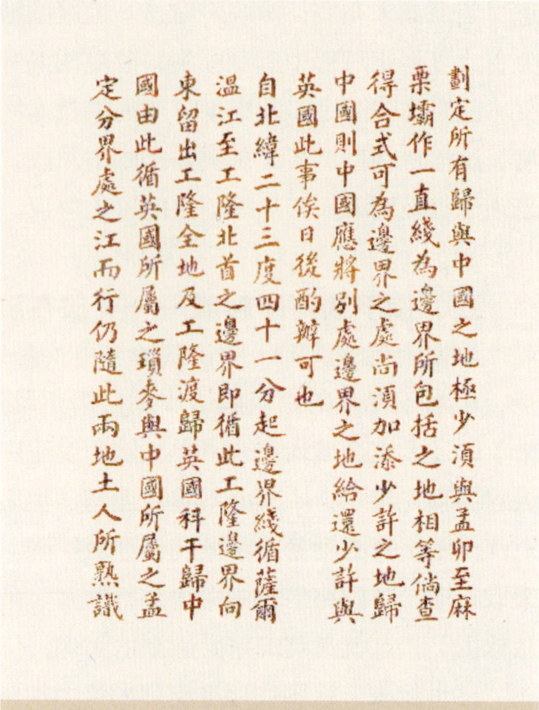
劃定所有歸與中國之地極少須與孟卯至麻栗壩作一直綫為邊界所包括之地相等倘查得合式可為邊界之處尚須加添少許之地歸中國則中國應將别處邊界之地給還少許與英國此事俟日後酌辦可也

自北緯二十三度四十一分起邊界綫循薩爾温江至工隆北首之邊界即循此工隆邊界向東留出工隆全地及工隆渡歸英國科干歸中國由此循英國所屬之瑣麥與中國所屬之孟定分界處之江而行仍隨此兩地土人所熟識

1894年，《中英续议滇缅界务商务条款》

1893年10月，法国驻华公使一职由施阿兰②接任。法国政府在给其下达的训令中，除了重申对保全与维护所有法国在华既得权益的立场外，还赋予其一项新的重要任务——与清政府继续展开谈判，加快划定红河以西至湄公河的中法边界，并在此边界上扩大与中国的商务关系。

在施阿兰的不断催促之下，总理衙门于1894年7月同意通过谈判以明确红河

① 《薛福成电总理衙门》，薛福成《出使公牍》卷10，第29页。

② 施阿兰（1852–1922），1893–1897年任驻华公使。著有《使华记（1893–1897）》《我们在远东的盟邦》等书。

与湄公河间的边界。在谈判中，总理衙门坚持认为中越两国的边界应以孟宾为止点，其西侧为云南车里土司的管辖领域。若从孟宾经暹罗至湄江，则需向南转西，以绕过车里边界，而非直接向西。施阿兰主张应将车里东部的猛乌与乌得两地划归法国所有，声称尽管这两个地区曾一度受江洪所管，但自乾隆时期起，它们便逐渐脱离江洪的统治，归属于老挝和华潘哈东霍联邦的管辖之下。对此清政府坚决予以否认，明确猛乌、乌得两地始终为车里宣慰司十二版纳的一部分。此外，滇督崧藩亦坚决反对，猛乌、乌得若归附法国，必将损害云南的茶盐利益，因此无法接受此种安排。

然而，时局演变终令反对之声渐趋沉寂。1894年甲午战争爆发，清政府败绩惨重，被迫签订《马关条约》，割让辽东半岛、台湾岛、澎湖列岛予日本，并承担巨额赔款。随后，俄、法、德三国，基于各自的利益考量，相继向日本递交照会，要求退还辽东半岛予中国。此举成为清政府挽救危局的最后希望，派员屡次造访三国使节，期盼三国政府能够对日本施加压力，促其归还中国领土，所涉范围不仅限于辽东半岛，还有台湾。法国外长阿诺托向施阿兰下达训令，要求以法国“干涉还辽”作为谈判筹码，加速推进对华谈判进程，以期尽快达成目标。

这个策略最终得逞。据施阿兰所述，中日烟台换约刚毕，次日庆亲王奕劻便亲自邀请他至总理衙门，向他告知中国政府决心与法国缔结这两项经过长期谈判的条约。“5月20日的一次会议以后，庆亲王向我声明，由于中国对法国的感谢心意，他将不等待云贵总督的地图和文件的到达，马上满足法国所期望的关于确定两国边界的愿望。他又声称，中国政府已同意我所递交给他的文件和地图，不再坚持反对以前提出的蒙胡、伍托的领土问题，甚至对我以前授权提出的补偿领土，即位于湄公河流域的帕弗阿赛亦不提出要求。”①

此外，在商务领域中法也达成了协议，1895年6月20日，中法两国政府正式签署了《续议商务专条附章》及《续议界务专条附章》。就此，法国攫取了滇越铁路修筑权。《续议界务专条附章》对原先的中越边界云南段进行了调整与变更：把猛洞三村划归中国；把猛梭、猛蚌以及纳楼土司所属的“三猛”的下猛全

---

① 施阿兰：《使华记（1893-1897）》，第66页。书中的蒙胡、伍托应为猛乌、乌得。

部和中猛的大部分地区划归越南。附章还对第六段（中老边界）作了修订，清朝政府同意将猛乌、乌得划归法国。此外，磨丁、磨别、磨杏三处盐井也划归法国。

法国狡诈地将甲午战争对中国造成的危机，转化为胁迫清政府的契机。打着"还辽有功"的旗号，与清政府划定了湄公河以东的中法边界，同时还取得了江洪所属的两乌地区。

英国对中法两国就此达成的边界协议坚决反对。在中法双方签署协议当日，英国公使欧格纳紧急造访总理衙门，提出该协议与《中英续议滇缅界务商务条款》第五条规定相抵触，以阻止协议的签署。尽管面对欧格纳的反对和阻挠，但清政府为寻求法国支持以收回辽东失地，决定放弃对车里土司所辖的猛乌、乌得地区的权益主张。毕竟，相较于辽东的重要战略地位，猛乌、乌得等偏远地区显得微不足道。然而，清政府的这一妥协举措，却不可避免地引发了新一轮的纷争与交涉。

针对英国在中法签约前提出的割让猛乌、乌得两地违反1894年3月签订的《中英续议滇缅界务商务条款》第五条规定的论点，清政府进行了反驳，强调猛乌、乌得两地归属云南管辖，并非江洪的组成部分。同时指出，1894年条约所界定的中缅边界线止于东经101°，条约中提及的江洪范围仅限于湄公河以西地区。对于湄公河以东的土地，清政府有自主处理的权利。

这两项理由相互矛盾，清政府所提供的未违约证据在英方看来没有任何说服力。英政府坚持要求获得补偿，并表示，此举对于英方来说不仅关乎英国的国家尊严与形象，更在于它深刻影响着英国在中国西南边疆地区与法国的竞争格局。为了削弱法国在该地区已取得的优势地位，英政府不惜以废除《中英续议滇缅界务商务条款》作为筹码，进一步加强对清政府在商贸及领土权益方面的勒索。

经过磋商，双方决定以《中英续议滇缅界务商务条款》为基础，进行续勘并对其进行调整。在边界划分上，中国让出昔马、北丹尼、科干等地，并将南坎猛卯三角地区的管辖权以永租形式交予英国政府。英国重新得到了"1894年线"以北的1500平方英里土地。在商务合作方面，"中国答允将来审量在云南修建铁路与贸易有无裨益，如果修建即允与缅甸铁路相接"，开放远至梧州的西江，满足了英国商界的诉求，英国得以在一定程度上削弱了法国凭借1895年6月20日签署的《续议商务专条附章》所获得的商业优势。

清政府虽向英国作出补偿，然而此次事件并未因此而平息，法国紧随其后又向清政府发出质问并索取赔偿。

1897年《中英续议滇缅条约附款》开篇即阐明："今因英国不再索问中国于光绪二十一年五月二十八日与法国订立条约所让江洪界内之地，致与二十年正月二十四日与英国订立之中缅条约相违，彼此和商于原定条约或增或改，拟立附款如左。"因此，就在李鸿章与英国驻华公使窦纳乐达成协议时，施阿兰又提出，两乌地归属法国并未违反中英1894年的《中英续议滇缅界务商务条款》，"中缅条约的全部条款，……实际上并未损及和抵触我们的任何利益，但是我们决不能无条件同意一个以报复形式来反对我们自己1895年条约的协议"[①]，要求举行新一轮的中法谈判。在法方的施压下，清政府再次妥协，历经三个多月的交涉，法国再次扩大了在华商业特权。

因江洪地区所引发的一系列中英、中法之间的谈判，不仅使中国丧失了西南边陲的大片领土，还导致众多商业利益和主权受到侵害，进一步加剧了中国西南边疆的危机。

薛福成通过边界谈判，争回了中国对孟连、江洪的领土权益。为了消除法国对江洪地区的潜在威胁，他运用以夷制夷的策略，借助英国的认可，巩固中国在江洪地区的主权，防范边疆危机的发生。然而，出乎意料的是，这一决策最终导致了一系列主权丧失的连锁反应。

这一系列事实充分证明，中国在捍卫自身主权利益的过程中，企图依赖他国来维护主权的做法是极不可靠的。特别是在强权主义横行的时代背景下，这种做法不仅严重损害主权的完整性与独立性，更为帝国主义国家干涉中国内政提供了可乘之机与冠冕堂皇的借口。清政府非但未能有效强化在边疆地区的统治，反而因此丧失了大量主权，使边疆危机愈发深重。

四、中英第一次勘界悬案——1897-1900年的会勘划界

依据国际法及相关条约，国界的建立流程通常遵循以下步骤：首先，两国应

---

① 施阿兰：《使华记（1893-1897）》，第146页。

签署专门的边界条约，共同明确并详细阐述两国边界的主要位置及边界线的延伸方向。随后，依据所缔结的条约内容，绘制成详尽的边界地图。由缔约双方代表共同组成划界委员会，负责实地勘察测量工作，并设立界桩以作为明确的边界标志。最后，起草关于两国边界的议定书，据此绘制正式的边界地图，完成国界的划定工作。

1894年，《中英续议滇缅界务商务条款》的签署，首次明确了尖高山以南的中缅边界走向。随后，在1895年6月，印度政府向伦敦提出，希望依据条约内容对中缅边界进行实地勘划。然而，此提议并未获得采纳。原因在于，当时英国外交部收到驻华公使欧格纳的报告，其中指出法国政府正极力迫使清政府割让江洪部分地区予法国。为此，伦敦政府认为中英两国正式划定边界，应等待中法两国谈判的结果明确之后再作进一步决策。

法国凭借所谓“干涉还辽”有功取得江洪所属的两乌地，英政府立即提出异议，声称这违反了之前所签署的《中英续议滇缅界务商务条款》，并要求清政府给予相应的补偿。双方谈判决定对1894年确定的中缅边界线进行调整，并于1897年2月正式签署了新的滇缅边界协议。随后，中英两国共同派员依据新协议的规定，对滇缅中段和南段边界进行了实地勘界与标定。

第一次中英滇缅边界勘界中英官员合影

1897年条约第六条规定："两国勘界官应于此附款画押后12个月之内，在两国届时所定之地相会。勘界官自首次相会之日起，应限定不出三年之外将两国界线一律勘定。"1897年12月，两国所派遣的勘界委员依约于八莫进行了会面。清政府方面，指派临元镇总兵刘万胜负责西路勘界事宜。而英国方面，首席代表最初为怀特，后转由司格特（G·Scott）担任。在勘界过程中，双方采用了分段勘办的策略，自1897年底起，至1898年5月止，完成了尖高山以南至南奔江以北的界线勘划。自1898年1月起，刘万胜与司格特又共同勘办了自腾越南布江起始，延伸至顺宁、永昌所属耿马、孟定一带的边界。与此同时，迤南道陈灿与英员觉罗智于1898年底至1899年4月期间，勘划了猛阿以南怒江至湄江段的边界。在最后剩余镇边厅段，即位于南帕河与南定河交汇点至南马河与南卡江汇流处之间的边界，出现了严重的分歧。

此段边界所穿越的区域，主要聚居着佤族民众，历史上该民族亦被称为"阿佤"或"卡佤"。佤族是一个以阿佤山为核心，分布在中缅边境地带的跨境民族。

一般认为，在我国古代史书中被记录的名为"濮"的族群，即为今日操南亚语系孟高棉语族之诸民族，诸如佤族等的前身。据考证，在元代之前，"濮"族群被称为"蒲蛮"，而"蒲蛮"又被细分为"生蒲"和"熟蒲"两类。"熟蒲"主要分布于镇康以南的现今保山昌宁、凤庆、云县一带，而"生蒲"则主要聚居在镇康以南的边界地区，即现今中缅两国的边境地带。今缅甸境内的佤族，是在13世纪时，随着当地傣掸民族势力的崛起，才被傣掸民族驱赶到山上或被他们所控制的。在那一时期，控制了中缅边境地区一部分佤族的傣掸民族，其本身亦处于中国元朝、明朝的管辖范围之内。据中国史书记载，明朝在佤族聚居区设置了镇康御夷州、孟定御夷府以及孟连长官司等行政机构，以实施有效的管理和统治。

16世纪，缅甸的东吁王朝崛起后，曾一度发动军事行动侵入云南。然而，这一时期的缅甸王朝势力尚未触及至现今缅甸的北部和东北部边境地区，尤其是佤族聚居的地域。直至18世纪，由于清政府对边境地带的控制范围逐渐缩减，位于萨尔温江以东的两个主要佤族聚居地——茫弄（Manlon）以及更为偏北、接近阿佤山核心地带的"佤邦"地区，才逐渐受到缅甸贡榜王朝势力的间接管辖。当时，缅甸人将位于茫弄地区的佤族称为“家佤”，而将更偏北位于阿佤山一带的佤族称之为“野佤”。1885年，英国覆灭了贡榜王朝后，逐步向缅甸北部及东北部的少数民族聚居区域渗透。至19世纪末，英国在“家佤”地区的统治地位已逐渐稳固，却遭到了“野佤”的强烈抵制与反抗。

1899年末，滇督指派陈灿、刘万胜前往户板地区与英方人员会面，开始勘查阿佤山区的中缅边界走向。然而，由于双方所持有的地图存在很大差异，关于约文中公明山的具体位置以及边界线的确切走向，双方一直未能达成共识，争论不断。根据陈灿所提交的禀牍记录，双方曾经在猛角达成协议，英方表示愿意将存在争议的西盟、勐梭地区划归中国管辖，中国则同意将公明山的归属权让予英国。然而，不久后司格特推翻了先前的议定，再次提出对南卡江以东的西盟及勐梭地区的领土要求。直至1900年4月勘界工作终止，双方始终未能在此段边界问题上达成共识，于是双方各自划定了一条界线。

4月27日，司格特将其绘制的边界地图及详细书面说明交给了刘万胜。这份地图上所明确标出的界线，通常被称为“司格特线”，其划定主要依据了1897年条约所确定的经纬点。在地图上，镇边厅附近的孔明山被标识为条约中所指的公明山，而上下葫芦地、南卡江以东的西盟、勐梭等原本属于中国土司管辖的地区，则被划归入了缅甸。尽管司格特本人也意识到，该界线划分的合理性存在诸多质疑，比如：该界线将原本属于中国的班洪地区一分为二，同时还将1900年以前一直受中国管辖的猛卡、猛梭等地错误地划入了缅甸版图。然而，出于对国家“安全”战略利益的驱使，司格特并未因此放弃其提出的界线要求。

在此情境下，刘陈二人基于总理衙门所颁薛福成汉文图，根据条约中的行政区划，绘制出另一条界线，此界线被英人称作“刘陈线”。其中，北部的葫芦王地以上区域，即上葫芦地，归属中国；而下葫芦地则划归缅甸。至于南部区域，则依据“以镇边厅地方归中国”“以孟连归中国，孟仑归英国”之既定条款，明确划定南卡江为双方之界。随后，双方各自将界线方案呈报各自政府，以待最终定夺。

英属缅甸政府于1900年6月提出了对司格特线进行适度修正的建议。原因并非基于司格特线本身的不合理之处，而是基于英缅政府为了更加容易管理佤族部落的目的，认为司格特线的“一个弱点就是使佤族位于边境上。他们必将时不时地攻入中国境内，缅甸也就得对他们的遵守秩序担负起责任。但是如果让一掸族居民地带把他们与中国隔开，处理佤族部落的任务就会极大简化”①。基于这一考量，英缅政府认为适度将边界线向东推移十分恰当。然而，在考量边界条款的规定以及清政府立场后，印度政府及伦敦政府对此意见并未予以认可，依然坚持以司格特线作为中国与缅甸两国的边界线，并敦促清政府同意。清政府认为司格特线与自己勘查结果存在明显出入，自然无法立即接受这一要求。

当时，中国国内的义和团运动正愈演愈烈，面对西方列强的压迫和侵略，多年来积聚的民族矛盾终于爆发成为一场自发的武装“灭洋”行动，他们袭击铁路、工厂、出售洋货的店铺以及基督教传教士和入教的中国人。在清朝统治者的利用下，1900年6月义和团开进北京、天津，21日，慈禧太后下令同所有列强宣战。鉴于义和团运动的爆发，英国政府决定暂缓在边界问题上对清政府施加进一步压力，两国政府均未就南段未定界问题发布任何正式文告，该段边界问题遂被搁置。随后的一年中，英缅政府把主要工作聚焦于搜集争议地区更为精准的地理情报。

因此，自1897年底至1900年4月期间，中英两国就北纬25° 35′以南的多数中缅边界进行了划定，并设立了界桩。然而，镇边厅地区的边界问题未能达成一致，这一问题随后成为中英两国长期争议的焦点，通常被称为滇缅“南段未定界”。

1903年，英国驻华公使正式向清政府声明，提出在双方最终达成协议之前，英政府暂将司格特线视作临时边界线，此期间，中国官员与军队均不得擅自跨越此线。然而，由于司格特线与刘陈线之间的广大区域为性格彪悍的佤族人聚居地，英国的实际控制并未完全延伸至司格特线。

① A Note on the Namting-Nalawt Section of the Burma-China Frontier. F.O.371/1064.

虎狼之争
——晚清时期英法在云南的战略对撞

英国为打开侵略中国的后门，对我国瓦解藩篱、步步蚕食。作为我国西南边疆的重要门户，云南位于法属印度支那与英属印度缅甸两大殖民地之间，地理位置特殊，因此首当其冲地成了英、法帝国主义对华侵略战略中的焦点。

在1757年的普拉西战役中，法国遭受了惨重的失败，致使印度最终归入了英国殖民统治的版图之下。随后，双方达成了《巴黎和约》，英国按照协议将本地治里（Pondicherry）等殖民据点归还给了法国。但是，法国在这些地区被严格限制，不得设立军事防线，仅能进行商业活动。法国在印度的势力被削弱后，为了寻找新的出路，转而积极向东南亚以及中国的西南地区拓展，并暗中觊觎我国西南地区，意图继续与英国在亚洲南部争夺霸权地位。

1787年，法籍主教百多禄向法国殖民政府献策说："在目下印度的政治均势似大有利于英国人，如有人把恢复平衡看成并非易事，也许是有道理的。按照我的意见，在交趾支那建立一个法国的殖民地，是达到这个目的最稳妥、最有效的办法。要使英国人在印度的地位受到损害，最肯定的办法，就是在和平期间摧毁它的商业，或者，无论如何也要削弱它的商业。由于我们的地位较近中国，我们毫无疑问可以更多地吸收它的贸易。在战争期间，将更容易隔断中国和一切敌国的商务。由于这样一个有利的地位，我们将不难干扰英国人显欲将其边界向东扩展的计划。”[1]这一计划，被法国殖民政府采纳，长期成为其侵略印度支那以及我国南部边陲地区的基本方针。

与此同时，英国与法国在缅甸的殖民争夺同样异常激烈。英国殖民势力意图借道所谓的“中缅交通古道”（亦称“Old Burma Road”），企图借此打开我国西南边境的“后门”。

在18世纪末至19世纪初，英国殖民政府利用法国资产阶级革命爆发所引发的国内混乱，趁其无暇东顾，开始“着手排除法国在东方的势力”[2]。为此，英国积极策划并实施了对缅甸的侵略活动，旨在进一步扩大其在亚洲地区的势力范围。1824年、1852年，英国先后发动了两次侵缅战争，完全控制了下缅甸。1856年，云南地区爆发了一场以杜文秀为首的各族人民反清斗争，大理地区更是建立起临时政权。英、法殖民势力却企图“趁火打劫”，展开了争夺控制我国云南地区的斗争。他们竞相派遣所谓的“探险队”进入中国。随着杜文秀起义的失败，英、法两国的侵略计划也随之化为泡影。尽管如此，它们并未放弃对我国西南边疆的觊觎，不断寻找机会对我国进行侵略和扩张。

1875年“马嘉理事件”后，英殖民者胁迫清政府订立了《烟台条约》，获得了“商订滇缅通商章程”及“得派员在大理或他地驻留五年”的权利，初步实现了其打开中国西南边疆“后门”的野心。

法国为与英国争夺东南亚的霸权地位，同时寻求在中国西部贸易中的优势地位，在英国发起第二次侵缅战争后的次年，便急不可待地发动了对越南的侵略战争，以扩大其在东南亚的势力范围。1862年，法国通过胁迫手段与越南签订了《西贡条约》，强行吞并了越南南部地区。次年又迫使柬埔寨签订《武东条约》，将其置于法国的“保护”之下。为了实现进一步侵略我国西南边疆的野心，法国殖民者在1866年派遣了以特拉格莱（D.de Lagrée）和安邺（F.Garnier）为首的“探险队”，对所谓的“中柬古代贸易路线”进行勘查。

---

① 中国史学会编：《中法战争》第一册，第363页。

② Hall：《Burma》，第100页。

1868年5月，法国湄公河探险队到达汉口时的集体像
（选自《湄公河考察报告》，又称《加内报告》）

通过勘查，他们发现澜沧江上游不适于航行，便调整了原有计划，试图借红河侵入我国。1871年，法国商人堵布益（J.DuPius）自长江上游进入云南，频繁往来于河内与长江之间，开展详尽的情报收集和侦查工作。1872年，堵布益利用云南地方当局急于镇压杜文秀起义的时机，以协助军火交易为借口，获得了考察红河航道通航条件的权利。

法国殖民当局趁此机会，将正在侦查云南与长江间通道的安邺召回，与堵布益汇合，图谋通过武力方式实现对河内的占领，控制红河流域。在越南人民的坚决抵抗与刘永福率领的“黑旗军”的勇猛反击下，击毙了安邺，保卫了河内。然而，越南顺化朝廷在法国殖民头目狄布里（A.Dupu é）的诱引之下，于1874年3月5日签署了《越法媾和同盟条约》。该条约不仅将圻南地区全部割让给法国，法国在越南的殖民统治得到了进一步的巩固，条约还赋予了法国通过红河直接通航至中国云南蒙自的特权，为法国提供了进入中国西南地区的通道。

由于普法战争导致法国在欧洲的势力受到了削弱，要补偿在欧洲的损失并扩大其全球影响力，法国将其殖民扩张的焦点转向了东方。为了扩张“在印度支那的殖民地范围”[①]和“在中国获得领土的计划好的行动根据地”[②]，法国议会于1883年5月15日通过了增加远征越南军费550万法郎和增派1800名侵略军的议案，并发动了侵越战争。越南顺化朝廷当时因内部纷争，无法有效抵御外部侵略而向法国投降，8月25日在顺化签订条约，正式宣告承认并接受法国的保护。随后，双方在1884年6月6日进一步达成了最终的保护条约，即《第二次顺化条约》，正式确立了法国对越南的保护权。越南人民与中国军队并肩作战，坚决抵抗法国侵略者的侵略行为，并在1885年3月24日取得了著名的“谅山之役”的胜利。但是这场战役的结果并没有改变中法战争的总体趋势，法国最终在1885年的《中法新约》（又称《中法天津条约》）中迫使清政府承认了法国对越南的保护权，结束了越南作为清朝藩属国的历史。法国就此取得了在滇、桂二省开设商埠和建筑铁路的权利，“以印度支那为据点，向中国伸展”，“作为得以顺利控制云南的因素”。[③]

英国对法国在湄公河流域的活动及其侵犯越南和东京的行为感到极度担忧和不安。1885年1月15日，法国殖民者与缅王锡袍共同签署了《法缅攻守同盟条约》，直接挑战英国在缅甸的殖民统治地位，英、法两国在东南亚地区的殖民利益冲突已趋于白热化。1885年11月14日，英国发起第三次侵缅战争，并吞并缅甸，旨将缅甸作为其进一步侵略我国西南边疆的跳板，1886年的《中英缅甸条款》为英国侵略者打开了中国的“后门”。

自法国并吞越南、英国占领缅甸后，英、法两国对我国西南边疆展开了侵略竞争，使我国西南边疆的危机进一步加剧。根据《天津条约》第六款，法国于1886年4月25日与清政府签署《越南界务通商章程》。然而，法国并未因此满足，进而于1887年6月26日迫使清政府订立《中法续议商务专约》。根据该条约，中国开放广西龙州、云南蒙自及蛮耗为商埠。同时，法国在龙州、蒙自两地可以派领事驻扎，并获得红河航运之便利及货物减税之特权。为确保法国在我国

---

① （美）T.M.欧弗莱区（T.M.Overlqch）：《列强对华财政控制》，上海人民出版社，第84页。

② 《中国铁路发展史》，第152页。

③ 《列强对华财政控制》，上海人民出版社，第86页。

法国湄公河考察队进入中国的第一个夜晚，考察队对踏入中国的土地充满了喜悦，加内写道："中国，这个词本身就足以让人想起庞大的帝国和悠久的历史。"

（选自《湄公河考察报告》，又称《加内报告》）

西南地区的侵略势力不被英国所削弱，条约还规定"日后中国南境西南境，与友国立定条约和约条章程，所有益处及通商利益，一经施行，法国无不一体照办，毋庸再议"。由此，法国之侵略势力得以进一步深入我国西南边疆。

在此期间，英国采取了"熟视而待机"①的策略。1894年3月1日，英国与清政府正式签署了《中英续议滇缅界务商务条款》，此举使英国获得了与法国在我国西南边境地区相等的特权。同时，通过界务条款对法国向西扩张的行为作了限制与约束。为了稳固英国在滇缅地区的侵略势力，并防止其殖民的缅甸在暹罗北部与法国势力形成直接接壤的局面，英国政府谋划在湄公河上游区域建立一道战略缓冲地带。为此，在界务条款中明确规定："中国必须确保不将孟连与江洪全境或任何部分领土割让予他国"。

然而，法国并未因此放弃其野心，而是利用干涉归还辽东半岛的所谓"功绩"作为诱饵，于1895年6月20日迫使清政府签订了《中法续议界务商务专条》。在界务专条中规定，中国云南境内的猛乌、乌德以及化邦、哈当贺、联

① 《世界外交史》第三分册，第99页。

盟、猛地等处划归法属越南，旨在实现其在“法缅攻守同盟条约”中未得逞的领土野心，试图与英国争夺我国西南边疆。在商务专条中又规定，改开河口以代蛮耗并增开思茅为商埠，云南、广西、广东三省开矿，先向法商及矿师商办；越南铁路得接至中国境内；思茅至越南接通电话线。据此，法国侵略者不仅在我国西南边疆进一步扩大了其通商特权和利益，更在列强中率先开启了在我国境内开矿、筑路、架设电话线等特权的恶劣先例。其野心昭然若揭，企图将“法属印度支那”的殖民势力进一步深入到我国西南地区，构筑侵犯我国南部各省的侵略基地。

此条约的签订，令英国侵略者深感恐慌。特别是在当时法、俄两国结成同盟的形势下，一旦法国的侵略势力向北扩展至我国境内，而俄国的侵略势力向南延伸，北直隶与扬子江之间将无天堑可守。如此一来，英国在扬子江流域的独占侵略优势将面临前所未有的严重威胁。出于所谓的“一种自卫措施”①，1896年1月15日，英国与法国在伦敦正式签署了旨在划分双方势力范围的《英法协定》（即：《关于暹罗等地的宣言》）。该协定约定：暹罗划分为英国和法国的势力范围，双方约定未经另一方同意，一方不得在任何情况下以任何借口将军队开进波查武里河、湄克龙河、湄南河、邦巴河及各支流的流域的地区，不单独在上述地区索取任何特权和利益。维持暹罗王国、湄南河谷部的独立，并约定双方不缔结足以使第三国能够在该地区采取任何行动的任何单独协定。该协议使暹罗的中心区域成为英法两大殖民帝国间的缓冲区，以湄南河为界，湄南河谷以西为英国势力范围，以东为法国势力范围。两国放弃对江洪地区的特权和利益，以及滇、蜀利益均沾。然而，尽管达成了该协定，他们在我国西南地区依然不断上演着明争暗斗的侵略行径。

1897年2月4日，英国以清政府违反1894年所订立的《中英续议滇缅界务商务条款》为由勒索清政府签署了《中英续议滇缅条约附款》及《西江通商专条》。在该条约中，英国占据了我国的科干等地区，而且获取了在我国西南地区进一步加深经济侵略、发展铁路与内河航运等相关特权，即：将蛮允设领事改

① 伯尔考维茨：《中国通与英国外交部》，江载华译，商务印书馆1959年版，第203页。

在腾冲或顺宁，另增思茅一地；中国在云南建筑铁路必须与英属缅甸铁路衔接；滇缅边境商路一律开放；并在专条中取得了“在英人的眼中，是唯一能实际与红河路竞争的路线”——西江航运权[①]。这个条约是英国对于1895年的《中法协定》和其后公开的法国在南方建筑铁路计划的一个制衡。此时的法国已确立其进一步侵犯我国南部及西南地区的阴谋，利用中日战争后俄、法、德三国迫使日本放弃辽东半岛为借口，向清政府索取报酬：海南岛不得转让予他国，准许法国延长龙州铁路，开采云南及两广地区的矿山资源，并强迫清政府修缮红河航道及河口至昆明的道路，为其深入云南进行侵略活动提供便利。然而，腐朽的清政府对此竟然全盘接受。

佤族妇女素描
（选自1895年亨利·奥尔良《云南省游记·从东京湾到印度》）

“为了和俄国在满洲、德国在山东、法国在华南日益增长的势力相抗衡”[②]，“竭力攫取特权并保护英国对于最精选的范围——扬子江的保护权”[③]，1898年2月9日，英国公使窦纳乐照会清总理衙门称“本大臣深愿中国国家确切保证不将扬子江沿岸各省租押或以其他名义让予他国”，2月11日，清政

① 伯尔考维茨：《中国通与英国外交部》，江载华译，商务印书馆1959年版，第247页。

② 威罗贝：《外人在华特权和利益》，王绍坊译，第39页。

③ 威罗贝：《外人在华特权和利益》，王绍坊译，第38页。

府被迫承认：“查扬子江沿岸均属中国要地，中国断不让予或租给他国。”[①] 英国占据长江之利，向西延伸至其在印度与缅甸的殖民地，从而形成了一条深入我国内地的侵略走廊，而云南则成为这一走廊不可或缺的一环。英国远东情报分局局长戴维斯（H.R.Davies），曾于1894年至1900年间4次深入云南进行侦察。戴维斯在其所著的《云南：联结印度与扬子江的链环》（Yunnan:The Link Between India and the Yangtze）一书中，毫不掩饰地揭示了英国的侵略野心。

《云南：联结印度与扬子江的链环》，剑桥大学出版社1909年版

与此同时，法国为保持其在华南地区的侵略权益，亦向清政府提出一系列特权诉求，即广东、广西、云南三省不得割让予他国，滇越铁路须由法国负责修建，并租借广州湾为期九十九年。清政府无奈逐一应允，并于1900年1月5日正式签订《广州湾租借条约》。自此，帝国主义列强瓜分我国领土的势力范围基本确立，而广东、广西、云南三省则沦为法国的势力范围。法属印度支那总督杜美公然宣称：“对中国的渗入，从我们占有地（即越南）的北方必须保证建造那条贯穿云南、四川的铁路（即滇越铁路及其延长线）；从我们占有地东北渗入中国的广东、广西，则有赖于自河内展筑至镇南关的印度支那铁路，及新近在广州湾获得的土地。”越南与广州湾成为法国对我国实施侵略的稳固基地。

云南虽属于法国势力范围，也位于长江流域，英国将其视为印度通往扬子江

① 梁为楫、郑则民编：《中国近代不平等条约选编与介绍》，中国广播电视出版社1993年版，第332页。

的重要战略通道。若法国独霸云南，那么英国精心策划的侵略走廊将被截断，其独占为势力范围的扬子江流域上游地带也将遭法国侵占，这正是法国积极侵略云南的终极目标所在。法属印度支那总督杜美曾对英国试图借道缅甸以渗透云南、四川的意图进行了直白的评论："假如我们要争取的话，我们就应该在这场和平斗争中取得胜利。依赖红河流域所给予的便利是有助于我们控制云南的"。他又说："滇越铁路只有将它展筑至人口稠密的四川省，才会显出它的真正的价值。"[①]故而，英、法两国在云南的角逐尤为激烈且针锋相对。正如英国人约瑟夫（Philip Joseph）所说："法国可以在华边界通商，扩张铁路入中国境内，享有采矿优先权。英国政治家深知独占的经济支配实为政治侵吞的先声"[②]，一语戳穿了英、法帝国主义者对云南的争夺阴谋，即企图将我国西南地区置于其殖民统治之下。

此时，英国正阴谋侵占我国西藏领土。于是，法国便利用英国武装入侵西藏的机会，在1903年10月29日，迫使清政府签订了《会订滇越铁路章程》。法国的殖民势力在英国之前侵入了云南的腹地。这条铁路不仅延伸至四川，而且进一步拓展至滇西，从而与海上从广州湾至越南以及法属印度南部本地治里的线路形成有效联结。

修筑滇越铁路将使法国殖民优势得到加强。同时，法国出于与英国在我国西南地区争夺势力范围的目的，该铁路的建设规划不仅将向东延伸，更将向西拓展，旨在斩断英帝国在"印度与扬子江间的链环"，独霸我国西南地区，此举引发了英国的高度警觉与疑虑。

英国远东情报分局局长戴维斯曾心怀不安地坦言："现在首先侵入云南的铁路，无疑将是法人从东京正在修建的路线。当法国铁路到达云南省会云南府（今昆明）时，似不终止于此。……无疑地最后将会不仅向东，而且要向西延长。……假使我们仍然延搁滇缅铁路计划，面对的事实是，在此时间内法人将占有缅甸——扬子江铁路在大理府以东的整个地区，质以数字言之，即在全线

① 《中国铁路发展史》，第156页。

② Philip Joseph：《Foreign Diplomacy in China,1894−1900》（1928.伦敦），第151页。

1000英里中大约有700英里将落入外人之手。况且云南最富庶的西部贸易将可能流向东京代替现在经由缅甸的路线。作为印度帝国的占有者与中国国际贸易中最大份额的掌握者，我们不能对于外人在这个链环地区从事建设仍能是漠不关心的旁观者，我们也不能仍然安详地坐视云南西部的贸易从我们的门庭中夺走。”[①]戴维斯此番言论犀利地指出了英、法帝国主义企图独霸云南实施殖民统治，并深刻揭露了他们在激烈争夺中产生尖锐矛盾的根源。

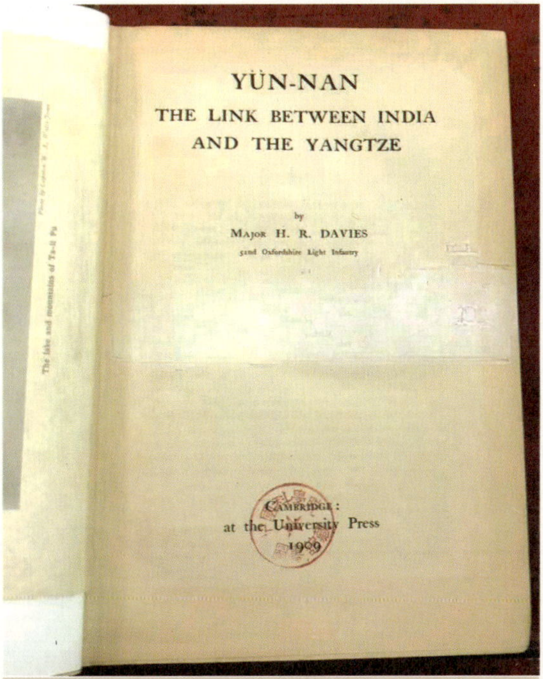

1909年剑桥大学出版的《云南：联结印度与扬子江的链环》扉页

在19世纪，英国与法国殖民势力为争夺亚洲南部的殖民霸权，将斗争矛头集中指向云南地区。他们的核心目的，在于进一步拓展对中国的侵略版图，攫取更多的殖民利益。尽管在不同历史阶段，他们的争夺目标和矛盾焦点时有变迁，但总体来看，他们的侵略意图和战略方针始终如一，从未有过任何松懈和改变。

① Henry Rodolph Davies：《Yunnan:The Link Between India and the Yangtze》（1909 Cambridge University），第10—11页。

附　录

光绪二十年正月二十四（1894年3月1日）伦敦签署的《中英续议滇缅界务商务条款》

大清国大皇帝，大英国大君主，五印度大后帝，现因两国如此和好，极愿固结邻交，益加亲睦，订立条约，俾光绪十二年六月二十三日北京所定缅约第三款之事，得以办妥，大清国大皇帝特派钦差驻扎英京大臣二品顶戴都察院左副都御史薛，大英国大君主五印度大后帝特派钦差管理外部事务大臣勋赐极尊鞢带宝星世袭伯爵劳，各将钦奉全权文凭，互相较阅，均属妥协，议定条款如左：

第一款 今议定两国边界，自北纬三十五度三十五分起，由格林尼址东经九十八度十四分，即北京西经十八度十六分之尖高山起，随山脊而行，向西南过高仑坪反佤仑山尖，由此过华昌村与高仑村之中间，以华昌村归缅甸，高仑村归中国，直至萨伯坪，自萨伯坪起，其线向西而行稍向南，过式脱仑坪，利纳门格坪。由此仍向西南随山脊而行，至大萨尔河，自此河源至此河与南太白江相会处分尤克村在东，列捧村在西。自大萨尔河与南太白江相会处起，界线溯南太白江而行，至此江与雷格拉江相会，循雷格拉江上至其源，在尼格兰相近，自雷格拉江发源处，分尼克兰古庚升格拉在西；昔马及美利在东。其线自来色江之西源起，至此江与美利江相会处，复溯美利江上至其源在赫畚辣希冈相近，再向西南顺列塞江而行，自列塞江源至该江流入穆雷江处。在克同相近，分克同村在西，列塞村在东，界线即循穆雷江向东南而行，至与既阳江相会处，然后溯既阳江上至其源，在爱路坪，然后由南奔江（即红蚌河）西支源起，顺南奔江而行，至流入太平江（即大盈江之名槟郎江）之处。以上系首段之边界线。

第二款 第二段之边界由库弄河（一译作葛龙江）与太平江相会处起，循库弄河经过其西边一条之支江，至其根源，自此向南而行，与洗泊河（即下南太白江）相会，适在汉董之西南，以麻汤归英国，垒弄格东铁壁关汉董归中国，至此溯洗帕河之支江而上，此江有根源，最近孟定格江之根源，即循山脊而行，向东南方至南碗河边，靠南之克沱，以克沱归中国，配仑归英国。循南碗河向西南方面行，下至该河，转向东南处，约在北纬二十三度五十五分，其线由此往南稍向西，至南莫江以南，尽归英国。循南莫江而行，至南莫江分开处，约在北纬二十三度四十七分，溯南边一条之支江而行，至蛮秀南边高岭之脊，约在北纬二十三度四十五分，即循此岭脊而行，此岭脊系向东行稍向北，至瑞丽江（即龙川江）与南莫江相会处，以蛮秀地方及天马关、欣隆、拱卯各村归中国。此数处在以上高岭之北首，即溯瑞丽江而上，至此江分流处，再溯南边一条之支江而上，以江中大洲归中国，至此江与孟卯相对东边合流相近之处，如第三条所开，中国答允由八募至南坎各路中之最捷一条大路，经南碗河之南，中国一小段地内，除中国商民与土人仍旧任意行走外，亦可听英国办事官员及商民游历之人行走，并不阻止。英国如欲修理此路，或设法改筑，可臻平稳，告知中国官后，便可动工办理。又有须保护商贾或防偷漏等事，英国亦可筹备办理。又议定英国之兵，可以随便经过此路，但如兵数过二百名者，若未经中国官答允，即不准过此路。所有带军器之兵，如在二十名以上，即须预先行文知照中国。

第三款 第三段之边界，自瑞丽江与孟卯相对东边合流相近之处起，照天然界限及本地情形，东南向麻栗坝而行，约到格林尼址东经九十八度零七分，北京西经十八度二十三分；北纬二十三度五十二分地方，有一大山岭，自此循岭脊而行，过来邦及来本陇至萨尔温江（即潞江）约北纬二十三度四十一分，此段由瑞丽江至萨尔温江之边界，应照第六条所开，由勘界官划定。所有归与中国之地，极少须与孟卯至麻栗坝作一直线，为边界所包括之地相等。傥查得合式可为边界之处，尚须加添少许之地归中国，则中国应将别处边界之地，给还少许与英国，此事俟日后酌办可也。自北纬二十三度四十一分起，边界线循萨尔温江至工隆北首之边界，即循此工隆边界，向东留出工隆全地及工隆渡归英国，科干归中国。

由此循英国所属之琐麦与中国所属之孟定分界处之江而行，仍随此两地土人所熟识之界线，至界线离此江登山处，以萨尔温江及湄江（即澜沧江）之支江水分流处为界线，约自格林尼址东经九十九度，北京西经十七度三十分，北纬二十三度二十分，约至格林尼址东经九十九度四十分，北京西经十六度五十分，北纬二十三度，将耿马、猛董猛角归中国。在格林尼址东经九十九度四十分，北京西经十六度五十分，北纬十三度处边界线，即上一高山岭，此山名公明山，循山岭向南而行，约至格林尼址东经九十九度三十分，北京西经十七度，北纬二十二度三十分，以镇边厅地方归中国。然后其线由山之西斜坡而下，至南卡江，即顺南卡江而行，约过纬度十分之路，以孟连归中国，孟仑归英国。然后循孟连与康东之界线，此界线亦皆土人所熟悉。至北纬二十二度稍北处，即离开南卡江向东略南，循山脊而行，至南垒江。约在北纬二十一度四十五分，格林尼址东经一百度，北京西经十六度三十分，由此循康东及江洪之界线。此界线大半系顺南垒江而行。惟除属江洪一小带之地，系在南垒江之西北，北纬二十一度四十五分稍南，界线行至江场边界后，约在北纬二十一度二十七分，格林尼址东经一百度十二分，北京西经十六度十八分，即循江场与江洪之界线而至湄江。

第四款 今议定北纬二十五度三十分之北一段边界，俟将来查明该处情形稍详，两国再定界线。

第五款 现因中国不再索问永昌腾越边界外之隙地，英国大君主于北丹尼（即木邦）地及科干照以上所划边界让与中国之外，又允将从前属中国兼属缅甸之孟连、江洪所有缅甸上邦之权，均归中国大皇帝永远管理。英国大君后于该地所有权利，一切退让。惟订明一事，若未经大皇帝与大君后预先议定，中国必不将孟连峻江洪不全地或片土让与别国。

第六款 约内所开边界各线及所附之地图绘明详细，应由两国所派勘界官比较划定，以免地方官民争论。如查得何处有未甚妥协者，应行更正。两国勘界官应于交换批准条约之后十二个月之内，在两国届时所定之地相会。勘界官自首次相会之日起，应限定不出三年之外，将两国界线一律勘定。傥两国勘界官查出所定界线，必须改易，其互易之地，不应仅视其地面之大小，须论其地土之肥瘠及紧要与否。傥勘界官不能商妥，应速将未妥情形各报明本国国家核办。勘界又须设法查勘中国旧边界各为汉龙关者，傥查得在英国境内，英国当审量可否归还中国（如查系在孟卯东南，即系在孟卯至麻栗坝直线之北边则已归中国矣）。

第七款 划界之事，经两国勘界官勘定后，两国如有越界之兵寨等，于八个月之内，一概退出。彼国兵退，此国立即派兵接驻。两国应将退兵驻兵日期豫相知照。自驻兵之日起，应各担保界内所居之各种野人安静无事。除保护边界各地安静必应有之兵寨外，两国答允各不在边界十英里之内，建修新旧炮台营寨。英里量法，系从最近之线界，作一直线量之。

第八款 英国极欲振兴中缅陆路商务，答自条约批准之日起，以六年为期。中国所出之货及制造之物，由旱道运入缅甸，除盐之外，概不收税。英国制造之物及缅甸土产运出缅甸，由旱道赴中国，除米之外，概不收税。其余悉照第十条、第十一条办理。以上盐米之税，不得多于出入海口所收之税。

第九款 凡货由缅甸入中国，或由中国赴缅甸，过边界之处，准其由蛮允盏西两路行走，俟将来贸易兴旺，可以设立别处边关时，再当酌量添设。中国欲令中缅商务兴旺，答允自批准条约后，以六年为期，凡货经以上所开之路运入中国者，完税照海关税则减十分之三，若货由中国过此路运往缅甸者，完税照海关税则减十分之四。凡有陆路出入货物，应给发三联单（即子口税单），照通商口岸章程一律办理。运货经过中国地段，如在此约所准之路及有偷漏等弊，傥中国官愿行查办，即可将该货充公。

第十款 凡以下所开军器，非经国家准购，不得由缅甸运入中国，亦不得由中国运往缅甸。此等货物，仅准售与奉国家明喻购办之人，不得售与他人。如各种枪炮及实心弹、开花弹、大小弹子、各种军械军火、硝磺、火药、炸药、棉花火药及别种轰发之药。

第十一款 食盐不准由缅甸运入中国，中国铜钱、米豆五谷不准运往缅甸。鸦片及酒，不准由两国边界贩运出入，惟行路之人，准其酌带若干，以备自用，每人准带之数，应照关章定夺。若犯此条及前一条，即将所有之货充公。

第十二款 英国欲令两国边界商务兴旺，并使云南及约内中国新得各地之矿务一律兴旺，答允中国运货及运矿产之船只，由中国来或往中国去，任意在厄勒佤谛江（即大金沙江）行走，英国待中国之船，如税钞及一切事例，均与待英国船一律。

第十三款 中国大皇帝可派领事官一员，驻扎缅甸仰光，英国大君主可派领事官一员驻扎蛮允。中国领事官在缅宁，英国领事官在中国，彼此各享权利，应与相待最优之国领事官所享权利相同。如将来中缅商务兴旺，两国尚须添设领事官，应由两国互相商准派设。其领事官驻扎滇缅之地，须视贸易为定。中英两国领事官，在所驻之地与其地方大员往来，均系平行。

第十四款 英国商民等欲由缅甸赴中国，应向合宜之英员，请中国派驻仰光之领事官或边界上之中国官给发护照，方能前往。其护照式样，一边英文，一边华文，与通商口岸所给护照无异。华民欲由中国赴缅甸如愿领护照者，可向华官请英国驻扎蛮允之领事官发给护照。倘遇中国别地有一英国领事官，亦可就近请给护照。

第十五款 英国之民，有犯罪逃至中国地界者，或中国之民有犯罪逃至英国地界者，一经行文请交逃犯，两国即应设法搜拿，查有可信其为罪犯之据，交与索犯之官。行文请交逃犯之意，系言无论两国何官，只要有官印，便可行文请交。此种请交逃犯之文书，亦可行于罪犯逃往之地最近之边界官。

第十六款 今欲令两国交涉与贸易日臻蕃盛，并欲中国派驻仰光之领事官与中国大宪往来通电。两国答允俟可设法通电之时，应将两国电线接连，此线创办之始，专寄滇缅官商等往来电报。

第十七款 两国人民，无论英民在中国地界，或华民在英国地界，凡有一切应享权利，现在所有或日后所添，均与相待最优之国一律，不得有异。

第十八款 约内所开通商各节，俱非寻常款例，此由两国察看地方情形及中缅陆路通商应办之事，互相允让而立。所有互给权利，两国之民，除有同样情形外，不得在别处接壤之地，照样索问。即使有同样情形，亦必须有同样之让允方可。

第十九款 以上通商章程系暂行试办。俟两国察看得详细情形如何，去碍获益，可于交换批准条约六年后，或中国愿行修改或英国愿行修改均可商议。倘两国俱愿略早修改亦可。

第二十款 此约由大清国大皇帝、大英国大君主、五印度大后帝批准，自画押之日起，准六个月在伦敦互换，或能略早亦可。此条约应于交换后立即开办。现在大清国大英国各大臣先盖用关防，以昭信用。

此约共四分，华文二分，英方二分。

光绪二十年正月二十四日，西历一千八百九十四年三月初一在伦敦立。

附件

今因照办（光绪十二年六月二十三日，西历一千八百八十六年七月二十四日）北京所定缅国条约第三款之事，中英两国现定条约，今日签名。于签名之前，两国签名大臣，俱认现订条约，既系专办，约内首段所言之事而立，约内各款，仅可用于条约所指两国所属之地，不能用于别处。

（选自周光倬著《1934–1935中缅边界调查日记》）

光绪二十三年正月初三（1897年2月4日）北京签署的《中英续议滇缅条约附款》

大清国大英国国家为续议附款事，今因英国不再索问中国于光绪二十一年五月二十八日与法国订立条约所让江洪界内之地，致与二十年正月二十四日与英国订立之中缅条约相违。彼此和商，于原订条约或增或改，拟立附款如左：

第一款 今议定两国边界自北纬二十五度三十五分起，由格林尼址东经九十八度十四分，即北京西经十八度十六分之尖高山起，随山脊而行，向西南至佤仑山尖（即高良），由此接至萨伯坪。自萨伯坪起，其线顺分水山向西而行稍向南，过式脱仑坪，到纳门格坪。其线由此分西衣罔木萨两处，而画直至大巴江。然须俟就近查考后再定。自大巴江至南太白江；自南太白江至巴克乃江；自此顺巴克乃江到该江源头大朗坪相近处，由此顺大郎坪岭至畚辣希罔；自畚辣希罔线顺西南而行，至列塞江顺列塞江至穆雷江，分克同村及列塞村于两处，线自中画。自此顺穆雷江至该江与既阳江相会处；再顺既阳江至爱路江，顺南奔江（即红蚌河）至太平江。

第二款 自太平江及南奔江相会处，此线顺太平江到佤兰岭相近处；由此顺佤兰岭及佤兰江至南碗河，顺南碗河至该河与瑞丽江（即龙川江）相会处。南碗河之南，那木喀相近有三角地一段，而濒南莫江之支河，及蛮秀岭之垒周尖高山，从此尖高山遵岭东北至瑞丽江，此段地英国认为中国之地，惟是地乃中国永租与英国管辖，其地之权咸归英国，中国不用过问。其每年租价若干，嗣后再议。

第三款 自南碗河瑞丽江相会处，线顺今之新威部落北界，至萨尔温江（即潞江），将瑞丽江合流之处及万定、孟戈、孟夏等处将及全地划归中国。

自瑞丽江于南算相转北之处（即瑞丽江与南阳江相会处），线顺南阳江上行至该江源头孟哥山，约在北纬二十四度七分、东经九十八度十五分。自此顺丛树山岭，至潞江与南迈江相会处。由此顺潞江上行，直到科干西北界。顺接科干东界，直抵工隆界上。将工隆全地划归英国。由此循英国所属之琐麦，与中国所属之孟定分界处之江而行，仍随此两地土人所熟识之界线，至界线离此江登山处，以萨尔温江及湄江（即澜沧江）之支江太分流处为界线，约自格林尼址东经九十九度，北京西经十七度三十分，北纬二十三度二十分，约至格林尼址东经九十九度四十分，北京西经十六度五十分，北纬二十三度，将耿马、猛董、猛角归中国。在格林尼址东经九十九度四十分，北京西经十六度五十分，北纬二十三度处边界线，即上一高山岭，此山名公明山。循山岭向南而行，约至格林尼址东经九十九度三十分，北京西经十七度，北纬二十二度三十分，以镇边厅地方归中国。然后其线由山之西斜坡而下至南卡江，即顺南卡江而行，约过纬度十分之路，以孟连归中国，孟仑归英国。然后循孟连与康东之界线，此界线亦皆土人所熟悉，由南卡江分开至北纬二十二度稍北处，即离开南卡江向东略南，循山脊而行，至南垒江，约在北纬二十一度四十五分，格林尼址东经一百度，北京西经十六度三十分，由此循康东及江洪之界线，此界线大半系顺南垒江而行，惟除属江洪一小带之地系在南垒江之西，北纬二十一度四十五分，稍南界线，行至江场边界后，约在北纬二十一度二十七分，格林尼址东经一百度十二分，北京西经十六度十八分，即循江场与江洪之界线而至湄江。

第四款 与原约无所增改。

第五款 今彼此言明，日后中国未经先与英国议定，不能将现在仍归中国在湄江左岸之江洪土地，以及孟连与所有在湄江右岸之江洪土地或全地或片土，让与他国。

第六款 今彼此议定，将原约第六条拟改如左。现在所定边界各线，应由两国所派勘界官比较划定，以免地方官民争论。如查得无论何处检未甚妥协者应行更正，两国勘界官应于此附款画押后十二个月之内，在两国届时所定之地相会。勘界官自首次相会之日起，应限定不出三年之外，将两国界线一律勘定。如确守附款所定界线，必有骑线之乡村部落地段，勘界官员可量为迁改互易。倘勘界官员有不能商妥之处，应速将未妥情形，各报明本国国家核办。

第七款 与原约无所增改。

第八款 与原约无所增改。

第九款 凡货由缅甸入中国，或由中国赴缅甸过边界之处，按照原约准其由蛮允盏西两路行走。兹彼此言定，如将来两国勘界官员，查明另辟他路，与懋迁有益，所有查明之路，皆准照原约所载一律开通行走。

第十款 与原约无所增改。

第十一款 与原约无所增改。

第十二款 英国欲令两国边界商务兴旺，并使云南及约内中国新得各地之矿务一律兴旺，答允中国运货及运矿产之船只，由中国来，或往中国去，任意在厄勒佤谛江（即大金沙江）行走。英国待中国之船，如税钞及一切事例，均与待英国船一律。中国答允将来审量在云南修建铁路与贸易有无裨益，如果修建，即允与缅甸铁路相接。

第十三款 按照原约，中国可派领事官一员驻扎缅甸仰光。英国可派领事官一员驻扎蛮允。中国领事官在缅甸，英国领事官在中国，彼此各享权利应与相待最优之国领事官所享权利相同。如将来中缅商务兴旺，两国尚须添设领事官，应由两国互相商准派设，其领事官驻扎滇缅之地，须视贸易为定。今言明准将驻扎蛮允之领事官改驻或腾越或顺宁府，一任英国之便择定一处，并准在思茅设立英国领事官驻扎。所有英国人民及英国所保护之人民，准在以上各处居住贸易，与在中国通商各口无异。英国领事官在以上各处驻扎，与中国官员会晤文移及往来酬应，亦与通商各口领事官无异。

第十四款 原约内载华民欲赴缅甸，可向华官请英国驻扎蛮允之领事官给发护照云云。今既言明将驻扎蛮允之领事官改驻，或腾越或顺宁，自应将此条内驻扎蛮允之领事字样，改为驻扎或腾越或顺宁领事官。

第十五款 与原约无所增改。

第十六款 与原约无所增改。

第十七款 与原约无所增改。

第十八款 与原约无所增改。

第十九款 原约后加增通商章程，如未能议妥如何修改，则仍应遵守原约所载之章。

附件

光绪二十一年十二月初六日，经总理衙门照会大英署理钦差大臣，以光绪二十一年十一月五日本衙门具奏西江口岸通商一摺，奉旨知道了钦此。相应恭录谕旨照会，查照等因，今彼此言明，将广西梧州府、广东三水县城江根墟开为通商口岸，作为领事官驻扎处所。轮船由香港至三水梧州，由广州至三水梧州往来，由海关各酌定一路，先期示知。并将江门、甘竹滩、肇庆府及德庆州城外四处，同日开为停泊上下客商货物之口。按照长江停泊口岸章程，一律办理。

现在议定以上所定中缅条约附款及专条各节，应于画押后四个月之内，开办施行，其批准文据，应在中国京城速行互换。为此两国大臣，将此附款专条画押盖印，以昭信守。

此附款专条，在中国京城缮立汉文三分，英文三分，共六分。

光绪二十三年正月　日

西历一千八百九十七年二月　日

（选自周光倬著《1934-1935中缅边界调查日记》）

边疆之痛

1840年鸦片战争后，资本主义列强利用坚船利炮打开了中国的大门，掀起了对中国的殖民瓜分狂潮。地处中国滇西南边陲的阿佤山地区同样难逃列强的魔爪。英国侵略者对阿佤山的矿产资源早已垂涎三尺，1885年英国吞并缅甸后，制订了打开中国后门，修建铁路贯通滇缅，将英属印度与中国扬子江流域连为一体的贸易战略，步步为营蚕食中国西南边疆地区，阿佤山成为中英两国斗争的一个焦点。1886年签署的《中英缅甸条款》，提出："至于滇缅边境未定界，应由两国会商勘定。"1897—1900年中英第一次滇缅会勘划界，因双方意见分歧，滇缅南段边界成为未解悬案。1934年1月，英国侵略者看到武力恫吓、宗教渗透、金钱收买无法达到侵占阿佤山的目的，武力占领"炉房"，引发了震惊中外的"班洪抗英事件"。为了维护国土完整和捍卫主权尊严，佤山各族人民与英国侵略者进行了英勇顽强的斗争。

佤族爱国守边的光荣传统

阿佤山是中国领土不可分割的一部分，古时称“葫芦王地”[①]。西汉属古哀牢地，东汉属永昌郡哀牢县，唐南诏国属银生节度地，宋属大理国永昌府地，明清时期属孟定府管辖地，清光绪十四年（1888年）属镇边直隶厅，上隶顺宁府。

1659年南明王朝将军李定国驻军孟定、木邦一带，得知班老、班洪一带盛产银矿，与佤、傣头人协商创办“茂隆银厂”[②]，决定由佤族出地皮、李军出人力、傣族出粮食，剽牛盟誓：佤、汉、傣三家，精诚团结，代代相好。若有背盟者，罚龙首之马三匹，金角之牛三头。李定国以南明王朱由榔之意，封班老部落佤族头人达温香勐为班老王，敕赐金印和朝服，使佤族头人和佤族民众进一步增强了国家意识。1743年，云南石屏人吴尚贤“穷走夷方”，来到班老一带，后被拥为矿主，银业日益兴旺，来自湖广、云南内地的各族矿工汇集班老、班洪，

① 葫芦王地：佤族传说人类来源于葫芦，佤王所在地故被外人称之为“葫芦王地”。

② “茂隆银厂”：位于阿佤山，“茂隆”为傣语地名，佤语从之，“茂”即“矿”之意，“隆”即“大”之意。

各地商帮蜂拥而来，从而推动各兄弟民族的交往、交流、交融，进一步增强了佤族人民对中华民族的认同感。清光绪十七年（1891年），班洪首领岩果被受封为土都司，准其世袭，赐“胡”姓，名玉山，颁授铜制“世袭班洪土都司”[①]印一枚，进一步明确了清政府对阿佤山的主权和管辖。

1897年，英帝派遣司格特率领400余人的探险队，企图从班洪进入勐角董一带，遭到了佤族人民的坚决反对。1899年，中英第一次会勘滇缅边界时，以班洪王胡玉山为代表的佤族人民强烈反对英国对中国滇西南边疆的步步蚕食，对《中英续议滇缅条约附款》有关内容表示不满，并拒绝英缅勘界人员入境。当勘界人员准备途经班洪进入勐角董一带时，班洪王胡玉山写信给司格特说道：“班洪是中国的地方，你们不要来，你们如果真的要来，我们就要坚决打！”[②]

1900年，英勘界委员司格特等因无法通过班洪、班老地区，只好绕道耿马进入勐角董一带。同年2月9日（农历正月初十）是勐董的街天，英国武装勘界人员列敦等3人骑马由勐角据点到勐董赶街时，抢走了一位永和部落佤族老人卖的一些黄果，还开枪打死了向列敦追讨黄果钱的一个佤族小伙，激起了赶街的佤族、傣族等各族民众的无比愤慨，群起反抗，列敦等3个“戛拉”[③]狼狈逃跑，其中曹大林、继德理两人被民众砍死。列敦逃回勐角向司格特报告情况，司格特组织武装人员向勐董、永和民众疯狂报复，沿街烧杀掠夺，许多佤族、傣族的寨子和缅寺被毁于大火之中。这就是发生在阿佤山的“黄果事件”。

胡玉山得知“黄果事件”消息后，立即派出佤族自卫武装守住勐角与班洪之间的翁丁大山垭口，同时联合永和、绍兴、绍帕等10余部落的佤族武装共同抗击英军。召开所辖各部落头人的紧急会议，组织了一支有3000余人的武装，向侵略者发起猛烈的反击。英军受到围攻，伤亡惨重，司格特通过英国驻昆领事向云南总督崧蕃抗议，一面火速从缅甸户板、滚弄调兵增援，一面向清政府施压。

---

① 王敬骝主编：《佤山纪实》，云南民族出版社2007年第1版，第1-16页。

② 段世琳主编：《班洪抗英纪实》，云南民族出版社1998年7月第1版，第238页。

③ “戛拉”，佤语，佤族对“洋人”的称谓。

清政府则急令云南镇边厅派兵镇压。镇边厅参将王伯成带领千名清军到达勐董武装镇压佤族自卫武装，强迫就地解散，英军才得以脱离，后经孟定撤退至缅甸滚弄驻地。

面对国土遭到侵犯，爱国必须抗英，抗英就是爱国，佤族同胞携手各兄弟民族进行了可歌可泣的抵御英帝国主义入侵的斗争。

（肖　江）

英殖民者觊觎佤山

1890年，缅甸公司取得了在北掸邦开采银矿和其他矿藏以及在颠拿沙廉开采锡和钨的垄断权，后来又专门成立了“英缅银矿公司”，用当时第一流的机械设备开采邦海银矿，取得了出乎意外的收获。经过20多年的经营和开采，邦海银矿储量日渐枯竭，英缅银公司大感矿老山空。英缅银公司工程师伍波朗经四处打听，探得班洪、班老一带蕴藏着丰富的矿产，于1912年令矿工段子光率两个随从，在炉房银矿盗挖原生矿石和矿渣，并带回到邦海银厂。伍波朗将盗回的矿苗、矿渣送到曼德勒进行化验，发现矿石品位较高，矿质优良。资本家的心理不会使自己的经营有片刻停顿，他们是不会坐视“英缅银公司”因矿源枯竭而死亡的，茂隆银厂自然成为他们最直接、最顺手、最邻近的目标。

在此期间，英方还以考察、探险等为名，派遣厄廖特带领探险队100余人，越过萨尔温江向北推进，兵分两路，西路进入高黎贡山、潞江等地，东路通过班弄、永邦进入班老部落的茂隆山一带。被在那里放牛的班老人发现并报告班老王昆刚（锡龙散勐，上班老王达香温勐的后人，后传位于其子保卫国），昆刚及时组织佤族自卫武装把英国人赶出了茂隆山。保卫国继位班老王后，英方又想通过金钱贿赂达到侵略的目的，但是遭到佤族头人们的严词拒绝，保卫国说：“这是中国的矿，就是给多少钱，送多少礼物，没有吴尚贤留下的木刻为证是不准开的！”

英方看到金钱收买没有效果，只得改变策略，1919年公开开出每百斤以英洋10元价格收购茂隆银矿矿渣的价码。一些商人见有利可图前来驮运矿渣，起初只是夜晚偷运，后来发展到马廷美、小麻哈等白天明目张胆地组织人马转运矿渣给英缅银矿公司。对此，班老王组织了巡查队严防死守。在利益的驱使下，英国人对茂隆银矿的占有欲望更加急不可耐了，双方斗争日益激烈。

（肖　江）

班洪抗英事件

一、事件缘起

1911年，武昌起义的炮火响起，清王朝随之崩塌，中国长达两千多年的封建帝制终于走到了尽头，从而步入民国时代。中国国内政局的动荡为英国殖民者在中国边疆地区挑起事端、侵犯中国领土主权提供了可乘之隙，不断蚕食滇缅未定界地区。而北京政府基本继承了前清政府的立场，期望通过谈判划定滇缅边界。与之相对，英政府则中断了滇缅划界问题的谈判，按照自己单方面的声明，对北段争议地区实行逐步占领与经营，来迫使中国政府认可既成事实。正如朱尔典①所言："最好不要向中国政府提出整个问题，以期他们逐渐从我们占领这一地区的事实中认可这是英国的领土。"②然而，民国初年，面对国内政治局势的动荡不安，北京政府为巩固政权并维护自身利益，加之受制于中英之间其他更

① 朱尔典（John Newell Jordan，1852–1925），英国外交家，1906年，朱尔典成为英国驻华特命全权公使。在民国初年，朱尔典作为英国驻华大使，对中国政局产生了重要影响。

② Sir Jordan to Foreign Office, Nov. 19, 1917. F. O.371/3180[B].

为迫切问题的交涉，并未向英政府提议进行滇缅未定界问题的谈判。对南段未定界，英缅政府基于行政管辖的考量，未在该区域大肆扩展边界，这一时期南段未定界问题处于搁置状态。

英国对大片争议地区的占领，使中国政府处于十分被动的局面，滇缅划界问题的主导权已完全被英政府所掌握。对于这些长期未明确划定边界的少数民族聚居地带，领土的实际占领将成为支持合法领土要求的最有力的依据之一。

在军阀割据、战争不断的背景下，北京政府的权威日渐式微。与此同时，国民政府于广州宣告成立，积极组织北伐，对内旨在统一中国，结束军阀割据，对外则提出了废除不平等条约、恢复国家主权的口号。中国境内日益高涨的民族革命运动，导致英国不能再继续维持旧条约所赋予的特权，英国国会决定调整对华政策，以缓和中国民众的民族主义情绪。新政策的核心要点在于，英国方面承认国民政府的存在，对中国提出的修约要求的基本合理性给予认可，并有意向承认中国关税自主等权利。

1928年6月，南京政府在宣告"统一告成"之后，随即发起了改订新约运动。针对英军侵占片马西侧200余里的江心坡，国民政府表达了强烈的抗议立场，提出通过谈判与英政府解决滇缅划界问题，并提议设立一个联合边界委员会以处理片马及其他突出的边界争议。英政府则期望在南京先召开初步联合会议，就大部分存在争议的界线进行基本确认，再联合勘界。英驻华公使蓝普森（M.W.Lampson）则认为，在当时中国国内政治形势的制约下，边界问题不会有任何进展，建议推迟作出答复。[①]

1929年至1930年，南京政府正深陷于内战的漩涡以及党争迭起的泥沼之中，无暇处理与外国政府进行各种交涉谈判事务。由于南京政府没有提出与英政府就滇缅划界问题展开进一步的谈判，因此，蓝普森的建议得以实施，滇缅未定界问题被再次搁置。

与外交上的暂停和推迟相反，英国对班洪的武装侵占计划早已悄然实施。这

---

① F .O.371/12400,F953/2/10，转引自冯兆基：《国民党政权与英国的和解（1927－1931）》，见中国社会科学院近代史研究所《国外中国近代史研究》，第7辑，北京，中国社会科学出版社1985年版。

一计划并非仅仅着眼于矿区的占领，而是基于英帝国主义“将印度与长江流域融为一体”的幻想，从法国手中夺取控制云南的优势地位。加之，日本在中国及亚洲地区不断扩张的态势，英国面临着其海上交通线可能遭受日本截断的新忧患。为确保陆上交通线的稳定，打通印缅滇川交通线的重要性愈发凸显。因此，英国决定投入巨额资金，加速推进缅甸公路与铁路的建设进程。

当时，英国铁路在仰光分支后分别延伸至密支那和腊戍，旨在与未来的滇缅铁路相连接。从仰光至腊戍的距离共计561英里，快车仅需27小时。而从腊戍出发，乘坐汽车仅需10小时即可抵达班洪。相较于此，云南交通闭塞，从昆明至班洪的行程竟需耗时29日。因此，单从交通状况来看，英国取得班洪如同探囊取物般轻而易举。

英缅政府对中国在班洪地区的动态始终持高度警觉与疑忌。为此，英驻华领事馆及其情报人员不断搜集并研读我国关于云南边疆问题的各类书籍、报刊，并及时转译密报英国政府。

1923年，我国有人提出开采班洪银矿的建议，此举随即引发英国政府强烈反应，迅速派员至北京表达抗议。1927年，云南省政府在整顿金融过程中，深感生银匮乏，鉴于班洪地区银矿资源丰富，遂决定重启茂隆银厂。为充分了解班洪银矿情况，1929年，云南省实业厅派遣熟知班洪状况的李景森前往进行详尽调查。

李景森所著的《葫芦王地实况》与《班洪炉房银厂开发计划》两份详尽报

英军官兵

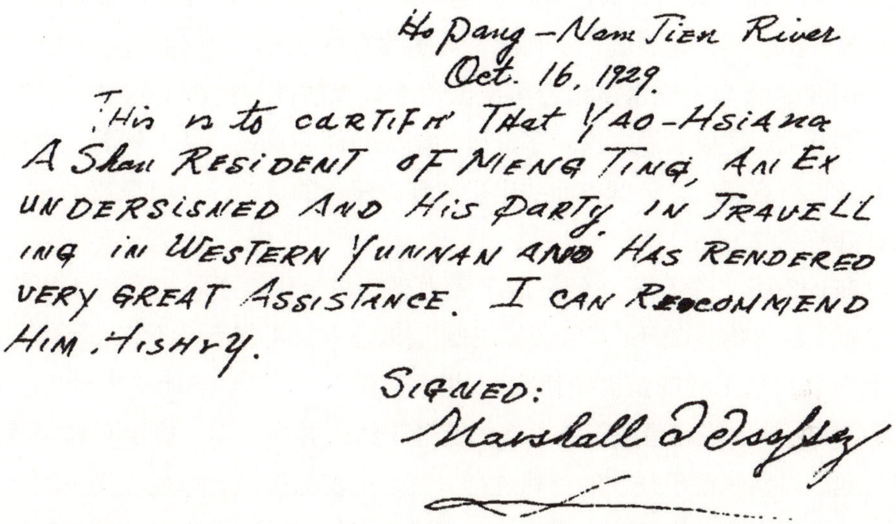

Ho Pang – Nam Tien River
Oct. 16, 1929.

This is to cartify that Yao-Hsiang
A Shan Resident of Mieng Ting, An Ex
undersisned and his party in travell
ing in Western Yunnan and has rendered
very great assistance. I can recommend
him highly.

Signed:
Marshall [illegible]

此为孟定岳新爷于民国十八年随卓柏①探查班洪矿产，得其承认为大头人之字据。

---

① 卓柏，美国工程师，民国 18 年(1929)，云南实业厅请其赴沧源炉房考察矿藏，卓氏写出《调查佧佤银矿报告书》，发表在美国《矿物学刊》，称茂隆银矿为“亚洲第一富矿”，含银量高出缅甸可卜公司的波隆银矿 3 倍多。

告，得到了云南当局的高度重视。为此，云南省政府邀请美国工程师卓柏前往炉房地区开展实地调查，并在美国矿物学刊发表了题为《调查佧佤银矿报告书》。一系列信息引发了英国政府的高度警觉与关注，卓柏在报告中盛赞茂隆银矿为“亚洲第一富矿”，无疑进一步刺激了英国政府对于班洪地区的侵占欲望。

1931年，云南省立富滇银行再次派遣李景森前往与葫芦王商讨开矿事宜，同胡芦王及土司达成共识，商定了开矿的相关条件与具体办法。然而，在获悉中国有开采该矿意图后，英国方面决定采取预先侵占的策略，从而导致了云南省政府的计划落空。

早在1930年，英殖民者便采取了武力恐吓与金钱物质收买并行的策略，收买了班弄上层人物马美廷、户板头领宋钟福以及永邦头领小麻哈等人。这三人经与英缅银公司总工程师伍波朗协商，共同签署了“开办炉房银矿办法”。预算750万卢比，计划修建腊戍至滚弄渡的交通干线，并在班弄、班洪交界区域设立军事营地，以确保银矿开发的顺利进行。英殖民者欲以重金厚礼收买班洪王胡玉山、班老王胡玉堂及班老头人保岩相，却遭到了他们坚定的拒绝。班洪等部落首领坚决反对英国人的侵地盗矿行为，并明确表示将采取武力手段进行反抗。英国遂凭借其军事上的优势，与小麻哈、马美廷、宋钟福等人共同策划，决定以武力手段占领炉房，进而全面掠夺整个矿区资源。

1933年10月27日，英缅政府收到缅甸有限公司正式申请，该公司计划派遣一批矿业工程师，并在少量军警力量的护卫下，前往炉房等地开展矿藏勘查工作。批准该勘查计划的依据正是缅甸政府基于美国矿业工程师卓柏的勘查结果所编制的报告。印度事务部得到报告后，认为：“如果发现了这样的矿产，它们的开采将对公司十分重要，对缅甸的经济以及缅甸政府的财政来说也是十分有利的。事务大臣对此计划表示个人的兴趣，表示炉房位于离司格特线几英里的我们一边。同时，它也位于刘陈线的我们一边。事务大臣因此认为没有必要因边界问题而对缅甸政府计划的批准犹豫不决。”[①]印度事务部迅速对缅甸政府提交的报告进行了批准。远征队及缅甸公司人员于1934年1月10日从腊戍出发，于当月24日抵达炉房。

① India Office To Foreign Office , Dec .14,1933. F 0.371/17144,F7816/7816/10.

事实上，炉房作为班洪、班老、永邦共同管理之领地，与中国一直保持着紧密的联系。从历史角度看，炉房长期是孟定、耿马土司的辖地，1900年中英第一次滇缅勘界时刘万胜在致司格特照会“以帕唱山东班洪所管之永邦等寨归中”①的主张，炉房应为中国领土。而且，这些部落历来都未曾臣服于缅甸的统治之下。

佤族自卫武装

在炉房地区，英军的活动遭到了当地佤族部落的坚决反对，双方因此陷入了激烈的军事对抗。班洪王胡玉山第二②迅速集结佤族民众，组织起抗击英军的行动。面对英军的军事威慑与金钱诱惑，佤族头人和佤族民众展现出坚定的立场和决心，他们郑重地声明：“腊家汉家是一家，九老九代不丢伴③。为保卫中国领土和矿藏，宁死也不投降！”班洪抗英事件就此拉开了序幕。

二、英勇反击

为了抗击英帝国主义的野蛮行径，1934年2月4日，班洪王胡玉山第二果断召集班老王胡玉堂④、头人保岩相以及塔田、官仲、芒国、龙垮、嘎细、大公鸡（己）、小公鸡（己）等头人和代表在班洪开会商议抗英保厂之策。会上各部落头人对英军武力侵占炉房和永邦小麻哈引狼入室极为愤慨。他们剽牛盟誓：“一

① 外交部条约委员会编：《中缅边界交涉文件》下册，第15页。

② 胡玉山第二（1880–1934），为胡玉山之子，佤名为艾坎，官名为达坚准（“掌印圈官”之意），汉官亦称之胡玉山，实为胡玉山第二。

③ 腊家系佤族自称，九老九代指永远的意思。见段世琳主编：《班洪抗英纪实》，云南民族出版社1998年7月第1版，第367页。

④ 胡玉堂（1897–1967），下班老王胡玉禄之弟，班洪抗英主帅之一。历任全国政协二、三、四届委员，云南省政协一、二、三届委员。

定要把戛拉（英军）赶出阿佤山，追过滚弄江，到江边洗刀”，决定在班洪总王的统一指挥下，各部落王分三路带领佤族自卫武装向英军阵地发起进攻。

佤族自卫武装

第一路：胡忠汉[①]率领班洪、嘎细、龙垮等部落700余人的佤族自卫武装，直插丫口寨英军据点，进逼炉房；

第二路：胡玉堂、保卫国[②]、昆尼率领班老、塔田、小公鸡（己）等部落300余人的佤族自卫武装，攻打芒相；

第三路：胡玉芳[③]率领芒国、官仲、大公鸡（己）等部落200余人的佤族自卫武装攻打永邦。

战斗分两个阶段进行。第一阶段是佤族人民自发的爱国抗英斗争。面对强悍的英国侵略者，佤山儿女展现出不怕牺牲、敢于斗争的英雄气节，主动向英军发起进攻，组织实施了垭口攻击战、下班老战斗、南依河阻击战、火烧龙头山、南滚河伏击战等重要战斗。在这个阶段的战斗中，英军凭借拥有精良武器和训练有素的士兵，使手持简陋武器的佤族自卫武装进攻受阻，遭受严重损失。但是英雄的佤族人民没有向英国侵略者低头，仍然以顽强的斗志给予侵略者沉重的打击。

---

① 胡忠汉（1901–1942），佤名岩金，胡玉山第二长子，世袭班洪王，班洪抗英主帅之一。

② 保卫国（1886–1961），佤名岩相，官名达监，世袭上班老王，班洪抗英主帅之一。

③ 胡玉芳（1889–1947），佤名达昆鲁，官名召办门，胡玉山第二之六弟，班洪部落第1衙门掌门人。

战斗进入第二阶段，在全国人民的积极声援下，李希哲[1]组建西南边防民众义勇军，并奔赴班老抗英前线，佤族自卫武装与西南边防民众义勇军并肩作战，发起垭口收复战、南大之战等战斗，使英军遭受了惨重的损失。

（一）第一次垭口战斗

1934年2月8日，由胡忠汉、刘国用指挥的班洪、嘎细、龙垮等部落佤族自卫武装向垭口寨英军据点发起进攻。垭口英军据点主要是由雇佣军驻守，经过一天的激战，火烧垭口，打死、打伤雇佣军多人，剩余的残敌退到炉房与英军合流。佤族自卫武装占领了垭口寨后，继续翻越茂隆山攻下了达艾寨。攻下达艾寨不到1小时，宋钟福的援兵赶来参战。由于敌强我弱，力量过于悬殊，第二路佤族自卫武装只能暂时撤离达艾寨返回营盘。第二天早上，胡忠汉重新组织队伍，再次向垭口、炉房进攻。英军200多人从炉房向垭口阻击第二路佤族自卫武装，凭借猛烈的火力挡住了佤族自卫武装的进攻。第二路佤族自卫武装进攻受阻，只得再次撤回营盘。随后英军退回到金厂固守。

另外一路，由布训、岳相、布孙、波崩率领的嘎细、官仲、芒国、大公鸡（己）等部落200多人组成的佤族自卫武装直奔永邦。一路上没遇上什么抵抗，只是到永邦寨门口时遇到几个守护寨门卫兵的阻击，佤族武装只还击几枪就轻而易举地把他们打跑了。小麻哈望风而逃，其兄召昆见势不妙，亲自出寨迎接佤族自卫武装，并对布训等说：“英国人是他（小麻哈）引来的，我不知道。大家说白就是白，说黑就是黑，说打就打，我听从你们的意见”[2]，发誓绝不失信，同时送给佤族自卫武装1头黄牛和5担（约500斤）大米。就这样，永邦问题顺利解决。第二天，这支队伍来到下班老，与胡玉堂会合。

（二）南依河战斗

2月8日，由班老部落头人保卫国和塔田部落头人金猛指挥的班老、塔田、小公鸡（己）等部落佤族自卫武装进攻芒相部落，主要目的是惩罚叛贼小麻哈。小

---

① 李希哲，又名李占贤，其父李士成乃景谷富商，李希哲组建“西南边防民众义勇军”，支援班洪抗英。

② 段世琳主编：《班洪抗英纪实》，云南民族出版社1998年7月第1版，第379页。

麻哈已提前做了防备，组建武装，还在村口高地上架起机枪，安排岗哨轮流值班驻守。当佤族自卫武装靠近芒相阵地时，被值班哨兵发现并开枪射击。小麻哈一面组织芒相部落武装进行阻击，一面派人向英军请求援兵，并凭借居高临下的有利地形，不断往坡下抛滚大石头，发射土炮，战斗从早打到黑，进攻芒相的战斗受阻。傍晚，又有50多名英兵悄悄地进驻芒相部落。

胡玉堂和保卫国并不知道英兵已增援芒相部落，2月9日，按原定计划组织佤族自卫武装再度攻击芒相部落阵地。当佤族自卫武装攻击到距离芒相阵地约200米处，芒相部落武装和英军援兵从山崖的两侧用机枪向佤族自卫武装进行疯狂扫射，封锁了进攻通道，佤族自卫武装伤亡很大。保卫国只好下令退出战斗。佤族自卫武装边打边撤，被芒相部落武装和英国援军追击至南依河边，佤族自卫武装利用南依河的天然屏障，与敌隔河相峙，双方相互开枪对射，战斗异常激烈。此时，胡玉芳率队从永邦赶来支援南依河阵地，双方继续隔河相互对攻。胡玉堂利用清朝年间留下的一门铁砂炮瞄准英军阵地轰击，一炮就击中英军的旗手，打落英军战旗，班洪、班老佤族自卫武装士气大振。英军发动数次强攻，企图利用武器优势压制佤族自卫武装，并突破南依河防线，但是都被顽强的自卫武装打退了。

战斗中，班老的妇女儿童都赶来支援，送饭、送水、送弹药、送弩箭的人员源源不绝，有的还到前线敲铓锣，给抗英战士呐喊助威。在斗志方面，佤族自卫武装要胜过英军，在装备方面，英军要胜过佤族自卫武装。佤族自卫武装除了火枪、土炮外，更多的就是大刀、长矛等原始武器。据《沧源文史选编》记载："抗英时，因缺枪缺刀，我们不得不用土办法打击英人。一种是'毛西瓦'（佤语，意为石弹弓），即制作一个有弹力的扁担，固定一端，用另一端弹石击打敌人。一种是'热西毛'（佤语，意为盛石的箩筐），即把石头装在编织的箩筐里，放置在英人经过的陡坡上，用绳子固定，如果发现敌人就用刀砍断绳子，使箩筐里的石头滚落出来打击敌人。这些办法虽然不能打死敌人，但还是打伤了不少。"凭借强烈的守土之责和顽强的斗争意志，最终把英国侵略者赶出了中国地界。

此次战役，打死、打伤英军5人，缴获机枪1挺。

（三）激战下班老

2月11日，南依河战斗的第四天，屡次进攻均遭失败后，狡猾的英军指挥官急忙召开军事会议，决定：一是从金厂坝增调兵力，加强军事力量；二是采取声东击西的战术。英军指挥官派人给保卫国带话说："我们在河边打不过你们，明天从新寨方向打下来。"[①]憨厚老实的保卫国信以为真，却不知道这是敌人的阴谋诡计，把驻守在南依河阵地上的多数兵力调到新寨方向。晚上，英军侦察兵趁夜色潜入到佤族自卫武装阵地侦查兵力布防情况，侦查到阵地上只留下少数人员防守。英军指挥官利用调虎离山之计，诱使佤族自卫武装大部到新寨防守的阴谋起效后，马上部署军事进攻，于次日拂晓向南依河阵地发起猛攻。

天色蒙蒙发亮，南依河的河面还笼罩在浓浓的云雾之中。突然，河面上传来哗啦哗啦的响声，惊醒了一个名叫三木团的哨兵，他一边鸣枪警告，一边大声喊道："戛拉来了，戛拉来了。"一起驻守阵地的其他人听到三木团的喊声后，马上拿起武器进入战壕，向正在渡河的英国士兵开枪射击。由于人员少、武器差，在英军的猛烈攻击下，佤族自卫武装只能且战且退。此时，急促的枪炮声传到寨子里，惊醒了还在梦中熟睡的人们，寨子里的男女老少也自发地拿起铜炮枪、大刀、长矛，急急忙忙奔向枪声传来的方向。此时，佤族自卫武装守军已经被迫退回到永董防线，正在与英军进行顽强的对抗。赶来的村民，有的敲起竹筒、有的敲起洋皮铁筒、有的吹响牛角号，为勇士们呐喊助威，有的捡起石块投向英兵，呐喊声、枪炮声、牛角号声震天动地。芒海寨的4个老人共同操着一门名叫"过山鸟"的铁炮向英军开火，一炮打翻了英军的战旗，并打伤了1名英军官。愤怒的英军指挥官集中火力向佤族自卫武装的阵地发起猛攻。激战中，班老人达向坎的弩箭射完后，手握大刀冲向敌人，猛劈猛砍，刀砍断了，就赤手空拳地与英军士兵进行搏斗。他多处被刺刀刺伤，后来被英军生擒。穷凶极恶的英军士兵把他的衣服剥掉，用皮鞭抽打他的背部，逼迫他投降。面对英国士兵的暴行，达向坎没有畏惧，而是用仇恨的眼光怒视着英国兵，破口大骂："你们这些强盗，我们佤族人不会投降，'达西爷'（佤族所指的天神）会帮助我们阿佤人，'达赛'

---

① 段世琳主编：《班洪抗英纪实》，云南民族出版社1998年7月第1版，第404页。

（佤族所指的雷神）会把你们劈死……”①。英军指挥官见他不投降，改用金钱来诱惑他，他也不为之动心，仍然不停地辱骂英国侵略者。酷刑和利诱都没有效果，英军指挥官便命令英国士兵往达向坎身上浇上汽油，放火把他活活烧死。他表现出的视死如归、宁死不屈的英雄气概，鼓舞着无数佤族勇士们的战斗意志。

当保卫国接到英军已攻破南依河防线的消息时，才知道中了英国人的调虎离山之计，急急忙忙掉过头来增援永董防线。佤族自卫武装利用牛皮碉堡、壕沟和大青树作为掩体，顽强地与侵略者进行战斗。从上班老永董寨至下班老芒海寨之间修筑几百米长的壕沟防线，防线制高点上修建有10多座用数张牛皮围成的碉堡，每座碉堡里面安排5个人为一个战斗小组，其中2人负责添置弹药、2人负责射击、1人供应火药。在壕沟的不同位置还安排有200多人组成的射击队，每一棵大青树就有一个战斗小组，树下的人负责添置弹药，树上的人专门开枪射击。因为都是火药枪，壕沟里的人也是用同样的方法来添弹药射击。当侵略者靠近壕沟时，其他人员就用弓弩射击，此时弩箭射击的速度要比火药枪还快。战斗打得十分激烈，英军多次发起冲锋，都被佤族自卫武装压了下去。

2月12日，迎来了班老历史上最悲壮、最惨烈、最气壮山河的时刻。除了战斗人员外，上、下班老9个寨子的男女老幼都出动了，七八岁的娃娃光着脚板也来送水。永莱寨外的大青树下，支起了8口大铁锅，100多名妇女儿童组成做饭队伍，有的负责切肉、有的负责炒菜、有的负责挑水烧水，还有一些妇女儿童负责向前线送饭、送水和接送伤员。激战至中午时分，太阳辣起来了，英军正面硬攻难以取胜，就用迫击炮向下班老寨发射燃烧弹，弹片恰好落到寨中晾晒的土制火药上，点燃火药，飞溅在茅草屋上，火势迅速蔓延开来。下班老芒海寨最先起火，因天气干燥，又都是茅草房，顷刻间下班老6个寨子烧成一片火海，儿童啼哭，妇老奔逃，惨不忍睹。为抢救火灾中受难的妇女和儿童，保卫国立刻率领佤族自卫武装撤回班老寨，营救村民。一边忙着扑灭大火，一边抵抗英军进攻，使得佤族自卫武装战斗力受到了很大影响，英军趁机攻破永董防线，占领了下班老寨子，大肆烧杀抢掠，为所欲为，无恶不作。下班老失守后，胡玉禄、胡玉堂带领村民转移到下班老附近的龙头山上避难，他们无家可归，只能风餐露宿、野菜

① 肖江：《班老回归之路》，云南民族出版社2022年12月第1版，第58页。

充饥。

这一战，班老上下寨子遭受了惨重的损失，村寨化成了一片废墟。

2月13日和14日两天，英军连续炮轰班老下寨，再次将刚刚修建的临时住房夷为平地。2月26日，胡玉堂、保卫国组织130人再攻芒相失利，被英军追至芒鸠，双方再战，英军因后方空虚，不敢恋战，撤到金厂坝、炉房驻守，班老佤族自卫武装也退守金河、芒信，双方形成对峙局面。此时，英军已深感用武力征服班洪、班老十分困难，又玩弄起金钱收买的手段。派人带着2套毛呢衣服和50元银圆去见胡玉堂，胡玉堂愤怒地说：“金子、银子再多也不要，即使你们把红毛树变成大青树，也无法把班老变成英国人的领地。我们九祖九代都是中国人，受中国的大恩，世代相传，为中国保护银山，我们死也不投降，要打就打，男人死了，妇女也能上战场！”[①]眼见说服不了胡玉堂，英军又派人去找保卫国，保卫国义正词严地声明：“佤族、汉族是一家，九老九代不丢伴。为保卫中国领土和矿藏，宁死也不投降！”面对敌人的金钱诱惑和武力威胁，保卫国、胡玉堂等佤山儿女“贫贱不能移，威武不能屈”，表现出中国人誓死不当亡国奴的钢铁意志。

（四）上班老之战

4月23日，英军100多人伙同永邦头人小麻哈纠集的200多人，再度进攻上班老。这一战从4月23日起打到4月27日止，持续了4天，打得十分激烈，班老佤族自卫武装几乎到了弹尽粮绝的境地，伤亡9人（亡3人，伤6人），打死、打伤英军十几人，十几次打退英军进攻。4月27日下午，战斗达到了白热化的程度，佤族自卫武装顶着烈日和滚滚烟尘，在永董防线上顽强地抵御英军进攻。打完火药枪后，佤族勇士就跳出壕沟用长刀拼、棍棒打，双方展开了激烈的肉搏战。有一个名叫达相旦的佤族勇士，眼疾手快，英勇善战，英军几次投过来的手榴弹，被他捡起又扔回英军阵地。弹药打完后，他和战友杨尼考、白尼将手持长刀跳出战壕，向英兵冲杀了过去，他接连砍倒了3个英军。最终，一枚手榴弹落到他身边爆炸了，达相旦和战友杨尼考、保达俄、保尼水壮烈牺牲。

下午4时，英军再次向上班老发射燃烧弹，凭借精良的武器和兵力优势，突

① 肖江：《班老回归之路》，云南民族出版社2022年12月第1版，第59页。

破了永董防线，占领了上班老。不久，英军攻占龙头山，胡玉堂被迫带领村民撤到塔田避难，胡玉禄则到甘勐避难，上班老头人保卫国则一边安排村民躲进深山密林中，一边带领佤族自卫武装继续与英军进行顽强地周旋。英军占领班老后，派人将一些银圆、卢比撒在下班老寨的村道上，以图诱惑胡玉堂等回来，还放出话说："班老百姓可以无偿到英军营房领取油、米、盐及罐头等食物"。英军财物利诱不能使胡玉堂等动心，转而派人到班洪劝说胡玉山第二投降，胡玉山第二严词回绝："我们祖祖辈辈只知道归中国，我们不想做英国人的牛马！"[①]于是，英军到处搜捕佤族自卫武装人员，但丛林深处都是竹签暗箭，令英军猝不及防。在此期间，嘎细部落头人布训组织了10名勇士组成敢死队，夜袭英军兵营，杀死英兵三四十人。由于英军人数较多，加之英军的援兵又及时赶到，10名勇士面对数倍于自己的敌人，英勇无畏，敢拼敢杀，与侵略者决一死战，最终全部阵亡。由于佤族自卫武装处处设伏，神出鬼没，又善于在丛林中奔走，让英军防不胜防，尽管他们两次占领班老，但是都没有守住。

（五）火烧龙头山

英军占领龙头山后，利用龙头山的地形优势，在山顶上设立了两处军事据点，修筑工事，戒备森严。不时向班老、塔田的村庄发射炮弹袭扰，其中3枚炮弹落到塔田寨子、2枚炮弹落到班老寨子。炸伤在田地里劳动的佤族妇女4人、放牛小孩2人，打死耕牛6头，烧毁民房7间。

3月23日，英军发射燃烧弹，点燃茅屋，使孔岩、永莱、永惹、永弄等寨子再次被烧毁，造成了严重的人员伤亡和财产损失。

为了解除英军龙头山据点对班老部落的威胁，保卫国召集各村寨头人商量，决定严惩龙头山上的英军，以避实就虚的"火攻"计策，用佤族打猎时烧野火撵马鹿的办法把英军赶走。为了摸清英军据点的火力布防，保卫国利用龙头山上缺蔬菜、缺水果的实际情况，安排妇女儿童背着蔬菜、甘蔗、黄果等物品到英军龙头山据点叫卖。开始，英军警惕性较高，不让卖菜的妇女儿童进入据点。后来，英军指挥官认为这是接近和诱降班老人的好机会，就同意卖菜的妇女儿童进入营区，诱骗她们说："你们没有机枪，打不赢，不要打了，回去后说给寨子的人不

---

① 肖江：《班老回归之路》，云南民族出版社2022年12月第1版，第62页。

要打了，在寨子里放一串芭蕉、一捆甘蔗就行了（意思是和好）[①]”，还送给她们饼干、罐头等食物，这些妇女儿童假装十分听话，却趁机观察据点的情况，回到寨子后告诉保卫国。

3月25日，保卫国安排白尼将、杨赛龙等4人假装到山上去挖山药，再次对英军兵力布防和活动情况进行实地侦察。他们上山不久后，就被英军的巡逻兵发现，并用绳索捆住，押到营房进行审讯。英国指挥官问道："你们来干什么？是谁派你们来的？"白尼将不慌不忙地回答说："房子、谷子都被火烧光了，没有东西吃，只得来山上挖山药。"英国兵翻看了他们的麻布包和树锹，未发现任何可疑的地方，以为他们真的是上山来挖山药的老百姓，便把他们4个人放了回去。白尼将回到寨子后，马上向保卫国报告说："山上有70多名英兵，他们的营房是油布帐篷盖的，山上没有防御壕沟。中午英军睡觉前经常到山下的河里洗澡。"听了白尼将等人的情况报告后，保卫国更加坚定了实施"火攻"偷袭的信心。

火烧龙头山战斗遗址

① 段世琳主编：《班洪抗英纪实》，云南民族出版社1998年7月第1版，第408页。

保卫国把侦察到的英军布防情况派人转告给塔田头人达金勐，并约定于3月26日由保卫国率兵向英军阵地发起“火攻”，塔田的达金勐和下班老的胡玉堂所带领的佤族自卫武装负责埋伏在南滚河畔，阻击从龙头山退却的英军。接着，保卫国安排妇女悄悄地到龙头山脚四周堆放干草和树叶，为实施“火攻”做好准备。

3月26日，天气晴朗，中午时分，火辣辣的太阳正照射着山高林密、茅草丛生的龙头山。在保卫国的带领下，班老部落佤族自卫武装人员携带武器，悄悄地潜伏到龙头山的山脚下。一切准备妥当后，从东、南、西、北四面同时点火烧山。风助火势，火趁风威，仅10多分钟，龙头山上火光冲天、浓烟滚滚，熊熊烈火一个劲地往山头英军营地直扑。火龙在前，刀枪在后，包围圈向山头逐渐压缩，牛角号声、吼声、枪声、风声、火声混在一起，浓烟滚滚、震天动地。佤族自卫武装火烧、枪打双管齐下，英军阵地被火烟笼罩着，熏得英兵叫苦连天，拿起武器向山下漫无目的地胡乱开枪，打了几分钟，看看抵挡不住烈火的飞扑，又听到山下阵阵枪声和喊杀声，知道已被大火和佤族自卫武装包围了。英军指挥官急忙下令突围，向芒相方向狼狈逃窜。一个小时以后，烈火吞噬了英军的营房，烧毁了英军的大部分辎重，烧伤英军4人。

（六）南滚河伏击战

根据佤族头人事先的商定，由保卫国“火烧龙头山”的同时，胡玉堂和达金勐迅速带领自己的武装队伍悄悄地埋伏在南滚河畔，阻击龙头山据点溃逃之敌。

火烧龙头山战斗打响了，漫天烟火如同火龙一样扑向龙头山，把英军营房包围在烈火之中。英军指挥官依·毕阿心惊胆寒，带着溃军向南滚河岸奔逃，准备逃回芒相英军据点。当他们逃到南滚河边，早已埋伏的佤族自卫武装火枪、弩箭齐发，箭弹如雨。英军前有胡玉堂部的阻击，后有保卫国部的追击，进退两难。依·毕阿晕头转向中被火枪和乱箭射死。

这次伏击战打死英军校级军官1名，打死、打伤英国士兵7名。火烧龙头山和南滚河伏击战后，英军士兵分别盘踞在炉房和金厂坝据点，不敢轻举妄动。面对英殖民者的武装入侵，佤山各族儿女勇往直前，抛头颅、洒热血，勠力同心，抵御外侮，捍卫了国土完整，维护了民族尊严。

三、团结御敌

抗英战斗打响以后，胡玉山第二一面组织佤族自卫武装顽强地抵御英国侵略者，一面派人持蜡条到勐角董、岩帅、耿马、孟定、双江、澜沧、景谷、镇康、普洱等地四处告急求援，于1934年2月16日向全国发出了《告急求援书》，受到国内社会各界的广泛关注。

胡玉山第二以卡瓦十七王总代表的名义令其子胡忠汉率班老头人胡玉堂、总王助理高耀星、总王副官张万美、勐角董土司罕华相、甘别头目赵秉福等人赴昆明向云南省主席龙云报告求援。龙云亲自接见了求援报告团的成员，肯定了班洪抗英保家卫国的壮举，给胡玉山第二等送了4把手枪，并委任胡玉山第二为“班洪总管”，授予“云南省班洪总管之关防”印章1枚。

云南省班洪总管之关防印

胡忠汉昆明一行，引起了社会各界对“班洪抗英事件”的关注，并对英军的罪恶行径进行强烈抗议，许多的爱国志士纷纷在各种报刊上发表文章，谴责英帝国主义的霸权行径，《云南民国日报》《申报》《边铎半月刊》《边事研究》《中央日报》《时事月刊》等各大报刊将“班洪事件”公布于天下。昆明20多个社会团体成立了“云南民众外交后援会”，通电全国，积极宣传抗英斗争，募捐抗英物资，赴前线慰劳抗英官兵和民众。顺宁民众外交后援会在给省政府的电函中称：“吾国不幸，外患迭生，日占我东北四省，法占我南洋九岛，尚在战争未决中，而英帝国主义者！不以侵蚀我江心坡、片马边地为足，近复派兵强占我顺宁所属耿马土司毗迭之班洪。我顺民众，闻耗之下，群情愤慨，不能不请我政府严重交涉，武争力抗，以挽回我国土国防国利也”，深深表达了顺宁民众关注边土、赤心报国的决心。云南旅京同乡会声援班洪抗英发表《告全国同胞书》指出："默察英人野心之叵测，深痛我国边土之屡失，本匹夫有责之议，抱不失寸土之心，誓死反对英帝国主义之侵略。应付之方惟有恳请政府向英方严重交涉，亟应先责令英人停止军事行动，撤退入滇兵队，以免发生重大纠纷，此为当前治标之策。"《顺宁民众外交后援会致省府电》中指出："……一致恳请政府与英人严重交涉，将英兵撤退，并取消英人班洪各地一切活动，使国防富地危而复安，使卡民不受英帝国主义者蹂躏。"《蚌埠第七师呈本省党政当局电文》中指出："本军将士，类多滇籍，恐故乡一再沦陷，内忧外患之方殷，痛切肌膺，义难漠视，兹值中央已派大员，前往准备查勘划界之际，经本大会决议电请钧党部贵政府协同中央大员速谋解决之策。"

声援支持班洪抗英的部分单位

云南民众外交后援会	云南旅京旅平旅粤同乡会
旅京云南同乡	国民党云南省党务指导委员会
顺宁民众外交后援会	澜沧县民众救国分会
云南省政府	罗茨县国民党部指导委员会
墨江县国民党部指导委员会	开远县国民党部指导委员会
云南旅粤同乡会	驻蚌埠滇军第七师
大理民众外交后援会	国民政府外交部
旅沪云南同乡会	大姚县救国分会
云南旅沪学生会	天南学社
《云南民国日报》	《中央日报》
《申报》	《边事研究》
《边铎半月刊》	《晨报》

镇康县长纳汝珍得知"班洪事件"爆发后，亲自带着20多人赶到班莫（距班洪约50公里）进行慰问，并补助班洪铅巴子弹100发、铜帽1万发、硫黄药两驮，还安慰说："中国内地政府和人民得知班洪不幸一事，会来支援班洪

的。”[1]耿马土司代办吕经竹、孟定土司罕世禄首先组织“民族联军”400人，携带铜炮枪、五子枪及各种弓弩、长矛、大刀等原始武器，抱着保家卫国的决心，从孟定出发，到耿马聚集，经弄峨、贺派到达班洪，受班洪王命阻击进袭班宽的英军。云南第二殖边督办杨益谦将“班洪事件”报告云南省政府，同时大造舆论，争取爱国人士踊跃支持班洪抗英斗争。

1934年4月，经云南省政府主席龙云默许，景谷县盐商李希哲在杨益谦支持下，变卖家产筹资10万元，召集武装，组成“西南边防民众义勇军”。5月25日，李希哲率领由普洱和缅宁两个督察区民众组成的5个大队共1400多人的“西南边防民众义勇军”到达班洪，受到班洪王和佤族人民的热烈欢迎，班洪总管胡玉山第二激动地说：“你们来得正好，班老被烧，班洪危急，我就说大汉朝是不会丢伴的[2]”，“西南边防民众义勇军”和当地佤族自卫武装并肩作战，进一步壮大了联合抗英的力量。

5月28日，李希哲和胡玉山第二召开紧急会议，制订了兵分三路的作战计划。

5月29日，李希哲驻军甘勐，刘国用率民团进驻营盘。

5月30日拂晓，义勇军和佤族自卫武装2000多人向敌人发动攻击，以第四大队彭季谦部先攻敌军左翼，英军见左翼受攻击，急调炉房守军增援；第五大队杨春珊率部队攻击英军右翼，英军左右受攻击，陷于混乱。联军趁敌军慌乱，迅即出动主力一、二、三大队及班洪刘国用指挥的佤族自卫武装，发起正面进攻，中央突破。武器精良的英军以大炮轰击、机枪阻击，但是义勇军及佤族自卫武装坚定勇猛向前冲，攻占了英军前哨阵地，英军退守二线。英军用机枪猛射，拼命拦阻义勇军的前进道路，一大队三中队避开敌军火力，绕到英军机枪阵地后面，打死英军机枪手3人，夺得机枪1挺。敌军受到突然打击，一时慌乱，义勇军乘势出击，收复了垭口寨、新寨、上下班老等地，英军败退守炉房。在这次战斗中，阿

---

① 李景煜：《云南各族人民爱国主义的一曲凯歌——班洪抗英简述》，《云南社会科学》，1985年第3期。

② 段世琳主编：《班洪抗英纪实》，云南民族出版社1998年7月第1版，第260页。

佤人民冒着战火，为前线送水送饭，成为义勇军的坚强后盾；英勇的各族战士越战越勇，经过一天一夜的鏖战，击毙敌军60多人，缴获一批大小枪支，取得了重大胜利。

5月31日，为了防止英军卷土重来再次进行报复，李希哲和胡玉山第二共同商议，决定派副官张万美、军务官李仕相率领义勇军和佤族自卫武装到公明山驻守。到达指定地点后，他们召集叶烈、甘塞、官仲、塔田、绍兴、班老、班洪等15个佤族部落王及代表，剽牛盟誓，签订了《勐卯盟约》，宣示团结联合抗击英军，固守中国边地。盟约的主要内容是：一、各王于4月19日（农历，编者注），在新地方会议，共同出盟约一张，由“义勇军”及各王双方共守；日后任何一王投英或不服从中国命令者，即由各王诛灭之；若力量不足，可请兵补充。二、汉军不得侵占各王土地及其权利。三、各王永远服从中国政府，无论何时，不得退出中国投英。四、实行汉佤联络，以固守中国边地。五、汉军如有他项军事发生时，得调用佧佤士兵。六、炉房厂地为中国政府所有，他人不得侵占。七、汉军将士有保卫佧佤人民的义务，双方立约遵守。八、本盟约各王共同押手印图章为凭。

经过垭口寨一战，敌人调了一部分左翼兵力增守炉房山，5月31日，义勇军与刘国用率领的班洪佤族自卫武装集结在班老后山，与炉房山只有一条小河相隔，原本计划乘胜进攻拿下炉房，但天下大雨，又无避雨地方，士兵全身淋湿，致铜炮枪、火镰枪潮湿无法使用。6月1日，移往芒鸠暂住避雨。刘国用自告奋勇挑选了几个精壮的士兵组成敢死队，绕过金厂坝，从背后袭击炉房英军。天将黑时，敢死队冲进英军阵地，打死哨兵数名。英兵不知虚实，慌乱中放弃阵地往外逃。随后，英军指挥官指挥英国士兵反攻阵地。敢死队因人少势弱，只好退了回来。

6月5日，刘国用率兵10余名，由班老后山往炉房哨探，未发现英军动静，天上突然下起大雨，只好率队返回。刚刚走了几里，英军突然追了上来，刘国用立刻率队应战，击退英军而去。

6月6日，雨过天晴。西南边防民众义勇军和刘国用率领的班洪佤族自卫武装进驻上下班老，各派一个精悍中队分两路去炉房哨探英军。义勇军取道班老后山左路向炉房进发。刘国用率领的班洪佤族自卫武装到达炉房后山时，与敌巡逻队正面遭遇，双方开枪互射，佤族自卫武装凭借有利地形，顽强地击退了敌人，并趁势攻入炉房。随后赶到的西南边防民众义勇军从侧面向英军发起进攻，英军败退诸葛营。联军在炉房住了一夜，因军粮耗尽，给养困难，只能撤回到班老等驻地。

6月7日，指挥部决定乘胜进攻诸葛营，西南边防民众义勇军从班老向骂糯、湖广寨等一线推进，以切断英军后路，刘国用率领班洪佤族自卫武装收复金厂坝，使敌人不能首尾相顾。而敌人的给养重地户算靠近滚弄江边，易由户板运输接济。西南边防民众义勇军要攻诸葛营，须先拿下户算。进军户算必须途经南大，而南大也有英军把守。西南边防民众义勇军探知南大守军队长是一个早年流落上缅甸的中国人，名叫周遇贤，即派人与他联络。周说："我是中国人，只为迫于衣食，不得已才跟洋人干，义勇军来，我有出路了。愿献南大，与你们反英，共同攻打户算①"，并亲笔给李希哲写了一封信。

6月8日下午，联络人持信回来，联军指挥部于当夜召开紧急会议，研究攻打南大，决定兵分三路，三大队石文良、五大队杨春珊自骂糯进攻右翼，一大队三中队队长郭兴如为左翼自南大后山进攻，李希哲率二、四大队及一大队罗正明等由正面进攻。约定拂晓前到达，以枪声为号，同时发动进攻。因黑夜路途难行，各队居住又分散，行动很不一致。四大队摸到南大时，已听鸡叫，又没有表，以为天快亮了，四大队长彭季谦急躁，立即发动进攻，实际上那时才凌晨5点钟左右。攻进寨子，方知防守严密，也不见周遇贤前来接应。原来敌人察觉周遇贤策应联军的计划后已将其杀害，并从诸葛营调兵加强了防卫。英军以机枪守卫，火力很强，将四大队逼出寨子。四大队战至10点钟左右，子弹已不多，左右翼均不见到来，只好撤退。西南边防民众义勇军右翼与英军巡防主力接火，战斗激烈，战至午后，弹药将尽，正危急时，李希哲、罗正明率预备队赶到接应，击溃英军并迫其退守南大。

南大战斗击毙英军60余人，义勇军损失也不小，1名中队长、10名士兵战死，20多名士兵受伤。联军英勇顽强的战斗，使英军成了惊弓之鸟，驻防金厂

---

① 段世琳主编：《班洪抗英纪实》，云南民族出版社1998年7月第1版，第263页。

坝的英军被刘国用率领的班洪佤族自卫武装一举击败，也退到户算诸葛营去。

西南边防民众义勇军和佤族自卫武装联合抗英后，英军几乎每战必败，节节后退，特别在南大战斗中英军损失惨重，军事形势对英极为不利。英方在军事上占不到便宜后，转而在外交上向中国政府提出抗议，向西南边防民众义勇军发出通牒，说："义勇军不识地图，侵占英国领土，攻击英国国防！"正当义勇军和佤族自卫武装乘胜追击，准备再次进攻南大、户算时，国民政府屈服于英帝国主义的压力，饬令云南省政府责令李希哲撤兵并遣散义勇军。然而班洪抗英斗争并未就此结束。

1934年下半年后，英军已不敢再动用武力侵犯班洪、班老地区，佤族及各兄弟民族与英国殖民者的角力由武装斗争转为了界务斗争。

中英第二次滇缅勘界

“班洪事件”爆发后，英国政府向国民政府提出“开展滇缅南段未定界勘界”的照会，全国各界爱国人士及佤山各族人民也强烈要求国民政府与英国交涉重新划定滇缅边界。当时，云南在南京的知名人士奔走呼号，“云南旅京同乡会”组织“滇缅划界促进会”，并推选王灿、吕震洲、张凤岐等人为代表，向南京政府请愿尽快解决滇缅界务悬案。1934年3月24日，国民政府外交部向英方提出抗议，要求英方派人会同中方前往班洪调查并实地勘界，照会英方“在此项问题未切实解决之前，不再有任何军事行动，以免益滋误会”。1935年4月，国民政府外交部部长汪精卫、英国驻华大使贾德干通过外交换文，确定中英双方通过谈判解决滇缅南段未定界问题，成立勘界委员会，对1897年签订的《中英续议滇缅条约附款》第三条第三、第四两节所指之滇缅边境南段未定界进行实地查明，并绘制地图，形成勘界报告供两国政府参考。

一、中英会勘滇缅南段未定界

为了让“班洪事件”不再进一步扩大，国民政府多次向英国提出尽快划定久悬未决的滇缅未定界，英政府也希望缓和因“班洪事件”引发的中国民众反英浪潮。1934年8月，英国使馆参赞台克满前往南京，与国民政府外交部次长徐谟进行非正式的磋商。在国民政府同意先确定“定界”大纲，由国联选派勘委会中立委员长，并拥有最后票决权的先决条件后，经过多次谈判，英国政府最终同意了国民政府最初提出的解决方案，由中英双方合组委员会，对滇缅南段边界进行勘划。1935年4月9日，中英双方换文：“设立中英会勘滇缅南段界务委员会，以委员5人组成之，中英各派委员2人，并由国联行政院主席委派双方同意之中立委员1人为委员长。遇双方委员意见歧异其数相等时，中立委员有最后之票决权，而最后之决定，仍属诸两国政府。”[①]委员会的任务是：“一是将1897年条约第三条第三、四两节中有关未定界部分所规定之界线实地查明，并绘于地图上；二是对于约定界线，如发生应做局部修改的问题，委员会应根据实地勘查情形，报告两国政府留待考量。”同日，双方还签订了一项附加谅解备忘录，明确：“双方政府一致同意，对于委员会报告书中所涉及的内容，以及任何可能基于地形、历史或政治因素而提出的修改议题，均须留待日后双方政府另行协商谈判，以达成最终的一致意见。”[②]

勘界任务大纲确立后，两国政府随即指派人员组成会勘委员会，自1935年末起至1937年期间，先后两次上界勘查。中方首席委员始终由梁宇皋担任，前一届委员为尹明德，后一届则为张祖荫。英方委员方面，首届委员为寇来规（J.Clague）及革乐斯（F.S.Grose），后一届委员则包括革乐斯与陶乐尔（W.S.Toller）。中立委员始终由国联行政院主席委派的前任叙利亚、伊拉克勘界委员会主席、瑞士陆军上校尹斯兰（Col-F·Iselin）担任。英方安排了507名警卫兵力，并配备了相应的后备队伍。中方最初派遣了250名，后经过增补，兵力增至500名。此外，双方经过协商明确，中立委员可按照既定安排，轮流驻扎中方与英方营地。

---

① 薛代强、章进合编：《中国外交年鉴》第三章，第185页、第241-244页。

② 《中英会勘滇缅南段未定界务总报告书》，见《中英会勘滇缅南段未定界务总务报告》，北京，北京大学历史学系资料室藏。

二、卡瓦[①]十七王[②]誓死不失守土之责、不做英殖之奴

自1935年12月1日起，中英双方在户算进行了51天的交涉，其间共举行了33次会议。在此期间，上葫芦王地所属17个部落的头人或代表均参与了此次会议。1935年12月1日至1936年4月8日，第一次上界会勘期间，在班洪王的号召下，佤山各部落的爱国首领们挺身而出，自发集结，共同成立了“卡瓦十七王民族自决会”，为即将到来的滇缅划界斗争做了组织上的准备。十七王利用他们世居葫芦王地，熟悉该地的地理、历史、政治的优势，整理并展示了历代中国政府颁发的印信、公文、委任状等一系列翔实证据，从而有力地证明了此区域自古即为中国领土不可分割的一部分。他们一致推选赵星寿为全权代表，代表各王出席并作证。公开表达“搜集印信证据，请愿于勘界委员会，陈述卡瓦地民众痛苦及誓不为英奴隶牛马，请求我国勘界团据以力争”的强烈愿望，以“卡瓦十七王民族自决会”的名义，郑重发布了《致中英勘界委员会主席尹斯兰先生的公开信》和《卡瓦十七王敬告祖国同胞书》。

1936年1月19日，十七王致信勘界委员会主席尹斯兰，他们首先对尹斯兰“为解决滇缅南段界务纠纷，衔国联之命，远道而来”致以“赖之忱及拳拳之意”，期盼他能够代表国联，秉持公正之心，做出不偏不倚的裁决。接着，客观地叙述滇缅边界事务争端的来龙去脉，“前者中国既失缅甸，英人心犹未足，又欲得我卡地。予等以卡地为中国之边陲，卡民为组成中华民族之一分子。兼汉颁印信可资凭证，风俗习尚皆大同小异，同是一体，不欲分割。又以守土有责，岂甘无故放弃。故予等始终上下一心，团结一志，效忠于我之阿祖阿公，不使英人

---

① 卡瓦：意为居住在山上的人。“卡”为傣语，是奴隶的意思，称“卡瓦”含有贬意和侮辱性。过去不同地区的佤族有着不同的自称。大体说来，镇康、永德一带的佤族自称“佤”；耿马、双江、沧源、澜沧的佤族自称“巴饶”或“布饶”；西盟、孟连的佤族自称“阿佤”、“阿佤莱”和“勒佤”。1962年，党和政府为了体现民族平等和团结，根据大多数佤族人民的意愿，确定称为佤族。

② 卡瓦十七王：敢赛王、班洪王、塔田王、蛮国王、绍信王、巩众王、上公基王、下公基王、业烈王、戛希王、南抗武王、木烈王、户猛王、布德王、班弄王、莫弄王、班况王。

第二次滇缅南段边界会勘初，葫芦王地17部落王剽牛盟誓，誓守疆土

得越界线一步，此滇缅界务之所以久悬不决也。”对尹斯兰主持勘界提出建议，“今先生主持公议，剖疑析纷，慧光朗照，无有隐匿。予等谨根据固有之疆域，请先生以大无畏之精神，快刀斩乱麻之手段，毅然主张本段应以潞江为天然界线，则纠纷可解，民心可服，流血之祸可免，而先生之高仁厚泽亦可与日月并明矣。”信中痛斥英殖民者得陇望蜀，武装入侵阿佤山，“想大英广土厚财，所得已多，当不以此区区之地，弃两国之好，劳动师旅，以压迫我无告之弱小民族，为世人所讥笑也”，“图入我藩篱，窥我堂奥，奴隶我人民，强割我领土”，庄重宣告“则卡民虽愚，亦必竭其智能，为正当之防卫。我身可碎，我心不渝。虽遗一枪一弹一妇一孺，亦必奋斗到底，决不甘伈伈伣伣任人宰割，贻中华民族以不条之羞也”，决心誓死反抗英国侵略者。

1936年1月20日至4月8日，勘界人员先后进驻炉房、甘勐、勐角、勐董、扑马、宋帕魏和老厂等地勘界，全程共290公里，其间共召开会议67次，询问英方证人13名、中方证人22名。

1936年2月2日，为了向全国同胞揭示班洪问题的真相，争取全国上下的广泛支持，胡玉山等十七王发出了《卡瓦十七王敬告祖国同胞书》，气壮山河地表达了边疆人民爱国守边的初心。“敬告我祖国政府、各省当道并各法团民众同胞暨邻封州县长官、海外侨胞父老兄弟、诸姑姊妹之前”，在开篇之际，便明确阐明了阿佤山自古便为中国固有领土之事实："窃我卡瓦十七王地，东接双江澜沧，南达老挝孟艮，西界滚弄下游，北接科干孟定。自昔远祖，世受中国册封，固守边疆，迄今千数百年，世传弗替。不但载诸史册，并现尚有历朝颁给印信可资凭证。"紧接着，追溯了近代祖国饱受磨难的历史，控诉英国步步为营对我国西南边疆地区的蚕食。"溯自缅甸丧失，我祖国历年多故。英帝国主义者遂得以经营缅甸之暇，又进而南北夷山，更进而引兵东渡，劲军千余，新式武器均备。明则探矿调查，闭尽我祖国之耳目，淆听世界之公理，暗则强占领我班洪炉房等处矿场，以逞其野心侵略。不惧国联之条约，步步压迫，种种手腕，无不用其极端，誓得我卡地，奴我卡民，方遂其野心。"

十七王深感"弓弩火绳"之武器难以抵御蓄谋已久之强大敌人，担忧"阿祖阿公之源源相传，守土有责，则自我失之后世，相传之继，亦自我而不与之。上难以见冥灵之阿祖公，下更何颜于后世耶"。经过深思熟虑，十七王决心更加坚定，他们"午夜思筹，废寝忘餐，剽牛同集，含泪而议，砍指誓决，吾卡虽地瘠民弱，亦有数千方里之广，百数十万之众。据天然之隘，恃性之勇，誓断头颅，不失守土之责，誓洒热血，不做英殖之奴。虽剩一枪一弹一妇一孺，身可碎而心不可渝也。今而后，本自决自卫之精神，置死后生之决誓，何惧强敌野心之侵略"。尽管自己弱小，但他们深知阿佤山在捍卫国家疆土安全中的重要战略地位，把英国殖民者的侵略野心昭示于天下，"本为中国极西之国防边隘，亦即中国之西南半壁，

班洪总管胡忠汉与中方勘界官员

得失重要，关系祖国之安危。尤其云南及川黔各省，俱有唇亡齿寒之依。按图索骥，能不岌岌可危哉。况我卡瓦金银矿产之丰富，素称雄于世界，英帝国主义者久已觊为眼中物。乘我祖国多事之秋，竟悍然引兵越界，既强自修筑马路，复建盖炉房兵营，意在谋永久之占领”。号召全国同胞在此勘界期间，“据理力与争回”，否则“何异授宝藏以予强敌”。同时，十七王和佤族同胞们已经做好了充分的心理准备，以应不测，“我祖国之政府纵迫不得已而出于隐忍退让，我卡瓦民族虽愚，亦不甘愿伈伈伣伣以听英殖之奴隶驱使，与分割此宝藏有用之领土也。”

关于勘定边界的解决之道，关键在于依据佤族民众所熟知且认同的“确切而无淆混”的地形地貌、历史渊源及政治因素，以潞江作为自然分界线。十七王慷慨激昂，庄重地向全国同胞许下铮铮誓言，“誓断头颅，不愿为英殖之奴隶”，深切期盼着祖国同胞“悯我边地弱小民族之痛苦无告，念唇亡齿寒之惧，舐糠见米之危，直接间接予以实力之援助，或为书面之请求，广为宣告国人同胞。俾获相当需要，使卡民仍获达自决自卫保全国土之相当目的，不致因力弱而遭受缅民亡国之续，则边民甚幸，国防亦甚幸矣。”

三、英雄遗恨

“班洪事件”源于英国殖民者利用中国政府的失误，抢先控制了若干对英有利的边界地带。在民族主义情绪日益高涨的背景下，边疆各族人民奋起反击，坚决捍卫国家领土完整。义勇军与班洪、班老地区的佤族自卫武装紧密协作，驱逐了英国侵略者。特别是南大战斗给予英军以沉重打击，使其付出了惨重的代价。为缓解因“班洪事件”引发的反英情绪，英政府不得不与中国政府展开谈判，以期解决长期以来悬而未决的滇缅未定界问题。

在“班洪事件”爆发之际，蒋介石正专注于调集军队，对江西的中共中央苏区展开大规模的军事“围剿”行动。同时，南京国民政府内部也陷入了深重的政治斗争漩涡之中，各方势力纷争不断，加之，边疆各地的局势尤为动荡不安。在此背景下，南京政府显然不希望“班洪事件”继续升级扩大，而是倾向于与英方展开谈判，通过联合划界的方式，以和平手段解决此事。英国政府向国民政府提出抗议，并向义勇军下达了通牒，妄称义勇军不识地图、侵占英国领土，并攻

1934年6月，国民政府“外交部特派云南边地调查专员”周光倬进入班洪地区调查英国侵略真相（周光倬之子周润康提供）

击英国国防。在此压力下，国民政府饬令云南省政府制止边疆人民的抗英保土行动，并派周光倬等人到班洪进行调查，规定调查人员不得超越司格特线以西的争议地区。1934年9月11日，在国民政府饬令下，云南省政府主席龙云下达了命令，解散了义勇军。

1934年8月，英方同意国民政府最初提议的设立勘界委员会、会同定界的办法，经过多次谈判磋商，中英两国政府最终于1935年4月9日签换照会，拟定了勘界任务大纲，同意谈判解决滇缅南段未定界问题。“班洪抗英”的伟大胜利，把英帝国主义侵略者赶到了滚弄江边，拉到了谈判桌前。

1937年4月17日，实地勘界结束，中英双方在缅甸桑格郎（Hswawn Long）开会，先后经过160多次会议，4月24日，双方代表在勘界调查书上签字。然而，勘委会调查结果与始料大相径庭，“吾人发现两处占地甚广之政区骑线同位于条约线之一方，而条约线之另一方并无相当之骑截区域。故条约确曾规定两线一为天然线、一为政治线，且二者相差甚远。”[①]《会勘滇缅南段未定界务总报告书》实际上是同时提出了两条难以调和的滇缅南段分界线。由于勘委会决议的大部分条约线是根据“条约线即天然线”的原则确定的，对英国十分有利，因此英政府要求以此线作为两国谈判的基础，而国民政府认为条约线分割了班洪、猛角、猛董等中国边疆管辖区域。[②]这样的勘查结果使中、英双方争执不休，加之，勘界委员会所提交的报告仅具有建议性质，对双方并不具备任何约束力，因此，在随后举行的南京中英“定界”会议中，双方仍然坚持各自原有的划界立场，勘界工作与谈判未能取得实质性的进展。

“班洪抗英”的胜利，并未能遏制军事上失败的英帝国主义利用勘界谈判侵占阿佤山的野心，十七王与佤族民众以潞江为天然界限划定滇缅南段边界线的愿望仍然十分渺茫，滇缅南段未定界问题仍属悬案。

① 《中英会勘滇缅南段未定界务总报告书》《中英会勘滇缅南段未定界务总务报告》，北京大学历史系藏。

② 朱昭华：《从班洪事件到中缅“1941年线”的划定》。

附 录

卡瓦十七王致中英勘界委员会主席尹

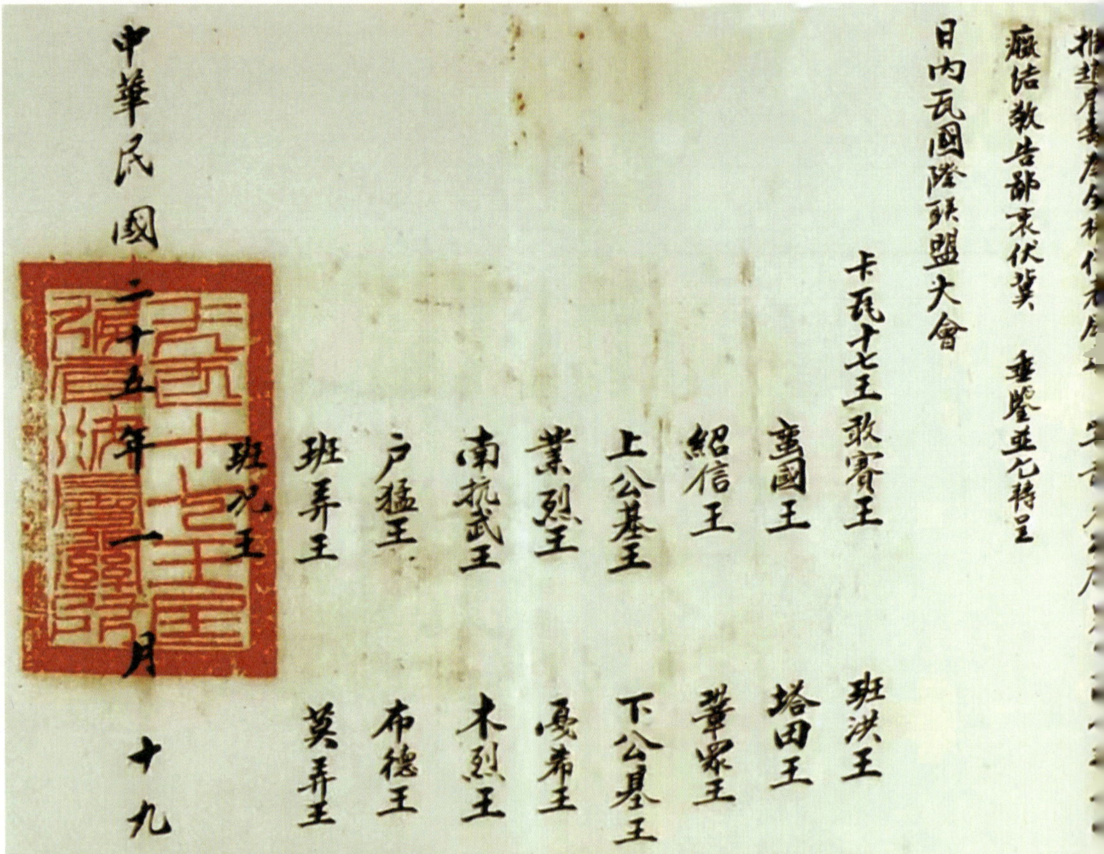

癥結敎告部衷伏冀　垂鑒並乞轉呈

日內瓦國際聯盟大會

卡瓦十七王致賽王　班洪王

蠻國王　塔田王

紹信王　葦累王

上公基王　下公基王

業烈王　憂希王

南抗武王　木烈王

户猛王　布德王

班弄王　莫弄王

班况王

中華民國二十五年一月十九日

斯兰先生的公开信

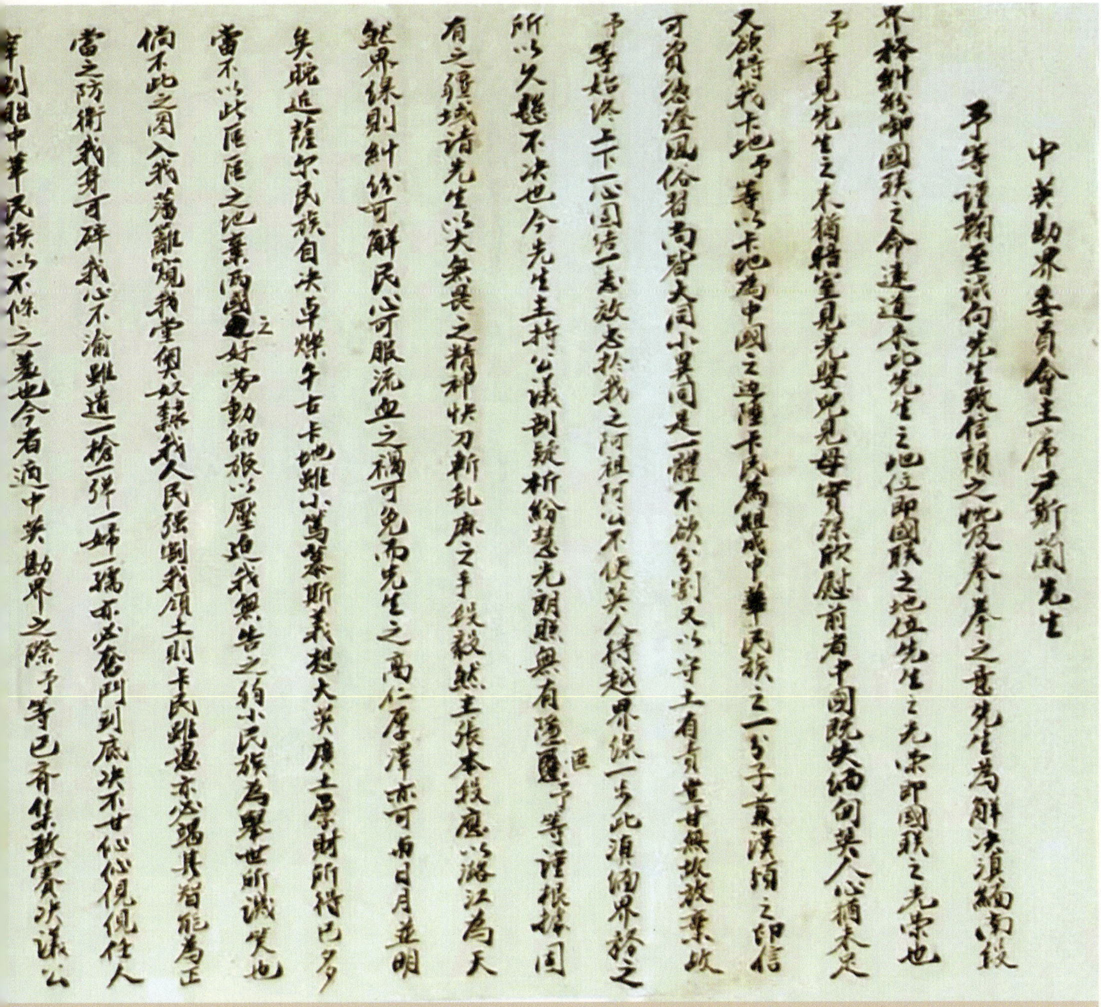
中英勘界委員會主席尹斯蘭先生
予等謹掬至誠向先生致信賴之熱忱拳拳之意先生為解決滇緬南段
界務糾紛奉國聯之命遠道來此先生之地位即國聯之地位先生之光榮即國聯之光榮也
予等見先生之來猶暗室見光嬰兒見母實深欣慰前者中國既失緬甸英人心猶未足
又欲得我卡地予等以卡地為中國之邊陲卡民為組成中華民族之一分子兼滇緬之印信
可資憑證風俗習尚皆大同小異同是一體不欲分割又以守土有責豈甘無故放棄故
予等始終上下一心團結一志效忠於我之阿祖阿公不使英人得越界線一步此滇緬界務之
所以久懸不決也今先生主持公議剖疑析紛甚光明無有隱匿予等謹根據國
有之疆域請先生以大無畏之精神快刀斬亂麻之手段毅然主張本段應以潞江為天
然界線則糾紛可解民心可服流血之禍可免而先生之高仁厚澤亦可與日月並明
矣晚近薩爾民族自決卓爍千古卡地雖小篤慕斯義想大英廣土眾財所得已多
當不以此區區之地棄兩國之好勞動師旅以壓迫我無告之弱小民族為舉世所譏笑也
倘不此之圖入我藩籬窺我堂奧奴隸我人民強割我領土則卡民雖愚亦必竭其智能為正
當之防衛我身可碎我心不渝雖迨一槍一彈一婦一孺亦必奮鬥到底決不甘心俛俛任人
宰割貽中華民族以不滌之羞也今者適中英勘界之際予等已齊集散賽決議公

1936年1月19日，卡瓦十七王致中英勘界委员会主席尹斯兰先生的信
（大理州档案馆提供）

滇边卡瓦山诸部酋长印图之一班

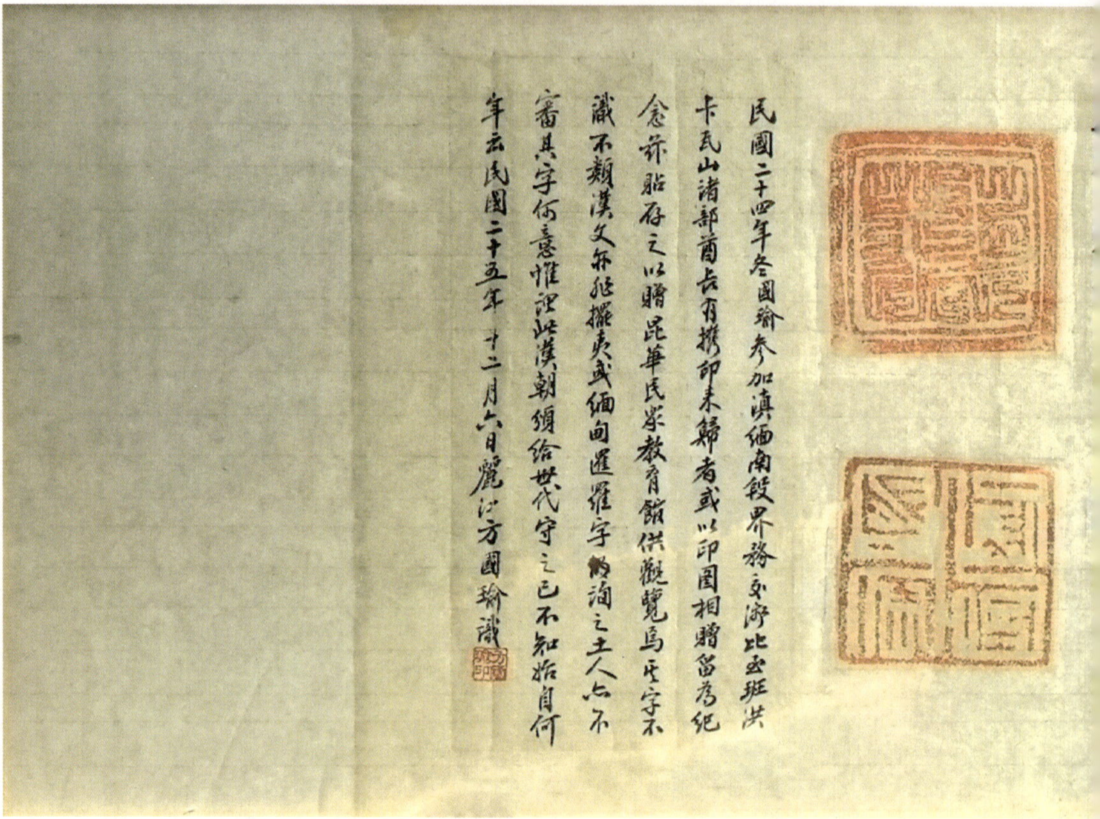
民國二十四年冬國瑜參加滇緬南段界務交涉比至班洪
卡瓦山諸部酋長有攜印未歸者或以印圖相贈留為紀
念亦聊存之以贈昆華民眾教育館供觀覽焉其字不
識不類漢文亦非擺夷或緬甸暹羅字詢之土人亦不
審其字何意惟記此漢朝頒給世代守之已不知始自何
年云民國二十五年十二月六日麗江方國瑜識

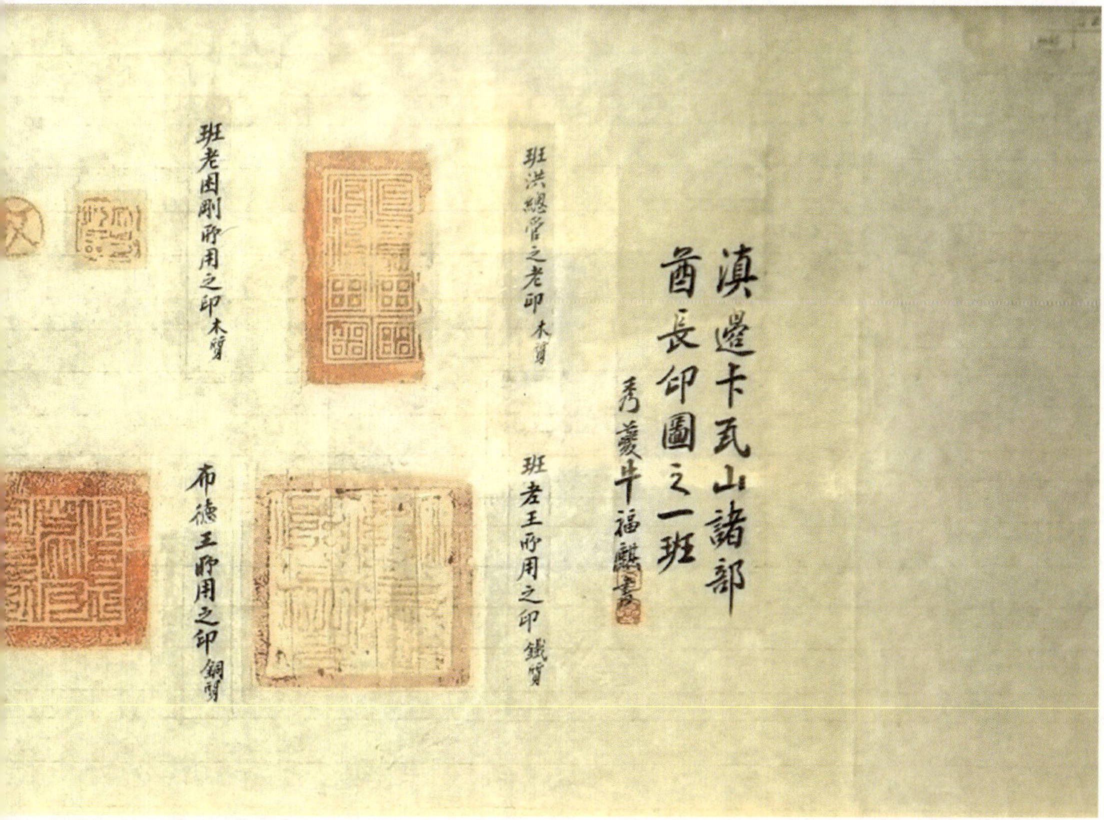
滇邊卡瓦山諸部
酋長印圖之一班
班洪總管之老印 木質
班老王所用之印 鐵質
班老因剛所用之印 木質
布德王所用之印 銅質

（云南省档案馆提供）

云南民众外交后援会顺宁分会恳请省

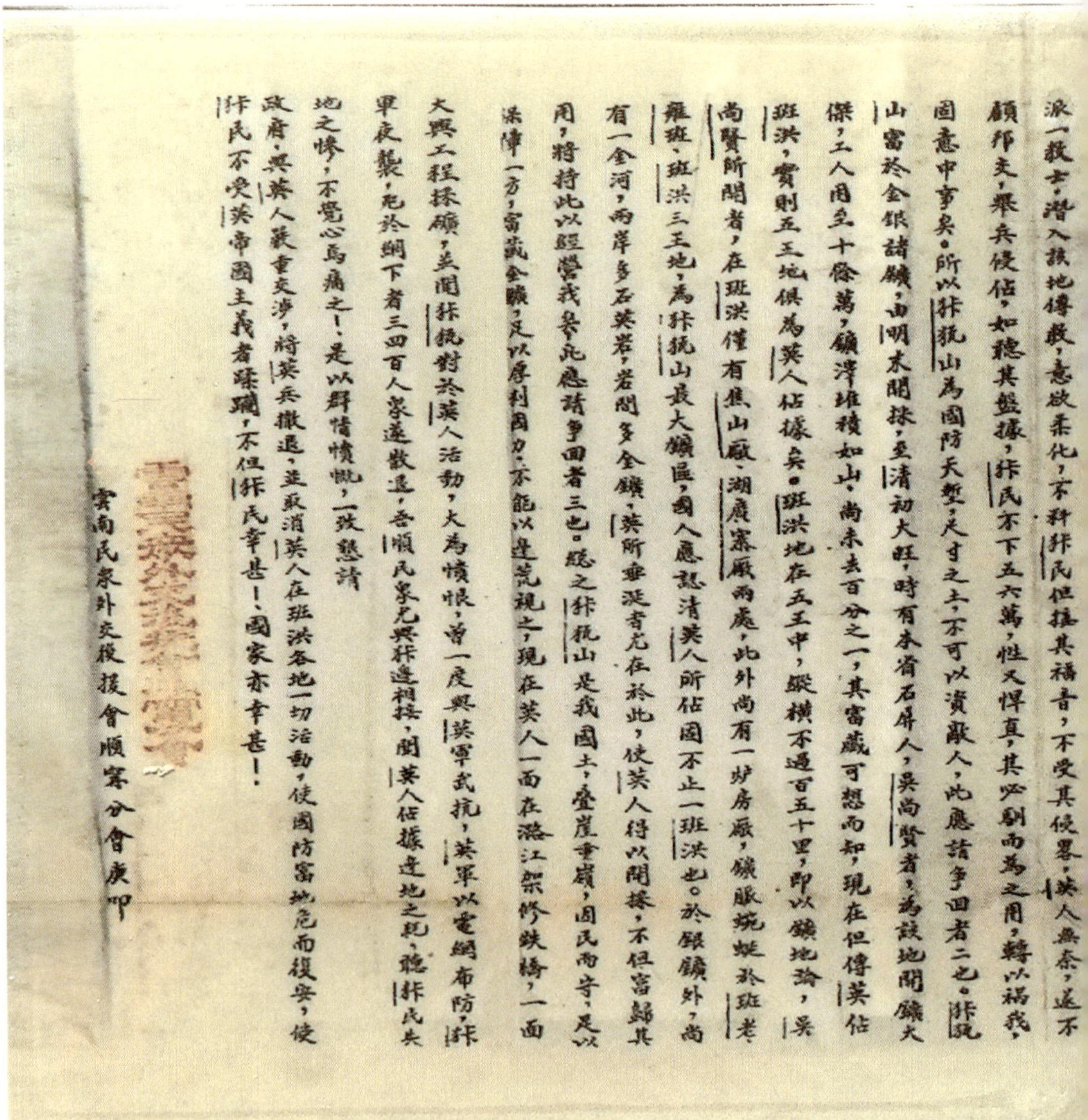
派一教士，潛入該地傳教，意欲柔化，不料佧民但接其福音，不受其侵畧。英人無奈，遂不顧邦交，舉兵侵佔，如穩其盤據，佧民不下五六萬，性又悍直，其必馴而為之用，轉以禍我，國意中事矣。所以佧瓦山為國防天塹，尺寸之土，不可以資敵人，此應請爭回者二也。佧瓦山富於金銀諸礦，由明末開採，至清初大旺，時有本省石屏人，吳尚賢者，為該地開礦大傑，工人多至十餘萬，礦滓堆積如山。尚未去百分之一，其富藏可想而知，現在但傳英佔班洪，實則五王地俱為英人佔據矣。班洪地在五王中，縱橫不過百五十里，即以礦地論，吳尚賢所開者，在班洪僅有焦山廠、湖廣寨廠兩處，此外尚有一爐房廠，礦脈蜿蜒於班老、雍班、班洪三王地，為佧瓦山最大礦區，國人應認清英人所佔固不止一班洪也。於銀礦外，尚有一金河，兩岸多石英岩，岩間多金礦，英所垂涎者尤在於此，使英人得以開採，不但富歸其用，將持此以經營我邊，此應請爭回者三也。總之佧瓦山是我國土，疊崖重嶺，固民而守，足以屏障一方，富藏金礦，足以厚利國力，不能以遐荒視之，現在英人一面在潞江架修鐵橋，一面大興工程採礦，並聞佧瓦對於英人活動，大為憤恨，曾一度與英軍武抗，英軍以電網布防，佧軍夜襲，死於網下者三四百人，眾遂散退，吾順民眾允與佧邊相接，閱英人佔據邊地之耗，聽佧民失地之慘，不覺心為痛之！是以群情憤慨，一致懇請政府，與英人嚴重交涉，將英兵撤退，並取消英人在班洪各地一切活動，使國防要地危而復安，使佧民不受英帝國主義者蹂躪，不但佧民幸甚！國家亦幸甚！

雲南民衆外交後援會順寧分會庚卯

政府与英人严重交涉的代电

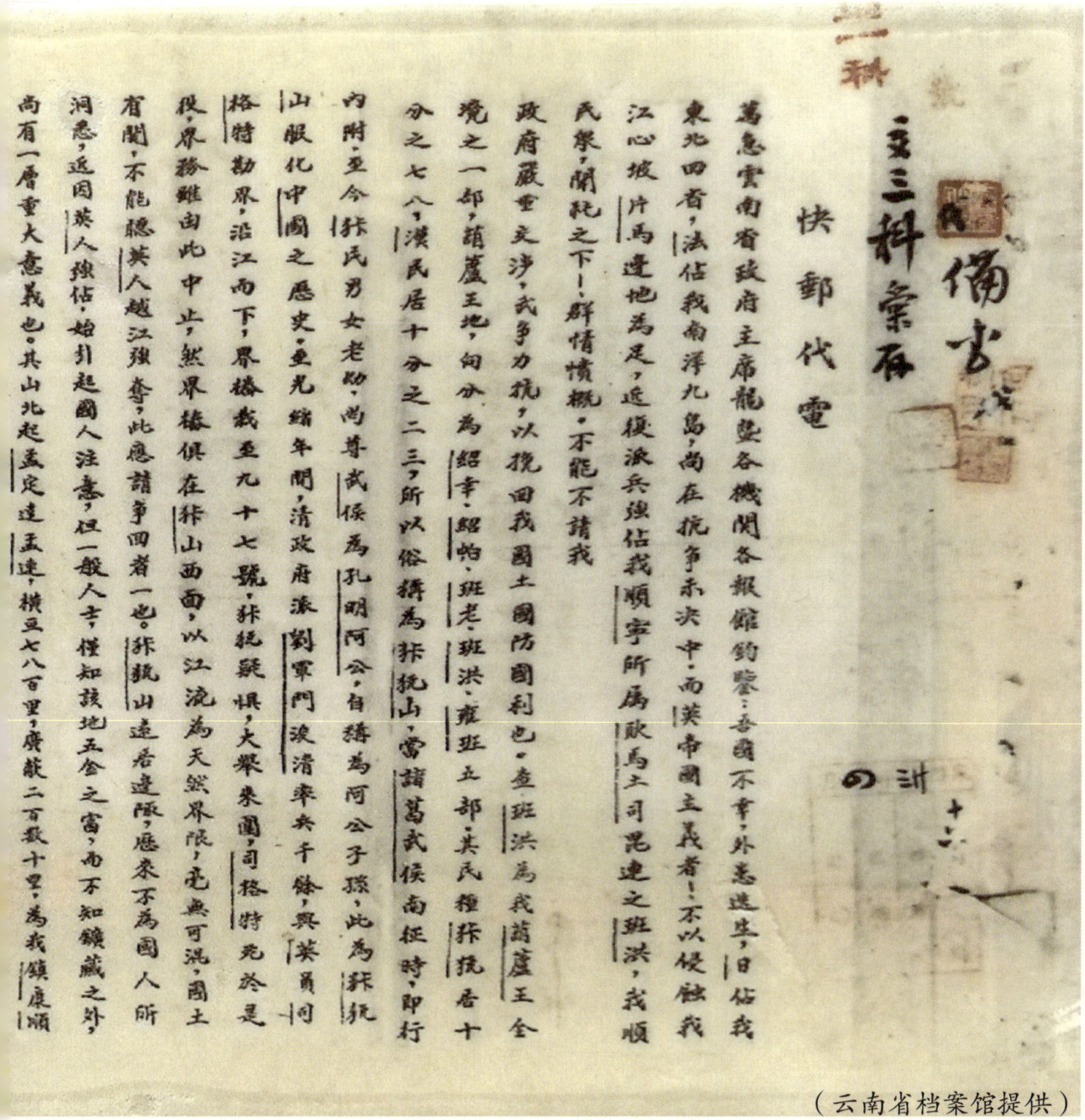

快郵代電

萬急雲南省政府主席龍鑒各機關各報館鈞鑒：吾國不幸，外患迭生，日佔我東北四省，法佔我南洋九島，尚在抗爭未決中。而英帝國主義者，不以侵蝕我江心坡片馬邊地為足，近復派兵強佔我順寧所屬耿馬土司邑建之班洪，我順民眾，聞耗之下，群情憤慨。不能不請我政府嚴重交涉，武力抗爭，以挽回我國土國防國利也。查班洪為我葫蘆王全境之一部，葫蘆王地，向分為紹章、紹帕、班老、班洪、雍班五部。其民種佧佤居十分之七八，漢民居十分之二三，所以俗稱為佧佤山。當諸葛武侯南征時，即行內附，至今佧民男女老幼，尚尊武侯為孔明阿公，自稱為阿公子孫，此為佧佤山服化中國之歷史。至光緒年間，清政府派劉軍門波清率兵千餘，與英員司格特勘界，沿江而下，界樁栽至九十七號，佧佤疑懼，大舉來圍，司格特死於是役，界務雖由此中止，然界樁俱在佧山西面，以江流為天然界限，毫無可混，國土有關，不能聽英人越江強奪，此應請爭回者一也。佧佤山遠居邊陲，歷來不為國人所洞悉，近因英人強佔，始引起國人注意，但一般人士，僅知該地五金之富，而不知鑛藏之外，尚有一層重大意義也。其山北起孟定達孟連，橫亘七八百里，廣袤二百數十里，為我鎮康順

（云南省档案馆提供）

云南民众外交后援会大理分会号召全国同胞抵抗到底保全班洪的快邮代电

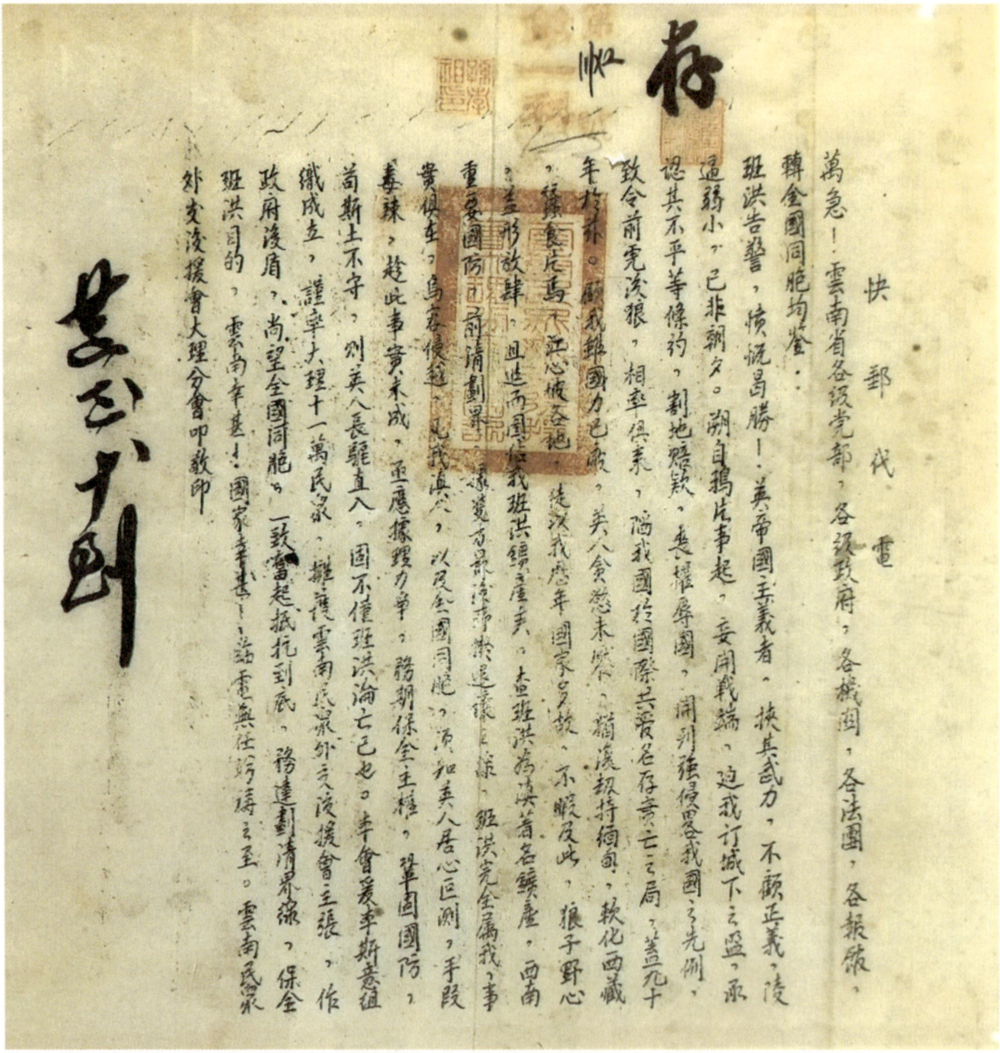

快郵代電

萬急！云南省各級党部，各級政府，各機關，各法團，各報館，
轉全國同胞均鑒：
班洪告警，憤慨曷勝！英帝國主義者，挾其武力，不顧正義，凌
逼弱小，已非朝夕。溯自鴉片事起，妄開釁端，迫我訂城下之盟，承
認其不平等條約，割地賠款，喪權辱國，開列強侵略我國之先例，
致令前虎後狼，相率俱來，陷我國於國際共管名存實亡之局，蓋九十
年於茲。顧我國國力已敝，英人貪慾未饜，猶復執持緬甸，軟化西藏
，蠶食片馬，[illegible]心[illegible]，徒以我歷年國家多故，不暇及此，狼子野心
，益形放肆，且進而圖佔我班洪鑛產矣。查班洪為滇省名鑛產，西南
重要國防，前清劃界，[illegible]，班洪完全屬我，事
實俱在，烏容侵越，凡我滇人，以及全國同胞，須知英人居心叵測，手段
毒辣，趁此事實未成，亟應據理力爭，務期保全主權，鞏固國防，
苟斯土不守，則英人長驅直入，國不僅班洪淪亡已也。本會爰本斯意組
織成立，謹率大理十一萬民眾，擁護雲南民眾外交後援會主張，作
政府後盾，尚望全國同胞，一致奮起抵抗到底，務達劃清界線，保全
班洪目的。雲南幸甚！國家幸甚！臨電無任盼禱之至。雲南民眾
外交後援會大理分會叩敬印

（云南省档案馆提供）

葫芦王地概况（影印件）

李景森

一、导言

北伐成功，尤其是九一八事件发生以后，国人对边疆建设，注意者日多，自国家前途言之，能不谓为良好现象乎？第国人目光，顾视不周，注意西北，而未及于西南，尤未重视界于两大之云南。又以云南边地情形而论，一般人士，亦有偏畸，只知道江心坡片马之沦亡，而不知道偏居西南之葫芦王地，已陷于危险界中，亦矿产丰富，土地肥沃之区，斯不能不引以为憾也。

葫芦王地，原有上下之分，下葫芦王所属班况等地，因当局颟顸，于订立界约时，已允划归英缅。现所余者，仅上葫芦王地耳。其地偏居本省西南隅，在公明山的西北，西与英缅接壤，东界双江，北接孟定耿马，南邻澜沧孟连，地广数千方里，人口近百万，气候温和，土地沃腴，物产丰富，金银矿产尤多。惟人民知识甚低，蓁蓁茫茫，不知身外有物，饮食尚有茹毛饮血，居住亦不乏穴居野处者，依然原始状态也。

葫芦王地，现为班洪永邦班老矿别绍兴等五王所分管，以绍兴王为总王。其地，向属我国，汉末孔明征南，明代王骥征缅，威德皆达是邦，迄今事隔数百年，而人民犹崇奉孔明王骥不置，及至清代乾隆年间，政府曾设正副抚吏，治理其地，同时，有石屏人吴尚贤到班洪开办茂隆银厂，宫里雁到班况开采老银厂，均已大著成效，后以政治不良，宣告失败。及至今日，班况为英所有，老银厂已用新式方法开采，茂隆则仍废置，乾隆年间，因矿产关系，葫芦王地与本省腹地的关系，可谓最为密切，惜当时政府，缺乏眼光，未及时施以政教，化导其地人民，光绪十二年（一八八六年）缅甸沦亡于英，葫芦王地已成边土之一，地位日见重要，清光绪二十八年，云贵总督王文韶，藩台刘春霖，曾诏班洪王到省，赐给衣服等件，并宣示政府德意，令归故土镇守。及后，该地发生乱事，管带彭耀南（缅宁人）奉命前往镇戍多年，深为五王及土民所敬仰，威望至今尚存。民国以来，政府未忘柔远，曾几次派员前往宣慰，但以所派不尽得人，不惟有负任务，且有予边民以不良影响者。葫芦王地之开化，迄无端倪，良可慨也。不论自历史种族种种方面观察，其地应属我国，乃无疑义者也，而英人深知其矿产富丰，地藏颇优，遂生觊觎之念，于光绪二十五年会勘界务时，谓薛图经纬度与约文不符，强指孔明山为公明山，另出界图画一红线，深入我内地一百余里，若照英方界图，则不惟葫芦王地不归我有，即澜沧所属之茅寿西盟官得永广蛮弄等地，亦为英有，我方损失甚巨。当即拒绝所请，及今仍为悬案，顾此数十年中，英人之侵略！无时或已，对于是地状况，随时派员蜜①察。其最垂涎者厥为茂隆银产，盖是厂，不特矿产蕴藏丰富，即余渣亦有厚利可图，民国八年，班况英缅银矿公司，曾运动商民，前来采买矿渣，每百斤给予英洋十元之多，若非矿质优良，宁肯出此。幸土民人心向汉，不惬于英，随即制止，虽欲侵入，亦苦无法，惟是土民虽然拒英向汉而班弄回民，则甘为走狗，力任前锋，内向侵略，是亦五王地之一大危机也，

---

① “蜜”似应为“秘”。

班弄回民，相传为杜文秀时代迁徙而来者，其地属班老王管辖，王招回民马禹全为婿，浸假而王之大权旁落，洎乎马子必昌，且逐土而据其位，自称班弄官矣，其地与英缅接壤，两地经济关系，甚为密切，故回民多为英所拢笼，数典忘祖，甘为英之犬马，与五王立于敌对地位，民七班弄回民谋攻五王，幸为澜沧边防营长彭耀南制止，今后我方若不增厚边防势力，则回民之大举内攻，殆预料中事也。

作者住居缅宁，密迩是地，深悉边陲危机，时思有以报效国家，且因声振五王之彭耀南先生，与作者有亲属关系，故与当地民土，颇有渊源，努力有自。民国十八年曾奉农矿厅命令，前往调查矿产，经数月之跋涉，始得回省复命。本年（二十二年）一月，又奉富滇新行命令，再往接洽矿产，并宣布政府德意，为时数月，始克毕命。作者以五王管地，地位重要，情形特殊，而国内复茫然于当地之情形，爰于调查接洽矿务之时，于一般状况，亦加以考察，冀以所得，贡诸社会，以解国人之谜，聊为开发边疆之一助。惟作者学力浅薄，考察未周，难免挂一漏万之咎，尚乞识者有以教之。

二、自然状况

（一）人民

1. 人口。约有一百万。因地近热带，气候温和，物产丰富，人口繁殖颇速。如哨辛（即绍兴）王境内天气较好，物产较丰，人口增加较各王境内为甚，约有五十万左右。班洪王境，约三十万，其他如班老，用半（即永邦），矿别三土境内，各有五六万人。都是散居山中，过那半农半猎的生活。

插图一　在矿山遇见之□佧佤

2. 种族。是地人民，是上古时代三苗九黎荆蛮南蛮的后裔，亦蒙古利亚种之一。全境内分布的都是苗族的濮曼人名为卡瓦，面方颈长，皮色黄褐，性质粗简，实有上古野蛮民族的风气，同历史上所述的原始人民的生活一样。

3. 性质。人民性质，直率简陋，顽梗愚钝，进步很迟。又因喜好狩猎，养成残忍的性情，没有人敢同他们来往，无形中与汉人，划了一条极大的鸿沟，减少了开化的机会。

（二）土地

1. 位置。居本省西南边地；东界双江南连澜沧孟连，北接耿马孟定，西与英属缅甸接壤。当中缅两国往来之冲，实云南之重镇也。

2. 面积。面积约数千方里，东西长千里，南北广七百余里，几有云南六分之一，哨辛约五千方里，班红约二千方里，矿别二千方里，班老，用半各千余方里。

3. 地势。公明山接怒山脉余势，雄踞中央，高七千米突左右。支脉分五条，互相连络。环绕哨辛东部的黑山，又由黑山分支西行，绵亘七百余里，直入金厂坝，接联金银矿产丰富的大山，再由大山分支南下到浪沧土司猛角董境，有居高临下之势，北支山脉由北行接联耿马的三尖山，全境构成一大高原，山势崎岖，横延千里，公明山之东有南卡河，南垒河流入缅甸。水势湍急，不便行船。西有萨尔温江，亦流入缅甸，北有南丁河滚弄江，流入萨尔温江内，水势汹涌，形势险要。

（三）气候

地当北纬二十三度内，已入热带，然因大山横延，高耸云际，地势高下不一，故寒温热的气候都兼有。平原深谷内，地势低下，气候炎热，潮湿亦多，烟瘴特别利①害。山地则空气温和，俨然温带情况，若夫高山之上，则常常积雪，非常严寒。至于暴风迷雾，因地势的关系，也常常发生。

（四）交通

境内因大山耸立，绵延横亘，森林密茂，遮蔽天日，又少与外人来往，路政无由谈起，所以鸟道崎岖，曲曲如羊肠，人马不易通过，交通非常梗阻。河流虽多，但因地势高下不一，水流湍急，不便航行，只能供土人做渔业之用。

（五）矿物

1. 金属类。境内金属矿物，蕴藏特别丰富，质量最佳，几有山山皆是，遍地都有的情形，可算甲于全国的金银区域了。兹分述于下：

银矿　银矿产于黑山之西，大尖山之下，为班洪，班老，用

---

① “利”似应为“厉”。

半三王的交界处，矿区南北百余里，东西七八十里。矿苗垒积，遍山皆是。每年被风雨剥削，流入溪谷内的非常之多。如遇山谷崩坏，矿石出现，真有取之不尽，用之不竭的情形。矿质甚为优良，旧年英人盗取化验，亦谓矿质甚佳。这样丰富的矿苗，良好的矿质，任其委弃于地，真是可惜了。

金矿　金矿产于哨辛以下黑山之间，山中有河一条，夹着很多的金沙，直流入金厂坝。是河因产金沙，故又名金沙河。每年王子准人民淘金沙三天，就可得半年的用费，金矿丰富的情形，也可想见了。

其他如铜矿、铁矿、锑矿、锡矿、镍矿等，各处皆有，遍地皆是，实在是金银珍宝，蕴藏丰富之区，可惜政府没有注意开发，不能地尽其利。

2. 非金属类。班红境内，除了金属矿物蕴藏丰富之外，非金属矿物，也是特别的丰富。即如煤矿，产于金厂坝之西，矿区绵延数百里。土人因柴草甚多，尚未取用，其他各种原料，亦特别的多。至于宝石之类，五光十色，光彩耀目，更非内地人士所曾见。

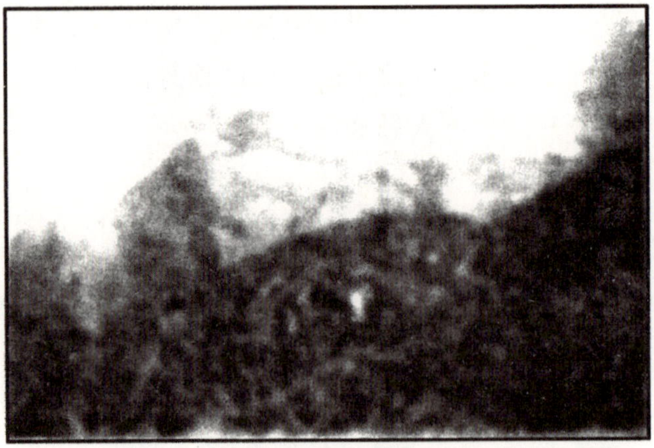

插图二　银矿区山势

（六）动物

班红因地近热带，气候温和，各种动物，较之内地，特别强大，不论家畜野生，都高大肥润。兹分述家畜与野生两种动物于下：

1. 家畜类。人民因过半农业半游牧的生活，对于家畜亦多畜养，兹就其性质分为二种：

（1）与人同住的，有鸡、犬、豕三种，鸡占百分之七，犬占百分之一，豕占百分之六，直接由人以小麦，旱谷，包谷等豢养，蓄于家中。

（2）不与人同住的，有黄牛，水牛，绵羊，山羊，马，骡，驴等，黄牛最多，占全数百分之二十五，水牛占百分之八，山羊占百分之二十，绵羊占百分之十，马占百分之十，骡占百分之十，驴占百分之十。上列畜类，虽为家畜，实似野生，日夜食卧于山中，与野兽无异，人民欲用时，就像猎取野兽一般。

2. 野生类。野生的各种动物，也是属于热带产物，即如象，虎，豹，彪，熊，鹿，麂，山驴，野牛，野猪之类，象则产于班红境和用半两地，共二十余条。虎豹彪熊等则沿江边一带，日夜常常出现，至于鹿，麂，野牛，野猪等，则各地皆有，人民猎取，以供食物。又鸟类则有孔雀，雉，鹦鹉，鸳鸯等，毛羽华美，颜色鲜艳，奇奇怪怪，种类很多。

（七）植物

1. 树木类。境内植物，多半是热带的产物，与内地不同。深山树木，竟有大十余圈，高树十丈者，至数围大树，遍山皆是，不可胜计。种类复杂，难以枚举。其中最著名的，则有杠树，九浆，子栢，纳揩杠，椿，梠等，生长最速，年可长一丈，阔一尺，深谷中则有大豆树及老鸦枕头树，亦特别高大，土人取其实，以为食物；其壳似盒，可盛物和做小儿的玩具。

2. 果木类。果木以枇杷，葡萄，麻梅果，黄果，芭蕉等为著，味极甜美，清香可口，然均为野生，很少家植，其他桃李杏等，完全没有。

3. 花草类。境内奇花异草，遍地都是，花多鲜美长大，种类极多，见者称奇。甚有终年不凋的鲜花，更是内地少见的东西。草类颇多，不胜枚举，注名的则有芳草，斩剑草，大四草三种，极其繁盛，其杆大如杯。叶多奖①汁，用以饲养牲畜，极易肥润。

4. 谷物类。谷类以旱谷，包谷两种为大宗，其次则有小麦小米，此间种植简便，而收获丰富，每年二月内，将树木砍伐，干后以火焚烧，随种随出，不经艾薙，至五六月间，就可以得很好的收获了。

三、经济状况

（一）农业

葫芦王境内，气候温和，土地肥沃，农事极易。但因人民营半游牧之生活，多注重牧畜和细猎的工作，种植的事业，尚居附属地位，牧畜和细猎，反为主要事业。兹述当地农业状况如下。

1. 种植业。种植事业，因天时地理的关系，以简单的耕作，即能得到很好的收成。其种植之物，以旱谷，包谷，小米，小麦等为大宗，种植的方法，每年一月间将树木密茂，野草丛生的地方，先行砍伐，曝后，用火焚烧，稍加人工，将土质弄松，于三月间，播种其上，不经芟薙，无须锄划，至七八月间，即能得到丰收，一人随便种植，即可供数人之用。因此土人多不以种植为主业。每年农产只能敷用，很少赢余。

---

① 原文为“奖”，疑误，似应为“浆”。

其地人民，又因处于各王压迫之下，赋税甚重，种植所余的，都被抽收。且每当种植之际，人民都要集合来，把王子的种植完毕后，才能自己种植。因此，一般人民，无暇耕种，亦不愿多事种植，故虽处于气候土质佳美的地方，而稼穑反形衰落。

2. 牧畜业。境内气候炎热，草木畅茂，又因大山横亘，树林密茂，牧畜事业，特别发达，不论牛，羊，马，驴，骡等，出产都很多，人民以之为主要食品，输出境外者亦多。但是在某王子所辖地内的牲畜，都为王子所独有，他人都不能来境猎取，就是他的人民所食的，也是王子所赐，人民不能私有。各地牲畜，常年生息于山林，俨似野生动物，这真是以大地为大牧场了。

3. 狃猎业。人民除了种植和牧畜两种事业外，主要的尚有狃猎业，人民于工作完毕的时候，不论男女，都拿着刀枪和纲罟标杆，到山中猎取鸟兽，或到水边渔鱼，上至王子，下至人民，都喜欢操此事业。所以养成一种残忍的性质。

（二）工业

其地人民，至今尚系原始时代的生活，又因物产丰富，衣食住等，容易解决，无须另求谋生之术，工业自然谈不到了。现在所有的工业，只是极简单的手手[①]业，如麻织编竹等。其中著名的工业，只有垫单名为卡瓦□类的一种麻织物，长六尺，宽三尺，织工非常简单，土人以此披于身上，以当衣服。至于他们所用的各种器具，都是向边地汉人购取。他们的工业，还是在原始状态之中停顿着。

（三）商业

其地因为交通不便，风气野蛮，外人多不敢深入其境，只就边地交易罢了，境内的商业，非常零落。兹将各情分述如下。

① 原文为“手”，疑误，似应为“工”。

1. 对外交易。每年分两季，三月和十月间，人民出外到土司地耿马，猛角董，孟甸，和英属缅甸边界麻栗坝一带，和汉人，回人，缅人，摆夷奔弄等人交易，输出的是大宗的鸦片，紫梗等类。多不用秤量，以目估计，非常简单，与人交易，最守信用，如与人订货，则以木刻为凭，虽经数年之久，如再相遇，则所订之货，不论腐朽，仍然留存。这真是“言而有信”的交易了，对外贸易，其中介多为货币，货币有法洋英洋中银等项，近年以来，各王吸收银币甚多，然殊少用途，故多埋藏地下。

2. 对内交易。内地交易，因汉人多不敢深入，只有纯土人入内交易，又因无市集之设，故各村落间，随地都可交易，以以物易物的方式，将盐，茶，油，糖，布织物类，草织物类，铁铜器等，换所产的鸦片和紫梗牲畜等。内地交易，女子较多，颇重信义，且极公允，而手续亦非常简单，完全是原始的社会生活，物物交换的时代。

四、生活状况

（一）语言

境内人种纯粹，异族杂居者甚多，故语言尚属统一，其中虽略有分别，也只是熟蕃语与生蕃语两种分别。兹就其所说数目字之读法，比较于下：

汉　语	一	二	三	四	五	六	七	八	九	十
熟蕃语	抵	拉	吕	捧	丙	乃	巧	歹	典	稿
生蕃语	体	拉	力	奔	免	楞	也	太	天	可

观上熟蕃语与生蕃语两种，都是大同小异，清浊之分，实在没有多大差别。境内所通行的，和外人交际的语言，多以熟蕃语为主，外人欲入其境，非学此种语言，不能入境，又因没有文字的产生，外人多不易学习，这也是不进化的一大原因。

（二）风俗

1．婚娶。血统之分不严，除了己身亲姊妹之间，不能发生夫妻关系外，其他家族中的堂姊妹等，随便配偶，任意成婚。不论男女，成长至十七八岁时，互相跳舞和歌唱，如能情投意合，即发生肉体的关系，以故未成正式夫妻时，即产生小孩子的，非常之多，发生肉体关系后，男子和女子，若都能互相亲爱，恋恋不舍时，男子先把女子隐匿他处，才请同伴（即内地之媒妁）和女家说明，若许可则先聚会，以饮茶为定婚之礼，待生子育女之后，才行正式的结婚，以吃肉为礼。当结婚时，男女家宾客，各带有兽肉一二两，作为馈送之礼，大家围着吃完所带来的肉类后，方才罢休。这样，就成了一对正式的夫妇，这真是自由恋爱婚姻了。

2．丧葬。丧葬仪式，非常简单，凡人死，都以为是天所不容，恐连累他人，随死随葬，不令久置。人死后用竹帘一块，周围裹住，抬埋土中，并没其他手续，也没有任何祭礼。

3．交际。人民多以木刻为交往信据。不论买卖田地和其他交易，都以木刻代契据，如甲买乙的田地，则以木一块，刻有花纹和鸟兽之形，长约五寸许，剖为两半，卖者一半，当众焚毁，作为永远杜绝根源，买者收存一半，作为契纸。交易亦用此方法，各存一半，作为信据，以后相会，即可认识。因此，不论各种交际，都用此为凭证，渐渐成了一种风俗。

（三）宗教

1．拜物。境内地势巍峨，山林密茂，人民又以猎猎为生，以故多崇拜山川树木。各村落都蓄有大树一林，名曰“龙树”。土人对于龙树内的一草一木，都不能乱取，若间或取着，偶害了病，即以为龙树作怪。每年于春秋两季，属虎之日，宰牛或羊以为祭礼，于祭祀日起五日内，更不许任何人通过龙树，以表回避，免触神怒。

2．祭鬼。祭鬼又名做鬼，凡人发生疾病，都以为是鬼作祟，约能做鬼的人十余个，到河边或路边，联代病的人，跪在地上，大家念起咒语，把米四方乱洒，说些告鬼的话。杀牛和羊各一条，以为祭品。

3. 祭旱谷。人民每于春秋二季，播种和收谷的时候，派人到外面，来拿汉人和摆夷等的人头，回去祭旱谷，杀人头愈多则愈善。尤以须发特长的人为最好，如外人不易拿时，则野土人也要来到边地来捉拿纯土人来做祭品。因此，春秋二季，很少人同他们来往。又祭祀时，将人头插入长杆上，栽于旱谷田内，把邻近人民传齐，每人拿着茶，米，银等，前来祭祀，大家跪着哭泣一场，将带来的东西，塞入人口内，哭着说："你为找钱米来到我们地方，被杀来祭旱谷，你生不得吃，又不得见你的父母妻子朋友，所以多给你些钱米吃，望你升天，保佑我们的旱谷，得到丰收。"祭完后，又将人头抬头①别地方祭祀，若别处也杀得人头回来，这就留由野兽吃了，以表示人头升天，可望旱谷得到丰收，这样残酷的祭祀，成了永不能改的风气了。

4. 其他。近来间有效缅甸一带，建筑寺院，崇奉佛教者。于当地文化，不无影响。又近年英人派教士来边地学习土语，深入宣传，也有一部份人民崇拜，这是值得十分注意的事体。

(四) 教育

境内人性野蛮，不知教育为何物，仅有班红王境内贵族的几个少爷太子，由边地土司地方，请来和尚，教授几句经书而已。

① 原文为"头"，似应为"到"。

插图三　班红耿马一带信奉佛教之和尚

（五）生活

1. 衣服。衣服多用棉或麻织成之布，极粗糙简单，仅纯土人缝为服装，用以遮身。至于野土人则多赤身露体，遍体漆黑，不论男女，只用一二尺遮住生殖器，形态极其难看，与兽类无异。

2. 饮食。饮食多生吞活啖，纯土人近虽稍知煮食，亦只随便热透而已。至于野土人则不知烹饪，嚼生米，食生肉，很少煮熟才吃的。其尤怪者，肉类必搁至生臭气，才算得味美气香。食料以旱谷，包谷，小米，生姜，辣子等为主，尤嗜茶酒不论贫富，每日必饮茶五六次，每次数碗，嗜酒如命，多成群结队，至耿马猛角董等土司地方交易，易酒而食，醉卧于地者，随处可见，至于饮生羊和生牛之血，或以饭类溅血而食的，更是令人见了呕吐，他们身体健全抵抗力强，也许是生活养成的。

3．居住。因气候炎热，平地不能居住，屋舍筑多建于高山之上，形式极其简单，完全都是茅屋，有盖成楼阁式样的，通称展楼，盖在地面上的，叫茅草铺，屋顶有突出一尺长的两块架板的，就表示是他们的土府了，其他平民们都不能仿此。屋舍遍山皆是，很少聚处。

插图四　洪班王居住之竹园村落

4．睡眠。不论王子和平民，都是于房屋中间，设一火塘，夜间睡眠，不分界限，父母兄弟姊妹妻子，共同团团围绕火塘睡眠，所以境内多有杀害之事，乱伦之行。

五、政治状况

（一）社会组织

境内人民，虽尚在游牧时期，无资本家及地主之可言，但贵族与平民间，已有阶级的分化，统治者即压迫阶级也，各阶级的人民，对于统治阶级，都要绝对服从，否则，上层阶级，即施斩杀之权，其社会组织，拟表于下：

大王子——→各王子——→各粮长——→各伙头——→各伯长——→各管事——→人民

观此可知阶级之多，人民所受压迫之重。人民每遇上层阶级的人，都要行拜跪大礼，上层阶级的森严，可想而知了。

（二）政治行施

1. 政权。政权操于各王手中，对于所属境内，不论财赋，兵备，审判，惩罚，奖赏，发号施令等等，他人不能过问，尽在王子掌中，而王子又是世袭的，人民世世代代都是奴隶。至各王之于总王（即绍兴王），除三年朝拜一次以外，也就更没有其他事情了。

2. 政令。因为没有文字，王子政令欲行使境内，和人民呈报等事，都是以木刻为凭，不论何人，只要有上级的命令，和遇上级头目时，都要行最敬的跪拜礼，至于境内如有紧急事务发生，欲召集全境人民时，则以吹牛角为集合人民的号令。

缅宁李景森著

插图五　葫芦总王像

六、结论

（一）开化

五王境内，矿产丰富，土质肥沃，气候温和，若不及早开发，不惟货弃于地，觉得可惜，且外人垂涎，难保永久，故开发是地，实为今日之急务，但是，要开发，必先开化，故开化又为急务之急务了。兹述重要者如下。

1. 改良语言。是地人民，语言与汉人隔阂，汉人如欲入境，必先学会他们的语言，才能进去。否则没有办法。所以要去开化，必定要将他们语言改变，用适当的汉语，去教他们，使汉人的语言，能够通行境内，一切政教，才易施行。

2. 输入教育。教育一事，在五王境内，完全没有一点雏形，即有也不过是畸形的一点特殊阶级的宗教教育，以及英人利用侵略的基督教育。要开化班红，除了改良言语而外，输入教育也是不能迟缓的事情。如能将教育普遍施诸人民，使大多数都能习说汉语，诵读汉书，那么开化之事，已做了一大半了。

3. 移民同化。改良语言，和输入教育，如能按期做到，开化的事业，已成全大半，但是始终不稳固，不坚定，还得第三步移民以同化之。因为初开化的人民，意志不坚定，易受诱惑和利用，如能将先进的汉人混入，久而久之，因血统关系，和同化太深，根基自然稳固。如是，开化的工作，才算做到。

（二）开发

1. 采矿。本地矿产，种类极多，蕴藏又富，如用半，哨辛，班红等交界的银矿，周围数百余里，金场坝金沙河的金矿，因被风雨的剥蚀，遍地皆有，这些都无须如何开采，即可获大利，至于铜锡煤铁宝石等，那更是取之不尽，用之不竭的了，只要政府用人得当，开采得法，不惟建设经费，无须他筹，全省金融，也可蒙到巨大的帮助哩！

2. 垦荒。本地人民，因恃有天然的丰富的物产，又以人口稀少，将肥美膏腴的土地，抛弃于地，有用的天然水源，亦视为废物，真是可惜。若能就附近地方，移民从事开垦，不论平原山谷，都能种殖稻麦等植物，所出利益真无止境了。

3. 筑路。要使物尽其用，地尽其利，货畅其流，那非筑路不为功，为什么呢？因为境内大山横梗，交通阻碍，一切开发事业，都不易进行，而开化更难望成功，且近年英人欲侵略此地，由缅甸腊戍地方，曾筑一汽车路直达滚弄江边，进窥本地，我政府如能特加注意，照总理实业计划的西南路线，由思普再加引长，以达孟甸，再由孟甸达班红哨辛等地，互相联络，以绝英人侵略之野心，而我国的领土，可以永保，五王地之利源，亦可以直接开发矣。

附录

（一）呈富行报告调查矿物经过文

呈为请呈鉴核事，窃职奉令调查班洪矿务，宣布政府德意及约同各土司入省商议，遵于二十二年一月十日，理装出省，至二月二日到达缅宁县城，因预备进行应用一切及邀同熟于该地情形之士绅，以备顾问，耽延数日，二月十四日，由缅宁起程，十八日至耿马，以上一段程途，系属腹地，经过容易，业经呈报在案，惟由耿马经猛竜至葫芦王地一带，虽程途无多，而诸夷杂处，语言不通，道途险阻，行难之能，有非言词所能尽者，且沿途所过佧佤地，自古以来，常有杀人取头以祭旱谷之恶习，每逢废历二三月七八月间，土人凶悍过于平日，人人均带锋利长刀，淬砺如雪，刻不释手，动辙挥刃，视为常事，即素与交易通商之汉人，于此期内，亦不敢来往。职抵耿马，正值佧佤拿人头之时，该土司等，有大谈虎色变之概，咸恐往而不返，百端劝阻。

然职以全滇金融命脉之关系及政府责望之殷，万无畏难中缀①之理，故仍振无畏之气，作探险之行，而偕行诸士绅，如缅宁李桂庭李凤廷邱达儒，双江汪肇栋等，均属富有胆识，各具决心，甘同冒险，期达任务，以报政府，各土司，至为钦服，耿马土司罕富国，见职决心前进，因派团兵十名，队长一员护送，并用僰文作书，致班洪王胡玉山，代为疏通调查矿务之意，职遂直进猛董角，该处土司罕华相，亦以前途危险恫吓，阻止进行，耿马派送之官兵，亦各自危疑，幸偕行缅双李邱彭诸人，深悉边情，素有志赞助政府整理边疆，各以不入虎穴焉得虎子相激劝，并甘作前队，始得维持安稳，该罕华相见职无所畏难，亦派一亲爷代领数人前往，并作书致班洪王，而是时不惟卡瓦滋肆，且值黄匪发清猖獗，扰及班洪边境，职始入界，即接班洪王僰文信，言黄匪发清，率党攻伊，各处均严兵把守，恐生误会，请职勿往等语，及至职抵班洪，竟坚闭寨门不纳。职乃能托随行之猛董新爷，用僰文回信给伊，谓即系前次来过之李委员，奉政府命令，数千里到此，且将印信公文寄往，并重送礼物，该王见印信公文，始不复推阻，开关接入，此二月二十日事也。计此行除沿途因事耽搁外，由省至缅宁二十一站，由缅宁至双江二站，由双江至耿马二站，至猛角董二站，由猛角董至班洪二站，计程二十九站，此由省到达班洪之经过情形也。职既到班洪，首即宣布政府德意，将恩物颁给后，随即向该班王述政府拟开办该地矿厂意见，该班王云，我本是大朝人，大朝政府，我素服从的，要办此厂，本是可以的，但是此厂不是我一人所有，除我班洪外，尚有班老矿别用半哨辛四王的地方，要依古时吴尚贤的手续办理方妥。即询其手续如何。该班王云，要先由政府通知各王，说明开办理由，俟各王赞成后，还要政府衣服银刀鞍马等物数十件，颁赐各王及各头

① 原文为“缀”，似应为“辍”。

目人等，约至班老会齐，宰牛数十条，款待各王各头目人等，立下合同凭据，然后开办，方可无碍，此是昔年已行之有效的了。职当即请伊用人导引至矿地，俾获实地视查，该班王则谓此时尚难做到，因未预向各王疏通调查理由，又未送礼与之以感通情谊，率尔前往，恐生危险云云，职查该王所言，尚属忠实周到，且该班王虽未读汉书，而对于汉语颇觉流利，于古人中，尤极崇拜诸葛武侯（今邦弄尚存有孔明铜鼓一对），熟于僰文，能诵读僰文经典，固精明强干人也，职虽知该王所述，系忠实之言，然身入宝山，万无空回之理，况啣命调查，若不到矿山实地考查，尤失政府委任之至意，乃不带人马，仅偕同缅双李邱彭诸君，与班洪王之子及随人共十余人，化装前往，以杜各王疑虑。由班洪至矿山，山势巍峨，岩岸险峭，树林阴翳，人迹罕至，攀藤附葛，越危岩峭壁而过，备历艰辛，始抵矿洞，洞有数十处之多，其深则有数十丈者十余丈者，一一入洞视察，洞口布满蝙蝠之屎，蝙蝠之大，几如莺鸢。洞中水声潺潺，有石凳石桥，电光所至，矿亮映射，耀眼争明。昔人办理兴旺之迹显然，诚令人惊喜之不置，终则日已在山，四无居留之所，势不能久延，乃选取各洞之矿，分为三类携回，以待试验。该山面积共约九千二三百方里以上，地跨五王之境，兼之气候和平，无山岚瘴毒，勿怪其名震全球矣。出洞后至对岸摄影，于道旁见一佧佤经过，其躯干之伟大，在营造尺七尺以上，乃并摄其影，以见野蛮民族之一斑，踅回班洪时，道过南腊村与各头目会商，先立一合同，使此次之辛苦，不至枉费，各头目悉皆赞成，嗣到班洪，则洪王已邀各王代表，先余等而到矣，接见之下，咸称要大汉朝来开办方可，否则必联合各王尽力抵抗，决不轻休，并须照从前吴尚贤之手续办理云云，及职取出政府之公文印信，遂各悦服，并愿与职先立一合同，以作将来调查委员之依归，意极诚恳，难却其请，因与之立定将来调查手续，订立合同，盖夷性多疑，不如此不足以坚其信仰政府之心也。夫各王之代表，不易致之齐集也。必大汉朝来开办方可，非大汉朝必尽力抵抗，正欲其如此也。今于无意中得之，曷胜快慰，此到达班洪及亲赴矿山实地调查，并与各代表会商办法之实在情形也。（下略）矿山形势略图列后。

（二）条陈开发葫芦王地银矿筹备办法文

呈为恳请鉴核示遵事，窃职调查葫芦王地银矿一案，已将经过详情呈报鉴核，复蒙钧长谕饬拟具办法，进行开办，职查葫芦王地银矿之产量质味，有过去历史及各方调查，可以证明，早已口碑载道，无待赘述，惟现在开办，如何筹资设厂，如何采炼运输推销，均系技术问题，非富有矿业学识，善于计划之人才，亲临其地，实际工作，不足以免闭户造车，削趾适履之弊，兹为实事求是起见，拟由筹备委员会着手办理，一方面网罗耿马孟甸猛角董三土司及班洪等五王，使之对我政府增高信仰，以免除实际障碍，一方面网罗有志边务，具有矿业智识及兴趣之人才，使与葫芦王地土人，有接触机会，以便考察设计，为此拟请就省委聘专员数人，由职引导前往葫芦王地方，以筹备委员名义，与各土司土王联络实地计划进行，如果成效可期，确有把握，然后组织葫芦王地矿务委员会，正式开办，兹经再四考虑，拟定筹备工作步骤，并班洪矿务委员会组织章程各一份，理合备文呈请钧长鉴核，可否物色专员，发给筹备费，由职引导前往葫芦王地实地计划办理之处，伏乞批示只遵，谨呈富滇新银行行长李，葫芦王地矿务调查员李景森谨呈。

附呈开办葫芦王地银厂筹备工作步骤，葫芦王地矿务委员会组织章程草案各一份。

1. 开发葫芦王地银矿筹备概要：

（1）请委筹备人员：

①厂务筹备委员二人，须有采矿冶金智识者，负责踏勘矿

区，化验矿质及设计采炼事宜。

②事务委员二人，须熟悉边情，富有才学者，计划矿产一切事宜外，负责宣达政府意旨，联络土司土目，调查厂地政治经济人种宗教语言及其他生活状况。

③筹备委员八人，拟请委耿马孟甸猛角董三土司及班洪等五王，以资连络而利进行。

（2）确定采矿区域：

①到达葫芦王地后，即踏勘矿山，化验矿质。

②如矿质优良，确有试办可能，即择矿脉最旺，成分最佳之处，为设厂地点。

③同时即调查文化及生活状况。

（3）试行设厂：

①建筑简单房舍十间，每间约需现金二百元，共需费现金二千元。

②安置旧式熔炉五座，每座约需现金五百元，共需费二千五百元。

③暂用砂丁五十名，由邻封各县招雇，每十名供应熔炉一座，每人每日工银现金七角，共需工资，每日三十五元，每月一千零五十元。

④购办采矿器具及炸药器具五十套（斧一锄一锤一略如工兵），每套约合现金十元，共需器具费现金五百元，炸药预购需费现金二百元，炮竿十条需费现金一百元，共需费现金八百元。

⑤聘请技师，每炉一座聘请一人，共请三人，月薪预计现金五十元，共需费现金一百五十元。

⑥开办木炭厂，在矿山附近之大山，约距二三十里之地方，即可开办，每日须烧出炭五千斤，约需用费现金一百元，每月三千元。

⑦筹办给养，由耿马孟甸猛角董等三土司地购运，每日约需

米百斤，以百人计，需现金约十三元，每月约五百元，共计需给养千元。

⑧办理运输畜养驼骡十头，每头需价现金二百元，共价二千元（临时雇用不计）。

⑨估计试行设厂，约共需开办费一万二千余元，经常约五千元预料每月如能获银条四千两，即有盈余。

（4）促成矿务委员会：

①决定试行设厂之时，事务委员即须正式组织事务处，办理报告宣传及请领经费，分配用途各事宜。

②办理一月后，即将厂务情形及出品数目，报解来省，以凭稽核，如认为可以续办，再试一月，即按照组织章程正式成立矿务委员会，设立厂警队以资保卫，至是筹备工作完成，由政府正式委任矿物委员及经理，负责计划改进，并确定监督规章，以指导之。

（5）准备出发事宜：

①购备化验药品及采矿土法器械。

②购备宣慰土司土王什物。

③制印调查表格及一切文具。

④请发筹备费及旅费。

（附记）查吴尚贤昔日烧炼过之矿渣，堆如山积者数十处，现时接近班洪缅甸之老银厂，因年来原料已尽，该厂之经理伍波兰，曾向邦弄猫官，随时采买此项矿渣，运至猛耀，除雇脚外，每百斤结价英洋十元，现在我若单独办理生矿，可向老银厂接洽，将此项矿渣出售，其利益即作为本厂逐年之经常费亦敷用矣。

2. 葫芦王地矿务委员会组织章程草案：

第一条　本会定为葫芦王地矿务委员会。

第二条　本会以开发葫芦王地矿产，助长本省金融为目的。

第三条　本会隶属于省府富滇新银行。

第四条　本会设委员九人至十一人，其中八人以班洪五王耿马孟定猛角董三土司充之，余四人由政府委任之，并由政府委任人员中，指定一人为常务委员，总理会务。

第五条　委员会之下设经理一人，承委员会之命令及常务委员之指导，办理一切矿务事宜。

第六条　经理之下，设事务厂务两部及厂警队一队，分掌各种事宜。

第七条　厂务部设主一人，下设采矿冶金训管三股，设采矿冶金技师各一人，管理员一人，分掌各股事务，矿工依实际需要招雇之。

第八条　事务部，设主任一人，下设文书庶务会计运输医务等股，设股员雇员司录事若干人，分掌各股事务。

第九条　厂警队设队长一人，下分三小队，每队设小队长一人，分三班，班设班长一人警兵十名。

第十条　本委员会每月召集常会一次，遇必要时得召集临时会议。

第十一条　经理以下职员会议，每半月召集一次，雇员以上，均得出席会议。

第十二条　本会经费由收入项下拨用之。

第十三条　本会每届年终举行决算一次，总核一年间之收支账目，呈报富行核销之。

第十四条　本会每年纯益以十分之七解缴富行，十分之一作为委员（会）经理主任之奖金，十分之二作为员工之奖金，以资激励。

第十五条　本会各种办事细则另定之。

第十六条　本章程自呈准之日实行。

第十七条　本章程如有未尽事宜，得由委员会议议决，呈准修正之。

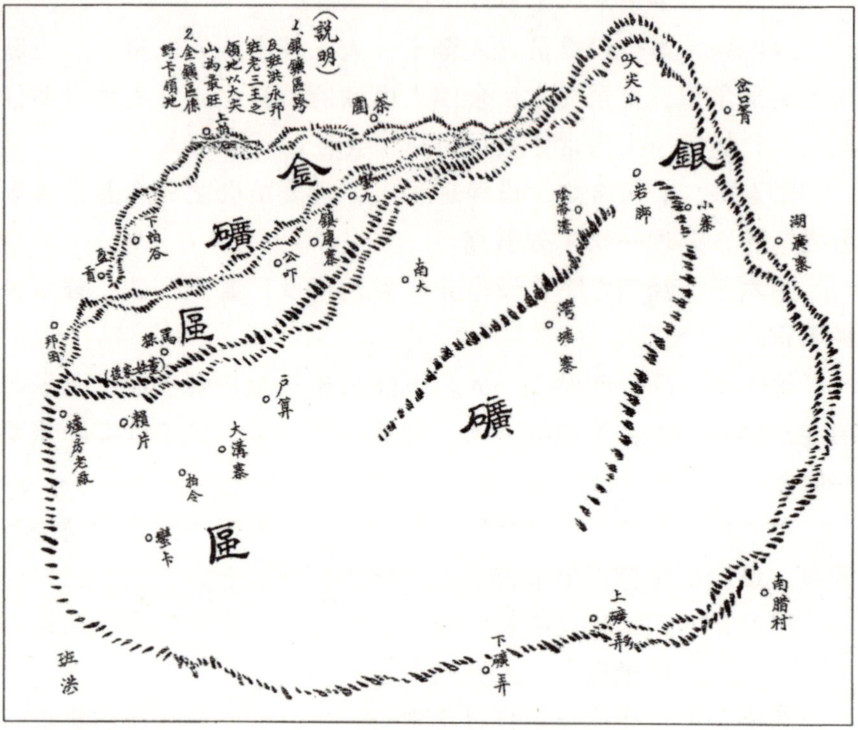

矿山形势略图

（选自《中国边疆研究文库·西南边疆卷·云南边地问题研究》）

告急求援书（影印件）

班洪王　胡玉山

此文为“班洪事件”爆发后的第8天（1934年2月16日），班洪王胡玉山向云南第一殖边督办腾越李曰垓和云南第二殖边督办普洱杨益谦发出的告急求援报告书：

此次英缅政府派兵前来，强迫开采我班洪金银矿产；卑职所管班洪即属中国领土，当然不能赞成英在班洪开采；领导班洪、班老两地民众，竭力阻止其开采，以维主权，致触该英人之怒。遂于2月8日约会媚外求荣，暗献地图之班弄头目马美廷，户板头目宋忠辅及永邦王所属土民连同英兵共2000余名；由厂地出发，以机关枪大炮直向我班洪寨攻击。我班洪头目及佧佤兵等，虽有枪械，低劣不堪；现在扼守班老丫口寨，拼命抵抗至本日（2月16日）双方仍在激战中。惟因彼方枪械甚利，兼有大炮助威，乃得肆行燃烧村寨，残杀我良民，死伤甚重。刻下防兵弹药将绝，卑职所属佧佤兵，势难长久支持，仰恳县长，腾越转请政府，火速发兵援助。

（录于上海《申报》民国23年4月17日第3张第11版）

勐卯盟约（影印件）

民国23年4月19日

一、各王于4月19日，在新地方会议，共同出盟约一张，由“义勇军”及各王双方共守；日后任何一王投英或不服从中国命令者，即由各王诛灭之；若力量不足者，可请兵补助。

二、汉军不得侵占各王土地及其他权利。

三、各王永远服从中国政府，无论何时，不得退出中国投英。

四、实行汉佤族联络，以固中国边地。

五、以后汉军如有他项军事发生时，得调用作佤士兵。

六、炉房厂地为中国政府所有，他人不得侵占。

七、汉军将士有保卫作佤人民的义务，双方立约遵守。

八、本盟约各王共同押手印图章为凭。

（此“盟约”录自方国瑜教授《滇西边区考察记》，是“西南边防民众义勇军”副官张方美等与15个佤族部落王在勐卯（新地方）订立的联合抗英盟约。）

滇缅南段未定界调查报告书（影印件）

国民政府外交部特派云南边地调查专员　周光倬

绪　言

民国二十四年春，自英人侵占班洪之消息传播后，颇引起全国人士之注意。而旅京云南同乡，以桑梓关系，利害切身，尤一致奔走呼号，向中央党部及国府请愿，请求对英政府提出抗议。但英人之外交立场，素以圆滑著，复称并未侵入班洪，尤未占中国尺疆寸土。英兵所到之炉房，系在中国所谓黄色线界外四英里半地方，并不在界内云云。当时班洪战争消息，仍频频传来，英方且提出中国有正式军队参加其中，有边地县长入班洪境内，警告中国政府暗助班洪为不合法，为抗英之举。同时滇省政府亦密陈中央，确有英兵进界，请对英严重交涉，遏止英人暴行，免事态扩大。中央接到各方面报告，并电询驻缅甸仰光领事，就近探察真象，乃又各执一辞。然处置事变，负应筹帷幄之责者为外交部。觉此问题之发生，并不单纯，据当时情况，第一：应明了此事变之主动方面；第二：因界务之不清，应明了班洪炉房地方之位置何在？系在界内抑在界外；第三：应明了班洪之现状，俟此三方面情况明确后，办理始有头绪。结果以自清光绪二十五年会勘南段未定界以后，即成为悬案，已三十余年，边地情形，异常隔膜，应付殊感困难，惟有查明实情，再向英提出正式交涉。中央对边疆，素极重视，自班洪事件发生后，政治会议即曾提出讨论，乃议决令参外两部派员驰赴边地切实调查，籍供国防外交之参考，倬本滇人，平日关怀桑梓之心甚切，又以所研习者为地理一科，重实际之研究。外部以物色无相当之人选，且滇省僻处西南隅，纵有能去者，亦以人地两疏，有烟瘴之患，众生戒心，遂由乡人荐举于外部，蒙录用以任斯职，倬自愧驽材，识见寡浅，焉能负此重任，惟以桑梓关系，分所应尽，义不容辞，乃毅然担负此种关系重大任务，此二十三年四月间事也。外部以外交立场，嘱一切行动，应守秘密，不能对外发表任何言论，倬谨守斯训，待正式发表后，惩于过去之失败，即申请外部，应宽以期限，实筹的款，物色科学人才，作整个有科学有价值有系统之慎密调查，方足以符中央政府整顿边疆之至意。倬尤认为此去实地测量，所关甚大，以为最低限度应将南段未定界之基点测出，如镇康孟定、耿马、猛角、猛董、澜沧、孟连等处均须确定其经纬度分，而后南段未定界之位置，方可确定而无疑。乃本此旨上第一次意见书，预定时间至短一年，经费需四万元，则南段未定界整个区域内之地形资源及其他各方面，可以负责得完满之成绩报告。否则惟有由参部派员负责，外部可不必参加。无如政府既定之经费四万元，须供两部派员之用，不能独异，时间限定半年，事关外交范围，外部亦不能不派员调查。倬以事件已定，既难如望，亦知政府办理之苦心，又变更原意，迁就事实，以符原案。但争持之功，不无影响，天文测量得实现，由参谋本部令陆地测量局遴派专门技士随同前往。经费则提出四千元，作为专供测量用费，筹划殊为圆满。各种手续办妥，于六月十日离京出发赴昆明，身边所携带者，气象测候简单仪器及照相仪器等。天文测量仪器，则归参部所辖陆地测量局派遣之技士携带同行。此外中央大学农学院与科学社合组之植物采集团陈谋、吴中伦二君亦同偕赴边地，采集标本。于七月一日抵昆明，知英方已提出抗议，谓在两国未派人会勘以前，单方不能派员调查。参外两部命令暂停昆明，不能前进。八月参部允准李专员元凯赴保山，随带测量技士往，而置测量仪器于昆明，屡争无效，倬则留守昆明，以待后命。调查中阻，各方疑窦滋多，一人首当其冲，扪心自问，矢志为国奔劳，既不能前进，需糜官费，于实无补，乃电京请示，准予销差回京。参外两部磋商办法，电滇省府云："此间为便利界务，整饬边防，令调查专员等由永腾大道，前往腾冲澜沧一带，调查与界务边防有关事项及英人侵略实情，并由澜沧镇康新平取道返昆，以省途程。"又另电"该员等请示回京一节，应请转饬遵照部省命令，毋稍视避为要”等语。倬自接到此项命令，知路线又已确定，遂向省府龙主席及民厅接洽，请求沿途保护事，又以滇省各县汇兑困难，并无汇兑机关，边地邮局不普遍，概属代办性质，乃商请财政厅代为汇款，以便行抵边地取用，幸均蒙龙主席暨各方特别指导赞助，予以种种便利，此实为倬所应特别申谢者也。于十月二十日诸事办妥，即率领工作人员离昆明向迤西大路前进。抵边地后，旅费超过预算，承第一殖边李督办子豊先生、第二殖边杨督办竹君先生、腾越张县长、镇康纳县长、澜沧旃县长、玉溪刘县长慨然贷以资斧，一切费用，不致告竭，调查工作，不致中辍，均倬所应感激者也。沿途以到大理受霪雨阻，保山因事耽延半月，腾越镇康接近边地，孟定更密迩已定界及未定界间，与调查有关。为切实明了边地真相起见，不能不停留。班洪为红线界（司格德所划线）内，参外两部为免除纠纷计，曾电令不许越界。倬因抵孟定，鉴于边民请求之殷，终冒险秘密而入界，斯行也，事先曾多方慎重考虑，将行李及工作人员直接赴耿马，倬则换乘马秘密而入班洪，籍避免外面之注意。至今回忆，幸冒险有此一行，方得明了该地之真相，否则一般对于班洪之观感，仍疑惑未解。英人单方之宣传，无以证其谬，界务之症结，无以定其是非。倬对此行，亦方可以达到任务，而实际明了班洪事件发生之远因与近因，及英人对该地之侵占与经营情形，得以大白。于入班洪之前一晚，奉部电限期四月底以前回京复命，倬此后之旅程，只有加紧，对于所指定之路线，又不能不遵循，决无即行回转昆明之理由。然自离班洪以后，已属佧佤山地界，野佧杀头之风，至今未止，岩帅纯佧抢劫之风，并未少减。故倬之由班洪入猛角董，无异置身绝域，未得解衣而卧者两昼夜，到耿马境略为镇定，然边界接岩帅方面，居民仍不得安乐度生活，故耿马双江凡邻近岩帅之地，而为倬所必须取道赴澜沧者，皆栗栗危惧，深恐事变之莅临。此一带地方，特别加增保护团兵，以壮行色。然边地团兵能力单薄，实不能抵御意外之事变。幸托中央威福，得平安通过佧佤山边境，而未遇任何事端，斯不能不为之庆幸也。不过山地跋涉，尽极辛苦，加之顾虑太多，寝食难安，抵澜沧佛房（县政府所在地）后，本拟赴西盟一行，籍侦查实情，以限期迫切，徒自望洋兴叹，仅调募乃土司前来询问边情。转变方针，赴孟连调查，直抵南卡江边。又以糯佛为美国人永伟理父子传教根据地，沿边各县，为之骚扰不堪，惊惶失措，有特往暗中顺便视察之必要，故循南峤、佛海、车里十二版纳地方转思普，此一带地露宿数次。然得亲历目睹，身经重境，认识滇省之富，不在内地各县，而实在沿边土司地方，不特地面之生产，衣食原料等充足，取之不尽，用之不竭，即地下宝藏，更不可限量，正待开发。国人往往轻视边地，等云南于化外，以为尽系蛮荒无用之区，即滇人亦多认边地为夷方，误于蛮烟瘴雨之传说，听其自生自灭，殊可慨也。夫以滇省在资源之价值上论，固为黔桂所不及，而仅次于蜀。在国防上论，则属山河破碎之今日，为恢复民族生存最后生命线之内壁。此或为现在贤明之领袖与眼光远大之政治家所默许而不能否认之事实。第更有进者，滇省之富，尤以边地为全省精华所寄。衣食原料，取精用宏，如粮食、棉花、茶、樟脑、紫胶、山货、药材、森林、竹材、畜牧，充斥其间。米谷生产过剩，饲牲畜以此，如车五福一带，国币一元，可得三石，售价之廉，为全世界所无，其不能售出者，则烧弃之。苦于交通之艰难，使分配不均。自蒋委员长剿匪莅滇后，特提出云南工业化之主张后，省政当局，积极谋建通江通海之铁道，此为国家整个交通国防计划，应由中央主持，速筹筑京滇路线，但对于开发云南之交通问题，尚漠然无关。是以欲开发滇省，应速联络迤西迤南之路政。刻滇省正欲延长公路以达边地，而为载重致远计，为经济计，为燃料计，似应建筑铁路，方可以谈到滇省之开发也，因此滇省应谋解决通车里孟连及通腾越之二大干铁道不为功。倬此次奉中央之命，循指定之路线，足迹遍迤西迤南边境，除实际详查各地方天然环境及民生状况外，摄取影片，博访周咨，特别注意于滇省之建设与开发，觉山陵之雄伟，流域之奔放险阻，平原之妩媚，错综点缀其间，极地形地质之大观，气候之优良，冠于全国，适于民族之发展。物产之复杂，因维度地形而呈变化，极其丰饶。深慨平人事未尽，所以至今仍不能地尽其用而封闭之，殊属可惜。再者，滇民世居山间，与环境奋斗，生活朴实，性情挚直而富冒险独立牺牲精神，果中央欲开辟西南，认云南为有关国势，速定国策，导一切入正轨，逐步实现蒋委员长所谓工业化，助之以中央之经济力，委诸实用科学之领导人材，以云南千数百万之勤苦耐劳民众而群起建树，则不出十年，欧洲之捷克，亦将无以过之。此非夸言，非饰辞，地理上各种之条件已具备，能决定投资苦心经营，必然之结果也。倬一介书生，所知如此，不能不言，甚望中央政府，急起而力图之，则滇省幸甚，国家前途幸甚。

一、调查班洪与班弄间情形

倬行抵腾冲以后，即与第一殖边李督办商量，拟派员赴缅方腊戌调查，李督办极表赞同，路线为到龙陵后，取道芒遮板汽车路，两日可达，而由工隆渡循南汀河至孟定会合。然人地生疏，在此英人防备注意之时，为妥洽计，特向腾越商家之于腊戌设分店者请为介绍。查近年因世界不景气之影响，腊戌在三四年前，开设支店者甚多，近则收缩范围，存者无几。各家畏首畏尾，皆不敢信任，经督办署之疏通，并激以国家观念，乡土观念，而愿介绍者数家。及抵龙陵，因邱县长天培之介绍，认识适由腊戌回国之商人，倾谈之下，得明了腊戌一带至滚弄江边实情，经慎重考虑后，以不派员去为妥，故腊戌之行，竟作罢论。抵镇康前，计议若预备入未定界，则边境之动静虚实，有参考之必要。是以事先有托纳县长汝珍令孟定土司遴选干练土人派赴班弄班洪间调查之举。后抵孟定，知所派者为孟定糯莪大寨人周润生，因其平日经营小本生意，常往来其间，曾购零星什物，于二月一日自糯莪担运而往，七日回转孟定司署当面报告。此人年近四十，尚忠厚可靠，惜其不识字，普通常识欠缺。据询问当时之情形列举如左：

（一）英缅方面驻兵地点及兵额兵种

大营　　（金厂坝）二百名左右士兵种族多为老亢人（山头人）印度戛拉兵占少数

怕令　　（户板南汀河上流）三百余名

户算　　百余名

南丘　　（跨南汀河两岸）约百余名

户板　　七八十名

（二）各重要地方情况

（1）金厂坝住汉人十余家，怕令距金厂坝三里，分上下两寨，住民共百四五十户，系佧佤人。内中有与汉人来往懂汉话者。

（2）马厂位于金厂坝之东面一山头上。昔为吴尚贤牧马处故名。此地无人户，仅有火山种烟。西距炉房二十五六里。

（3）黄草坝位于马厂之北一山头，其东斜坡极近炉房，当军事时期，英兵始来驻扎。

（4）炉房位于金厂坝山坡上，其形势顺山分层而降，原建竹房四五十间，现已移往金厂，去年五六月间曾由此运去矿渣约千驮，近来则多在夜间搬运，故外人少知者。

（5）怕令亦位于南汀河边山梁上，住民老亢廿余户，本人约三十户，纯佧约廿家，现已成为英人重视地点。按此处距户板八十里，为防孟定方面之侵袭。

（6）户算共五寨，七十余家，皆数小寨零星分布，其中纯佧一寨，汉人四寨，距怕令四十里。

（7）户板今为宋忠福所管辖，而隶属于邦弄。当杜文秀之乱，人民多逃亡流徙他处。自宋忠福来后（按宋忠福为今耿马土司之属官，在耿马颇具势力，因为耿马土司所不容而迁此，今耿马土城，犹有其私第田庄），始广为招纳，现其辖境内，共有十一寨。

寨名	户数	族别	备　注
大寨	卅四五户	长头发摆夷	宋驻此
恨南	十四五户	同上	
公简	四五户	同上	
公红	廿四五户	同上	
麻万	十余户	同上	
弄末	十余户	同上	
猛板	十余户	同上	
哈撇	十余户	同上	
公名	十余户	老亢（山头人）	
公三	二三户	老亢	
等旦	十五六户	本人	

公红寨有一小街子，每五天一街，但市场甚形冷淡。

(8) 南丘跨南汀河两岸，南岸寨子约十余家，北岸寨约两三家，概为摆夷。距户板十五六里。

（三）关于界务重要之怕唱山形势

怕唱山为明显界山，附近土人均能认识，位于班弄东北部，为西北东南走向，起于潞江边，而止于大南滚河边。山上归班弄所辖之村寨有四：成洪寨廿余户，茨把寨廿余户，小荳寨廿余户，以上皆汉人，佧佤寨廿余户。

（四）班弄之概况

班弄占地势之险，周围皆被山包围。其北边有一垭口，关山险要，有一夫当关，万夫莫当之势，守易攻难，惟从东怕唱山茨把寨方面入内，则班弄亦不可守。有土城一座，城外筑有濠沟，城内共有四百余户，概为回民，为云南杜乱逃来之后裔，秩序森严。城外惟茨把寨山脚，有汉人十余家而已。该地头人为马美廷，其所辖大小不下数十寨，今将其寨名列后：

猛弄、小邦洪、拿鱼(系一平坝,村寨甚多,今不能详)、裸黑寨、老亢寨、拿雨、猛谷、路凯、公共、来作、邦猺二寨、邦东、蛮弄、拱别四寨、南本、拱撇、蛮佤、蛮无、小虎纳、呼怕山四寨、干坝子、邦乃坝、扎木寨、班弄坝与干坝子分为上下两坝、陈洪寨三寨(汉人一寨作佤两寨)、茨把寨上下二寨、裸黑寨、平河、南散、邦过(汉家寨裸黑寨作佤寨老亢寨)、怕令三寨(英人住兵三百余人)、怕注、怕哈、怕哈林、猛板、南锡作(怒江渡口)、莫回、很那、弄线、户板(街子)、南亮、大很、南秋、公汞、麻望、糯募(英人住兵于此)、公阁、蛮冒二寨、坝散、苏达、南大、恭猛、云性、拮坎二寨、大沟、蛮岗、户算三寨(英兵住此)、妈媒。

(五)英人侵略进兵路线

(1)对班洪侵略用兵路线

滚弄渡……35……哈撇……20……南湖……20……户板……40……怕令……40……金厂坝……3……炉房

(2)对班洪侵略退兵路线

金厂坝……15……怕谷……40……邦弄……70……南锡作 滚弄渡口下流往班弄之渡口

(3)滚弄或南锡作至腊戍之路线

滚弄渡口(上流)……80……干猛

南锡作渡口(下流)……70……干猛……70……猛姐……70……猛由……70……猛永……70……南丁……70……腊戍

英人对滚弄江趋腊戍之汽车道,刻已完成。渡口则准备工料已齐全,不久亦即兴工建造。夫英人对此方面交通政策,原为英国军人潭维新(H.R.Davies)所旅行测定,经此至昆明而达叙府之一铁路线。盖欲谋打通印度与扬子江间之直接交通,其意义颇深远也。今汽车道已通,自腊戍人孟定或班洪,朝发夕至,不论从军事及经济方面观之,于我均系威胁。因自昆明出发,无论从保山转镇康,或由顺宁转耿马而赴孟定,至快亦须一月左右,两相比数,利害得失,已彰彰明矣。

二、调查南怕河流入南汀河附近一带接麻栗坝已定界未定界之情形

倬于二月四日率全队工作人员，自耿马土司属木厂出发，以一日之力，奔驰约近百里之路程，深夜始抵孟定土司。日落以前，经行孟定平坝中，夕阳西逝处，呈现一大谷口，地形特殊，问之从者，始知为南汀河下流入滚弄江处（按滚弄江即怒江，一称潞江，木邦以下缅人称为萨尔温江，沿滇边自麻栗坝以下迄木邦土司境，概称之为滚弄江。夷语滚为黑，弄即大，盖形容江流深黑而广，即大黑江之意云耳）。相连而忆及南怕河已定界址，其下即未定界址。以界务论国防论，实调查南段未定界着手之起点，抵孟定土城后，乃决定派经验较多之王测量员玺率带土人前往察看，指示要点如下：(1) 南怕河流入南汀河处未定界重要地点之位置及英方之布置；(2) 南汀河西南方面山脉河流之趋势，尤须察明恭猛，猛林，帕唱，诸山之方位；(3) 已定界与英属麻栗坝（果敢县）间之交界情形，均须绘具详图。此次成绩甚佳，据其报告云：

廿四年二月八日午前十时半，由孟定司署起程，率该署所派之新爷及土司亲属及土团四名，荷明火枪四支，又马寨之火头一名为向导，共骑马三匹，一行九人，向西北行，至弄养，距司署约四里许，该寨位于孟定坝心，由此再行五里，抵南汀河南岸。河宽约四十公尺，深可二公尺，水流甚缓。对岸有草屋一间，供水手休息之所。予等到时，有水手三名，由屋内行至河干，荡相连之独木舟二只，舟长丈余，宽尺余，为粗木凿空而成，约可容十余人。骑马则须牵往上游徒涉费时半小时，整理一切，即行抵孟定坝北山山麓之摆夷村曰怕秋，住民八九家，村民即负渡口过渡之义务，故该渡亦名曰怕秋渡口。继沿山麓向正西行，路颇平坦，可通行二轮车，系本年新修者，路傍南汀河，行五里抵一缅寺，寺后有八九户居民。又行五里，至南捧，于头人杨姓家做午膳。头

人为驯作，娶摆夷妇，现已与摆夷同化矣。在此休息约两点半钟，始续行，五里至回片，昔时本小街市，今已冷落，仅余居民五户。由此渡南朋河，河宽约三十余公尺，水流甚急，人以舟渡，马则涉水，予因时间已迟，恐不能达目的地，故未经回片，即逆流沿河而上，约四里余，始达西岸，又行二里，始入正道。更行五里，至大岔路。自此向西行约卅里，始抵南怕河。由北登大山坡，行十里，路西有平掌，系崩弄人村寨，更上十余里至千家寨，约卅户。汉人占十分之一，余均崩弄人。至此时已五点，偕行者均欲宿，予坚持非达墙树坝不止。此一带山路，多起伏不平，幸经修理，亦觉不苦。再行十五里，即抵投宿地。墙树坝约四十余户，纯为汉人，属孟定土司管辖，全寨每年上纳门户费，银币五百余元(每国币一元等于滇银币一元八角)，烟亩捐五百余元，其余摊派之临时费兵费尚不在内。村中设公立学校一所，学生十余人，往年教旧学，至本年始改为新学，学生每人约需十数元至三十元不等。九日天气晴，因昨夜投宿过迟，晚餐后又与头人接谈一切，夜半始就寝，故本日起床稍迟。十时出发，向西经营盘山麓，路平坦，但未经修葺，约十里至岔路寨，汉人三十余家，成鼎足形。向北行一里，为英人私立之九十五号界桩，位一山坡上，桩出土面约半公尺，成正方形，上面为平斜式，顶宽约一公尺二，桩之北面微凹，用三合土成一碑形，上书 95 号字样。桩之东北一山顶，有汉人村曰红岩头，约七八户，属孟定司辖，桩之北于两山之麓，有小路八里通豹子阱 95 号中英合立界桩，该地位于垭口处。桩之北，又有一小路约半里，至小干塘，汉人七八户，为英属。小干塘之北，有一山顶，再上三里，为三堆山，旧时国界在焉。向西沿山脊约十余里，为皮匠水，汉人五六十户，旧时国界分处，原系中英各管一半，今已全为英属矣。由皮匠水向西沿山脊下至大包包山，再向正西上石门坎后山，向东转大红毛地山脊，至猴子洞北山顶之马鞍山处，为中英合立之 96 号界桩，此旧日之国界也。由英人私立95号界桩，向西南隅约行半里石山之后垭口处，路之南，有英人私立界桩，形式与95号同，惟高出地面约八公寸，北面书95A号字样，因受风雨剥蚀，糊涂不清，颇难辨识，再由此行二里，至石门坎垭口下方马鞍处，又立有95B号桩，其顶已被土民破坏，尚高出地面四公寸，字迹显然。桩之西，为大黄堆山，山之西即石门坎寨，汉人十一户。由石门坎之南沿山凹行，约五里至大水桑树，树高数丈，围三四公尺，树旁私立95C号桩，位于路之西面。由此桩向南一里许，即于路西垭口处，为中英合立96号界桩。桩身为土所掩埋，惟顶露地面而已，其字迹无从查看，惟各头人皆知其为96号界桩，桩之西南约半里山顶旁，即猴子洞寨，汉人五十余户。由桩向南下坡约一里许，路之南为大狼皮树寨，汉人十六户。附近有水塘一，面积约二亩，水作绿色，为该村饮料之源泉，其不洁也可想。由水塘沿路向东行二里至老象塘，汉人十四家，该寨头人李实中极表欢迎。即宿于此。本日同行增添墙树坝火头李应流、红岩头火头李宝、大岔路火头毕兴有及少年数人。

英人对于已定界是如此蚕食，其对于未定界更无孔不入。如此段经营片马及江心坡，事实上我国对之无可如何。至于南段，则以佧佤山之不易征服，英人至今对于其所应管理之区域如南卡江以西之糯坎乌等地，极接近下蛮冷区域，并未将其收服，盖佧佤山之山民，蛰居山岭，有天然之巢穴为保障，英人治理缅甸，既无德可怀，而佧民更不畏英人之威。始终保持其倔强独立之态度，我国以历史上之关系，孔明老爹（边民之称诸葛）之印象，则深入于其脑海，永永不致磨灭也。此南段未定界之不似北段，除在经济上之利益着想，得占班洪炉房之矿山后，并不积极谋土地之扩张者以此。由此次之侵略主动者为班海缅甸银公司，而并非英缅政府。不过英缅政府系从旁作后盾耳。吾人应彻底明了此意，而后处置解决界务问题，思过半矣。王调查员玺在南汀河下游一带之工作成绩颇实在，而将重要之地站概行绘出，请参看地图便知其详。

三、孟定概况及对国内国外交通路线

（一）位置和地势

孟定为一土知府地，其成立历史最早，今属于镇康县所辖，然并不与镇康境相连，中间尚隔耿马土司所属之木厂小猛撒一带山地。其地东北二方接耿马，南接班洪及户板，西界麻栗坝（英属果敢县，系清光绪二十年因江洪让法，而将此潞江以东之地割给英国者）。地形东西为南汀河流域所冲积之小平原，长凡八十里，南汀河源于顺宁，吸取耿马镇康一带之山水，而汇之滚弄江，长凡四百里，剥蚀携带上游之泥沙，大部沉积于孟定平原之上，南汀河流在孟定平原境，河道迂回，水流缓慢，夹沙沉积之量殊大，几成洪涵平原之状，河深二公尺左右，宽四十公尺，河谷在此一带，已成暮年期。两岸平沙漫衍，芦苇丛生，高大而厚密，闻至夏秋两季，山洪暴发，倾倒俱来，则两岸一二里内之低地，尽成泽国，故大部肥沃土壤，不能耕种，且成水灾，此种情形，由于泥沙壅塞之患，果能开辟河身使洪水有所归宿，则水田可增一倍以上之生产。无如目前在此平原之居民，村寨寥落，人口稀少，即无水患较高之田，亦半数以上荒芜，实由于该地土人繁殖力弱，加之孟定地势太低，约离海平面四百公尺左右，南部峙立耿马梁子（即耿马大山）所分出之高山及糯莪山，北部为仙人山山脉，皆为离海二千公尺之峻岭，中隔宽十五里至三四十里之平坝，逼处其间，每当夏季，气候炎热，不适于居，而汉人尤不敢来，除干季前来经商者外，定居者仅少数两粤小商人而已。因孟定自来为滇人视为烟瘴最大之地方，是以人口之增加不易，而土地生产，尤不易有望也，现孟定坝子，东部一半属耿马，人烟较多，西部一半，属孟定，人烟稀少，论全部尚不满千户，可见人口之少。孟定土府则位于坝之西南高阜上。

（二）物产

孟定出产以米为大宗，除供本地及四山居民之用外，多半运供麻栗坝及镇康县，为出口之大宗，孟定经济财源维持所寄，甘蔗产量亦多，质干均优。四山之出产，则以棉花及鸦片为主，果实如橘、梨、香蕉、菠萝皆产，孟定有一街市，每五日一集，四方来者平时不下一二千人，坝中之水汉摆夷，山间之崩弄人纯作汉人，远处之野佧，内地之小贩，皆来贸易。尤以冬季更为繁茂。滇省腾越海关设分佧于此，驻有少数之缉私队。因其五方杂处，匪徒时常潜伏，兼接近麻栗坝，边民时有纷争，镇康县团队亦有分驻于此，以资镇压者。

（三）交通

孟定为云南迤西极边之一土司，一方西南既接英属麻栗坝，而直通工隆渡口；一方向东北，而与耿马及镇康县相通属，一方向南为南段未定界，故地位之在今日，极形重要，兹将其主要路线列后。

甲、孟定镇康间三日或四日程，有二线：

(1) 孟定……100……木厂……16……明朗……60……镇康

(2) 孟定……60……小猛撒……50……木厂……60……明朗……60……镇康

乙、孟定耿马间三日程，有四线：

(1) 孟定……50……四方井……60……板洪……55……耿马

(2) 孟定……50……四方井……60……老抗寨……50……耿马

(3) 孟定……50……四方井……80……猛简……80……耿马

(4) 孟定……50……四方井……60……班汪……80……耿马

丙、孟定班洪间三日程，有三线：

(1) 孟定……45……蛮撒……40……班模……48……班洪

(2) 孟定……60……南间……70……南腊……70……班洪

(3) 孟定……50……糯莪……60……蛮就……50……岗猛……50……班洪

丁、孟定麻栗坝间二日程，有一线：

孟定……80……大水井……70……麻栗坝

戊、孟定工隆渡间三日程，有二线：

(1) 孟定……50……蛮伟……60……户板……5……滚弄

(2) 孟定……80……大水井……22……长街……70……滚弄

自工隆渡往邦弄，仅相距一百二十里，亦不过二日程，是以就交通而言，孟定在边地实占极重要之地位，前已言之，最近一年来，因班洪问题之紧张，镇康县政府已令孟定将通蛮伟通班洪内地之大路开辟平坦，至通耿马之路，闻不久亦须兴筑，此由于边地土司极感修汽车路之便利，耿马欲打通往腊戌之路故也，惟镇康赴孟定中隔木厂一段，路尚难行，倬认此路为内地交通大道，抵耿马后，曾命耿马土司，应于短期内，将此一段路，设法兴修，以便连接，究不识已动工否？

惟孟定平坝上之交通，因河港交错，夏秋水涨，即将断绝来往，在干季亦以渡口之不便，异常迟缓，设该地一旦有警，实无法以资应付，现在边地如保山、镇康等县之商人往腊戌者，多经麻栗坝。顺宁云县，缅宁等县之商人，则多绕道耿马猛角，出班洪邦弄，均避免走孟定坝，由于交通之阻窒耳。将来为殖边开发资源计，孟定坝之大路，有整理之必要。

（四）土司与人民

孟定土知府现任为罕中兴，年四十余，与耿马、猛角董两司同属一宗支。人极萎弱，对于统治力太差，往往遇边界事件发生，或当地匪警，殊无法应付，因接近班洪，边界村寨之管领问题，时起隙端，不甚相洽，幸有镇康县长纳汝珍，边情熟悉，颇能震压一方，故一切乱源得以消泯于无形，所辖人民，平坝中约五百户，山地亦相等，然实际恐不止此数，因边地户口调查，并不精密，且有隐避之情。但就一般情形论，人民每年收入，究属有限，而所负担者太重，逃亡流徙之事，已司空见惯。教育则更谈不上，全境不过小学一二所，且师资缺乏，故一般知识极低下，即四山居住之汉民，亦十分愚鲁，生活甚苦，此由于边地交通之不便，有以形成此种环境也。

四、班洪区域概况

（一）沿革组织

班洪最早与中国通，始于何时，究难得一精确考证，然有历史可据，事实可证者，莫若清乾隆时云南石屏州人吴尚贤之开茂隆银厂，此盖有官书可考，及遗留于班洪境内之事迹可资证明也。现在班洪所启用“世袭班洪王”铜质印一颗，相传为清末光绪年间永昌府颁发。又光绪十七年，耿马土司内部之争乱，因班洪胡玉山出力有功，上谕曾颁给土都司衔。总之班洪之服属于我，实无疑问，惟因我国政府，向来对边地属土，并不采取积极经营态度，完全放任，政治上以其境土小，又属于佧佤山范围内，故并未直接统治，似居于半独立性质之地位。然其与连界之孟定、猛角董、耿马等土司仍关系密切，信使往还，络绎不绝。且对于汉民汉官之往者，无不竭诚欢迎，优礼招待。至于外人，则拒之唯恐不及，此亦可见班洪之心理也。

班洪现在之组织系统，非常单纯，各村寨均设有火头，为负责传达命令，征派钱粮，管理该村之领袖。此外则以其人之能力及地位，有所谓大头人，可以参预重要事件之解决者。凡遇紧急重大事件，则召集所有火头会议，宣布意旨，令各执行。或不能召集者，则用摆夷文或其他信号，以发布于各火头。使全体周知，而有所准备。

（二）土地面积人口

班洪所领土地面积，不过数十寨，尽为山岳地带，面积并不为大。其北以小南滚河为界，与孟定接；西为金厂坝山脉与永邦接而界邦弄，西南为班老山，而与班老接；南以大南滚河之上源发拨河为界，而接猛角属拱弄山；东逾篱巴闸，即为猛角猛董之信阿翁定。计东西直径约五十公里，南北不上四十公里，大于南京城约四倍。人口佧民占三分之二，汉民占三分之一，共计七十五寨一千八百户，以每户平均四人计之，约合全人口七千余。列表于后：

1. 班洪辖寨

火拱——三十余户

班半——三十余户
班洪——约百户
南板——上寨十余户、中寨卅户、下寨四十余户
蛮老——四十户
安坎——二十户
南拉——二十余户
营盘——四十户
岗猛——小寨四十户、小寨十余户
玉龙——十五六户
蛮哈——二十户
南木——二十余户
金河——三十余户
岔沟——上寨三十户，下寨十五六户
老厂——四十户
老羊寨——七户
岩脚——二十五户
小寨——十五六户
湖广寨——十户
那底——大寨三十余户，小寨十户，中寨八户
南腊——上寨三十户，下寨二十五户
猛汞——二十五户
海牙六寨——(1) 头猛——三十户
(2) 金猛——二十户
(3) 拱弄——七十户
(4) 者考——二十户
(5) 小寨——十五户
(6) 新寨——二十户
干河坳——十余户

焦山四寨——(1) 猛汞——三十户
(2) 老寨——二十户
(3) 小寨——十五户
(4) 小户算——十五六户
水塘——上寨十五户，下寨三十户
蛮信——十户
蛮多——十余户
扣猛——上寨十余户，下寨十余户
蛮腊——共约二十寨，总数约三百户，均汉人。
拱别——三十户
2. 班洪孟定共管地
邦件——二十户
南简——三十户
邦中——二十户
怕令——十余户
矢撇——十户
班介——大寨三十户，小寨十户
3. 英人所占之寨
怕谷——一百户
南木——四十户
判洪——二十户
金厂坝——约五六户

（三）班老永邦

班老位于班洪西南境，为自猛冷箐向西南分支之一支山脉，曰班老山。山为大南滚河水及其支流清水河所分流，逾清水河之西，即为永邦之山脉，而为金厂坝山，向西南接怕唱山及来明山。班老辖境，次于班洪而大于永邦，兹将两部村寨列后：

班老辖寨——岗猛二寨、新寨、八门寨、空桑寨、红门寨、永统、诺坎寨、仙人寨、空俄寨、空若寨。

永邦辖寨——金厂坝、炉房、虎拉、蛮相(麻哈官住此)、永迈、小南木、怕谷(共有)、岩脚、永邦大小寨、老羊地、丫口、允代沟、独南板。以上共十三寨,独南板、允代沟纯为汉人,其余金厂坝、炉房、虎拉各有汉人数家。

班老土地面积,约有班洪三分之一,永邦则只及五分之一。然班老全境,已被英方烧毁,所余无几。现在班老王已六十三岁,不屈不挠,零丁孤苦,逃居于班洪境内之岗猛寨居住。永邦王之子曰麻哈,年三十余岁,曾与班弄头目马美廷之子同学,而为英方所麻醉者,今主持其事。

(四)地形

班洪附近一带地方,完全为崇山峻岭所盘结。其主峰应数尖山,高度离海平面约千七百公尺,为特起之山,趋势西北走东南,分布于班洪境,而东出与耿马梁子相接。当岗猛之北,主峰之西南出者,为猛冷箐,金厂坝山;山势亦峥嵘,高度亦约略与尖山相等。其北出则接南汀河南岸之蛮作大山。此外之山虽错综断续,然均与此主干山脉相连锁。盖此山脉亦即北流孟定入南汀河及南流班洪班老、永邦及猛角境内大小,南滚河之分水岭(夷语南乃水之称,滚乃黑之意,以两河水均深黑故名)。照五色线图,此分水岭东迄信阿为止,依实地观察,并未大误。而班洪土寨则适位于主山脉中段之一小支岭上,海拔一千一百公尺,南正对大南滚河。此一带山地,丛林茂密,幽谷深邃,象、虎、豹等野物繁殖其中,惟主峰尖山及金厂坝山峰,则岩石高耸,童山濯濯,云雾隐现其间,故土人迷信至深,视为宝山灵岩,神话至多。

(五)经济状况和民族生活

班洪为经济自给自足之区域,因其山深箐密,占天然形势之胜,无异世外桃源,设无边患,班洪确可永久保持其半独立自主之状态,清乾隆以降,虽有吴尚贤人内开矿,号称数十万众,始终未受外侮之侵入。故土民安居乐业，优然度其山民生活。数百年来，边地因地方之纷扰，汉人之举家迁至班洪境内者不少，尤以镇康籍最多，皆成家立业，大有乐不思蜀之概。现焦山南腊、糯莪一带，汉人聚族而居者，约数百家，且矿区附近，至今仍遗留有吴尚贤时开矿之后裔。汉人既入班洪者众，流风遗泽，影响于班洪土人之开化者甚大。经英人利诱威逼之不愿降英者，其心理之建树，即根源于此。所谓已故之班洪老王胡玉山即懂汉话，其兄弟及子辈均通汉语，可想汉化之深入。土人及汉人约为三与一之比，皆惯居于此山地，自耕而食，自织而衣，日常生活，极其朴素简单。山地之生产，旱谷、棉花、杂粮、茶叶、鸦片、果实之属为主，山坡草料极丰，牛羊之饲蓄殊肥壮，衣料多为自种之棉花所手纺，妇女任之，日夜手不停息，并用单纯之木机织布，自染为青色，线坚密而布质粗实，最适于山民衣料之用，经久耐穿。男子衣式汉化，女子则近乎汉摆夷装。包巾短袄长裙无裤，夏季则不着短袄，仅着裙露乳。惟未嫁女子，则通常不能露乳，有此分别耳。鞋袜男女均不用，女子下腿则裹腿布，此或为保护之用。

饮食非常简单，每日三餐，冬春多食旱谷，夏秋多食杂粮，以其该地所能生产者为限。无蔬菜，仅食肉类，更不知调味，平常则多摘山上之野菜曝干以供餐耳。住屋以木架楼铺竹板上盖茅草。分两斜披，作三角形，其上居人，其下圈猪牛马等，每一寨中，头人之屋较大，如班洪总管之住宅，间架较大，楼外则更有眺台，此所以表示为官房，平民所不能比拟也。每草房一座，均有生火之处，往往在楼之中部，火昼夜四季不断，凡烧水煮饭冬天取暖均利用之。似此种住室，所最怕者，为火灾，偶一不慎，全室空虚，闻班洪王所有金银财宝及历代所赐之物皆埋藏于地下，以保存之。

山地生产有限，故无论贫富贵贱，男女老幼，均各能勤苦耐劳，亲加耕作，如以班洪总管而论，其地位为一方之首领，然全家子女，均须操作耕织，并不闲居也，故一般人民，大都寒苦，肤色焦枯，体质瘦弱。尤其医药缺乏，闻最忌痘症，若发现一人患此，即须活埋，以绝其根。

班洪人民，无交易之所，近年来则在南腊辟一小市集，日常生活所必需，取给稍便，否则一切须到孟定或猛角以求交易也。现在之出售者，以鸦片为大宗，班洪之待人民，并不似沿边土司之苛征暴敛，非有所需，不向人民摊派。按例每两年始由各村上纳一次，且数额亦微，故人民极爱戴之。

班洪民族为纯佧佤种，自称"腊家"。此其或为避免佧佤不名誉之徽号，而特立此名，以自尊耳。信仰佛教，模仿摆夷，设立缅寺，读夷文经典，供养僧徒，故其性情恳挚，态度真诚。但因其处境艰难，心存疑虑，俾之得入班洪，亦经召集各大小头目，共同商议决定，始派人来孟定欢迎也。

（六）*矿区和炉房*

班洪一带矿产，以西部之尖山及金厂坝山两处为最著名，皆曾经我国明末清初时开采者。据当地人士之传说，尖山一带称老厂，皆开矿洞无数，金厂坝山一带亦然。而就一般之观察，谓尖山方面之矿质不佳，以金厂坝山方面最有价值。炉房即金厂坝山之一部分，当民国十八年（西历 1929 年）云南所聘请之美国工程师卓柏氏曾亲往其地实际调查一次，此人为著名之矿学专家，由孟定土司派土官岳相引导入班洪境，其时班洪拒绝、不愿让外国人看，惟由永邦王麻哈欢迎招待，始得入该地，而班洪以有政府公文，未曾十分阻挡，不过不招待。炉房被英人侵占，班洪人民皆痛恶由于引外国人来看厂之关系，观其呈文，可以明了。据岳相面称：卓柏氏在小寨地方，观察两洞，炉房附近吴尚贤家一洞，东南角（炉房脚）一洞，西南一洞，卓柏氏认此三洞质量最佳，即云不必再看。入洞深达数十丈，用大绳一，岳相在前引导，卓柏在其后面，洞外堆积之矿渣，则用尺量其面积大小，矿洞高深，洞口满布杂草蛛网，内部高低不一，极为阴森，偶一不慎，即将坠入深底，探测殊危险万分。岳相有武功，胆壮而勇，卓柏亦冒险不畏缩，卒达目的。卓柏当日庆其成功，极为高兴，盛称岳相不置。依向导人如是云云，则卓柏氏之调查，最为可靠。兹将卓柏调查报告书关于矿者列后：

（1）矿质与矿床

佧佤山矿产，以班洪，永邦，班老三王管地辖之炉房厂为最富饶。其地位佧佤山北部，西距萨尔温江约十五英里，原系华人吴尚贤宫里雁等所开办之银矿。至今旧洞存者二百余洞，内皆石灰质构成。矿渣则堆积如山，约计之，不下五十万吨，中含铅质在百分之三十以上，矿质则分头、二两种：头等者每吨含银八十六盎司，二等者每吨含银六十二盎司，较之缅甸可卜恩公司所办波顿良矿（即滇人所称之邦海银厂在缅境腊戌西南）上等每吨含银三十二盎司、中等二十四盎司、下等十二盎司约高出三倍之多。矿床倾斜角度约三十五度，厚一百英尺，其间每三英尺为厚一二英尺之石灰石间隔，虽不及波顿矿床四十英尺之雄大，然与明光大洞厂（在今腾越县北）矿脉相较，则超过不止百倍，诚有开采之价值。又由炉房厂东行十五英里为老厂村名湖广寨亦有矿渣约二万五千吨，中含铅质约百分之二十，亦吴尚贤等昔日开办所遗者，矿洞为沙岩，但矿脉仅厚二英寸，似不足开采。

（2）位置及河流

炉房居金厂坝之南，面积一方英里，高出海面约六千尺，气候温和，东界小南米江，西界大南米江，南临大黑河（即大南滚河），河水合两南米江水，西流入萨尔温江，水势湍急，高岩多水溜，形同瀑布，可安设动力机械，对于淘沙洗矿，应用水量，亦能充分供给。

（3）燃料

班洪、永邦、班老尚未发现煤矿，一般工人皆取用材木以作燃料，炉房厂周围三里外，森林颇富，就中以栗木为多，昔日炼矿，皆用松栗炭，今计算附近森林，约可供十年之用，倘将来于探矿制炼之外，再注意培植森林，燃料当不致匮乏。

似此种有历史性藏量丰富之矿产，殊值得注意，数十年来因界务未定，致中英双方均搁置未提。然有此宝藏，势必引起纠纷，此班洪问题之所由发生，从界务方面观察，应就条约及红黄线而解释之：条约所规定之线及司格德所划之红线，大致无甚出入，皆以小南滚河及大南滚河之分水岭为界，此分水岭乃尖山及千猛梁子之绵延山岭为界，班洪划入英界，而金厂坝山更不成问题矣。兹将卓柏与王君建极函之意见如左：

关于滇缅界务，按照中英条约文义，当日司格德提议之分水岭，当作为两国界线。卓未离腊戌之前，将此项约文，详细翻阅所有界线位置，除小部分或不甚明了外，其余当不致有误会。该约订立年份，想在1886年，南定河之南，已有数处按照界线部位竖立界桩，其河之北，谅亦立有数处。其所以建立桩者，盖因该处河水流入石灰石窟，分水岭不甚明显故也。河北界线，系在两河之间，并无混淆。又河之南据云：有桩三颗安置石灰石地方，由此再南界线，系确切表明，即南汀及其支流与潞江中间之分水岭是也。更向南行，两国界线，系湄潞二江中间之分水岭，业经订定者也。由以上各节解之，此项所考虑之矿区，即老厂与炉房，显然不在中土，而在英属。至此项矿产性质，外间所云，实属大为误传。盖以老厂论，完全无关紧要，其炉房矿区，尚有价值，惟须俟英人决计管理该地，并由腊戌建设铁道接通矿地之后，始足以表现。此项事宜，一时必难施行。盖尝考查过去事实，知英人对于管理野佧地方一节，已历二十年迄未决定。自如以往，或者再阅二十年方能确定办法（十八年十月二十日自腊戌）。

若依陈灿、刘万胜所绘之黄线，及司格德之减让线而言，或更依据司格德与陈、刘在户板会议之节略而言，上葫芦王地班洪归中，下葫芦王地班况归英，则炉房厂仍可划归我方也。因猛陵山及金厂坝山，以山脊为界，山东归中，山西归英，以迄于怕唱山为止，矿区仍可保全，此事英人利必所在，捷足先得，将来要视中英双方会勘时，如何争辩以定之耳。

（七）班洪事件之远因与近因

班洪问题之酝酿，为时已久，而英人之用武力侵略，则始于民国二十二年冬及二十三年春，今班洪厂地，事实上已被英人完全占领，推源穷委，实含有远因与近因，演变而至此也。

甲、远因

(1) 薛公使福成订约前之错误。吾人今依据清光绪十七年（西1891年）薛使所奏滇缅分界通商事宜疏："当时英外部侍郎克蕾曾称英廷愿将潞江以东之地，自云南南界之外起，南抵暹罗北界，西滨潞江即详图所谓萨尔温江，东抵澜沧江下游。其中北有南掌国，南有掸人各种，或留为属国，或收为属地，悉听中国之便。"似此展拓边地不少。然以曾纪泽未深悉边情，持论游移，其后又未能断然处置，事遂停顿。薛使任内，对于展界之说，英人已否认。然以薛使争持之功，英对北段不稍轻予，对南段则愿让步，据光绪二十年薛使伦敦所绘汉文图之虚线，确与光绪二十五年陈、刘会勘所争之黄线无大出入。然以之与伦敦签字图相较，则出入甚大，是薛使疏于检较之失策也（将先呈汉文图，及后呈之签字图比对知之）。

(2) 订约时之疏忽与修约时之再误。查光绪二十年（1894）薛使在伦敦与英商订《中英续议滇缅条约》第三款内载："自北纬二十三度十一分起边界线，循萨尔温江至工隆北首之边界，即循此工隆边界，向东留出工隆全地及工隆渡归英国，科干归中国。由此循英国所属之琐麦与中国所属之孟定分界处之江而行，仍随此两地土人所熟识之界线，至界线离此江登山处，以萨尔温江及湄江（即澜沧江）之支江水分流处为界线。约自格林尼址东经九十九度，北京西经十七度三十分，北纬二十三度二十分，约至格林尼址东经九十九度四十分，北京西经十六度五十分，北纬二十三度，将耿马猛董猛角归中国。在格林尼址东经九十九度四十分，北京西经十六度五十分，北纬二十三度处边界线，即上一高山岭，此山名公明山。循山岭向南而行，约至格林尼址东经九十九度三十分，北京西经十七度，北纬二十二度三十分，以镇边厅地方归中国。然后其线由山之西斜坡而下至南卡江，即顺南卡江而行，约过纬度十分之路，以孟连归中国，孟仑归英国。然援循孟连与康东之界线，此界线亦为土人所熟悉。”按照条约内容，经纬度与地名部位，镇边厅（今澜沧县）当在猛角猛董公明山以西，而实际位置，镇边厅反在猛角董公明山以东，是约文经纬度，亦属不合图约经纬度，是图约经纬度均错，此在前人已言之。然光绪二十三年（1897）李鸿章与英公使在北京续议滇缅条约对于此段错误，并未加以修正，实属一误再误。或则订约时英方有意蒙混，欲藉此以图内侵，亦未可知。

（3）光绪二十五年至二十六年（1899—1900）合勘时图约之争执。订约后之五年，滇督派云南迤南道陈灿与腾越镇刘万胜会合英员司格德于户板，勘办此段界务，当时总理衙门所发下者，为薛使汉文图，而英方所执者为签字图，前已言之，两图出入甚大，最初会议即不偕，辩论结果，仅议定上葫芦班洪归中，下葫芦班况归英，界桩虽立三颗，然始终未得英方正式承认。兹据清光绪二十五年陈、刘自猛角之报告云：“查上下葫芦界，在蛮作（孟定境）时，仅划至猛林，猛林以下，尚未勘划，遂约司格德于初三日（按系十二月）同登猛作后山，据土人指证班况班洪分界山路以明图线，英员虽有争执，尚无关出入。惟土司指及公明山，司则大为不然。”其后至猛角，同登高山，土人又指证公明山，司为之色变。指摘薛氏汉文图者伪造假冒，而陈、刘亦坚持薛图与之辨难。竟至猛马会晤以后，无结果而散。然度当时情势，总理衙门所发下者，果为伦敦真签字图，则遇土人指出公明山，亦无法解决界务。此其症结所在，因于图约之错误也。

（4）会勘无结果后我国未实际经营之误。英人对于滇缅界务，自亡缅后，即积极经营，因此进展甚速，而我则因循自误。所谓“彼从容而我仓促，彼谙练而我生疏；彼措注已周，而我进退失据；临时竭蹶，成算未操，断无不受亏损之理”是也。清末以还，英人对南北两段未定界，认北方野人山一带，关系重大，故不肯丝毫让步。惟对南段，则以佧佤山野佧之障碍，并未从事实际经营。苟于会勘成为悬案以后，由滇省派干员殖边经营，以历史上之关系，佧佤山之佧佤不难感化归服。班洪，班老永邦纯佧区之政治经济关系，使格外密切；班洪、大蛮海、西盟新厂之银矿，鼓励人民组织公司开采，则以四十年来之进行成绩，不徒今日边疆无忧患，且国防早已充实矣。坐失事机，则不能不责满清以来。疆吏之无能，致贻隐患于现在，殊堪痛心也。

乙、近因

(1) 民国以来滇省当局屡欲经营班洪矿产迟疑未决之影响。滇省自经护国护法两役，出兵蜀黔桂粤，粮秣饷械，供给耗费极巨，均由滇省自筹。于是全省金融枯竭，无法维持。即实行通货膨胀，印发多数纸币，以济燃眉。因之财政紊乱，纸币充斥，物价高涨，公私交受其困。省政当局，以为云南富于矿产，乃计议实行开发。于民国十一二年间，曾与美商合组明兴公司，一度大规模开发腾越明光厂。而各县绅商探矿，呈请开发者日众。班洪之矿厂，亦发轫于其时。驻滇英总领事曾因此而提起交谈。民国十五年以后，曾正式派顺宁、澜沧、镇康三县长先后调查班洪厂地情形，当时之困难即如何疏通班洪与佧佤山之各头目，如何应付外交，并须明了矿量与矿质之三点，然后进行始无妨碍而有把握。然终以顾虑太多，开发之目的，未曾达到。坐是而引起英方之注意无疑也。

(2) 民国十八年美国矿师卓柏氏调查之关系。民国十八年以前之调查滇省府关于班洪之资料，大都间接得来，或往往传闻失实，不明真相。尤其关于矿地情形，完全为商人或投机者之宣传，过甚其言。自经民国十八年美国矿业专家卓柏氏前往实地查勘，班洪矿之价值，得一新估计。闻氏曾作详细报告，发表于美国矿学杂志，其对云南省府之报告，不过其中之概略。自此颇引起世界之注目，而英缅银公司(Burma Cor Poration Ltd)尤为羡慕不值。故去年侵略班洪之主动者，实属之该公司。据孟定新爷岳相之报告，是年随卓柏氏进班洪境内者，尚有英国工程司巴尔都，自孟定往，沿途测量，一山一水，一村一寨，以及路线，无不精细问明，加以绘图注释。其用心之深，盖可想见。据孟定及班洪之报告，谓去年英人运兵侵占炉房，即由此人率领，因此英人得更了然于该地之地势及界务，无怪其采取断然之处置，必占领矿地而后止。

（3）最近《云南边地问题研究》一书发刊之影响。《云南边地问题研究》一书，大部系搜罗关于云南边地私人之发表文字编辑而成。内有关于班洪实地调查之报告，并记载政府开发之利益计划等，此种未见诸实行之宣传文字，为二十二年五月出版，更促起英人之注意，此英人之濯足先鞭，必占为己有而后可。

（4）英人侵略之步骤。英国殖民地政策，自来商人实为其前锋，政治军事作后盾。此次侵略班洪之主动者为班海缅甸银公司美国总工程师伍波兰。论该厂当明末清初亦为明朝后裔宫里雁所开办者，缅亡后，由三四资本家先试炼而大著成效，工人十余万。但经数十年来之采取，已渐见涸竭，为维持其机器资本利益计，久欲另谋新厂，以图发展。班海地方位于腊戌西南，接近班洪，又闻其矿藏之丰富，更适于其发展之条件，故谋之甚切。曾派人来采查一次，观美矿师卓柏之报告即知："查缅甸银公司所办波顿矿产，俗呼老银厂，原为中国明时华人所开办，后因缅甸为英占领，中国外交官吏，不谙地形，误将伊洛佤底江南岸及萨尔温江西岸之地划归英国，损失领土，不下十万方英里。英人即于波顿地方，安设机械，炼我昔时原有之银渣。其初意不过以炼渣补助波顿矿产开办基金，乃二十余年竟称世界第一富矿，一得一失，言之殊为中国可惜。殊英人贪得无厌，犹复觊觎仵佤山矿产。当民国十年，银公司英人伍波兰曾私至仵佤山查探，并呈请该国政府准其至炉房厂开采。幸英政府深明大体，以仵佤山为中缅未定之界，未之允许，否则仵佤山一带矿产，亦为英商所有矣"。据此英人早已存心侵占，不过英政府尚不以为然耳。自经民国十八年以后，又得卓柏氏与巴尔都氏二人实地考查之参考，兴趣愈浓。既而知滇省亦图得该厂，谋之愈急。滇省之经营，顾虑太多，未曾尝试。英方则锐意进取，不顾一切。所采步骤诚令人惊叹。英人深知佧佤山之佧佤，对英仇视，乃第一步用联络手段。邦弄与佧佤山密接，商民多来往其间，故命邦弄头目马美廷户板宋忠福及汉奸段子光笼络勾结永邦人手。永邦小王麻哈即与马美廷之子为同学，感情融洽，加以各方面之包围而永邦首先入其彀中。然厂地虽在永邦班老境，而主权系共管，尤须得班洪之同意，开办方无阻碍。此外并须征求佧佤山之总头目绍辛王。英人均欲以利诱惑之，一律购赠礼物，班洪班老皆拒绝不纳，继而送金钱，并许以种种利益，班洪等皆不为动。盖两三年以前，英人所惯用之伎俩也。至廿二年冬，由邦弄出头交涉，声言已得中国政府之许可，以无公事证据，又为班洪所不信。英人见班洪之不可以利诱，不可以欺骗，乃实行以威力压迫。盖认为不成问题，可使班洪软化，并未想到班洪即起而与之抵抗也。

由上观之，班洪问题之伏机，已非一朝一夕，不过延至最近始爆发耳。刻会勘双方已商妥，虽原则根据条约，班洪位于大小南滚河分水岭之南，应划归英方，我方无置嘴余地。然遵照国际公法“议在立约之后，不可不遵；议在立约以前，不能共守”之例。则光绪廿五年(1899)之户板会议，已议定上葫芦班洪归中，下葫芦邦况归英之案，仍不能推翻，而有挽回之余地，何况班洪誓死不愿归英乎？是在今后会勘委员如何以折冲之。

（八）班洪班老对英抗争之经过和现状附西南义勇军李占贤参加经过

英方对班洪军事行动之准备，实在民国廿二年冬季，分调兵驻扎邦弄麻栗坝南汀河边一带地方。命马美廷向班洪疏通，拟开办炉房厂。因见欺蒙与利诱之无效，乃决然于廿三年一月廿二日开兵往炉房厂地，约三百余人，携有山炮及机枪等，粮秣器械均极预备充足。到后鸣枪演炮，施行示威，目的在恐吓。又以班洪班老态度坚强，乃于二月二十一日攻击班老村寨，双方激战甚烈。兹据班洪王胡玉山派头目刘国用文牍宋受周到孟定向镇康县长报告当时情况如次：

该方驻扎炉房英兵于本月十二日，忽来攻打班老下城，竟将该处民城烧毁（查所有被毁民房器具银物等项，约共损失滇银币廿余万元）后继续前进，轰击班老上城，于十三十四两日，又将该上城全寨民房官舍及寨外田坝积谷悉数烧毁（查所有被毁民房官舍器具银物等项及田坝积谷，约计损失滇银币四十余万元），刻下班老王率带头目百姓人等逃至班洪属境蛮孟寨寄住。该永邦叛逆麻哈及宋忠福等乘间分派党羽，潜赴班洪属各寨，鼓吹利诱各该寨百姓归顺英人。而所属百姓等因见情况紧迫，且为汉兵屡请未能前来救援，故纷纷向敝王要求归顺英人，以保地方。但敝王虽受内外交迫，仍抱定宗旨，归附中国，故坚持不允该百姓等所请。现督饬其一致团结，抵抗英人到底，静候汉兵援助，以保领土，决不能做亡国奴隶。惟现在人心动摇，情况危急，恐非空言所能维持，故特派头目等星夜赶赴孟定，恳请县长维持，迅予赏准速派镇孟团队数百名，先行开往班洪城，暂代维持现状，以安人心，藉保我班洪未失土地矿厂。

后一度停战，英兵且退出炉房，撤驻户板。事隔月余，仍行进攻。据镇康县报告（五月六日）：

顷据县属孟定土司罕中兴报称接班洪总管胡玉山万急报告：于阴历三月初十日黑夜，有驻炉房英军，正式协助永邦酋麻哈第三次用武力攻打班老所属各大寨。民房一概烧完，班老人民，多数投降，惟班老酋及其眷属，不知逃往何方避匿。现该英军攻击至十四日方止。现协同麻哈前来招降班洪所属老厂金河营盘等处人民，勒令从速投降，否则率领大军，再行前进，继续攻击，男女老幼，一概不留等语，人民异常惶恐。现班洪所属之南木上下各寨，已投降英军。该英军势力日渐强大，得寸进尺，所到之处，烧杀抢劫。班洪机械窳劣，寡不敌众，兼以汉朝之兵，屡请援兵不到，民众失望。其余附近各寨，俱有多数投降英军之心。敝总管处此时机，危迫万状，实难维持，只得劝慰民众，再抗拒十日之期，俟专丁恳求各土司派团救援。若各土司坚视不理，彼时又再投降，以救生灵，免英军残害人民，特专函报恳，将此情形转报镇康县政府火速酌议，设法补助兵力数百名，救班洪万民，保全未失焦山等处矿产等语。

又据镇康县政府五月十三日之报告，则英缅政府之积极政策：

兹探获英缅政府已委邦弄头目马美廷为葫芦王地大坐把（中国之土司），并委永邦小酋麻哈、户板头目宋忠福及马美廷之内兄，拱别二酋长等三人为矛扎（一地方头目），分管英兵所占据葫芦王地各地方。其委状闻已分别发给。该马美廷等于上星期同在炉房正式就职，各率带土兵协助驻炉房英兵招降各地人民，积极扩充领土。故有第三次攻击班老所属各村寨之举动。竟将第一二两次烧余之村寨，于阴历三月初十起至十四日止，继续烧毁净尽。现班洪唇亡齿寒，异常危迫，所属人民，纷纷迁移，有朝不保夕之势。

处此境况，班洪四处告急，而景谷县李占贤所组织之西南民众义勇军于阴历四月十二日率领千余人，分五大队，到达班洪。惟时英军已侵占炉房丫口等处，正节节进逼，袭我踏田班老蛮贵等处。四月十七日佛晓至十八日午后二时，为丫口之接触。是役英方伤亡五六十人，李军阵亡官长一员，士兵四名，负伤三名。李军夺回丫口等处。第二次李军进攻炉房，系四月卅日，因第一次之锐气，英方仅撑持约一小时，遂纷然退金厂坝，而放弃炉房。第三次接触为阴历五月初七日黎明至初八薄暮，双方混战，未分胜负。

义勇军正在进行中，奉滇省电令制止撤退。适值省府所派窦家璘、花琪等调查抵班洪认为当时情势，电请省府挽留义勇军暂驻边地维持。旋英军自称大英佧佤山知府兰纳照会：愿“各遵政府正式解决”。义勇军遂约期退回班洪待命。八月初三日，义勇军全部离开班洪退驻猛角董，冬月廿三日撤退澜沧，赴西盟开办永广新厂，现其所部，只留二三百人尽驻新厂，其余俱已遣散回籍。

班洪境内，并未驻有正式一兵一卒，惟土兵则仍存在。分驻于西距班洪土城六十里之营盘寨及猛冷阱，金厂坝山方面双方均放步哨，互相警戒。故班洪至今仍时时危惧，深恐战事之复燃。

（九）英军之布置设施及现状

英人之目的，原在占据矿区，而矿区即位于班洪、班老、永邦之交界地。永邦既已降英，引狼入室，而首当其冲者为班老，故班老全部已被蹂躏，处于铁蹄之下。而班洪所失去者为南木上中下三寨，怕谷、金厂坝、判洪等共六寨，皆为矿区。其势力范围，自南汀河边蛮佧起，沿南大户算，下迄金河边，以接大南滚河。然其所以不再前进者而占领全部班洪者，其因有三：第一，以目的已达，只要全部重要矿区在控制之下，又何必再起纷争，于实际无补。第二，以边民不服，且有李占贤义勇军为后援，战事延长，恐不见有利。第三，地势险阻，如此山深阱密，森林密布，道途不熟。恐引起全佧佤山之袭击，更不易应付。此英人之所以愿意告一段落，徐图政治外交之解决，将来班洪虽不易就范，而矿权总在掌握之中。

现英人在军事方面，积极谋巩固防务，金厂坝实为其侵略之大本营。此地位于金厂坝山顶平地上，东南距炉房约六里，山高出众山之上，远近目标，了若指掌。军事上形势重地也，故坚固之炮垒已筑成，围铁丝网以防侵袭，架无线电台以通消息。设电光报以便白昼之传达，并闻有探照灯为夜间之警戒，兵营皆求永久计，用石建，不似去年在炉房之搭盖芦篷暂时之性质。常驻兵二百名，随时更番流守，皆戛拉兵。西北以南大户算为犄角，所以防尖山方面之来攻。常驻兵四五十或百名，亦有军事上防御之工事。

英方除军事上准备外，对于堆积各山之矿渣则于夜间偷运，马脚概为邦弄及麻栗坝人，所以避免外边之耳目而已。然英人此种卑劣行为，实自认为文明国家所不应有也。

（十）班洪对政府之请求与希望

班洪自与英发生恶感冲突后，至今未解除战争恐慌状态。故希望中央与政府之援助为迫切。其请求事项，概言之：(1) 速向英人交涉收回被侵占之土地，保障边圉。(2) 英兵应速撤退，维持过去之和平生活。(3) 收回矿山，从速自己开办。(4) 愿划归滇省直接统治，因为免除间接之征调，不愿隶属于何县。此均班洪合理的请求。上列前三项，不久会勘，当可迎刃解决。后一项则属内政问题，勘定以后，滇省自易妥筹善后也。

（十一）班洪总管以下各头目分析

班洪当去年胡玉山未死以前，因其多年总理，爱民惜民，众均归附之，故当事变抗英人人用命。自其死后，长子胡忠汉继承，年近卅，貌尚和蔼。秉性亦坚决，能继其父之志。惟其族中有胡玉山之弟胡玉禄，年近五十，自以为老辈，颇足以右左之。心存怀贰，见无援助，时谏其侄胡忠汉降英。倬入班洪后，观其态度亦不甚可靠。将来会勘之先，应设治由孟定或耿马两土司切实笼络之，防其意外之变。至于最有力之头目即汉人刘国用、高耀恒，犹为班洪辅弼元勋。二人为亲谊，镇康猛汞籍，举家迁居班洪境南腊街。一言一行，皆足以取信于班洪。去年使班洪之不降英而坚苦以抗英者，实属二人之力，否则班洪之土地，无法以挽回之。即倬之奉命调查，得安然无恙，深入使其不疑心者，亦二人从中开导之。今后政府利用此等人材，以为内助之处甚多，务请中央予以文字上之褒奖，班洪总管之名，亦由中央正式委任，并褒扬之。由会勘委员亲自带往，此坚其内向之心并慰藉其劳苦奋发之精神，不能不有之举也，且同时更鼓励边民之信仰。

（十二）班洪与班老永邦之关系

班洪为葫芦王地方之一部。然所以称葫芦王者，则传说不一。各部均尊绍辛为葫芦王之总，例须按年纳贡。至于班洪、班老、永邦则统称为上葫芦王地，一说三部皆一脉所出，班洪为长房，班老为二房，永邦为三房，各领有土地，而另有共有之土地。然照班洪呈文，则称永邦原无土地，后始分给若干与之。第按之当地情形而言，各部并无严整的此疆彼界，不过其人民分散至何地，则该地即属其所有矣。上葫芦王地各部，为纯佧佤，与其西南之野佧有别，与其西部新兴之邦弄信仰种族不同，与其北之孟定摆夷不同，故遂团结为一气，彼此关系较为密切耳。至于实际，照其惯例，对内大事互相聚议而后定度，一切应彼此遵守，对外则班洪代表一切，行使职权，其他二部应该服从。此班洪之在过去之所以使外人知之，而对于班老、永邦则知之者寡。盖班洪实上葫芦王地之代表也。

（十三）班洪与佧佤山各部的关系

班洪因民族的关系，与佧佤山各部落俱有来往。所谓佧佤山系通称之词，凡佧佤所繁殖之区域，班洪猛角董以南，上下困马、大蛮海及南卡江以西之地皆包括在内。而佧佤例分两派，凡接近我国沿边，受汉化之洗礼，而尤深受摆夷各土司之感化者，已知礼仪，有衣服居室之较进步兼用摆夷文者为纯佧佤。如班洪班老永邦岩帅皆是，其中要以班洪之盖有缅寺，更为进化。此外之野佧，则度其山野原始人类生活，赤身露体，惟以布一幅遮其下身而已。山野间大都聚族而居，耕猎为业。杀头之风甚盛。形成各部落，彼此斗争，故其村寨，大者数百户，小者亦不下百户，盖所以谋团结而抵御外部之侵袭，现在佧佤山共有十六酋长统治之，当去年班洪事件发生后，即一致团结，作为班洪之后援，曾联合到昆明向滇省府请愿，其呈文录后：

呈为强邻横野，蹂躏边陲，特推派代表，赴省晋谒，面呈苦况，恳祈援助，以安边圉事。窃土目等世居滚弄江傍，本为中国属民。自明万历时，本邦与缅王互杀媾怨，缅王率兵来侵，土目等地，屡受波及。幸有本朝派遣刘将军统兵援救，得以相安无事，并受赐封，颁有牒印。只以山深路遥，交通阻滞，遂与我政府隔绝往还，日久形成化外。但土目等世守王化，从未有反叛行为。至光绪十一年，缅甸被英人侵占后，常有外人入内传教，土目等以彼乃宗教侵略，而非善意，是以力加反对。至二十六年中英划界，英人又来游说，冀感人心。土目等以彼心存不善，驱逐出境。是时甚盼我方官员刘陈两公入内保护，卒以瘴雨蛮烟，山河险阻，未能莅临。数年以来，未有若何事件发生，英人亦未敢再来侵略。讵料前岁邦弄回民马美廷、宋忠福等卖国求荣，勾结英人，进占班洪及踏田湖广等各矿厂，并派英兵回民，用武力威逼各地土目投降。而土目等曾受封赠，乃汉朝子孙，何能出事外人，贻羞后世。遂由蛮冷王女婿赵子福四出宣传祖国德泽，并纠合佧民数千，一面保卫各地，一面由蛮贵管事布信，率兵抗拒英军。历时数月，正激战中，适得义军星驰援救，方将丫口、炉房等地，相继夺回。并得主席特派大员，不避蛮荒，入班洪宣慰。土目等得闻之下，相庆此后政府关心边陲，边氓赖以保障，决不致为英人之奴隶。查班洪乃葫芦地一小区域，此外尚有十六区地域，纵约二千里，横约一千数百里，户口约四十余万众。嗣由各土目于七月廿六日就猛茅地方，联合十七家土目开一大会，经众议决，推赵子福为十七王总代表，率同甘塞护印困散及其管事康扁、蛮贵管事布信、搭亭土目贺猛、班洪代表朱朝、猛角董土司罕华相等，赴省叩谒主座，面呈边区苦况。恳祈体恤边氓，宣示机宜，以固国防。并祈指定日时，准予赐见，不胜盼祷。谨呈。

五、猛角猛董概况（略）

六、澜沧县辖境（略）

七、会勘滇缅南段未定界意见

（一）依据条约会勘之关系

查中英滇缅条约第一次由薛公使与英于清光绪二十年(1894)订于伦敦。第二次因割让江洪与法，询英之请，于光绪二十三年(1897)李鸿章与英公使修订于北京，然关于南段未定界之条文，丝毫未加修正，一仍其旧，今据本年四月九日英使来往照会，经双方磋商设立勘界委员会，其首要职责是：

应将1897年条约第三四两节中与未定界有关部分所规定之界线，实地查明，并绘于地图之上。委员会于解释各关系政府尚未获得同一解释之约文之际，对于上述约文各段所规定指明之各点，即关于交点，分水岭及文中所载之各处地名，应予以相当之考虑。

是决定依约而勘。又第二照会申明将来在条约以外，应妥协互让的磋商：

依照委员会之报告书，或依照与本问题似有关联之地形的，历史的，或政治的因素，关于任何修改问题将来应由双方以妥协互让之精神，进行磋商……仍各保其原有之立场。

此乃补充委员会之任务大纲而已，总之此次会勘依约，纵有修改，亦不过局部的，绝不能有超越条约范围以外之企图，照约会勘，当然图约必相符，则光绪二十六年(1899)司格德所拟绘之线，与约无大出入，界线(五色线图中之红线)即以此划分，绝无问题，我方所争之公明山固然划去，即班洪猛角董辖地，西盟山一带，上下困马，大蛮海整个南卡江上游之地及孟连辖地，亦须一并放弃，是滇边损失之领土太大。

条约既重新估定，则前清光绪二十五六年，陈刘二员与英员司格德之一切辩论照会，根本推翻而无存在之可能，五色线图中所谓之黄线与铁道减让线，难于提出讨论矣。我方尚欲谋保全领土，寻一线之希望，亦不可得。

（二）推翻条约之可能

由前言之，依据条约勘界，我方之损失，实不可以挽回，故不能不设法使条约不能立足，然后再谋一新局势，以图补救，若能达到不遵约文之羁束，于会勘时双方占在妥协互让之真正精神上，另觅一合理之界线，方为公允。此事当然为英方所不肯，然果能设法从种种方面引证，指出条约之错误点，则英方亦难以自圆其说，而我方之理由，可以充足表现矣。至于图约之错误，可以推翻之理由如次：

（1）图约经纬度与实地部位不符。按照约文经纬度，镇边厅（今澜沧县）之位置应在猛角董公明山以西，而实际镇边厅乃在猛角董公明山之东，为其谬误者一。又约中所指东经九十九度四十分，北纬二十三度处边界线即上一高山岭，此山名公明山。签字图中载之公明山，均与土人所指之公明山部位完全不合，其谬误者二。

（2）图约所载与事实不符。按图约中均载明将“耿马猛董猛角镇边孟连均划归中国”。是凡各该土司土目所管各村寨地方，即应全归中国，且谓土人所熟识之界线一语，两见于条文，是勘划界务，必以土人熟识之界为凭。然同时因受图约之错误，划出上列所属地方不少。此图约与事实不符者极显著也。

（3）签字图所载地名之错误。按伦敦 1894 年之签字图，琐麦注于工隆渡口之东南，照实际部位，应指现今之邦弄、班况、永邦、班老西接班洪一带地方。但实际边界线上并无此面积广袤之琐麦地方，其错误者一。又猛董之位置，列于猛角之北，而实际部位，猛董系在猛角之正南方，两地相距约三十里，此其颠倒错乱者二。是此等重要显著之地名，均有错误，则其他之错误，势所不免。

（4）分水岭之错误。按照条约“由此循英国所属之琐麦与中国所属之孟定分界处之江而行，仍随此两地土人所熟识之界线，至界线离此江登山处，以萨尔温江及湄江（即澜沧江）之支江大分流处为界线”一段文义而言，似应以两大江之支江分水岭为界。然此一段内实际以在班洪境内之地形论，只有向北流往孟定坝南汀河支流之小南滚河与向西南流出汇入怒江（萨尔温江）之大南滚河，其分水岭为自班洪西部尖山岗猛大梁子向东走之山，但两河皆为怒江支流之分水岭，并非怒湄两大江支河之分水岭，其谬误如此。

（5）图约对于南卡江定界之错误。按约文载“然后由山之西斜坡而下至南卡江，即顺南卡江而行，约过维度十分之路，以孟连归中国，孟仑归英国”。夫大江流域之为天然国界，可以免除彼此纠纷，最为适当。且图约上均叙明孟连归中国，孟仑归英国之语。而孟仑实即蟒冷之异译，蟒冷分上下两部，下蟒冷在南，上蟒冷在北，下蟒冷于缅亡后为英诱降，被上蟒冷所不满，结为仇怨（按《镇边厅图说》，十二家召华地方除下蟒冷一家已投英人外，此外十一家概系佧佤绷子野夷地，居不滇不缅之间。因下蟒冷投英，为十一家所不服，屡构兵衅。投英事在光绪十七年）。上蟒冷正位于南卡江之西，为野佧佤境，最近亦欲准备抗英者。而孟连所管理之境，亦当南卡江东西，是南卡江实真正之界线。然受图约经纬度之限制，致与实际情形相背驰，而陷于最大之错误。

图约既均有错误，吾人权衡本国利害，惟有驳斥其非，使图约失其价值，而望于此双方成立之勘界委员会另求一合理之界线，以供两国最后之决定，此之所谓合理的界线者，并非空泛无所指，乃依据历史的、政治的、地理的关系，而本诸"妥协互让"之真精神以决定之。

（三）班洪界务纠纷之争点与会勘问题

查班洪界务，为此次勘界委员会勘划南段未定界第一步困难问题。按图约必执分水岭为言，则班洪当划归英无疑，何况英方现在实力，已深入以武力占领永邦班老全部及班洪之一部分，无形分割上葫芦地，破坏光绪廿五年旧历十二月户板会议及蛮佧会议所议定上葫芦班洪归中，下葫芦班况归英之定案，而作事实上之压迫占据，诚无可如何。然站在整个国家立场而言，班洪班老归向我之心甚切，永邦不过一时受邦弄诱惑而降英，最近因英方既占领该地后，一切不容邦弄永邦过问，闻颇怀怨望之心。加之马美廷受青年回民之反对，以为马氏不应助英侵略祖国。是永邦土酋麻哈今既不得利益，未必真心降英。则政府为保全领土，取信边民，抚慰边民，不能不争回上葫芦之地者一也。又该地既富于矿，尤以炉房厂为最有价值，为保障富源计，不能不争者二也。班洪世受汉恩，声称为汉家守土，且最近当光绪十七年因耿马之乱在事出力，曾由刘春霖奏请督抚王文韶颁给土都司衔有木质钤记一颗，不啻滇省土司，维持主权，不可不争者三也。即以局外人观察，亦以英人之欲得班洪，实别有作用。兹查卓柏氏报告书提到界务一层：

> 佧佤山一带，中英两国皆认为中缅未定界。惟光绪初年，中国驻英公使薛福成于伦敦与英国所订条约，将佧佤山划归英国。至今英人即恃此为根据，谓佧佤山全境皆属缅甸范围。然该地土人因历史关系，皆仇视英人，亲拊华人，英人因此未能入境。第以矿产蕴藏甚富，不免时时垂涎。倘不及早设法收拾，至相当时期，英人必另设法侵略。彼时中国虽提出抗议，亦不过如片马江心坡悬案而已。及今收拾之法，惟有根据昔日华人开办矿硐遗迹及班洪受职中国等事为之确证。至该处土人，则谓腾越镇刘万胜与英使划界时原定公明山东之上葫芦归中国，其西之下葫芦归英国。今查重要矿产，皆在上葫芦内，是以英人垂涎上葫芦矿产之富，竟讳言刘万胜所订新界，而根据薛福成之含混条约也。

外人之观察，殊为公允，而更得种种之反证。滇省久欲经营班洪，以英方之抗议而终止，谋待外交正式解决。英人侵略班洪，则惟为武力压迫，不顾一切公理，果不出外人之所料。再者当日卓柏氏入炉房一带，并非英人引导，而系得我滇省之正式公文，由孟定属官岳相率领始得深入，则该区域之属我无疑矣。即以条约论，外人亦批评其含混也。

挽回班洪之铁证，除上述理由外，一为民意之表现，根据现代国际领土之争执，双方均不得解决，惟有以该地民意之表示为转移，该区人民所不愿而且立于敌对行为者，绝无归英之理。一为光绪廿五年户板蛮作会议之定案万不能推翻。兹据陈刘之呈报与滇督院者：

> 连日与英员会议，彼坚欲将上下葫芦全地约英，决意不作瓯脱。职（镇道）抱定图约指证瓯脱，与之磋磨辩驳数次，始允将下葫芦班况归英，上葫芦班洪归中，随与英员约会由户板开赴蛮作驻扎督办。
>
> 于初八初九初十会议三日，上下葫芦地彼此均不进界。惟

传问熟悉班洪班况地界土人，带同附近高山测量，划定界线，由孟定与班洪班况之交界区恭猛起，至班洪班况交界之蟒冷箐，即猛林山之东属华，山之西属英。自猛林山以下，俟至猛角猛董查明后再定界线。现在绘图划线，今日派员立桩。第一号立在南汀河南东作山西（土人云刻在河边岩石上），第二号立在由蛮作至南达大路边（土人云刻于树上周以石团）。此二号系孟定与班况分界之处。第三号立在蛮作尖山（土人云刻于岩石上），系孟定、班况、班洪三交界之处。桩立毕，大约十五十六可开赴猛角猛董，言明由我内地行走。

是会议之后，又见诸立桩事实，英员司格德并在场参与，现在各桩虽被英销毁，然不能将事实推翻。清光绪廿六年四月陈、刘在猛马又有照会送交司格德，均有案可稽。按国际公法“议在立约之后，不可不遵，议在立约以前，不能共守”之原则，英方势难翻议也。

（四）琐麦的解释

照约文“由此顺潞江上行，直到科干西北界，顺该科干东界，直抵工隆渡上，将工隆全地划归英国，由此循英国所属之琐麦，与中国之孟定分界处之江而行”之意义，琐麦应紧接工隆渡（即滚弄渡），而同时北面为与孟定分界。据在孟定之调查，其属官罕定国之报告，谓“当清道光年间，孟定土府按例每年冬至，即派兵五百名守工隆渡，至翌年清明始撤回。后因滇省杜文秀之乱（杜氏于同治十二年失败），始废弛”。是孟定之老界，确抵工隆渡无疑。则判断所谓之琐麦虽系地名，范围必不见大。

又据罕定国云：南汀河之支流，在南怕河以下，至工隆渡口间，尚有小支流五，即南岛河、南丘河、南虎河、南垒河、南崩河等是也。

而南崩河即为琐麦河，距南汀河汇入怒江口仅三四里之远。是琐麦所指之地方，更为小矣。兹据光绪廿五年勘界之初，户板会议两方之争执情形：

工隊渡附近情勢略圖

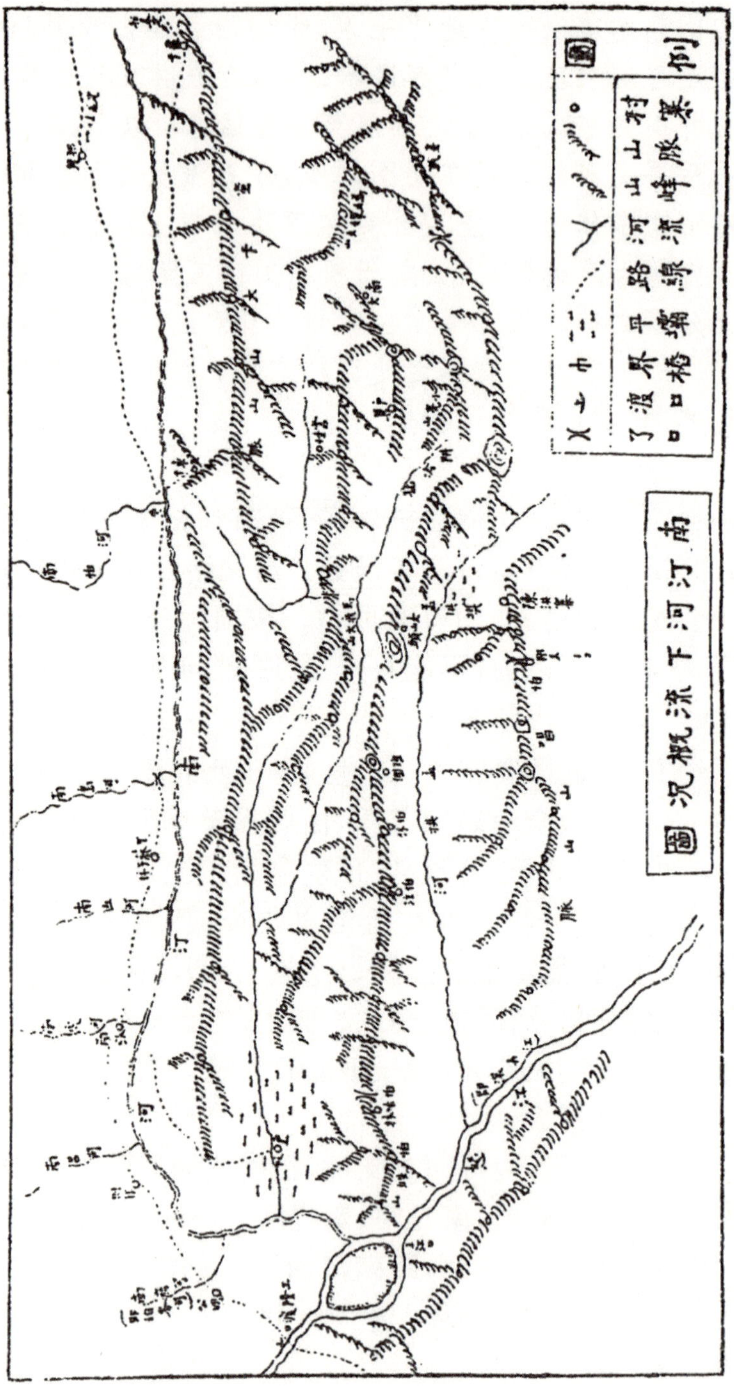

会晤时，面订二十二日开议，司格德云：附款载琐麦属英，琐麦即葫芦译音，凡上下葫芦王之地，概应归英。当答以琐麦确系工隆属地，在南汀河北，土人咸知，何得误为葫芦译音。总之葫芦野佧佤，原系不滇不缅之瓯脱，如谓彼此堂堂之大国，不屑与较，则仍以瓯脱置之，如谓必要管辖，则近滇归滇，近缅归缅，方昭公允。且上葫芦王胡玉山曾受中国土都司职衔，尤应划归中界。

可见陈、刘当日亦知琐麦不过为南汀河北之地，与葫芦王地无干，所占地步甚稳。因此之故，对于琐麦问题，司格德始终未敢辩驳，仅用图约争持为难而已。按伦敦签字图琐麦之范围，已概括上下葫芦王地，此系英方当时有意蒙混薛使，而薛使因不明边地实况，竟亦不加察而堕其术中。然从上述观之，盖图与约又全不相符合，约文所指地方范围甚小，图上公然显著标明，实属乖谬。琐麦之解释，与班洪谁属问题，关系甚大。会勘时，应特别加以注意。

（五）公明山本不可争然不能不争

公明山为佧佤山之主要大山，纵峙于西隅，自猛角董可以了然一览无遗。据边民之传说，公明山为边地各山之主峰，其东北分出至绍兴岗糯境为绍兴山脉；至猛角董境为佤脸山；在耿马境为猛宋山脉。西面分出班况者为磨龙山脉。西南分出至蟒冷地为那老山脉。东南分在南卡江间者为西盟山脉。西支至放马敢舍为放马山，北至蛮贵塔亭为孙岳山，共有八支脉。依约中经纬度位置，该山当然划出，不过按照约载山名水名地名土人所熟识之界，则应归我。此为英人所必得，势亦难争回。然抱定照约由公明山直下南卡江保全领土为上策，不能不争，以为交换条件。

（六）西盟山不可放弃之理由

查西盟英人称曰孟佧（Mong-hka），照图约已在界外，司格德又于光绪十九年曾亲履其境，深知该区形势险要，矿产丰富，必欲得之而甘心。然我因历史政治国防资源之关系，其地位之重要当较班洪而上之。前清光绪三十一年十月至三十二年三月，迤南道石鸿韶曾上界，北自南怕河汇入南汀河处起，至南马河流入南卡江止，周历查勘，有详细禀呈，所绘界图及清摺等所见均极切要。而关于应争西盟，言之最详，实此次会勘时足资佐证者也。今简摘其观察西盟之处：

详考西盟形势，由黑河头处离开湄潞二江分水岭，顺南马大河南卡江（南卡江，英人作南项河）分水岭至弄球山，顺南锡河南卡江南下，实为天然界线。西北二面，均外接野佧佤，其山岭之佛房，可以控扼西北野佧。南段之怕柯山，可以控扼江外野佧。不独为镇边门户，抑且为迤南屏蔽。复有南锡南项二河金矿，果角马上银矿之饶。且设立土目，有奏案上谕可查，历年征粮应役，视同内地。又自设镇边同知后，即分扎防营土练，以资守御。倘竟划归缅，不独失边疆门户矿产，菁华难保，彼不籍毋得逾越之照会以为口实，并札罕（即札法罕炳昭）二逆之案，亦虑重起波澜。是西盟虽不可争，而实不得不争也。

石道于清摺内，重复申述西盟之重要，此皆有案可稽，不得不郑重提出以资警策也。

（七）小分水岭与大分水岭实界务纠纷所在

查缅约载潞湄两江之支江分水岭为界，系专指孟定界外离江登山处计之。按实际该处之分水岭，亦系潞江支大小南滚河之分水岭，并非两大江支流之分水岭，前已言之，乃约文之误。约文既误，当然失所依据，亦即不能以分水岭为界，此事理之至明者。至猛角董以下，约文并未载明依分水岭为界。且论此一带山脉，错综复杂，起伏不一，大山小岭，犬牙相列，若依分水岭而为界，胶葛必多，恐非短时间或凭数人之口辩可以解决。兼之民族聚落散漫，佧佤性情凶暴，势必引起纷扰而不止。征之过去会勘,猛角董所引起之蠢动,今昔未变。英方每欲籍口分水岭为界,应予以辨正之。

(八)孔明山英人之抵制实无充分理由

查约图所载之公明山,中英文均注明。其部位应接近猛角董,而公明山实际不在此,远在其西,边地土人无不熟识。此种铁案,英人无论如何,万难推翻。至谓公明山即孔明山,系靠近镇边厅,夫滇省诸葛孔明之历史,对于边民印象极深,庙祀孔明,地方以孔明名之处甚多。无论公明山视为镇边厅之孔明山,其部位固属相差太远,何以约文不叙明为孔明山,而称以猛董猛角归中国,边界线上即上一高山岭,此山名公明山。是公明山地位应与猛角董相连接,万不能离开猛角董另寻一公明山。且土人对公明山指证已明,又有何词强辩。更有进者,图约均明定为公明山,并无孔明山之名,是孔明山绝不能混淆为公明山之音译,以图掩饰。

(九)南卡江干流支流应特加注意

南卡江为孟连、孟仑天然界河,在约文中占重要地位,当陈刘与司格德会勘时,曾因此而有争执。陈之答辩如次:

> 贵总办云西盟在南卡江西岸者,系贵总办误认南项河为南卡江,反将真正之南卡江,误认为南惜河耳。

盖南卡江上流因山脉地形关系,其源流支派必多,而干流与支流之分别,除地形测量以外,应就各上源河流之年龄,长度及地层剥蚀之原理以考证之,即不难次定。且民族之分布,亦必受地形天然之限制,大有区别也。故关于此问题,当为将来委员会讨论之点,应深切注意,以免堕英人之彀中。

(十)我方委员应设法避免由滇省内地会勘

论会勘事,本待双方集议后,临机应变,斟酌当时环境,始可决定。然就过去会勘之教训及此次实地调查之经验,不能不顾虑及之。

清光绪二十五年，陈刘与司格德会勘，在户板蛮佧会议后，司本催促进界，因探班况路被阻，被佧佤杀死六人，怏怏不乐，顿失所恃，乃议定彼此均不进界，遂假内地耿马之路而至猛角董，以致引起猛角董佧佤之激变，杀英医官曹大林，领事烈敦带重伤，并迁怒于汉官及土司之包庇洋人，佧佤啸聚围攻猛董，烧毁村庄，大小十四寨，居民六七百家，牛马谷米，焚掳一空，夷民惨被屠毒，总计损失资财，不下十数万金。后调兵围剿，始得暂告平息。而政府为此事靡费亦属不赀。勘界事因之大受影响，司格德软化迁就态度，骤然推翻，概不承认。故惩于过去之失败与教训，吾人应防再蹈前辙。现在虽事隔近卅年，南段未定界沿边佧佤恶化之情形，恐尤有甚焉。今更非昔比，设一旦保护不周，佧佤仇英之态度依然，试问将如何以善其后，英人更必籍口开兵作实行之侵占，沿边岂不因勘界而引起极大之危险乎？古语云“防患于未然”，此次勘界，时移景迁，应设法避免走内地为上策。又有进一步不能不防备者，可参看陈灿廿六年四月送与英员司格德之照会甚明：

> 本总办仍申前说，电请添兵，贵总办犹度外置之，护界之兵，较去年而更少，本总办茫然莫测是何用心。迄至今日，始恍然贵总办之不厚兵力者，非不知佧佤之凶悍，实籍兵少以遂假道内地之计。假道之计既遂，则违约进占之谋，可为所欲为矣。

观此可以窥测英人外交之狡猾阴险处，陈氏事后始痛恨言之。设当时不走内地，而毅然进界，则界务想早已易于解决，亦何致停顿至今，坐使英人着着进逼乎！

（十一）班洪境金厂坝英军应撤退营垒应销除

查约文第七款有“除保护边界各地安静必应有之兵寨外，两国答允各不在边界十英里之内，修建新旧营寨。英里量法，系从最近之边界作一直线量之”。查金厂坝系上葫芦王地，从前户板会议，曾划归中，属我国境。纵使户板会议定案可以推翻，然属未定界，实不能驻兵及有军事准备（照约保护边地安静而设兵寨），同时英方本可籍口保护边地安静为饰词。然在过去三十余年间，英方不侵班洪，而非常安静，此事实由英方侵略而引起。何况载明各不在十英里之内，修建新旧炮台营寨，将如何以解释之。现在边界既正式由双方从外交谋解决一切争端，英方在金厂坝之军事根据地，殊违背条约，会勘之先，理宜取消。

（十二）会勘由内地行走路线

假使会勘必由内地行走，外人通过上葫芦，必遭土人之反对无疑，因班洪固执之态度，至今未变，又兼以去年之抗英，更加视英人为不共戴天之仇。故班洪境内汉人须预先说明，可以通过，外人势所不能。因此由户板往勘恭猛山猛林山后，然后转孟定取道耿马而往猛角董。猛角董附近三面包围佧佤，皆时常出没之区，自猛董往澜沧，取道岩帅为捷径，可以省程约一星期。但近十年来，岩帅以无兵镇压之故，驯佧野性复作，屡抗政府命令，当猛角董岩帅间，非有多数兵难以安全通过。离上下允以后接近澜沧县城比较平静，可以不成问题。然若再向西往西盟山西南卡江流域，向北往永广及上下困马境，皆属纯粹野佧佤区，欲深入恐不能矣。故最大限度，只能沿永广及西盟山边地在孟连境，则无阻碍。

（十三）会勘由缅方行走路线

若籍口交通便利，以走缅方为最妥，其路线又由户板下班弄，至班况，直驱猛茅公明山，在地形上之观察，眼界更广。继下山通（HsanHtung）经佤渗（Yawng-Sang）、帕糯（Pa-Nang），出糯坎乌各上蟒冷地，然后循南卡江而下，则此一段界，亦可勘毕。而一切保护通过问题，英缅方面当负其责，而佧佤山所发生之临时变化，与我方可无关也。若中外委员抱着冒险牺牲精神，不顾一切，勇往深入，则可由中途山通岩城转东南渡南卡江而赴西盟也。以上所假定之路线，系对勘界委员会之委员而定，至于测量及其他工作人员属另一问题。若全体委员均须亲历其境，深入不毛之区，则须临时决定矣。

（十四）测量问题

（1）天文测量分组路线。天文测量，此次势在必测。闻决定携带仪器两具，似此办法最妥，予意每一具除附带收报机外，应添带轻便之发报机，以备收发均灵便。且两具不必同在一处，以一具随勘界委员同行，当然由北端勘起，逐步向南移。其一具应从南头测起，先到猛阿测度，渐向北移，与北头之仪器，用发报机通报，所测得之恒星时，可以交互校正，如斯比较正确，时间亦经济，且分工合作，可以多测基点数点，于界务便利甚大。除与界务有关之经纬度应测定外，凡边区重要地方，如镇康、孟定、耿马、双江、岩帅、猛朗坝孟连等地，亦应顺便测出，籍可知边地之真正位置。

（2）地形测量分组路线。该区地形测量，以山势复杂与森林掩蔽之障碍及野佧佤凶悍之难防，山路深僻，给养困难，殊无十分把握，而得一具体计划。若不顾实际情况，尽由测量理论方面设计，终归失败。此次勘界，得有天文测量确定基点后，地形测量即可根据各点以谋联络之法。我方之地形测量队应分组配合到达目的地后，一律化装，与土人所着衣服无大分别，土人引导入内，应备土人所喜悦必需之零星物品，以备赠送土人。此项零碎物件，无妨多备，但不必视土人眼光过高，因佧佤终属未开化之民族，而又好奇，赠与一物，终身戴德不忘。如土布衣服、图画、内地风景小照片、食盐、糖果、点心、烟草、茶叶、小刀、价廉之小表、儿童玩具、孔明像、总理像、党国旗之类，各村寨头人，或小孩沿途分别赠送之，以结其欢心，则可得工作之便利，不致阻碍而生事变。然此外所觅之向导，须熟习各该村寨之头人，常川来往而感情融洽者，始可以担任向导之职。其组数以南段未定界而论，至少六组，而人数不宜多，籍免注目。每组测量员二人至三人，向导一二人，供接洽、翻译、差遣之役。各组组员对此等佧佤，态度真诚，而表示亲爱之意以感化之。盖佧民虽蛮，对于汉人尚知敬畏也。今年佧佤山各部头目均到昆明请愿，内向之心甚切，将来到边地后，应先与之联络，使其出来接洽，然后随之深入，格外有把握矣。兹将各组担任地区及出发地点列后：

组别	担任测量区域	出发地点	经过路线	约计时间	备注
第一组	班洪区域	孟定	糯莪、南腊、焦山 岗猛、永邦、怕唱山	二月	环境不恶劣，有办法可人
第二组	公明山区	猛董	永和、绍辛、公明山	二月	环境最恶劣，应慎密计划
第三组	大蛮海、上下困马区	上猛允	经南栅往	二月至三月	选择精干人员担任
第四组	永广山区	募乃厂	此区可先与李占贤接洽	二月半	若得李占贤之助可保无虞
第五组	西盟区	募乃厂	此区指令西盟县佐及西盟土代办负责	三月	
第六组	孟连区	募乃厂	命孟连土司负责	三月	安全

（十五）佧佤山之民意与新建议

佧佤山各头目，自去年班洪问题发生后，一致兴奋，群起团结，联络非常密切，曾在班洪土城开会数次，推代表到昆明请愿，此为过去在历史上开未有之风气，亦足证各部落因鉴于归英亡土之不愿意，而有民族自觉心，相率欲托庇于我政府势力之下，认汉族为一家，为宗祖之邦。是成历史上之影响于佧民族者非常深刻，始克致此。而我政府对此等民族之请求，不能不予以相当之考虑及精神上之援助。而此次除双方国家派遣委员外，尚聘有国联中立委员，将来能否由我政府正式通知英政府，使明了该区少数民族之迫切期望，同时并使中立委员亦应了解该区之状况，提出于委员会，作供讨论解决问题之参考。若将来彼此均表同情，我国除自己领土范围以外，绝无争夺土地之野心。最好由中英双方真正妥协互让，划出佧佤山为一共管之区域，通告宣示于该区佧民，和平解决，由双方组织一委员会以治理之。从教育交通实业着手，一切进行事宜，统归委员会负责切实进行。此种和平处置，于双方均有利益，而对于该区之佧民前途，亦获光明。否则照该区环境民性，尤其对于英国之态度，始终反抗，纵用兵征服，恐亦非短时间可以成功。且必须牺牲兵力与物质上之损失，而界务之争，使两国蒙其害。为沉默之英国政治家，与领土庞大之不列颠帝国计，实不在乎增加此区区数万方里之土地，足以自豪。我国亦然，亦并不以收回边地，即有若干利益之弥补。是以为双方国家前途着想，为维持中英两国之国交，为谋世界少数民族之福泽，应由中英两大国携手，做一世界之创举，在世界各国间立一模范，而共同管理，共谋开发，则如拨云雾而见青天，数十年之恩怨，可以毅然一旦解决，而中英两国之邦交，将因此事而宜愈增进。吾极盼我政府速将此项有价值不朽之功业断然决定，提出作商讨之余地。苟不采此方式，试问界务之前途，有何良好之结果，使中英双方均满意者。倬敢断言曰：无之，只有纷扰，只有破裂。否则惟有我方完全让步，然必遭滇人之反对。因此顾到前途之暗礁与困难解决，不问此建议生效与否，俟机缘成熟，可一尝试之。

（十六）会勘时间问题

滇缅南段未定界，因地跨热带，兼属横断山脉区，受印度洋季风之影响，非常显著。雨季旅行，以气温高而郁淫，旅行不相宜；雨量甚多，山地跋涉甚苦，故以在干季适宜，干季自十一月起至翌年三四月止，气候良好，一切无阻碍。查陈、刘与司格德过去勘界，自户板会议，时在冬月；至猛马会议止，时在四月；前后六阅月。倬此次调查界务，自孟定以后至孟连止，沿途未多耽延，几费时两月。此次实际必深入勘查，测量费时，路线多曲折，至少须五六个月，故最好于十月终即到达孟定，以备双方会商后开始入界，则一切布置进行，可以从容不迫矣。

（十七）会勘时期边地防守事宜

查猛角董与岩帅上下猛允为佧佤山出入要隘，边地骚动，亦多在上列诸地，故应于各地配置相当防守队伍，以资震摄，而弭乱源。倬意孟定方面应由镇康纳县长调集镇康县与耿马团队，开赴孟定驻扎；猛角董应有正式军队驻扎；岩帅与上下猛允方面，可由第二殖边营及景谷双江缅宁各县团队择要口分地驻扎；西盟一带，应集中澜沧全县各区区团，以一部分开往助防。且本地方团队，可免英方之籍口。此为防沿边之临时事变，不能不预为布置也。

（十八）澜沧县政府火灾之关系

查澜沧县政府所在地佛房，于今年四月五日午后二时，由市坊起火，适值南风猛烈，助桀为虐，波及县政府，县城全部惨遭回禄，十室九墟，公私损失财务达数十万元。其中存储于县署自镇边厅成立以来四十余年之历史案据，概行销灭。会勘在即，需用历史证据之处必多，请由滇省府应饬澜沧县政府速谋补救，通令所属各土司土目呈报证据，以备会勘时之用，实急切不容缓也。

八、滇缅南段未定界之边防与国防意见

（一）滇省边防与国防之解释

此所谓边防与国防者，因边防所以对内，国防所以对外。滇省南段未定界，自孟定迄孟连，沿边夷族复杂，往往滋生事变，应有边防军以为防范之准备。如镇康在民元以前，屡经变乱。澜沧县当清嘉庆年间，光绪十三年十七年，民国七年，夷民屡次叛变，均用兵剿抚，始告平息。其中尤以光绪十年札法罕炳昭二逆之乱，漫延区域甚广，时

间较长，英人又在后操纵指使，当时颇费心力，耗去国帑不少，始平定之。故为镇压边民之反侧与内地流氓之勾结，不能不屯置相当边防兵力。此种兵额，应按边地情形，以能维持平时之治安者为主。至于对外之边防，在此区域内，西部隔佧佤山为天然屏藩，防英侵略，应以北端之孟定及南端之孟连为着眼处。兹分别言之。

（二）孟定在国防方面地位之重要

查英人由缅甸包围云南之重心有三：一为密支那，乃经营滇缅北段未定界之要地；一为八莫，乃英人经济侵略滇西之要道；一为腊戌，乃经营滇缅南段未定界之要地。以上三地，皆占水陆交通之便，而总汇于佤城（即蛮得来）。今仅言南段未定界，按潞江工隆渡铁桥，早在英人计划之中。闻所需架桥钢材，已预备于佤城，或不久即行建筑。而孟定适首当其冲，且孟定地势平衍，物产甚丰，附近数百里内山地人民之粮食，皆以此地为给养之源泉。故在防务与富源之关系上而言，非常重要。欲保护孟定，须以潞江为天然之险而固守之，则孟定可安如磐石。然照第一次订约工隆渡周围放弃与英；第二次修约，将麻栗坝割让与英，大江与渡口之险尽失。为今计，除西防麻栗坝，而以山岭为屏障，麻栗坝北与东介镇康耿马，尚足以防之。而重大关键，不能不争上葫芦地，以巩固东南方面之天然屏蔽，因大南滚河之南，尖山与猛林山为最高之山，接怕唱山，实形势之地，可以控制邦弄，兼笼罩工隆渡口，英人虽占交通要津，而我守此等山势，可以高屋建瓴，得地利也。会勘界务，上葫芦地不能不争者，除有富庶之矿区不能不争外，对于国防，更不能不争。因尖山猛林山不特与孟定班洪有关，且足以掩护猛角董。自去年班洪事件发生后，英人已在金厂坝山顶筑军事要塞，我方应于勘界前提出使撤毁之。

（三）猛角董方面

猛角董三面临佧佤境，皆有险要之路径通达。现在该地无一兵一卒，故佧佤随时啸聚。南方之野佧，西方之岩帅驯佧，出没无常，如入无人之境，劫杀之风甚盛，道途艰苦，土民不得安居，商旅裹足，险象环生。此处地方治安，着着堪虑。故今后为地方治安计，震摄佧佤计，开导边民计，发展边地事业计，应有一连以上之兵力，分驻猛角董而固边圉。

（四）岩帅方面

岩帅为佧佤入内地之总门户。清朝末叶，自改隶镇边厅后，曾驻一殖边管带于南栅，所以防岩帅大蛮海上下困马一带之总门户。因此沿边佧民，见有大兵驻扎，归心帖服，不敢怀异，数十年安静无事，管带彭昆恩威并用，佧民亦且向化，曾接洽经营大蛮海之银矿，已有端倪，因辛亥革命而中止。民国以来，对此方面之防务，渐渐松懈，然尚驻有少数队伍，佧民未敢放肆也。自民十五年后，边防军撤去，由地方团队担任，兵少械窳，难以应付。遂为佧民所轻视，野性渐作，劫杀之事，随时发生，且竟深入波及于上下猛允区域。岩帅即其巢穴，公然结党横行，兼以参有内地游匪勾结，其胆愈壮，横行无忌。将来边地之隐患，日久恐不堪设想。故应恢复清末制度，以军事为推进政治之先锋，收效反著。该区之兵额亦至少一连，分驻于南栅与木戛，南栅介于岩帅上猛允之间，可以控扼岩帅，木戛位于战马坡之西，所以防止大蛮海及上下困马之侵入。此一带山形高险，不防患未然，一旦爆发，殊不易也。

（五）西盟方面

西盟在澜沧县境内，形势天成，为西面壁垒，前人言之綦详。迤南道石鸿韶查界清摺内有云：

西盟为镇边最高之山，西北二面，均接化外野佧。其佛房（山名）一带，尤西盟之最高者。所扎防营土练，西拒山通岩成，北拒上下困马。近年西盟一带得保无事者，非恃兵力也，恃地势也。而怕柯山（即西盟之南段）之高，亦类佛房，远望百余里，江外野佧，稍有蠢动，足以弹压。前王参将伯成曾于此处修筑炮台，布置最为得法。又南项河以南，南卡江以东之龙坎完弄冷坎诸山脉，均发于二江分水岭，巉岩陡峭，天险难越。如此地利，是不可不争者二也。

现在西盟亦未驻兵，为土代办主持，原设县佐于此，后亦因民七之乱而迁往喇叭，今政府之势力所能达于该区者亦属有限矣。然则会勘在即，夷民难免不蠢动，而为平日治安，推进政治，亦应有相当兵力以补助之也。

（六）孟连方面

孟连毗连十二版纳地车里南峤佛海诸县，而与缅属景冻（Kang-tung）一名孟艮（Meng-Ken）接壤而成崎犄之势。此一带地形，虽有山岭间隔，而平坝亦不少。英人于孟艮以下至仰光佤城均开汽车路通连，运输甚便。英人对孟连之军事重心，亦在于孟艮。其北面之猛养（Mong Yang）最近已新筑成，可供一营驻扎之兵营。而此方面更近孟连，是英人对于孟连方面军事上之布置，亦已有准备矣。

查由孟连而南至那垒一站，至孟垒二站，至猛养三站，至孟艮六站，与孟连之河岛接界，系顺南垒河流而入孟连。此为孟艮进内一路。又查孟连车里与孟艮形同鼎足，由车里西南一站至猛宋，二站至南峤（即猛遮），三站至猛板，六站至孟艮，与佛海之打洛接界，又为孟艮进内一路。故凡与孟艮毗连，在孟连则以南垒河为界。在南峤佛海，则以南朗河，一名打饼江为界。二流皆合流于澜沧江。此大概形势也。至孟连向西南，经猛马猛阿四站，过南卡江入下蟒冷地邦桑，再西至蛮楼（Ma-ug Lan）为通锡薄（Hsipaw）之大路。由上言之，孟连受英缅西面及南面之威胁。现在孟连常驻有殖边营一连，而实际人数不满百，且常服差遣，来往于佛海澜沧县城间，未经严格训练。土团约三十名，枪械参差，更不足以言用。谈到国防，实属四门洞开，敌人可以随时深入。夫孟连实澜沧全县最繁富之区，养兵先筹饷需，果能从财政整理入手，扫除积弊，并非难事。而孟连天然利源，训练国防军，作为工兵屯垦制度，实行殖移民殖边，政府可以节省军费，而士兵亦可以生利，不患其流为游民也。

结　论

倬抵京以还，期届两月，边疆实情，急待呈报。兼之勘界期近，需用更迫。只以搜得材料，内容繁复，整理编排，动需时日。适值溽暑，夜以继日，不敢停笔，从事纂稿。短促之间，草成斯篇。而谫裁疏略，词意乖违，盖所不免。至于此次调查滇缅南段未定界，由昆明起程赴边地，复返昆明，综计先后八阅月，为期二百有三日，实际行程九十九站，里数五千八百九十二。滇省山地，跋涉艰难，虽有乘舆，然上下坡坂，必须步行，饮食起居，每感困苦。所幸羁旅深山穷谷中，精神反可奋发，得以贯彻始终而未懈。惟就观感所及，滇缅南段未定界，虽属中英局部问题，而关系实钜，未可漠视，尤于滇省有切肤之痛。倬谨抱真实恳挚之态度，将调查心得，本知无不言，言无不尽之意，择要呈报，俾政府知该区现状，而筹对策。其关界务争执各点，国防根本大计，概依爱乡爱国之旨，分别陈述，俾政府有所依据，力谋补苴。至于佧佤山民意运动，影响至深，若将来能向机提新建议，扫除纷纭，亦两国之幸福。倬返躬自省，觉中央委斯重任，糜耗钜款，区区效忠愚忱。认定使命，始终小心翼翼以从事调查工作，而未能按部就班，遵训令计划大纲，故调查所得殊鲜，无时不引以自疚。至于此次参加赴边地采集植物标本之陈谋、吴中伦二君，生长江浙，而有勤苦耐劳之精神，为科学之贡献，步行滇省山国采集标本约在三千种以上，成绩蔚然大观。不幸长途远征，陈君自大理以后，因胃病以致引起肾脏炎之痼疾，延至墨江县途中即不救，实最可悲哀之一幕。然陈君为科学界以牺牲，为开发云南科学之曙光以牺牲，其精神殊值吾人追想，而为此行之一大纪念也。

中华民国二十四年八月二十六日外交部特派云南边地调查专员周光倬报告

（选自周光倬著《1934—1935中缅边界调查日记》）

回滇调查班洪的任务及感想（影印件）

外交部特派专员周光倬先生在省党部纪念周中之报告辞（节录）

主席，各位同志：

上礼拜之晚间，陈委员在西山太华寺境轩楼上对兄弟说，下星期一纪念周，要兄弟出席报告这次回滇的任务。当时听了这话，很迟疑地斟酌一番，认为：第一，时间太仓促，丝毫没有准备。第二，外交上的问题，有时候应保守着相当秘密的行动，不敢随便发言，故已再三向陈委员申述苦衷，辞谢。但陈委员很真诚地定要兄弟出来报告，兄弟觉得情不可却，只得答应下来。上一次纪念周，因为时间太仓促，所以留在今天来报告。今天借着这端重严肃的纪念周，可以说是正式和省党部全体同志见面，这是非常荣幸的事，同时也可以借此机会，向各位委员及全体同志道歉，并申感谢之意。我们这次由中央归来，承陈委员亲到车站相迎，又诚恳地邀约我们到党部来住宿，到后一切，承党部内各位同志亲爱地招待指导，又邀游团体旅行西山，种种方面说来，这样的厚意，就是总理所谓的亲爱的精神，我们心里真是感激不尽，我们无从表达我们的感谢诚敬的意思，将来有努力我们所担任的工作，以报效党国，报答陈委员及各位同志，期望我们的厚意。我们抵滇后，因公私的奔忙，未能亲自到各位处拜候，这是很抱歉的事，务请多多地原谅。以上是兄弟心里很恳切地表达的意思，特别向各位前说明，至于兄弟拟向各位报告的事项有三点：第一，这次回滇的使命；第二，回滇后的感想；第三，我们滇人对于今后的责任。今分别简单地说明。

第一，我们这次回来，所负的使命，各位都晓得是班洪问题。但是各位必定要怀疑说，你们回来究竟有什么办法，可是兄弟今天对各位说：我们是没有办法的，我们只有贡献少许的意见和一点小希望，完全听命中央政府及地方政府决定办法原则后，照着去做，所以兄弟的报告，纯属个人的愚见。云南介乎缅越之间，与英法两强为邻，为什么我们这四十余年中，常常闹着滇缅界务的纠纷，有时候弄得国交非常紧张，如片马问题，在清光绪末年，中英的关系几为破裂，又如民国十八年的江心坡问题，亦哄传一时，最近的班洪问题，引起地方和中央的深切注意，所以方派了兄弟们回来调查。但是滇越界务，很少发生纠葛，诸位想一想，这是什么道理。这可以说从前越南让给法国时，是事先实地勘定界址，然后订约的，所以，没有可以争执的地方，至于缅甸让给英国人时是隔了十年后方由驻英公使薛福成和英国大臣劳思伯里商定的，这里边北纬 25 度 30 分尖高山以北，因当时情况不明，未确定。（中略）总之。我们明白了过去失败的原因，第一不知地理的关系，诸位要晓得地理一科，不仅说明地位、地名、山脉、河流、地形等等而已。现代的地理，已经成为科学，须解释其因果关系，明了其利害，凡关于军事、政治、经济、产业及自然环境（地形、气候、物产、水利、土壤）各方面，无不在近代地理学讨论范围之内。因为他们只知读死书，又不彻底，并不知地理学之为何，再加以个人的疏忽，故因此失败，故地理学的关系，异常重要。想起从前，当凡尔赛和会开幕时，美总统威尔逊即延聘美国地理学专家鲍曼氏参与帷幄，决定世界大政方针，此可见其重要一般。此外英、美、法各国地理学会之工作，实担任探险之工作，为各国经济发展之先锋；办外交的，不详审地利，洞悉本国国土的利害相关之点，无往而不偾事误国。

第二，不谙外交。今日的外交，不是片面的，最重要条件，须明了本国的国家势力及所处的国际地位，并须彻底了解对方的国情、统治者政治的背景。如英国两党分野，以前自由党、保守党两党团分野而治，其政策殊有不同处，现在的英国，情形又较复杂，同时更当分析国际的关系，然后寻求应付的方案，临机应变，始可立于不致绝对失败的地位。过去所谓19世纪的外交，一切不似现今的外交风云离奇，实易于着手，他们只有狭隘的眼光、片面的见解，如何以应付新的环境，焉得不失败。

第三，因为他们无健全的体魄和充实活泼的精神，不足以胜此艰苦勤劳的任务。论到划界勘界，必须翻山越岭，冒艰难险阻，实地亲自勘察，始不致贻误害国。办理此案之人，若非体魄健全、精神饱满又富冒险性，如何以当之。有一段故事，可引为证据。听说当光绪三十年时，石鸿韶镇道和英领事烈敦会勘北段界务，登一尖高山，费尽一日之力到山巅，已属力竭声嘶，难以为继，故后来即不敢与烈敦多辩，任英领之所指，误到小江，以达高黎贡山，成为英人侵略北段未定界之口实，殊可痛心；可况体力不继者，畏途程、畏烟瘴、畏事烦，早已存一能了即了，不必多事苛求之心，又焉得而不败。有此三因，我滇缅界务四十余年来，不能结了，失土丧权，向莫非办理人的无能，所以才铸成大错。

以上三点，兄弟不过大略提一提，其他乖谬的地方还有，不过时间仓促，不能一一地枚举了。我们这次既受中央的任命、地方的笃责，来做准备交涉的工作，是非常艰难的，是重重的第一步工作。鉴于过去的种种缘由，有所建议，幸中央对于此事，亦欲求根本解决，故对于我们要求各点，得尽量容纳。现在各种计划，皆有一定方针，此次果能按步脚踏实地去做，俟将来工作完毕归来，那时再作详细报告。

《云南民国日报》民国二十三年8月3日第3版、第4版

（选自周光倬著《1934-1935中缅边界调查日记》）

班洪总管胡忠汉表陈（影印件）

表陈　具表极边苦衷情况葫芦王班洪总管胡忠汉谨陈

中华民国中央政府委奉政大夫专员周公　钧鉴兹所呈者。管守斯土，由于后汉诸葛武侯平南时，赐管曰酋长，世守此邦，作为内地藩篱保障，岁纳朝贡，永遵钧谕，永世报决宗旨，无妄无异，已隔数千年。至前清政颓，中属之缅甸被英政虎狼侵夺，管境荷中国宏福，坐镇斯土，保障内地，高枕又逾八九十年。则管土兹延祸由者，因于前清乾隆时，有石屏人之财星吴尚贤，浪游于斯，蹿山得见矿苗，商议采办银厂。管之先王辈等，窃思此邦，虽我坐镇世守，然土地原属中国附庸，中国人办，曷敢不从。后吴星坠落，厂亦停办。转瞬又经贰百余年。至民国鼎新，四海咸沾国福，安堵无恙。至拾捌年春夏际间，突有孟定司之弟汉奸罕中才，带领英人卓白氏来管地蹿山游览，后云欲重开吴前办之银厂。管先王闻下愤恨，即刻驱逐，勿容须臾停。管后通知我葫芦王各酋长，均不许可，惟听中国钧命，任舍全境生命抵抗。至是冬间，云南省政府委李景森员来斯探厂，云及中国政府欲重开此厂，储蓄国币，管先王各等均悦允许。事因牵延，至贰拾贰年春间，李景森复临斯境，云及伊已陈政府，务期开办此厂。联络书据合同，俟转省陈明，即来采办。是年秋冬际间，突被贪吞无厌之英狼，诱惑邦隆诏宪，许英过江，到厂试办。该英狼目睹矿产极其美多，大肆倡办兵力抵厂，言播字传，云及葫芦王地，归伊管辖。管各邦闻惊，窃思未闻中国大命及省政府钧谕。管先王令素怀大义，抱本之首人刘国用、高耀恒，带练合邻封民众，拼命开战抵御。初次阵亡我竭力练头四名，勇敢丁拾余名，虽此，民众仍誓死抵御，才一面申表中央，一面告急。省政府复蒙龙主席奖励禾光、梅花金章，赐葫芦王班洪曰总管，却去王字，仍任命世守，以御外侮。又蒙迤南杨督办，委来义勇军官李占贤，带队率领刘国用、高耀恒二人率士兵民团贰千余名同邦老百姓，忘生抵敌开战。不料英械锋锐，将邦老全境民房尽烧，阵亡者百余人，烧毁者百余人，刘、高率之勇丁又阵亡拾余名。该民不服，重建茅屋，英狼连毁贰次，掳掠损失财物，约计陆拾余万元。邦老王管，潜隐避他，是此告急中央。管闻万国公议开会，英领蒙混中央大位，伊未逾界线，后英狼得英领电传，英狼才撤炉房营盘，移往金厂坝，隔炉房约二三里之遥。连营住扎副榜、副算沿江一带，加兵防堵待敌。相此，不过稍缓，必有怙恶重侵中土肆意。管停战后，传集刘、高二目，及地方各首人等，结算兵燹粮秣各费，共耗七余万元。兹蒙中央政府，不失舍中土主权，保障边陲，特派专员周光倬临境调查界线，侵吞真伪。然此葫芦王地土，管之先王先辈，代代遗嘱。因中外交通，英吞缅甸，由前清刘军门划界时，葫芦王地、毗泷大江、邦隆地面，系邦况王之土，因邦隆官，娶邦况王之女，后邦况王殁，王妇与邦隆官岳胥不睦，邦况王子稗年无知，邦隆官霸占自尊，又永邦王原无己土，念伊葫芦王先先辈裔，每年浪游五王地面，向百姓讨吮稀征，因此邦隆官诱惑永邦王裔麻哈，贪财盗引英狼侵占，战阵猖獗。管守斯土，英狼刻虽未发，管境实若寝在积薪之上，略待薪炊，管境全招灰烬，欲生不能，边毗无障，如水之滴地，浸润渐宽，内地再欲安枕则难矣。管俯请专员周公既驾临于斯，大施恻隐，救援斯土生灵，保御边疆，电墨代达中央政府、云南省政府，知此确情，则专员不亚武侯复生，国家幸甚，民生幸甚。特此谨表以闻。

中华民国奉政大夫中央政府特派调查专员周公，行辕公鉴。

班洪总管胡忠汉　首人刘国用、高耀恒

中华民国二十四年二月　号

（选自周光倬著《1934–1935中缅边界调查日记》）

寻路之憾

滇缅铁路的缘起及结局

寻路之憾

英帝国主义的野心及国人的抵制

列宁在《帝国主义是资本主义的最高阶段》中写道："铁路是资本主义工业最主要的部门即煤炭和钢铁工业的总结，是世界贸易发展与资产阶级民主文明的总结和最显著的指标。"帝国主义列强竭力要在中国建筑铁路，以求剥削、和平征服中国，解脱经济危机给它们造成的困境，并企图解决在资本主义制度下绝不可能克服的资本主义生产本身所固有的矛盾。中日甲午战争后，帝国主义国家加大对华投资，矿产与铁路成为列强在华争夺的焦点，各铁路干线的修筑权纷纷落入列强手中。

一、英帝国主义的野心

1840年，英国发动了侵略中国的鸦片战争，打破了中国长期的闭关锁国，迫使中国沿海门户大开。然而，其对华贸易倾销的预期并未得到满足，因此英国一直梦想修筑一条铁路通达中国云南，以缅甸为跳板，从中国西南打开中国后门，进而在军事、政治上控制中国的大西南以及长江上游。

1831年，英属印度上尉军官理查德·斯普莱提出开通从毛淡棉到景洪的路线。1856年，他写了一本小册子《英国与中国铁路》，提议修造铁路由仰光到云南，再延长到广州，以缩短从缅甸到中国东海岸的铁路里程，但并未引起重视。1858年，已经退休赋闲在家的斯普莱闻知英国将与中国订约，致信英外交大臣提议勘测由仰光到税打，沿萨尔温江到大考渡口，再由此北上过景栋、江洪到思茅的铁路。①以这条英国独家控制的铁路贯通滇缅，连接英属印度与扬子江，缩短英国对华贸易路线，使英国的商业和军事力量由此北上，与美、俄、法角逐，这就是斯普莱铁路计划的战略意图。这一提议得到英国工商界的支持，英国资产阶级不断发出完成这一路线的呼声。但英国政府不为所动，认为斯普莱提出的建议不是时机，当务之急是开放沿海沿江，由此进入中国内地，开放中国西南边疆应作为下一步行动，因而并未采纳斯普莱与英国工商会的提议。但也将斯普莱提议中包含的开放中国沿海沿江逆长江西进的计划结合起来，从而形成完整的对华贸易战略。

随着中英《天津条约》《北京条约》签订，开放中国沿海沿江基本完成，英国政府随即重新审视英缅关系。在此之后，英国政府与斯普莱及英国工商会的争论就不再是要不要使中国开放西南边疆，而是走哪一条路的问题了。

1863年，英国驻缅甸阿瓦王朝最高专员的代理克莱门特·威廉斯提出利用伊洛瓦底江从仰光上溯八莫，登岸陆行，经过野人山到腾越的路线，发展仰光和云南间的贸易。英属印度和印度事务部随即采纳了威廉斯的建议。

英属印度政府偏爱威廉斯线而排斥斯普莱线，实质上是图省钱、怕麻烦。走威廉斯路线可以利用伊洛瓦底江上航至八莫，余下只需陆行30至40英里即可到达腾越，而开通斯普莱线则必须修铁路。1863年和1864年，英政府两次组织探测萨尔温江，考察的结果是该江的上游水急滩险，枯水期与涨水期水位差距很大，不适于商船航行。而且如果铁路修成，全英国工商界均获利，修路不应由英属印度单独掏腰包。另外，一旦筑路，大批欧洲人涌入，势必与当地官民发生纠纷、冲突，英印政府也不愿为此承担责任。受印度政府影响，英国政府也倾向于威廉斯线，而排斥斯普莱线。

与此同时，法国在占领越南为殖民地后，便一直窥伺云南，积极谋划打通滇越，并且抢先一步。英国见法国人抢先进入云南，便加快了行动。英属印度政

---

① 吕昭义：《英属印度与中国西南边疆（1774−1911年）》，中国社会科学出版社1996年版，第94页。

府批准了关于迅速开通八莫路沟通从仰光经云南直达中国东海岸的贸易渠道的报告，组织探路队，于1868年1月13日从曼德勒启程，乘船逆伊洛瓦底江而上，第一次探测从八莫到中国的路线。探路队一度到达云南反清回民占领下的腾越，肯定了这条路线可以通行，主张迅速扩大仰光经八莫到滇西的贸易。

1881年，一个新的方案被提出来，这个方案是考尔库福和哈利特在斯普莱方案的基础上，始于缅甸毛淡棉萨尔温江出口的一个港口，向东到暹罗湾的莱亨，再向北经过湄南河谷通过景栋到云南南部的思茅厅。但由于暹罗与缅甸关系不和，且沿途须经过人烟稀少的瘴疠区，得不到英国政府的支持而被搁置。

不久后在英国又出现了另一种经缅甸侵入中国的计划，这就是1882年的"葛洪计划"①。1882年葛洪游历中国，归途中特意从广州取道云南，经大理、思茅，行至上缅甸的首府曼德勒进行实地考察。他提出的路线与斯普莱线平行，从玛打万起，经景迈、掸邦、江洪等地区，修筑一条铁路直通云南的思茅，用以连接英属缅甸与我国的西南，要同法国争夺我国西南和中南半岛，使英国不至落在法国的后面。这个计划受到英国资本家们的热烈追捧。

英国政府对从缅甸开通一条大通道进入云南一贯抱着积极的态度，认为这是打开中国的"后门"必不可少的措施。但由于政治上的考虑，在具体路线的选择上英国政府倾向于经过曼德勒向北以连接云南的路线。这样既可以沟通英属缅甸和中国云南，又便于英国对当时还处在独立地位的上缅甸实行控制，也就是说，它在经缅甸以侵入中国的策略上与斯普莱和葛洪选择的两条路线如出一辙，而更包藏着吞并缅甸进而蚕食中国边疆这一祸心。随着法国对越南侵略步骤的日益加紧以及列强间争夺殖民地的白热化，英国政府把缅甸归并到自己的殖民体系中来，使之成为向中国西南侵略可靠基地的愿望更加急迫。

1885年6月9日，清政府同法国在天津签订《中法会定越南条约》，被迫作出关于中国建设铁路"自向法国业此之人商办"的承诺，为法国夺取铁路权开了方便之门。于是，1885年11月，英国以"柚木案"为借口向缅甸出兵，侵入当时的缅甸首都曼德勒，整个上缅甸迅速被英国收入囊中；1886年元旦，英国宣

① 故垒：《英〈泰晤士报〉的东方使者》，中华新闻报。

布将上缅甸并入英属印度，缅甸完全沦为英国殖民地。1885年，英国将铁路从仰光铺设到曼德勒后，为防滇西商务为法国所攫取，同时方便英属印度与中国西部之间的贸易往来，从腊戍修筑一条铁路进入云南的呼声愈发高涨。中英两国于1886年7月24日在北京签订《中英缅甸条款》，英政府轻而易举地取得了清统治者对它吞并缅甸的承认，与此同时，清政府还同意以后与英国商谈滇缅边界及通商等问题。

1895年6月20日，法国迫使清政府让予“两乌”地区及龙州铁路承办权，引起英国政府的不安，认为此举违反了1894年订立的《中英续议滇缅界务商务条款》，并且破坏了于伦敦所达成的英、法两国共同开发中国云南、四川两省的协议，借口利益均沾，要求清政府给予“补偿”，允许英国修造一条滇缅铁路，与法国展开打通云南商道的竞争，抵消法国所取得的铁路特权，保护其在滇特权利益，维持远东均势。1897年2月4日，清政府被迫在《续议滇缅条约附款》上签字，承诺“中国答允将来审量在云南修建铁路，与贸易有无裨益，如果修建即允与缅甸铁路相接”。当时，缅甸已建成仰光到东吁的铁路，1886-1889年又筑成从东吁至曼德勒的铁路。经过多次勘查后，英政府于1895年10月16日批准了修建曼德勒至滚弄铁路的计划。[①]1898年，在芦汉铁路筑路权的竞争中，与俄法结盟的比利时银团通过施加外交压力，把这条名为“中国国有”的铁路完全控制在自己手里。由于该铁路插入英国在长江流域的势力范围，英国政府认为俄法的这一举动严重威胁了其在华势力和利益，于是通过胁迫清政府，一举攫取了津镇（天津—镇江）等5条铁路的修办权益。但它并不餍足，它要进一步实现其长期以来企图从缅甸修建一条铁路进入云南，然后与长江流域的铁路相连接的侵略计划。然而曼德勒至滚弄的铁路工程修建困难，到1901年，第一个路段铺轨还不足100英里。尽管如此，英国并没有放弃由缅甸修筑铁路至云南的目标，为对抗和反击俄法的“钳性攻势”和“南北夹击”的战略，其修建“滇缅铁路”进入中国西南边疆的野心更加炽烈。

---

① 朱昭华：《中缅边界问题研究》，黑龙江教育出版社2013年版，第238页。

二、最紧要的一环

1894至1900年，英国远东情报分局局长戴维斯（H.R.Davies）先后4次深入云南进行徒步调查，其行程几千公里，考察了云南几乎所有重要的地区，所到之处对云南各地的民族情况、气候物产、人文地理等作了调查记录，写成《云南：联结印度和扬子江的链环》（Yunnan：The Link Between India and Yangtze）一书，记录了许多风情奇趣，填补了当时中国西南有关民族学、经济学、社会学、政治文化方面资料的不足。然而这些都掩饰不了英国人的侵略野心。

戴维斯认为云南是唯一能够成为联结印度和扬子江及中国东部的可行通道，修建滇缅铁路英国将获双重利益：一是吸收云南商务于缅甸，防止云南西部的贸易为法国所攫取；二是川滇铁路计划如果实现，将成为一条主要交通线，西起印度，东达中国西南部诸省，会极大方便英属印度与中国西部之间的贸易往来。他建议："就目前缅甸铁路将从腊戍延伸到滚弄，并且云南铁路修建将从滚弄到云州（今临沧市云县，编者注）。铁路延伸至云州的目的之一旨在改善缅甸与云南的贸易。云州也将是印度和扬子江之间铁路旅程中的第一站。如果我们修通了腊戍到云州的铁路，我们将容易地拥有这一切！法国人修建的铁路优势将消失殆

《云南：联结印度与扬子江的链环》附图：顺宁河谷之桥

（W.A.Watts-Jones 摄影）

尽，下关作为贸易场所将自然消失，云南府到八莫或腊戍沿线的贸易点也会消失。”“为扩大我们与云南的贸易，云州的地理位置更比腾越有利。在过去的几年中，腾越与八莫之间早已有一条较近的并已改造过的马帮的路相连。铁路延伸到云州后，腾越与八莫之间的贸易无疑将继续照常进行，然而云州具有极重要的位置，在早就进行的与我们的贸易中，它在许多方面胜过腾越。而且对于许多我们目前尚未与之进行贸易的地区更是如此，因为位于腾越东部的云州有很大优势，在与法国铁路竞争方面，它的位置比腾越更有利。”

通过对比，戴维斯认为：“假如所提出的从八莫到腾越的铁路可以东延至下关，它肯定会成为滚弄线一个可怕的竞争对手。但假如腾越是铁路的终点，这意味着即使想在云南西部保持我们的贸易也是办不到的”，进而得出“通过云州是唯一能够成为联结印度和扬子江及中国东部的链环”这一结论，认为云州有极其重要的位置，修筑缅甸到云州的铁路较到腾越更容易和较便宜，云州将是印度和扬子江之间铁路中的第一站，是滇缅铁路中最重要的一环。

戴维斯在《云南铁路》中赤裸裸地强调：“作为印度帝国的主人和中国贸易份额最大的拥有者，我们不能以旁观的态度对待外国势力，在这两个国家间建铁路，而我们也绝不能坐视云南西部贸易从我们的大门口被夺走”，“为了对付这

云州地方官吏的家庭成员

一切，修建缅甸的铁路从腊戍延伸到滚弄。并且在云南修铁路从滚弄到云州，旨在将来逐步向（中国，编者注）东部扩张”。同时，他警告：“如果我们对这条延伸到云南的铁路不做任何努力，那么法国有可能拥有这条路线的大部分，这条路线将来有一天会联结印度与中国东部，法国人也将能够获得我们在云南西部的贸易。”

正如戴维斯所警告的：“中国人明显地在过去的一两年内令人吃惊地表现出，他们担心给予铁路租地之权意味着外国人将进入中国。这个国家的大部分地区都有一种情绪，即一直在努力将铁路的修筑权掌握在中国人手中。这样的想法盛行是很自然的，但是如果外交官愿意屈服于这种看法，用铁路打开中国门户的计划就很可能被大大推迟。”

三、国人的觉醒和抵制

随着西方列强企图瓜分中国疯狂掠夺路权的活动，让中国在铁路上完全丧失主权，使许多有识之士感到屈辱，也引发了他们的严肃思考、清醒认识和奋起反抗，各省官民兴起自办铁路运动，云南的士绅也纷纷呼吁自建滇缅铁路。清政府在国际交往舞台的实践中也逐步认识到了建筑铁路“为自强要策”，并进一步明确了支持铁路商办的态度，如“华人请办铁路，如系独立资本至五十万两以上，查明路工实有成效者，由本部（即商部，编者注）专折请旨给予优奖，以资鼓励”。[①]面对英国妄图攫取滇缅铁路修筑权的野心，清政府作出了一定的抵制。首先搬出1897年《中英续议滇缅条约附款》，明确表明根据条约附款，滇缅边境中国境内的铁路应由中国自行修建，滇缅铁路将由“中国借款自行修造，造至云南边界与缅路相接”，将滇缅铁路修筑权交给滇省自办，并答允由政府拨一半路款，另一半由滇省自筹。云南在争得铁路自办权后，自办铁路高潮兴起，抵制外人在华特权扩张，反对铁路公司中有任何形式外国股权的存在，云南地方政府在滇缅铁路修建上立场强硬，极力阻止英人过界查勘。补用州判王赓云、姜凤阳，昭通恩安知县、石屏知州魏朝瑞等纷纷上书清政府力陈利害：“豫鄂蜀之上游者滇也，滇不治不足以庇鄂蜀；振桂粤之右臂者滇也，滇不治不足以保桂

① 宓汝成：《中国近代铁路史资料》，中华书局1984年版，第926页。

粤”，“法国虎视于南，英国鹰瞵于西，两强为邻，外患日迫，欲存云南以固中原，非急筑铁路不可”，“铁路所及之地，即其兵力权利所及之地岂仅在通商矿产而已哉”，“英法两国直接我国南部生活命脉而置储囊橐，岂仅云南受其大害已哉”。同时云贵督署委任前浙江候补道丁彦及迤西道关以镛任腾越铁路公司总办，并与滇蜀铁路公司合并为“滇蜀腾越铁路公司”，多方筹集资金以谋自办，聘请工程技术人员对铁路线路走向进行勘探，一定程度上遏制了英国方面倚仗强权进入中国修筑铁路的嚣张气焰，英国的阴谋终未得逞。

不过，由于当时资金的匮乏、政局的动荡和清政府的迅速崩溃，中国也没能靠自身力量修建起滇缅铁路。

《建国方略》及滇缅铁路的一波三折

一、《建国方略》的倡议

1911年10月10日，武昌起义爆发，全国各省纷纷独立，清政府的统治土崩瓦解。12月，孙中山回国后被推举为临时大总统，成立南京临时政府。

孙中山不仅是民主革命的先行者，也是发展中国铁路事业的热情倡导者。在他的振兴中华、赶超世界经济发达国家的先进思想和在祖国进行实业建设的宏伟蓝图中，铁路建设始终占首要位置。他少年时代就接受欧美文化的熏陶，认识到科技进步对物质文明创造及国家富强的重要作用。1891年，青年孙中山在《农功》一文中谈到边防时指出铁路运输的重要性："我国与彼属毗连之地，亦亟宜造铁路，授以重兵，仿古人屯田之法。"1894年，他在《上李鸿章书》中陈述：在陆地上"铁道纵横，四通八达，凡轮船所不至，有轮车以济之。其利较轮船为尤溥，以无波涛之险，无礁石之虞。数十年来，泰西各国虽山僻之区亦行铁轨。故其货物能转输利便，运接灵速，遇一方困乏，四境济之，虽有荒旱之灾，而无饥馑之患。故凡有铁路之邦，则全国四通八达，流行无滞，无铁路之国，动辄掣肘，比之瘫痪不仁。地球各邦今已视铁路为命脉矣，岂特便商贾之载运而已哉”。[1]并向李鸿章提出招商兴路的建议，建议先进繁富之区，如粤港、苏沪、津通等处筑路，“路一成而效立见，可以利转输，可以励富户，则续之以推广者，商股必多，而国家亦易力。”但他的上书并没有引起李鸿章的重视。

1912年2月，由于革命党人向袁世凯妥协，孙中山辞去了“中华民国大总统”，并表示：“解职不是不理事，解职以后，尚有比政治紧要的事待着手”。所谓重大之事务，就是专心致力于实现他的兴发实业，以求国家富强之宿愿。2月22日，孙中山在上海新成立的“中华民国铁道协会”为他举行的欢迎会上发表演讲说：“人无手足是为废人，国无交通是为废国，余现全力策划铁道，即为国家谋自存之策。”“今日之世界，非铁道无以立国。中国地大物博，如满洲、蒙古、西藏、青海等处，皆物产殷富之区，徒以交通不便，运转不灵，事业难以振兴，蕴华无由宣泄。”[2]6月，他提出了在10年内修建10万英里铁路的构

1912年9月，孙中山在张家口视察铁路时与欢迎者合影

① 《孙中山选集》，人民出版社1956年版，第8页。

② 《铁道》第1卷，第1期，1912年10月10日版，第13页。

想，并在全国规划了3条主要的铁路干线，即：“一、南路：起点于南海，由广东而广西、贵州，走云南、四川间，通入西藏，绕至天山之南。二、中路：起点于扬子江口，由江苏而安徽，而河南，而陕西、甘肃，超新疆而迄于伊犁。三、北路：起点于秦皇岛，绕辽东，折入于蒙古，直穿外蒙古，以达于乌梁海。”6月25日，他与上海《民立报》记者谈话中又指出：“交通为实业之母，铁道又为交通之母。国家之贫富，可以铁道之多寡定之，地方之苦乐，可以铁道之远近计之。”[①]9月10日，袁世凯发布临时大总统令“特授孙文以筹办全国铁路全权”，紧接着，“中国铁路总公司”在上海应运而生，孙中山亲点詹天佑为助手。自此，他更加深入地钻研铁路工程资料，精心规划铁路建设蓝图，并亲自考察了京张、北宁、津浦、陇海等多条铁路干线，足迹遍布半个中国。

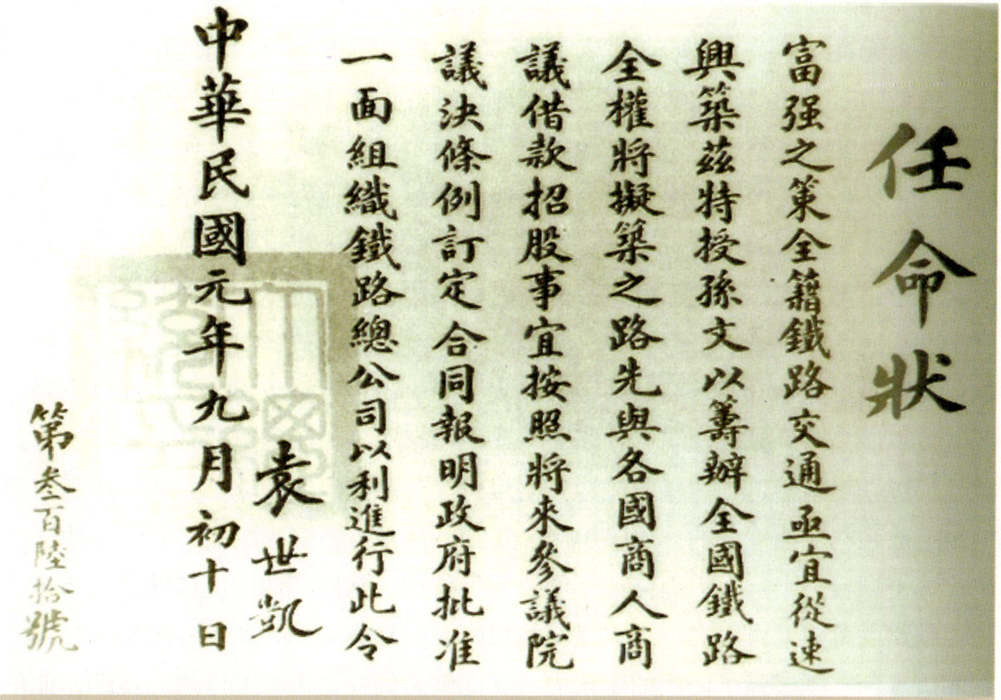
任命状

富强之策全籍鐵路交通亟宜從速興築兹特授孫文以籌辦全國鐵路全權将擬築之路先與各國商人商議借款招股事宜按照将来參議院議決條例訂定合同報明政府批准一面組織鐵路總公司以利進行此令

袁世凱

中華民國元年九月初十日

第叁百陸拾號

1912年9月，袁世凯特授孙中山“筹办全国铁路全权”的任命状

① 中国社会科学院近代史研究室：《孙中山全集》，中华书局1981年版，第2卷，第383页。

1913年3月20日，国民党代理总干事宋教仁被北洋军阀的党徒刺杀于上海火车站，宋教仁遇刺案的发生，迫使孙中山暂停他的建设计划，从此踏上了讨袁的战斗历程，直至袁世凯1916年倒台。在戎马倥偬的间隙，他始终心系国家建设，撰写《建国方略》，汇集了他毕生的智慧与思考。

《建国方略》是孙中山于1917至1919年期间所著的三本书《孙文学说》《实业计划》与《民权初步》的合称，其中《实业计划》完成于1919年4月，共六大计划，其中发展交通和通讯是孙中山关注的重点。在这份计划中，孙中山着重对在中国如何构建立体式、全方面的交通运输网进行了详尽的研究。他不仅关注铁路建设的规划设计，而且还将铁路与道路、河运、水道的修筑相结合，将三大铁路干线与三大港口的建设统筹起来，以北方、南方、东方三大港口为中心，加强与他国的互通交往。并将中国铁路划分为中央、西北、西南、东南、东北、高原等六大铁路系统，希望通过六大铁路系统把中国的沿海、内地和边疆连接起来，而其中蕴含的“修建铁路以干路为要，布置干路尤当先以沟通极不交通之干路为重要”的观点是孙中山铁路救国思想中极为重要的原则。之所以要遵循这个原则，主要是近代中国边疆常受列强侵略的缘故。在他看来，铁路的筹备和建设从一开始就与国家的边防、国防、军事、外交联系在一起，譬如“中国有二百万兵，分布二十余省，平均不过十万耳，人以三十万兵，可以制胜而有余。盖人以三十万兵敌十万，非敌二百万也，其制胜可断然矣。其故皆由交通不便，运兵运饷，非数月不能到，及其到时则大事已去矣……以百万兵敌三十万，加以主观导势，蔑不胜矣”，充分说明了铁路对于一个国家军事国防的重要性。还有一点，就是通过铁路运输达到“移民戍边”的目的。边疆危机实为地广人稀，边疆与腹地缺乏联系和交流造成的。边疆地区，比如，西藏、新疆、蒙古、云南等地区，矿产等资源极为丰富，但因交通不便，与世隔绝，从而使他国虎视眈眈，蓄势已久。铁路的筹建就可以实现“人民交接日密，祛除省见……使不复阻碍，吾人之共同进步”，既增强了民族的凝聚力，又能够起到戍边御敌的作用。显然，他早已将铁路与边疆稳定、国家统一、民族团结联系了起来。

《建国方略》第二部分《实业计划》（物质建设）第四计划第五部“高原铁路系统”中提出建设一条长约五百英里，由四川叙府循叙府大理路轨经雷波、过金沙江入云南元谋、楚雄、景东跨澜沧江到云县，然后转西南沿南汀河至孟定的铁路。孙中山的这一宏伟规划虽受当时中国国内时局的制约而没能实现，但把临沧孟定作为滇缅铁路最佳出境点的预见却十分准确。

到20世纪30年代中国抗日战争爆发后，滇缅国际交通线成为重要的战争生命线，当时英国已将缅甸铁路自仰光修到了缅北重镇密支那、腊戍，而中国境内却没有一条铁路与之相接，滇缅边境的土路只能供马帮行走，发展滇缅交通成为国民政府的迫切要求。1935年11月，国民党第五次全国代表大会作出交通建设指示："于此中日战祸一触即发之秋，沿江沿海，随时有被封锁之虞，交通关系国防至巨。为适应需要，除提早完成滇黔公路外，确有及时兴筑川滇线、滇钦线以通江海之必要。一旦中日战事延长，大宗军品，非来自欧美不可，国际海运途径既欠安全，国际路运之西伯利亚铁道，复以间隔不能利用；万一法不允我假道越南，则兴筑滇缅线以利运输，益为目前当务之急。"[①]云南省政府主席龙云也两次上书蒋介石建议修建滇缅铁路。1936年底，国民政府将滇缅铁路纳入对外公布的修筑铁路五年计划。[②]滇缅铁路的建设需与缅甸铁路系统互通，且在铁路建设资金、建筑材料及设备等方面都需要英国的支持。因此，自筹备阶段起，国民政府便与英方进行了接触和交涉。

抗战时期的张嘉璈

1936年5月18日，国民政府铁道部部长张嘉璈利用与英国政府财政顾问李滋罗斯（F.W.Leith-Ross）的会晤机会，提出中国计划建设从长沙至贵阳的湘黔铁路，并且云南省政府有意将这条线路扩展至昆明。铁道部进一步希望，一旦

① 宓汝成：《中华民国铁路史资料（1912–1949）》，社会科学文献出版社2002年版，第734页。

② 张云辉：《档案中的滇缅铁路》，《云南档案》2017年第11期，第43–46页。

这条铁路建成，能够继续延伸至缅甸，直至加尔各答，并寻求英国方面的支持。①

英国政府在接到李滋罗斯的报告后，认为须从战略高度看待此事，先由英国外交部向各相关部门搜集信息，通盘考虑后再作决定。英国外交部据此向印度事务部征询该部及英印、英缅政府对中方修筑滇缅铁路计划的意见。印度事务部官员对滇缅铁路的修建表现出矛盾心态，并指出："从经济维度审视，改善对华交通无疑能够拓展缅甸对华贸易的版图，这显然契合缅甸利益。然而，从战略安全的角度考量，我们则坚决反对任何旨在优化交通设施的举措，因为这些措施将削弱地理屏障，进而加剧我们对边境地区防控的复杂性与挑战性。因此，关于是否修建这样一条铁路，其核心在于我们如何审慎评估并有效平衡经济收益与战略安全所可能遭受的损害。"②英缅政府则认为：虽然缅甸曾经对建设这条铁路持积极态度，但目前的形势已经发生了重大改变。缅北地区交通的闭塞性，自然形成了一道坚固的防御屏障，有助于有效减少缅甸在国防方面的支出。但中国的这一铁路建设计划可能会提升缅甸遭受入侵的风险。在经济层面，新建的滇缅铁路将不得不与现有的滇越铁路和公路竞争，而且缅甸的税收可能不足以支撑铁路建设的投资，铁路是否能够产生足够的收益以抵消建设和维护成本也存在疑问。鉴于这些不确定因素，缅甸对于滇缅铁路计划的立场难以明确地表示支持或反对。③英印政府的态度与英缅当局相仿，并指出："一旦英日之间爆发冲突，日本极可能借助滇缅铁路对缅甸与印度发动攻击。"④

---

① Memorandum by Foreign Office on the Proposed Burma Yunnan Railway, no date, The British Library (hereafter, BL), India Office Records (IOR), IOR: M/3 /67 / P. Z. 6301.

② Minute by India Office, September, 1936, BL, IOR: M/3 /67 / P. Z. 6301 /36.

③ The Chief Secretary to the Government of Burma, Home and Political Department to the Additional Deputy Secretary to the Government of India in the Foreign and Political Department, January 27, 1937, BL, IOR: M/3 /67 /B. 2495.

④ The Chief Secretary to the Government of Burma, Home and Political Department to the Additional Deputy Secretary to the Government of India in the Foreign and Political Department, January 27, 1937, BL, IOR: M/3 /67 /B. 2495.

虽然英国政府持续提供军事物资以帮助中国抵御日本侵略，铁路的连通性将至关重要，但滇缅铁路尚未启动建设，其无法在当时的中国抗日战争中即时发挥效用，且建设滇缅铁路可能引起日本政府的报复，综合英缅、英印政府的意见后，英国政府对中国修建滇缅铁路的请求进行了冷处理，以静观中日敌对行动发展的结果。

二、抗战生命线的抢筑

1937年，抗日战争全面爆发，在日军的疯狂进攻下，中国华北、华东地区的大城市相继失陷，沿海港口及铁路交通线逐渐失守。云南成为中国获取国际援助的唯一对外通道。

为了实现三个月灭亡中国的梦想，日本侵略者蓄谋并发动了“八·一三事变”，对华侵略战争进一步升级，迫使中国由局部的抗战转向了全国抗战。1937年8月25日，驻上海的日第三舰队司令长官长谷川清，发表“遮断航行”的宣言，宣布对上海至华北沿海区域实施全面封锁。9月5日，日本海军部进一步扩大了封锁范围，对我国全部海岸实施封锁。对此，云南省政府主席龙云早在1937年7月23日就曾致电蒋介石，请求与英国方面磋商，以促成滇缅铁路的修建，他强调：“国难当前，国防交通关系重要……惟由滇通缅铁路亦属国防要道，可否恳祈钧座饬铁道部向英方商酌办理，抑由滇先与缅政府商洽，视其意思如何，再为酌办之处。”①

中国沿海交通被日军切断，国际援华物资因此无法进入中国。为了扭转这一被动局面，国民政府开始着手开辟新的国际交通线路。在公路方面，改善、整修古丝绸之路的简单驿道，使之成为连接苏联的一条西北国际交通线；在湘桂公路以西修筑车河至中越边境城镇岳墟的车岳公路，通过中越边境，经高平、河内到海防形成又一条国际交通线；②以超常的速度，组织民工20万人，用9个月的时

---

① 云南省档案馆编：《滇缅抗战密电集》，1995年内部期刊准印，《龙云建议与英缅洽修滇缅铁路以应急需电》，1937年7月23日。

② 徐万民：《战争生命线—国际交通与八年抗战》，广西师范大学出版社1995年版，第181页。

间，紧急修筑了1146公里的滇缅公路，竣工不久就成了中国与外部世界联系的唯一的运输通道。在铁路方面，有展筑湘桂铁路以沟通越南，兴筑西北铁路过新疆以通苏联以及抢筑滇缅铁路以通缅印等各项方案，然而“第一项计划于日军在北海登陆及侵入越南之后，即告停顿。第二项计划，路线须通过长距离之荒僻区域，所需材料既多，完工期限亦复冗长，苏联方面对之未能有何热忱表示，故亦未能实现”，而第三项计划也因“英国对远东之政策举棋不定，屡遭顿挫”。[①]

滇缅公路通车后，每月由此输入中国的物资多达4000吨。[②]然而，由于滇缅公路是在原滇西路基础上延伸修筑的，路况差、运量小、耗费大，运输能力受到较大限制，而且在五、六月至十一月的雨季里，这条公路经常被关闭，难以支持长期抗战之需。1938年9月7日，龙云再次呼吁加快滇缅铁路的修建：“密查滇缅公路现已完工，惟路线长，因雨水时有倒塌，刻正积极整理，然将来运输力量甚微，若作主要交通，非从速修筑铁道不可，拟请催促交通部赶快工作，并将滇籍专门人才参用一部分于下级干部内，以期情形熟悉，进行便利。”其实，国民政府也感到修筑滇缅铁路十分紧急，但受战争影响，铁路建设资金筹措愈发困难，交通部多次尝试利用外资建设叙昆铁路和滇缅铁路。

1938年3月7日，国民政府与香港英商马斯门公司（Marsmanand & Co.）签署备忘录，要点包括：“1.交通部决定兴筑自成都经叙府至昆明，由昆明经腾越而至密支那，或经孟定而至滚弄之铁路，与缅甸铁路衔接。交通部发起组织一家川滇铁路公司，由交通部及川滇两省合筹股本2000万元。2.马斯门公司担任造价之半数，以现款及材料交付。借款年息5厘，半年一付，以铁路收入为担保，本金分30年还清。3.马斯门公司承担建筑工程，并充当在国外购料之经理人等。”[③]由于自身实力无法承担，于是该公司派代表至英伦本土游说，而英国政

① 张公权：《从事铁路建设工作的回忆》，载《传记文学》，1974年，25（2），第5–7页。

② 萨本仁、潘兴明：《20世纪的中英关系》，上海人民出版社1996年版，第228页。

③ 姚崧龄：《张公权先生年谱初稿（上册）》，社会科学文献出版社2014年版，第192页。

府“以铁路展筑后之收入不多为虑，且认为此路并非急切”[①],不支持马斯门公司的投资计划。对当时的中国而言，及早建成滇缅铁路关乎国家与民族存亡，在得不到英国的支持和协助后，国民政府不得不一面“出售招商局元、亨、利、贞四艘海轮，以所得售价充滇缅铁路材料价款”，一面与英国展开谈判，寻求支持。

围绕滇缅铁路建设资金，1938年4月，交通部与英资中英银公司进行了接触，并提议修建从云南连通缅甸的铁路，希望将在中国境内铁路的建设和运营权授予承包公司。与此同时，听闻此消息的法国政府，展现出积极参与叙昆铁路建设项目的意愿。11月21-22日，英商中英银公司、法国金融集团和中国建设银公司的代表举行三方会谈，一致决定共同对此项目进行投资，并分别委派代表赴华考察。[②]1939年1月，三家公司派代表赴渝与国民政府交通部商谈。会上，英国与法国商人提出，希望中国以盐税或矿产开采权为抵押，作为他们提供贷款的担保条件，对此中方予以明确拒绝，希望英国和法国将铁路建设视为在抗战时期对中国进行的经济援助，而不仅仅是追求商业利益。[③]会后，中英银公司向英国外交部提交备忘录，指出：滇缅铁路若仅从商业角度评估，不具备投资价值。除非英国政府基于政治考量，决定为该项目提供信贷支持，否则公司不会考虑进一步参与其中。该备忘录提及英国正在审议的向中国政府提供300万英镑信用贷款，希望英国政府将此信贷作为中英银公司参与项目的资金。[④]对此，英国外交部予以拒绝，但还是表达了英国在之后为滇缅铁路提供其他资金的可能性，理由是：中国将优先考虑将300万英镑的信用贷款用于购置工厂设备或应对其他相关事宜。而且，这笔款项并不足以支付腊戍至叙府铁路建设的材料成本。同时，缅甸

① 张嘉璈：《中国铁道建设》，商务印书馆1945年版，第182页。

② The British and Chinese Corporation to Howe, Foreign Office, March 21, 1939, BL, IOR: M/3 /68 /B. 2641.

③ Preliminary Report, Szech-Burma Railway, The British and Chinese Corporation to Howe, Foreign Office, March 21, 1939, BL, IOR: M/3 /68 /B. 2641.

④ Minutes of the Conversations of the Financing of the Szechuan-Yunnan-Burma Railways, The British and Chinese Corporation to Howe, Foreign Office, March 21, 1939, BL, IOR: M/3 /68 /B. 2641.

政府由于担心滇缅铁路可能带来的亏损以及边界问题尚未解决，不支持该铁路的建设。投资叙昆铁路将只会导致滇越铁路的贸易量增加，增强法国在中国西南的影响力，对英国而言，这一投资不会带来任何利益。①

在对滇缅铁路商业化运作的争取和尝试的同时，国民政府与英国政府进行了直接交涉。1938年1月8日，张嘉璈命曾养甫在汉口拜会英国驻汉口外交使团，并向英方透露国民政府计划修筑滇缅铁路，希望英国能以实物的形式提供6000万法币信用贷款。②5月9–15日，张嘉璈访问缅甸，在与缅督会谈时强调："修筑滇缅铁路，不特为应付目前对日抗战需要，并为云南谋一永久出海通路"。③7月2日，张嘉璈在给外交部的咨文中，称交通部"现拟兴筑滇缅铁路，正在积极筹备，该路路线由昆明起经弥渡、云县、孟定至中缅边界，预备经户板、滚弄至腊戍与缅甸铁路接轨。惟自腊戍至边界一段，系在缅甸境内，须由缅甸铁路公司兴修"，请外交部"迅与英国大使接洽，转商缅甸政府将腊戍至滇缅边境一段铁路即日动工兴建，俾早衔接"。④7月6日驻英大使郭泰祺奉命拜会英国外交部常务次官贾德干（Alexander Cadogan），将交通部咨文内容以备忘录形式提交英方，希望英、缅方面予以配合，早日开建缅段铁路。

7月22日，缅甸事务大臣就滇缅铁路在战略上对缅甸可能造成的影响致函缅甸总督征求意见。8月9日，缅甸总督回复表示，铁路的连接在战略层面上或引发不利态势，加剧边境的防控压力，在和平时期会增添不必要的支出，而在战时则会进一步加重负担。将缅甸铁路与云南及更远的东部核心区域相连，无疑会增加缅甸面临潜在攻击的风险，从战略视角审视，此举并非明智的决策。鉴于英缅政

---

① Foreign Office to Nixon, Export Credit Guarantee Department, April 19, 1939, BL, IOR: M/3 /68 /B. 3095.

② Mr. Howe (Shanghai) to Foreign Office, January 14, 1938, BL, IOR: M/3 /67 /B. 429.

③ 姚崧龄：《张公权先生年谱初稿（上册）》，社会科学文献出版社2014年版，第210–212页。

④《张嘉璈致外交部咨文》（1938年7月2日），台北，"国史馆"藏，国民政府外交部档案，020—011110—0022，第22页。

府提出反对意见，9月12日，英国政府召开会议就修建滇缅铁路引发的政治、战略和经济等问题进行讨论，由于争议较大，决定将此事提交至英国内阁帝国防卫委员会（Committeeof Imperial Defence）下设的参谋长特别分会进行审议并作出决策。英国外交部于10月14日向参谋长特别分会提交备忘录强调：由于日本的侵略行为，中国对外联系的主要渠道被迫中断，中国政府迫切需要开拓新的替代通道，以确保物资的顺畅获取。作为该政策的关键环节，中国急于开辟穿越滇缅边界的铁路、公路及航空交通通道。然而，在深入探讨铁路建设的具体细节之前，首先要清晰界定各方在政治或战略层面对该铁路建设是否存在异议，随后方可就经济层面的利弊得失进行讨论，并指出：中国驻英大使及国民政府几乎每天都在询问英方立场，长期拖延未予回复已给中国造成不良印象，应尽快就滇缅铁路修筑事宜中涉及的战略性问题作出决策。[①]10月19日，参谋长特别分会讨论最终得出结论：修建滇缅铁路从战略角度看对英国有益，并支持修建滇缅铁路。随着英国最高军事决策层的一锤定音，英国政府最终就支持中方所提出的滇缅铁路修筑计划取得共识。然而，滇缅铁路缅甸段开工仍然困难重重。

1938年6月“滇缅铁路工程处”在昆明成立[②]（后升格为“滇缅铁路工程局”“滇缅铁路督办公署”），1939年4月26日，叙昆铁路与滇缅铁路在昆明的联合车站举行开工典礼。[③]工程局首任局长萨福均、副局长张海平调集了当时中国的第一流铁路工程专家，在只有罗盘、水准仪、气压表等测绘工具的情况下，用了9个月的时间对线路重新进行了全面细致的勘测，绘制了几万张图纸。后来曾主持修筑杭江、浙赣、湘桂铁路的著名铁道专家杜镇远临危受命，接替萨福均担任滇缅铁路工程局局长兼总工程师。另外，我国著名土木工程专家陶述曾等一批又一批毕业于清华、北大、交大、复旦、同济、北洋等名牌大学的土木工程或铁道专业的专家、工程师以及技工，响应筑路的需要纷至沓来，把全部心血倾注

---

① Memorandum on Burma — Yunnan Railway by Foreign Office，October 14，1938，TNA，FO371 /22135，F11642 /279 /10，p. 249.

② 张嘉璈：《中国铁路建设》，商务印书馆1945年版，第190页。

③ 姚崧龄：《张公权先生年谱初稿（上册）》，社会科学文献出版社2014年版，第209页。

于滇缅铁路的建设。

然而，对于滇缅铁路西段线路走向却有南北线之争。北线主张由祥云经下关、保山、腾冲出国以接缅甸铁路密支那站，或由腾冲出国以接八莫；南线主张由祥云经弥渡、云县、孟定到滚弄以通缅甸铁路支线的腊戍站。

以吴融清为首的铁路专家和技术人员用两个多月的时间，分别对南北两线实地勘测和科学分析，写出了详尽的《查勘滇缅西段路线报告书》，认为“北线所经腾冲一带，山河险峻，地形崎岖，既须上升云岭怒山高黎贡山，又须低降澜沧江怒江龙川江大盈江，每越高岭，即入深谷，不惟工艰款巨，亦且旷日费时，尤以越过高黎贡山为最甚；据英人台维斯经六年实地履勘之结果，认为无法通过，其险阻情形，不言可喻。至南线所经云县孟定一带，虽属山地，施工亦难，但可避去怒山山脉与高黎贡山之险工，无超越数四高岭徒降三大溪谷之重重阻碍。且北线偏于滇西，不能兼顾滇南，而南线介乎迤西迤南之间，滇南固可包罗无遗，滇西亦在吸引之内，两相比较，得失显然；依总理在建国方略中列举：（一）必选最有利之途，以吸引外资。（二）必应国民之所最需要。（三）必期抵抗之至少。（四）必择地位之适宜。之四大原则，南线无不吻合。”[①]最终选定了南线，结束了北线、南线之争。

1938年12月25日，滇缅铁路中国段开始以祥云为中间站，分东、西两段同时施工，计划路线为东起昆明，西经南涧进入云县、缅宁、镇康、耿马、孟定。尽管国民政府凭借自身力量开始了滇缅铁路中国段的修筑，但要使这条国际交通线发挥作用，必须得到英国的支持，从缅甸铁路的终点腊戍起，至中国边界的120英里区间，需由缅甸政府同步铺设铁轨，以实现两国铁路的无缝对接。国民政府在1939年春季及1940年初，两次向英国政府及缅甸政府提出希望在缅甸境内修筑一条由滚弄至苏达的辅路，以便沿着拟定的铁路线路，使从仰光进口的建筑材料能够得到有效运输，从而确保铁路建设。但英国在决定帮助中国的同时，仍旧没有忘记为自身攫取利益，对此请求表示拒绝，并再次提出了滇缅未定界问题。

---

① 云南省图书馆编，王水乔、刘大伟主编：《云南抗战文献史料选编——滇缅铁路》，云南人民出版社2016年版，第93页。

滇缅铁路所选线路将穿越或毗邻滇缅南段具有领土争议的区域，英国外交部向驻华大使卡尔发出指示，要求其了解中方对1937年中英会勘滇缅南段界务委员会划定的条约线是否已有明确的修改计划，并向中国政府阐明立场：“现在比以往更需要使这个长期争论得到解决，因为在此以前，陛下政府或缅甸政府不可能去考虑修筑一条滇缅铁路的问题。”[①]英国政府只有在满足先决条件的情况下，才会对这一要求表示赞同——中国政府愿意按照缅甸政府提出的原则解决有争议的边界问题。[②]

1940年5月28日，国民政府外交部正式向英国驻华使馆递交了一份备忘录，为防止边界问题影响滇缅铁路的工程进度，国民政府愿意调整路线，使之穿越南定河南岸，并承诺在边界谈判上作出妥协。鉴于边界问题的复杂性，短期内难以达成全面共识。因此，滚弄至苏达间的公路修建，无需等待边界问题完全解决。此外，为实现滇缅铁路的直接交通联系，亦请求英国政府能立即启动缅甸段铁路的修建工作。[③]

然而，自1940年起，随着欧洲大战愈演愈烈，日本南进战略的日益进逼，我国西南地区的交通线路面临被切断的严重威胁。1940年6月17日，法国傀儡政权贝当组阁，6月20日，法国政府按照日本政府要求，突然封闭滇越铁路，禁止物资输入中国。7月17日，英国政府罔顾中国方面的强烈反对，与日本达成了《英日关于封闭滇缅公路的协定》，决定封锁滇缅公路三个月，全面禁止武器、弹药及铁路材料通过缅甸进行转运。此举导致外国援助物资几近断绝，尤以空军飞机损耗难以补充的问题最为突出，形势十分严峻。正如蒋介石对美国驻重庆大使詹森所说：“敌机狂施轰炸，横行无忌，此实使民众转侧不安，尤以商民为甚。常转相问曰：无英美援助，我抗战能维持多时耶？倘美机未到以前，国际交

---

① Foreign Office to Sir A.Clerk Kerr,Dec.12,1938.F .O.371/22136, F12985/279/10.

② Memorandum containing Burma's attitude to the Burma - Yunnan Railway project , Feb .1940. F.O.371/24648,F1372/4/10.

③ Memorandum ,April 5, 1940. F .O.371/24648,F2369/4/10.

通遽告断绝，人心动摇，局势恐有不易维持之虞。”①

9月，德日意缔结三国同盟条约，日军入侵法属印度支那，这是日本发出向东南亚前进、直接与英美对抗的明显信号。远东地区的局势突变进一步激化了美、英与日本之间的紧张冲突。英国政府深知中国坚持抗战的重要性，这不仅对于牵制日军南下具有重大战略意义，同时也关乎到英帝国的安全与利益。在此形势下，英政府开始重新考量滇缅铁路问题。英国外交部认为：“此时应采取促进这条铁路修建的政策，尽力以材料，尤其是铁轨——如果可以得到的话，帮助中国。”不过，在确信中国将完成其境内的铁路以前，不承担修建缅甸境内路段的责任。因为“由于资金缺乏或政治形势的改变，他们（指中国政府）可能被迫放弃这项工程，那时我们就会被吊在空中。”②

事实上，这种态度的转变所带来的实际效果相当有限。英国当时正面临法西斯德国的巨大威胁，对各类物资需求也十分迫切，印度事务部与供应部均明确表示，在当时形势下，无法从英国或印度出口任何铁轨。因此，英国外交部所提议的通过提供物资，特别是铁轨，以协助中国修建云南段铁路的政策，即便得以实施，其实际效果也仅能视为一种精神上的鼓舞与支持。随着战争形势的急剧变化，英政府在滇缅铁路建设问题上的立场也逐渐发生了积极转变。

1940年11月，罗斯福第三次担任美国总统，美国政府开始摒弃孤立主义，转而积极承担起抵抗轴心国侵略的责任。英美两国开始在远东地区加强合作，加大了对中国的援助，以共同遏制日本的扩张势头。此时滇缅铁路的建设对于中国政府来说战略意义更加凸显，正如缅甸事务部在滇缅铁路备忘录中指出的：“美国总统已把中国置于了与英国同等的，并会尽一切能力帮助其进行反侵略斗争的三个民主国家之列，因此当来自美国的支援物资到达顶峰时，将会有大量的物资材料转运到重庆，而只要缅甸路线仍是唯一一条可资利用的交通线，就不可能不用铁路来输送其中大部分的支援物资。”③

---

① 《战时外交》（一），第102—103页，见秦孝仪《中华民国重要史料初编——对日抗战时期》（第三编）。

② Mr . Howe to Burma Office ,May 1, 1940. F .0.371/24648,F1451/4/10.

③ Burma - Yunnan Railway , Jan .20,1941. F . O .371/27610,F468/29/10.

1940年12月18日，中国驻英大使郭泰祺再次正式向英国政府提交了一份关于滇缅铁路的备忘录，郑重提醒英国政府关注滇缅铁路对于中英两国所具有的重大战略意义，并指出中国政府已全力推进昆明至缅甸边境铁路的修建工作，强烈期望英国政府将仰光至腊戍铁路延伸至中国边界。根据当时国际形势，英国政府对此次国民政府的请求作出了比以往更为积极和正面的回应，开始考虑提供资金支持，协助英缅政府推进腊戍至滇缅边界铁路的修筑工作，而不再等待云南段铁路的完工。

然而，英国政府内部却普遍期望借此机会一举解决长期悬而未决的滇缅南段未定界问题。缅甸政府基于自身的国防战略考量及财政状况的制约，对于修建腊戍至云南铁路的提议也一直持保留态度，并认为在边界问题得到妥善解决之前，即便在财政方面能够得到良好保障的情况下，无法在该项目中承担任何责任。缅甸事务大臣表示："不愿失去这个缅甸用以获得边界问题按照其观点满意解决的交易筹码。"④英国驻华大使卡尔向外交大臣艾登（Robert Anthony Eden）递交的文件中明确指出："关于北段未定界的争论多年来一直处于隐伏状态，但是早日解决南段未定界部分的要求，由于近年来中国政府的公路和铁路计划，已变得更加剧烈了。中英边界委员会已在1935年和1936年视察了这段边界并确定了一条双方都没能接受的'条约线'。由于激烈动荡的中日政治形势，本应于1937年在南京召开会议以找到一条妥协线的计划也被束之高阁，随后试图通过外交交流途径解决这一问题的努力也毫无成效。然而现在中国的迫切需要似乎给了缅甸一个机会。"⑤

在修筑滇缅铁路缅甸段之前，英政府内部已就应当向中国索取的具体条件进行了讨论。缅甸事务部在提交给内阁的备忘录中指出："在向重庆政府宣布其愿意承担修筑缅甸段铁路工程的决定时，陛下政府应明确表示他们希望中国政府依照缅甸政府已做出的提议，对位于所计划的铁路线周围地区长期争论不休的

---

④ Memorandum , Dec .18,1940. British Documents on Foreign Affairs , Part III , Series E , Volume 3.

⑤ Political Review for 1940 by Sir Arthur Blackburn , British Documents on Foreign Affairs , Part III , Series E , Volume 3.

滇缅边界线位置进行调整。”[①]英国外交部还向内阁提议：“应告知中国政府，陛下政府准备提供必要的经费修筑（滇缅铁路缅甸段），如果中国政府愿意：（1）同意划定一条缅甸政府感到满意的边界线；（2）用他们自己的资源或者是从美国获得的美元贷款，尽可能快地担负起缅甸边界至昆明段的建筑；（3）为缅甸段提供一切需要用美元支付的铁轨和材料，以换取在将来的利润中占有适当份额或在供给可得到时从英国获得等量的材料。”在他们看来，以上这三项条件是最为基本的条件。

英国内阁的讨论，一致认可了外交部所提出的三项建议。随后，艾登在向卡尔发送的电报中强调，以秘密方式向中国政府表明关于滇缅铁路工程的立场：“陛下政府已决定，如果能从中国政府得到以下第四至第七段中所提问题的满意保证，她就会提供所需的财政援助，使缅甸政府修筑从腊戍经萨尔温江至边界的铁路，而且一得到中国政府的满意答复，陛下政府将立即要求缅甸政府完成缅甸境内的必要勘测，开始修建已勘测过的部分。”[②]此处所述之第四段至第七段所提及之事项，就是英国政府针对滇缅铁路工程向中国政府提出的数项要求。其中，第四段所述内容，就是滇缅南段未定界的划定问题：“陛下政府真诚地希望，作为提供这项铁路工程帮助的回报，中国政府将同意按照缅甸政府已提出的方法解决未划定的滇缅边界这一显著问题。尽管缅甸政府自身并不负责出资修筑铁路，但是建造这样一条铁路，必将使他们担负起各种各样新的义务。这条铁路最终的税收前景如此难以确定，以至于缅甸政府没有动力使他们自己承担起这些义务，除非按照所建议的方法调整边界，让他们以满意的方式确立起对萨尔温江以东地方的管理。”[③]英国政府的立场就是遵循缅甸政府的意愿来划定长期以来存在争议的滇缅南段未确定边界后，缅甸政府才会动工。

为尽快获得英国政府对滇缅铁路建设的支持，国民政府在与1941年1月访华的缅甸代表团会谈时，表示愿意在未定界问题上作出相应妥协。

1941年1月28日缅督电告：“中国政府准备同意的边界线几乎与我们所提议

---

① Burma Office to Foreign Office , June 6,1940. F .O.371/24648,F2369/4/10.

② Mr . Eden to Sir A . Clerk Kerr , Feb .12,1941. F.O.371/27610,F804/29/10.

③ Mr . Eden to Sir A . Clerk Kerr , Feb .12,1941. F.O.371/27610,F804/29/10.

的完全一样。克罗（缅甸代表团成员）和大使馆全体人员都认为这种顺从归因于总司令的命令，目的是增大铁路计划的可能性。”[①]英国政府显然是利用了中国在战时对国际通道的迫切需求，迫使国民政府在滇缅南段未定界问题上作出了根本性的妥协。在如愿以偿后，英国政府正式向卡尔发出电令，要求其向重庆方面明确转达伦敦政府对于资助缅甸段铁路修建的决心和意图。随后的中英外交换文划定滇缅南段未定界，仅仅是一个外交程序的执行过程而已。

1941年6月18日，中、英两国政府在重庆换文，划定了争论多年的滇缅南段未定界。[②]这条界线基本上是按照英缅政府的意图，以1937年勘界委员会确定的条约线为基础划定的。从维护抗战大局整体利益出发，为了早日建成滇缅铁路，国民政府被迫作出妥协，屈从了英国的条件，在中国政府满足英方相关要求并付出相应代价（划出阿佤山区约3/4的土地，除决定了“1941年线”之外，中英双方在同一天又就炉房银矿共同开发问题另行换文。至于投资比例，换文规定是英方应在51%以上，中方不得超过49%）后[③]，滇缅铁路项目得以全面开工。

三、三十万民工的血与泪

滇缅铁路全长1040公里，其中中国境内880公里，是抗战期间国民政府投资修建的最大工程。工程遇到了许多异常棘手、又难以解决的困难。所经地域多崇山峻岭、陡壁深沟，施工难度极大，估计全部土石方141250万方，须由20万名工人经10个月连续不断地工作，才能完成。有5500米隧道，都须经过山石坚壁，开凿异常艰巨。还有6000米大小桥梁，其中东段的下箐和西段的澜沧江大

---

① Telegram from Governor of Burma to Secretary of State for Burma , Jan .28,1941. F .0.371/27610,F483/29/10.

② 《外交部长王宠惠致英国驻华大使卡尔照会》（1941年6月18日），台北，“国史馆”藏，国民政府外交部档案，020—011109—0006，第21—22页。

③ 《照译二十九年二月十七日英国卡尔大使致蒋委员长函》（1941年2月25日《外交部、交通部为英方提出兴筑滇缅铁路条件致行政院函》的附件），台北，“国史馆”藏，国民政府外交部档案，020—011110—0021，第208—210页。

桥最大。同时，所需材料尤其是国外进口材料不但品类繁杂、数量庞大，而且购买运输都非常困难，工程停工待料的情况时有发生。工程沿线人烟稀少，尤其西段工程所经过的地方，大都是未开辟过的地区，无论是就近还是外地征集民工、筹集粮食难度都极大。没有起重机、掘土机、推土机、碎石机、锯木机等大型设备，就连风钻、夯土机等小型机械也少有，开山挖土和推土运石全部依靠人力。

为解决滇缅铁路国内段巨大的人力紧缺问题，龙云严令各地不论有再多困难，也要在限期内把所需的民工调集来。西线初期出动民工的任务，主要压在当时不过三四十万人口的临沧7县以及相邻的几个县上。当时云南的青壮年多数被征兵到前方打仗，滇缅铁路开工前一年又发生疟疾大流行，死者不计其数。因此规定除鳏寡孤独免征外，不论赤贫还是富裕人家，每户出工一名，机关公教人员准许请工抵替。家里没有成年劳动力的，就由十几岁的少儿代替，修铁路的民工

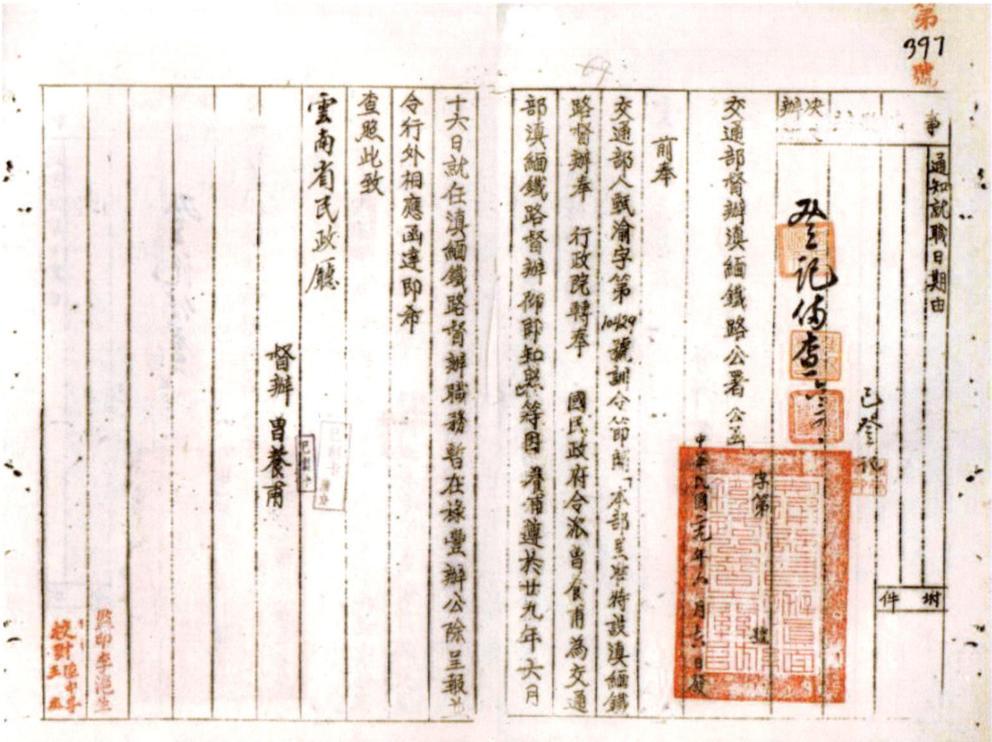
事由 通知就職日期由

交通部督辦滇緬鐵路公署公函

前奉
交通部人甄渝字第10429號訓令節開：「本部呈奉 行政院轉奉 國民政府令派曾養甫為交通部滇緬鐵路督辦，仰即知照」等因。養甫遵於廿九年六月十六日就任滇緬鐵路督辦職務，暫在祿豐辦公，除呈報並令行外，相應函達，即希
查照此致
雲南省民政廳
督辦 曾養甫

滇缅铁路督办公署对曾养甫就任督办及暂在禄丰办公的公函

（云南省档案馆提供）

中妇孺占到1/3以上。虽然命令中规定应征的民工可冲服兵役，但却不能享受军人待遇，不发军衣，没有口粮、津贴，还要自带粮食、工具。工程所经的不少地方是恶性疟疾流行区，特别是西线的缅宁、云县、耿马等地死亡率更大，疾病、饥饿及沉重的劳动使许多人丧失生命。当年倒在滇缅铁路上的大约有10万人，每修8米铁路就有一具尸骨。后来，在曾养甫和杜镇远的奔走下，成立了由美国援建、中美专家合组的“抗虐团”，各总段和分段分别设立了医院和诊所。几万工程技术人员和30万汉族、彝族、傣族、佤族等各族民工在山高林密、风雨烈日、瘴疠疾病、饥饿艰困的恶劣条件中，义无反顾地深入横断山脉深处，逢山开路，遇水架桥，一米一米地抢筑着中华民族的存亡之路。

1940年，滇缅铁路的材料来源被截断，东段施工放缓、西段则完全停工。10月，得以再度开工。1941年，宋子文、张嘉璈等又先后向国外筹集了约5000万美元的修路款，并指派杜镇远前往美、英两国购买修筑铁路用的钢轨等器材。

1941年6月，滇缅铁路工程局升格为交通部滇缅铁路督办公署，督办公署设弥渡，曾养甫任督办，陈逸凡、萨福均、杜镇远、侯家源、陆崇仁任会办，工程局的课全部升级为处、室，并请来各方著名专家担任主管，如曾合作设计修建钱塘江大桥的桥梁专家茅以升和罗英等人，加速铁路修筑。由于美国援款和财政部拨款先后到位，员工生活得到较大改善，1941年10月，滇缅铁路全面复工，在艰难中迎来了施工的高潮。到1942年春，滇缅铁路东线已经从

修筑滇缅铁路

昆明穿越了7条隧道铺轨到一平浪，西段临沧境内近400公里的铁路土石方工程也基本完工，一些车站、桥墩也已经筑好，已有少部分铁轨运来准备铺设，只待进一步完善铁路设施了。

滇缅铁路隧道

与此同时，为保证从腊戍至边境100多公里的缅甸段铁路工程按计划推进，1941年6月，英缅政府成立缅中铁路建筑公司，并任命罗兰（J.E.M.Roland）为总经理。英国政府在提供建设经费的同时，调动了包括缅甸、印度在内英帝国的各种资源，与国民政府展开合作。但缅甸段同样面临与国内段相似的自然与地质条件等诸多挑战，施工进度尤为迟缓。其中，最为棘手的难题便是劳工的严重短缺。国民政府曾主动提议由云南协助缅甸方面招募华工。据英方初步评估，一期工程大致需要中国劳工15000名，而剩余劳工则计划从印度招募，以此基本满足工程建设的劳动力需求。[①]但在实际操作层面，由云南招募足够数量的愿意前往缅甸工作的劳工实非易事，加之国内段工地同样面临劳工短缺的困境，两地在招工方面竟演变为一种竞争关系。为此，罗兰当面向杜镇远

① A Preliminary Report on the Burma-China Railway Construction by J. E. M. Rowland, August 4, 1941, BL, IOR: M/3 /71 / B. 3424.

提出抗议，并通过卡尔反映到国民政府，才使问题得到部分解决。12月陆续有1600名中国新劳工补充到缅甸工地，加上11月的2000人及少数印度劳工，到12月底，缅甸段铁路工地才招募到7000多名筑路工人，完成首段38英里铁路中16英里的土方施工。[①]

然而，1942年初，日本进攻缅甸，中国最后的咽喉岌岌可危，云南从大后方变成了最前线。5月缅甸沦陷，英军一溃千里，远征军伤亡惨重，大批筑路物资落入敌手，滇缅铁路再次被迫停工。为阻止日军从滇西推进，蒋介石几乎隔天一至二封，共发出40份电报了解敌情。5月10日腾冲沦陷，龙云在蒋介石的严令下，万不得已下达了滇西破坏工程计划，破坏已建成的滇缅铁路路基、桥隧和便道。1942年5月13日，随着炸药的声声巨响，滇缅铁路西段工程瞬间化成碎片，滇缅铁路督办公署撤回内地，整个工程功亏一篑，而中国却为它的修建付出了领土上、经济上、伤亡上的重大代价。

修路工人拖拽滇缅铁路运输支队吉普车

① Progress Report for the Month Ending December, 1941, by J. E. M. Rowland, January 6, 1942, BL, IOR: M/3 /71 /B. 1329.

附 录

云南铁路（影印件）

最初提议修筑云南铁路，简单说主要是为了该省与缅甸的贸易，这几乎完全没得到实施，是因为与之接壤的四川省更富饶，人口众多超过云南。现在建议的这些修筑铁路的计划最终目的未必仅仅是鼓励与缅甸边界一带的地方贸易，而是开辟一条从印度直通四川乃至到中国东部的路线。

这就是为什么在1898年云南铁路公司决定派出一支远征队去探察一条可以联结缅甸边界滚弄和乘船可能到达扬子江上游的铁路路线。我有幸负责了这次远征，但是我不打算在这一章中详述，仅讲述我的总结。

这儿所需谈的是简述我们工作的结果：

1. 勘察的铁路始于缅甸的边界滚弄，抵达扬子江或蜀府（北纬28°45′，东经104°35′），或纳溪城。

2. 从滚弄到扬子江全程是1 000英里，穿越的多数地区难行，有的地方是25°的斜坡，而且有可能需要一些短程的齿轨铁道。按每米平均算，全程所需约1.5～2亿英镑，并且时间大约要花至少十年。

3. 虽然将来在云南进行贸易有极大可能，然而目前云南交通十分糟糕，修铁路不能指望立即就有利可图。

基于以上情况，商人很不可能将巨额投资投向国外，而数年内无利可图。如果英国政府即便提供低息贷款，无疑也会满足这一需要。问题必须在这之前解决，即是否值得英国政府花钱去修筑全程或部分云南铁路？

或许像这一路线将获双重利益：

1. 发展云南与缅甸的贸易，从而防止我们在云南西部的贸易被法国人所取代。

2.（由此）到达丰饶的四川省，将来联结在设计中的汉口——成都的铁路，通过这样一条印度和上海的路线———条锁链中的重要部分的道路，将无疑会经印度把加来（法国一地名）与中国东部联结起来。

这两条建议中的第二条值得优先考虑。就四川的贸易而论，看来云南铁路不可能与东部铁路在大宗货物方面竞争，但漫长、多风险和昂贵的费用，并且通过扬子江江峡的航运是惟一能把外国商品运到四川的途径，因此，云南铁路有希望促进云南省与缅甸的贸易。但现在这一状况有可能完全改变，因为在几年内就可能有一条东线铁路通往四川。

去寻找一条可行路线从汉口到重庆和成都并非易事，许多路线经考察都不可行，但是马尼福特和那些为此而工作的人们① 克服了一系列的困难，据报道已探索出了一条切实可行的路线。

如今棉布和棉纱成为四川市场主要的进口商品，而这些商品主要来自孟买。让我们把孟买作为起点来比较这两条道路。

接近四川的东部路线，必须有一段长约4 700英里的海路

① 巴德纳森上尉和马洪上尉等人。

到上海，但是这并不是意味着必须在上海分装货物。因为有半年的时间海轮能到达扬子江上游600英里的汉口。

而且全年中吃水10英尺的船均可抵达扬子江上游的这个地点。因此货物可经海船直接从孟买到汉口。

从汉口经重庆到成都大约有1 100英里的铁路。最近的铁路是不经过重庆，从汉口到成都。这实际缩短了这个距离，但是经过重庆的这条路线似乎更应该首先予以建筑，所以最好把距离计算为1 100英里。

再说云南铁路，从孟买到仰光的海路仅2 150英里，但是从仰光到成都乘火车大约有1 600英里。

海运较之铁路运输便宜，而上述的海运路程中额外的550英里① 与同距离的陆地运输相比，陆地运输的运费将大大超过海运费用。它也将提醒注意东部路线建筑铁路和工作花费很可能每英里比其他与云南铁路有关的路线要少一些。

然而建汉口——成都的铁路是两者兼顾的。虽然这将可能运输大部分货物到成都贸易，然而与此同时也将使云南铁路增加很大的运输量。这两条铁路路线都将是从印度到中国东部的最短路程。

这给我们带来了通过铁路从印度直达中国的问题。当铁路可到达世界上最偏僻的地区的这个时代来临后，印度和中国这两个世界上人口最多的邻国不可能满足于它们之间没有一条铁路。我想我能十分肯定地断言这些铁路都要通过云南。

我不知道是否甚至有更进一步提出向北通过西藏的建议，通过这群山延绵的世界极贫之地，我认为所提出的任何这样的建议都是不切实际的。我们只能作出结论即：通过云南是惟一

① 指仰光——成都的路程，海运2 150英里比陆运1 600英里多550英里。

能够成为联结印度和扬子江及中国东部的锁链。

第一条通过云南的铁路无疑是目前法国人正在修建的从东兴开始的这条铁路。当法国铁路延伸至云南府，即该省省会时，并不可能到此为止，然而在云南府和可通航的扬子江之间的地区如此障碍重重，以至我不能立即提出修建这一段铁路。但不容质疑其支线最终将不仅只向东发展，而且也向西发展。

一个法国人最近在云南旅游，他以一个教会人员的身份到大理府，他认为大理府作为法国铁路向西延伸的终点，延至法国将来在西部的影响范围的边界和法国在湄公河地区（东经99°30′）① 的商业范围的一部分。需要记住的是在大理府和云南府之间的地区建铁路，总的来说比在云南大多数地区建铁路要容易一些。

如果我们愿意推延修建从缅甸到云南的铁路，那么事实上就不得不面对如上文所提到的法国在将来拥有缅甸——扬子江的全部势力范围，如前述的位于大理府的东部地区，或许可用数据来说明，大约全长1 000英里的（铁路）将有700英里落入外国人的控制中。此外甚至在云南西部的贸易——这个省最富裕地区也可能因找到东兴的商道，而代替目前到缅甸的商道。

作为印度帝国的主人和在与中国贸易份额最大的拥有者，我们不能以旁观的态度对待外国势力在这两个国家间建铁路。而我们也决不能坐视云南西部贸易从我们的大门口被夺走。

我在这里没有暗指政治的抗衡。有关中国已经迫近崩溃的状况似乎已完全消除了。即使如此巨大的灾难已迫在眉睫，在其任何特定的省，政治势力影响的进入自然是那些曾把他们（指政治势力）钱财及劳力用其于发展者为先。

---

① 见《云南之行》（Voyage in Yunnan 作者 G. 库尔泰耶蒙特），第178和194页。

我将在辩论中站在支持云南铁路修建的立场上，我支持修建云南铁路的论点不是基于政治。法国修筑的铁路路线是从东兴到云南府，其后分东、西两路延伸，是属非常合法的商业企业的问题。云南铁路最困难的部分是在云南府和扬子江之间，并且必须记住，法国并没有任何优于我们自己的条件，在这里两国都面临着同样的困难。法国政府为此毫不犹豫地提供了精神和财政方面的支持，如果英国政府拒绝听取这一警告，政府将因坚持这样的决策而准备失去将来的利益。

向政府提这样的建议不是我的目的，而仅仅是陈述一个事实，而且外交部已全部掌握了这些线索，并且能基本断定这一建议的合理性，这些花费[1] 最终也将证明是有用的。

然而我想指出的是我相信最好是一条中庸之道。

我不认为从缅甸边界到扬子江的铁路马上全线动工是必要的，也是不值得的。这一项目太宏大不可能全面展开，需逐步实施。

我的建议是：就目前缅甸铁路将从腊戎延伸到滚弄，并且云南铁路修建将从滚弄到云州。

从滚弄到云州大约 145 英里，铁路修建费用大约需要150～200万英镑。云州是这一区域的商业中心，但这个优越的市场由于没有较好的交通而深受其害。延长我们的铁路到云州将带来迄今难以达到的缅甸和云南大部分地区的势力范围，并且实质上缩短了那些早与我们进行贸易交往的地区之间的距离。

目前我们与云南的贸易几乎都通过八莫而来，下表将分别比较从八莫和从云州到云南几个地区的距离。

---

① 指用于铁路方面的费用（译者注）。

	到八莫（英里）	到云州（英里）
从腾越厅	112	161
从永昌府	173	100
从下关（大理府附近）	271	109
从楚雄府	394	232
从云南府	491	329
从思茅厅	434	185

铁路延伸至云州的目的之一旨在改善缅甸与云南的贸易。云州也将是印度和扬子江之间铁路旅程中的第一站。因此通过表明要联结缅甸和云南府的诚意，我们将站在这个立场上与法国为将来衔接修建云南府到扬子江之间的铁路而进行谈判。

现在回到云南贸易的问题上来。云南省的最富裕地区是分布在围绕大理府（北纬25°42′，东经100°10′）向北部、东部和南部伸展的平原上。这一区域的商业中心是下关。下关位于大理府南八英里。所有这一地区甚至其东部地区目前都有与缅甸进行的贸易，因为从下关到北部（湾）边界的老街的距离比从下关到八莫的距离更远。

当法国从北部湾到云南府的铁路终点仍在腊戎，那么其优势将消失殆尽。我以下关为例，从下关到云南府是220英里，下关作为贸易场所将会自然消失，同样其他位于云南府到八莫或腊戎沿线的贸易点也都会消失。

如果我们仍无所事事，将会坐失良机，失去很大一部分与云南西部富饶之地的贸易。但是如果我们仅修通了远到云州的铁路，我们将容易地拥有这一切，从下关到云南府法国铁路终点是220英里，从下关到云州是109英里。

然而另一个有关铁路的建议必须被注意：建议修八莫到腾

越、勐缅（北纬 25°，东经 98°30′）的路线。经测量这条线的结果是：这条铁路修筑路线全程是 122 英里，成本预算大约不到 100 万英镑。[①]

虽然目前八莫未通铁路，但这个地方通过蒸汽船可以联结仰光并与缅甸杰沙的铁路网相通，它将是进入云南铁路的一个很适合的起点站之一。此外目前多数在继续进展的云南和缅甸的贸易都是经过八莫这条商道。而且这条线路将拥有这条著名商道的优势。

修筑八莫与腾越之间的铁路比较而言容易而便宜，无疑不久将有回报，这条线路本身就很有用。但是我们在投入这一工程和放弃滚弄——云州铁路之前，重要的是要确定，是否可能修建一条向东到下关的支线。

在腾越平原的东北隅，铁路穿过一个山凹可到瑞丽江河谷，但是瑞丽江到萨尔温江之间被陡峭的高山分割，此外在这些山谷中只有猴子穿行群山间，这些障碍证明将来铁路的行进是非常困难的，当然这些障碍是否不可逾越，还尚待将来勘察这个地方后公布的结果。

只修到腾越的路线（假如铁路路线向东延伸证明不可能），不仅不能帮助我们加强印度与中国东部的联系，而且我们能否有效地保住我们在下关的贸易都很值得怀疑，而这个地区我早已提及是云南最重要的商业中心。腾越至下关的距离是 159 英里，从云南府到下关是 220 英里，其间有 60 英里之差，或许这足以有充分的距离保持贸易的进行。但是需要牢记的是如果法国向西延伸其路线，那么他们就获得了在距离上的极大优势。

此外为扩大我们与云南的贸易，云州的地理位置更比腾越

① 这仅只是初步估算，最终测量的结果尚未公布。

有利。在过去的几年中，腾越与八莫之间早已有一条较近的，并已改造过的马帮的路相连。铁路延伸到云州后腾越与八莫之间的贸易无疑将继续照常进行，然而云州具有极重要的位置，在早就进行的与我们的贸易中，它在许多方面胜过腾越。而且对于许多我们目前尚未与之进行贸易的地区更是如此，因为位于腾越的东部的云州有很大优势，在与法国铁路竞争方面，它的位置比腾越更有利。此表将清楚地显示出这个距离：

	距离 到腾越（英里）	距离 到云州（英里）
从永昌府	61	100
从云龙州	122	180
从下关	159	109
从丽江府	264	222
从顺宁府	137	24
从景东厅	263	102
从缅宁厅	216	55
从威远厅	268	107
从思茅厅	346	185

从上表可见只有两个城镇：永昌和云龙州距腾越的距离比较近，然而即使如此，永昌府与云州之间距离如此短，以至到云州的铁路将对这个地方极其有利。

这样，下关这个云南最富裕部分的中心就离我们更近了，而后五个地区就能同我们建立贸易关系，而一条到腾越的铁路对它们不会产生什么影响。

如果延长从腾越到下关的铁路路线可行，那么，这条路线肯定有益。不否认，修筑到腾越的铁路比到云州的铁路较容易和造价较便宜。无疑这两种建议更吸引政治家的是从财政上的考虑。但是，除非铁路向东延伸的可能性已被证明，在我们只建一条地方铁路和放弃建一条联结印度和中国东部的直通铁路计划前，最好三思而行。

综上所述可以归纳为：

①修建从滚弄到扬子江的直通铁路的工程太大，不能立刻实施。

②如果我们对这条延伸到云南的铁路不作任何努力，那么法国有可能拥有这条路线的大部分，这条路线将来有一天会联结印度与中国东部，法国人也将能够获得我们在云南西部的贸易。

③为了对付这一切，修建缅甸的铁路从腊戎延伸到滚弄。并且在云南修建铁路从滚弄到云州，旨在将来逐步向(中国)东部扩张。

④假如所提出的从八莫到腾越的铁路可以东延至下关，它肯定会成为滚弄线一个可怕的竞争对手。但是假如腾越是铁路的终点，这意味着即使想在云南西部保持我们的贸易也是办不到的。

在终止讨论在中国修铁路的建议之前，还必须涉及另一个问题。中国人明显地在过去的一两年内令人吃惊地表现出：他们担心给予铁路租地之权意味着外国人将进入中国。这个国家的大部分地区都有一种情绪即：一直在努力将铁路的修筑权掌握在中国人手中。这样的想法盛行是很自然的，但是如果外交官愿意屈服于这种看法，用铁路打开中国门户的计划就很可能被大大推迟。普通的中国人对把他们的资金投入官方修筑铁路工程是很谨慎的，此外，铁路公司所付的股份利息对于中国的投资者也不会很满意。迄今为止，官方试图集资建铁路似乎也失败了，有一两次有人提出征特别税，是惟一的手段，这种方法很难使修建铁路受到欢迎。

而最近（1907 年）由于爱国的愿望使中国人希望将铁路控制在自己手中，而拒绝了外国资金或工程人员的帮助，其结果使一些省从主要的商人及其他人那儿获得了大笔对铁路的投资。然而像在云南修建铁路这样有风险的投资是否会有人愿意还很难说。

但是，一个令人鼓舞的现象是，最近云贵总督要求雇用美国人来培训中国铁路工程师。所有中国的铁路最终将由中国人来修筑，这是很自然和不可避免的，而且如果中国政府将着手修建从缅甸边境到扬子江的铁路，将会使有关各方均感满意。但有两件事是必要的——足够数量的熟练工程技术人员和一些诚实的人来掌握其财政。随着时间的推移，第一个问题无疑会得到解决，但能找到第二种人吗?

（选自H.R.戴维斯著《云南：联结印度和扬子江的链环》，和少英、邓立木、李安泰、何昌邑、鲍江　译）

云南铁路的商业前景（影印件）

现在我们来考察云南铁路可能运送的货物有哪些，这可以列于四个标题下很好地加以讨论：

对其他省或国家的出口、进口、省内运输的货物、客运交通。

涉及进出口，我们不应简单地只将这条铁路看作是连接缅甸和云南的线路，同时也要将其视作一条联系扬子江及华东与云南的线路。所以，考察进出口应同时从两个方向进行。

还有一个必须加以强调的就是，云南的温和气候和缅甸的热带气候。两地不同的自然条件使其物产大异其趣，可互通有无。

1. 出　口

我们首先讨论出口。稻米虽广为种植，但永远不可能成为出口商品，因为它是该省的主食。

小麦　它是该省的一项非常不重要的食物，面粉主要用于做蛋糕和甜点。因此目前的种植并不太广①，如果有了运送至缅甸的简单方式，那它的种植量将大量增长。现在缅甸所有的面粉都来自印度。

鸦片　在云南的产量远超出本省的需求，大量出口至中国的其他地方②。云南的鸦片虽然远不及印度之水准，但中国人认为其具有最好品质。

大麻　目前种植还不太多，但很容易广为种植并作为制绳原料出口。

多种水果在处于热带气候的缅甸不会出产，但在云南都盛产，使得目前也已成为一宗较重要的出口产品。它们是苹果、梨、桃、杏、草莓、柿（晒干后像无花果）、栗和核桃。云南茶驰名全国，这宗产品不可能与缅甸有太多贸易，但如有至四川的铁路，就会有相当数量的此项货运。牲畜已构成云南至缅甸的基本出口之一。骡子、马驹、牛犊和水牛在中国均比缅甸廉价得多，所以到缅甸出售颇能获益。绵羊在中国便宜，但在气候炎热的缅甸并不盛产。目前，屠宰羊由印度进口到缅甸。

① 由于禁植罂粟，1907～1908 年间小麦的种植量大有增长。
② 此书写于最近禁植鸦片之前，参见第 208 页脚注。

云南有着大片白白闲置的牧地，因为没有充足的牲口需求。一旦农夫有了快捷处置他的多余牲口的手段，该省的牲畜无疑都将大量增长。而且，目前已有的兽皮贸易也将同时增长，羊毛可能会成为一项最重要的出口品种。

在也会有相当繁荣的小宗出口品中可以一提的有：猪鬃、鸭蛋和鸡蛋以及云南的藏人地区出产的兽皮和麝香。

就矿产而言，黄金总是一项出口产品，主要是以金叶的形式作镀贴缅甸佛塔之用。其他金属运人缅甸或印度能否获益还是个问题，只有在将这些矿做更详尽的考察后才能加以判断，然而由铁路导致开矿作业的改进将增加对中国其他省份的出口，这是无疑的。目前，铜、锌和铅由云南出口至扬子江沿线。

2. 进　口

谈及进口物品，棉花是至为重要的。云南全省人口均穿棉衣，然而本省实际上没任何种植。因此，这一地区的衣物均来自进口。它分别以生棉、棉纱和棉布的形式进人云南；但大部分还是以纱的形式进口，然后再在本省织成布。无论如何，生棉总会是一项必需品，因为冬天中国人穿棉袄保暖。进口棉布对较穷困的阶层太过奢华，但富有的人们还是大量穿着。

目前，主要的纺织中心在新兴州（北纬 24°20′，东经 102° 35′），在腾越之前就有蒙自口岸开通，所以这一地方的地位很稳固。然而，其他地方也有纺织业，一旦有铁路运入廉价棉纱，工厂将会兴盛。

四川人口众多——估计至少有 45 000 000 人——他们的棉衣也几乎完全依赖外地原料。但不久的将来，有可能将该省与汉口铁路联通，这也取决于云南铁路的建成与否。

羊毛衣物　目前在云南几乎还鲜为人知。羊毛衫能否取代普通的棉袄或许还令人怀疑。但这可能与盖毛毯，穿羊毛内衣有所不同。

皮革　是一项在中国加工不好的物品，进口皮革应该有销路。

烧柴　在云南、四川绝大部分地区都很稀少、昂贵。在缅甸以四分之一的价格就可有源源不断的供应。这可能会成为一项重要的交易物品，圆木也应成为一项进口产品。

食盐　目前由四川自流井进口至云南西北。

最后，许多在欧洲业已成为生活必需品的物品，一旦中国人随贸易的增长有了余钱可以追求这些东西，其购买量也将迅速增长。中国人十分愿意吸收新观念，只要看着有用，他们愿意购买新东西。

已故的 G. 李顿先生在一份有关云南的领事报告中，给出了下列可能会有广泛市场的商品单："廉价钟表、镜子、釉瓷、铁器、廉价的装饰用丝带花边、小刀、挂锁、雨伞、皮带、香烟、玉石、珊瑚和琥珀。"我加上：灯、煤油、蜡烛、眼镜、扇子、音乐盒、听装牛奶、糖、饼干和其他杂货。还必须记住，铁路的引

与南定相连的路（W. A. Watts-Jones 摄影）

入将导致矿藏的开采，随之而来的大量开矿机械进口。

3. 省内运输物品

几乎云南的每项产品都将在省内流通，因为自然会有许多物品由郊区带入云南府和其他城镇。相当数量的稻米将如此运输，许多几乎是所有地方生活必需的用品也仅产于特定地点，这些东西也将成为大宗交易物资，诸如茶、糖、盐和烟草。柴也会大量由较盛产地区运入城镇和燃料稀少的地方。

随着矿藏的充分开采，不仅会有大量金属运输的需求，还会有煤和其他燃料的运输需要。

4. 客　运

我想云南的客运前景会是很好的。中国人是一个勤劳的民族，由于贸易目的，他们会毫不犹豫地长途跋涉，只要认为对自己有利便可移民他乡。

所以，出于生意需要或为寻求快乐，中国人十分习惯于旅行，铁路一旦修好，他们将在省内四处旅游。贸易的增加，矿藏的开采，移居人烟稀少地区的机遇，将大大增加铁路的客运量。特别是，如果铁路线穿过四川，那将会有大量的四川移民，因该省东部人口非常稠密。

在这份短短的有关云南铁路交通的展望记录中，我主要详述了那些业已成为商贸物资的产品。但必须时刻记住，云南铁路最终将成为联系印度与中国的高速通道。

云南出去就是四川，这是中华帝国最大最富有的省份，过了四川就是整个华东地区，全球最大的商业贸易中心。几乎不能加以怀疑的事实是，其一，欧洲和印度间的客货运输必将繁荣，其二，中国与其他各地间的运输也同样如此。

（选自H.R.戴维斯著《云南：联结印度和扬子江的链环》，和少英、邓立木、李安泰、何昌邑、鲍江　译）

拟议中的铁路路线（影印件）

附录一中对云南自然地理特征的简明描述，传递了一些在该省修筑铁路艰难的信息。由此描述立刻就会演绎如此看法：云南西部意味着巨大困难，中部高原地带相对有点轻松，随高原的江河南下进入扬子江相对低海拔地带，碰到的障碍会逐渐增多。

事实明摆如此不幸，最艰巨的施工障碍就在这条线的两头。因此，不论是从缅甸还是从扬子江开始，最初的工程都将面临巨大的困难，需付出相当大的代价。

从滚弄至扬子江的整条线路可粗略地简述如下：头50英里轻松，接下来的250英里绝对艰难，然后是400英里相对轻松的工程，接下来又一个250英里的困难，最后到扬子江边的50英里相对容易。

这条铁路的勘察工作是由已过世的琼斯，R. E. 上尉和W. 哈特及R. E. 上尉共同做的，其目的是决定修筑横穿此地区的铁路是否可行。这项工作完成的期限是6个月，这样一来，时间的限制只容许他们对特定线路做一个非常粗略的初步勘察。

因此更深入考察后线路无疑会多有改动，所以这里我并不打算对这些路线做太过细致的描述，而仅就修筑铁路的角度对这些路线的基本特点做番概况性记述。

从滚弄（1 800英尺）进入云南明显的入口就是走南汀河峡谷。从地图上看，可以认为这是一条可随之铺轨的轻松路线，因为头50英里一直到蒙自都是这样。然而，在其上方，江水奔腾穿过山崖笔直的峡谷，这就意味着这将是整条线建筑至难地段之一。但没有其他解决之道。总须找个地方穿过萨尔温江和湄公河之间的流域地带；南木町峡谷固然艰难但可能就是最实际可行的路线。由江水上游冲刷形成大弯的最北端离开南木町峡谷，于5600英尺处穿过这片流域地带，然后下至云州。这是这条线将穿过的第一个中国城镇，离滚弄145英里，海拔3900英尺。

这条线行程的下一个障碍是湄公河：一条非常难以逾越的大河——不仅河面宽100码以上，并且绝大部分穿行于高山绝壁间。只有在很少几个地方才可找到

澜沧江之桥

越过此峡谷的可行的铁路路线，幸亏于云州附近就发现有可通之道，这通道比预期困难程度要小许多。

铁路将从云州沿南汀河而下至湄公河（3.250英尺），逆湄公河而上近20英里，再沿经广南而下的湄公河支流而上。沿这条河一直上到山顶（75000英尺），那里就是湄公河谷最东端。所有这段行程都艰难，特别是在南汀河和湄公河较低段。

现在，铁路下至红河盆地，红河一支流将其带至南涧，从另一支流也有一条可行的路线，即穿弥渡至云南县（6800英尺）。

这个镇子离滚弄有295英里，坐落在联结大理府与云南府的主干道上，在离大理府西40英里处。因为下关是大理府的商业区，是该省最重要的贸易中心，所以这是一条这一方向上勘察过的分支线路。

这一分支在弥渡离开主干线，进入红岩坝平原，在那里大致沿主干公路穿下关至大理府。从大理府很容易就可北达浪穹县。弥渡至大理府40英里，复行30英里至浪穹县。除红岩坡的山路相当艰难外，整条分支线路建筑都容易。

回到主干线，我们现开始一段绵延400英里相对容易的路程，这条线大致沿主干公路穿楚雄府、云南府和曲靖府至宣威州。不幸的是，在这一比较容易的地区有两个地方似乎难于避开比1/50更陡的坡，并且这一坡度将在余下的旅程中一直持续下去。一段苦旅就是云南驿坝子和沙桥间的60英里；另一段是由腰站街（北纬25°，东经102°10′）东长仅5英里的艰难上坡。

从东边看云州（云县）（W.A.Watts–Jones　摄影）

省会云南府距滚弄有535英里，距宣威州则有690英里。

从宣威平坝的北部尽头，到云南县一直延伸过来的一段相对轻松。此后将面对的是令人迷惑的连绵群山，更为糟糕的是，这些山正好横在了铁路必经的路线上，铁路将横过海拔低于周围峡谷仅1500～2000英尺的柯渡河。引用琼斯上尉的话就是：“假使没有这一特征的话，不可能在这一地区修筑铁路。峡谷底部平坦，且相当开阔，通常有50～150码，似乎也没有突然的起伏。流水冲刷的面积过半，但都很浅。只要高出水面一英尺，田地就可避免洪灾”。利用这种地理结构的优势，他这才找到了一条尽管很艰难但相当实际的路线，主要就是顺着峡谷一直到威宁州（7500英尺）。

由此出发——距滚弄有760英里——朝着扬子江有两条勘察过的不同线路。

（1）经毕节县到纳溪县。

（2）经昭通到顺宁府。

采用第一条线路，威宁州和永宁县间地段非常艰难。翻越山岭须走一些非常陡险的山坡，并且河谷经常穿梭于绝壁山峡间，不适于铁路的修筑。如果有采纳这一路线的必要，那工程造价将非常昂贵。

永宁县距滚弄有926英里，由此至扬子江岸的纳溪县（50英里）绝大部分地段都没太陡的坡，修筑起来相对轻松。

采用第二条线路，一直到昭通府都将穿越广阔起伏的高地，唯一的难点是在那里牛栏江的一条支流于昭通平原水平面以下冲击出一峡谷。

自昭通府以下，这条线路就得大致沿主干公路而去，这就是说，它必须在昭通平原之上部越过一低矮隘口，再从那里沿恒江岸一直下至扬子江边。恒江的上半段有一险坡和绝壁，绝对艰难。然后越往下越轻松，至安平有个可架桥过扬子江的好地点，由那里一直到叙府一路都很轻松。

（选自H.R.戴维斯著《云南：联结印度和扬子江的链环》，和少英、邓立木、李安泰、何昌邑、鲍江　译）

滇省力主自办滇缅铁路与英国争勘的往来交涉照会函电（影印件）

中、英、缅磋商从缅甸新街至腾越修一条小铁路作为滇缅铁路的起点

总理衙门致云贵总督电

（光绪二十五年四月十六日）

真电已进呈。查中缅条约附款第十二条载，中国答允将来审量在云南修建铁路与贸易有无利益，如果修建即允与缅甸铁路相接等语。据云审量如果行修建滇路本在未定，即使我建亦由中国自造无疑，本署并无允英开办之据。前给自定若等勘路护照只允勘未允办，希据约商阻。至德清造路一事，上年三月间互换照会三端，一中国允德国自越南至云南省城造铁路一道，中国应备者惟有会同订立章程等语，吉理默到滇应告以俟会订章程后再议开办。

中缅条约附款第十二条

第十二条　原约后加增：

一、英国欲令两国边界商务兴旺并使云南及约内中国新约各地之矿务一律兴旺，答允中国运货及运矿产之船只由中国来或往中国去，任意在厄勒瓦蒂江即大金沙江行走，英国往中国之船如税钞及一切事例均与往中国船一律，中国答允将来审量在云南修建铁路，与贸易有无裨益，如果修建即允与缅甸铁路相接。

外务部致云贵总督电

（光绪二十七年十月二十五日）

云贵总督：亥密。缅约附款十二条内载：中国答允将来审量在云南修建铁路与缅路相接等因，英因法造滇越铁路，坚请援照开办，迭经辩驳，势难中止，现拟照复英使，言明中国借款自行修造，造至云南边界与缅路相接，希即派员详查，由滇省至缅界，路经里数若干，有无山河间隔，及经过城邑贸易情形，并约计修费若干，详细声明以凭奏明办理，并先电复外务部。

外务部致云贵总督电

（光绪二十七年十月三十日）

云贵总督：亥密。有电订达，英争滇缅铁路，谓既允法修路不能阻英，希照前电派员速查，先将大致电复，滇越路章已否议有端倪，闻法已备款即拟兴工，确否，并电复庆亲王。

云贵总督魏光焘复外务部电

（光绪二十七年十一月二日）

北京外务部王爷各堂钧鉴：亥密。有卅两电奉悉。查滇缅可通大道，一由腾越厅属接缅界之昔董大寨，一由顺宁府属孟定土司地接缅界之麻栗坝，均约距省三十余站，间有山河阻隔，已派员分往查勘英缅铁路，究由何处接通，道里修费均难悬拟，俟委员查复再行电开。滇越路章现议未定，法已约滇由河口一带会勘。并陈。光焘、经羲谨叩。

外务部致云贵总督电

（光绪二十七年十一月六日）

云贵总督：亥密。冬电悉。滇缅铁路，英使尚非克期催办，其意祇以法得修路利益，英须一律均沾，贵处应将滇越路章详细妥议，自保路权以防英揽后仿照地步。希随时电复。外务部。

云贵总督致外务部、商部勘电

（光绪三十一年十一月二十八日）

北京外务部、商部王爷、贝子爷各堂钧鉴：洪。去腊准英务总领事照会开，缅甸政府来电，拟由新街修造小铁路直达腾越以利商运，并派本国公司查勘，可否能修，绘图呈核再妥商办。当复以滇省无议造铁路之权，只能委员会勘，仍应各出勘费在案。本年四月派头等工程师英员黎礼率帮办三人过界勘路，即饬迤西道派员保护，会勘时雨水涨发，黎仅勘大概遽折回缅，据称易办不致亏本，究竟修否，尚无定见，故未转达钧部。惟核烈领事呈交节略，新街至腾约华里四百里，在缅界一百里，中界三百里，共需银五六百万两之谱等语。查修此小铁路，在腾境内用款只四百余万两，自办、人办利害悬殊，现虽僻在一隅，将来即为清造滇缅干路，起点已选。向英领声明，现勘测各出各费，开工则各修各境，早行知在省绅商妥议。顷缅复派黎礼率工务局人员多名过界，分段测勘，滇既准法修路，绅商会议款又未集，此时殊难阻英履勘，只得派员会勘，执定各出各费一语，免生枝节。除详咨外，合先电陈，核议乞示。

外务部复云贵总督电

（光绪三十一年十二月八日）

云南制台：洪密。勘电悉。滇缅铁路前经本部以应由滇督查勘情形，设法自行修造，俟该路修到滇缅交界之处即与英国缅路相接等语，于二十七年十月照会英使在案。今英过界测勘由滇派员会勘，各出勘费尚与原议相符，希查照办理，并将情形随时电部。外务部。

英务领事就路权、路费再复云贵总督函

（光绪三十二年五月二十九日）

径启者：顷接大缄，复称光绪三十年十二月二十五日贵部堂致本总领事缄，声明此次会勘应各出各费，旋于三十一年四月初六日准本总领事照会明认在案各等因。复查前次大缄声明只有"此次会勘应各出各费，滇省无议修铁路之权"字样。并无各修各境，各出各费之语（督批：既照请会勘，该绅商等意以为勘后即修，是以公禀地方筹款，滇境由滇接修）。可知前日大缄所言各出各费者系仅指彼时阅勘路途之费须各自出，并非言各修各境之路，各出各费之费也。且贵部堂权荣两省，在滇尚言无议修铁路之权，本总领事未奉上示，亦无议修权力，况烈领事更无此权尤可知矣（督批：该路尚须复勘，自应会勘后电明驻北京钦使，本国外务方定办法）。至大缄所指二十七年经外部知照驻京钦使有案，似与二十四年三月二十一日贵总理衙门与本国驻京钦差所认滇省修造铁路一事，英法两国邻邦自应一律相待之不相符合。总之议修滇缅铁路，本总领事应俟接到五印度政府电示始可与之商议也。特此再达，顺颂日祉。

务谨顺

三迤绅商士民致岑春煊请设法劝阻英人过界勘路以保主权电

（光绪三十二年十月十六日）

上海，云贵督宪岑宫保钧鉴：敬禀者。闻旗已安抵沪上，并蒙荩筹一是，全滇士民感戴无极。腾越铁道交涉日棘，先是滇英务领以会办意旨三件照会督宪丁，一股本听从中国人购捐多少，二铁路事宜亦应派中国官商总理，三发还各土司应纳之款。当经滇蜀腾越铁路总公司总理宪率同绅董及三迤代表人与该领事开议，坚持缅约附款第十二条"由云南自行修造与缅甸铁路相接"，并恪遵光绪廿七年外务部照会英公使所载"滇缅铁路应由滇督查勘情形，设法自行修造，俟该路修到滇缅交界之处即与英国缅路相接成案办理"相与反复辩驳，扼定各修各界与缅路相接免背原约成案结议。并由督宪电达外务部在案。继该领事函称缅政府派工程师勘测由腾至大理中间一带，要求保护不允，即以兵卫，并以无

中生有之词相诬骗督宪驳复，已而两方面将函撤销。彼竟用强硬手段，撕毁其原函，仍送之洋务局，绅民群情激怒，禀请督宪电达外务部，不承认该领。彼自知理屈，阳以甘言相饴，阴仍运动其政府。现驻腾奥领复声称，缅员过界游历，请为保护，诡诈万端，人心猜疑。虽经极力阻止，然能否就范颇难意料。我公近在朝廷咫尺，合无仰恳仁恩，鼎力旋转，保主权而固疆圉，翘首南望，祷祈莫名。三迤绅商士民公叩。

（选自临沧市档案馆编《滇缅铁路资料汇编》）

滇缅铁路（影印件）

第三　滇緬路

湘桂路及南鎮段進行之際，卽深感滇緬鐵路亟宜準備興築，以期多得一國際路綫。當二十七年初，固人人以爲倘有其他國際通路，可以利用，而戰事或在需用滇緬鐵路以前，已可結束，故不特英美方面認爲不急之圖，卽中國亦持有懷疑之論者，亦有以爲與其建築滇緬鐵路，不如加強滇緬公路者。以是滇緬鐵路雖發議於二十七年，而以衆議紛紜，蹉跎三載，至三十年秋，始能積極進行。

一、馬斯門借款談判　二十七年三月二日，以前曾經手隴海及同成包借各項借款之台伏斯Robert Devoss代表香港英商馬斯門公司Marsman & Co.來漢，提及該公司有意在中國投資。嘗查該公司在中國尚無若何關係，其資力並不雄厚，顧其代表則與中國鐵路投資有悠久歷史，故試與討論興築滇緬鐵路計劃。唯渠意滇緬路無經濟價值，最好將敍昆滇緬兩路併爲一談，較易引起外國投資者之興趣。當於三月七日雙方簽訂備忘錄一份，其要點爲（一）交通部決定興築自成都經敍府至昆明，由昆明經騰越而至密支那，或經孟定而至滾弄，與緬甸鐵路銜接，交通部發起組織一川滇鐵路公司，由部及川滇兩省合籌股本二千萬元。（二）馬斯門公司担任造價之半數，以現款與材料交付，現款至少占五分之一，至多占三分之一。借款年息六厘，半年一付，以鐵路收入爲担保，本金三十年還清。（三）馬斯門公司担任建築工程，并爲在國外購料之經理人。（四）鐵路完工後，移交交通部管理，馬斯門得推薦總稽核一人，稽核銀錢出入，並訂明七月底以前須簽訂正式合同。此項備忘錄之簽訂，意在便於該代表與資本家方面易於接洽。簽字後該公司卽派員赴英接洽，道經仰光，與緬政府當局接洽。在該公司意，以爲越南滇越鐵路公司必有意投資於敍昆，而緬甸鐵路必有意投資於滇緬，不難使英法聯合投資。馬斯門代表過仰光時，曾晤鐵路當局，鼓起彼方興趣。鐵路方面擬一詳細計劃，以便研究。及是年七月半，自英回華，過仰又晤緬政府當局，表示不甚熱心，認爲臘戌至邊境一段，所經地段，人烟稀少，生產

第五編　第三章　滇緬鐵路

不豐，且有滇越鐵路競爭，凡自海口至昆明之貨物，無人願捨近距離之滇越鐵路，而改經遙遠之緬甸鐵路。不如加強公路，俾成一終年可通之公路，數年以內之運輸，足可應付。且表示中國政府如願改善公路運輸，緬政府必將臘戍至邊境一段公路格外加強，維持中緬客貨交通。唯緬甸鐵路局長羅若則最表示熱心，商界方面亦表示贊成之意，認為緬境一段鐵路之延長，有益於緬甸商務，並建議由中國政府補償鐵路完成後之營業虧損，俾緬政府不至有所顧慮。馬斯門公司代表到倫敦曾與各關係當局接洽，似對於鐵路與政治或軍事方面之關係，並不十分注意，均以鐵路展築後之收入不多為慮，且認為此路並不急切。及與英財部接洽，則答以應與中英銀公司接洽，以英國在中國之鐵路投資，中英銀公司為唯一主體，而當時該公司之態度，則似不原在戰爭期內再有新投資。至法國方面，則馬斯門代表先與拉柴兄弟公司 Messrs. Lazard Frerer et Cie接洽，該公司為法國在中國之鐵路投資銀團之一份子，當然以詳情告法銀團。馬斯門代表於五月間，見駐巴黎顧大使，顧大使於六月二日告法外部，希望法方與馬斯門合作。法外部表示敘昆綫為敘渝合同中所包含之綫，法國極為關心此事，惟目下法銀團正進行鎮南段借款，勢難同時進行，滇緬綫似應由英銀團投資。顧大使表示兩路關係我國抗戰，亟須同時興築，如法銀團無意投資敘昆綫，無妨讓於英銀團担任。外部方面答以如與英銀團合作，借款較易進行，一面當敦促法銀團由任進行。法大使那齊亞於六月十五日來漢見訪，告以顧大使與法政府接洽情形，提及滇緬路與英國關係較切，法國不願參加，敘昆路則以舊敘渝合同關係，法國願意投資。作者當時審察情形，知敘昆鐵路借款法國已表示興趣，而滇緬路借款則英國方面希望甚少。因即改變方針，一面擬利用未用之英庚款及招商局所有四海輪，以海岸封鎖，不能航行，且恐為敵人攫取，決出售予英商，兩項所得之款，可湊有一百十萬鎊。一面在英進行出口信用借款，以期在英購買滇緬路料，以當時傳聞英國政府願以出口信用方式，資助中國，在英購料。馬斯門公司曾來告，欲利用出口信用，須由廠家出面，因激英國鋼鐵公司，機車公司，車輛公司，British Iron & Steel Federation, the Locomotive Manufacturers Association, the Cammell Carriage and Wagon Co., and the Head, Wrighton and Birmingham Carriage and Wagon Company

合組一供給材料之團體，以備接洽出口信用。一面由交通部訴駐倫敦郭大使及英使館向英政府接洽。七月中旬駐華英使館接倫敦復電，出口信用借款年限甚短，不適用於長期之鐵路材料借款。因此禹斯門與出口信用部交涉，不得有何結果。八月十三日英使館來表示，英政府對於敍昆滇緬鐵路借款，因法方對於敍昆認為與欽渝合同有關，故英政府須鄭重考慮，此項聯合借款是否適宜。及二十八年正月十日台伏斯來信報告，出口信用借款已告絕望，其原因由於英國外交政策不願於此時有何舉動，足以招致日本之反感。並云傳聞日本曾有表示，如英國對於中國之援助含有軍事意義者，即認為不友誼之舉動，難保不影響及於香港之安全，其結果甚至演成英國所欲避免之英日戰爭。台伏斯之報告，雖不敢謂為確有根據，然證之今後演變情形，不得謂為全無理由。

英緬交涉經過　當禹斯門借款草約簽訂之消息傳播時，法方深恐敍昆鐵路之權益為英所得，中國建設銀公司以其以前與英法銀團合作參加鐵路借款之舊關係，竭力慫恿法銀團與中英銀公司開始協商。二十七年十二月一日仲接建設銀公司電告，英法銀團擬合投資，不久派遣代表來渝。二十八年正月十三日，英法銀團及建設銀公司代表抵渝後，集議三次，僅探討政府意旨，而無切實之表示。惟中英銀公司表示，擬推荐混合鐵路工程師懷德哈思 White-honse 視察滇緬路計劃路線。三月後視察完畢，報告中認為滇緬路有建築之價值。此後時時向英方催促，法銀團方面表示允予商討敍昆借款，英銀團方面則謂須與倫敦及緬甸方面詳細商討後，方能答復。二十八二十九兩年中，即曾用種種方法向倫敦及緬甸兩方勸誘疏通，均無結果。若非日德意三國同盟協定成立，及美國堅持滇緬路交通之維持，則滇緬鐵路之恢復趕工，尚不知何年何月也。

滇緬鐵路之必須英國幫助者有三事：一為自緬甸鐵路之終點臘戍起，至中國邊境為止，一百二十英里，須由緬甸政府同時建築，方可聯絡接軌，方可接運滇緬鐵路一切建築材料。二為滇緬鐵路所需之鋼軌、車輛、材料，必須英國供給。三為滇緬鐵路邊境接點與緬方鐵路終點聯接之處，有一段為中緬未定界，必須將界務從速解決。二十八年五月中，以滇緬公路通車，前往視察，順道赴緬，與緬甸當局交換對於興築鐵路之意見。緬督

Sir Archibald Cochrane 表示，緬境一段鐵路之展築款項，爲緬政府預算所限，非得倫敦援助，實無餘力可以投資，實則中國方面只須將公路加強，汽車運輸已足應付目前運輸需要。當告以滇緬鐵路計劃，不特應付目前抗戰需要，並爲雲南謀一永久出海通路。詢其能否將自臘戍至我方邊境鐵路終點之公路，先行興築，以便我方運輸鐵路材料。當答以事關劃界問題，當從長考慮。嗣與國防部參議 H.H. Craw 晤談，表示對於滇緬鐵路之經濟價值，極爲懷疑。因告以沿線鑛產甚爲豐饒，尤其煤產甚富，可供給緬甸，代替印煤。及談臘戍至鐵路終點之公路，則亦以早日解決劃界問題爲言。晤鐵路局長羅蘭 J.M.E. Rowland，詢以緬境一段鐵路之建築經費數目，答云須一百八十萬磅，全段完成須二年。並云目下緬甸鐵路，每年均有虧損，如須展築此段，必須英政府予以幫助。緬督於談話中曾提及敵人在緬暴露宣傳，甚謂如英國幫助中國建築鐵路，緬甸將遭轟炸，又謂鐵路築成，中國將有大批移民入緬，剝奪緬民生計。因訪緬甸國務總理字普 U. Pu，渠即以鐵路築成後，中國移民入緬爲言。當告雲南人口稀少，現以國內建設事業，風起雲湧，已覺人口不足，請其不必顧慮。渠云最好在報紙發表此意，以釋羣疑，嗣即照其意見辦理。根據以上談話情形，可知滇緬鐵路計劃之希望尚屬遼遠，以其緬境一段之興築，已有若干問題：第一必須倫敦予以財政上之援助。第二必須使緬甸政府當局瞭解滇緬鐵路之經濟價值。第三必須使緬甸民衆對於中國益增諒解。第四劃界問題必須先行解決。及自緬歸途過越南時，法銀團代表晃告法方已決定允與商借敍昆鐵路借款，如英方願承辦滇緬鐵路借款，即可共同合作，併成一筆借款，現正候英銀團答覆，如英方無意承借，法方可單獨承辦敍昆借款。一面由交通部電郭大使請其告英政府，緬段建築費至多百八十萬磅，假定中國方面西段先鋪輕軌，英方能否同意辦理，或由吾方代爲擔任。乃得覆電云，緬境鐵路建築費，中英銀公司無力擔任，英政府在目前似亦不願積極進行。至八月間，中英銀公司表示，如法銀團與交通部討論借款，當派一代表參加旁聽。及十月底敍昆合同大致就緒，電中英銀公司代表報告倫敦，請其建議英方加入。十二月十一日敍昆合同簽訂，以爲英方或可稍稍變更態度。十二月十三日經政府之敦請，有緬甸親善訪問團來渝，曾將中緬交通之重要，及中國移民入緬之不足顧慮兩端說明。同時外交部催促英方早日答覆中國政府提議之劃界案，一面並以邊境未定界內之一段公路，由何方承築，向英緬政府催詢，以冀間接催促界務問題之進行。十二月底國防部秘書西摩 A.H. Seymour 及郵電局局長聶斯 R. Nesbitt-Hawes 來游重慶，亦懇切告以中緬交通加強必要。二十九年二月底，接郭大使電云，英外次表示滇緬鐵路材料借款，或有利用中國已得之信用貸款之可能。財政部代表郭秉文君亦來函報告，中英銀公司參加敘昆路談判之代表報告，業已寄到倫敦，滇緬路材料借款談判，似有復活之望；英銀團擬準備供給材料借款一百五十萬磅，只須英政府允予担保，即可進行。建設銀公司亦報告同樣情形。因托駐華英大使向英緬兩方面加以推動，一面托中國建設銀公司接洽催促。二十九年一月間，克里浦爾士來華游歷，道經緬甸來渝。一月十五日來訪，提及據渠在各方面所得影象，英緬兩方對於鐵路不表示熱心之理由，仍不外以其經濟價值，及顧慮大量移民入緬，與夫因鐵路築成後之緬甸邊境國防設備勢須加強等等。爵士熱心主張滇緬鐵路極應早日興築，曾建議設一獨立公司，建築緬境一段鐵路，由中國方面保證每年最低運量，或保證投資利息。並向作者建議，可向印度方面接洽採購鐵路材料，不妨招請印度實業家來華一游，為將來發展中印交通之準備。並建議英大使經緬甸公路赴緬一行，緬督與龍主席可交換訪問，俾緬甸鐵路計劃早日成熟。渠於四月間回倫敦後，向英外部建議，中緬界應及早解決，以便建築滇緬鐵路，及立即佈置建築緬段鐵路，應付目前需要。其對於中國之熱心，與其見解之高遠，至堪欽佩。作者聞此消息，當即電請郭大使向英政府表示，中國政府對於緬境鐵路之投資，願予保息，希望緬境鐵路問題，即行決定。但接覆電謂，緬境鐵路問題，須待劃界問題之解決，至築路經費，緬政府自有辦法，無庸中國政府代為籌劃。英大使卡爾深感有親赴緬甸一行之必要，並希望交通部予以詳細資料，表示滇緬鐵路沿線之資源，及其經濟價值，並提及緬段鐵路之建築，及中國段鐵路借款問題之焦點，尚不在劃界問題，而在英國自身鋼料需要迫切，不敷供給國外，中國如有軍需原料，可以交換，或易於商辦。中國建設銀公司接到倫敦代表來信，亦云英國政府感覺鋼鐵材料用途，急於此者尚多，故極為躊躇。

英政府於三月間通知緬政府，將臘戍至滾弄公路從速改善，並囑測量滾弄至蘇達間未定界內公路。交通部方面因急於解決鐵路材料之運輸，並避免未定界之糾紛起見，決定以南定河北岸為起點，則蘇至滾弄一段公路，可以不築。詎緬方表示不甚贊同，中國遂即表示放棄此意，並請英國政府不待界務問題之解決，即行興築滾蘇間公路，將來界務問題解決時，此項地段屬於何方，則此費用即歸何方担任。蓋以緬方之臘戍鐵路起點在河之南，即希望界務問題早日解決，亦含有緬境鐵路與界務問題同時解決之意，故中國政府即予以讓步，以示好感，而中緬間對於鐵路問題見解，漸有接近之可能。

鐵路計劃進展略見曙光，忽於七月十六日行政會議中外交部長報告，接郭大使來電云，英外部見告，英政府為顧全英方利害起見，不得不權衡輕重，勉允日本要求，將經緬入華進口軍用物資，停運三月。好在不久當地雨季即將開始，滇緬公路內運物資，勢將減少，故此短期間之停運，當於中國無甚妨害，設於此期內大局形勢好轉，仍可補救云云。其禁止內運物資中包含鐵路材料在內，是不特滇緬鐵路材料借款已無希望，即交通部儲存仰光香港材料，亦無法利用，而緬段鐵路之建築，更無從談起，兩年來之努力，盡成泡影。自此唯有靜待三個月後之轉移。

幸於此期間，日德意三國盟約之宣布，及美國方面之仗義支持，終至英國政府覺悟其綏和政策之無補，毅然負責恢復滇緬交通。此則無異英國明白表示拒絕與日本妥協，為遠東歷史上一大轉換。三十年二月十七日，英大使遞交蔣委員長節略一件，通告英國政府已決定資助緬甸政府建築自臘戍至中國邊境一段鐵路。惟希望界務問題，照緬甸政府之希望，早日解決。中國境內之鐵路，由中國政府自行籌款，或利用美國借款。為謀緬境鐵路之早日完成起見，擬請交通部將存在仰光之鋼軌八十三英里，讓予緬甸政府。此外如緬方尚有不敷材料，須向美國購買時，希望利用中國方面美元資金，而以金鎊區域內可購之材料償還。並盼時局平定後，中國盡量使西南各省一部分進出口貨經過滇緬鐵路，以減少緬境鐵路之損失。中國政府當即答復，首先對於英國建築緬境鐵路之舉，表示謝忱。關於界務問題，希望英緬兩政府對於中國政府之提議，予以善意考慮。至中國境內鐵路，自二十七年十二月開始後，東段工程已完成百分之六十，西段工程之若干初步準備亦已全部依次辦理就緒，此後當隨必需材料之取得，迅予繼續興築。同時中國政府深諒英國政府目前取得必要材料之困難，允將存在仰光八十二英里鋼軌，讓作興築緬段之用，並願將中國之幹練工程師，借與緬方，協同工作，希望該段能於一年半內完成。四月二日緬甸報紙發表關於此事之經過，英緬政府對於興築緬境鐵路問題辦法已有決定，所有經費及一切財政上之責任，由英國政府負擔，惟緬政府得隨時償價贖回。關於海關護照及移民入境之管理辦法，須切實規定，而鐵路之治安，應有保障。在緬甸議會中討論此案時，國防參議克勞曾聲明，中國政府為抗戰起見，不問經費之大小，及緬方允否建築緬境一段，已抱定建築滇緬鐵路之決心，但緬境鐵路若不展築至邊境，則中國段之建築費勢必大為增加，鐵路材料運輸費之鉅，更無論矣。顧深恐緬段之建築，即英國政府願給借款，但恐完成後，入不敷出，勢須增加緬民負擔，並須籌劃還本付利，故不得不由英國政府負責籌款興築，並歸英政府經營。親善訪問團團員甘申新在院中贊成尤力，謂中國與緬甸素稱親睦，中國決非侵略國家，以中國之大，即照現在之人口增加率，恐今後數百年間，中國人口祇足敷中國之用，決無大量移民入緬之慮。可見國際間人民之接近實為必要，年來中緬間之親善工作，似已得有相當效果。

美國供給滇緬鐵路材料之成功　民國三十二年二月間英國通告中國政府可以興築緬段鐵路時，即表示中國一段由吾方自行籌款，或利用美國信用貸款，是滇緬路之完成，除依賴美國援助外，別無他途。適二月間羅斯福代表居里氏 Lau Chlin Currie 來華，當與詳談滇緬鐵路建築之必要，並交與節略一件大致謂：

中國如支持長期抗戰，每年須自外洋輸入軍品二十萬噸，人民日用必需物資約十萬噸；而公路能力不過十八萬噸，故必須有一鐵路。

物資輸送昆明後，仍須利用汽車分送至後方及前線。如滇緬鐵路興築，則鐵路材料可以輸入，西部鐵路網可以實現，而運輸能力，大為增加。

世界戰爭恐將延長，海口通路恐全被封鎖，中國宜在內地建立工業，力求自足，如鐵路展築，則生產機器，可以輸入。日本佔據越南，將為南太平洋永久之威脅，盼望英美共同參加材料鐵路，為中英美共同抵抗因本南進之初步基礎。估計所需材料，全線需美金一千四百萬元，先築由邊境至祥雲一段計二百九十二英里與西祥公路啣接，約需美金七百五十萬元。

三月間在美之宋委員子文與駐美胡大使來電建議，利用美國租借法案材料，完成滇緬鐵路，不必另商借款，以期迅速。當由院議照辦。嗣由宋委員來電，擬由渠與英美雙方交涉，交通部派滇緬工程局長攜帶最近工程預算圖表及各項資料飛美協助進行。該局長三月底啓程赴美，四月中旬抵華盛頓。美方謂租借法案祇限於與軍事有關者，故必須該路邊境至祥雲一段，能於一年內完成，則或可視爲與抗戰攸關，有利用租借法案之希望；否則甚爲困難。該局長當陳說各種困難如能克服，或可於一年三個月內完成，如滇緬鐵路必如先期完成，方可運入路料，兩季瘴氣疾病必須預爲防範，國內工款之必須如期籌足，材料之必須如期到達。經宋委員之折衝，居里氏之幫忙，美政府同意照借。當備就料單送美軍部，由該部之工程師人員審查核定，五月底由羅總統批准，供給材料價值一千五百萬美金。嗣以由美至仰光運費，不便在材料價內扣用，因又商請美國加借美金三百萬元。同時由美政府派員會同該局長往各地廠家調查及接洽製造情形。該局長於八月間歸國，美政府並派充鐵路工程司之陸軍部校官奥斯蘭 Major John Ausland 來華協助進行。所有材料自九月起陸續起運，該路工程亦自是時起積極趕工矣。

路線之勘定　滇緬鐵路勘線工作，自二十七年冬季開始至二十八年春季大部完成，其所採路線完全採用光緒二十四年（一八九八年）英人台維斯 Major H. R. Davis 受英雲南公司委託踏勘，自緬邊滾弄起至昆明止所應採取之路線。凡可以改善之處，並與以改善。全路可分爲兩段，自昆明經安寧，祿豐，一平浪，廣通，楚雄，鎮南，姚安，雲南驛，而至清華洞，此段長二百四十四英里，係與滇緬公路並行。自清華洞起路線折南，經彌渡，南澗，雞䨭，公郎，而至瀾滄江，由此轉西經雲縣，頭道水，孟賴，孟澗，而至南大河口之滾弄，此段約長二百四十八英里。昆明至清華洞一段，最大坡度爲百分之二、五，清華洞至南大河一段最大坡度爲百分之三。全線最小曲線半徑爲一百十碼。在此多山之區，能達此標準，已屬不易。全路最困難之處，推雞䨭至公郎一段。最初擬定之線，有隧道二處，在下雞籠丫口，及簪甸丫口、各長一千碼，不獨工程鉅大，且完工時期爲其限制，因設法用旋廻線避免此兩長隧道，經費時間均可節減，此線約長三英里。至此路線跨越之大河，則有漾化河，老鼢河 瀾滄江，及南定河，其最長者爲瀾滄江橋，總長約一百七十五碼，大小橋梁總長約六千五百碼。全部土石方約十四萬一千二百五十萬立方尺，需用工人二十萬名，經十個月不斷繼續工作，方可將土石方完工。

當勘定路線後，有主張西段自祥雲應採北線，於是有南北綫之爭。所謂北線，即自祥雲經下關，保山，騰衝，入緬，以接緬甸鐵路之密支那站，或接八莫站。而該路工程局所採之線，由祥雲經彌渡，雲縣，孟定，滾弄入緬，而接緬甸路之臘戌站，謂之南綫。騰衝地方人士，主持北線甚力，尤以騰衝至八莫，向爲中緬通商要道，而八莫可接依拉瓦底河，通至孟加拉海灣，故言之似頗成理。一時議論紛紜，無所適從，因派員分別查勘兩線，互相比較。率以北線所經騰衝一帶，山河崟崚，地形崎嶇，既須上升雲嶺，怒山，高黎貢山，又須低降瀾滄江，怒江，龍川江，大盈江、舒越高嶺，即入深谷。且山嶺都與路線橫亘數白里間一脈連綿，尤以高黎貢山爲最甚，即其最低丫口亦高出怒江五千九百尺，而其鳥道直距僅十餘英里，而必須開鑿十二英里長之隧道，并有數處深溝絕壑，無迴旋餘地，足供鐵路繞越，非逐處開鑿隧道，無法貫通。除此以外，越嶺穿山，長距離之隧道尚多，而跨谷濟川長棧高橋，鉅工猶多，其建築費固爲目下財力所不許，即建築時間之延長，亦失抗戰之本旨。故決定用南線。台維斯所著書中曾云，一千八百六十七年緬甸方面以伊拉特河上游可航行至八莫，因引起英人建築八莫至昆明鐵路之興趣。嗣經Margary及Baber二人踏勘結果，知騰衝至大理府間之高山峻嶺，幾使鐵路之建築爲不可能。台維斯本人經六年實地踏勘之結果，亦謂由八莫至騰衝間尚易施工，由騰衝至下關則中途須越高黎貢山，實無法通過。當時吾國政府曾允英政府建築八莫至騰衝一段鐵路，以迨鐵達騰衝後，無發展餘地，遂即中止建築中緬鐵路之計劃，其北線之難以採用，蓋有由來也。至與緬境鐵路啣接，在滾弄而不在八莫，則自光緒十一年（一八八六年）英人將上緬甸隸入版圖，並開拓撣部。於光緒二十八年（一九〇二年）完成自孟特蘭至臘戌鐵路之後，即從事測量自臘戌至中國邊境鐵路線，即預定築至滾弄。在緬甸方面，先亦有數條不同接通中國之線路，有主張自下緬甸沿怒江之薩爾門 Morl mein，往東至暹邏之拉亭 Rɔhəng，往北沿米南山谷 Menam Valley，經肯吞 Keng Taung 肯亭 Keng Hung 而至思茅者，自鐵路築至臘戌後，則臘戌至滾弄線路，已爲與中國鐵路聯接確定不易之綫路矣。

採用一公尺軌距之理由　南北線問題之外，尚有寬軌窄軌之爭，交通部所採用者，爲與滇越鐵路緬甸鐵路同樣之一公尺窄軌，與英美四英尺八寸半標準軌不同。查該路之當前主要作用，在謀國外物資輸入之迅速與便利，如採用與滇越緬甸鐵路不同之寬軌，由仰光輸入物資，須在邊境換車，上下裝卸，消耗時間，多增不便。在平時固在謀中緬越三國經濟關係之密切，在戰時更可加強三國國防之合作，若三者之鐵路用同一軌距，則昆明扼其中，西經滇緬路，緬甸鐵路，而達仰光，東經滇越鐵路，越南鐵路，而達海防，兼甘南太平與印度洋之兩洋交通。當前爲爭取時間之緊要關頭，在此崇山峻嶺之間，若採用寬軌，則坡度灣度標準，均須提高，路基亦須加寬，隧道勢須增加，其完成期限之延長，自不待言。故交通部方面再四考慮，決定採用窄軌。一時頗有人持反對之論，且在報紙發表論文，及上書政府，主張改用寬軌。據緬甸鐵路雜誌記載，當籌築緬甸各鐵路之始，於軌距採擇有兩種主張，卽採用四英尺八寸半之標準軌距，與採用一公尺之窄軌，後決定採用窄軌。當時頗有懷疑者，但行之數十年，尚未感覺運輸力之不敷應用，祇須機車車輛充裕，新式設備完全，達成每月三萬至五萬噸之運量，並非難事，則於相當期間，足可應用。至鋼軌亦與緬甸同樣採用每碼六十磅重之鋼軌。近工程專家認爲中國鐵路用六十磅軌尚屬經濟適用，卽使運量增加，於短期內可毋須再行換軌。

工程進行之經過　二十七年六月一日，以招商局新造之四海輪停留香港，無法航行，且慮日後不能保存，適英商怡和洋行願意承購，決定出售，擬以取得價款，充滇緬路購料之用提出行政院，並提議另撥二百萬元，爲國內工款，經會議通過照辦。卽設立工程處，籌備開工，並設西段工程分處，籌備祥雲以西之工程。二十八年春正式開工，卽改爲工程局，仍設西段工程處。及工程進行，卽遭遇滇越鐵路運輸材料之困難。當時估計敍昆滇緬兩路每年須運入材料六萬噸，而滇越路運量祇有每月七千噸，分配與鐵路材料之噸位甚少，不得已將同籌路訂購未用之機車八輛，貨車三十五輛，並正太路訂購之貨車七十五輛，一併租與緬越路使用，以期增加鐵路材料運量。即工程上最需要之炸藥，滇越路以有軍用之嫌，亦不敢承運。西段工程以緬方毫無反響，且材料無法內運，故不能積極推進，工程進行之延緩，實由於此。

二十八年六月間，行政會議軍政部長提議，以滇越鐵路運輸量甚為薄弱，而滇緬鐵路又非旦夕可成，不如將鐵路暫緩進行，先加強滇緬公路，以濟目前之急。作者提議將鐵路建設計劃通盤研究，何者應趕，何者可緩，應趕者須增加預算，充分接濟。因由軍政，財政，經濟，交通四部詳細審查，其結果大致謂："滇緬交通關係抗戰甚大，公路及鐵路建築之進行，須同時兼顧，而予以合理調整，俾人力財力得集中運用，而收速效。鐵路方面務於二十九年底築至祥雲，至邊界一段，滇緬公路務於二十九年雨季期前，將改良工程辦竣，使運輸量逐到每日六百噸，並能終年通車無阻"。此項決定實以當時情勢為根據，蓋滇越鐵路尚可暢通，滇緬東段材料可由越南運入，不如先趕東段鐵路，而西段則英緬兩方態度猶移　緬境一段鐵路尚無希望，材料運輸困難，不如改良公路，作此較為合理之調整。此消息傳出後，昆明各報著論反對西段緩修。十月底雲南龍主席來電主張，西段繼續將路基完成，可見雲南人士希望滇緬路完成之般切。

二十九年一月間，作者以滇越鐵路被敵機轟炸橋樑路阻，前往昆明赴沿線視察。當思桂南戰事發生後，敵入雖退出南寧，而桂越公路無法利用，近敵人又開始轟炸滇越鐵路，此僅存之國際路線，時時遭受威脅，不特運輸擁擠，即東段鐵路材料，亦無法照原定計劃運進，近更時有中斷之虞。因決定變更方針，再繼續進行西段工程，如英緬方面不允，即將緬段鐵路完成，即將材料由臘戍運至滾弄，再利用南定河水運至孟定，即機車車輛亦擬分拆裝運。至東段方面，自昆明至一平浪一段，因一平浪產鹽煤甚富，可供給昆明，當積極使之完成。自一平浪至祥雲，隨滇越路運輸量，隨時伸縮。

二十九年六月間，越南政府限制中國物資經由越南運入中國。七月間英政府復宣佈滇緬路之停運政府物資三個月。是滇緬與敘昆三路料均無輸入希望。此時有人建議將滇省自個舊錫鑛至滇越路之碧色寨站之鐵路雞街至石屏段拆卸，計有六十二英里鋼軌，改舖一平浪至昆明一段，以地方之反對，未成事實。因即一面決定採取可進可止方針，保存工程機構，俾人員不至星散，已做工程不至毀損，設或一旦復工，仍可立即繼續進行。計凡已竣者，從事整理，使其不受水害，未竣之工程，如隧道，可以襯砌完畢，使其不受雨、風化而坍陷。橋土墩之基礎未築出水面者，可築至洪水以上，使不至為山洪所冲毀。土石方之已完成者，加築水溝以免沖倒，其未經動工及可以立即停工者，均暫停止進行。十一月間英政府宣布恢復滇緬交通，政府與鐵路員工均慶幸有重再興工之望。自三月起每月增為九百萬元，三月十一日經院議核准通過，並促即日趕工。其時鐵路工程計完成昆明長坡間已鋪軌十五英里，長坡一平浪間六十二英里已完成工程百分之八十以上，一平浪至祥雲間完成百分之二十，祥雲至邊境完成百分之十。此外即沿路線凡公路不通之處，均築就運輸便道，此為進行工程所必需者，幸已全部完成。

趕工計劃及完成期限　美國租借法案材料借款成功後，即令主管工程人員擬定趕工計劃，自祥雲至邊境共二百九十二英里，分為三段，確定同時進行，預定三十一年底完工。至祥雲以東工程，則以不見急切，可稍寬限，擬於三十二年內完工。全部工程之較難者為隧道及大橋，各設工程所，專司其責，以期迅速。計隧道東段尚有一千一百英尺，西段七百七十英尺。橋工之大者，為黑河，南定河，瀾滄江三處。而趕工中有若干先決問題，必須早予解決，一為醫務衛生，以西段路線所經大部分為蠻烟瘴雨之區，瀾滄江東西兩岸死亡率之大，尤屬驚人，以是士人望而生畏，裹足不前。幸美國政府派遣治瘧專家多人來華，配以中國醫生，佈置沿線醫務衛生，以期工人疾病死亡率之減少。二為運輸，因自臘戌至邊境工地，一切物料運輸，均依賴汽車，須有三四噸卡車八百輛，十噸拖卡車二百輛，則運輸問題可以完全解決。此時三十一年初所有車輛尚不足半數，不得不利用獸馬運輸，以為補助。三為緬境鐵路之完成時間，若該段能於三十一年底完成舖軌，則吾方於三十二年春即可同時舖軌，惟緬方謂三十一年底祇能完成臘戌至怒江邊計五十三英里，其餘六十二英里須於三十二年六月完成，部方一再要求緬政府提前完成，以免因緬段工程之遲延，而影響及于滇緬鐵路之完成期限。四為美國材料之到達時間，美料自三十一年九月起陸續運華，大致不至有何障礙。五爲工人與食糧問題，預計需工人二十萬名，雲南人口不多，西段尤爲稀少，大部工人已爲改善工程所吸收，今幸雲南省政府力予幫忙，於三十一年初已征募工人二十萬名。至工人所需糧食，近邊境一段由緬甸採購，此外由附近各縣採購，亦由雲南省政府協助，故亦可解決。

三十年十二月七日，太平洋戰事爆發之後，僉主即刻停工。惟當時路工仍繼續進行，迨三十一年三月十日仰光淪陷，於是自抗戰開始奮鬥以迄今日之中緬交通大計，不得不暫時放棄矣。吾全部員工不知流多少血汗，爭取所期望必得之目標，乃竟功敗垂成，凡人人迴想其艱難困苦，更感失望之深，唯望他日局勢好轉，立時復工，以完成此重要之中緬國際路綫，此實作者所馨香祈禱者也。

（选自张嘉璈著《中国铁道建设》，第五编、抗战中之新路建设，第三章、滇缅铁路。）

曾养甫龙云关于西南铁路计划的往来电文

（1936年2月25日）

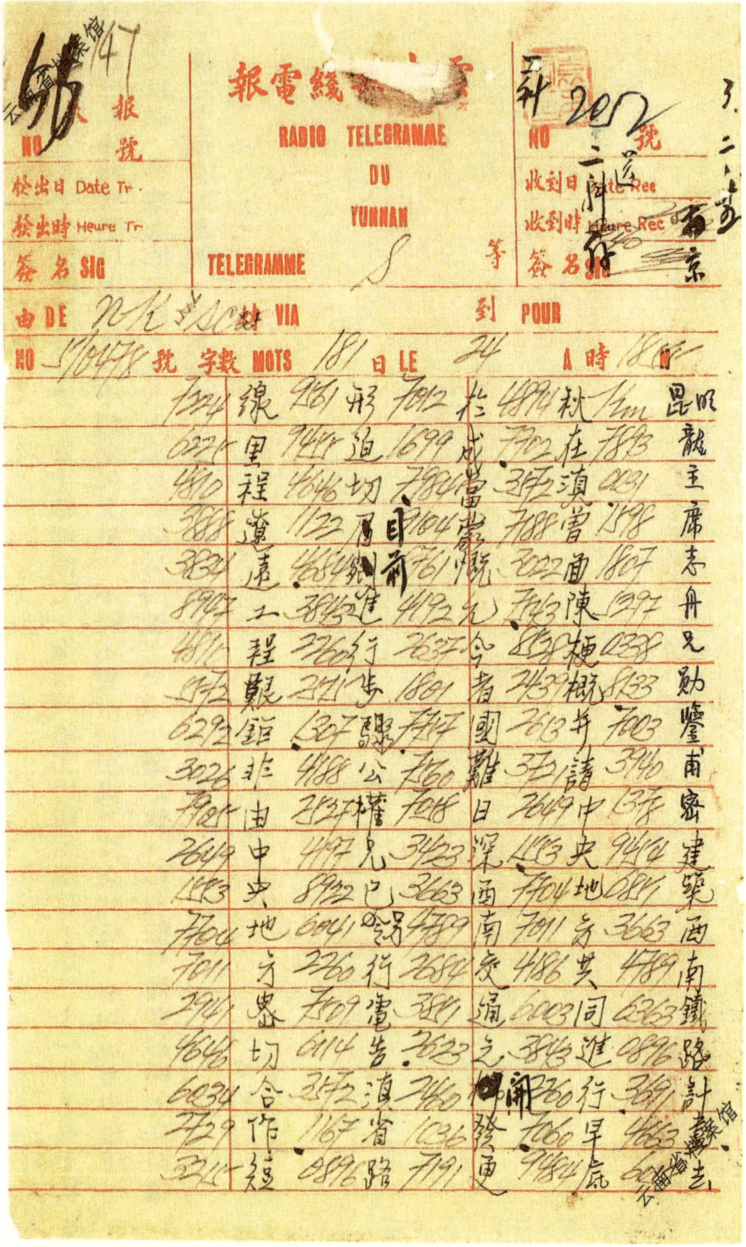

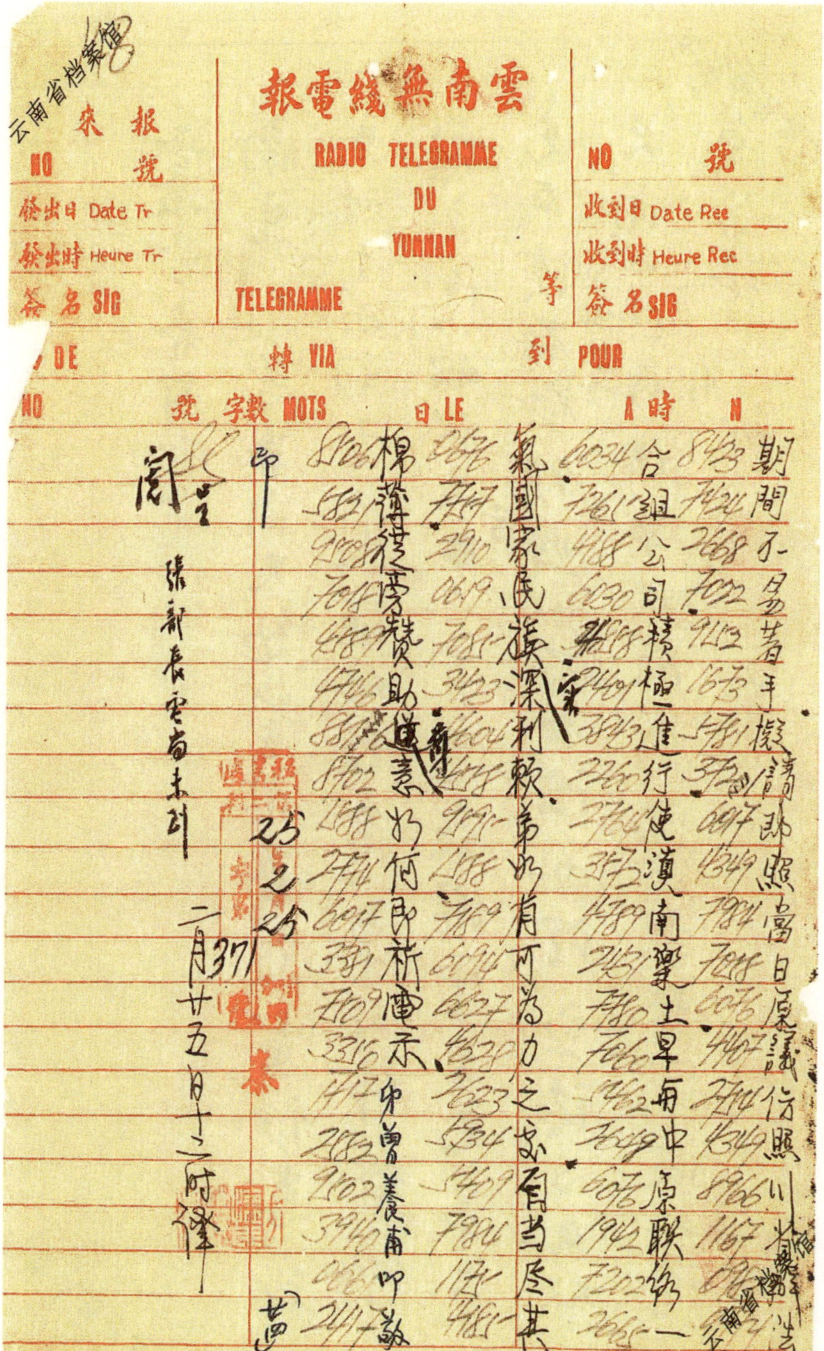
雲南無線電報
RADIO TELEGRAMME DU YUNNAN
來報 NO 號
發出日 Date Tr
發出時 Heure Tr
簽名 SIG
TELEGRAMME 等
NO 號
收到日 Date Rec
收到時 Heure Rec
簽名 SIG
DE 轉 VIA 到 POUR
NO 號 字數 MOTS 日 LE A 時 H
云南省档案馆

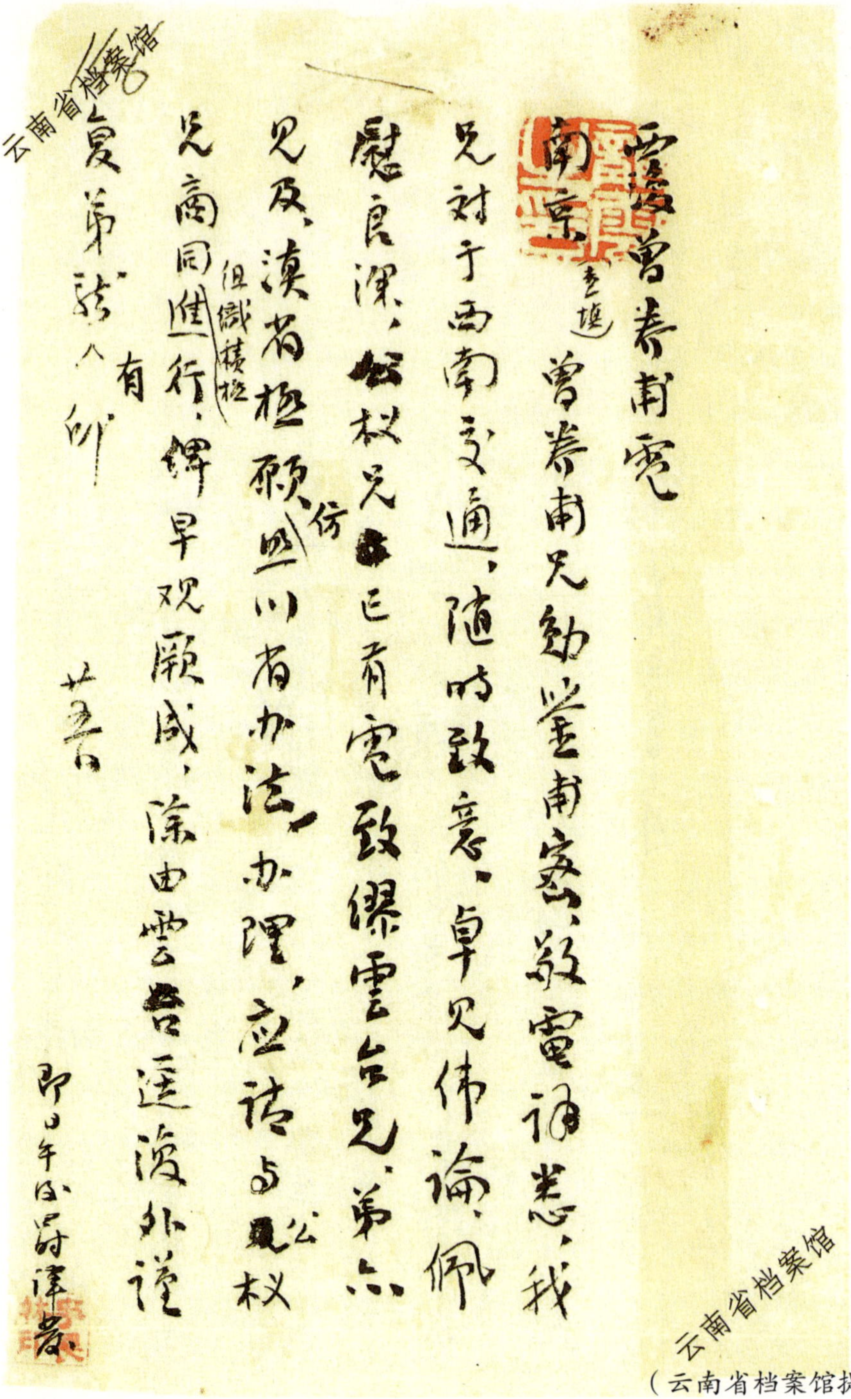

南京 曾養甫電（查填）

曾養甫兄勛鑒：密，敬電誦悉，我兄對于西南交通，隨時致意，卓見偉論，佩慰良深。[illegible]杖兄[illegible]已有電致繆雲台兄，弟亦見及，滇省極願仿照川省辦法，辦理，應請與公杖兄商同（但識模擬）進行，俾早觀厥成，除由雲台逕復外，謹復。弟[illegible]叩。有

廿五年

即日午時譯發

云南省档案馆

（云南省档案馆提供）

张嘉璈龙云就滇缅叙昆铁路开工的往来电文

（1938年12月15日）

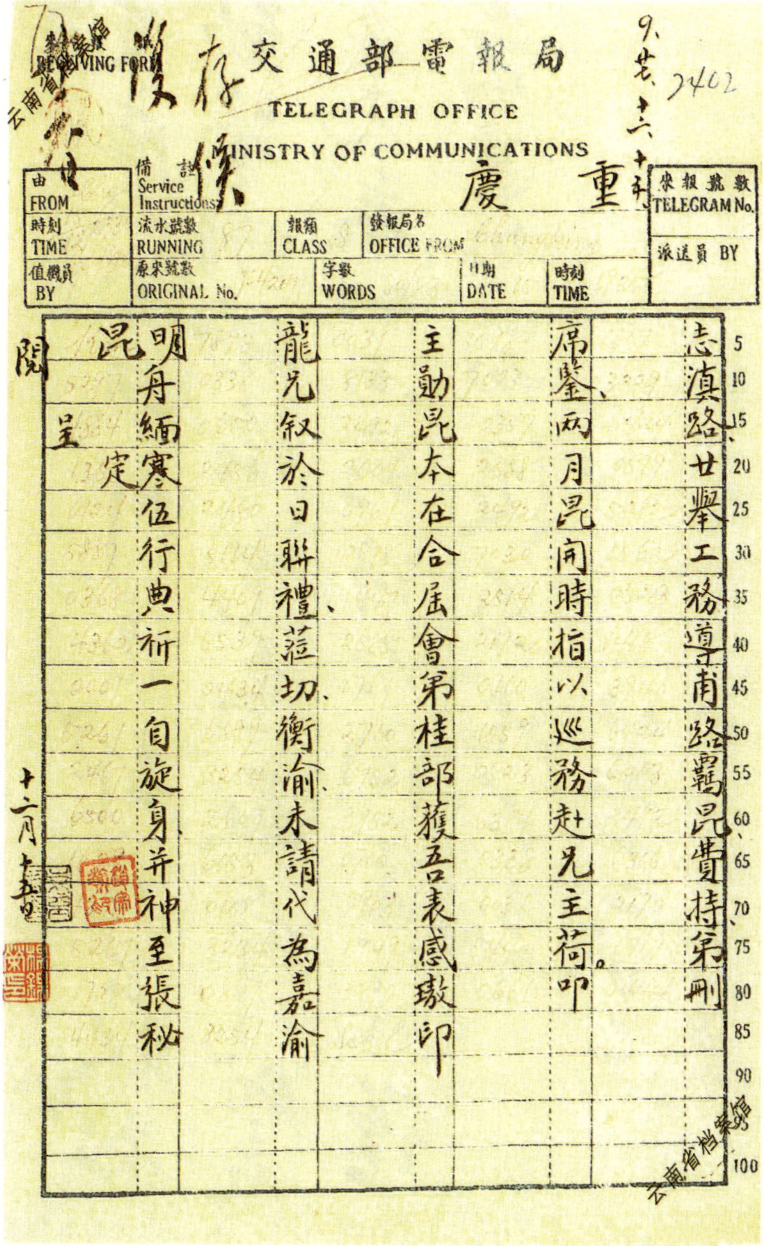

交通部電報局

TELEGRAPH OFFICE

MINISTRY OF COMMUNICATIONS

RECEIVING FORM

9、艺、十六

2402

照存

由 FROM	備註 Service Instructions	重慶			來報號數 TELEGRAM No.
時刻 TIME	流水號數 RUNNING	報類 CLASS	發報局名 OFFICE FROM		派送員 BY
值機員 BY	原來號數 ORIGINAL No.	字數 WORDS	日期 DATE	時刻 TIME	

志滇路廿舉工務導甫路竊昆貫特呆刪

席鑒、兩月昆間時指以巡務赴冗主荷叩。

主勛昆本在合屆會第桂部獲吾表感璈印

龍先叙於日聯禮蒞切、衡渝、未請代為嘉渝

明舟緬寒伍行典祈一自旋身并神至張秘

昆 呈 定

閱

十二月十五日

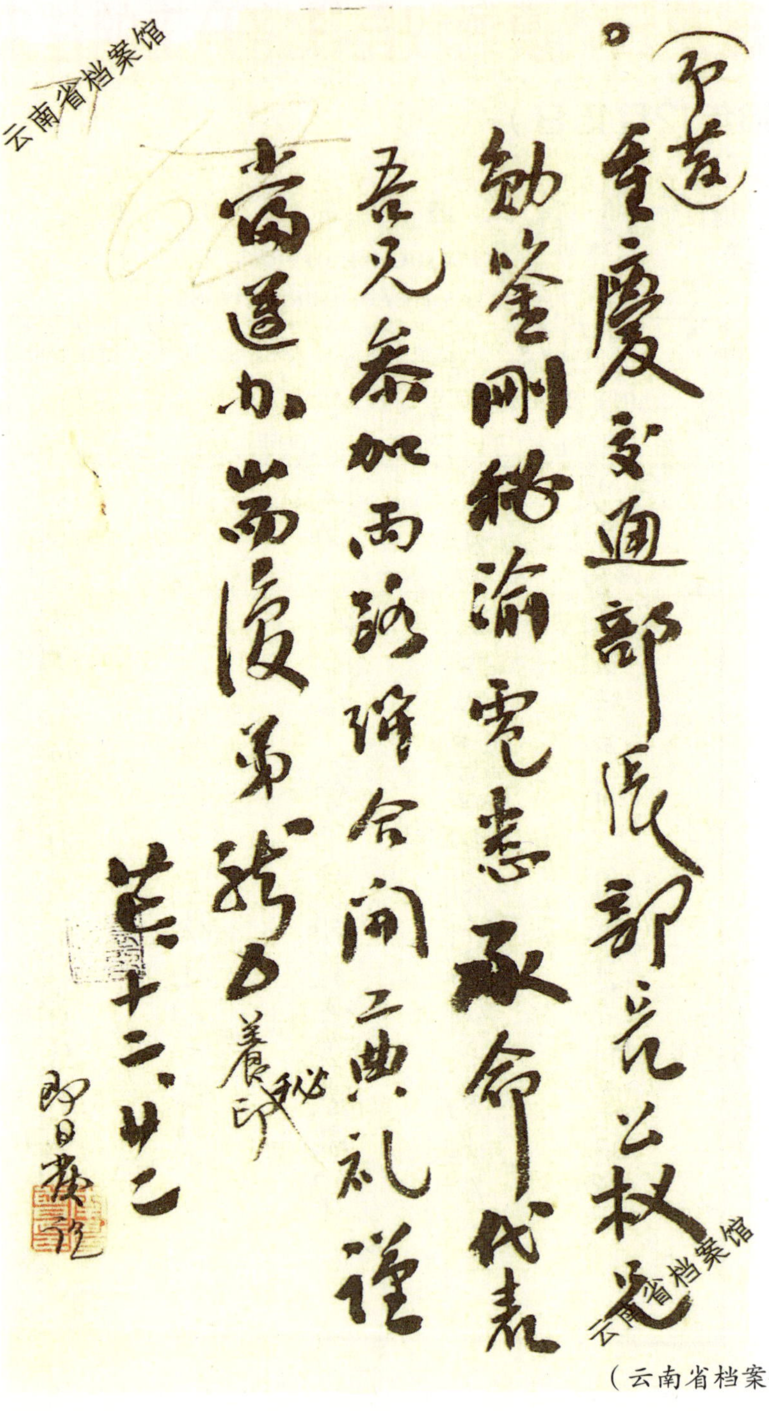
（下达）重庆交通部张部长公权兄
勋鉴：删铣渝电悉。承命代表
吾兄参加西南联合开工典礼，谨
当遵办。当复。弟龙云 秘
亥十二、廿二
即日发

（云南省档案馆提供）

曾养甫谢龙云对滇缅路事周祥指示的电

（1939年6月2日）

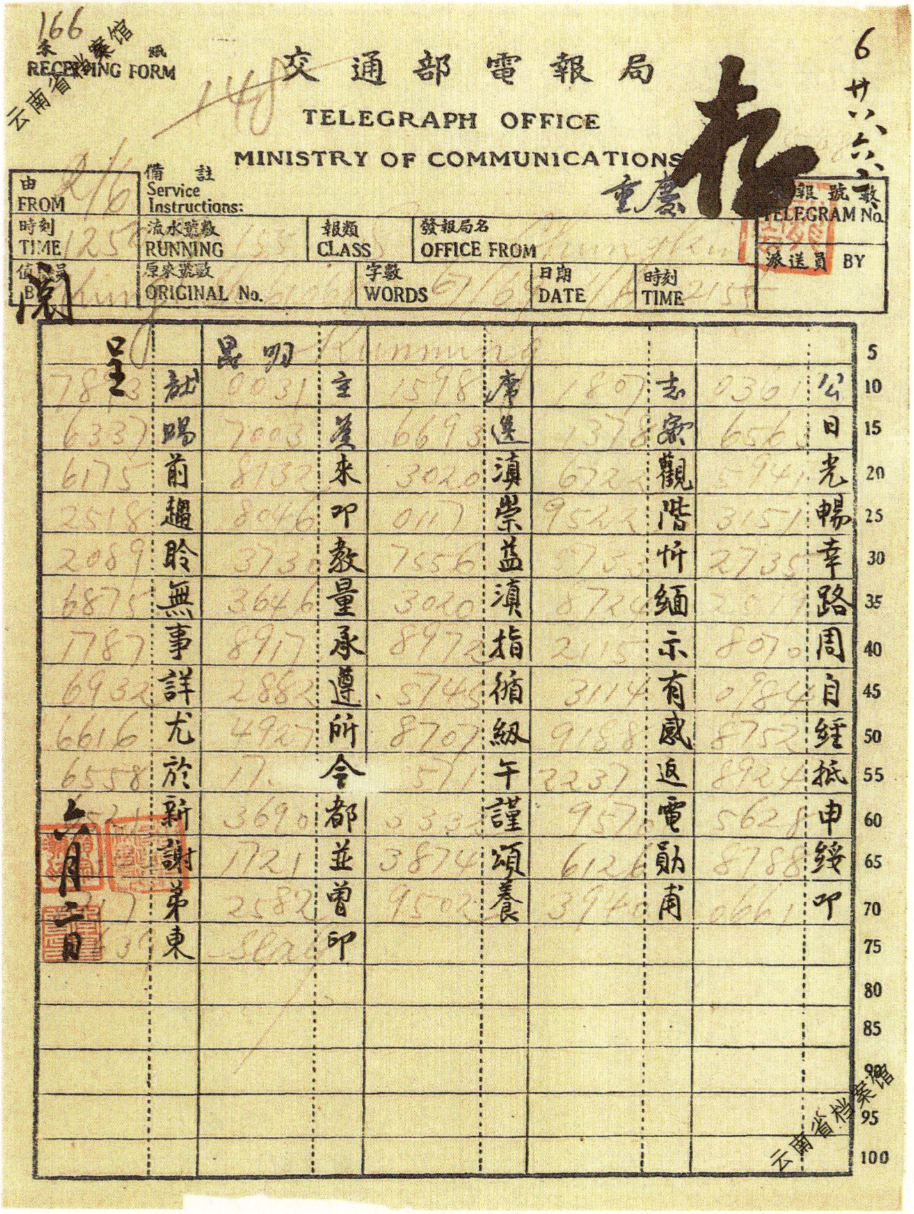

来报纸 RECEIVING FORM

交通部電報局

TELEGRAPH OFFICE

MINISTRY OF COMMUNICATIONS

重慶

由 FROM	備註 Service Instructions:			報號數 TELEGRAM No.
時刻 TIME	流水號數 RUNNING	報類 CLASS	發報局名 OFFICE FROM	派送員 BY
值機員 BY	原來號數 ORIGINAL No.	字數 WORDS	日期 DATE	時刻 TIME

呈

	昆明				5
龍	主	席	志	公	10
賜	鑒	遇	密	日	15
前	來	滇	覲	光	20
趨	叩	崇	階	暢	25
聆	教	益	忻	幸	30
無	量	滇	緬	路	35
事	承	指	示	周	40
詳	遵	循	有	自	45
尤	所	[illegible]	感	經	50
於	今	午	返	抵	55
新	都	謹	電	申	60
謝	並	頌	勛	[illegible]	65
弟	曾	養	甫	叩	70
東	印				75

（云南省档案馆提供）

国民政府交通部滇缅铁路工程局规定西段设孟定云县公郎三工程处的电

（1941年7月2日）

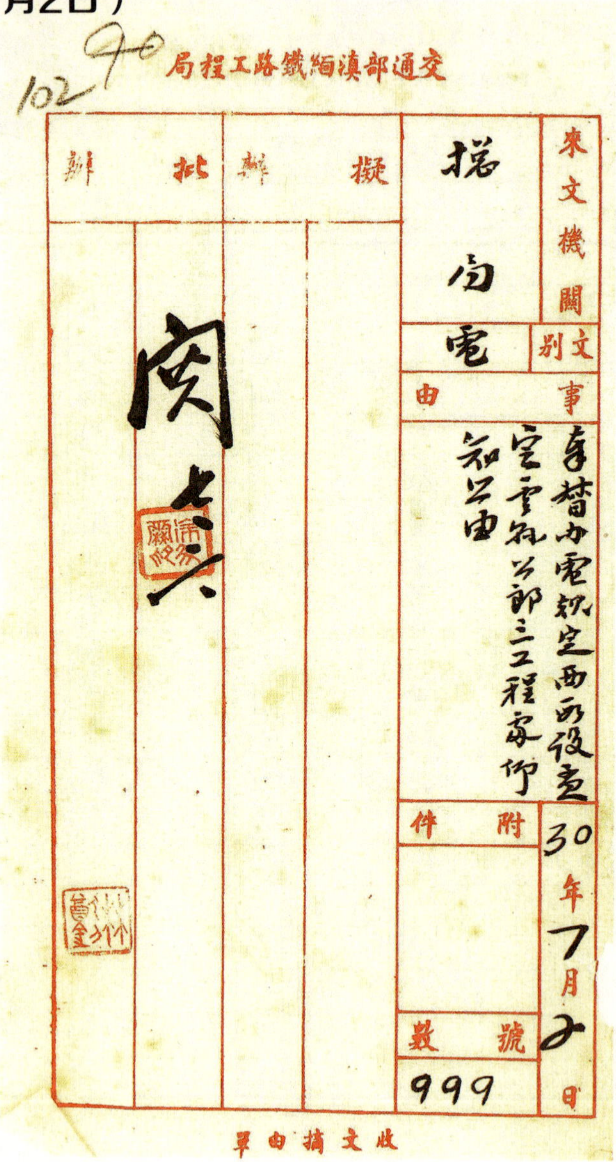
交通部滇緬鐵路工程局

來文機關	總局
文別	電
事由	奉督办電规定西段设孟定云县公郎三工程處仰知照由
附件	
數號	999
日期	30年7月2日
擬辦	
批辦	閱

收文摘由單

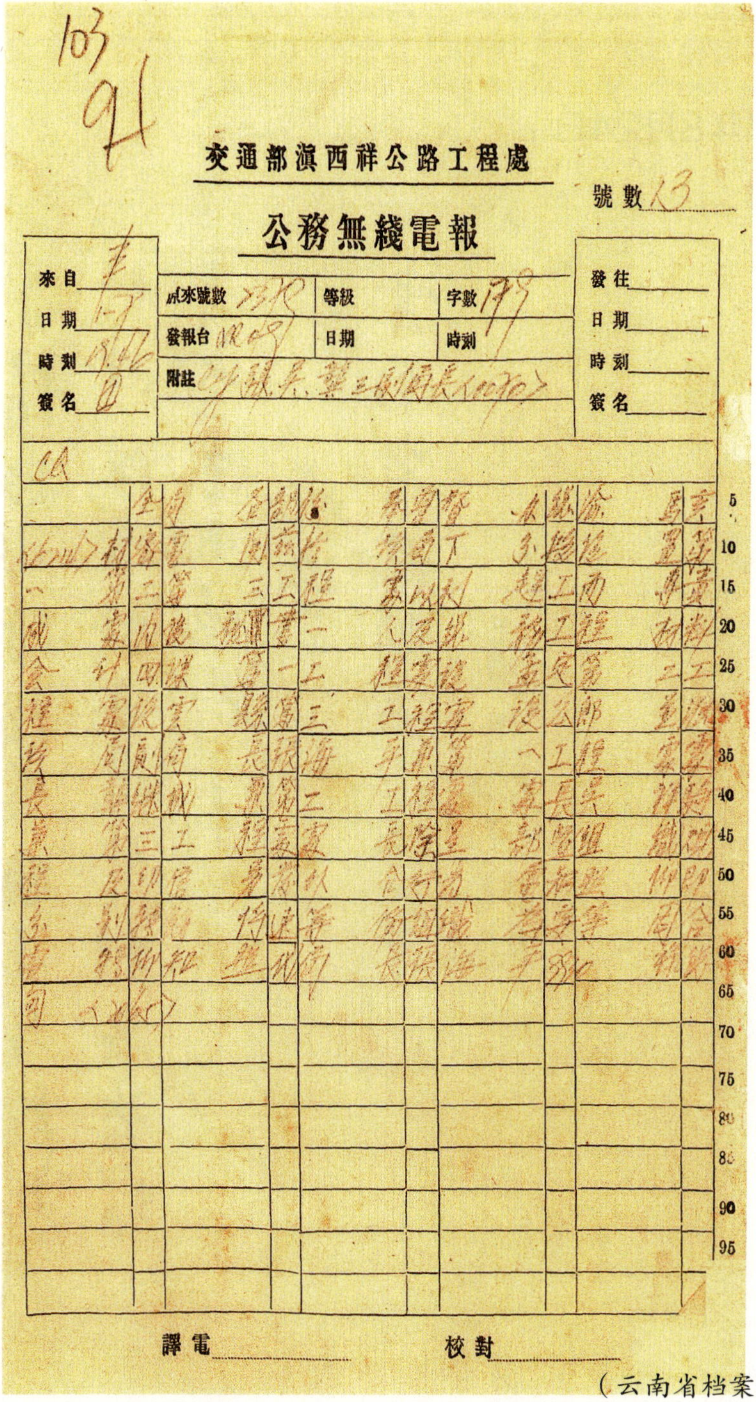

交通部滇西祥公路工程處

號數 13

公務無綫電報

來自	原來號數	等級	字數
日期	發報台	日期	時刻
時刻	附註		
簽名			

發往

日期

時刻

簽名

譯電　　　　校對

（云南省档案馆提供）

龙云就恢复滇缅铁路工程并延伸为中

（1944年8月24日）

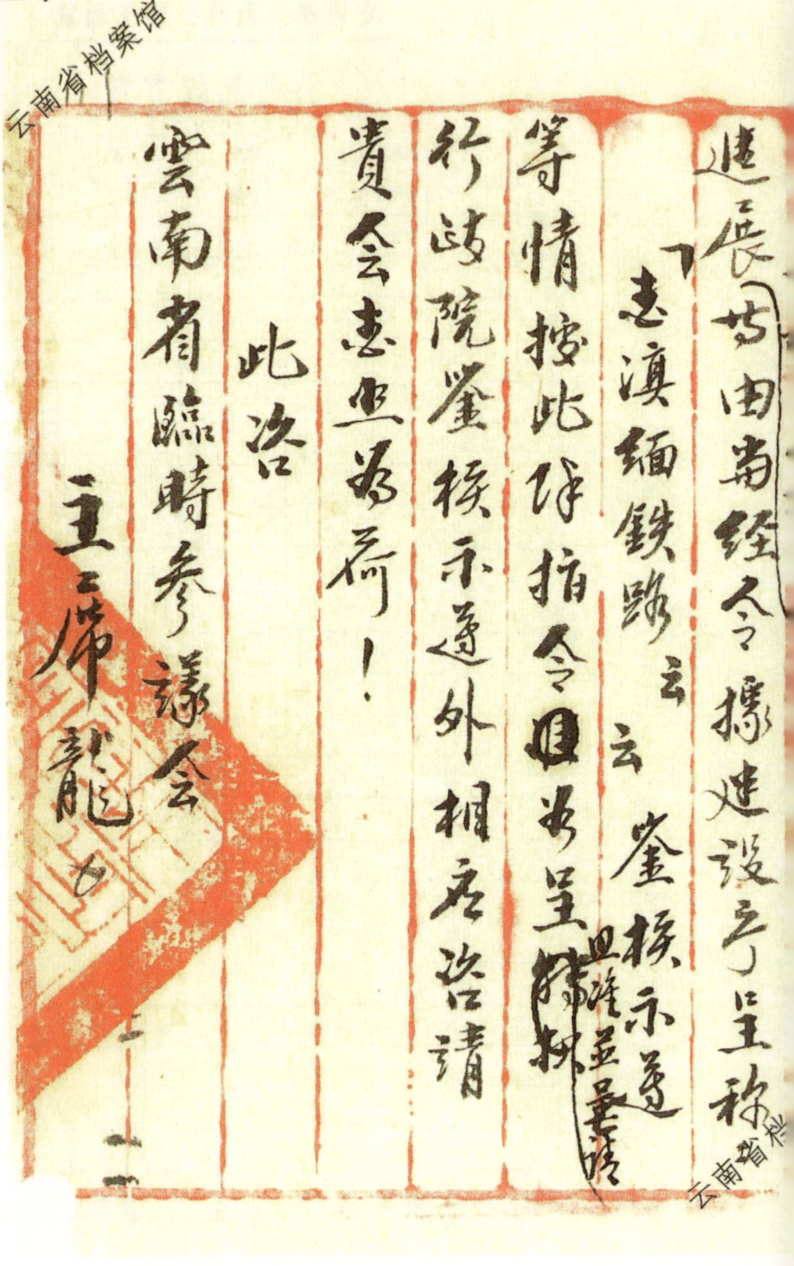

行政院鑒核示遵外，相應咨請

貴會惠照爲荷！

此咨

雲南省臨時參議會

主席 龍雲

缅印铁路给国民政府行政院的呈

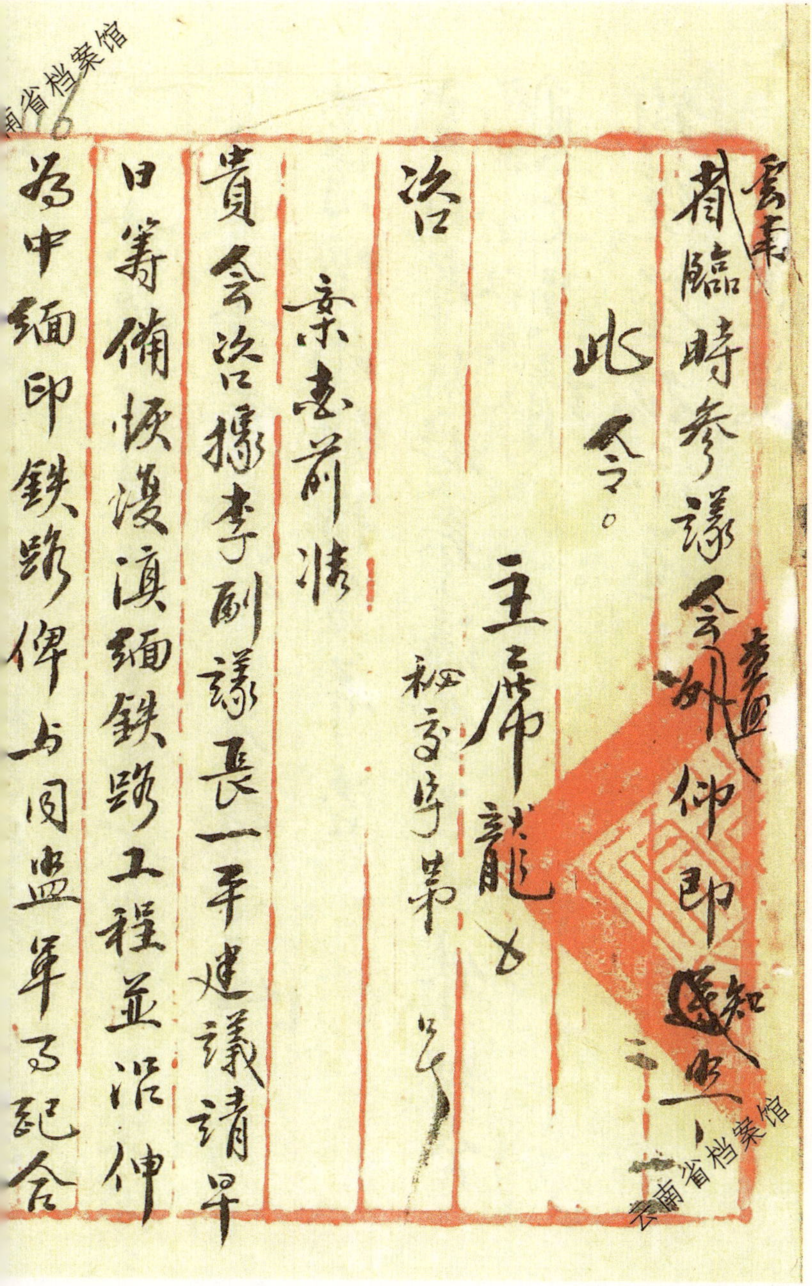
著臨時參議會仰即知照
此令。
主席 龍
秘書長
咨
案查前准
貴會咨據李副議長一平建議請早
日籌備恢復滇緬鐵路工程並
為中緬印鐵路俾與同盟軍及配合

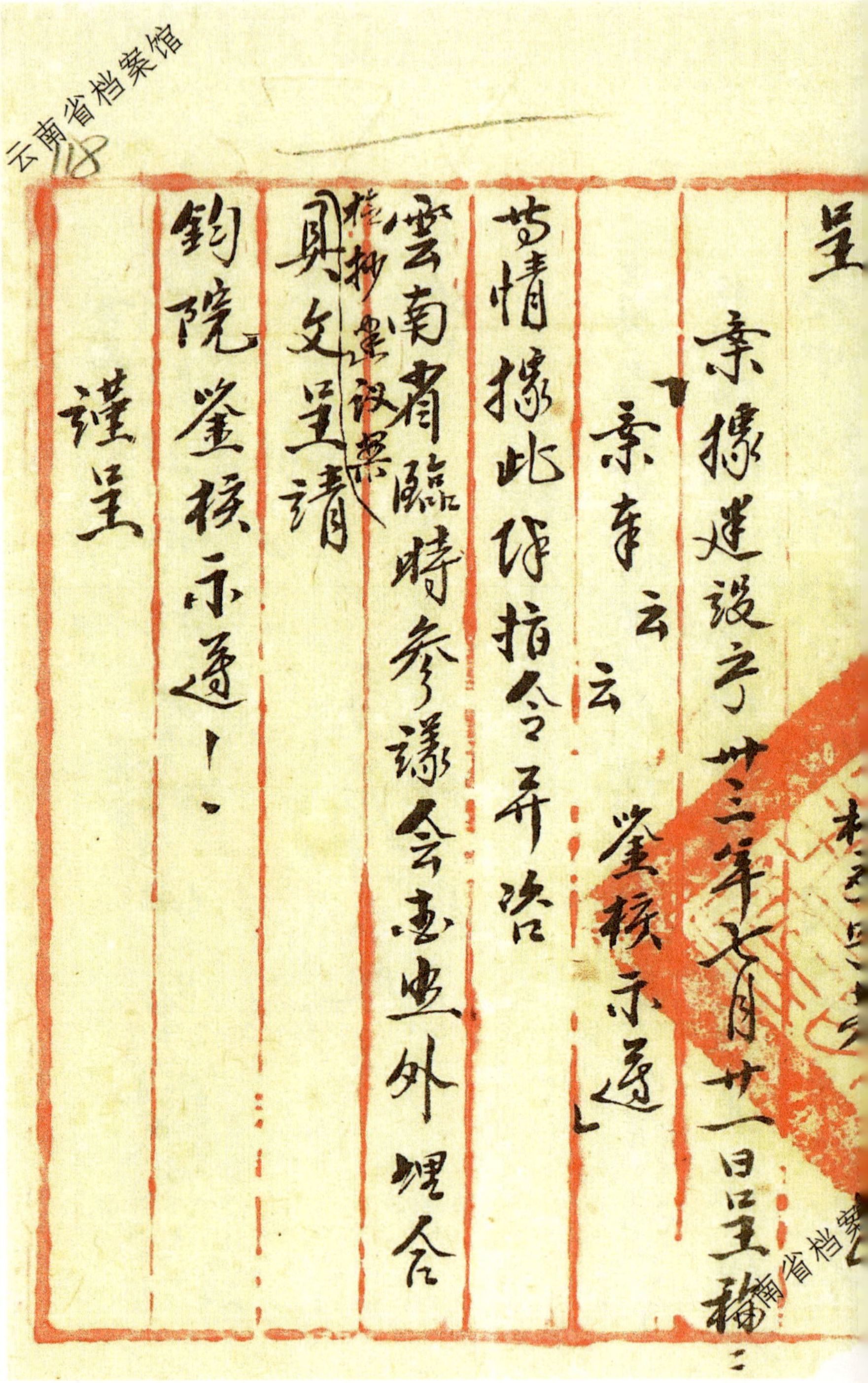

呈

案據述設于廿三年七月廿一日呈稱

案奉 云

云 鑒核示遵」

等情據此除指令并咨

雲南省臨時參議會查照外埋合

具文呈請

鈞院鑒核示遵！

謹呈

行政院
附抄呈原建议案一份。
雲南省政府主席　龍
（雲）參桂抄

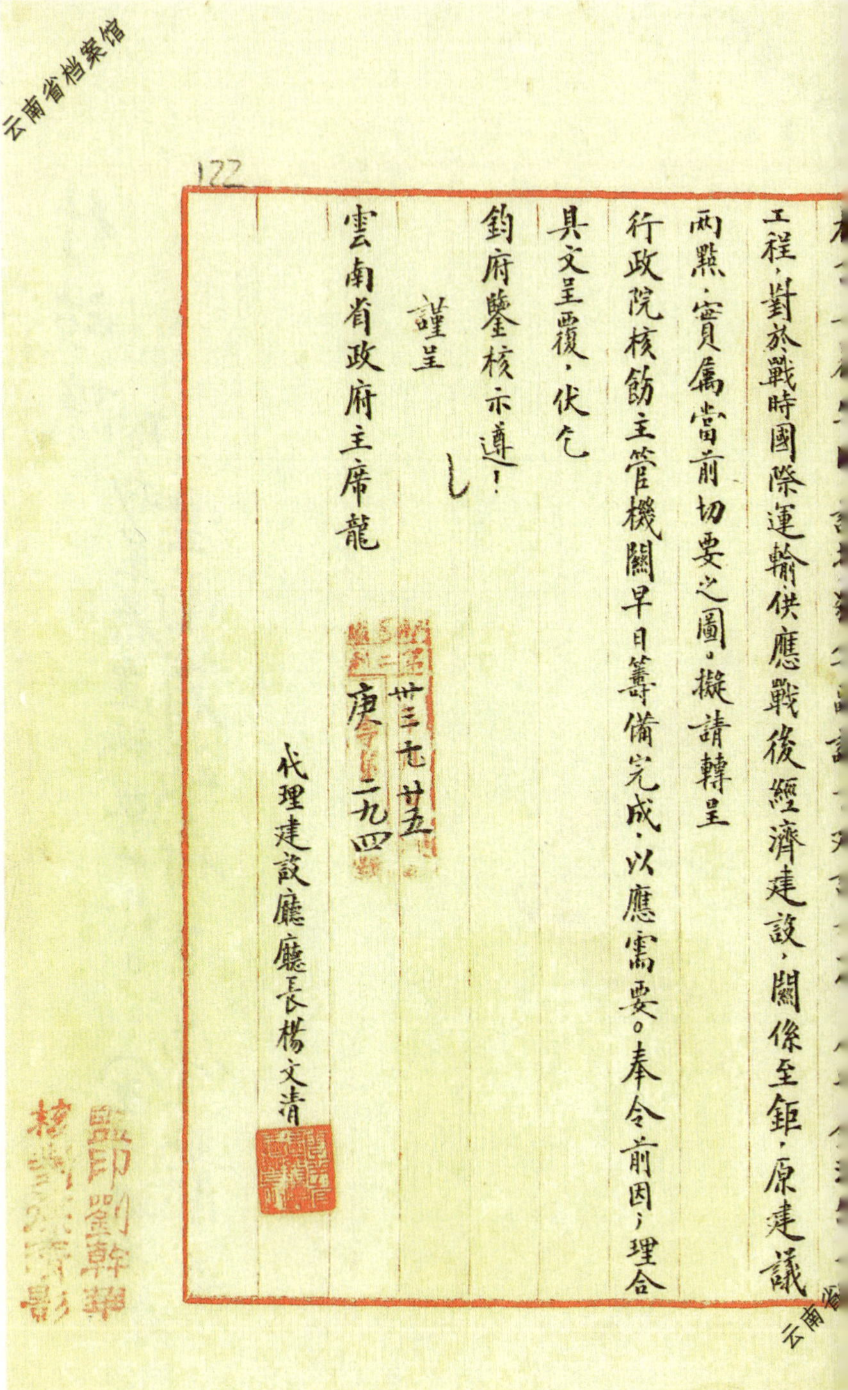

122

工程，對於戰時國際運輸供應戰後經濟建設，關係至鉅，原建議
兩縣，實屬當前切要之圖。擬請轉呈
行政院核飭主管機關早日籌備完成，以應需要。奉令前因，理合
具文呈覆，伏乞
鈞府鑒核示遵！
謹呈
雲南省政府主席龍

卅三 九 廿五

代理建設廳廳長楊文清

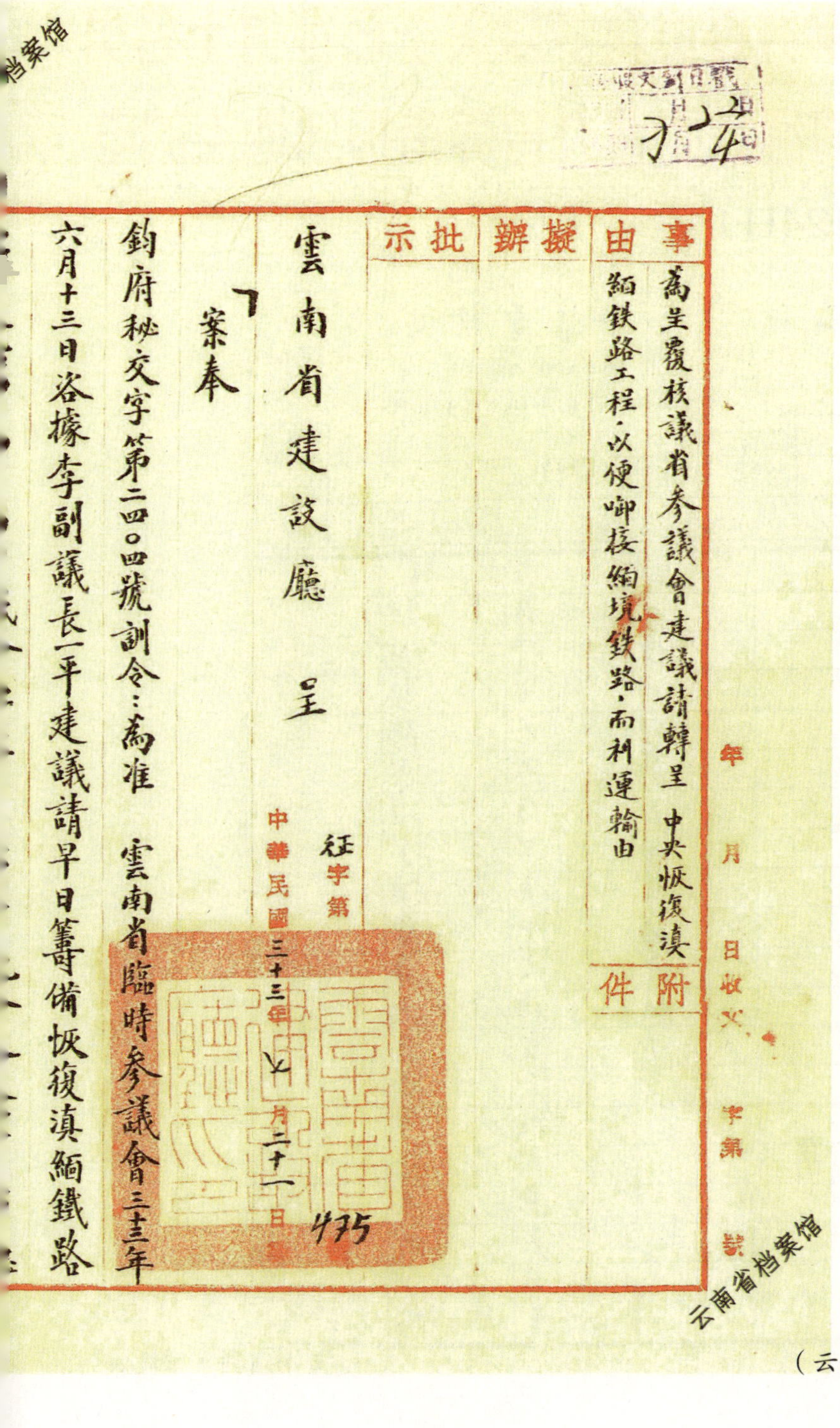
事由
為呈覆核議省參議會建議請轉呈中央恢復滇緬鉄路工程，以便啣接緬境鉄路，而利運輸由

擬辦

批示

附件

年 月 日收文 字第 號

雲南省建設廳 呈

征字第

中華民國三十三年七月二十一日

475

案奉

鈞府秘交字第二四〇四號訓令：為准 雲南省臨時參議會三十三年六月十三日咨據李副議長一平建議請早日籌備恢復滇緬鐵路

（云南省档案馆提供）

西南联大常务委员蒋梦麟关于已征得十名男学生请示滇缅铁路督办曾养甫报到地点的电

（1942年4月24日）

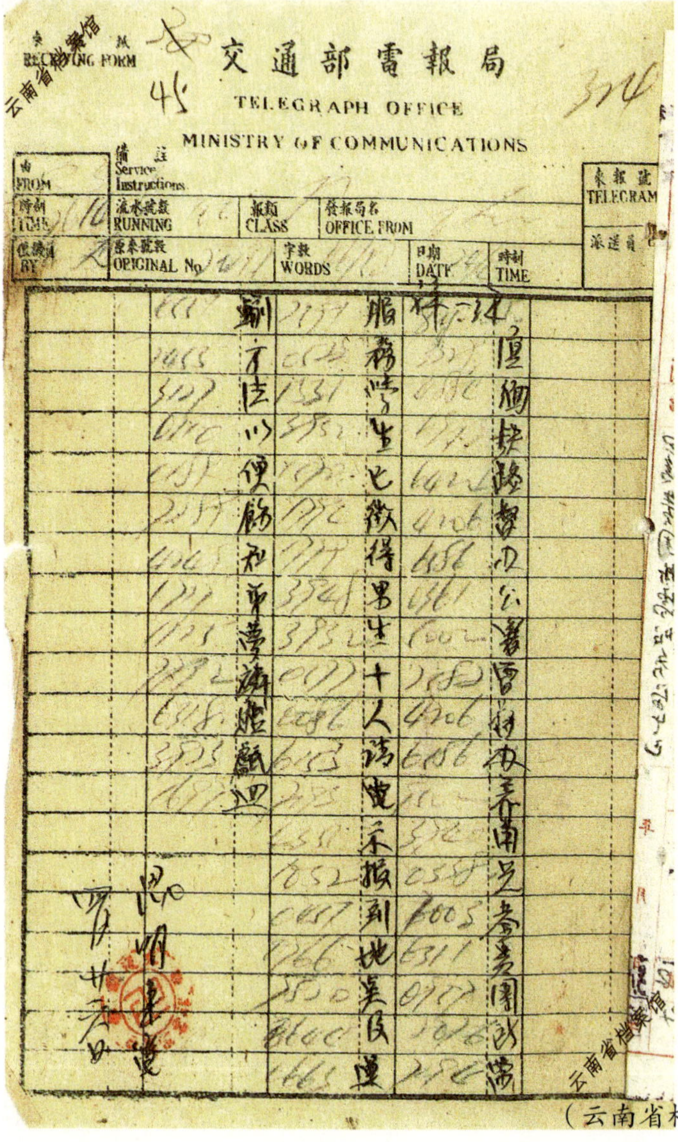
交通部電報局
TELEGRAPH OFFICE
MINISTRY OF COMMUNICATIONS
來報紙 RECEIVING FORM
由 FROM
備註 Service Instructions
時刻 TIME
流水號數 RUNNING
報類 CLASS
發報局名 OFFICE FROM
收報員 TELEGRAM
收發員 BY
原來號數 ORIGINAL No.
字數 WORDS
日期 DATE
時刻 TIME
派送員

（云南省档案馆提供）

杜总工程师与张处长谈话备忘录（影印件）

民国三十年十月七日（1941年10月7日）弥渡会办室

一、自滚弄至云县约300公里，暂挂铜钱一对联络。第一、第二两工程处所属各总段通讯挂线员工共组四队同时进行，以二队架设孟定滚弄间话线，一队架设孟定孟简间话线，另一队架设云县孟简间话线，限材料运抵工地一个月后全部架设完竣。电杆由第一、第二两工程处负责，从速购办至各总段，与所属各分段通讯，暂时得由各工程处自行购料架设铁线一根。

二、滚弄至边界运输便道限本月15日完成，边界至孟定运输便道限本月底完成，孟定至孟简间运输便道限11月15日完成，孟简往东至吴家寨之运输便道由第一工程处即日另组一队负责修筑，并俟孟定孟简间便道工程完竣后，将其工程队调至孟简以东共同修筑，两队工人名额须有3 000名。

三、兴威至滚弄公路，缅甸政府愿付招工费国币20万元，由第一工程处拨工人500名交缅政府指挥监督，改善路基桥涵，此项招工费万一不敷，应请准照实在数开支。

四、本路存在仰光之硝磺各100吨，需用甚急，应请缅甸办事处于本月20日以前全数运至腊戍，并以半数拨给第一工程处应用。

五、仰光已到黄炸药300吨，第一工程处需150吨应准照拨，现存腊戍硝80吨应准拨第一工程处40吨以外，第一工程处尚需硝110吨，容另设法拨给。

六、本路存腊戍皱纹水管270吨，已指拨第一工程处120吨，但多系四呎及四呎八吋者，且配件不能作用，应即电腊戍事务所速向西南运输处仓库查讯配件下落，现第一工程处共需皱纹水管500吨，亟须设法拨给。查叙昆铁路有二呎者100吨存在腊戍，请一面通知材料处蒋代处长暂缓内运，一面请督署速与叙昆交涉移拨第一工程处应用；又叙昆存腊戍之皱纹管二呎及三呎者尚有400吨，请商准以半数移拨第一工程处，半数分拨第二、第三两工程处；叙昆运抵龙陵之二呎皱纹管200余吨，祈商准全数移拨第二、第三两工程处；又本路芒市转运所存有二呎皱纹管若干，系西祥公路所购，亦请移拨第二、第三两工程处应用。

七、第一工程处尚缺少洋镐10 000把，俟美国料具运到后即行照拨。

八、第一工程处共需洋灰若干，由张处长估计报告，以凭统筹拨发，现在腊戍之洋灰250吨，全数拨交第三工程处应用。

九、第一工程处原定每月需工米1 000吨，现需增为1 500吨，前向仰光宝珍公司以信用借款定购5 000吨，并商定在本月15日以前先交450吨，信用借款不能商妥，则该公司不允续交工米，已交之450吨米价亦需付现，应即通知粮食管理处及财务处查照。

十、送往第一工程处款项应请财务处向银行交涉以后，即在腊戍点交，请腊戍海关加封，派员选送孟定启封。

十一、第二工程处各总分段路基及桥梁、隧道等，照统限11月1日全面开工。

十二、第一工程处各部分职员应即催促速赴工地，限 11 月底全部达到，但 11 月份经费 1 200 万元，请于本月 20 日以前拨发。否则，末批员工不能于本月 20 日出发，11 月 1 日不能全面开工。

十三、陈总段长长镃尚在会理，应即电饬率领全部员工从速赶赴工地。

十四、各项工程进展状况每十日电报一次，应报项目由总工程师室拟定。

十五、第一工程处路警共拨 400 名，除已拨 150 名外，10 月底拨一分队，11 月底拨一中队，其余 12 月底拨足。

十六、各总段所招工人计：第一总段有 8 000 名，第二总段 2 500 名，第三总段 7 000 名，第四总段 7 000 名，第五总段 6 000 名（已到 4 500 名，尚须添招 1 500 名），第六总段 6 000 名，第七总段大约 8 000 名，第八总段 6 000 名；运输便道第一总段 2 000 名，运输便道第二总段 1 150 名，梁金山已允供给 3 000 名，盖造房屋工人 350 名，枕木工人 2 250名，其余各种工人 2 000 名，合计已有工人约 60 000 名，征集民工固属愈多愈好，但无民工亦于工程无碍。

（选自临沧市档案馆编《滇缅铁路资料汇编》）

滇缅铁路西段工程处各县征工人数及工作地点分配电函（影印件）

弥渡总工程师室政工组梁组长绍穆兄勋鉴：兹斟酌本处各总段实需要情形，将各县征工人数及工作地点重新支配如下：

第一总段：永仁 4 000 名、沧源 2 000 名，在回片，邹岳生；

第二总段：牟定 8 000 名，在孟定，许名杰；

第三总段：姚安 6 000 名，在四方井，林家枢；

第四总段：大姚 6 000 名、双江 2 500 名（表列 2 000 名），在孟涧，陈嘉宾；

第五总段：镇康 10 000 名，在蛮蚌，刘霄亭；

第六总段：大理 4 000 名、镇康 5 000 名、镇南 6 000 名，在户颇，白汝壁；

镇南奉督座示应俟招工出足后再征；

第七总段：楚雄 8 000 名、双柏 4 000 名，在耿坡，陈长磁；

第八总段：昌宁 10 000 名、"运输便道"耿马 12 000 名。

除已分别另电各总段知照外，希即将历次商定各工作地点、县份及人数一律作废，并请转电征工总处转饬各县遵照派往为荷。

弟张海平叩。十八日定工字第 1013 号、5714 号。

征工人数分配及粮食吨数表

	9	10	11	12	13	14	15	16	17	18	19	20	共计	粮食公斤数
	K0 +000 至 K50 +720	K51 +000 至 K105 +000	K105 +000 至 K139 +000	K139 +000 至 K175 +000	K175 +000 至 K205 +000	K205 +000 至 K238 +393	K238 +393 至 K282 +000	K282 +000 至 K312 +000	K312 +000 至 K348 +000	K348 +000 至 K384 +000	K384 +000 至 K426 +000	K426 +000 至 K470 +000		每人每天 1 公斤以 210 天计算
	清华洞至小水田	小水田至白马箐	白马箐至阿宜乐	阿宜乐至曼贤	曼贤至阿珠田村	阿珠田村至温比	云县至大落树河	大落树河至曼平	曼平至南掌	南掌至盐水塘	盐水塘至景星	景星至苏达		
大姚			6 000										6 000	1 260 000
姚安			4 000										4 000	840 000
祥云	2 000	3 000	5 000										10 000	2 100 000
弥渡		10 000											10 000	2 100 000
凤仪		4 000											4 000	840 000
蒙化			6 000	15 000									21 000	4 410 000
景东				10 000	10 000								20 000	4 200 000
云县						5 000	5 000	5 000					15 000	3 150 000
顺宁						5 000	9 000	7 000					21 000	4 410 000
昌宁					7 000	3 000							10 000	2 100 000
缅宁								6 000	4 000				10 000	2 100 000
保山							4 000	6 000	20 000				30 000	6 300 000
镇南													8 000	
镇康										15 000			15 000	3 150 000
耿马											5 000	7 000	12 000	2 520 000
双江										2 000			2 000	420 000
沧源												2 000	2 000	420 000
共计	2 000	17 000	21 000	25 000	17 000	13 000	18 000	24 000	24 000	5 000	13 000	9 000	260 000	42 000 000

征用驮马数目:

应征驮马数除运粮所需者,由各县局自定外。驮运路料所需驮马,临时由路局与各县局商定。

土石方单价:

土方每立公方国币 1 元 8 角,路石每立公方国币 3 元 6 角,坚石每立公方国币 6 元 2 角。

1. 以上单价不分高低(平均单价一元九毛六)。
2. 移挖作填在 30 公尺以内者,填方不另给价。超出 30 公尺者,挖填照方给价。在 60 公尺以外者,除挖填照方给价外,另给运费每 50 公尺每立公方国币 3 角。
3. 移土填方须在 50 公尺以外取土方者。除给填方外,每 50 公尺每立公方另给远运费国币 3 角。

(选自临沧市档案馆编《滇缅铁路资料汇编》)

云缅两县出工情形及嘉奖由（影印件）

事由：为呈报云缅两县出工很速，实属该县长出力。请转督署嘉奖，以资鼓励。又该员所呈追增土石方、火药、旅费如何补领并乞示由。

拟办：两县长先由本处传令嘉奖，关于陈督察员用费，由总务科核复。

十二月二十三日

体公处长钧鉴：窃职奉命前往云缅两县工作以来，谨遵规定职责及钧长渝示，尽心办理，尚称顺利。两县县长对于政府功令颇能奉命，唯谨征调有方而推行亦力，民工均精神旺盛，工作踊跃，预料均可提早完成。唯因工数较多，准备需时，均订开工日期为 12 月 1 日。又因同受测量未竣之影响，民工观望不前，初职往缅宁向总所加紧催促，幸能于开工日 8 000 余工无有耽误。待职转回云县，始知云县一部分民工因不能开工而暂撤。今已商得第二工程处之同意，尽 16 日以前工地布置完毕，并由县府通令各乡，尽 16 日以前增加足额，本日已有 2 000 余名在续加中，预料可以出足。

现查第二工程处区内除保山、顺宁民工尚未到达工地外，惟有云县、缅宁两县出工较早，尤以缅宁县开工即有 8 000 余名，7 日后加至 9 700 余名，连运输工人合计已在11 000 名以上，运至工地之粮米已有 90 余万斤。莫县长俊周并能不畏气候恶劣，同职居住工地 7 日，8 日后亲历各段巡视，实属不可多得之热心路政者。云县何县长学友虽目前出工未足，实系受路方影响，然云征调有方推行甚力，兹已纷纷出动，二、三日内即可照额到达工地工作。对于技工粮食尤能筹运无虞，亦属难得。拟恳祈钧长转请省政府及督办公署给予两县县长先行嘉奖，以资激励。除正式具文呈请外，肃此函呈。敬候崇安。

职陈鸿仁　谨呈

十二月十二日

又，关于职到达云缅工作日期，两县初期筹组工作情形及请求增加单价等呈文共 5 件，曾在 11 月 18 日以前具文寄呈昆明祈示。11 月 27 日奉悉钧处移弥渡后，关于缅宁粮米、工数、工棚、运输情况、征调实情、分处组织章则及请求增补火药、工具、医药等各项，亦曾先后自电告，并具文呈报矣。职于 11 日返云，与县府及工程处商洽增工，已有头绪，并已实行。职因身感不舒，由抗疟所查验血液中含有恶性疟原虫，应服奎宁丸一星期。目前因服药精神缺欠，暂不至工地工作。得李联络员帮忙，昨日前往工地巡视一次。又职旅费早已用完，前在云县曾向龚处长借得国币 1 000 元，今又已用完，祈示补领办法，一并奉呈。

职陈鸿仁呈

为具报缅宁征工筹备情形请祈鉴核示遵由

云县缅宁征工督察呈

民国三十年十二月十五日（1941 年 12 月 15 日）

呈为具报缅宁征工筹备情形，请祈鉴核示遵。事查关于征工协修滇缅铁路，该县县政府奉令之后，即由县长聘任热心得力绅士王家铭为副处长。组织分处于 11 月 10 日党政联席会议决定征工筹粮办法，并即征调购集。除分处组织因内部职责太重，并规定应办事务有未臻完备者，俟与分处商讨，酌予订正后再行呈报外，合将征工筹粮、开工预备及宣传等事项进行情况，分别呈明如左。

甲、征工：全县户口 17 000 余户，除遵命按平均平等之原则将抗战军人家属（弟兄 3 人以上仅有 1 人在前线者或弟兄 5 人以上仅有 2 人在前线者例外）及家无次丁者免予征调外，合每户一工，先自富室调集 5 000 名，于 12 月 1 日开工，其余尽 10 日以前补足 10 000名，由各乡镇自行调集前往工地点验。12 月 1 日督察拟会同县长莫俊周前往工地，行开工礼，并督导工作。一俟工人全部到齐，经督察点验后再行详呈。

乙、购粮：查缅宁全县年产粮食可供自食而小有剩余，县府奉令之先，亦代工程处向殷实富户筹购白米 30 万斤（按当时市价每市斤国币 1 元 2 角 5 分），并已收定款 175 000 元（合米 14 万斤）。俟后奉令征工，粮食自筹，乃向工程处商洽，将未收定款部分停止交付，而各富户所认定之未交部分，即留作民工食用，计 16 万斤。其余由各乡镇自行收购。应需粮食全县 13 乡镇，内有驿亭等三乡产米不足，民多食用杂粮，听其自筹襟粮外，并得在产米充足之汀旗等三乡廉价购买应需数之 30%。各乡则统以每升（7 斤）新币 20 元之价向乡内富户征购。县政府则将全县公产如会馆积谷、学租一部分以及代购停付之米封禁，以备筹补缺欠食米之民工。查该县所行办法，各乡负责太重，惟又系取决于党政乡镇长及乡民代表之扩大会议，各乡因修路热忱，各愿自行负责，拟待其自筹困难之时，再由县府统筹供应。兹各乡正在征运，尽开工前送至工地。

丙、开工预备：督察抵缅之次日，即指示由副处长携各乡应出工数表及县府预支米款、事务费及民工旅费印收，赶赴工务段，按土石方数分配各乡工作地段，订立牌示。并索取各大队应需之水旱单、边桩表等项，并率人计划工棚、厨房、厕所、饮水等项事宜。11 月 25 日，各乡选出民工一部分工作上述事项，月底民工到达，食宿即可无虞。

丁、宣传：督察抵缅后二日，系总理诞辰纪念日，党部召集各界作扩大宣传，书记长、县长、督察相继作党政报告、征工宣传后，曾联合党学两界会商，组织宣传队，订定宣传大纲，组织学生为宣传干部，进行街道及下乡之各式宣传。并拟进行劝募运动，前往工地慰劳。缅宁自县长、士绅以至学生、乡民，咸能认识征工修路之重要，并抱极大之热忱。

以上 4 项，除因各乡镇负责较重，以后工米或有困难，督察自应随时考察呈报，并指示分处统筹补助外，余均筹备就绪。除工数出足后，工作实情再行呈报外，合将初步筹备情形具文呈请鉴核指令示遵。

谨呈：云南省政府协修滇缅铁路征工总管理处处长杨，副处长陇、段。

督察陈鸿仁

民国三十年十一月十五日（1941 年 11 月 15 日）谨呈

云县缅宁征工情况报告

缅宁

1. 征工：全县户口 15 082 户，规定出工 10 000 名。12 月 1 日开工，工地民工 9 870 名，连队长、伙夫计 10 200 余名，另有运输工 2 000 名。

2. 工米：运抵工地者 140 余万斤。

3. 成绩：工作一月，约成 20 万方，仅共领获 38 万元，应请速发工款，以安后方米户。

4. 工具：全段（第一总段及第四分段）土石方约 120 万方，坚石占 60%，请增发洋镐 2 000 把，炮钢 10 吨，炸药 10 吨，否则恐难如期完工。

5. 请求事项：请准民工有余力时兼作道碴，以惠民工。移挖作填之方数，请准免扣。5 公尺以上之填挖方，请另订较高单价。气候恶劣，请在吴家寨及羊头岩地方设立医院。县长莫俊周办理得力，曾至工地坐督十日，开工较早而工数已经超出，拟请给予先行嘉奖。

云县

1. 征工：全县户口 16 710 户，规定出工 15 000 名。民国 22 年以来死亡约 6 万人，现有 8 万余人。路方催壮丁 1 500 名。12 月 1 日开工，现抵工地 11 320 名，另运输工 1 500 名，已征至每户二、三工之境，征足实有困难，预料最多可至 13 000 名。负担第五、六两总段及第六段工程。最近第六段又增加 10 万余方，恐难如期完工，请增调他县民工（如后征之大理等县）补助。

2. 工米：云县全年产米 6 000 石，合 2 500 吨，仅能供应自食。兹因独力撑持第二工程处技工食米 500 吨，民工食米已不敷。工地民工 70% 食用杂粮，营养不佳，请速主持技工食用缅米，则民工食米可以改善。

3. 工具：请加发洋镐。

4. 医药：民工 70% 血液内含有疟原虫，操劳过度，即发现约有病工 300 名，死亡四五十，亟须医药救济。前美国 Dr. Mangete 应允云县民工可享 10 万粒奎宁丸，现征工分处领获 1 万粒，已分发完尽。其余由工程处负责至工地医疗，惟未见具体实行。乞函请令饬改善办法。

又缅宁民工工作成绩每工可一方余。云县则平均十分之八方。

谨呈：副处长段

缅宁、云县征工督察陈鸿仁

一月五日具

（选自临沧市档案馆编《滇缅铁路资料汇编》）

世袭耿马宣抚司关于竭力辅助滇缅铁路修筑并派员保卫测量人员安全的通令

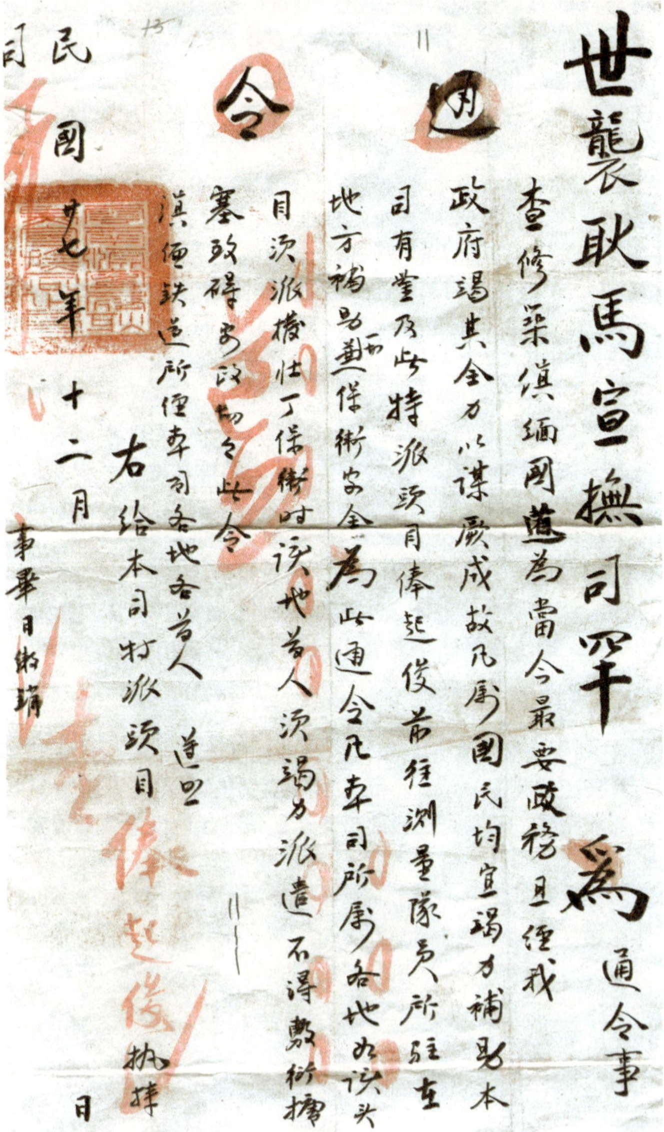
世襲耿馬宣撫司罕 為 通令事
查修築滇緬國道為當今最要政務且經我
政府竭其全力以謀厥成故凡屬國民均宜竭力補助本
司有鑒及此特派頭目俸廷俊前往測量隊員所駐在
地方補助並保衛安全為此通令凡本司所屬各地如該頭
目須派撥壯丁保衛時該地首人須竭力派遣不得敷衍搪
塞致礙要政切切此令
滇緬鐵道所經本司各地各首人 遵照
右 給本司特派頭目 俸廷俊 執持
民國廿七年十二月 日
事畢日繳銷

（耿马自治县档案馆提供）

龙云复蒋委员长当协交通部早日完成滇缅铁路建设的电

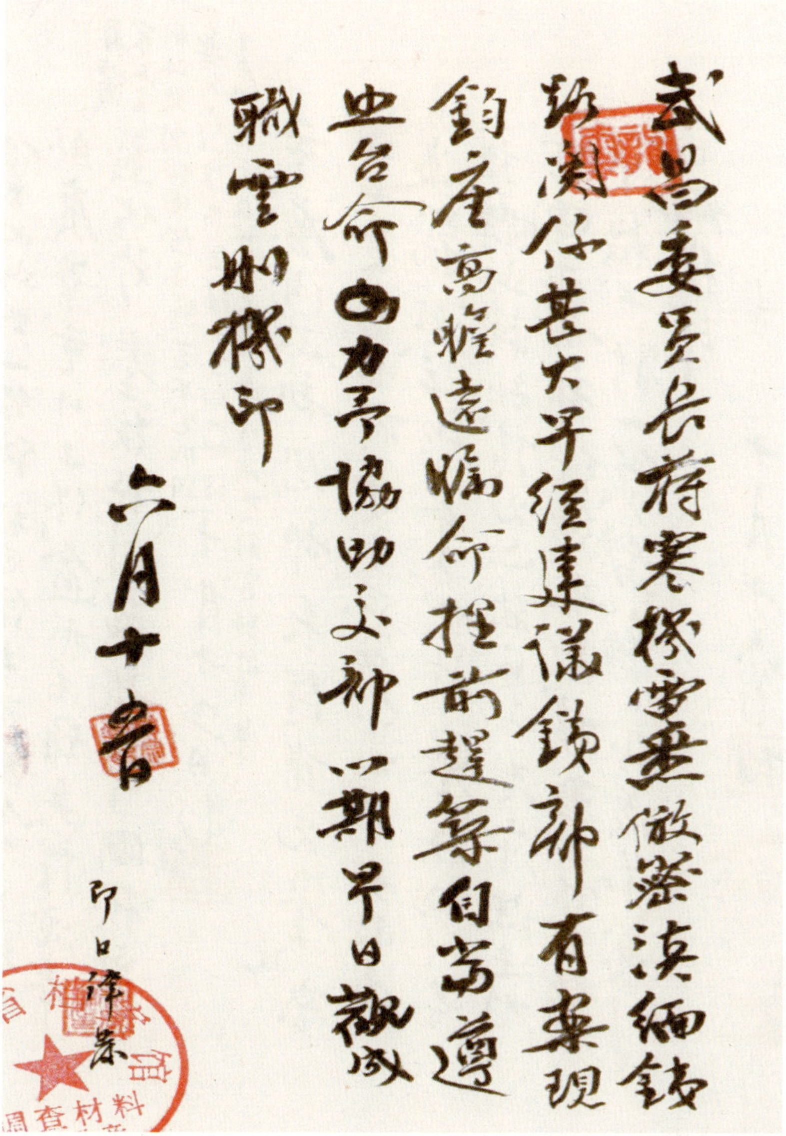

武昌委員長蔣：寒機電敬悉。滇緬鐵
路關係甚大，早經建議鐵部有案，現
鈞座高瞻遠矚，命往前提籌，自當遵
照台命，盡力予協助交部，以期早日觀成。
職雲叩，機印

六月十日

（云南省档案馆提供）

云南省政府主席龙云关于饬财政部仍重庆蒋委员长的电

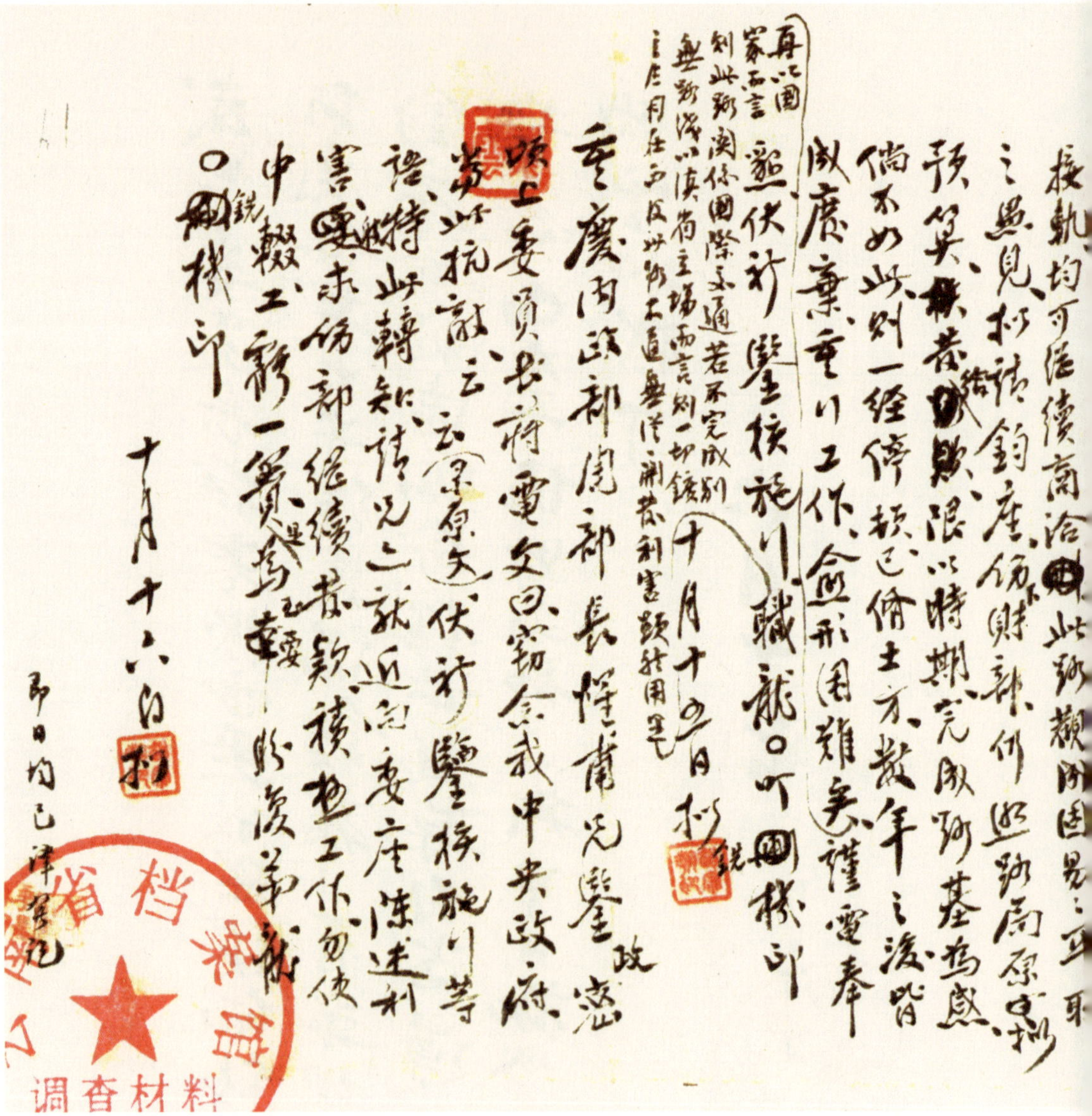

安原拟预算拨发滇缅铁路经费给

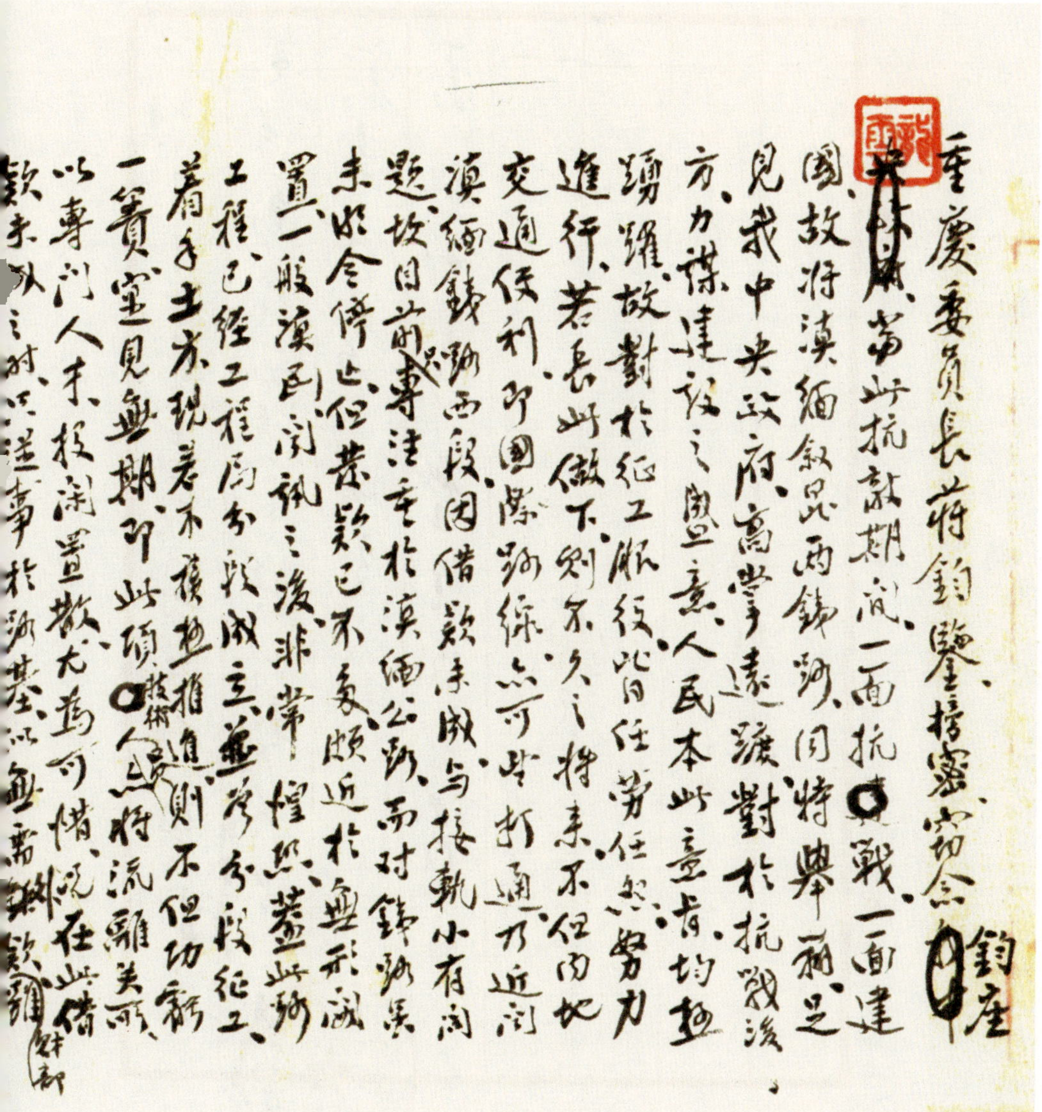
重慶委員長蔣鈞鑒，楊密。窃念鈞座
國府當此抗戰期間，一面抗戰，一面建
國，故將滇緬敘昆兩鐵路，同時舉辦，足
見我中央政府高瞻遠矚，對於抗戰後
方，力謀建設之盛意，人民本此意旨，均極
踴躍，故對於徵工服役，皆任勞任怨，努力
進行，若長此做下，則不久之將來，不但內地
交通便利，即國際路線亦可此打通，乃近聞
滇緬鐵路西段因借款未成，與接軌小有問
題，故目前專注重於滇緬公路，而對鐵路異
未將令停止，但某款已不多，頗近於無形減
置，一般滇民聞訊之後，非常惶恐，蓋此路
工程已經工程局分段成立，並分段征工，
着手土方，現若不積極推進，則不但功虧
一簣，完見無期，即此項人民將流離失所，
以專門人才，投閑置散，尤為可惜，況在此借
款未成之時，只進事於路基，以無需外款，

（云南省档案馆提供）

日军占领缅甸后云南省政府主席龙云

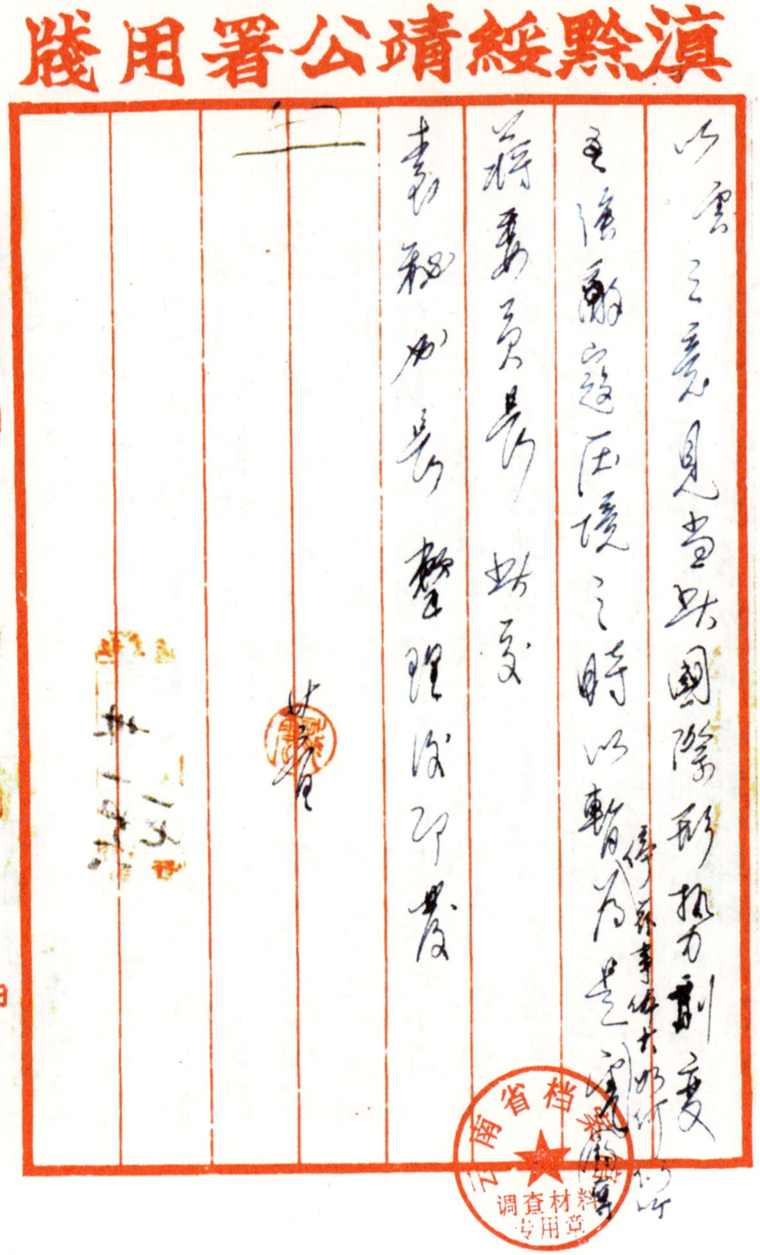

滇黔綏靖公署用箋

以云之意见当此国际形势剧变

之际敌寇压境之时以动为是

蒋委员长 核夺

请秘书长 整理付印发

中華民國 年 月 日

云南省档案馆 调查材料专用章

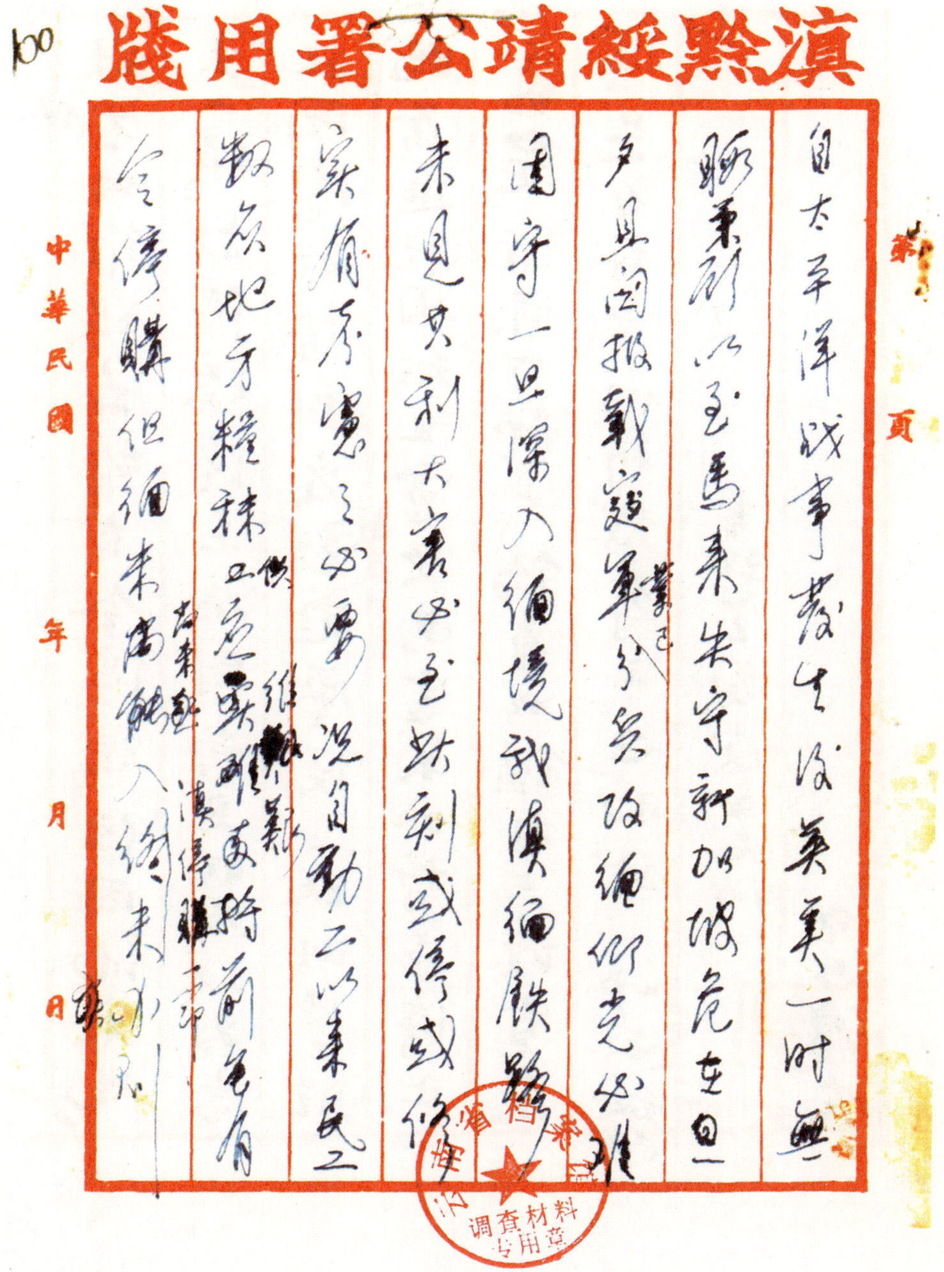
100
滇黔綏靖公署用牋
第 頁
中華民國 年 月 日
调查材料专用章

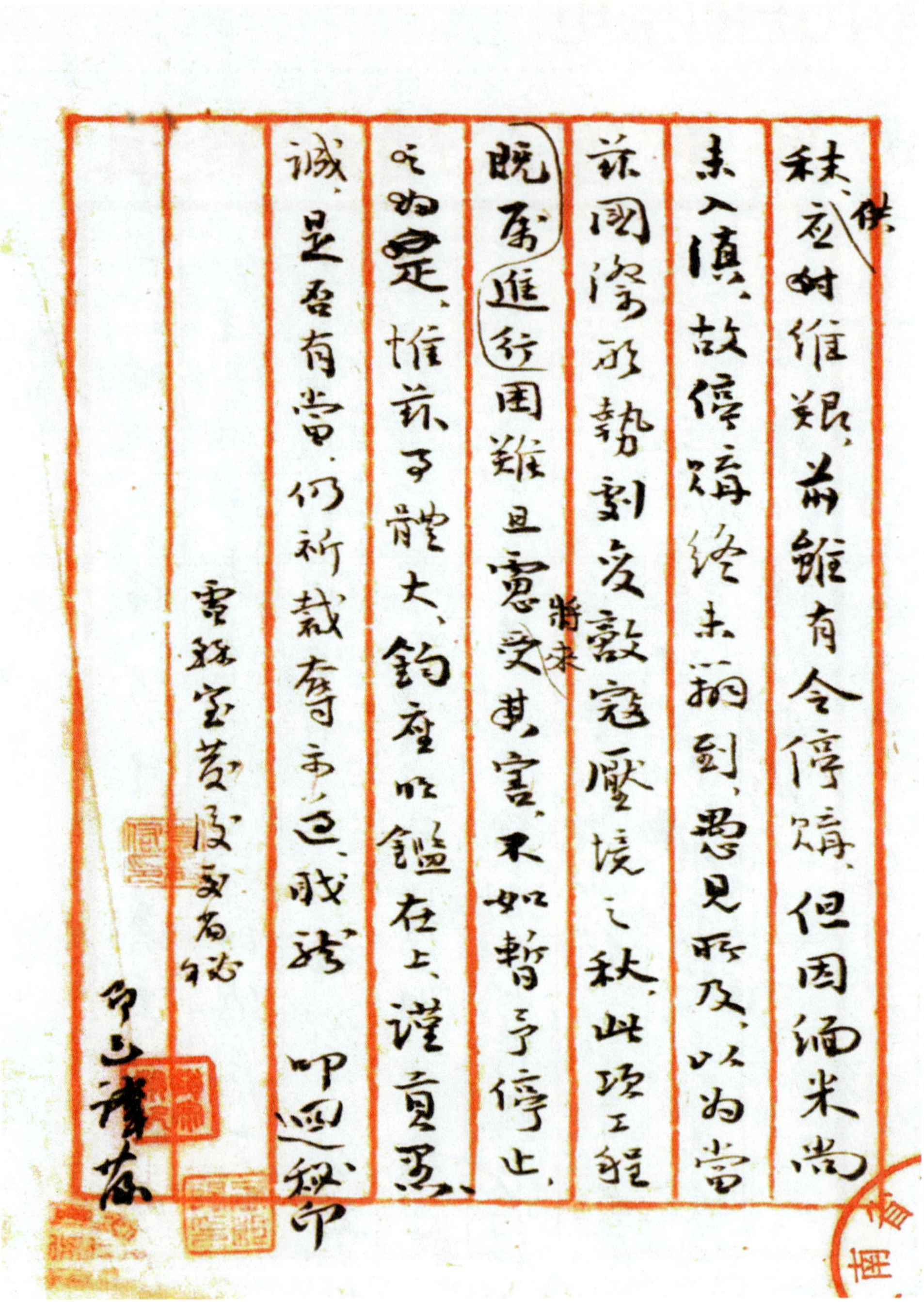

秩、（伏）衣食維艱，前雖有令停碾，但因緬米尚未入滇，故停碾終未辦到，恐見形及，以為當茲國際形勢劇變，敵寇壓境之秋，此項工程既屬進行困難，且慮（將來）受其害，不如暫予停止之為是，惟茲事體大，鈞座明鑑在上，謹貢愚誠，是否有當，仍祈裁奪示遵，職猶 叩迴秘印

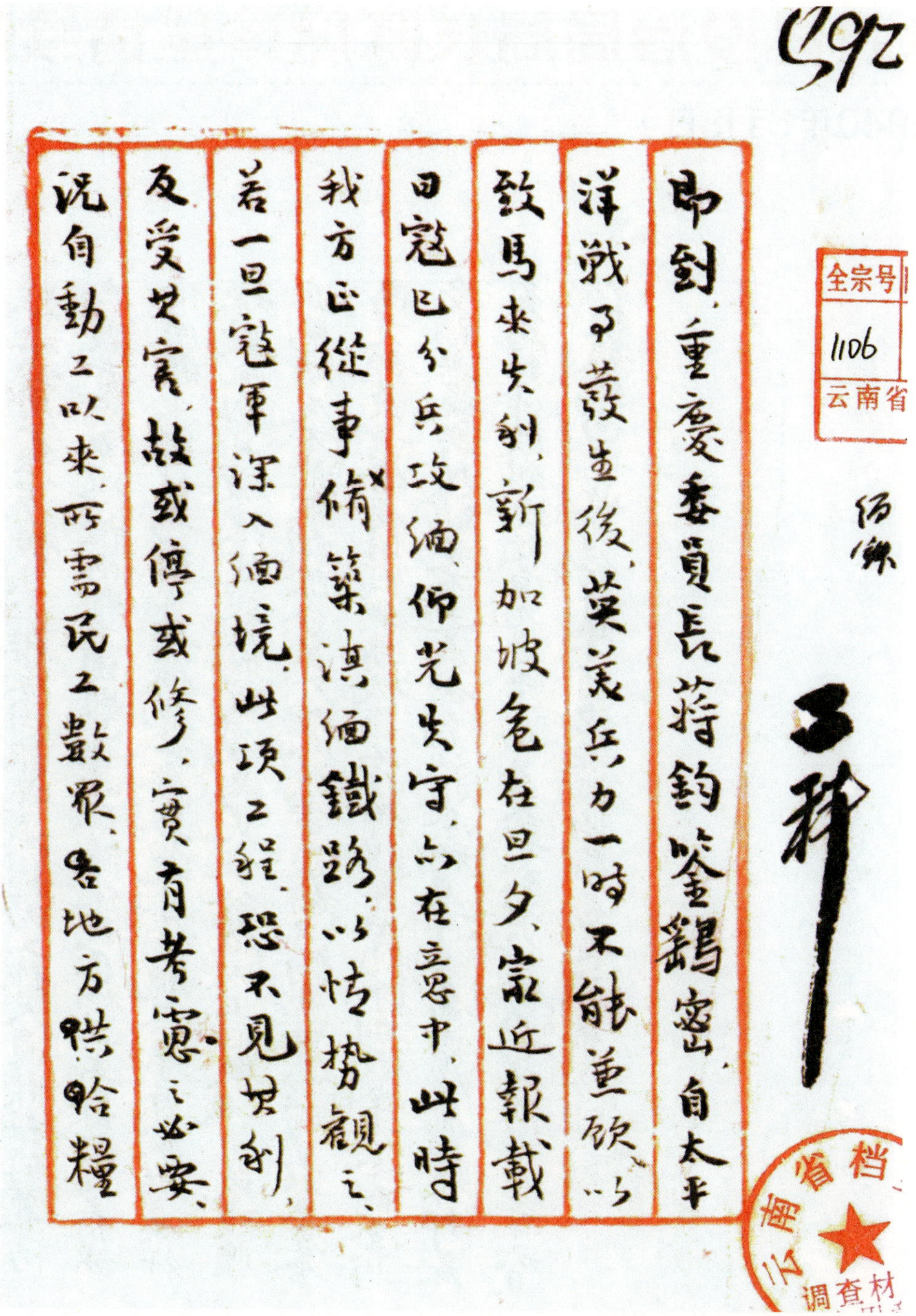
即刻，重慶委員長蔣鈞鑒：密。自太平洋戰爭發生後，英美兵力一時不能兼顧，以致馬來失利，新加坡危在旦夕，最近報載日寇已分兵攻緬，仰光失守亦在意中，此時我方正從事修築滇緬鐵路，以情勢觀之，若一旦寇軍深入緬境，此項工程恐不見其利，反受其害，故或停或修，實有考慮之必要，況自動工以來，所需民工數眾，各地方供給糧

（云南省档案馆提供）

沧源县设治局局长陈席珍呈请续修滇

（1940年1月18日）

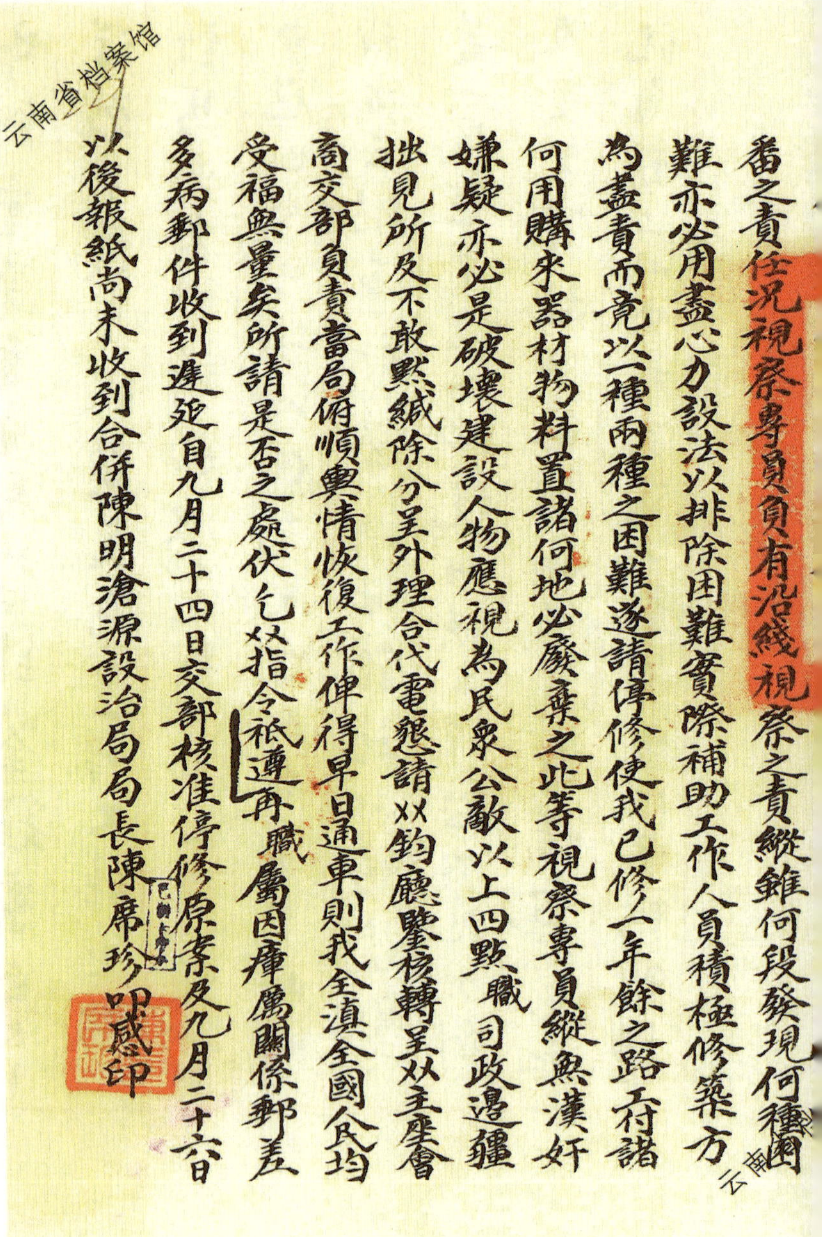

番之責任況視察專員負有沿綫視察之責縱雖何段發現何種困
難亦必用盡心力設法以排除困難實際補助工作人員積極修築方
為盡責而竟以一種兩種之困難遂請停修使我已修一年餘之路工付諸
何用購來器材物料置諸何地必廢棄之此等視察專員縱無漢奸
嫌疑亦必是破壞建設之人物應視為民衆公敵以上四點職司政邊疆
拙見所及不敢默緘除分呈外理合代電懇請以鈞廳鑒核轉呈以主座會
商交部負責當局俯順輿情恢復工作俾得早日通車則我全滇全國人民均
受福無量矣所請是否之處伏乞以指令祇遵再職屬因痺屬關係郵差
多病郵件收到遲延自九月二十四日交部核准停修原案及九月二十六日
以後報紙尚未收到合併陳明滄源設治局局長陳席珍叩感印

面铁路的代电

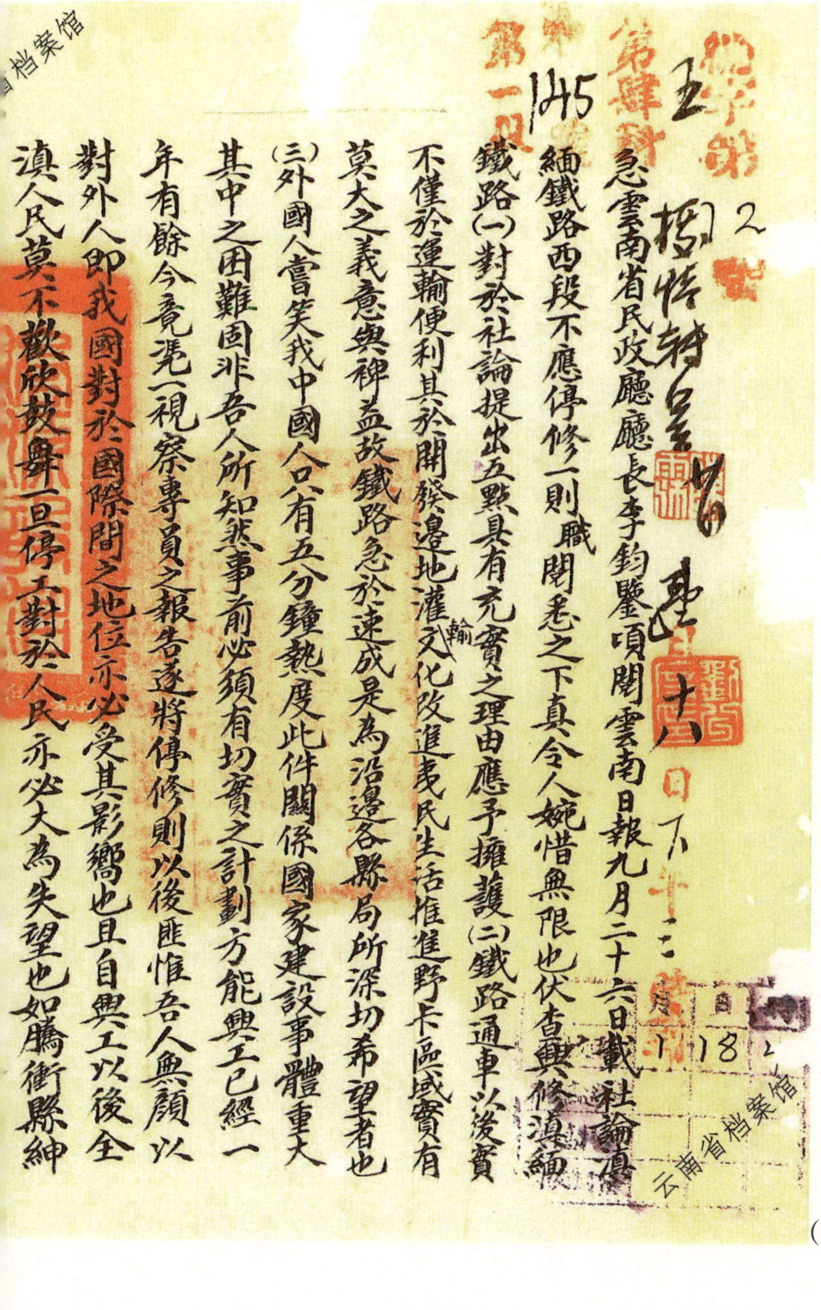
急雲南省民政廳廳長李鈞鑒頃閱雲南日報九月二十六日載社論滇
緬鐵路西段不應停修一則職閱悉之下真令人婉惜無限也伏查興修滇緬
鐵路(一)對於社論提出五點具有充實之理由應予擁護(二)鐵路通車以後實
不僅於運輸便利其於開發邊地灌輸文化改進夷民生活推進野卡區域實有
莫大之義意與裨益故鐵路急於速成是為沿邊各縣局所深切希望者也
(三)外國人嘗笑我中國人只有五分鐘熱度此件關係國家建設事體重大
其中之困難固非吾人所知然事前必須有切實之計劃方能興工已經一
年有餘今竟憑一視察專員之報告遂將停修則以後匪惟吾人無顏以
對外人即我國對於國際間之地位亦必受其影響也且自興工以後全
滇人民莫不歡欣鼓舞一旦停工對於人民亦必大為失望也如騰衝縣紳

（云南省档案馆提供）

镇康邮局关于呈报滇缅铁路运输便道已修至勐撒地方的呈

（1942年2月15日）

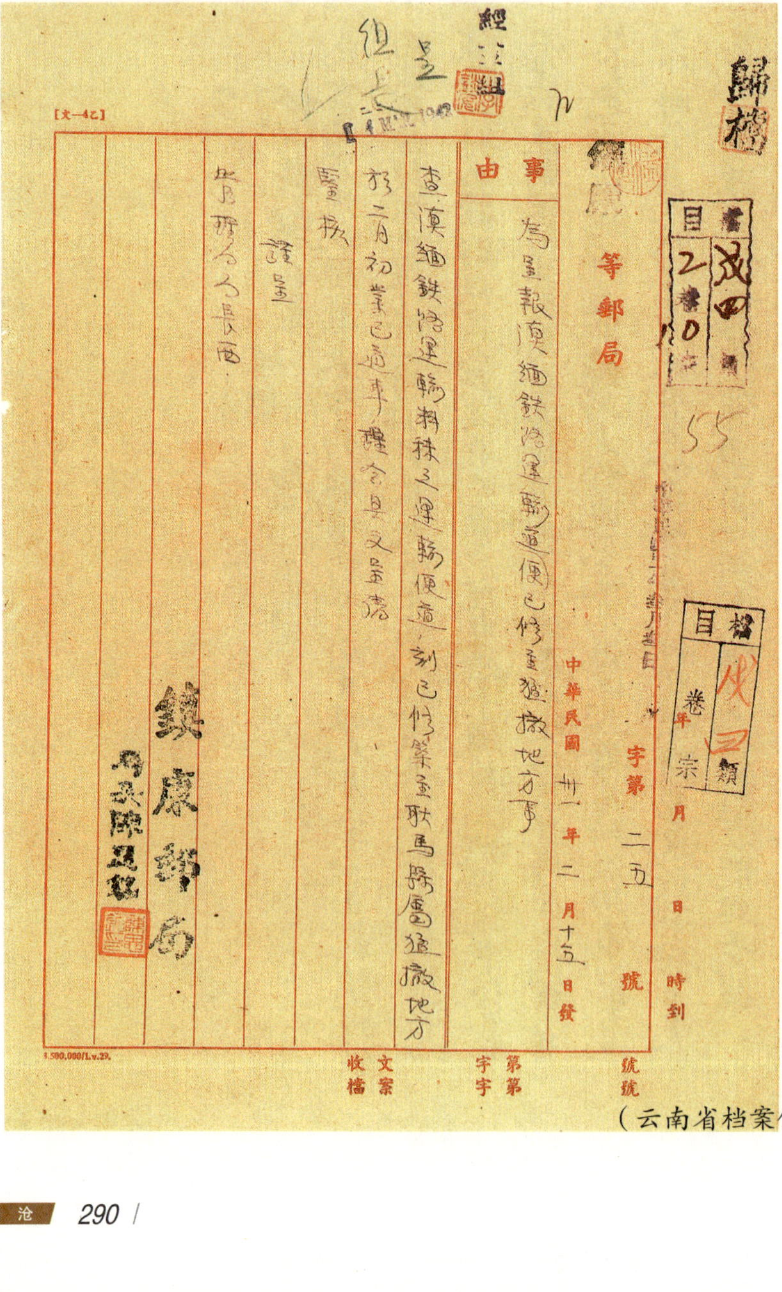
等郵局

字第二五號

中華民國卅一年二月十五日發

事由：為呈報滇緬鐵路運輸道便已修至猛撒地方事

查滇緬鐵路運輸材料之運輸便道，刻已修築至耿馬縣屬猛撒地方，於二月初業已通車，理合具文呈請

鑒核。

謹呈

管理局局長西

鎮康郵局

局長陳

（云南省档案馆提供）

滇缅铁路停修及破路文电（影印件）

电呈蒋中正滇缅铁路停修原因

即到重庆委员长蒋钧鉴鹞密：自太平洋战事发生后，英美兵力一时不能兼顾，以致马来失利，新加坡危在旦夕，最近报载日寇已分兵攻缅，仰光失守以在意中。此时我方从事筑滇缅铁路，以情势观之，若一旦寇军深入缅境，此项工程，恐不见其利，及受其害，故或停或修，实有考虑之必要。况自动工以来，所需民工数众，地方粮秣供应维艰，前虽有令停购，但缅米尚未入滇，故停购终未办到，愚见所及，以为当兹国际形势剧变，敌寇压境之秋，此项工程进行既属困难，且虑将来受害，不如暂予停止，惟兹事体大，钧座明鉴在上，谨贡悉诚，是否有当，仍祈裁夺示遵，职龙叩。

电务室发后交省秘

即函请发（赵宗瀚印）

民国三十一年一月二十六日（1942 年 1 月 26 日）

本路各工程处限 4 月底停工

公务无线电报

本路各工程处及本署各室、处、署：密。本路各工程处限四月底停工，内外事务尽五六两月内结束完竣。仰即知照为要。督办曾养甫。弥秘 9920。

据呈报停修滇缅铁路遣散民工情形一案仰即知照由

云南省政府指令

秘路字2194号

民国卅一年四月二十五日（1942年4月25日）

列 御 指令

令公路总局：

卅一年四月二十一日呈一件：为奉昆明转奉委座电饬停修滇缅铁路及其他便道一案办理情形祈鉴核备案由。呈悉，准予备案，仰即知照！此令。

主席龙

呈省府停修滇缅铁路遣散民工情形祈鉴核备案由

云南全省公路总局呈

征字第503号

民国三十一年四月二十一日（1942年4月21日）

案奉昆明行营主任龙卯庆申昆行参一电开：奉委座马令一利交电，滇缅铁路及其他便道停修一案，兹将原电抄发仰饬有关各县迅即停工等因，附发抄电一件，奉此，除分电滇缅路督办公署及征工总管理处查照；并通电协修各县局一体遵照停工，迅将民工调回遣散外，理合将办理情形具文呈报。敬祈钧府俯赐鉴核备案。

谨呈：云南省政府主席龙

云南全省公路总局局长杨文清

副局长杨石生

奉昆明行营电为转奉委座电饬停修滇缅铁路及其他便道一案仰饬有关各机关遵办由

查此案，昨据公路总局呈奉昆明行营转奉，委座电饬声明已分电滇缅铁路督办公署及协修滇缅铁路征工总管理处查照，并通电协修各县局一体遵照停工，迅将民工遣回等情，当经指令准予备案在案，兹奉前因，拟即附卷备查当否！乞示！

云南省政府奉委座马令一利交电饬停修滇缅铁路及其他便道一案，兹将原电抄发，仰饬有关各机关遵办。主任龙云。卯回昆行参一印。附抄发原电一件：

龙主任斌密，查滇缅铁路局为运输工程用材料等，在祥云腊戍间路线一侧及由保山经昌宁至云县修筑驮马便道，共已完成400公里。孟定至腊戍可通汽车，颇影响滇西防御工事计划，应于南大附近构筑一营用之据点工事，至必要时以少数兵力据守，以掩护主阵地侧面之安全。除电交通部迅将滇缅铁路及其便道停修外，特电知照。中正。马（昔）令一利交印。

据顺宁县电询对于停修滇缅铁路消息是否确实一案分别电令由

云南省政府代电训令

秘路字2311号

民国三十一年五月一日（1942年5月1日）

快邮代电

顺宁县长郑崇贤四月元代电悉，查此案前据公路总局呈奉昆明行营转奉委座电饬停修滇缅铁路及其他便道工程一案，当经分电协修滇缅铁路征工总管理处查照，并通电各县局一体遵照停工，迅将民工遣回等情，前来经指令准予备案在案。兹据电前情，除分令公路总局外，合函录案，电仰知照。主席龙。

列 御 训令

令公路总局：

案据顺宁县长郑崇贤四月元代电称："查顺宁协修云云，以安工心而便督促。"等情，据此，除以"查此案云云录案电仰知照"等因电复外，合行令仰该局即便知照！

此令

主席龙

快邮代电

云南省政府主席龙钧鉴："查顺宁协修滇缅铁路，前后方动员民众20 000余人，历时四月，配修工程，有已告完成者，有功亏一篑者，地方负担早达国币20万元以上，而工程处对于应发旅费方价，措不发给。截至最近，仅共领获工款2 708 000元，尚不敷民工半月之伙食，前方嗷嗷待哺，后方罗掘俱穷，加以工具医药两感缺乏，曾将困难维持情形，迭电请求救济在案。乃内伤不救，外感复来。4月10日，顺宁富滇分银行收获播音，有'滇缅铁路停修，中印公路赶筑'两语，揭示通衢以后，各界闻此消息，纷纷责难县府，谓上峰业已停修，县府何得强迫民工，久留瘴区，置之死地。于是逃逸者不肯复役，未逃者相率蠢动，县长智尽能索，实属无法维持。除严令各乡镇长各级队部仍勒令逃工复役，并切实掌握外，理合电请××钧座对于停工消息，是否确实？迅赐饬遵，以安工心，而便督促。"顺宁县长兼征工分处长郑崇贤叩。

据报遵谕派员视察滇缅铁路西段路基及便道破坏情形一案仰即知照由

云南省政府指令

秘路字2994号

民国三十一年七月七日（1942年7月7日）

列　御　指令

令公路总局：

三十一年二月二十七日呈一件：为报遵谕派员视察滇缅铁路西段路基及便道破坏情形祈鉴核由，呈悉，准予备查，仰即知照！

此令

主席龙

据公路总局呈复奉谕饬派员前往视察滇缅铁路西段路基及便道破坏情形具报一案祈鉴核由

查此案，既经我局派据督察员刘香泽代电呈明滇缅铁路西段路基及便道破坏实情前来，并据分呈昆明行营有案，核查办理尚无不合，拟即指令准予备案，当否！祈示！

据督察员刘香泽电呈视察滇缅铁路路基及便道破坏情形呈请鉴核由

云南全省公路总局呈

为呈请鉴核事：窃职局前奉钧座面谕：饬即派员前往视察滇缅铁路西段路基及便道破坏情形具报，等因，遵即令派督察员刘香泽前往沿线切实考察，并分函滇缅铁路督办公署，及沿路各县局长，妥为协助进行在案。兹据该督察员江日代电呈称：

“（一）滇缅铁路路基尚未完成，其便道自祥云至公郎，现仍通车，公郎至澜沧江边各便桥已毁。（二）江边至云属之头道水，有老扎河之木桥二座，及云县城外南北之二便桥已拆。（三）头道水至耿属之勐勇便道未通。（四）勐勇至勐涧间之便桥及石方要隘，已毁十数处，但未彻底。（五）由勐涧沿南汀河至四方井经孟定坝过麻栗坝而达滚弄一段路线最长，地势平衍，便道概系平坦土路，除近滚弄之藤子寨外，石桥及南汀河大桥已炸毁（石桥桥墩仍未毁尽）外石方炸去三四处，其余全段土路，全未破坏。（六）宋总司令与曾督办，刻已双方派员会勘澜沧江至头道水及耿属勐勇至勐洞两段便道，准备再加彻底破坏，并托职代催云顺各县出工补助云。（七）上述由勐洞至滚弄一段，据此次奉派会勘人员称：‘军事当局及曾督办均未主张破坏，其原因为地势平衍，人烟稀少，人力不易达到’，云云，特此电呈。”等情，据此，奉谕前因，除分呈军事委员会委员长昆明行营外，理合具文呈请钧府赐鉴核！

谨呈：云南省政府主席龙

云南全省公路总局局长杨文清

副局长杨石生

民国三十一年六月三十日（1942 年 6 月 30 日）

据公路总局呈转顺宁缅宁两县长呈报撤回协修滇缅铁路民工情形祈鉴核备案由

查此案，前奉昆明行营转奉委座电饬停修滇缅铁路并据该局呈报通饬协修各县局一体遵照停工，迅将民工遣回等情，经指令准予备案在案，兹据呈转前情，拟即准予备案附卷，当否！乞示！

呈绥署省府顺宁缅宁两县长呈报撤退滇缅铁路协修民工情形转报备案由

云南全省公路总局呈

征字第2040号

民国三十一年七月十一日（1942年7月11日）

查关于撤退协修滇缅铁路民工一案，昨经由职局分电有关各县一体遵办，并将遵办情形具报。去后，兹据顺宁县长郑崇贤呈复，已转饬各乡镇工队即日撤工归农，特报请鉴查等情。又据缅宁县长莫俊周陷代电略称：查职县民工，前于4月21日，奉××征工总管理处删电，令饬撤退，遵于奉电后，督饬所属路工大队长附等，先将各该队老弱病残及童妇路工，于23日、24日两日，由中小队长陆续统率返家。其精壮者仍留工地整理未尽工程，至5月1日，始由各该大队长附督率撤退，奉电前因，理合电复，仰祈××钧局鉴核备查，各等情据此。理合具文转报钧署、府俯赐鉴核备案！

谨呈：滇黔绥靖主任、云南省政府主席龙

云南全省公路总局局长杨文清、副局长杨石生

令遵限结束并将员工遣散工务结束及工程器材移交各情并报凭转由

民国三十一年十二月三十日（1942 年 12 月 30 日）

令征工总管理处：

案奉交通部本年 12 月 12 日财字第 21978 号训令开：“查该路 6 月至 9 月份结束费 2 700万元。前奉行政院本年 11 月 4 日顺肆字第 22256 号指令准予饬库照拨，当经由部函请主计处、审计部、财政部提前一次拨付。并经呈院，请将 10 ~ 12 月份结束费 1 200 元一并提前一次拨发。兹奉行政院三十一年十二月八日顺肆字第 25336 号指令开：‘呈悉，滇缅铁路 10 ~ 12 月份结束费 1 200 万元，应准。仍在该路三十一年度原核足预算内照数拨发。除报请国防最高委员会备案，函达国民政府主计处、审计部暨令饬财政部遵办外，仰即知照。再该路遵限于本年底全部办理结束后，所有员工遣散，工务结束及工程器材移交各项情形，应详细具报，核转备查，并仰转饬遵照为要。’等因。除函主计处、审计部、财政部催发 6 ~ 9 月份结束费，并将 10 ~ 12 月份结束费提前于年内一次拨付外，合行令仰遵照办理具报，以凭核转。”等因奉此，除分令外，合行令仰该遵照行政院指令饬办各项，如限办竣一并报署以凭备转为要！

此令

督办曾养甫

云县文映乡公所紧急命令（破路）

六月二日于乡公所

案奉云县县政府紧急命令略开："顷准第十一集团军总司令部参保字第133号代电开，查滇缅铁路运输便道，奉令彻底破坏，由滇缅铁路督办主持发动民工限期竣工。特此电达贵县即刻征工，交由路局率往铲平路基，以免为敌利用，并派杨连长及工程师二员到县督促指导等由准此（界）：该乡应出民工650名，合行飞令仰该乡长即便遵照，星夜征调民工到达工地，积极破坏，依限完毕。事关万急，倘敢稍忽违误，即以军法论罪，决不姑宽，飞速此令。"等因，奉此，除分令外，合行飞令仰该保长即便遵照，星夜征调民工75名，统限明日照征足来所，各带工具锄头、粪箕，其工食粮准由现存公米借用，交民工带到工地，至结束后共食用若干，由县府统筹照数归还。事关紧急，决不得贻误，事机观望迟延，违则以军法惩，决不姑宽，决不姑宽，飞速此令。

第二保保长　赵正洲　遵照

乡长　潘　湖

滇缅公路与滇缅铁路路基、便道之破坏

蒋介石布置破坏滇西各段公路电

（1942 年 5 月 12 日）

龙主席、国防工程处马处长：其密。林团长辰齐午参保电悉。（一）惠通桥至畹町公路，应发动游击，掩护民众钻隙施工，以全力破坏之。着由昆明行营派干员主持。（二）惠通、保山段由桥至山顶应酌情施工，由山顶向东 30 公里，应适时彻底破坏。对前线之补给，应另以补充兵一团拨交宋集团兵站支部担任。再，东至保山间应掘去路幅之半，仅留错综之单车道，使粮弹尚能前送，并将险要处完成破坏准备。以上各项由云南公路总局担任，由滇缅公路局组破路队协助之。（三）保山、下关段除功果、义龚[①]间各大桥及沿途险要，应完成破坏准备外，着由马处长指挥两营工兵担任，由云南及滇缅两公路局事先准备民工及破路队临时补助之。（四）破路用款即由军需署汇 100 万元，交参谋团拨用。（五）破坏药[②]由保山库酌留拨用。（六）滇缅铁路路基及滚弄通祥云汽车便道之破坏，着由曾局长分别遵办具报。中正。文。令一利交。印。

蒋介石指令从速破坏保山经云县至滚弄间公路电[③]

（1942 年 5 月 15 日）

即刻到。龙主任并请译转曾督办养甫：布密。据报，滚弄至云县之间，仅勐勇至吴家寨之 40 公里不通汽车，余均可通车。又云县至保山亦可通车。查此路在我侧背，极为危险，纵腾克复，敌若由此路进袭，亦属前功尽弃，故应彻底予以破坏。希即由曾督办负责从速施工，并由龙主任令饬沿线各县府发动民众，归曾督办指挥。事机迫促，刻不容缓，实施情形盼复。中正。删。侍参。印。

[行营参谋长刘耀扬批语]：云保公路是否破坏，已电询宋司令。应将此电摘要转曾督办。5 月 25 日。

---

① 义龚，一说“漾濞”（见抄件）。

② 破坏药，一说“炸药”（见抄件）。

③ 该电由行营于 5 月 27 日摘要抄转曾养甫。

驻滇缅铁路参谋团长林蔚文拟定滇西公路破坏实施办法呈

（1942年5月16日）

昆明龙主任志公：密。顷奉委座文令一利交电，指示滇西破路事宜。兹谨拟定滇西公路破坏实施办法草案一份，敬请裁酌。如属可行，乞即下令实施为祷。林蔚文。附滇西公路破坏实施办法草案一份。

滇西公路破坏实施办法草案

甲、要旨：遵照委座文令一利交电所示。

乙、实施：各路负责破坏机关及人员遵照委座文令一利交电之指定，但每15公里应划为一工段，各派一段长负责，以期确实。至敌后公路之破坏，遵照电令，由游击队掩护民众，钻隙施工，以全力破坏，并请由行营派员主持之。

丙、工费：全破，每公里发给国币5 000元。半破，每公里发给3 000元，担任破坏桥梁之工兵部队，酌给器材、炸药、运搬费及津贴，预定全部工费支配如下：1. 惠保段预发□万元。2. 保漾段预发□万元。3. 云滚段由滇缅铁路局经费项下开支，自行报销。

丁、开始及完成日期：惠保段，拟自5月20日开始，限6月10日以前完成。保漾段，先行准备作业，依情况再定开始日期。云滚段，自5月20日开始，限6月15日以前完成。

戊、监督及验收：惠保段拟请派宋总司令监督，保漾段拟请派（下缺）。各段破坏完成后，由各监督人员负责验收，予以奖惩。其奖惩办法，请由行营另定之。

滇缅铁路督办曾养甫陈报滚弄至云县路况电

（1942年5月17日）

办事处即译转昆明行营主任龙钧鉴：辰（五月）佳（九日）昆行参一电祗悉。署密。查滚弄至云县运输便道仅筑至者别，蛮弄丫口东约40余公里，由者别至吴家寨约50公里，因工程浩大，尚未修筑。由吴家寨至头道水约30公里，业已彻底破坏。由头道水至云县27公里正在破坏中。又，滚弄至者别仅有单行土路，一遇天雨，即不能行车。且该段沿路桥梁房屋，养甫离缅时已饬令全数焚毁，故现时滚弄至云县根本不能通车，似可不必顾虑。除呈委座外，谨此奉复。滇缅铁路督（办）曾养甫叩。

林蔚文催促彻底破坏云滚铁路路基之便道电[1]

（1942年5月20日）

行营刘参谋长师尚兄，请译转曾督办养甫兄：升密。据确查，滚弄至云县沿铁路基之

① 此电由昆明行营以辰漾酉参一电转曾养甫。

公路，仅猛郎至吴家寨之40公里及吴家寨云县间另约40公里之各一段，不能通车，且已有人乘卡车往来多次。查此方面在滇西作战军之侧背，关系滇西安危至巨，敌若由该路进袭，则我军将处于极不利之地位。其唯一拒敌之策，厥为对云滚铁路路基及沿该路基公路之彻底破坏。现在时已迫切，破路工作，各祈即日开始，并于一个月以内完成。其破坏程序，并请先由滚弄猛郎段作起，逐次及于云县，如何，希速复为荷。弟林蔚文。

龙云呈报沧源路基及运料便道破坏部署情况电①

（1942年5月23日）

特急。重庆委员长蒋：字密。（一）据曾督办养甫电称，滇缅铁路路基及运料便道，者别至吴家寨间尚未修筑。吴家寨至头道水间已彻底破坏。头道水至云县间正破坏中。者别至滚弄间有汽车小道，雨季难行，已令将沿线桥梁房屋焚毁，故现时滚弄至云县根本不能通车，似可不必顾虑。等情。查仅将桥梁房屋焚毁，仍难阻敌深入，故特再令曾督办遵照钧座电令迅将滇缅铁路路基及便道由外向内负责彻底破坏，并拟定破坏计划呈报行营，以便转令沿途各县派民工补助（津贴由该督办发给）。（二）已令澜沧聂县长、沧源彭设治局长及耿马欧专员、罕土司迅将通缅要道彻底破坏。职龙云叩。

龙云请曾养甫拟破坏云滚路基计划以便分派民工电

（1942年5月23日）

限即该到。弥渡滇缅铁路督办公署曾督办养甫：筱弥秘机电悉。借县府绵密。滚弄至者别既能通小车，仅将桥梁房屋焚毁，仍难阻敌深入。务希遵照委座电令迅即负责将铁路路基及运料汽车便道彻底破坏。该督署现究有无掌握多数破路工人，深以为念。如需发动民工，即希拟定计划呈报行营，以便饬令沿途各县派工补助，由督署发给津贴。查滇缅路基适在作战军之侧背，关系綦重。现为已迫，务望先由滚弄开始，向内逐段破坏，免误军机。此种重大责任，切盼速复为要。主任龙云。

龙云呈报滇西各段公路及滇缅铁路路基布置破坏情况电

（1942年5月27日）

限即到。重庆委员长蒋、总长何：字密。一、据曾督办电称，滇缅铁路路基，云县吴家寨间，已彻底破坏，吴家寨至者别间尚未修通。者别至滚弄间已将桥梁房屋焚毁等情，照此仍难阻敌深入，已迭电曾督办务遵照钧座指示彻底破坏，并准备第二步破坏祥云、云县间之路基及便道。拟恳钧座再电令曾督办负责遵行。免有贻误。二、惠保段已责成公路总局杨局长秉承宋总司令、马处长指挥，监督发动民工，先行破坏（杨局长明晨亲往保

① 该电内容昆明行营于同日电告驻保山的参谋团团长林蔚文。

山督促）。至保下段已令先行准备，至必要时再为实施。三、查保山至云县间已成公路已令公路总局先行计划，准备第二步即行破坏。谨闻。滇职龙云叩。

曾养甫告云县以西运输便道破坏情况电

（1942年5月30日）

限即到。办事处译呈行营龙主任志公钧鉴：署密。辰漾甲参一，辰漾酉参一两电均奉悉。查云县以西运输便道已彻底破坏。至孟勇计长约140公里。孟勇至国境界蛮卡，约长100余公里，为因土司辖境，人烟稀少，瘴疠盛行，且为南定河流域地势平坦，仅修有单狭土路，雨季决不能行车，似可不必顾虑。为满足军事要求起见，养甫特于俭日驰赴保山面晤林团长蔚文、宋总司令希濂商定，派军事人员带同本路工程师三人亲往勘明指导办理，务期彻底破坏，以策安全。谨此电复。滇缅铁路督办曾养甫叩。

曾养甫为破坏孟勇至孟涧道路请饬云县等地征发民工电

（1942年6月3日）

办事处译呈龙主任志公钧鉴：办密。辰感电及辰俭参一电均奉悉。云县以西运输便道破坏情形已详陷弥机电。为满足军事要求起见，已商林团长、宋总司令派员勘明指导办理。昨据宋总司令电告，孟勇至孟涧一段亦须彻底破坏，以策安全，自应照办。惟沿路人烟稀少，瘴疠盛行，非以军令不能发动民众，恳请钧座速即电令云县、顺宁、镇康、双江、缅宁五县县长，于电到之日，五日内每县征壮丁800人，交本路工程师率领前往，俾能迅赴事机，彻底破坏，以策安全，至云县以东至澜沧江边及由澜沧江至公郎计长（130）公里，亦已饬令彻底破坏矣并闻。滇缅铁路督办曾养甫叩。

蒋介石饬令加速滇西南破路工事及昆明附近防御工事

（1942年6月3日）

特急。昆明龙主任：元令一利交及马艳已令一元明各电（谅）（达）。字密。查畹龙之敌续有增加，我军无论攻守作战，对于滇西南破路工事，及昆明附近防御工事，均以应加紧实施，限期完成，务希会同省府，发动各地民众协助速办。并将工作进度及可能完成日期具报。中正。

龙云为征调民工问题与曾养甫等往来电

龙云致曾养甫电

（1942 年 6 月 9 日）

限即到。弥渡曾督办养甫兄：江戌弥机电敬悉。绵密。（一）请将征调民工给予办法电告，以便分令各县如期征调。（二）查由孟涧经孟定至滚弄段是否已有便道及可通过（之）路基？并祈查示。弟龙云叩。

宋希濂致龙云电①

（1942 年 6 月 11 日）

行营主任龙：巳佳参一电奉悉。字密。据滇缅铁路署派赴孟勇、孟涧一带破路之工程处副处长陶述曾称，由孟涧经孟定至滚弄段，因现值雨季，瘴毒特重，工人裹足不前等语，查该段运输便道在军事上亟应彻底破坏，恳钧座严令镇康、双江、缅宁、云县、顺宁等五县征集民工交由滇缅铁路员工克日前往破坏为祷。职宋希濂。

宋希濂呈报滇缅铁路路基各段及惠保段公路破坏情况电

（1942 年 6 月 12 日）

特急。重庆委员长蒋、昆明行营主任龙：字密。兹将滇西破路情形电呈如下：（一）滇缅铁路由云县至吴家寨段便道，经派工兵军官前往勘查破坏程度。尚合要求。复经选定山腹险要地 29 处，其长度自 30～120 公尺，令该路员工加强破坏中。由孟勇至孟涧段，已由该路派一工程处副处长陶述曾前往负责征工破坏。惟由孟涧经孟定至滚弄之便道全长约 90 公里，前该路员工退却时，仅将桥梁烧毁，现值雨季，瘴毒特重，工人裹足不前，拟恳再电曾督办设法迅速破坏。（二）惠保段公路破坏已于辰 5 月 31 日开始，预定破坏 40 段，每段 50 公尺，均系山腹险道，现已破坏 23 段，余正积极破坏中。职宋希濂叩。

龙云为民工津贴问题与曾养甫往来电

龙云致曾养甫电

（1942 年 6 月 21 日）

急。弥渡曾督办养甫：绵密。查破坏祥云至滚弄公路及铁路路基所需民工，已令云

---

① 龙云于同月 21 日饬缅宁、镇康、双江、顺宁、云县每县从速征集民工 800 名交滇缅铁路员工率领工作。

县、缅宁、双江、顺宁、镇康等五县各派800名交台端使用。至民工工资，希参照惠通桥至下关段破路工资情形，民工每名每日津贴加至8元。

曾养甫复龙云电

(1942年6月21日)

办事处译转龙主席公赐鉴：督密。佳（九日）申参一电于铣（十六）日奉悉。(一)查第一工程处以前征调民工给予办法系每工人每日发米1公斤，另给国币3元，约合当地价格国币10元以上。(二) 腊戍经滚弄至国界已由英方筑有公路，国界至孟笋亦有运输便道约60公里。惟沿南定河地势低洼且无路面，雨季不能通车。谨复。滇缅铁路督办曾养甫叩。

（选自临沧市档案馆编《滇缅铁路资料汇编》）

国民政府交通部滇缅铁路督办公署督办曾

（1943年1月13日）

云南省档案馆
32
此令
督辦曾養甫

甫任命复工委员会主任委员等职的训令

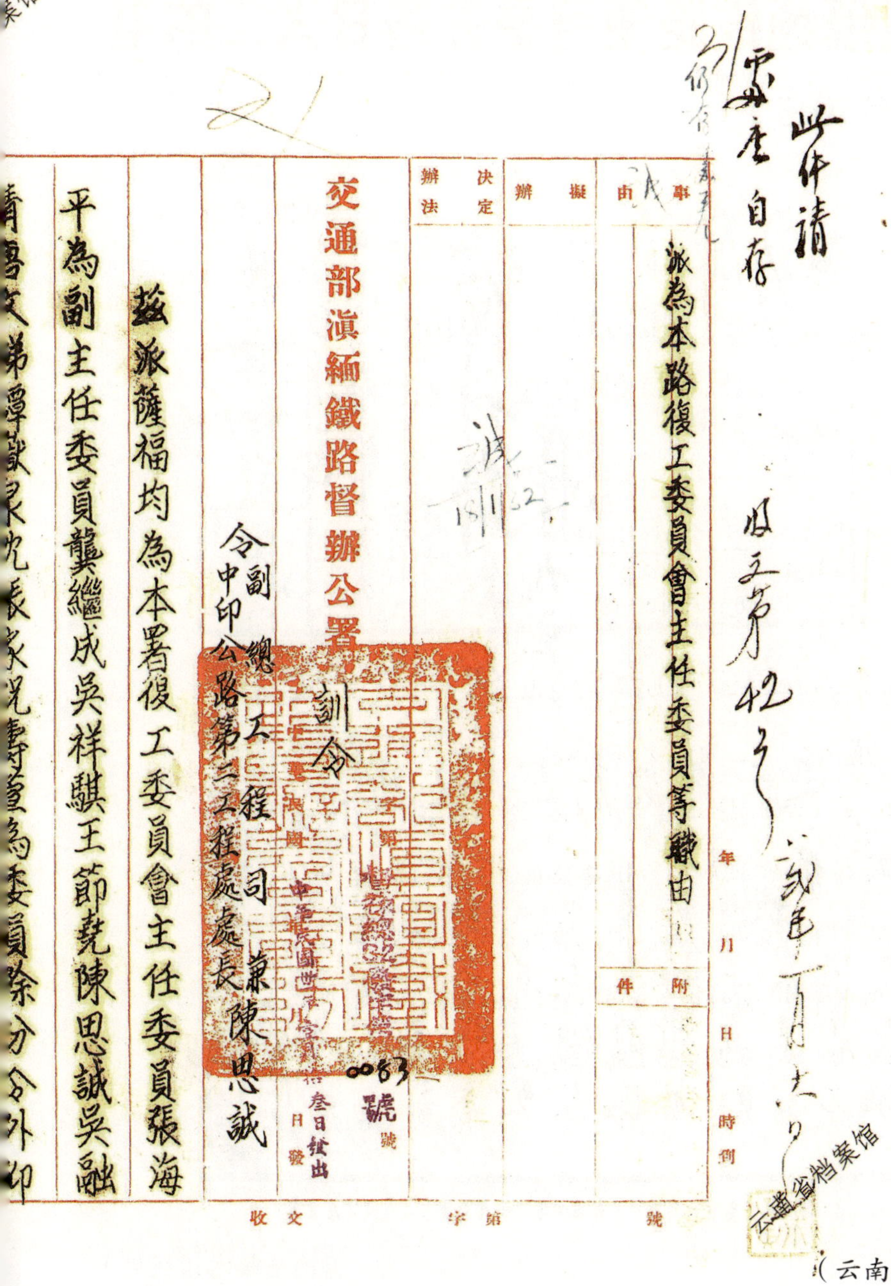

事由：派為本路復工委員會主任委員等職由

擬辦

決定辦法

附件

交通部滇緬鐵路督辦公署訓令 字第 號

令副總工程司兼中印公路第二工程處處長陳思誠

茲派薩福均為本署復工委員會主任委員張海平為副主任委員龔繼成吳祥騏王節堯陳思誠吳融

收文 字第 號 年 月 日 時到

（云南省档案馆提供）

国民政府交通部长曾养甫饬滇缅公路局先垫付修复滇缅铁路便道费并剋日兴工的电

（1943年9月10日）

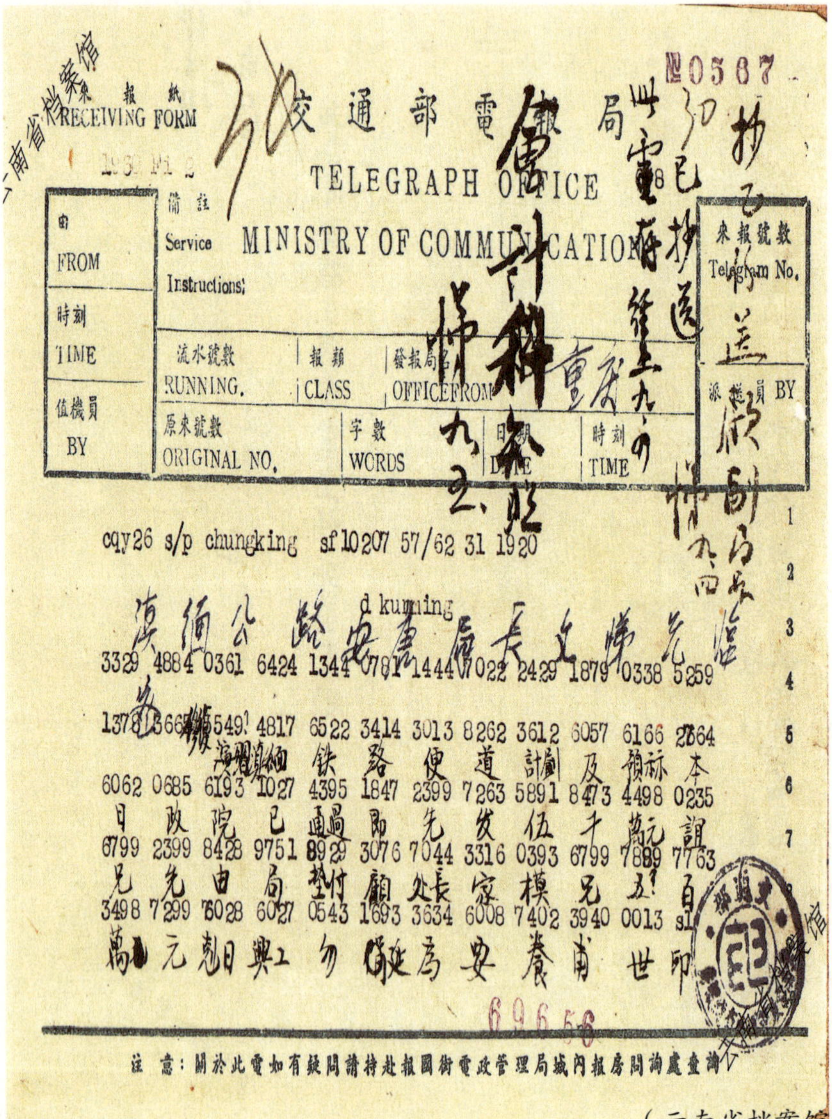

（云南省档案馆提供）

恢复滇缅铁路指令及缓议指令（影印件）

本行政院令据呈请恢复滇缅铁路工程一案由

云南省政府训令

秘交字 11143 号

民国三十三年十一月三十（1944 年 11 月 30 日）

令建设厅：

案查前据该厅呈复核议省参议会，建议请转呈中央恢复滇缅铁路工程，以便衔接而利运输祈核示等情到府，当经呈奉行政院义肆字第 21535 号指令开：“呈件均悉云云，此令”。等因，奉此，除咨请云南省临时参议会查照外，合行令仰该厅即便知照！此令。

主席龙

咨：

案查前据建设厅呈复贵会建议转呈中央恢复滇缅铁路工程，以便衔接而利运输一案，当经呈奉行政院义肆 21535 号指令开：“呈件均悉云云，此令”等因，奉此，除令饬建设厅知照外，相应备文，咨请贵会查照为荷！此咨云南省临时参议会。

主席龙

奉行政院令据呈请恢复滇缅铁路工程一案暂从缓议由

查此案，前据建设厅呈，当经转呈行政院鉴核在案。兹奉前因，拟即令饬建设厅知照，并咨请省临时参议会查照！当否？祈核！

行政院指令

义肆 21535 号

令云南省政府：三十三年八月二十四日秘交字第 3119 号，为拟建设厅呈复核议省参议会，建议请转呈中央恢复滇缅铁路工程，以便衔接而利运输一案转请核示由。“呈件均悉，查滇缅运输线，依照目前情况，以先修通公路为便捷，而能济急用，所请恢复该线铁路工程，暂从缓议，仰即知照。此令”。

院长 蒋中正

民国卅三年十一月三日（1944 年 11 月 3 日）

（选自临沧市档案馆编《滇缅铁路资料汇编》）

滇缅铁路督办公署为编辑通志给建设厅的滇缅铁路概况（影印件）

（1945年9月6日）

组织沿革：查滇缅铁路初名滇缅铁路工程处，系廿七年秋成立，设处址于昆明，又设西段工程分处于祥云，东西两段同时勘测施工兴修，旋于是年九月将东段工程处改名滇缅铁路工程局，西段分处亦改称西段工程处，二十八年秋，局址迁移禄丰，并为集中筹划兴工起见，于二十九年二月将西段工程处撤销，所有各总段均改归局中直辖，全线赶工程进展颇速，是年夏因滇缅公路遭受封锁，铁路工程遂一度停顿。及公路重行开放，始于三十年三月复工，当是时国内战事扩大，国际局势紧张，为应长期抗战需要，因于卅年六月正式成立滇缅铁路督办公署于弥渡，裁撤工程局，将前西段分为一、二、三工程处，前东段改为第四工程处，集中人力、财力、物力分段赶工，预期西段十五个月，东段两年，全部修竣通车。施工后进展甚速，完成可期，讵三十一年四月缅变骤起，战事延及国境，复被迫停工，署址撤退至禄丰办理结束，迄卅二年五月，各部结束，大致告竣，及成立保管处，赓续办理督署未了事宜，并保管文卷财产以待异日复工。

路线选择：查滇缅铁路东起昆明西达缅边，路线绵长，地经蛮荒，为应抗战需要赶速完成，乃将全线划分东西两段同时施工。东段自昆明经安宁、禄丰、楚雄、镇南而至祥云，西段自祥云讫缅边，有南北两线可循：一由祥云、下关、保山、腾冲出国以接缅甸铁道干线终点之密支那站，或由腾冲出国以接八莫，是为北线；一由祥云、弥渡、云县、孟定、南大、河口、滚弄以接缅甸铁路支线之腊戍站，是为南线。经实地勘测，结果北线有横断山脉，高低相差悬殊，工程太大，南线里程较短工程较易，且需费少而需时又省，二年余即可完成，故决采用南线。全线共长九百余公里。

工程概况：滇缅铁路之兴筑既为抗战之需要，故工程之进行至为积极，旋因各种关系时修时停影响工程进展甚巨，讫日寇侵缅，战争及于国境西段工程复加破坏，致全线停工，功亏一篑，计至停工时止已成未成之工程状况，另列表以明之。

（选自临沧市档案馆编《滇缅铁路资料汇编》）

《续云南通志长编》之滇缅铁路（影印件）

滇缅铁路之勘测与修筑

组织沿革：滇缅铁路，初名滇缅铁路工程处，系二十七年秋成立，设处址于昆明，又设西段工程分处于祥云。东西两段，同时勘测施工兴修。旋于是年九月将东段工程处改名滇缅铁路工程局，西段分处亦改称西段工程处。二十八年秋，局址迁移禄丰。并为集中筹划兴工起见，于二十九年二月，将西段工程处撤销，所有各总段均改归局中直辖。全线赶工，工程进展颇速。是年夏，因滇缅公路遭受封锁，铁路工程遂一度停顿。及公路重行开放，始于三十年三月复工。当是时，国内战事扩大，国际局势紧张，为应长期抗战需要，因于三十年六月，正式成立滇缅铁路督办公署于弥渡，裁撤工程局。将前两段分为一、二、三工程处，前东段改为第四工程处。集中人力、财力、物力，分段赶工。预期西段十五个月、东段两年全部修竣通车。施工后进展甚速，完成可期。讵三十一年四月，缅变骤起，战事延及国境，复被迫停工。署址撤退至禄丰，办理结束。讫三十二年五月，各部结束，大致告竣。乃成立保管处，赓续办理督署未了事宜，并保管文卷财产，以待异日复工。

路线选择：滇缅铁路东起昆明，西达缅边，路线绵长，地经蛮荒。为应抗战需要，赶速完成，乃将全线划分东、西两段，同时施工。东段自昆明经安宁、禄丰、楚雄、镇南而至祥云。由此通至缅边，有南北两线可循：一由祥云、下关、保山、腾冲出国，以接缅甸铁道干线终点之密支那站，或由腾冲出国以接八莫，是为北线；一由祥云、弥渡、云县、孟定、南定河口、滚弄以接缅甸铁路支线之腊戌站，是为南线。经实地勘测结果，北线有横断山脉，高低相差悬殊工程太大；南线里程较短，工程较易，且需费少而需时又省，二年余即可完成。故决采用南线。计自昆明经安宁、禄丰、楚雄、镇南、祥云、孟定、南定河口而至滚弄，全线共长 900 余公里。

工程概况：滇缅铁路之兴筑，既为抗战之需要，故工程之进行，至为积极。旋因种种关系，时修时停，影响工程之进展甚巨。讫日寇侵缅，战事及于国境，西段工程复加破坏，致全线停工，功亏一篑。计至停工时止，已成未成之工程状况，另列表以明之。

滇缅铁路各工程处主要工程已成未成数量表

（三十一年四月停工时止）

工程名称	单位	第一工程处			第二工程处			第三工程处			第四工程处			前工程局
		数量		已成百分数%	数量		已成百分数%	数量		已成百分数%	数量		已成百分数%	已成数量
		已成	未成		已成	未成		已成	未成		已成	未成		
土石方	M^3	3 870 488	1 511 512	71	2 534 057	2 348 083	52	3 128 426	6 830 922	31	13 100	5 986 900		11 220 000
隧道	M	142		90	468	904（内有已开工）	49	486	2 179（内有已开工）	45	38	1 262（内有已开工）		12 座计1205.5 公尺
大桥	M	12 座均已开工		47	46	363（内有已开工）	54	16 座共长541 公尺		44	0	52 座计1 350公尺		946
小桥	M	74 座均已开工		51	121	395（内有已开工）	50	共567 座		45	0	176 座计950公尺		
涵渠		205	373（内有已开工）	52	246	140	63				1 210			793

滇缅铁路之抢筑

滇缅铁路，起自昆明，西经安宁、禄丰、广通、楚雄、镇南、姚安、祥云、弥渡、南涧、云县、勐赖、勐只、勐润、孟定，以至中缅边界之苏达。自二十七年十二月二十五日分段兴工。东段由昆明至祥云属之清华洞，长410公里；西段由清华洞至苏达，长达470公里，全程共计880公里。轨距为一公尺之狭轨铁路，以便与安南、缅甸之轨道衔接。东段工程，昆明禄丰间土方已大致完成，山洞20座，正开工凿修。如材料来源顺利，经费人工无大问题，二十九年底可完工。西段工程进行颇迟，材料经费及人工并感缺乏。政府原定东段经费每月400万元，西段200万元，同时进行。遭受相当阻滞，故至二十八年十一月间，将该路经费减低，将款拨归滇缅公路局，充买洋灰修筑路面之用。东段经费，每月由400万元减低至250万元，工程依旧进行。西段则每月发给30万元仅敷维持少数员工生活而已。于是云南省党部、省执委会代电中央党部秘书处转六中全会，请求续修。其文云：

"查滇缅铁路开工，为期未满一年，全线业已完成25%以上。工程进展，尚推顺利。如能加拨经费，赶运材料，东西两段，同时并进，则在一年半之短时间内，当可望其全线通车，以应抗战之需要。乃最近交通部忽有缓修之议。政府修筑本路之目的，不仅为增进后方运输力量，且为抗战建国之基本国策，关系至为重要。属会本于全省人民一致要求，除电呈总裁，恳请积极赶修外，特再电请钧会提议主持。其理由如次：

（一）保障安全。滇缅铁路不惧敌陆上部队之包抄，不虞敌机之轰炸，不受敌海军之封锁。较之北之中俄、陇海，随处有被敌侧击切断之可能；南之越桂、滇越，根本暴露于敌海陆空军势力范围内者，自不能不认为我抗战上唯一安全、最有保障之对外交通线。

（二）运输力强。滇越公路，虽已完成于一年以前，但雨季每年倒塌，军运时虞断绝，此其一。山路汽车载重力至多不过十吨左右，前线必需品如大炮、坦克车以及各种机械、汽油等，大量运输颇感困难，此其二。汽车、汽油、车胎、零件消耗甚大，而必须外求，此其三。夜间行车，易生危险，每日欲维持600吨之汽车运输量，平均每三分钟发车一次，事实上必不可能，此其四。昆明至腊戍1 146公里间，来回平均为16日，二吨卡车4 000辆之购费，至少亦在美金400万元以上，此其五。现每吨货物一公里之运费为国币1元，1 146公里一日600吨，须687 600元，一年须2亿5千余万元，已超出铁路建筑费之全部，此其六。

（三）形势重要。云南、西南边地，面积广大，人口稀少，蕴藏富厚，为西南最有望之农垦区域。且其地南控缅甸、暹罗，西通印度、西藏，形势重要，无与伦比。而海外华侨之扶助，弱小民族之提携，又为先总理夙定之国策。凡此数点之经营与实现，均将有待于滇缅铁路西段之开通。

（四）经费易筹。滇缅铁路工程颇称艰巨，但自改用六公寸及一公尺两种轨距适用路基之设计后，其工程标准，已大为降低，经费亦减削一半。现在如赶筑路基，每月所需不过200万，此数非难于筹措。

（五）材料不绝。欧战虽已爆发，而国外材料来源尚未断绝。如美国、加拿大等处积存之旧钢轨、机车未尝不可商购或借以为应急之计。西段密迩缅甸，一切材料皆可利用缅境内之铁路、公路、水路，源源而运，绝无困难可言。英人对于此路之期待方殷，我如积极兴筑，彼必将其所余公里之路线迅速完成，以谋接轨。

（六）预备充实。目前西段员工、材料、粮食、医药均已大量集中，一旦遣散未免可惜，而已动工约200公里之工程亦将完全虚掷。云南气候有雨季、干季之分，雨季为五月至九月，干季为十月至（次年）四月，今年干季一经错过，明春即欲赶修亦已无及，转瞬又是一年。

基于上述诸点，属会认为续修滇缅西段不仅有必要，而且无困难。为保障抗战前途之胜利计，为开发西南资源计，为扶助华侨之发展计，均应请以全会名义提交行政院，转饬财、交两部，限即日起按每月拨足滇缅铁路工程款600万元，不分东段西段，昼夜赶修，以利工程而竟全功。抗战幸甚！建国幸甚！云南省党务执行委员会叩。"

自此电发出后，滇缅、叙昆两铁路工程局，为促进两路工程进度，俾便如期完工起见，特与本省公路总局会同商定征工办法。定二十八年十二月十五日为全线各县开工日期，加给路工津贴，限期完成各段土石方。又以各县征工单价太低（每工作一土方得国币3角，每人一日只能工作一个半土方，得资4角半，不足维持伙食），领款验工手续太繁，且层叠折扣，追款落工人手，已为数无几；民工缺乏组织，工作效率亦差诸点，因着手改善各县征工协修办法，沿途各县设征工处，以官绅任正副处长，组织民工，呈请省府公布实行。惟叙昆、滇缅两路，所需建筑器材13万吨，均由滇越铁路运输，而分配与该路之运输量，每日平均尚不及30吨，已非数年不能运罄。二十九年一月新年前后，滇越铁路迭遭轰炸，情形更有不同，且桂越间之全部运输，亦因敌寇侵桂归并于滇越一路，运输更显困难。故中央虽表示完成该路决心，然施工不易，乃系事实。是年六月间，敌寇在越登陆，滇越铁路截断。七月以后，即为停工待命时期。三十年三月，经政府决定继续赶修，然以国际形势之演变以及技术人员之缺乏，因令滇缅铁路局举办训练班培植技术人才。并呈请行政院经缅甸政府商洽材料供给问题，得其赞助，始雇民工，限三十年底完工。其东段中之昆明达一平浪一段，经省府拟定征工办法，限四月底将路基完成。东段全部又分为数段抢修。西段已由滚弄江边起，向东兴工修筑，俾与东段衔接。同时以滇越铁路下段拆卸轨道，尽先借用装铺于昆叙路西段及滇缅路东段。四月，滇缅线客车由昆明开至石咀，而昆叙铁路，亦由昆明通至曲靖云。

（选自临沧市档案馆编《滇缅铁路资料汇编》）

被遗忘的滇缅铁路

抗日战争时期，作为大后方的云南支援抗建事业的贡献，无论是粮食、兵员及其他物力、人力都可谓悉索敝赋，尽力征缮。在交通方面，为国际主要通道全长近1000公里的滇缅公路，更是以云南数十万民工的血汗筑成。其艰苦情况，《大公报》记者肖乾的《血肉筑成滇缅（公）路》一文可谓绘尽声色。1988年8月，云南省交通厅特为滇缅公路建成通车50周年举行隆重纪念。抚今思昔，我却憬然有感突兀揭开印象中久被尘封的、人力物力财力均超乎滇缅公路的滇缅铁路。近年省市各家文史刊物提到云南在抗战中的贡献并无一章叙及，即如《云南文史丛刊》1987年第3期陈鹤峰先生所写《云南人民在抗战期间作出的重大贡献》一文亦缺此目，对此重大的疏漏，深引为憾。

滇缅铁路于1939年下半年开始勘测兴工，到1942年2月停工，为时仅两年多。日军于1942年1月侵入缅甸，我远征军奉命入援。迫于形势逆转，铁路停建，全部员工北上赶筑中印公路（由印度利多南下缅甸的新背洋、孟拱、密支那经八莫南坎引入缅甸公路），限第一工程处于3月到孟拱集中，前站人员抵孟拱喘息未定，日军已快攻入曼德里。别说在缅外侨急寻归路，部署配合均不当而遭割裂作战失败的英、印、缅军队也进退失据。第一工程处许多器材物资未及全部运回，员工除得以抢乘汽车者外，大多仓皇徒步越高黎贡山逃归；因病滞留缅境者其后多下落不明。督办曾养甫目击集全国铁路精英悉心规划全力以赴之浩浩工程废于一旦，以无可奈何之沉痛心情，为焦头烂额之残局办完善后工作，之后，即继俞飞鹏升任交通部长（俞调任军事委员会后勤部长），曾氏无功受禄吗？非也。

滇缅铁路大功亏于无所措手之败，真非始料所及。曾养甫自1940年中出任督办之日起，奔走财力、物力、人力可谓头绪百端，常是席不暇暖；犹每抽时亲临工地沿线视察，抚慰民工，甚至过问民工伙食，无车处要步行几公里，宵旰之勤，人所共钦。最后缅境军事失利，铁路各处段仓皇撤走，犹自坐镇腊戍督运仓库物资，及至烽火在望，才怆然驰回。

自此，滇缅铁路一如弃婴，抛尸荒野，无人关注。解放后有人自边地来，说云县至滚弄等地铁路旧址部分作公路用，部分经过垦殖，部分已杂树成林，大小隧道则是狐纵兔穴，荒莽难辨矣。

但这一不幸早夭弃婴，其孕育及分娩是经过极大阵痛的，其修筑工程之艰巨超乎滇缅公路。铁路长800多公里，比公路少100多公里，但土石方数量则超过公路1倍。因瘴疠及工伤，死亡人数也多于公路。总投资达7000万美元，在当时是一笔来之不易的美国贷款。

无论就全国或省市地区史料言，云南人民特别是滇西人民对滇缅铁路作出的牺牲，这段历史是不容轻忽遗漏的。往事已矣，为筑路付出生命的员工，其意义与前方阵亡将士何异？每条铁路竣工，列有纪念标志；独滇缅铁路以早夭竟烟没无闻，不仅有屈我省对抗战的贡献，且何以慰死者于地下。笔者当年供职一隧道所，虽事隔半纪，而披荆斩棘、筚路蓝缕之景，犹有残存记忆，今予追叙，亦可藉窥始末之一斑也。

滇缅铁路计划，早在清末即有酝酿，英国曾向清廷申请承建。《顺宁府志》载："光绪二十四年（1898年）九月英国派守备周尼思由璐江至云县界，沿途踩勘修筑铁路，十一月至云州（云县），又派都司达威斯由腾越一路来会。"当年在日本东京出版之《云南杂志》第十二号有如是记载："英政府凭照外部（光绪）二十八年（1902年）二月七日文内所称之语：早经向中国声明得有承建缅甸边界至腾越铁路之权。"《云南文史丛刊》1987年第二期何小泉《云南铁路史话》一文也说："英商悉索承修铁路，光绪三十二年（1906年）滇督丁振铎奏设云南商办铁路公司，即拟先启筑腾越至缅甸界一段约长400公里。”当年拟就的路线是：昆明、安宁、禄丰、镇南（南华）、赵州（凤仪）、永平过澜沧江、永昌（保山），再过怒江经腾越、蛮允入缅甸八莫。民国后，腾冲李曰垓任云南省公路第一分局长参与计划，主张自昆明到祥云后由清华洞起西行至下关、保山、腾冲往接缅甸密支那，借此可进一步打通中印关系。方树梅作《李子曱（曰垓）先生传》称：“滇缅铁路之路线主者拟自祥云清华洞起南行，经云州由南定河出滚弄接缅甸之腊戍，先生力争采用此线，自清华洞西行，经下关、保山、腾冲往接缅甸密支那，备打通中印关系，议虽未行，可为将来推广之息壤。”

由此可知，滇缅铁路之经营计划，自清末迄抗战初，中英双方皆曾有过酝酿，当然，英人之筑路目的与法人筑滇越铁路同样是侵略手段，与我国谋货畅其流之旨是截然两回事。

1938年滇缅公路建成通车，成为西南一运输大动脉，抗战及民用物资得以源源运入；但汽车运量有限，印度洋入港一艘万吨货轮，卸货由仰光上火车到腊戍，就够千辆汽车疲于奔命。且因滇缅公路路面不宽，常拥挤停滞，历时数月才到昆明；载运不多而汽油消耗量大，代价太高，时间、人力、物力都不经济。为此，国民政府决心建设铁路，以轻消耗而臻运量效益。1938年中、英、美三方会商，签订了一项由美国贷款，中、英两国各在滇缅境内合作修筑滇缅铁路的协定。

关于路线方案，经中外专家会同研究，由昆明转腾越入缅接密支那方案不仅路线长，要通过高黎贡山须多凿隧道，且须建澜沧江及怒江两座大桥；有人又提第二方案，与公路平行，即由昆明到畹町入缅接腊戍，理由是施工方便且较“李线”为短，但仍须建两座桥。最后决定的方案是：由昆明到祥云云南驿后转弥渡、南涧，过澜沧江而经云县、德党（镇康）、孟定（耿马）入缅甸滚弄接腊戍。此路不仅路线更短而且地势平缓，又能让过怒江，省了一座大桥。就英国方面而言，由腊戍接滚弄也较接畹町为近，更切合英国利益。蓝图就这样决定了。

交通部滇缅铁路工程局于1939年4月成立。局长杜镇远，湖南人，留学德国，归国后曾经手沪宁铁路，工程局局址设于禄丰，首先组织测量队进行勘测；随即分段定点招工开工，昆明至祥云一段因靠公路，沿途多村寨，给养运输方便，招工自无问题。自弥渡以下尚无公路，特别是云县到孟定一段，有的是榛莽荒秽几十里无人烟的瘴疠之区，内地人称作“夷方”，视为畏途。清末剑川诗人杨晫有《孟定谣》云：“客孟定，难言命，炎炎绝域愆时令。二月草初青，孟定不可行；七月露初白，孟定不可客；谷雨瘴继谷花瘴，妖氛毒气殊千状。外方客游子，十人九个死；彼客来复止。鸟殉食，人殉财，蛮烟瘴雨扫不开，年年白骨生青苔。”（见《白族文学史》。）可知耿马孟定一带经年瘴疠商旅裹足之残酷。而云县呢？据1983年出版的《云县志》载：“灾害之酷，比于思普瘴区情形尤剧，溯自二十二年（1933年）以来，瘟疫流行，绵延不绝，百里雷封，死亡逾万。”铁路招工时，正值1938年大疫之后，呈一种“户绝炊烟，人缠死气”的萧条气氛，“危城斗大，户不盈千，40日中罹疫死亡者506人”（均《云县志》语）。土生土长者尚且如此；不服水土的外乡来客，其不经猝然一病就无救死亡者乃必然之事，这样的地理气候环境给招工造成极大的困难，而且段路所需的几万工人，也非地广人稀的封闭夷区所能凑数，必须向外招雇。于是，工程局只好一再提高土石方单价，并为来回接送给予交通方便。这对省内外的包工公司自然具有很大的吸引力，远自湖南、安徽等地来的包工头，都纷纷组织应命。沿路各县也应时成立种种包工公司，遗憾的是内地招来者丁壮少而老弱多，且多有鸦片嗜好。过去有一种误解，认为鸦片对瘴毒有免疫力，这些瘾者一面向往包工头高单价的诱力，一面馋涎于夷方鸦片的“物美价廉”，不考虑身体的承受能力就欣然相约应招，结果却正是这些吸鸦片者十九丧生。此是后话。

滇缅铁路工程局一面组队勘测，一面分段定点动工，修筑便道，水运地段筹组船只为全面施工做好起步工作，然而工程局成立迄1940年初近一年时间，工程进度很慢，云县以西有些测量工作都未全部做完。这除客观环境多不利因素外，组织机构不够健全也是原因之一。而当时远东形势日趋紧张，1940年，日军取代法国，占领安南（越南）、老挝、柬埔寨，控制了缅甸、暹罗（泰国）以外的中南半岛和暹罗湾，缩小了对我国的包围。中央对滇缅铁路的期望急于星火，最高统帅部经常过问，迫使交通部不能不采取紧急措施，于1940年改组滇缅铁路，撤销工程局改设督办公署，派曾养甫为督办。曾氏广东人，南开大学毕业留学美国，归国后任广东省建设厅厅长后到交通部任职。

曾氏接任后，该督办公署于弥渡（居全路中心），首先礼聘中外专家10余人组成顾问机构，并增设帮办2人（原局长杜镇远以帮办兼总工程师），会办3人，为股肱辅助，皆国内路政干员。同时，将原工程局所设科室扩大为处，并添设机构，计有：顾问室、工程师室、秘书室、总务处、粮管处、会计处、出纳处、警备处、司法处、行车效率工程处、运输处（拥有大小车数百辆）、卫生处（于每一工程处设有铁路医院，各总段有医务所），后又增设征工处。另有路警总队（下设四个大队，每一工程处配备一个大队）、军法执行总监部、材料厂、材料库、无线电台及职工福利之生活物资供应社等十几个单位。处以下设科、股。在外尚有驻腊戍、昆明、重庆等地的办事处，可谓组织庞大完善。中国银行随公署及各工程派出营业所，为财会收支提供方便。确定全路四个工程处驻地：第一工程处驻滚弄；第二工程处驻云县；第三工程处驻弥渡；第四工程处驻禄丰。就是基层处段也力求充实健全，如第一工程处工段艰巨，就由会办张海平兼任处长。可谓人才济济，荟一时之盛，据说当时国内的铁路权威人士均为曾氏罗致无余。

笔者是第二批到第一工程处第一总段的，地点在滚弄与孟定间的南捧。1941年7月，我们两部卡车满装器材什物，再坐上18个工程财会人员，由畹町过大桥入缅甸九谷。缅甸边防巡警是印度红包头，他数数车上人数对照交通部填发的英文护照数字无误时，登记后即挥手放行。当日抵新维，正赶上新维酋长办寿，庆祝活动极为隆重，临时扩大集市广场，辖区自南坎、滚弄等地的群众都来赶热闹，布置彩坊剧场，邀来仰光缅剧名角做一周演出，当晚酋长乘轿车驾临看戏，酋长科头着黄绣花褂服由护兵拥入剧场，登上特设座椅，接受臣仆们跪礼参拜。我们不懂缅话，只看看舞蹈。剧场灯光辉煌，外围到处是形形色色的赌摊，刺鼻的雪茄烟雾令人窒息，一夕的观感，使我怀疑缅甸独立的远景。

次日由新维南下滚弄一宿，第三日到南捧。新维到南捧约200公里，原无车路，远近村寨交通只有牛车，原始朴素而古老，因修铁路才新辟便道，坎坷而狭窄。路边几十里偶有一二面无表情的印度武装巡警。滚弄当时还是个不起眼的小镇，后来第一工程处迁来驻镇该处办公，添设了滚弄江载运汽车的轮渡，人口顿增，一时热闹起来。南捧是一块靠南定河不远，方圆约2公里的长形小洼地。前半年总段首批员工到后已建好一栋三开间砖木结构小平房作总段办公室，另外在左右和前方盖了几间草片竹楼作职工宿舍、伙房、保管、医务等使用。这种竹楼取材于当地盛产的大龙竹，以直径达20公分者作梁柱，竹筒剖开放平而作地板、门窗。屋面是当地特产的一种韧性苇类植物编成草片，然后依次铺叠紧扎于人家屋架上，居然不透光、不漏水。在温热地区的傣族人家就住这种竹楼，通风凉爽，自重轻而避温，又经济简易，比古文中王禹所写黄冈竹楼更别有诗情画意。

第一总段辖一二两分段、南定河桥工所和回步隧道所，不久我被派往隧道所做事务。回步距南捧约十华里，在一个山坡上。这一带并无村落。隧道所与二分段相依为邻，两单位各请傣家建屋工人造了两排“L”形竹楼，办公、生活和堆放器材。

隧道所主任张乃钊，上海嘉定人，是位副工程师。另有帮工程师、工务员各2人，监工3人，分别是浙江和广西籍。再是工友六七名，员工约15人。二分段路线较长，人员比我们多一倍，两家合有一个医生，后来增加医生和护士各一人，成立小医务室。

回步隧道所原勘测隧道两个，一个百余公尺，一个约50公尺。短的这个开凿时因风化石较多改辟作露天隧道，实际我们只有一个隧道和两个隧道间及两隧道外南北的几百公尺路面。

筑路生活最苦阶段，莫过于山区测量后分段定点草创时期。此时交通不便，无电话呼应，附近无村寨，接应困难，生活不正常，施工效率低。所以，打前站的开路先锋都是选拔能吃苦耐劳、富有开拓精神的工程人员。我是第二批到来者，尽管居室和一切设施简陋，但一路所经，榛榛狉狉大可见到首批员工诛茅结庐之不易。犹记笔者那天由总段派到回步隧道所，是由一名工友领路并为我背行李，出总段不远就上坡，根本无路可言，只是经勘测队派工用锹锄砍刀顺山脚砍出的一条毛路，连马帮都用不上。一路踏过荆棘竹椿树根，左边多是十来丈高的芭蕉和竹林，右边是条激流小河。我们小心地攀牵枝蔓探步上山。第二天我又和这位工友回总段领料，他走前我跟后。他自以为路熟，边走边哼花灯小调，没走好远就一个倒栽葱跌落深距10公尺的乱竹丛中，他只尖叫一声就再没吭气。我走近一看，他头栽入几根被割成楔形的竹桩上，竹尖插入喉部，头破血流，顿时身亡。他是弥渡人，下午拼了一个木盒着人于山侧埋了，事后给他家寄了三个月工资。当时段所间无电话，一切物资材料给养乃至公文报表的传递，都靠每日派工背送。我是搞事务的，就经常这样提心吊胆上下，直到一个月后修通便道才算安顿下来。

我们在这秃岭上，除大米向总段搬运外，要到远隔50公里外的滚弄赶街买干菜、罐头食品，到德党挑回禽蛋；附近无农家，要到山后傣家雇马驮回青白菜。后来我们自己开荒种菜养鸡，既经济又丰富了生活内容，也减轻了我的工作负担。

山上晨起大雾弥天，10时以后则又烈日炎炎，困闷异常。夜里山箐远近猿猴啼啸凄厉，昼间则蝉声聒耳。国内和仰光华侨报纸都不易及时看到，重大新闻都是从总段得知的。生活枯燥单调且不论，员工们都程度不同地患过疟疾和肠胃病，但大家都深知铁路关系国家运输命脉，都能兢兢业业尽心工作，希望早日竣工，能看到第一列火车由滚弄南下穿越我们的隧道轰鸣而出的情景。可是，工程进度却是令人丧气之至。

先说前来承包我所工程的三家公司，除了河西（今并入通海）一班石工不抽鸦片堪称得力外，其余公司由大理、下关、祥云、弥渡等县招来的工人，十有九个是抽鸦片的。其中有些原不抽鸦片，到工地后，惑于鸦片能救瘴毒之妄言也上了瘾。到工地后，包工公司叫他们就近搞些竹树材料，傍山冈搭起最简陋的工棚。远来夷方者多系贫苦人，大多衣着行李单薄，有一条棉毯裹身者就算不错，很多是用麻布口袋做垫盖的。在这亚热带气候地区，衣着多少看似无关紧要，但夜间疟蚊的袭击，对无蚊帐防护的工人却是致命伤。各工段都发下华侨捐赠的红色糖衣奎宁丸。这种丸药在内地服一二粒疟疾即愈，在瘴区对恶性症疾却疗效不大。铁路的医务室原则上是为职工服务，对民工只给点红药水、碘酒及阿斯匹林之类，曾被工人讥为“阿红医生”。记得有位湘雅医学院毕业的医生，成天陪抗疟团的洋医生来往吹牛，很少在医务室看病。我每晚都到所属工棚按人发药，每人四粒，交代工人早、晚各服二粒以做预防。常见工人躺在低温而污秽的竹笆床上吸鸦片，有的发高烧却不愿服药，只相信鸦片。床下丢散着变色的奎宁，证明他们拒服。他们说奎宁丸“寡薄得很”，因为服后头晕耳鸣，连服两日甚至听觉不灵，我也无法相强。患病自无力出工，不出工哪来工钱？生活上除大米由铁路调供（仍由工价中扣回）外，菜金是包工公司按出勤发给的。这样患者既无钱吃菜，糙米饭难以下咽，缺乏营养，更无钱买鸦片，又拒服药，已是衰弱不堪。再加有时暴雨骤至，那没好遮拦的工棚对烟瘾难熬、寒热循环发作的病人，立即变成催命的太平间，最初是二三日死一个，后来连日阴雨竟一日死几个，填死亡申报表都忙不赢。有一个月光是隧道所就报销了30多人。按规定，工人的死亡，例由公司申报凭据领取一定的烧埋费，但这笔烧埋费到了包工头手里何曾用到死者身上？当时他们处理的快速办法是：剖开两截大龙竹，刨去节心，将尸首往中间一放，用绳子捆拢，往河里一丢了事，那情景令人寒心。可悲的是，他们并非牺牲于开山放炮的工地上，却是因鸦片、瘴毒交缠而倒毙于阴暗肮脏的工棚中。这些工人远离家乡，并无亲属，即有同来乡人也难互相扶携，有两父子先后不过两天就同遭葬身鱼腹的命运。久经铁路工程的人员对筑路伤亡是司空见惯，从无任何怜悯表示。我不知南定河中的娃娃鱼（该河盛产）究竟吞噬了多少具水葬尸体。据统计：由云县到滚弄间15个总段因瘴疫死亡人数占总死亡人数的90%。

隧道工程不同于一般路面，施工面积小而集中，它不能容纳过多工人，必须两面相向开凿，昼夜换班打眼开炮。这种工程岂是体力单薄靠鸦片支撑的精神所能承担，就是其他路基土石方的开挖搬动，挡土墙的支砌和松土的夯实等工序也同属重劳动。前述的这些公司，每日工程进度无异蚁行蜗步。如此磨蹭，即使工程设计精密，人事组织健全，器材设备完善，而具体干活的工人疲沓差劲，徒有优良条件，也无法发挥作用。

针对包工之弊，交通部呈请行政院指令云南省政府为铁路实行征工，督办公署设征工总处，各县成立征工处，应征工可作兵役看待，凡吸鸦片者一律拒收。这就给铁路送来大批生力军，原有包工公司也斟酌淘汰。记得1941年10月间光是分配到隧道所的保山民工就有200多人，据告：保山民工先后征到五六千人，他们有领导、有组织，一到工区即择地砍伐林木，扎起稳当避湿的宽大工棚，无包工剥削，做工量方计件就有奔头，干活自然积极。在开山爆破技术上，引进新式的电雷管对TNT引爆，增加安全系数。卫生方面：美国派来一个专门对付恶性疟疾的“抗疟团”，携来大批对恶性疟疾有特效的药品，如阿的平、扑拉斯摩奎宁，对痢疾的药特灵及其他灭蚊剂等。“抗疟团”到昆明后与卫生处合办了一个短期卫生员训练班，为每个段所配置一名卫生员，专司工人生活区的防疫卫生指导，如清除沟渠死水、杂草减少疟蚊繁殖，注意饮食卫生等。卫生处处长庞经周也亲到工区视察督导。而且，霜降已过，疫情渐轻，工人出勤率达90%。我们在山上昼夜都能听到炮声隆隆。白天工地上那起伏的夯歌和使大锤破石块的金石交响曲的紧张声色，确是摄人心魄的壮美图画。办公室的进度图表，每五日一大改观，阴历年前我们的隧道已经凿通，几百平方米的挡土墙也已筑成，正准备用洋灰（水泥）勾缝。在此期间，曾养甫与专家们到工地检视，对进度及质量表示满意，对民工提出的一些要求，都在现场作合理的批答。有一次，曾氏偕美国专家二人视察工区后到总段午餐，对总段长邹岳生说："工人吃白米不如红米有营养。"交代调粮单位今后调供红米。工人对这位官员不摆架子，能和工人对话，关心工人生活，给予好评。

筑路是苦活，一般都常在荒山大野安营扎寨，公路与铁路基本相同。但铁路除桥梁隧道结构特殊外，路面的弧度、坡度及坚实度都比公路要求严格，不允许有超标准的误差，精确性既高，难度就大。滇缅公路只用8个月就建成通车，而滇缅铁路耗时近两年还未全面完成路基即此理也。

这段时间工程进展快，有消息说英国承担的腊戌至滚弄段路基桥梁已将竣工，不久即可铺轨南下。官员们估计，再过两个月，我们第一工程处的路面也可铺轨了。可是，正在这紧张施工阶段，国际形势发生急剧变化：

1941年12月7日，日本袭击珍珠港。

12月8日，日军同时向暹罗、马来西亚、菲律宾、中国香港发动进攻。

12月9日，日本在太平洋击沉英国自称"皇家海军不沉之舰"的"威尔斯亲王号"和"反击号"两大军舰，英军退守马来西亚。

12月16日，日军侵入印尼婆罗洲。

12月20日，日军攻占九龙。

12月21日，日军侵入暹罗，迫使暹罗加入其同盟。

12月25日，英驻香港总督马尔特比接受日军通牒降旗投降。

1942年1月，日军进入马尼拉。

日军侵入暹罗后，西太平洋的海上霸权全部落入魔掌，并立即准备向缅甸进攻。这一系列噩耗频传的国际风云，显然有威胁中国政府屈服投降的险象，这就促使最高统帅部对滇缅铁路作了慎重的估计。而1942年1月4日日军突然越过暹罗边界向缅甸进军，并于31日占领缅甸第一大港毛淡棉，此后连日轰炸仰光，由仰光到曼德里的铁路运输发生危机。中央乃立即改变计划，断然下令中止铁路施工；全部员工北上赶修中印公路（亚太地区英美军事形势处于劣势之后，英美政府拟有筑中印公路之应变计划），原有民工就地遣返。这一突然刹车的惊雷，简直使人一时心理失去平衡，这不是功亏一篑吗？紧跟着檄电频来，令第一工程处先期于三月初迁孟拱办公。第一总段各段所迅即收拾，分批到孟拱待命，其余工程处着即沿滇缅公路入缅，赓续北上接应公路工程。

此时，缅甸有英缅军、英印军两个师和装甲旅共几万人，入援的中国远征军5、6两军已运向曼德里，还有宪兵团由腊戍到曼德里维持交通警备秩序，总兵力不下10万人，且有美国史迪威将军任战区参谋长。中央政府视为这总面积67万平方公里的英国殖民地国家总可牵制日军于一隅，由印度入缅北再入云南的应变公路尚有可为。

我所除T工程师和我及几个工友在后办理结束外，都在第一批先走了。约10天后，我们办完内外各项善后手续也就押着两车公私物资最后撤离。我们昼夜兼程，车行4天赶到八莫，时间大概是3月中旬。

八莫西傍伊洛瓦底江，是腊戍到密支那的中间大站，算个中小城市，水陆交通均便。陆路全是柏油路面，短途交通有装饰明丽的双轮马车，招手即停。环境清秀，许多餐馆都设在花园庭院中。商业繁盛，华侨与印侨占人口大半。印度商店大都挂有圣雄甘地的画像；华侨聚居街巷有写着“禁止大小吏（便）”的木牌，可知华侨文化很差。市面货币卢比与国币通用，卢比值高于国币，中国银行在缅各大商埠设有办事处。此时市面平静，却船运紧张，候了十来天才搭上一条由伊江上游驶来载有印度军队的火轮船。在船上得知仰光已于3月8日被日军占领，这批印军的行踪自然保密，看他们大多腰间别着七八十公分长、烟锅有西红柿般大小的旱烟管，我们对其作战能力表示怀疑。

船是顺流西行，江水滔滔，泥土朱红的两岸是一碧无际的葱郁蕉林，不时隐现着金色斑驳的缅寺古塔，风景如画。我们都无心观赏，船行一昼夜到格萨码头，上岸坐火车到英多，印度军人下车后不知去向。我们再转车上由曼德里南来北去孟拱的火车。我们的车厢装有器材，原是包厢，但沿站上来不少华侨和几个印度男女，无法阻止。车上传说着不安的消息，说南方军事不利，日军将由水陆两路北犯云云。火车夜行迄晨明抵孟拱。孟拱以产宝石闻名，是个水陆交通中心的工业城市，但见行人神色匆匆，市面呈半关闭。我们先下车打听工程处，但见办事处大厦招牌犹在，却已人去楼空，大楼周围停放着无人驾驶的几十部印有YBR（滇缅铁路英文缩写字母）字号的汽车，显然是仓促中被遗弃的。工程处备有无线电台，可能已得到撤离指示。听邻近华侨讲：3月8日仰光沦陷后，10日勃固又失守，英军撤出重镇卑谬。日军要水陆并行进攻曼德里。英军为避资敌，自动炸沉伊江中的轮船，破坏部分铁路，且烧毁仁安羌油田。至于工程处，来此未及一月，已于前日捷足先撤，可能上密支那去了云云。我们此时喘息未定，闻此晴天霹雳，顿足不知所措，打电话又线路不通，连市容也未及略加寓目就忙归原座，指望密支那有单位接待。次日抵摩影，不知何故火车又停开了，我们只好待下来游逛。摩影车辙纵横，也是个大站，公共设施完善，邮电局的印度职员照常营业，就是电话一直占线。周围遍野震林，有英国开办的规模不小的制糖厂，这时却见裸着黧黑上身的缅甸汉子涌入糖厂，任意搬走大麻袋装的白糖。原来英国厂主已闻前方失利消息，抢先弃厂而逃，管理人员作鸟兽散。街上临时廉价货摊甚多。一印度商人嚷着贱价出售香港胜家公司缝纫机，头天要两百盾卢比，次日降为一百仍无买主。车站上聚集着几趟火车送来的各色旅客、军人，总有几千人。一向君临殖民地的英国官员、侨民、传教士，此时已被土人白眼相看，平时矜持的“尖头馒”（绅士）风度忽而蓦然失落，甚至警惕着土人对他们的财物觊觎，有的已持枪自卫。他们惶惶然，想依傍西北去的印度军人往印度避难。相反，缅甸人在当前却无半点大难临头的阴影，英国统治缅甸近60年，而今日军替他们赶走英国人，其无动于衷甚而因有某种便宜而高兴，自可理解。不止此也，缅甸人对印度人也缺乏殖民地的同命运感。自缅甸沦于英国后，英国曾于1886年把缅甸划作英属地，缅甸的公用事业，如邮电、银行、自来水等机构的职员，治安巡警、火车轮船司机乃至机舱底的火头军，英国都安置印度人，有意制造印缅人间的隔膜，自是帝国主义统治手段之一。

我们成天像热锅上的蚂蚁围着车站转。4月30日传来最坏的消息：日军狂炸曼德里，从暹罗清迈府北来的日军于4月28日截取了无驻军防卫的腊戌，英印军已退入印度，中国远征军也已撤退云云。T工程师眼看大列火车一时无行动声息，为自谋脱壳计，借口先往前方找总段再来接我们，匆匆给了我一二百元卢比和国币，于夜间乘一趟慢车走了。我当时疟疾未愈，虽心急如焚，也只好和5个工友困在车上听天由命。一天忽然小便如血，突发高烧，饮食不进，同车华侨中有懂医者说这是急性肾脏炎。吓得工友们也大为着急，背起我到处找医院，经乡人指点在一公里外找到一家挂着CivilHospital（市民医院）牌子的医院，这时正疏散病人作关门打算，他们拒收病人。我见一位挂着十字架的印度学生，知其为天主教徒。我幼时在天主教堂读书，略知教义，当即用英语以上帝的名义向他哀求，终于获准暂住一宿，上病床打针服药就安静入眠。次早不仅炎症解除，疟疾亦愈。恰好工友来告，翌日有发车消息，我当即欲付款出院。医生告诉我，这医院属慈善机构，医药均免费。我叫工友取来两罐菠萝相送表示感谢。回到车站，印度人、英国人已向印度方向乘汽车走光。

这一列满载客货的臃肿火车终于在5月10日向北启程，悠悠走了几十公里，又因前方壁洞车站昨夜发生密支那南下火车头相撞而停驶。车站已无人值班，只从当地人得知，日军已由八莫乘汽车于8日夜进入密支那。撞头的火车就是临时由密支那载难民与北上的火车未经电话联系而碰撞的。两车头抵着撞出轨外，车头留有伤亡司机的血迹。这下进退维谷，只有自寻生路。此时，20多列车厢涌出男女老幼提箱负囊者近千人，多数是闽粤及腾冲侨民，看样子都是富裕的，只有洱源和西昌的几家自称在缅甸开小饭馆的衣着差一些。华侨大多娶缅甸妻子，却无一个老婆同来，只有几个混血孩子都只能讲缅语。大家紧围车站，人声沸腾，我们6个对此间环境最为陌生，只有听计于腾冲华侨。他们说，前后受阻，只有横渡伊江而东爬高黎贡山回国。当晚已是夕阳傍山，次日再议。我们搬进平时只供英国官员乘坐的豪华卧铺车厢，胡乱吃些饼干过了一夜，次晨一大早，大家都各自扎束稳当轻装起程。我和5个工友顾不得一车公私物资，捡几件衣物、毯子跟着大伙走，在当地人的好心指导下，像军事散兵演习一样往东江边走去。人丛中看到别工段的几位工程师夫妇，女的也乔扮男装结伴而行。壁洞北距密支那约20公里，日军初入密城，还来不及沿江巡逻，所以此时可以大胆走路。这一带是一望遥遥的菠萝地，下午到江边，土人相告：轮船已被英国破坏；一般渡船又被日军扣住，眼下沿江只有一些小渔船和挂两根竹竿的独木船，而且只能夜渡。面对这不过300公尺宽的伊江此时竟有茫茫无垠之感。于是分散各自找船，最后以5倍于平时的价钱讲好一条独木船，议定每次载2人分批引渡，同住船户的邓川侨民父子3人还用毛毯裹着一支双筒猎枪，船户劝他丢掉，日本人见到武器是要命的。枪主只好将枪扔入江里。当夜10时，微见夜色，并无风浪，我们

6人分三批过渡。我和一个工友是第三批到对岸的，与先过来的侨民在芦苇丛中蹲着，警惕地四面张望，沿岸过来了十几批，就是未见我们的其余4个工友。忽闻对面一阵枪响，不知是抢劫还是被日军发现，后边就再无船只过来。腾冲华侨说："趁此天明快走"，于是鱼贯上路，络绎不绝，不知是几百还是千数人同向东方落荒而走。中午走上了八莫到密支那的南北向柏油公路的一座大桥，横亘着几十部大小汽车，有的已烧成残骸，有两部是有意开入河里，有一小汽车前轮俯冲入河，车身却架在桥梁边，显然是一二天前前后受阻被迫放弃和自行焚毁的。越过公路不远即进入村寨牛马路，恐惧感大为减缓，迎面却来了个骑自行车的缅甸汉子警告说："昨天还有日军从前边村落出入，小心为好。"我们又忙分散躲进几个小村。这是掸族和景颇族杂居区域，人烟稀少，生活贫瘠，荒寒近于不毛之地，当晚胡乱住下，一夜无动静，次晨买些煮鸡蛋、洋芋上路。好几次在岗峦起伏处，突然遇到负弩持刀只穿短裤而纹身的景颇汉子穿林而出，我们仗着人多，虽然紧张却也安然交臂而过，跟着是上高黎贡山。这是腾冲到密支那的古驿道，崎岖而多歧岔。从山脚起，一路见到中国士兵尸体，已经发臭，一如闯入败军战场，据分析是入缅国军撤退时部分伤病员被日寇追上击毙的。关于这一段经过，我曾写过一篇题名《血债》的随笔，刊于1947年的昆明《中央日报》副刊，并引明典史阎应元《咏扬州十日》诗"寄语路人休掩鼻，活人不及死人香"作结。

逃亡对捷足者说不是严重事，但对老弱伤残却是可怕的灾难。目前被击毙的国军且不说，大家要抢吃抢住都得快走，而又必须依靠大伙声势以求安全，无形中扭成一股人绳像惊蛇般向山林中急窜，却苦了拖着孩子的妇女一路哭泣呼喊，有的带病拄杖赶路累倒在树荫下呻吟待毙。同行者也爱莫能助，更何况籍贯各异，语言不通，同情成了奢想，仅一昼夜间，就发生家人失散、老弱被抢、妇女被奸污事几起。这天，我们翻山越岭不知跑了多少路，直到半夜才在细雨蒙蒙中到了斋公房。这小庙是山上的唯一止宿点，内外都是中国士兵死尸，因大雨忽来，几百人也顾不上腐臭，在东西两廊及神龛前起火做饭。里边有些柴火，看样子原有庙祝看管烧香的，火光中看泥塑似个财神，手足已折断。一天疲累，很快入眠。次晨天晴，一醒就陆续下山，自后就未再见死尸，而且已入国境，心情逐渐松弛下来，脚步放慢，边走边歇。下午5时抵腾冲牛圈河，已有两个老太婆煮卖稀饭，先是每碗5角，后来见人多，涨价成1元，记得当时古勇街上商店卖德商谦信洋行的大号搪瓷脸盆才5元一个。稀饭虽贵，总算吃到热腾腾的可口粮食，精神为之一振，我们还得感谢两位黑良心的老太婆呢！

跟着就到古勇街，离腾冲约有百里，一到才知日寇已于5月3日入畹町，4日炸保山，并入龙陵，10日腾冲沦陷。日寇竟这样兵不血刃如入无人之境，闻之无不愤然。我们逃亡归来无人照应，听说固东街有接待站。次日到固东，除闽粤侨民外并无铁路人员，待了两天，只好渡怒江去保山。我们翻下一座山到属于云龙的一个渡口，黄澄澄的怒江激流并无船只，据说下游有竹筏，否则要上六库才有铁索桥。竹筏是用十几根竹竿拼扎而成，用篙竿撑划，人物一上筏就下沉十多公分，比伊江的独木船还怕人，有的侨属妇幼不敢过筏。我们一起的三十来人坐两张竹筏分渡，操筏者以熟练的功夫，不到一个钟头就把我们送到对岸的芒宽。这渡口属于保山，大家虽一身淋漓，还是额手相庆，山水难关皆过，可安步到保山坐汽车了。怎知上岸不到半里，在一个小丘拐弯处忽然闪出十来个带有X部符号的持枪士兵，为首像班长模样的叫我们站住举起手，说要检查，过来四五个兵对我们逐个摸身。我的怀表被摸去，两个华侨的手表和烟盒里的宝石戒指也被“检查”掉，并硬说我们是逃兵，把我们一起赶到他们驻扎的小庙里。一会儿挂有上尉领章的军官可能是个连长出来讲话，说他们是负责收容散兵游勇和防止汉奸奸细混入的某师部队，凡属逃兵必须截留，有证件的可以放行。我当即拿出证件，他倒客气，就让我和工友两人先走，还问：“士兵拿了你们东西没有？”我连忙说：“没有。”当晚我俩就在前边一个小村找人家歇宿，不一会儿，被截住的华侨全都欢跃而来，原来他们都对排连长做了“奉献”：当官的说要买他们携带的毛衣毛毯或是火机之类，他们都忙着无偿相送，官长还假意要付钱，因而全都得以放行，现钞倒未搜去。事后我了解到入缅国军一般纪律都好，就是X师最差，后来被整编掉了（近阅《云南文史资料》第25集赵雨林“对缅边境抗日战争回忆”一文也写到江边守军检查放行情况，但无需索行为，自是各部纪律不一）。

这晚我们吃饭时，都很客气，相互劝酒让菜。一位在缅当船工的福建华侨说：“我们这次过山关、水关、敌人关是思想上曾做准备的，但过自己人关却是意外的噩梦。”言时气愤之极。睡觉时身边一个粤籍华侨枕着他的圆筒龙竹扁担悄悄对我说："李先生，我是啥都能丢，就是这根扁担不能丢。"问其所以，原来筒里全是十盾一张的纸卢比。另一华侨则是挑了两麻袋银卢比，在X部检查时才被亮相。据他说：怕纸卢比到中国不值钱云。这也算是逃亡中的小插曲。

我们大概是6月初到保山板桥镇，从板桥找车到永平。永平已有接待站，食宿费极廉。翌晨站上给我们安排长途车，下午即到祥云第一工程处报到。近两个月的流浪生涯演出至此剧终。

总段员工乘车或步行大多回来，二分段工程师龙某在归途中死于车祸，脑袋碾成薄片。龙，广西人，博学而谨厚，闻之深为惋惜。T工程师已先半月回来，他估计我已病死缅甸，因而把某些贻误责任都往我身上推卸，怎知我竟活着回来，还带回一个工友作证，一经对话，不免有些尴尬。

滇缅铁路至此结束，事务人员大多被遣散，工程人员全部迁广西，着手营建湘桂铁路。

前人有句："研墨和泪写痛史。"早夭的滇缅铁路是一部抗战遗恨。本文所写仅属局部，自知挂一漏万。据悉：澜沧江大桥工程场面及腊戍抢运物资情节皆属惊人战斗，足资访闻记录者，原当年与其事而犹健在同人，续作补充，以备史乘采摘参考，并为本文指正为幸。

（李群庆）

（选自《云南文史丛刊》1989年第2期）

忆在缅甸战场的铁路工作及其撤退情况

一、奔赴缅甸战场组织铁路运输

1942年3月，驻在湘桂铁路广西全县的铁道兵团团部接到军政部长何应钦的电令："着该团派干员一人率领必要的运输管理人员火速前往缅甸腊戌向后勤部俞飞鹏部长报到，请示工作。"团长接令后就把这项任务交给了我（我当时任中校团附），并派了一名中校铁路运输管理教官杜尚文及一位中尉排长陈齐华随我前往。我们3人奉命立即出发，参加中国远征军的行列，向缅甸奔驰而去。3月初，从广西全县乘火车到柳州换乘汽车经贵阳、昆明、畹町到缅甸的腊戌，经历了2000多公里的路程，花了9天时间。

我们抵腊戌后，立即向俞飞鹏部长报到，请示工作。他介绍了一些缅甸铁路的情况，说：日本侵略军已占领了缅甸的南部地区，东瓜、卑谬等地都已陷落。由于日军的飞机频繁地轰炸铁路、公路交通线，在曼德勒以南的铁路员工大都星散，以致铁路交通陷于瘫痪状态。因此，我们的铁路工作显得十分重要且任务艰巨。他还介绍了我远征军的铁路机构布局：在军司令部之下设铁路特派员公署，总揽一切铁路工作，已调昆明铁路局局长沈昌焕兼任特派员，最近来缅主持工作。铁道兵团调一个加强营，并由昆明、黔桂、湘桂、粤汉等铁路局抽调千余员工来缅，统归沈特派员指挥。他让我们暂住滇缅铁路（那时正分段动工修建）督办公署招待所，等远征军铁路特派员沈昌焕到后，才能开展工作。同时要我们先在附近了解一些有关滇缅铁路、公路交通的状况。

腊戍是缅甸北部的一个重镇，中缅交通的要站，市区位于一个小山脊上，海拔866米，分老腊戍与新腊戍两处，为我国华侨聚居的地方。我到达的当晚在一家饭店就餐，有位华侨来和我们亲切地交谈，他介绍了当地的生活习惯和风土人情，还说："过去我们华侨在国外大多是经商，虽有点钱，但很受歧视。自从中国远征军来缅甸后，情况有所转变，我们华侨日日夜夜都在盼望祖国能够独立、强大起来！"

二、缅甸战场铁路、公路交通状况

我们到后第二天就到腊戍火车站去了解一些有关缅甸铁路的情况：缅甸铁路轨距为1米，属窄轨，客货车辆的载重容量均较小，车钩都不是自动式挂钩；货车载重为15吨、20吨、25吨，客车每辆载客40~50人；客车的两端无车门，车门在车的侧面，成列车后各车厢互不相通；机车的制动装置多用蒸气闸，也有用风闸的。铁路人员中上级是英国人，低级员司多为印度人，缅甸人较少，工人多是缅甸人。铁路行车用电器路控制，铁路的电讯和号志灯设备比较完善。当时的运行概况：腊戍至曼德勒约240公里，每日对开客车一次，车上的秩序很不正常，显系距战争的前线不远。据说曼德勒以南到塔泽约250公里的铁路车站人员，因为日本飞机不断的空袭多已逃散，也很少行车了。军队和军需品全靠公路汽车运输。

我们还了解了全缅甸的铁路、公路交通的梗概：当时缅甸的铁路通车里程总长度3000多公里，是缅甸陆上主要的交通运输工具，全部为窄轨距。主要干线有两条：一条是从仰光经曼德勒至密支那，全长1173公里，它的支线有曼德勒至腊戍，塔泽至敏建，塔泽至东枝，郴文耶至皎勃东、勃固，英多至开泰、勃固，经毛淡棉至耶城，并有支线自丹彪西驿通到泰国的曼谷；另一条干线从仰光至卑谬，其主要支线有礼勃坦至勃生。缅甸铁路干线和支线的布局是把三角洲的大米区都联系起来，并通过铁路向沿海集中，与海洋运输紧密连接。公路总长度有2.2万公里，用以补助铁路运输之不足。公路的主要干线有仰光至曼德勒至腊戍至八莫至密支那线，全长1500公里。在这条干线上的腊戍，有支线通到中缅边境的九谷，长185公里，隔河相望便是我国的畹町。仰光至卑谬至曼德勒公路线全长790公里，这是弥补缅甸中部地区铁路运输不足的干线。仰光至毛淡棉至土瓦、丹老全长770公里，这是联系东南沿海各地货运的一条公路干线。敏铁拉至东枝、景栋线全长810公里，这是横贯缅甸中部东西的一条公路干线。卑谬至洞鸽线全长170公里，此为横贯阿拉干山脉间谷口的东西干线。当时计划的中印公路由我国云南省腾冲经缅甸密支那到印度的列多，本已局部开工，嗣因缅甸军事失利而暂停。

三、从腊戍到漂贝铁路沿线拾零

1942年3月下旬的一天，我接到俞部长“着该员即率领该团来缅人员前往漂贝向杜副司令长官聿明报到听候调遣”的手令后，随即出发。为了避免日机空袭，我们从腊戍火车站搭夜车，得到列车上印籍列车人员的关照，把我们安排在一间卧室里，并表示今后愿和我们中国的铁路人员协同工作，一致反对日帝侵略。他们对日本飞机连日到处滥炸，表示愤慨。

腊戍至曼德勒铁路全长约240公里，傍晚从腊戍开车预计次晨可到达曼德勒，但因沿途错、让车误时甚多，以至到第二天中午这列客车还在眉苗车站，距曼德勒有50多公里。由于两地海拔标高很高，其间只能采用乙形的盘山线连接，列车在盘山线地段分为两列，各用两辆机车挂送。眉苗山岭海拔1000米以上，为缅甸避暑胜地，当时在这里设有一所伤兵医院。我们的列车过站时，适有一列伤兵列车到达，多为英籍伤员。当时客车上的人在议论，说那些英国官员的负伤多在左手臂或左肘，并非被日军打伤，而是自己用手枪击伤的，藉以脱离战场。我听后颇为诧异，却不敢信以为真，但也不能否定这种说法。当日下午5时许，列车始达曼德勒，骤感气候炎热，因为此地的铁路标高比腊戍降低了600多米。

曼德勒为缅甸的第二大城市，是缅甸最后一个王朝的京城，也是缅甸中部的文化中心和佛教圣地之一。据说在那几天连日遭到日机的轮番轰炸，火焰冲天，数日未灭，一座美丽的历史名城，在几天之内化为瓦砾！日帝的狰狞面目已彻底地暴露在缅甸人民面前了。我们在曼德勒车站的候车室住了一宿，酷热难熬，因为这里的海拔高度为76米，属于缅甸中部平原的干燥地带。车站候车室及走道上睡满了从缅南撤下来的华侨，在此候车去腊戍回国，他们携儿带女，见到我们中国远征军十分亲切。他们说："过去多少年来在外的华侨都是受压迫、受欺凌！现在看到自己的军队出国远征，真使我们扬眉吐气！"还提醒我们说："这里车站附近有不少的佛塔，你们千万不要到里面去耍，因为里面有不少的佛教僧侣都受了日本的宣传利用，说什么日本和缅甸的佛教是一家，他们仇视中国人，甚至有的被其杀害。"

从曼德勒向南的铁路列车已经停开，全靠军用汽车维持交通运输，我们只好搭军用汽车去漂贝。曼德勒到漂贝约150公里，我们搭的是我们国家的军用汽车（盟军的军车只要我们一招手，他们也会停车让搭），车至皎克西（距曼德勒约40公里），停在一个中国部队（新二十二师）的驻地喝水、吃午饭。部队的士兵们正在大量地炒米，准备作为战地干粮。有位连长对我说：我们正在加紧准备反攻东瓜，夺回仰光。现在士气很旺，来缅甸后的供应较好，大米、白糖不定量，每天还有牛肉吃，从此不见有逃兵了。在国内千方百计地防止逃兵，逃兵仍是不绝，现在来到缅甸不用去防，却没有逃兵了。这也算是一个珍闻吧！

趁休息时间，我们到皎克西火车站去观了一下光。这个火车站是一般的小站，有一所两层楼的站房，站房周围是花园式的布置，园内花草鲜茂芬香，环境优美。站房内外到处都是凌乱的纸片，房门敞开，房内空着。据闻曼德勒以南的铁路车站（敌占区除外）都是人去楼空。当然，铁路的一切设备都闲着，迫切地等待着中国的铁路人员来接管，为抗击日本侵略的中国远征军服务！下午，我们仍搭乘原车向漂贝进发，皎克西至漂贝约110公里。

四、远征军寄希望于缅甸的铁路

漂贝是塔泽（铁路的十字交叉点）以南的第一个铁路车站，也通公路，还有飞机场，距正面的日军据点东瓜还有200公里。中国远征军司令长官部设在漂贝的一个军营内，这所军营可容纳一个营的兵力，有电灯、自来水、运动场等设备。我们在长官部里见到杜聿明副司令长官和他的参谋长罗又伦，递交了俞部长的手令。他说，你们是最先来缅甸的中国铁路人员，很好！就在这里住下，和我们一起开伙，因为你们只有3个人，还要等国内的大批铁路人员来到后才能展开工作。铁路交通非常重要，特别是军事方面很急需。杜副长官还吩咐副官处蒋处长对我们3人的生活、住宿进行安排。蒋处长说，这里一切都好，电灯、电话一应俱全，就只缺一点吃水，每人每天用水定量是两磅（1.8市斤）。他解释说，这个地方无河无井，营内用水是靠去年雨季时在蓄水池储蓄下来的，必须定量使用。这里气温高，室内离不了电扇。

杜副长官兼第五军军长，第五军辖3个步兵师及装甲兵团、汽车兵团、骑兵团、炮兵团等独立团，是抗日战争时期国民党最先建立起来的一支机械化部队。这次来缅后，配备在缅甸的正面和东瓜的敌军相对峙。中国的第六军配在左翼靠泰国方面的萨尔温江流域。右翼仁安羌油田以南沿伊洛瓦底江则由英军防守。当时，缅甸战场的制空主动权同国内战场一样，主要掌握在日军手中；盟国的空军、主要是美国的空军，有时也出来活动，但日本飞机来去似乎很自由。我们在漂贝长官部住了十来天，有一天傍晚遇到3名美国驾驶员驾驶3架美国轻型轰炸机，飞到漂贝，也住在长官部的招待所。据说第二天黎明去距漂贝以南200公里偷袭日军占领的东瓜机场。我们听后很高兴！这3位驾驶员彻夜裸身睡在吊扇之下。第二天当我们听到飞机发动起飞的声音时，太阳光已射进招待所的玻璃窗。他们去偷袭敌军机场的战果如何，我不得而知。

五、铁路工作被迫结束

1942年4月中旬，我远征军总部下令我军中路（即第五军）对东瓜之日军开始反攻，左右两翼的友军协同策应，限期收复东瓜，直指仰光。正在这时，日军突然向我右翼的英军和我左翼的第六军发动了进攻。右翼英军的防线首先很快就被突破了，所谓战略重地的油田不得不纵火焚毁，仁安羌、仁安佳行将弃守；左翼第六军的防线也被突破，这路敌军竟沿萨尔温江以西的牛车道窜犯我军左后方的重地腊戍，致使中路的第五军陷入孤立，准备了数月的反攻，刚刚开始，不料风云骤变，被迫将反攻转为大撤退的战略方针。

我们铁道兵团的3个人奉杜副长官之命由漂贝向后转移，尽快和国内来的铁路人员会合展开工作，以适应大撤退运输的需要。我们立即乘汽车到眉苗，在火车站探听到，前一天有一批中国铁路人员乘车南去。我们又返回曼德勒，向北前往瑞波车站（在曼德勒至密支那段的干线上，距曼德勒约80公里），以远征军铁路特派员沈昌焕为首的第二批铁路人员，已先一天来到瑞波；远征军司令长官罗卓英也到了这里。铁路人员中，有交通部桥梁设计处处长唐文悌、川滇铁路机械工程师胡某率领的铁路机车驾驶人员12人，有铁道兵团连长慈百泉率领的第十连官兵约120人。如果按一般铁路运输管理及养护人员每公里需12人计算，仅足够接管10公里的铁路，真是杯水车薪，无济于事。

沈特派员和唐处长都留过美，沈是学卫生工程的，唐是攻桥梁工程的（滇缅公路澜沧江的铁索桥就是他设计并亲临现场施工的）。胡工程师毕业于上海交通大学机械系，曾到英国实习2年，当时任川滇铁路工程师。我们会合后，彼此都很高兴，交换了情况，还讨论了今后的工作。沈特派员说：我们现在只有这100多人，铁道兵团的一个加强营只来了一个连，从川滇、湘桂、黔桂、粤汉等铁路抽调的大批铁路人员除川滇来了10多个人外，现在都不可能来了。人少怎么办呢？在繁重而艰巨的任务面前，我们要发挥人少的作用，需要修路时就修路，需要开车时就开车，尽力发挥铁路的功能为军事服务。沈特派员的讲话指明了我们铁路人员在这次撤退中的任务和做法。

4月下旬的一天上午，日机轰炸了瑞波车站，有3股道全部钢轨被炸翻，有的被炸弯。罗长官的专用列车被阻在车站之南，无法北行。铁道兵团第十连长慈百泉奉命立即组织兵力抢修，沈、唐、胡和我都在现场指导：一部分人做土石方的填方工程，以填平炸弹坑；一部分人拆卸被炸弯和被炸断的钢轨与枕木，一部分人搜集材料，如钢轨、夹铁、螺丝、道钉和枕木，先分工后合作，铺轨钉道。经过全连官兵两个小时的努力，修复了一股道就通车，受到罗长官的奖励，奖给现金计缅甸卢比200盾、白朗林手枪一支。沈特派员将200盾卢比发给铁道兵团第十连，将手枪给我。瑞波车站修通后，罗长官的专车于当晚继续向北开行，我们全部铁路人员也同车随行。

专车从瑞波北行约25公里，抵达甘巴罗车站，停留一宿。第二天下午5时许，罗长官的专车继续由甘巴罗车站北行，我们全部铁路人员都留在甘巴罗车站听候杜副长官调派。但专车开出约10分钟，突有人飞奔回站报信，说专车在北站外不远的地方出轨了！机车先出轨，随后的几辆车也跟着出轨了，原因是铁轨的道钉被拔掉了。这一严重问题的发生，与原有铁路员工全部散去，铁路无人巡查养护，而当时缅甸人中又有少数被日军收买利用，从事破坏铁路和通信设备活动有关。

次日黎明，全部铁路人员出动，将出轨的机车和客车能够复轨的就用千斤顶复轨，不能复轨的即翻出轨外；对一些与尚未出轨的车辆的车钩连接着或拉得很紧不能脱钩的，就从工兵部队取来炸药进行爆破。从清晨到午后，全部处理完毕，恢复通车。罗长官鉴于铁路不断出现事故，本来要全部铁路人员跟车同行，但因杜副长官要求留下部分铁路人员用火车为曼德勒以南的北撤部队输送弹药和粮食，决定由唐处长、胡工程师率领川滇铁路的司机共12人，铁道兵团则由我和陈齐华排长带领士兵共14人留在甘巴罗担任杜副长官指派的工作，其余铁路人员和铁道兵团第十连的大部分官兵在沈特派员的率领下，随罗长官的专车行动。嗣因军情变化，去曼德勒以南运送军需品的计划作罢，留甘巴罗车站的铁路人员亦随军向北撤退。撤退时火车先行，到温佐车站附近（南距甘巴罗约90公里）也因道钉被拔有3列车出轨被阻，乃决定放弃火车改沿铁路步行约160公里，到了那巴车站。那巴车站位于英多以南约10公里，从英多向东有一条铁路支线长22公里到开泰（伊洛瓦底江西岸）。

我们在那巴车站附近见到杜副长官，得知罗长官专车上的人员已离开铁路向西往印度的英帕尔撤退。但杜副长官表示，决不向印度撤退，决定从密支那突围回国。当时杜副长官给我一个手令由第五军工兵团拨一个营交我指挥，配合铁道兵团排除铁路线上的障碍，恢复交通，迅速赶运部队及军需品到密支那。同时给唐处长一个手令，着带领火车一列向南去接运部队北撤。当杜副长官写手令时，他坐在指挥军事的电话机旁，那时驻守开泰的一个营长来电话报告，日军正在对岸（伊洛瓦底江东岸）向我军开炮射击，有渡江模样。杜副长官回电话，开炮还击，阻止渡江。因为开泰距那巴的直线距离仅30余公里，已可听到炮声。我和唐处长向杜副长官告辞，分头去进行各人的工作。

据了解，当时的所谓铁路线上的障碍，就是在那巴车站以北4公里的森林内有一段很长的路堑（就是铁路路基在两边都为山坡的槽内）停放了3列车，其中有10多辆重车出了轨倾倒靠在山坡上，这些重车靠轨道的一边又阻挡着线路畅通。当天下午我和胡工程师率领铁道兵10余人连同工兵一个营前往排障，决定能复轨的车辆即行复轨，如不容易复轨又不容易翻走的车辆设法平移或斜移出轨道的安全运行界线以外。工作到翌晨3时许，已排除了5辆车，全体人员正以信心百倍的精神争取在当天的上午全部排除恢复行车时，忽闻南面传来火车鸣笛声，随即听到叫喊："张副团长，快来上车。"我一看是唐处长，问他啥事？他急急忙忙地说："快上车，上车后再说。"开来的机车挂了几辆空车，当即下令全体人员上了车，列车即向那巴车站急驶。在行车途中，唐处长对我说："杜副长官指示，敌人从开泰渡河成功，距这里仅10多公里，故改变修复铁路的计划，立即由那巴车站向西撤退。撤退的路线已没有公路，只有一段牛车道勉可行驶汽车。牛车道走完了，即放弃汽车改为步行，我们的目的是绕密支那回国。"

列车到站后，全部下车转乘汽车，汽车开动时已黎明。车队沿着牛车道颠颠簸簸向西北前进，遇到浅水河流便横冲过去。下午5时许，甩脱了日军的追击，到了一个不知名的村庄（似乎叫班毛）宿营了。据说前面是小路或山路，所有的机动车都走到了绝路，杜副长官下令，将所有的车辆及不能带走的笨重物资全部集中在指定地点，浇上汽油焚毁。我们的铁路工作，随着我军的战略撤退，正式宣告结束。

六、两条主张、结果不同的撤退路线

撤退在军事上是常用的一种策略，主要是迅速摆脱敌人转移到安全地带，以保存自己的有生力量伺机反攻。1942年4月下旬，中国远征军在缅甸的形势已处于被迫撤退时期。关于撤退的路线，当时的司令长官和副司令长官之间主张不同，各行其是。司令长官罗卓英同英美盟军协商后，令中国远征军一律向印度撤退。具体路线是：从铁路线的温佐、那巴、英多一带，向西徒步经宾崩、囊布昂，越过亲敦江，到缅甸边境，接上印度境内的单车道公路，到英帕尔（那时由英多经班毛、宾崩、囊布昂、霍马林到印度的公路尚未修建）。当时雨季还未来临，步行需时约半个月。杜副长官则主张不到印度而回到祖国的云南省，他选择的路线是避开密支那之敌，绕道密支那翻越当时称为野人山的高黎贡山回国。具体的路线是：从那巴向西迅速脱离敌人到囊布昂后，再折向东北行，以能避开密支那之敌而回国。

结果罗长官的撤退路线，全部官兵花了仅半个月的时间就安全地到达了印度的英帕尔，我们的铁路人员以沈特派员为首率领的铁道兵第十连（除12人外）

就是跟随罗长官走的这一路线，还有孙立人师长率领的新三十八师。杜副长官的撤退路线，先是准备撤回祖国，后来付出惨重的牺牲，不得已又要求撤往印度的列多。同行的部队有长官部的后勤兵站人员、第五军军部及其直属部队（特务营、汽车兵团、炮兵团、骑兵团、装甲兵团、通信营等），廖耀湘师长率领的新二十二师，还有我们铁路单位由唐文悌处长和我率领的铁路员工及铁道兵共26人。我们离开铁路那巴车站向西北方向撤退是在5月初旬。5月下旬雨季来临，起初还是零星阵雨，官兵的身体健康还未受到威胁，杜副长官的回国信念丝毫未曾动摇。到6月上旬，雨势渐猛，加上原始森林中的虐蚊、蚂蟥对人体的侵害，疾病开始流行，死亡人数逐渐增加，尤以从兼坦到达罗一段路途中的死亡率达到最高潮。这时已步行了将近两个月，行程仅400多公里。杜副长官本人也病了，发高烧，据说是“回归热”。在那整天滂沱大雨的森林中，急弯陡坡的羊肠道上，连马也不能骑，只好在特务营里选出比较强壮的士兵用担架来抬他。到了一些险要的地段连担架也不能抬，就扶着他走。由于他的病迟延不愈，抬担架的士兵许多都病倒了，甚至在特务营里再难以选出比较强壮的士兵。有位连长是东北人，个子高大，表示对杜副长官的忠诚，自告奋勇为他抬担架，不几天，这位连长也病倒了，后来竟死去。大概有半个月时间，杜副长官的病好了。由于他亲身经历了这场病和亲眼见到所属官兵的尸体在撤退路上的密度愈来愈大，尚且勉强活着的人们已是骨瘦如柴，弱不禁风。如果要问到这些官兵回到祖国的信心如何？他们只是摇摇头，叹叹气而已。大概就是在这个时候，杜副长官回国的信心才动摇了，他悄悄地用无线电向驻在印度的罗长官请示，可否转为向印度的列多撤退。经过一段时间后，罗长官复电说已经同英方联系同意入印，并由英方派出工兵部队由列多向新背洋修路架桥，沿途设给养站。消息传来，不啻是一副强烈的兴奋剂。我们铁路单位出发时共26人，到印度列多时只剩16人。

（张学逸　作者当时系国民政府军委会铁道兵团中校团附）

回忆修筑滇缅铁路片断

1937年7月7日，卢沟桥事变，揭开了中华民族全面抗击日本帝国主义侵略者的序幕。日本帝国主义，举兵百万，以锐利武器，节节进逼，致使我国8月平津沦陷，9月淞沪失守。敌人更肆无忌惮，大举南侵，长驱直入。云南当时地处抗战大后方，滇缅公路、滇越铁路已成为争取国际友邦人力、物资援助的交通运输要道。为了加强抗日力量，打败日本侵略者，于1939年发动滇西数十万民工，抢修从昆明为起点，经楚雄、祥云、弥渡，横跨澜沧江，进入云县、耿马至滚弄接缅甸腊戍的铁路。缅宁（现之临翔）于民国三十年（1941年），奉命征集民工万余名，挖修吴家寨脚至勐赖坝全长十余公里路段，历时半年多。缅宁人民所付出的牺牲，献出的人力、物资，至重且巨。

一、召开各界抗敌后援会共谋大计

民国三十年（1941年）九月，缅宁奉云南省征工总管理处电令征工10000名。限令于10月3日，民工务须开赴羊头岩路段，听候开工。县长莫俊周以事关抗战大计，立即召开地方爱国绅士、工农商学兵各界代表参加的扩大会议，商讨征工、征粮、运输等几项大事。经过3天的认真商讨，作出如下决议：

（一）征工

按全县10万人口比例，分别向全县13个乡镇分配抽征。即人口多的多征，少的少征。除对鳏寡孤独、老弱病残而又赤贫的人家免征外，其余不论贫富每户出工一名。对于公务在身的教师、机关职员，准许请人抵征。这次征工尚能符合民情，意在抗战，各户民众乐意应征。

机构组织：县成立"缅宁征工分处"，设正、副处长各1人。处长由县长莫俊周兼，王右箴任副处长，李春郁任秘书兼会计，杨昌祺任出纳，王其孝任文书，还有勤杂人员数人。民工以乡镇为单位，成立13个大队，大队长由乡镇长兼。各大队设经理1人，书记1人。大队下设中队。各大队编制不一。有的乡镇民工超过1000人的设5个中队，最少的设3个中队。每个中队设中队长1人，队副1人。中队下设分队，编制亦未尽统一。人数超过250人的设3个分队，不足200人者设2个分队。每分队编3个班，班设正、副班长各1人。

（二）征粮

1941年，已进入全面抗战的第四年，神州大地，举国烽火，战云弥天。中华民族已经到了生死存亡的最后关头。地处抗日大后方的滇、川、黔三省人民，在"国家兴亡，匹夫有责""一切为了抗战"的爱国主义旗帜下，担负着救亡图存的重大任务。在当时特定的历史条件下经过权衡，决定根据各乡镇的田赋，结合经济状况，分为甲、乙、丙、丁几等征派如下：

甲　等：凤翔镇、泰恒镇、文邦乡、汀旗乡、兴文乡各负担100市石。

乙　等：寿山乡、马台乡、邦东乡各负担60市石。

丙　等：永安乡30市石，驿亭乡25市石。

丁　等：德化乡20石。

不列等：临沧乡、平村乡各17.5石。

（三）运输大队组织

缅宁地处祖国西南边陲，交通梗阻，当时仅有一条崎岖不平、通往云县的羊肠古道。为了抗战，抢修铁路的急需，全县各乡镇各组织一个运输大队。较富庶的乡镇成立骡马队，赤贫的乡没有骡马，只好组织人力运输，可是一般青壮年已出征挖路，运输任务全落到老年及妇孺身上。

8年艰苦抗战，缅宁10万人民在"人不分老幼，地不分南北"的号召下，作出了巨大的牺牲。

二、抢修滇缅铁路的经过

（一）万名愚公开赴工地

1941年10月3日，天朗气清，浩荡的民工队伍，肩负着一月的口粮，带着单薄的衣被，行进在从县城到羊头岩的50公里山路上。10月4日，各大队民工，接踵到达羊头岩，向“征分处”报到，听候开工。我当时应征参加文邦大队，任第三中队长。本大队被指定到勐赖坝的马鹿回路段。全体民工在紧靠南汀河岸的平坝上，经过一昼夜的奋战，盖起可容1000人的简易工棚住下来。

（二）开工典礼，激励民工

为了让大队960个民工，懂得修滇缅铁路的重大意义，我们特邀请三分段李段长（其名已忘记）及其监工、技术人员参加开工仪式。李段长是清华大学毕业的铁路建设专家，有真才实学，曾长期致力于国内的铁路建设，有丰富的实践经验，为人和蔼可亲，善于接触基本群众。大会上，他作了抗战形势的讲话。他说：“后方重于前方，缅宁父老兄弟踊跃出工挖路，支援抗战，这和上战场抗击日寇一样重要和光荣。”他还明白地与我们约定，施工中若发现段方监工、技术人员发生对民工打骂和不礼貌行为，叫我们立即制止和反映，决不怙宽。李段长的讲话赢得每个民工的钦佩。

后来，在总结中，段方对文邦大队还给予了好评。

（三）艰苦奋战，为完成历史任务而努力

1.开山劈石，地动山摇

文邦大队被划定完成1.5公里的路基工程。这里有屹立万仞的石山，有低深数米的沟箐，有纯土方的平地面。工程的艰巨，任务的急迫，不言而喻。开工以来，全体民工斗志激昂，信心百倍。在段方工程员的指导下，组织青壮民工负责打眼攻坚爆破，年长体力较差的，分在平地挖推土方。且每项工程都有定额。由于调配劳力恰当，管理指导认真负责，工程很少失误。常常得到段方在验收日志上记上的“超”字。

这段时间，从昔汉到勐赖坝10余公里的路段，爆破声轰鸣，硝烟不断，成了缅宁一万健儿向日帝宣战的疆场。真可谓雄风震山岳，壮志冲霄汉。

2.火急的任务，艰苦的生活

1941年底，日寇向英、美宣战，用重兵进逼南洋，3个月占领东南亚大部。当时，滇缅铁路及辅助之公路工程，昆明至头道水及耿马到腊戍均已通车，铁路路基已基本完成，唯头道水至勐撒100公里未能通车。十万火急的形势鞭挞着我们，必须拼命地、夜以继日地抢修公路，克日通车。

1942年1月中旬，“征分处”命令各大队务必于月底完成抢修公路任务，铁路路基3月底务必完成，否则以贻误军机论罪。面对这紧急的任务，我们大队马上组织了由年轻小伙子300人组成的突击队，配合段方，分昼夜两班日夜苦战。四个中队长与民工同甘共苦，李段长每天亲临工地指挥，并提出“多挖一方土，等于多埋葬一个敌人”很有号召力的口号，民工们边挖边喊，互相鼓动。经过十昼夜的苦战，出色地完成了任务。

然而在生活上，由于后方的油、盐、蔬菜供应不上，仅仅能给突击队员们增加一餐白饭。生活之困苦，一言难尽。

（四）昼夜苦战，筑路抢先告捷

倭寇凶焰万丈，占领东南亚各国后，竟于1942年2月上旬进犯缅甸，抗战形势更加险恶，云南已变为前方，上峰电令催促铁路路基必须于最短期间完成。局势急如星火，13个大队曾经苦战十几个昼夜，汗血未干，又进入空前艰苦的再次突击的紧张气氛。

1942年3月，后方征粮极为困难，几乎是十室九空。而工地粮食所存无几，大有绝粮断炊的危险。为了与后方父老分忧，缺粮的大队，每日派几个人挑着篮筐，往深山箐沟里摘野菜、挖毛薯、采大白花熬稀粥充饥。民工们终日半饱半饿。由于生活艰苦，劳动紧张，营养缺乏，多数老弱民工，下班时精疲力竭，步履踉跄，神色非人，真是目不忍睹。加之勐赖坝常年气候酷热，疟蚊多如牛毛，染病者多，又缺医少药，民工的健康受到极大的威胁。这一时期病死者、工伤死者仅文邦大队就有20多人，整个段不下300余人。为争取抗战胜利，民工们都忍饥受饿，咬紧牙关苦战，终于在3月底完成全部路基任务。铁路所需枕木亦已备齐，铁轨器材也运至头道水仓库。

三、滇西战局吃紧，铁路被迫停工

滇缅铁路全长800多公里，自1938年动工，至1942年3月，全线路基、桥涵已告完成。从昆明至祥云段已开始铺轨，其余亦做铺轨准备。未料日寇突然进攻缅甸，我远征军挥师南下开往缅甸，屡与顽敌鏖战。3月仰光失守，5月敌犯畹町，入我边境，继而腾冲沦陷。迫于这种形势，上峰命令滇缅铁路全线停工。为了铁路不致被日寇利用，忍痛将耿马至滚弄的数十座桥涵全部炸毁。

为时近三年，国家付出亿万财力，荟萃全国铁道专家，征集数十万民工，用热血和汗水凝成的滇缅铁路，竟在阵阵硝烟中毁于一旦。

（杨士纬）

（选自临沧县政协文教委员会编《临沧文史资料》第二辑·抗日战争专辑）

抗日烽火中的滇缅铁路临沧段

滇缅铁路与滇缅公路是我国抗日战争时期云南的两大工程。滇缅铁路因未完工，没有像滇缅公路那样发挥过巨大的作用，但它的意义和影响却是深远的。

滇缅铁路的修建，是在抗日战争相持阶段的历史条件下，国民政府在云南实施的战略计划之一。早在20世纪20年代孙中山先生就在《建国方略》中提出了开发西南的铁路交通，修建滇缅铁路的计划。这是一个振兴西南民族的宏伟计划，只是由于孙先生的过早逝世，国内军阀的混战，帝国主义的控制和掠夺，蒋介石集团的腐败而未能实施。

1937年七七卢沟桥事变，中日战争全面爆发。由于蒋介石集团采取消极抗战路线，使得战区不断失利，1938年10月，上海、南京、武汉、广州等大城市相继沦陷；中国的海上交通被日寇封锁，大部分铁路、公路也落入敌手。日军得以长驱直入，国民党政府被迫迁往重庆。这时，国际支援的军事物资仅靠新修的滇缅公路运输，每天承担着数以万吨的运输量，运输十分紧张繁忙。为了扩大和加快军事物资的供应，缓解滇缅公路运输的繁忙状态，国民政府接受了云南省政府主席龙云及国民政府交通部的建议，决定修筑一条从昆明经孟定通往缅甸的铁路——“滇缅铁路”。

随着日军侵华战争的扩大和“大东亚共荣圈”战略的实施，美、英在中国和太平洋区域的利益受到了严重的威胁和损失，与日本的矛盾日趋尖锐。这时，从他们自身的利益出发也需要开辟一条新的西南交通运输线“滇缅铁路”。

滇缅铁路，于1939年动工。路线由昆明起向西南延伸，经安宁、楚雄、祥云、弥渡、南涧、云县、镇康（含今永德县、镇康县，下同）、耿马、过孟定，跨中缅边境接缅甸北方重镇——腊戍，连通仰光铁道；在云南境内全长880公里。从1939年4月动工至1942年5月日军进犯缅甸停工，历时3年多，路基、桥梁、隧道、涵洞已完工大半，昆明已铺轨到一平浪。

临沧地区边地各族人民，在中华民族处于最危险的时候，有近千健儿参加60军、58军和远征军，在血战台儿庄、南京、武汉、长沙、松山等战役中流血流汗。后方的人民承担了抢修滇缅公路、滇缅铁路和支前的部分艰巨任务。这里记述的就是滇缅铁路临沧段的修筑情况。

一、滇缅铁路的筹划和组织机构

滇缅铁路的修建是抗日战争相持阶段，中国的一个重大工程。线路比滇缅公路总长度缩短约为160公里，一旦修通运输，它的功能将远远超过滇缅公路，是滇西的第一大动脉。该路轨距为1公尺，系属与滇越铁路并联的窄轨铁路。它要穿越横断山、哀牢山、澜沧江、罗闸河、南汀河直抵怒江（萨尔温江，又称“滚弄江”），跨过千山万壑、峡谷叠嶂和两个著名的高瘴区——人称“瘴疠之乡”的云州和孟定，是一个浩大而艰巨的工程。要耗费巨大的人力、物力、财力，还要有严密的组织机构和科学技术的指导才能“克期”完成。

龙云与蒋介石多次进行了磋商，可以从下面的对话中看到筹划的一个片段。

蒋介石：“那么，你的意思怎样呢？”

龙云：“我的意思，国际交通应当预做准备，即刻着手同时修筑滇缅铁路和滇缅公路，可以直达印度洋。公路由地方负责，中央补助；铁路则由中央负责，云南地方政府可以协助修筑。”

蒋介石：“好得很，好得很。我告诉铁道部和交通部照此办理，叫他们和你商量，早日动手。”（引自《云南文史资料》第37期）

以后，就派交通部官员与云南省政府于1938年在昆明成立“滇缅铁路工程处”（后改为滇缅铁路工程局、滇缅铁路督办公署），专门负责该铁路的勘测和修路工程。

工程局设局长1人，主管工程设计、勘测、施工调度等业务，下设东、西两个路段工程处；局、处均设有工程设计、勘测施工、总务（辖人事、财务、运输、通信）、供应（仓库）和医务等科（课）。镇康县长纳汝珍由于爱国抗英和开发边地熟悉土司头人，威望较高，受委任为“交通部滇缅铁路西段（临沧段）顾问”，直到1942年才辞去此职务。

在工程施工上，为便于调度和指挥，按工程分总段和分段两层机构。1940年2月改设4个工程处、16个总段、48个分段。各总段设段长1人，由工程师任总段长，另配有副工程师、助理工程师及工程人员若干人；附有监工、总务、财会、仓库、诊疗所、电台等分支机构。分段由副工程师任段长，配有助理工程师和工程技术人员；附有事务、勤杂、医务室等人员和机构。分段又下设大队和分队，大队长和分队长由各县指派，原则上一个县就是一个大队，大队长由县长担任。

为维护施工的秩序和物资安全等规章的执行，专设有“铁路警察总队”机构，下设4个大队，大队下设分队。为维护施工人员的健康和实施救护，防治恶性疟疾、痢疾、伤寒等病，工程处设“铁路医院”和“抗疟团”。为方便工程人员和政府官员的来往，还设有铁路招待所。为了保证民工的补充，专门成立了“滇缅铁路必成公司”负责征集民工，筹备粮草。

“抗疟团”由美国协助派遣，配有中国的抗疟专家：贵阳医学院的蚊疟专家孟庆华教授、热带病专家上海医学院的唐家琛和陈又新教授等。专家应元岳被聘为医务顾问。

临沧地区当时设有两个工程处：第一工程处设于耿马孟定，第二工程处设于云州城。每个工程处设4个总段（队）、12个大队。“铁路医院”“抗疟团”“铁路招待所”“铁路警察总队”“铁路必成公司”等均设于云州城，仅是“铁路医院”于1941年移往孟定。“铁路医院”的院长是东北医科大学毕业的邓祥光医师，主治医师是章祖庆，配有各种医师、护士共15人。

二、滇缅铁路临沧段的施工

滇缅铁路临沧段，从澜沧江边直达中缅边境的南汀河口的怒江（萨尔温江）

彼岸，经云县、镇康、耿马数以万计的大小山峦、河流，工程极其复杂，供应极其困难，还有云州坝和孟定坝两个云南著名的高疟区“瘴毒”的威胁，是修筑滇缅铁路最艰险的路段，全长300余公里。

为了克服物资供应等方面的困难和加快施工速度，还需先修一条为铁路服务的汽车便道——“弥遮公路”，以便从昆明和缅甸运入物资。

“弥遮公路”，这是抗日战争中在滇西修筑的又一条“滇缅公路”。起于弥渡县城，止于耿马县遮别，全长331.48公里（后来延伸到孟定，长474公里）。具体是从弥渡的江庙坡接滇缅公路的360.2公里处，经弥渡城、南涧、长虫街、无量山、公郎、羊街跨澜沧江、忙贵、太平关（旧名“鬼门关”）、云州城草皮街、吴家寨、班虎、丫口、遮别（者别）、勐端河、勐劳、洪家丫口、太平掌、四方井、遮哈街、孟定。各县分段承担任务，1939年8月动工，土方地段宽4～6米，石方地段宽3～4.5米。耿马境内的路面于年底就基本完成（该公路在缅甸沦陷后曾被破坏中断一时，1943年开始又修复通车）。

1939年12月铁路工程全面开工。第一工程处，从中缅边境的苏达至万年桩（耿马、镇康县境）；第二工程处，由万年桩到澜沧江边接大理州南涧县的公郎地。第一工程处分别由耿马、镇康、沧源、双江和保山、大理、楚雄3个专区的民工施工；一个县民工负责一个分段。第二工程处由顺宁、云县、缅宁以及弥渡、祥云、蒙化等县负责。第一工程处处长是工程师、水利和铁路专家陶述曾，第二工程处处长是工程专家张海平。顺宁民工具体负责修筑忙贵、大梁子、文俗、小定喜、温波一段；云县民工负责接月牙地、黑箐、草皮街、长坡岭、小忙兔、头道水一段；缅宁民工负责接头道水、羊头岩至勐赖坝一段；镇康接缅宁自大雪山白石头河口起经忙蚌尖山口进入耿马地止；以下耿马地内由双江、沧源、耿马、镇康接修至孟定。劈山、凿隧道、筑桥梁和涵洞等重大技术工程则由四川、河南、山东等外省民工担任施工。

临沧各县参加修路的民工，除汉族外，少数民族有彝族、白族、回族、傣族、佤族、布朗族、德昂族、拉祜族、傈僳族、景颇族等10余种民族。摊派每户出民工一人，据不完全统计，各县先后出动的民工为：顺宁21000人，缅宁12000人，镇康15000～20000人，耿马6000人，双江2500人，沧源1000余人。云县因当时流行恶性疟疾，死亡人数较多，出动民工数无统计资料，在瞿承琪、杨念祖先生的回忆文章中说："云县民工专挖路基土方，分散驻在月牙地、黑箐、草皮街、长坡岭、头道水一带，仅大河口分段就有千余人，云县共征集多少民工……无从查考"（载《云县文史资料》第4辑）。年逾六旬的杨世经先生在《云县文史资料》第4辑"苦难的岁月"一文中提供的1940年云县人口的数据是94716人。如果按每户1人或三丁抽一、五丁抽二推算，至少也是万余人之众。沧源也未见准确的统计数，但根据解放初期16320户的6万人口计（《云南地州市概况·临沧分册》），按最低限度推算也不下几千人。根据上述数据合计，临沧各县出动的修路民工总数不少于6万余人。三丁抽一、五丁抽二或每户1人这些数据，是当年带领民工参加修路的耿马县土司罕富廷、双江县傣族老人宋子臯提供的，他们当时任大队长、分段长，数据是可靠的。可见，在第一工程处耿马境内修路的临沧民工就有约3万人。那时，无推土机、碎石机、起重机等现代机械，几乎均是人挖、人挑、人抬、人推，靠人海战术施工。据有关资料统计，修滇缅铁路民工总数达23万人次，临沧段两个工程处约10万人次（含楚雄、大理、保山的民工）。

修路的待遇，工程处每人每天有0.45元（旧币）的生活补助，有病可到医务室或铁路医院治疗，高疟区也发蚊帐。但由于需自带主要生活用品，工程艰巨，生活艰苦，气候恶劣，蚊虫和花苍蝇叮咬，油脂和蔬菜不够吃，劳动强度大等原因，造成民工体质下降，恶性疟疾、痢疾、伤寒等病不断流行，许多民工死亡在滇缅铁路沿线路上，葬身山野。民国《顺宁县志》载："死于病疫者不少。"《缅宁县志》载："路工中受云县瘴毒死亡233人，跌伤2人，残废5人。"又据《云县文史资料》载："……由于云县是疟疾流行地区，在沿澜沧江、罗闸河、南河、忙回河一带疟滋生繁多，加之民工生活艰苦，疾病折磨，因感染疟疾死亡不少。"虽发有蚊帐避蚊，但疟蚊太多，白天也叮咬。云县的"鬼门关"（现在改称"太平关"）由此更加名传四方。

尽管工程如此巨大艰巨，修路工具如何原始落后；尽管风餐露宿营养差，蚊虫叮咬，死神时刻威胁着民工们，但民工们怀着"天下兴亡、匹夫有责"的爱国热情，有"平时多流汗，战时少流血"的心愿和不愿做亡国奴的民族气节。他们忍饥挨饿，头顶烈日，脚踏硬石荆棘，不怕千难万险，同心汇出巨大的力量，逢山开路，遇水架桥，仍然"克期"完成了赶修汽车便道和铁路路基任务。从缅甸通到耿马万年桩、弥渡到云州城已通汽车。铁路只待铺轨。

各族民工为抗日守土、支援远征军渡江而流下了血汗，承受了修路、支前沉重的负担，有的甚至奉献了生命，在中华民族抗战史上作出了不可磨灭的重要贡献。边疆少数民族的赤子爱国精神，使当时的目击者深为感动，留下了难忘的印象。诗人彭桂萼在《后方的岗位》里写下了这样的诗句：

我们仿佛看见作佤的血，
像樱花一样鲜红；
……
我仿佛看见滚弄江东，
挥舞起如林的臂膀，
为出国的路线，
开凿着横断山峰。

880公里长的滇缅铁路这样一个浩大的工程，到1942年4月，日军占领缅甸停工时，基础工程已大部分完成，仅用了两年半的时间。其时间之短，速度之快，排土石方之多是惊人的；它充分显示了云南滇西各族人民巨大的同心力和意志力。它与1938年修成的滇缅公路工程相比有过之而无不及。美国总统罗斯福称："中国政府能在短期内完成此艰巨的工程，此种果敢毅力与精神，实令人钦佩……这种精神为全世界任何民族所不及""可同巴拿马运河的工程媲美"。

云南各族人民的支援，增强了修路大军的力量。当时云县、顺宁艺人联合的"云章国乐社"民间文艺团体组织义演募捐支前，还两次到长坡岭、月牙地等民工营地慰问演出。缅宁中学校长彭桂萼、主任周正钧和体育教师邱怀亮等也带着缅宁中学200多名师生沿着南汀河谷步行100余里到羊头岩、哨山的缅宁工地慰问演出，唱出了专为筑路民工创作的《走向哨山》《战时青年歌》等爱国歌曲。歌曲激昂奔放，实为感人。

《走向哨山》（彭桂萼创作）的歌词是：

紧握锄杆，像战士抓起钢枪。
走呀，走向哨山！
去打开出国路线，
去凿开重山叠嶂，
越过横断山脉，
把民族救出生死场。
前方流血，后方流汗，
我们的臂膀关系着祖国的存亡。
走呀，走向哨山！
紧握锄杆，像战士抓起钢枪！

爱国者马其文（缅宁邮电局长、山东大学毕业）的《战时青年歌》也在筑路营中回荡：

我们都是现代的青年，
我们都是抗战救国的中坚。
我们有向上的志愿和乐观的情感，
大家齐着步伐走向前，
为争自由而流血，
为增生产而流汗，
铁一般的臂膀钢似的拳，
打倒汉奸、走狗、凶顽，
不怕风波浪涛险，
不怕肩负重如山！
……

慰问还有物资，各地有钱出钱，有物出物，有募捐的各种食物和烟、茶等。一系列的慰问和演出，使筑路民工更加同仇敌忾，增强了修路的力量和勇气。

滇缅铁路的修筑，还得到了省外同胞的各方面支持。据不完全统计，筑路民工中就有来自四川、河南、山东等省的民工；有来自上海、广东、东北等地的工程师、技术员和医疗专家，铁路医院院长邓祥光是广东人，主治医师章祖庆是上海人，“抗疟团”的几位专家都是外省人。

在工程进行中，除得到缅甸的合作外，也得到美国等国际援助。最突出的是派来了“抗疟团”和提供了药品、工具等物资援助，每个工程处还派有美国顾问人员。

在修筑高潮中，日军指向越南，威胁泰、缅，滇越铁路被封锁，滇缅公路被英国下令关闭一时。这时，修建中的滇缅铁路因内外财力困乏和材料不足而被迫停工过一段时间。

为抗击日寇向缅甸、云南方面的进攻，中、美、英三国军事首脑达成了赶修滇缅铁路的决议。1941年，迫于太平洋战争爆发，国民政府和缅英当局都加快了滇缅铁路全线的修筑速度。

1942年初，运到新加坡、仰光的路轨被日军劫掠并大举入侵缅甸，形势急剧恶化，工程停工。

三、滇缅铁路临沧段的影响

滇缅铁路的修建虽然给云南人民特别是滇西的各族人民增加了不少负担和伤亡，但它带来的积极影响则是多方面和不可磨灭的。

其一，滇缅铁路的修建，是实现孙中山先生《建国方略》中开发云南“实业计划”的重要步骤之一。孙中山铁路计划中涉及开发云南的有三条：一条是“广州云南大理腾越线”，一条是“广州思茅线”，一条是“叙府孟定线”。对上述铁路修筑的作用和意义，孙中山作了如下的说明：“此路本线，自东至西，贯通桂、滇两省，将来在国际上必见重要。因此线缅甸界上，当与缅甸铁路系统之仰光、八莫一线相接，将来此即印度至中国最捷之路也。以此路故，此两人口稠密之大邦，此比现在更为接近。今日由海路，此两地交通须数礼拜者，异时由此新路，则数日而足矣。孙中山对四川叙府经云南孟定接缅甸铁路线的构思是：此线起自叙府，循叙府大理线路轨，直行至雷波。即由扬子江上流名曰金沙江横过，直沿此江上流左岸，并其湾南处，即横过成都元江线，至元谋。复由元谋前行，至楚雄。横过广州大理线，至景东。复向西南前行，横过澜沧江，至云州。然后转西南向，循潞江支脉至孟定，以边界为终站。此线共长约五百英里。”这是伟大的中国民主革命家和爱国者孙中山为中华的崛起、为开发大西南和云南边疆民族地区经济而制订的“实业计划”之一，是他深思熟虑而精心设计的远大计划，是富国富民的宏图之一。1939年动工修筑的滇缅铁路，无疑是孙中山铁道兴国和云南蓝图的战略实践。尽管当时是以军事战略为目的，但其客观影响和历史意义不是一般。

其二，滇缅铁路的修筑同滇缅公路一样，它符合全国各族人民、特别是边疆各族人民的意志和愿望，是历史的需要。云南历史上，秦开“五尺道”，汉武帝开“西南夷”；自此以后，产生了一条源远流长、绵延万里的“西南丝绸之路”。许多历史文献和出土文物都足以说明这条古驿道的存在和对云南开发的重要历史作用。从汉、唐直至明清和民国前期，不少旅居东南亚和印度的华侨也是从这条丝道出去的；东罗马帝国的使者艺人、威尼斯商人，也有不少是由这条古驿道经云南到中原的。元明时期通向东南亚和印度的驿站，也基本上是往滇西的中缅边境方向的古道开拓辐射的。跨中缅边境而居的十几个少数民族也是沿着这些驿道交往的。可见，修筑滇缅铁路是历史的需要、人民的需要。长达880公里的滇缅铁路毛路和474公里的“弥遮公路”能在短时期内完成，这是一个重要的因素。

其三，滇缅铁路的施工，客观上促进了各族人民的相互支援、相互了解，增强了民族团结。楚雄、大理、保山等专区及昆明和外省的民工、技术员、医师、工程师与专家等人员大量进入临沧等多民族地区，耿马、双江、沧源、镇康边四县的各族民工也汇合在一起修路，促进了民族间的交往和融合，这无疑是有利于消除历史上的民族隔阂和增强民族团结的。后来，有些外地民族就与当地民族联姻在边疆安家落户。

其四，滇缅铁路虽未建成，但汽车便道弥遮公路曾通车运转，为抗日作过短期的贡献。例如，它为1943年远征军第十一集团军第二军的第9师、第33师迅速进入镇康、耿马、沧源及阿佤山区和入缅抗日作战以及军用物资的供应发挥过作用，也为飞虎队勐撒机场的迅速投入使用作出贡献，增强了远征军的抗战信心。

其五，铁路和汽车便道的修筑，促进了临沧边地经济文化的发展。据有关资料记载，在修路前，国民政府交通、铁道等部门曾经组建了勘测队进行过翔实实地调查。调查报告有《滇缅铁路西段及缅甸铁路视察报告》《云县弥渡煤矿报告》《孟定等地经济物产状况报告》《滇缅铁路西线矿产地质调查报告》等。这些报告主要是记述铁路西段沿线聚居的民族、山川地理、森林、矿藏、水力、动植物资源、各县名特产等，论证了这是一条通往缅甸距离最近的最佳的铁路线，对这些地区的开发和抗日都有利等。在调查组专家中，还有一个凤庆籍的“罗博士”。“罗博士”本名罗为垣，美国普斯顿大学毕业，在旧金山煤矿任工程师，获“锡铅博士”学位；回国后在个旧锡矿任工程师。他在调查中吃苦耐劳，发现了一些矿藏，“大兴煤矿”就是他发现以后开采的。

以临沧段为例，施工后，临沧经济文化确是有明显发展的，事例很多。

云县是滇缅铁路和弥遮公路的中心站之一。滇缅铁路开工以后促进了其发展，明显的有三个方面：一是控制了恶性疟疾的流行，减少了死亡；培训了一批卫生技术人员，抢救了不少人的生命，人口逐渐回升。云州城人口，1938年因“瘴毒”等病流行下降到约2000人，1942年已增到5000多人。二是促进了经济兴盛。在修路前，云城、茂兰、晓街等集镇是“广绝炊烟，人缠死气”，为云南省“特等疟区”；过往商旅马帮不敢停宿，商业萧条冷落，“鬼门关”远近闻名。修路以后，随着医疗卫生条件的改善，出现了来自各地南腔北调的商人和缅甸华侨，商业日盛，出现了卖花街、新街等街市；茂兰、晓街、大寨、茶房和勐赖坝的集市也兴旺起来；云城街上增加了店铺、旅馆和商号，如卖花街有“刘家馆”、楼梯街有“小乐天”，臭水沟有“粤华饭店”，还有新街的“国际饭店”；夜市也随之出现。“鸡肉米线”“重油蛋糕”和橘饼、糖饯、油鸡枞等风味特产名扬一时，水果生产扩大，茶、糖远销下关、西藏等地。三是传入了进步的思想文化。铁路医院和“抗疟团”的专家与医生开办医术培训班，为云县培训了一批有志的医务人员；有的专家和工程师被当地中学校聘为教员，开拓了学生的知识；一批青年被工程处和医院录用，后来成了工程师、技师和医生。

临沧其他各县的茶叶、纺织等产业也得到了发展。1939年顺宁实验茶厂建立，1940年基本上实现机械化生产，所产红茶，远销海外；云县的茶房、缅宁的泰恒（现博尚，编者注）、双江的勐库等地成为繁茂的茶镇。由于印度、缅甸棉纱的大量输入，各县的手工纺织业和印染业也相应发展，其中尤以顺宁为最，《顺宁县志》载“织户万余”。土蓝布、藏青布远销滇西和缅甸。民间马帮运输业也相应发展，几乎每个大的村寨都有马帮（少数民族地区牛帮较多）。1942年，“治盛昌”“兴源记”“仁昌”“诚义”“文益兴”等7家商号在德党（今永德县城）出现，另有医药商“长庆园”、书店商“四宝轩”、旅店“兴记旅馆”创设于德党街。少数民族聚居区和有些高寒山区虽然还保留着原始落伍的生产方式，但就内四县（顺宁、云县、缅宁、镇康）的经济文化水平与省内一些地区相比已经接近了；如当时顺宁的“滇红”和“省立顺宁中学”，缅宁的“缅云师范”“缅宁中学”和《警钟季刊》都在省内外享有名气。滇红名传国内外，《警钟季刊》受到了郭沫若、老舍、闻一多、朱自清、马子华、臧克家、雷石榆、罗铁鹰等著名作家、诗人的关注和好评。

边远的耿马城有了经营金、银器和布匹的店铺，孟定也有了几户傣族商人和来自广东的生意人，街天有上千的人赶集。

滇缅铁路虽未能建成通车，但它为解放后国家修建的云孟公路（云县至孟定）奠定了基础，现有不少路段都是沿用原滇缅铁路毛路。

这条铁路的修筑，是云南各族人民爱国意志和力量的象征，付出的代价是巨大的，意义和影响也是深远的。

（段世琳）

（选自《临沧文史资料选辑》第一辑，有改动）

抗战时期修筑滇缅铁路概略

1937年，七七事变爆发，国共两党第二次合作，形成抗日民族统一战线，掀起了全国抗日高潮。中国东南沿海口岸相继沦陷，战争所需物资有相当一部分必须依靠外援，从此物资转运渠道成了后勤供应的难题。作为抗战大后方的云南，仅有滇缅公路一条通往国外的要道，然而滇缅公路的运输能力远远达不到抗战的要求，由印度洋港一艘万吨货轮卸货经仰光火车到腊戍，就够千辆汽车疲于奔命。滇缅公路路面不宽，常拥挤停滞，往往历经一星期才能运到昆明，载运物资不多，而汽油消耗量大，时间、人力、物力都不经济。

中国急需开辟新的国际运输线路，国民政府决定修筑滇缅铁路。当时交通部旋即于1938年成立滇缅铁路工程处，次年改为滇缅铁路工程局。工程局设在禄丰，首先在中国境内组织测量。

滇缅铁路路线计划当年有三个方案：第一个方案，由昆明安宁、禄丰、楚雄、镇南（今南华）、姚安、祥云、凤仪、永平过澜沧江、保山，再过怒江经腾越、蛮允入缅甸八莫。这个方案，路线长，要经过高黎贡山，需架设三座大桥开凿许多隧道。腾越李根源先生主张用此路线。第二个方案，与滇缅公路平行，由畹町接缅北腊戍。昆明至畹町900多公里、畹町至腊戍240多公里，大多经横断山脉，工程量大。第三个方案，是由清华洞南行转弥渡、南涧过澜沧江、云县沿南汀河到孟定入缅甸滚弄接腊戍。这个方案不仅路短而且地势平坦。采取此线同李氏主张相反，李氏力争，后经中外专家共同研究，该蓝图方始决定。

此线招工及施工都有困难：第一，弥渡以下无公路，材料供应困难。第二，1937年云县瘟疫流行，死亡众多，许多房屋无人居住。第三，羊头岩至滚弄人烟稀少，数十里无村庄，又都是烟瘴区，而工程所需人工几十万，地广人稀难于招集，必须向外招雇。因此，工程局只好提高土石方单价，每立方国币3元5角，当时折兑半开六七元，故对省内外的包工公司具有极大吸引力。然而招来的壮丁少、老弱多，其中不少人嗜吸鸦片。因此工程局成立一年多进展缓慢，云县以下测量工作未全部做完，除环境不便因素外，组织机构不健全也是重要因素。为此撤销工程局，改设督办公署，派曾养甫为督办。曾养甫接任后，督办公署设在弥渡，此地为全线的中心，首先聘请中外专家十余人组织顾问室，将工程所设的科室扩大为处，计有9个处，即总务处、出纳处、警备处、司法处、行车效率工程处、运输处、粮食处、会计处、卫生处，外设秘书及路警总队。因招工困难改为征工，呈请中央政府批准向云南省政府征用民工20余万人，单价不变。云南人民在极度艰苦的条件下承担此项土石方工程任务实属不易。云南省政府根据工程处测量的结果，把各工程处所需的人数交民政厅，按受益的县份以人口计划分配，设置征工处，名曰“云南省政府协修滇缅铁路征工总管理处”。处的组织有两科两室，即总务科、征工科，秘书室、督察室。云南省政府派陇体要为征工处长。征工处受双重领导。人事由省政府委派，接受铁路督办公署的监督指导管理，经费由督办公署开支。各县设征工分处，县长兼处长，由地方绅士一人为副处长，主持处内一切事宜。并由总管理处派一名督察员到县协助办理有关出工数量、粮食供应、工人到达后向工程处洽谈安排工作等问题。

1941年9月总管理处筹备尚未就绪，因工程量大、工期短、任务紧，先派督察员分赴各县，行前曾督办邀约督察员和工程处长座谈，讲明争时间、抢任务、修铁路的重要性，征工全要壮丁，5个月完成全部土石方工程，不能影响下年插秧季节，要做到筑路、农耕两不误。曾督办又对工程处讲，民工到达工地后，定要及时安排工作，不能因故耽误民工工作。对征工处长讲，要各县政府组织好粮食供应，不能因缺粮致使工人请假回家取粮、备粮款。4月，就由工程处派员由土方款项下提40%送交县政府作备粮之用，土方单价按照招工单价付给事务费，也是40%。

按曾督办指示征工处筹备就绪迁弥渡后，派我赴保山、昌宁、顺宁（今凤庆）、云县、缅宁（今临翔）、双江、沧源、耿马、镇康（含今永德及镇康）等县巡视，查清各县是否按照总管理处的规定出足数额，后勤供应是否组织好等问题。上述各县情况观察完毕后，我即转到滚弄第一工程处，处址设在滚弄，处长张海平，分配的民工有沧源县5000人、姚安县3000人，粮食县里不管，由工程处负责由缅甸运来供给，工作地点就在孟定。二总段也设在孟定，耿马出工10000名，土司罕裕卿不参加筑铁路，他与陶副处长直接联系，负责耿马境内运输便道，率领民工驻四方井。第三总段所在地镇康，出工15000名，工地在勐涧。第四段、第五段一部，双江出工8000名，工地在勐旨，昌宁出工15000名，由崇岗尖山至勐赖坝。七、八总段，第一工程处有一段属于缅甸，由英国负责，我们仅负责云南境内；第二工程处设在云县，处长龚继成所管辖区由云县哨山至漫湾（忙贵），配备的民工有缅宁、保山、云县、顺宁四县，缅宁出工10000人，工作地段哨山、羊头岩。一总段全部、二总段一部，保山出工30000人，工作地段由唐占营直到小忙兔。二总段一部，三、四总段全部，云县出工15000人，工作地段由长坡岭至县城。五总段全部、六总段一部，全由顺宁负责。第三工程处设在祥云，处长吴祥祺，管辖地段由漫湾至清华洞，配备的民工有景东、祥云、蒙化（今巍山及南涧）、弥渡等县，景东县出工25000人，工作地段由漫湾至景云桥。一总段全部、三总段一部，祥云县出工15000人，工作地段公郎。三总段一部、四总段全部，蒙化出工25000人，工作地段由公郎以上长虫街至南涧，蒙化出工15000人，工作地段弥渡境内至清华洞。

沿铁路走了一趟，主要是曾督办关怀民工、了解民工的工作和生活。李一平先生建议在弥渡办一个生活指导班，学习期满分赴各工段工作。因民工来自农村，须指导过有组织、有纪律的生活。省立缅云师范学校校长彭桂萼组织学生歌咏队慰问临沧筑路工人，有一支歌名为《走向哨山》，歌词是这样写的：“握紧锄杆，像战士抓起钢枪，走呀！走向哨山，去打开出国的路线，去凿开重山叠峰，越过横断山脉，把民族救出生死场！前方流血，后方流汗，我们的臂膀关系着我们的存亡。”

滇西人民有着勤劳勇敢、吃苦耐劳的精神，不甘当亡国奴，在督办公署的鼓动下，踊跃出工挖路，支援抗战，连续奋战几个月。由于生活艰苦、劳动紧张、营养缺乏，年龄稍长的民工下班时精疲力竭，步履踉跄，神色非人，真是目不忍睹。但第二天仍咬紧牙关苦战，终于在3月底前按督办公署规定的计划，如期完成了所负担的任务。不幸的是国际形势发生急剧变化，政府迫不得已改变计划停工，工人由各县领队带回，民工的报酬由县政府派专员向工程处结算领回，如数发交到民工手里。

此条铁路修筑为期三年，国家付出亿元财力，荟萃全国铁道专家，征用10万民工。而这条用热血和汗水凝成的滇缅铁路，竟在阵阵硝烟中毁于一旦，年轻人是不知道，但上了年纪的知情人谈起修筑滇缅铁路一事时，总不免流露出辛酸、惋惜之情。

（唐凤书）

（选自《临沧文史资料选辑》第二辑，有改动）

为修筑滇缅铁路到镇康

我生于光绪三十三年（1907年），原籍在上海，在小学读书5年，15岁丧母，由于家庭生活困难，即走入社会帮工度日。1928年有一位老工人带我到南京参加修建中山陵的石台阶，每台高15公分，共360台，搞了一年多，工程结束后回到上海，进入美国人在上海开办的“陶复记营造厂”当工人，这个厂主要是搞建筑设计，厂里有个美国工程师，会讲几句中国话，但不会写中文，他看我有点文化，就叫我跟着他，在他设计的图纸上面需要写中文的地方由我来写上中文，同时帮助他晾晒图纸。在这一过程中，我“偷师学法”，学到了一些建筑设计的技术。

1937年抗日战争全面爆发，上海的工厂先后关闭，我怕日本人占领上海被抓走，就和父亲、两个哥哥、两个妹妹离开上海到江西，路过九江，最后到了南昌。经同乡李金林、洪正清介绍到航空委员会，在建设科长匡建明（广东人）领导下搞房屋建筑，直到1941年又经同乡龚继承（在滇缅铁路任第二工程分处处长）介绍，我和董天保、张木生一行3人来云南参加修筑滇缅铁路，经昆明到了弥渡，分配在云县的鬼门关（现在的太平关）搞桥涵设计。在这一路段的民工多数是云县人，生活很艰苦，得“闷头摆”（恶性疟疾）的人很多，有一天晚上死了20多人。附近有家属来认领的抬走了，无人认领的就地安埋。我们住的临时工棚都是自己动手割草砍树搭起来的。我的任务是设计鬼门关的石拱桥和云县下衔的一座小桥，但是设计还未完成，备了部分料子，共在此3个多月，一天下午接到上级通知说，日本人已来到耿马，明天一早要撤走。第二天天未亮明我们就走，到了公郎吃早饭，经弥渡到了昆明，接到通知要我们到四川去修西宁公路（西昌—宁南），搞了一年多完工后又调去修湘桂铁路（湖南—广西），我在修公路、铁路上都是搞桥涵设计。以后又到越南的同登，在一家私人办的汽车装配厂工作，来到昆明准备回上海，听说去上海的路已走不通。这时一路来的民工大队长张世成（云县人），约我们回云县经耿马到缅甸的仰光坐船回上海。我们来到云县给一家姓张的修了几天的房子，后由张世成带路，我和董天保、张木生、张正保（云县人，后在耿马农具厂工作）到了耿马住在南新爷家。南新爷向耿马土司官罕裕卿介绍说，来了几个人要去缅甸，其中有一个是修滇缅铁路的工程师，罕裕卿叫南新爷通知我们去见他，当时我们有顾虑不敢去。南新爷说，来到这里要把我们几个抓起来还是放我们走，在他一句话，还是去见一面为好。我想既然来到他管辖的地盘，想走也走不脱，就大着胆子去见土司官。罕裕卿问我：“你是否会盖房子？”我说：“懂一点。”他对我说：“限你在三天内按我的要求画出两张图纸来给我看看。”我在三天内画了一张平面图和一张侧面图给他，他看了以后非常高兴，马上叫人摆出大烟来招待我们，我不会抽，就让其他几个去抽。接着罕裕卿提出要我们留下来，按图纸给他盖一幢钢筋水泥结构的房子。我说这里既没有材料，也没有技术工人。他说：“我有的是钱，需要什么材料可以派人到腊戌去买，技术工人可以到保山去找。”经过商量，我们就同意留下来了。我根据设计所需要的钢筋、水泥、五金等开好料单，他安排好骡马运输人员，我也跟着去到腊戌住了两天，在购买材料中，腊戌商人见我会写阿拉伯数字还感到惊奇。材料买回来以后，他已写好了信叫我到保山去找技术工人，路上来回到哪里吃住信中都交代得很清楚。去时经滚弄到芒市在刀土司家住了一夜，到保山住在南门一家旅店，找得两个上海工人，泥、木工各1人。返回时经施甸、姚关、小勐统、德党、明朗到芹菜塘杨家住了一夜，他还派人把我们护送到耿马。有了材料和工人，经过两年多时间，建起了一幢三格一楼一底，既可住人又可作防卫的钢筋水泥房。当时大门还未安装好就听说解放军快来了。在解放军来到前十多天，土司官一家人就准备外迁。在走的那天晚上，掌握土司武装的大队长（罕裕卿的五弟）把我的行李、衣服驮走，并拿给我一支手枪要我和他们一起走。我说：“跟你们走可以，但是枪我不要，我不会打枪。”晚上从西门走出去不远，有一条岔路，我和他们各走一条路，我就躲藏下来了。我想着跟他们走是要吃苦的，而且不会有什么好的前途。我早已听说共产党是依靠工人阶级的，我从小就当工人，解放军来了也不害怕。1950年秋解放军进入耿马城，见到了土司官家这幢小洋楼（后为耿马自治县人民政府招待所），认为此地还有这样的建筑人才，经了解后得知这幢房子是我设计的。韩家学团长派人帮我找到团部，问明情况后把我留在团部，帮助搞些临时性的水泥活。直到1952年秋驻守在边疆的解放军要建设自己的营房，公安70团的团部暂时设在刺通树，团长杨子慎、政委周天榜等人带我察看了周围的地形，最后确定团部建在彭木山。公安70团的营房，包括团部机关和下属驻尖山营部、山头寨（现属耿马）、南伞、大营盘、勐堆连队、勐捧营部、岔沟连队、酸格林、铜厂前哨排等地的营房，都是由我亲手设计的。参加营建的技术工人多数从昆明、大理等地请来。挖基槽、运石头、打土坯由部队的同志完成。由于营建任务重、时间紧，砖瓦供应不上，多数营房是草顶土木结构，都装有天花板、玻璃窗、三合土地板，通过油漆粉刷后，不但实用，而且外形也很美观，整个公安70团的营建任务搞了三年时间才基本完成。1955年秋，我被调到临沧军分区，曾到耿马建设66医院，到孟定建设团部、大礼堂，到沧源建设营房。当时临沧军分区给我的生活待遇我感到很满意，每月工资115元，边干补贴20元，小灶补助30元，合计165元，医药费实报实销。

1964年，镇康要在凤尾坝建设新县城，当时镇康县人武部部长周先进、副部长郑申甫给县上反映要求我来镇康帮助搞建筑设计，分区司令员李金安批准我来一个星期，可是我一来就走不了了，待了三个多月，回到分区，李司令员见我就批评说：“叫你去一个星期，怎么到现在才回来，是不是那里好吃好住就不想回来了。”我不作回答，就把县上叫我带给分区领导的一封信递给他，他看完信后说：“怎么还要叫你去？”根据镇康县的要求，经分区领导研究决定，我于1965年5月被正式调来镇康县基建办公室搞设计工作。当时县级机关各单位的办公室、营业室和宿舍以及人民会堂等都是经我设计的。县人民会堂从1971年开始施工至1973年结束，花了三年的时间建成，经过龙陵、耿马两次地震的波及都没有变形，这说明建筑的质量是过得硬的。不论在部队搞营房建设和来镇康搞县城的建设，凡是经我设计的，我都严格要求按设计施工，质量不合格的就监督他们返工，因为我搞设计要对国家和人民的生命财产负责。

在党和政府的关心下，我于1983年7月退休，居住在镇康县凤尾坝。听说临沧地区的干部群众积极要求复修滇缅铁路，我的心情非常激动，因为当年修滇缅铁路时曾留下过我的汗水，盼望在我有生之年能听到滇缅铁路复修后通车的消息，这是我的夙愿。

（周悦彬口述　宋光先整理）

修筑滇缅铁路的回忆

抗日战争时期，为了打通国际陆路通道，争取将更多的外援物资运往前线，国民政府决定由中央筹资主管，在云南修筑一条由昆明至缅甸腊戍的一米轨火车路，称滇缅铁路，并派交通部长曾养甫来云南督办。成千上万的爱国志士、外国朋友，不远万里来到云南，为铁路建设贡献青春，有的甚至献出了宝贵的生命，虽然铁路的修筑尚未成功，但此项工程在国际、国内已成为一件触动人心的大事。我讲述的只是路经云县境内的一段（即景云桥至草皮街）。

测量工程

1939年2月，全线分段同时测量，中央还下令，铁路沿线的地方政府要派人保护测量队的安全。如出现抢劫现象，当地政府必须赔偿损失。当时，我是云县二区（崇德）剿匪小队长，经县剿匪大队长祝镜全的推荐，县长何学友委派我带领60名剿匪队员担任测量队的保卫工作，称为警卫队，我任队长，队员有魏学礼、陈其安、张兴荣等。警卫队的一切开支全由铁路工程处支付。滇缅铁路西段工程处测量队由处长张海平亲自参加；总工程师刘晓亭任队长；工程师数十人。医生姓邓，广东人，留美学生。大学实习生数十人，监工赵履根、张于成（此人后定居云县），服务人员等300多人组成。他们都是中央直接调配来的，测量工作十分艰巨，没有路，要爬山过坎，过不去的地方要用绳子吊运，采用这种方法很危险，如果一次跳越不能成功，就会出现生命危险。很多地方都需要系保险绳才能操作，更可贵的是那些女工作人员，有时走路都需要警卫队员牵扶，但她们从不退缩。他们就这样日走悬崖，夜宿深山，毫无怨言，报效祖国之心，使他们忘记自己的一切。

路线测到漫湾时，发现田坝的地形架设澜沧江铁路桥比大沙坝有利，改道重测，铁路由景东境沿江往下到田坝过桥入云县境。测至云县忙怀岩羊山时，因地形复杂，难以测定，后得到美国工程师的帮助，才渡过这个难关。测至鬼门关，处长张海平将这个不吉利的“鬼门关”改为“太平关”。当时的太平关测为隧道，过罗扎河的铁路桥测在温皮。测量历时10个月，到年底结束。景云桥至草皮街段测定路线如下：运输便道，过景云桥，经大沙坝、忙甩、隔界河、新村岭岗、锡掌河、嘴子山、漫湾回坝、香头山、干海子、兴山脚、嘎旧、忙怀岩羊山、温来山脚、棉花地、两令河、小定喜、太平关、温皮桥、忙亥山脚、独家村、小罗扎、大罗扎、月牙地、小河边、红豆箐、黑箐、大河口、小渡口到草皮街。

铁路线由景东境沿江往下到田坝过江入云县境，途经嘎旧隧道、太平关隧道，其他路线与运输便道并行。

筑路工程

测量完工后，分段筹建。云县分4个总段：忙贵段，段长吴庭伟；大梁子段（段长姓名记不清）；小罗扎段，段长张大兴；云城段，段长刘晓亭。他们都是工程师，每个总段有两个无线电台，60多个工作人员。每个总段下设3个分段，分段长由副工程师担任，工作人员100多人，民工不计其数。

1940年5月，铁路与运输便道同时施工，云县段的开工典礼在草皮街举行。工程所需物资由英国、美国运来。技术人员由国家统一调配，民工沿途就地招收，多数民工住工棚，少数民工住在村寨。在澜沧江上架起铁索桥，在温皮架起罗扎河便桥，成千上万的民工不畏艰辛，努力奋战，不到一年运输便道就通车。

铁路的重点工程也在建设中。因疟疾流行，美国派“抗疟队”进驻铁路，给民工免费治疗，铁路沿线的民众也得到医治。但也有一些民工死于疾病和工程事故。工作人员中也有遭不幸的。一名河南籍姓孙的医生因赶路给民工治病，在小河边骑马过河被激流冲进罗扎河身亡。在追悼会上，云县一位文人为他写了一首诗，遗憾的是我只记得最后一句：“河来河去进河归。”王道礼和一位监工在渡澜沧江时，因船倾斜，他俩跳江游渡，后来船无事，他俩反而被江水冲走了。

1941年，抗战到了关键时刻，形势十分严峻，筑路费用紧缩，工程变为停停修修的状况。1942年3月，日本占领缅甸仰光，后侵入云南。铁路被迫停工时，景云桥4个桥墩已完工，嘎旧隧道挖了一半，太平关隧道刚开始挖，温皮桥正在造桥墩，涵洞也在建设中，枕木备好20%，停工后，接上级通知，把重要器材销毁，运输便道和铁路彻底毁坏。民工解散，工作人员限期后撤。曾轰动一时的滇缅铁路到此中止。一年以后，因军事运输需要，国家又复修便道，运送物资支援抗战。日本投降后，因国家不养护，便道逐渐瘫痪至不能使用。解放后重修时，将忙怀岩羊山一段改为顺山脚，温皮桥改在太平关，其他路线改动不多。这就是现在的南大公路（国道214线）。

警卫工作

测量完工后，警卫队员分散留守各总段。我带领20名队员护送运输队，工程所需的物资都得用马帮从祥云运往云县各总段。有一次，30匹马运送物资（其中10驮是国币），行至公郎狗街河总段。因总段驻地不利于安全防范，是易攻不易守的地方，我只同意两位押运员孙主任和费专员进总段住宿，马帮在离总段3公里的郊外过夜，马不卸鞍，人着衣就寝。第二天拂晓，马夫正在做饭，突然总段方向响起机枪声，我们立即撤回公郎镇。太阳东升时，两位押运员只穿着汗衣汗裤来找我们。得知总段已被200多名土匪抢光，40名铁警队员被打死7人，他俩躲在稻草堆里也没躲过，并伸出大拇指表扬我们有功。此时公郎镇镇长徐德安用鸡毛火炭信向巍山保安团告急，保安团由巍山赶到公郎护送马帮到景云桥。事后铁路工程处奖给我国币100元，奖给20名队员共200元。狗街河总段被土匪抢一事，由巍山县政府赔偿4万元。从此以后，国币只敢夹在其他物品中运送，有一次偏偏又遇上装国币的驮子掉进澜沧江，是会游水的警卫队员魏学礼系着保险索下到江底将驮子捞出，获得的奖金除队员集体聚餐一次外全部给了魏学礼，但名誉始终未能给他，因国币被水淹过的钞票晒干后就起皱纹，流放市场后，人们一拿到有皱纹的钞票就说：“这是魏文举从江里捞出来的。”其实江中捞钱的不是我，至今还感内疚。

铁警队进驻铁路时，因警卫队员中智勇双全的多，又熟悉地形，了解本地区情况，所以警卫工作的领导由本地人担任，我任中队长，每个总段任命一个小队长，小队长是魏学礼、张兴荣、陈其安，大梁子总段由铁警队员担任。有总段驻地处于低凹位置，不利于防范，我们就把重要的器材（无线电台、施工设计图纸、现钞等）和重要技术人员安置到较安全的村寨，以防土匪来时方便转移和不被破坏，铁路沿线的村庄也得到保护。在此期间，曾被何县长聘用为城镇治安管理员，帮助云城维护治安，禁止赌博。

铁路停工后，警卫队改编为正规军，准备参战。因铁路材料需要保管，警备司令部又派我带领队员回云县。在忙贵把材料堆放好后，因工资来源有限，只留5人护材，其余动员回家了。便道复修时，材料完整无损地交还给国家，5年的铁路保卫工作从未出现过抢劫事故，多次得到铁路工程处的表扬和奖励。

曾养甫遇险

曾养甫是国民政府的交通部长（广东人），蒋介石亲自下令派他来滇缅铁路督办（人们都称他曾督办）。他到达祥云后就传话要我去见他，他对我讲：“修筑滇缅铁路的经费是英国、美国支援，很多筑路器材、生活用品、食用罐头等都从英、美两国运来，医药费用是华侨捐赠。”每次见到他时，都要让我同他一起用餐。

1942年初，他因铁路事务前往腊戍。我带10名警卫队员护送到中缅边境。因汉奸告密，他到达腊戍的当夜就遭敌人偷袭，他只穿着汗衣汗裤带着卫士往外冲，小车未上油，只好跑到公路上，刚好遇上一辆中国运送伤兵的卡车，车上的人听说是曾养甫就立即停车将他拉上车，卫士还来不及上去，车就开动了。他经保山回到祥云时，我去看望他，他说：“我个人不值一提，痛心的是损失滇缅铁路的图纸和20名女护士被俘，卫士无下落。”

铁路停工最后离别时，他劝我同他一起到外面做事，我因无文化，同时舍不得离开抚育过我的这片土地和家里的妻儿老小，就没答应。

滇缅铁路至此结束。早夭的滇缅铁路是抗战中遗憾的一章，更是云南数十万民工的血汗筑成的长城。我们期望有一天，隆隆的火车，从这条血肉共筑的铁路线上开过。

（魏文举口述　魏学芳整理）

（选自《临沧文艺》1993年第一期）

修筑滇缅铁路见闻

抗战爆发后，国民政府为打通国际运输线，于1938年修通滇缅公路，并开始修建滇缅铁路。滇缅铁路起至昆明，经一平浪、楚雄、祥云、南涧、云县、勐永、孟定街至缅甸边境滚弄。进行全线勘测设计后，陆续自湘桂铁路调技术人员前往设计施工。在昆明设立滇缅铁路工程局。初期由原铁道部工务司长萨福均任局长（萨在新中国成立初期任西南交通部副部长），不久由杜镇远接任。杜原为湘桂铁路衡（阳）桂（林）段工程处长兼总工程师（新中国成立初期任铁道部顾问）。滇缅铁路初期分为东段、西段两个工程处。东段工程处长由副局长、副总工程师王节尧兼，西段工程处长由副局长、总工程师张海平兼。工程局共设置20个工务总段。东、西段工程处以云县澜沧江为界，澜沧江以东为东段，设12个工务总段，澜沧江以西为西段，设8个工务总段。

我是1940年5月到滇缅铁路工作的，在昆明报到后，分配在工务第二十总段。该总段正工程师兼总段长为陶述曾（新中国成立后任湖北省副省长）。陶先生原在湘桂铁路桂林附近灵川干河桥任正工程师兼主任。竣工后，于1938年冬即到滇缅铁路。我在湘桂铁路时在衡阳的本部内承办桥梁设计工作，未与陶先生直接共事过。到二十总段后，协助陶先生承办技术审核工作，以及对分配来的大学毕业生在段实习辅导及期满后的考核论文答辩，初步提出评审意见，以便正式定级。同时下工地现场参加技术指导，在施工前的恢复定线（铁路定线技术比一般公路高得多，相当于高速公路）作出必要的一些修正，以便及时进行施工前的准备工作。路线要经过南汀河边，穿过一段密林，没有人烟，常有野兽出没。随时要渡河，河水也深，我又不会游泳，只有练习骑马过渡，马的涉水能力是很强的。由于地势艰险，工作进展很慢，一般每天只能测三五百米，而且早晚的雾气很大，测量非常困难，稍远一些就看不清楚经纬仪的测点。

滇缅铁路工程浩大，曾一度动员民工30万人上路。云南省为了支援抗战，修建滇缅公路、滇缅铁路以及昆明、呈贡、羊街飞机场，云南人民以满腔的爱国热忱，并付出了巨大代价，终于在短期内修通昆明至一平浪一段铁路。

1939年11月，南宁沦陷，滇缅公路的国际运输路线日趋重要，为与四川接通，蒋介石于1940年8月手令修建西祥公路，由西昌经会理、江（姜）驿、龙街、大姚、姚安至祥云之下庄街与滇缅公路衔接。交通部于该年10月组建西祥公路工程处，处长由滇缅铁路局长杜镇远兼任。全长548公里，西康境内258公里，云南境内290公里，不到一年即全线通车。

与此同时，滇缅铁路改组为督办公署，曾养甫任督办，杜镇远任会办兼总工程师，原西段工程处改组为第一工程处，由原西段工程处长张海平任处长。为了便利铁路施工，成立汽车运输便道工程室，陶述曾任副处长兼便道工程室主任。我任副工程师兼便道工程第一总段段长，总段段址设在原二十总段的地址孟定街。

第一工程处设铁路工务总段8个，汽车运输便道工程总段6个。便道所需大量的工程材料无着，自滚弄至腊戍，缅甸境内的一段道路，约100公里，英国当局迟迟不予解决，当时缅甸尚未独立，我代表中国政府联系几次均无结果，滇缅铁路西段工程难以进展。

当地气候，自澜沧江以西，滇缅铁路所经沿线所谓瘴疠地区非常恶劣。每天上午10时才雾开日出，到日中时候，由于水汽蒸发，日光反射，从地面上冒出红绿烟雾，当地人说这就是瘴气。由于疟蚊传播恶性疟疾，至此施工的民工几乎死光。工棚里面不到两三个月就白骨累累，惨不忍睹。我们施工人员，从陶述曾到办事员、医疗卫生人员，都病倒了，我也几乎丧命。国际联盟卫生组织抗疟团人员，走马观花来了一趟，发了些药品，提供一些改善环卫措施就走了。

我们施工的路线当中要经过边区一些原始森林地带。在施工中，常有老虎窜入工棚，甚至窜入正在施工的民工队伍中将人叼跑。所以我们视察工地，当天赶不回来，要露宿溪边，四周必须燃置篝火，到第二天常在篝火附近发现有虎豹足迹。有一天早上，黑河桥工所主任尹之任慌慌张张地跑入我的办公室，脸色苍白，气喘吁吁，话也说不出来，他说在上工地途中遇到了比碗口还粗的蟒蛇了。有一天晚饭后正在掌灯休息。突然间工棚里民工们哗噪起，大喊老虎进寨了，在座的庄医生赶紧去抵住工棚的竹笆门，我说我们赶快出来一同去打，一阵铜锣声把老虎赶跑了。所以我们出巡，总要带着锣，因野兽怕金属声。

有天夜间，我在办公室看书，隔着竹笆墙可以窥见南定河对面有一群火把正在衔枚疾走。我们总段内有个小青年办事员冯法巽，他以为好玩，拿起手枪就向对河开了一枪，这时对面马帮全部灯火熄灭，以密集枪声向我们开火了，我叫赶快熄灭灯火隐蔽。我怒斥这个小青年不准再开枪。我说："他们都是大枪，射程远，我们的小手枪能顶得住吗？"他们是走私运大烟的武装烟帮。他们还了一阵枪，没有听到我们的动静就继续走了。因为当时的武装烟帮经常发生火拼互相抢劫之事。

环境是恶劣的，每天上午10点开雾，下午4点钟又起了漫天大雾，能够施工的时间很短。特别是自5月到8月是雨季，每天都有一阵瓢泼大雨，刚挖好的路又被冲坏。在这种恶劣环境中施工，技术人员很艰苦，而为了支援抗战，离乡背井的众多民工们就更苦了。

1941年12月，太平洋战争爆发，滇缅铁路工程也因之被迫停工。除昆明至一平浪完工通车以及修建的西（昌）祥（云）公路的通车能沟通四川、西康，与陕西也连通，起到很大的作用。原我所在的便道第一总段早已通车，通车之后我调第六总段，是新成立的段，下辖三个分段，只配了三个分段段长，其他人员尚未配齐，我带着他们测量路线，还未来得及施工，太平洋战争即爆发。日本强迫英国封锁缅甸，我国唯一的国际路线被切断，不得不以印度为出口路线，就积极改变修通中印公路。我即随陶述曾先生调中印公路第一工程处，于1942年3月离开了便道工程第六段到缅甸腊戍，经八莫、孟拱到缅北密支那（第一工程处所在地）。我到这里后即进行一切准备工作，大部分同事也都下到工地。但战局一天比一天恶化，有些人还未来得及回到处里，就从工地上撤退了。有的走入野人山转至孙布拉蚌，该处有机场，搭运输机回国。我及少数人员尚留守在密支那。

1942年5月3日，日军已逼近，离密支那仅有10多公里时，机关人员早于前十几天就走完了，我身边只有我在滇缅铁路时的三五个工作人员，不得不撤退。

（周光明　作者系原贵州省政协委员、省交通厅总工程师）

铁道遗梦

——滇西南家乡民众修路、毁路和抗日大捷的故事

抗日战争最艰难、最危急的时期，在我的老家——中国西南云贵高原和缅甸北部掸邦高原之间，有一条为了战争需要火速上马赶修，而刚要竣工又被迫毁掉的铁路。1938年末到1942年初，在滇西南的崇山峻岭之中，几十万人从四面八方汇聚到一起，为了赶筑一条铁路，数不清的人献出了生命，结果却功亏一篑，留下了中国铁路史乃至世界铁路史上最大的憾事。已故军旅作家彭荆风把这个历史事件描述为“一段难以抚平的疼痛回忆，一部悲壮的关于路的历史，一项胎死腹中的伟大工程，一段永难消逝的铁路情结”。这真是大浪淘沙、历史无情！老作家彻底道出了滇西南民众的心声。那么，究竟那是一段怎样鲜为人知的历史？那又是一条为何几乎被尘封遗忘的铁路……

在长夜待旦中谋划修路

我的家乡——云南镇康，位于怒山余脉老别山系雪竹林大山的叠嶂峰峦、深切河谷中，由于地质构造复杂多变，这里崇山峻岭起伏连绵，峰回路转峡谷幽

深，民间素有“隔山叫得应，相遇走半天”之说。镇康河流众多，属于怒江水系的44条大小河流纵横交错、竞相奔流，晴天涓涓汩汩、潺潺流淌，雨天泥沙俱下、咆哮怒号。此外，“一山分四季，十里不同天”的亚热带季风典型立体气候特征，构成了镇康地肥水美、物华天宝的一方水土，滋养着勤劳勇敢、善良淳朴的家乡各族人民，却又给“逢山开路、遇河搭桥”的交通建设工作带来了巨大制约和掣肘。时至今日，这里还有部分村庄没有通畅的公路，更不要说铁路了。距离镇康最近的一条铁路还是2020年12月从大理修通到临沧、设计最高时速160公里的准高速铁路。但是，整整80年前，在镇康、耿马交界的莽莽群山中，一条铁路已经基本修成铺就，差一点就开来了火车穿越中缅国境直通向东南亚、全世界。可叹这条铁路却因为抗战需要不能不修，又因为战局突变不得不毁而“胎死腹中”。这条命运多舛、令人久久扼腕抱憾的铁路，就是听起来亦真亦幻、若有若无，地图上也无法找到的滇缅铁路。

修筑滇缅铁路，是家乡父老的梦寐以求、历史夙愿，也是帝国主义对积贫积弱旧中国的狼子野心、阴谋垂涎；然而，它更是国父孙中山先生的宏图大志、建国方略。早在19世纪中叶，来自英、美、法、意等国的传教士和探险家们就开始悄悄进入云南，认为那里“富饶但不富裕，因为交通太不方便”。英国殖民者曾向清政府提出从中国的滇西南进入修筑一条“滇缅铁路”；从1898年开始，英国人戴维斯用了4年时间，走遍滇西南大小山岭、村寨、城镇，寻觅修筑“滇缅铁路”的最佳线路，了解云南边地的政治形势和民情风俗；但中国朝野上下深感这是国家修路主权的沦丧，在云南人民的强烈抗议下，英国政府的这一计划才不得不“流产”。然而，即使清末世事那样艰难、国力那样衰弱，众多有识之士还在大声疾呼、四处奔走筹建一条自己的铁路。辛亥革命后，孙中山制定了《实业计划》。其中“第四计划”第五部“高原铁路系统”中有一条叙府孟定线，我的老家近旁的耿马县孟定镇，曾是孙中山先生提出的滇缅铁路最佳出境口。

滇西南的南定河口出境处，历来都是兵家必争之战略咽喉要塞。不过，无论英国人还是孙中山，都是从经济角度提出修建滇缅铁路。从国防角度考虑并决定修建滇缅铁路，是抗日战争逼出来的。20世纪30年代初期，英国已将缅甸铁路自仰光修到了缅北重镇密支那和腊戍，而中国境内却没有一条铁路与之相接，中缅边境的羊肠小道只能供人、马行走。1938年秋，国民党军队在各个战场上不断失利，华北的大部分城市沦陷，华南很多战略要地先后失守，主要沿海港口被日军封锁，抗日形势日益危急。当时国民政府抗战的军需物资大部分是从美国用万吨海轮横渡大洋运到仰光，再通过火车转运到缅甸腊戍，然后从腊戍经由刚刚竣工通车的滇缅公路运往昆明。由于公路运输消耗高，运量有限，加之滇缅公路路面不好，汽车常拥挤受阻，需一两个月才到达昆明；一船物资需要几千辆汽车运输。日军正密谋占领越南，滇越铁路也面临中断的危险。因此，修建一条连接国际和云南的铁路迫在眉睫、十万火急。

在狂风恶浪中奋起筑路

于是，1938年6月，“滇缅铁路工程局”在昆明成立；12月25日，滇缅铁路迅即全线动工。全长1100公里的滇缅铁路，其中中国境内880公里，是抗战期间国民政府投资修建的最大工程，起点在今昆明北站（时称昆明总站），由孟定的南定河口（清水河口岸）出境，接缅甸铁路支线腊戍站。滇缅铁路要穿越的横断山脉纵谷崇山峻岭、深峡河流大多在西段，而且该地区完全没有公路可通，其艰难险阻为测量施工带来巨大困难。全国各地一批又一批专家、工程师随着筑路的需要纷纷涌来，他们抛家舍业、离妻别子、栉风沐雨、饥寒交迫，数年如一日苦战西南深山峡谷，把全部心血倾注于这条铁路的建设。

滇缅铁路施工设置工程总段和分段两层机构，分段又下设大队和分队；一个县是一个大队，大队长由县长担任；铁路施工所需的劳力主要在沿线各县征集。当时滇西南青壮年多数被征调到前方打仗，家里只剩下老人、妇女和孩子；滇缅铁路开工前一年又赶上疟疾大流行，死者不计其数，这种情况下要征工30万人修筑铁路，无异于一个天文数字。工期催紧，活急人少，于是，各县府发令规定：除鳏寡孤独免征外，不论赤贫还是富裕人家，每户出工一名，机关公教人员准许工抵替。家里没有成年劳动力的就由十几岁的少年代替，修铁路的民工中，妇女和孩子占到1/3以上；加上刚刚结束的修筑滇缅公路任务，当时的镇康县民众真正做到了妇孺老幼总动员、黄发垂髫齐上阵。《镇康县志》记载：民国二十七年（1938年）修筑滇缅公路，镇康县出民工7000名，最多时达万余人；筑路16公里，施工7个月，计日课工，合计出工60余万个；镇康任务完成后，又协助龙陵县修黄草坝至镇安所一段，派夫1000名；次年12月，又出民工2500名，改善滇缅公路工程。民国三十年（1941年）冬，调镇康民工1.5万人到孟定修滇缅铁路，每户1人，弟兄多者2人，农民称之为“刮地撵夫”；勐捧镇一次出民工144名，骡马200匹。民国三十年五月，出民工200名协修保（山）顺（宁）公路。民国三十一年（1942年）六月下旬，为防日军利用滇缅铁路路基便道东侵，远征军司令长官司令部令镇（康）、耿（马）动员民工阻断道路，全县出民工1000名，其中双河、勐捧、芹塘即出民工400余名。笔者的老家村子里就有好多人在这其中。今天，那些参加过修筑滇缅铁路的先辈们大都已经作古，只是依稀记得，在孩提时代，偶尔听到老人们讲述修筑滇缅铁路的经历，他们好像只是说一些“中国长官骑着枣红马、大白马，英国监工长着蓝眼睛、金黄发，慰问演出团来到工地，夜晚燃起篝火，在南定河畔唱歌跳舞”之类的话题，他们总是讲述得那么轻松、自如，表现得那么乐观、浪漫，似乎都有意避开痛心的往事，再也不愿提起那些生活的艰难困苦、劳动的惊心动魄和病魔的张狂肆虐、死亡的步步威胁。

滇缅铁路全程要开凿43条隧道，76次跨过河流；战火已烧到家门口，铁路推进越快越好。没有起重机、掘土机、推土机、碎石机、锯木机等大型设备，就连风钻、夯土机等小型机械也少有，开山挖路和推土运石全部依靠人的双肩和双手。但是，这些都难不倒滇西南民众；他们义无反顾、毅然决然，扛着原始落后的工具，风餐露宿在深山密林、河谷热坝，不畏山险、江急、林莽莽，哪怕蚊虫叮咬、毒蛇猛兽、硝烟弥漫、飞沙走石。我的父老乡亲们披星戴月、栉风沐雨、忍饥挨饿、战天斗地，用挑战极限和不可能的精神展开了一场人类历史上少有的人工铁路建设。妇孺老幼在崇山峻岭间劳动，山里没有路，工具非常简陋，加之施工环境无比恶劣，有的人在山坡开山凿石都被老鹰啄瞎眼睛，被炮炸死的劳工尸体更是随处可见。

然而，比起残酷恶劣的自然条件，更可怕的是——当时横行肆虐的疟疾，当地人称“发摆子”。滇缅铁路开工那一年，正赶上疟疾大流行，滇西南工段大多是疟疾超高度流行区，甚至出现了一个个死亡村、死亡镇。在铁路施工工地，饮水、环境已被污染，疾病、饥饿、沉重的劳动，加之又没有预防措施，治疗的药物也少得可怜，民工一旦感染了疟疾，几乎就只能坐以待毙，许多人因此失去生命。当年倒在滇缅铁路上的大约有10万人，相当于每隔8米就会有一架尸骨，伴随着向前延伸的铁路，消失在大山深处，无数人的尸体直接被抛进了南定河，南定河成了一条死亡之河。此外，据家乡老人们讲，滇缅铁路停工时撤退回乡的民工很多人患上了恶性疟疾、重度痢疾，沿路死亡的不计其数，几乎每一里路间都有尸骸；一些人拖着病入膏肓的身体回家，又把疾病迅速传染给家人、村民、牲畜，一些村口每天都只见堆得越来越高的尸体山，无人清理，也无力掩埋；还有一些人回家后发病成为牵引性疟疾，长期不能干活，给缺医少药的边陲人民生产、生活造成了极大的困难。

但是，再大的劫难都无法阻挡滇西南民众筑路的铿锵步伐，再多的牺牲也挫不败、毁不掉边疆各族儿女奋起抗争的坚强意志。一批批民工倒下去，又一批批民工替上来，除了抗战御侮、保家卫国，还为了能实现坐上火车走出大山的梦想。滇缅铁路的修建，是数十万工人与自然抗争、与病魔抗争的结果。滇西南民众在遭受多重困苦和死亡威胁中，全力支撑了滇缅铁路的不停推进。

血肉的拼搏，终于创造了世间奇迹：近900公里滇缅铁路，细算四年的工期，仅用两年半时间，恰到1942年4月日军占领缅甸时，基础工程大部分完成。其时间、速度之快，让世界惊叹。当年的临沧籍云南著名诗人彭桂萼写诗赞颂：我仿佛看见卡佤的血/像樱花一样鲜红……/我仿佛看见滚弄江东/挥舞起如林的臂膀/为出国的路线/开凿着横断山峰……

然而，把臂膀挥舞如林的30万滇西南民众万万没想到，在即将迎来这项伟大工程胜利竣工的关键时刻，家门口风云突变、狼烟四起，他们又不得不举起臂膀，亲自去炸毁自己用汗水和血泪浇筑而成的铁路。

在撕心裂肺中挥泪炸路

1942年春天，中国远征军第一批十万官兵开赴缅甸作战，滇缅铁路东段从昆明穿越了七条隧道铺轨到一平浪、西段470公里的铁路土石方也基本完成，一些车站和桥墩已建好并准备铺轨。正当滇西南民众翘首盼望火车开来时，日军在1942年3月8日占领了仰光，又于4月8日攻占缅甸北部掸邦的首府腊戍，英军一溃千里、远征军伤亡惨重、大批筑路物资落入敌手。为防止日军利用滇缅铁路及便道快速进攻昆明，蒋介石几乎隔天一至二封，共发出40封电报了解敌情，为炸路的痛苦抉择提供决策依据。5月10日，腾冲沦陷；5月12日，蒋介石终于给曾养甫下达了炸路命令。5月13日，曾养甫来到弥渡工程指挥部，含泪下令：“炸路”。

随着隆隆炮声响起，滚滚浓烟散尽，滇缅铁路西段已修好的桥梁与路基化成碎片齑粉，一个奇迹就此消失毁灭，半个世纪的梦想、几十万劳工的心血，瞬间化为乌有。世间再无滇缅铁路，整个工程功亏一篑，滇西南民众的心灵也裂开一个血淋淋的巨大伤口。

如今，在当年群英荟萃、人声鼎沸、热火朝天的整条铁路线施工现场上，残破的路基、锈蚀的铁轨、坚硬的枕木、塌陷的涵洞、倒废的桥墩还随处依稀可见，但已经成为一条条、一道道、一段段凝固的历史。八十载春夏秋冬，近百年寒来暑往，任凭世事变幻、风吹浪打，它们静静地躺卧在老别山里、默默地伫立在南汀河上，把滚滚浪涛声化作阵阵呜咽声、股股悲鸣声，继而变幻成片片呼喊声、滔滔怒吼声，倾诉着那段可歌可泣、波澜壮阔、不同寻常的历史。

在滇缅铁路的路基下，长眠着十万名筑路英魂，他们为了救亡图存、抗战御侮献出了自己宝贵的生命，没有名字，没有墓碑，伴随着岁月沧桑时光流逝，剩下六位令人窒息、触目惊心的数字，成为一截令人扼腕、让人惊愕的残梦。横断山是空阔的，老别山是荒凉的，但是，这里能够听见澜沧江的咆哮怒号、南定河的日夜歌唱，更能够感受到滇西南儿女的激情澎湃、热血沸腾、勤劳勇敢、淳朴善良……在这里长眠，永不寂寞！

生于危难、毁于战乱的滇缅铁路，是在民族危亡的紧要关头，云南各族人民和全国人民一道发出的最后吼声和伟大的创举。它，不愧为中华民族的一段辉煌历史！世界历史的一曲慷慨悲歌！

（施文明）

寻路之憾

以戈待旦 御寇护国

救亡图存的希望线　滇西抗战的烽火线

——临沧抗日 1942-1945

临沧境内的抗日战争[①]，始于1942年5月3日日军攻占滇西腾冲、龙陵等地后对临沧的窜扰。包括临沧抗日在内的滇西抗战是中华民族抗日斗争的重要组成部分，为保障抗战物资供应，确保稳定大后方，避免腹背受敌，最终打败日本侵略者，夺取抗日战争的胜利作出了积极的贡献。

一、临沧抗日背景

（一）日本侵缅之战：一箭双雕的如意算盘

1937年日军发动全面侵华战争，很快占领了中国华北、华东、华南地区，南京国民政府直接控制的港口都落入敌手，从东部沿海地区获得国际支援的路线被日本切断，急需一条后方的国际通道。时任云南省政府主席龙云向蒋介石建议修筑通往印度洋的铁路和公路，即滇缅铁路和滇缅公路。得到南京国民政府的支

① 临沧抗日战争特指发生在今临沧地域的抗日活动，不包括临沧人民到祖国其他各地参军作战等活动。

龙云（1884年11月19日-1962年6月27日）

持后，滇缅公路于1938年春开始动工，1938年11月通车。此后，从仰光到昆明的滇缅公路是盟国向中国政府运送战争物资的唯一陆上通道。

为切断中国唯一的国际交通大动脉，进逼中国西南大后方，迫使国民政府投降，同时从西面胁迫印度脱离英国，进而与德军在中东会师，日本需要将缅甸控制在自己手里。而中英两国认识到缅甸的重要性，于1941年12月23日签署了《中英共同防御滇缅路协定》，但英方认为形式上就足以保护缅甸安全，拒绝中方军队入缅布防，1942年初日本侵占马来西亚后开始入侵缅甸，1942年3月8日攻占缅甸首都仰光，英国此时才认识到单凭自己无法抵御日军攻势，要求中国军队入缅作战。[①]1942年3月12日，中国派第5、第6、第66军共9个师十万余人组成远征军入缅作战。由于中英之间的猜忌，加之指挥混乱，英军抵抗6个月之后决定放弃缅甸，撤退到印度，1942年4月29日腊戌失守，中国远征军退路被切断，陷入日军包围之中，遭受严重损失，远征军余部除两个师退入印度之外，其余分中路、东路两路返回云南，中路一部退入到阿佤山地区，即今临沧的沧源、镇康[②]、耿马，普洱的西盟、孟连、澜沧一带。而日军则兵分两路

---

① 于宁：中英关于共同防卫缅甸问题的交涉（1940-1942）[J].抗日战争研究，2020，（3）：第114-128页。

② 镇康县1942年属驻顺宁县的云南省第五行政督察区，1948年属驻缅宁县云南省第九行政督察区。1950年4月5日，镇康县解放，县府驻德党镇，隶保山专区。1953年春，划归缅宁专区（今临沧市）。1963年9月14日国务院决定将镇康县析为两县，西半部分称镇康县、县府驻地凤尾坝，后迁至南伞，东半部分称永德县、县府驻地德党镇。本文以抗战时期的行政区划为据，不区分镇康县和永德县的抗战事迹。

追击，其中一路由今缅甸境内的滚弄和户板[①]向临沧的孟定、耿马、镇康等地进犯。

宋希濂（1907年4月9日-1993年2月13日）

到1942年5月，英国军队退守印度，中国远征军被迫撤到印度和国内，日本全面占领缅甸，初步达到战略目的，既封锁了国际援华运输线，又打开了西攻印度的大门。此后日本继续扩大侵略活动，1942年5月，日军攻占畹町及芒市，随后又占领了腾冲、龙陵，将战线推进到怒江西岸惠通桥西侧，安图占据保山，进窥昆明、重庆。龙陵腾冲失陷令云南全省震惊，1942年5月5日，中国守军及时将通惠桥炸毁，日军改乘橡皮筏强渡怒江，并试图在江面铺设浮桥。宋希濂奉命紧急调71军36师前往怒江前线阻击日军，在惠通桥一带与日军激战三天，将强渡怒江日军数百人歼灭，基本稳住了局面。随后中国方面调集第11集团军、第20集团军共17个师16万余人在北起丽江的片马，南至滚弄的新地方共400公里的地段设防，中日双方在怒江沿线隔江对峙。

（二）临沧由大后方变为最前线

为夹击中国腹背，迫使国民政府投降，日军占领缅甸之后，很快将战火烧到中国的大后方，怒江、保山、德宏、临沧等滇西南地区先后遭到日军进攻，成为抗日的前线。

早在占领畹町、芒市、龙陵、腾冲之前，日军多次派飞机轰炸临沧各县的抗日兵站、粮库、医院、交通要道、村寨，如顺宁鲁史、镇康永康、云县都遭到过侦察、轰炸。顺宁遭到的轰炸最多，1941年与保山毗邻的鲁史、光华、锡

① 由于地名随时代变化及地名存在同音不同字现象，本文所使用的地名为滇西抗战时期所用地名，易混淆的地名及现今所用地名则在注释中加以说明。此处户板又写为霍班。

腊[1]多次遭到日军轰炸，4月21日3架日机轰炸了顺宁县内澜沧江上的青龙桥，5月4日在锡腊上空投掷汽油桶数个，5月10日6架飞机又轰炸了鲁史古平村，炸死3人、炸伤8人。1944年5月5日，日机在光华乡投弹3枚，炸伤村民2人。盟军与日军两次在顺宁上空激战，此外，日军在滇西公路沿线水沟、水池、水井中投放霍乱病菌，很快在顺宁造成大范围的传染，致大量人员死亡。[2]

1942年5月，日军56师团所属的56联队占领了滚弄和户板，并以此为基地，不断派出挺进队、搜索队沿滇缅铁路及其便道偷袭孟定、南伞、勐捧等边境重要城镇，意图偷渡怒江潜入滇西腹地。1942年之前，由于日军重点进攻德宏保山一带，尚未以大部队进攻临沧边境城镇，仅派出小股部队进行侦查和袭扰。孟定在1942年三次遭遇日本小股部队的偷袭，1942年4月22日，日军300人分两路企图合攻孟定，被中国远征军第6军新编39师25团阻击；1942年6月30日，日军经清水河突袭孟定，先头部队渡南捧河时，被孟定抗日支队及耿沧抗日支队第1大队合力击退，1942年7月4日，日军再犯孟定，在南帕河与远征军33师97团、98团和9师26团、27团及当地傣族佤族自卫队激战，远征军阵亡官兵80人，伤164人。镇康的南伞也在1942年8月底遭到日军的入侵，日军在先派飞机对南伞进行侦查之后，后派20余人侵入南伞，烧毁民房80多间，抢掠大批财物。

1943年，国民党在滇西战场加强了兵力，日军难以继续沿滇缅公路向北推进至保山一带。为撕开中国军队防御口子突进，1943年2月24日，日军共2000余人乘夜晚从滇缅铁路路基再度侵入孟定，由于日军远距离快速突袭，驻防孟定的中国远征军39师11团1、2营与耿沧抗日支队没有防备，仅孟定土司母子等数十人与日军英勇作战，寡不敌众，死伤20余人后撤退。日军烧毁了孟定土司衙门及积粮200多卓[3]，抢走土司黄金96两，打死当地民众3人及土司自卫队员5人，在中国远征军39师117团与孟定抗日大队、耿马抗日中队及村寨抗联组织的联合反攻下，日军第二天撤离孟定，按来路撤回缅甸。1943年5月14日，日军再次进

① 光华即今凤庆县大寺乡，锡腊即今凤庆县营盘镇。

② 本文中所使用的信息和数据，如无特殊说明，则均引自政协临沧市委员会文化文史和学习委员会、临沧市延安精神研究会2019年所编的《临沧战事》。

③ “卓”是耿马、孟定一带群众的计量单位，一卓约400市斤。

犯孟定的色树坝未果。1943年6月27日至7月3日，日军再度纠集近2000人分三路进犯孟定城，火烧孟定街子、沙坝、盲掌、波乃、波广、允坎等6个寨子，烧毁290户民房和3座佛寺，枪杀群众6人，强奸妇女8人，20余头猪牛被宰杀，20余万斤粮食被烧毁。中国远征军9师26团、27团，33师98团集结发起反攻，日军被迫且战且退，未能侵占孟定。

为抵抗日本在滇西的侵略，1942年5月12日，国民政府军事委员会委员长昆明行营设置了腾冲、云宁两个守备指挥部，统筹调动指挥两地民众自卫队及地方武装力量，协助中国远征军驱逐敌寇。在国民政府制定的反攻缅甸作战计划中，明确了镇康方面的任务是“以一师对滚弄之敌，掩护我军主力之左侧，另一部破坏龙陵、芒市间交通，阻敌增援。俟保山方面之主力部队攻取龙陵之后，再驱逐滚弄之敌。渡过萨尔温江，整顿态势，向腊戍方面攻击前进。”[①]1943年4月，国民政府重建远征军司令长官部，后称滇西远征军，1943年10月至1944年5月中国驻印军和滇西远征军先后发起缅北滇西作战，歼灭日军3万余人。1945年1月27日，两军在畹町会师，完成了打通滇缅公路的任务后撤回国内，滇西反攻取得了最终的胜利。

二、临沧境内抗日武装力量的组成

（一）中国远征军

入缅中国远征军东撤部分回到滇西后，国民党调集国民革命军第11集团军、第20集团军共17个师16万余人在北起丽江的片马、南至滚弄的新地方共400公里的地段设防，并于1943年3月重建中国远征军（滇西远征军）。临沧境内由11集团军第2军负责守备，军部设在顺宁，军长为王凌云，辖第9、第76、第93和新编第33师，在昌宁、顺宁、镇康（含永德）、耿马、沧源、果敢一带驻守，第6军新编第39师、第49师、第71军第87师、新编第26师和军骑兵团也曾经过境在耿马、镇康、沧源一带驻防轮战。1943年秋，国民革命军第2军33师开进阿佤山防卫，第97团、98团分驻芒艾、糯娥、户算、马洛、勐撒、金厂坝、班弄、甘

① 中国第二历史档案馆编：《中华民国史档案资料汇编》第五辑第二编，军事（四），凤凰出版社1994年版，第92-396页。

勐等地。

中国远征军的驻防部队于1944年5月11日强渡怒江，开始了全线反攻，驻临沧的远征军71军第88师及第2军各派一个加强团从镇康七道河等渡口强渡怒江，向龙陵、芒市方向进攻，新编33师一个加强团集中在孟定四方井，后向户板、滚弄进攻。中国军队的主力部队于9月7日攻克松山，9月14日收复腾冲，紧接着攻克龙陵、芒市、遮放，最后于1945年1月20日攻克畹町，光复中国滇西领土。

（二）临沧地方抗日武装

饱受战争之苦的边境百姓、少数民族头人、商人不断后撤，赖莫山土司张秉顺、在丹阳一带的华侨与商人、第五、第六军的散兵退到新地方、芒盾一带，在两地又被日军攻占之后，张秉顺邀约勐角董土司属官张万美、班弄头人等带领佤族头人代表到大理，向负责滇西抗战的11集团军总司令宋希濂请求派兵保卫阿佤山。

面对滇西危局，1942年5月，63岁的云贵监察使李根源急电蒋介石，力主以怒江为防线坚守保山，李根源的呼吁也是云南全省的共识，得到了蒋介石的认同。蒋通过宋希濂电令滇西各土司，其核心思想就是希望滇西各土司能够带领当地民众协助抗日，“滇西各土司官鉴：倭寇不道，侵略中国，祸结兵连，大举南进，袭击缅甸，寇我滇西，逞其征服世界之野心，甘为国际主义之公敌。为歼此恶魔，安定全局，中国以东战场主力所在，各司官世受国恩，与国共休戚，守疆土，共存亡，协助国军，努力抗战……统帅边民，偕行杀敌，保世守之疆土，驱逐压境之强寇，共集大勋，副余厚望”。

宋希濂遵照蒋介石致滇西各土司电令精神，支持临沧边境地区的各民族子弟组成了若干支抗日支队。1942至1943年，临沧边境各县纷纷组建了抗日自卫队或抗日游击队，加入全民族抗日的洪流之中。

1.云宁守备指挥部及其下属地方抗日力量

早在1938年，为适应抗日救亡形势的要求，镇康县就按区、乡、保共组成5个大队，35个中队，188个小队，共计18260人。随着抗日形势的日益严峻，1942年5月12日，国民政府军事委员会委员长昆明行营决定设置了腾冲、云宁两个守备指挥部。镇康德党（今永德县政府驻地）为云宁守备指挥部驻地，张浩为指挥官，直属护路营及4个抗日自卫大队，护路营驻松林，营长张子仁；4个抗日自卫大队，大队长分别为袁星喜、杨正贵、鲁朝廷、李文焕，部队分驻勐捧、德党、班卡、玉泉寺等地。云宁守备指挥部统一协调统辖指挥顺宁、缅宁、镇康、双江、澜沧及沧源等地民众自卫队及地方武装力量。执行以镇康为基点，向孟定、滚弄警备，掩护作战军队的任务，协同国民党集团军驱逐敌寇，配合远征军开展了三年隔江对峙的防御作战，直至将日军全部赶出国境。1943年镇康成立民众临时预备大队，各乡成立自卫中队，配合驻军抗击敌人入侵。

2.耿沧抗日自卫支队

1942年7月，耿马宣抚史罕富廷（字裕卿）、孟定土司罕万贤、孟角土司罕富民、耿马土司属官罕富有、罕富勇、李正才等与国民党三十九师长官全斌、骑兵团团长杨布一同到大理晋见李根源、宋希濂，要求抗日，受到李根源、宋希濂的赞扬。后又到昆明觐见国民党云南省政府主席龙云，表达抗日志愿。

1942年8月，11集团军派张振武整合耿马、沧源、孟定的少数民族武装，组建“耿沧抗日自卫支队”，大队长由罕富廷担任，副司令由张振武担任，司令部设于耿马城宣抚司衙门内，下设3个大队。第一大队队长由罕富廷担任，约250人，常驻耿马城，活动于中缅边境糯娥、南伞、缅甸果敢等地。第二大队队长由罕富民担任，共有约150人，常驻沧源勐角，活动于中缅新地方及阿佤山一带。第三大队队长由罕万贤担任，共有100余人，常驻孟定，活动于中缅边境的清水河、大水井、尖山、红岩及滚弄江东岸一线。此外，11集团军调拨国民党正规军一个连（120人左右）至耿马，编为耿沧自卫支队直属特务连，分赴各大队协同防务，派参谋4人协助支队开展抗日救国教育，进行战略战术等军事训练，支队合计600余人。

3.卡佤山抗日游击队

1943年张振武带着耿沧抗日自卫支队的特务连到新地方①，组织了“卡佤山抗日游击队”，自任游击队司令，张朝阳为副司令、陈金为参谋长，司令部先设在新地方，后迁到永和。游击队共有8个武装大队、1个独立武装中队。第一大队以赖莫山土司武装为主，队长张秉顺，约200人。第二大队队长彭季谦，人数不详。第三大队队长浦世民，也是双江地方武装，人数不详。第四大队队长罕

---

① 新地方后改名勐冒，现属缅甸。

富民，统帅200余人。第五大队为镇康地方武装，队长罗绍文，约100人。第六大队队长杨纯性，约150人。第七大队情况不详。第八大队队长沈维鑫，约100人。独立中队队长为缅甸华侨吴登高，约50人。

卡佤山抗日游击队主要活动于沧源与缅甸交界的新地方、莱姆山、滚弄江边的梅龙渡口、永和、西晒、永恩等地，其中第一、六、八大队及独立中队分别驻扎在芒盾、龙夸、芒贵、莫弄等地，其人员、武装、食品及士兵津贴都由大队驻地的佤族头人筹供，其他大队均为附近地方武装，主要驻守当地，人员、武器装备自行解决。卡佤山抗日游击队内还设有卡佤山自治指导员公署，是一个组织协调佤山抗日力量的机构，由勐董傣族人张万美任指导员。

4.班洪自卫队

1943年，班洪总管胡忠华为核实班弄[①]头人马玉昌组建的卡佤山特区抗日自卫支队是否有权统辖班洪，与李文焕、胡忠义等人赶赴昆明，龙云封他为“滇黔绥靖公署云南省政府班洪自卫支队指挥部总指挥”，胡忠华返回班洪后马上组建了班洪自卫队，下辖6个大队，其骨干多为佤族各部落王及山寨头人，第一大队队长高寿鹏，驻防南腊。第二大队队长张老二，驻防班洪。第三大队队长高寿华，也驻南腊。第四大队队长李育良，驻地不定。第五大队队长赵台，驻防岩帅。第六大队队长胡忠国，也驻防班洪。共300余人，自卫队成员主要是佤族，主要活动于沧源班洪、班老、南腊、芒卡、金厂、南大、马洛和岩帅等地。

5.其他组织

其他的抗日力量还包括滇西游击第1纵队缅北支队，由永德小勐统的段国正为上校司令。缅宁县成立了以丘廷和为主任、缅宁中学校长何士林为副主任，彭桂萼、周维恭等为委员的“缅宁县民众抗日救国会”以及“缅宁中学抗日义勇军”。1940年，缅宁县成立“后援抗敌委员会”“缅宁国民兵团”等。

三、临沧抗日战场战况概略

随着日军侵略行动的加剧，整个缅甸被日军占领，滇西的畹町、芒市、腾冲、龙陵等地先后沦陷，与缅甸和滇西沦陷区相连的耿马、沧源、镇康直接面对

---

① 班弄（Banglong），也叫彬龙、邦隆，是今缅甸北部掸邦小镇。

日军的进攻，成为滇西抗日的最前线。临沧民众抗日武装与远征军一起担负起保境安民的重要使命，他们或者主动进攻日军，或者严密防范日军的偷袭。

镇康与果敢相邻，与龙陵隔江相望，1942年缅甸、腾冲和龙陵失守后，与沦陷区仅一江之隔的镇康县成为抗日的前哨阵地，远征军在此地重兵设防，军需保障任务异常艰巨。

首先，全民动员，组织抗日地方力量，协助支持远征军的抗日斗争。除了早在1938年就组建的镇康8260人5个抗日大队外，随着日军侵入滇西，1942年设在德党的云宁守备指挥部组建了1个护路营及4个抗日自卫大队驻扎在各乡镇公所随时听候调遣。1943年又成立民众临时预备大队，各乡镇成立自卫中队，配合驻军抗击敌人入侵，协同远征军开展了三年隔江对峙的防御作战。

江防阻击是镇康抗日的核心任务，在全县百姓的支持下，驻镇康的中国军队牢牢守住了怒江防线。日军侵占龙陵的平戛、田坡、张寨之后，不断向江防中寨、高家寨、忙耿、蒿子坝一带开炮，多次偷渡怒江，企图进入镇康的勐板、德党。特别是1943年10月16日深夜，日军小队偷渡七道河，杀死前哨士兵10人，17日驻平戛日军从大沙坝、七道河、罕乖渡强渡怒江。其中，罕乖渡1700余人的日军被25团2营利用地理优势阻击未能成功；七道河日军人数较多，负责警戒的部队撤至本地村寨，日军尾随前进，遭到25团2营8连狙击，中方增援部队赶到后，这股日军不得不撤回怒江西岸；突破大沙坝的日军进入高家寨，凌晨遭到25团2营突袭，天亮时在对岸火力掩护下缩回据点。

耿马、沧源与缅甸地理直接相连、无险可守，且当地部落林立，民族多元，当地少数民族抗日自卫武装武器装备落后，战斗力差，而且国民政府在这里部署的正规军比较少，正面之敌为驻扎在滚弄的日军第18师团56搜索联队，他们派出多支搜索队、讨伐队、挺进队在此地开展小规模的军事偷袭活动，企图开辟新的进攻路线占领阿佤山，配合西路、北路日军占领保山。与镇康隔着怒江天险与日军对峙不同，耿马、沧源两地直接遭受了日军蹂躏，在当地土司及爱国志士的带领下，各族青年组成的地方抗日武装在边境一带与日军进行多次艰苦作战，其他民众则节衣缩食，按照村寨人户，供应蔬菜、肉食、粮油、草料，修战壕、筑工事、扛武器、送弹药、运伤员、递情报，共同守土卫国。

“耿沧抗日自卫支队”活跃在沧源、耿马与缅甸交界地区，不仅修筑工事、侦察敌情、运送物资，还积极配合远征军与日军作战三四十次，取得多次胜利。临沧境内抗日战斗中规模最大、战果最突出的荨麻林战斗就是远征军与耿沧抗日自卫支队及当地老百姓相互支持、密切配合的成果。1943年6月27日至7月3日，日军纠集近2000人再度进犯孟定，远征军26团王惜时营在孟定附近的明子山阻击受挫，日军直入孟定，这个边境重镇遭遇前所未有的浩劫。此后，日军渡过南汀河向西进犯，在南捧河小街渡口附近的荨麻林与98团孙书圣营激战三天两夜。由于远征军在半坡寨、荨麻林、千福寨之间的要隘构筑了里外三层、高有丈余的仿美式鹿砦战壕①，加之下雨路滑林密，能够占据有利地形居高临下对日射击，日军死伤数百人②，次日夜里狼狈逃回滚弄江。此战之后日军未敢再派兵进犯孟定，挫败了其深入中国内地的企图，避免日本两路夹攻保山不利局面的出现。此次战斗的胜利离不开耿沧抗日自卫支队及孟定各族群众的支持，当时在孟定坝一带的耿沧抗日自卫支队及孟定的各民族群众，积极担负了运送粮弹的任务，在南汀河东岸的人从芒艾团部挑送到南汀河边，划船运渡到西岸后，西岸的人又挑送到半坡寨。在中国守军弹尽粮绝前将弹药、给养送到大营盘阵地。没有当地抗日武装和老百姓的支持，这场战斗不可能取胜。

耿沧抗日自卫支队的第三大队即孟定大队以熟悉的地形和早上浓雾为掩护，经常配合驻防的远征军到现属缅甸果敢的扣塘、大烂地、芭蕉水一带歼敌。1944年小股日寇窜到缅甸老街、黑龙潭一带与耿沧抗日自卫支队50多人相遇发生战斗，李文开带领支队在远征军的配合下，用火炮将日本兵打退。驻守尖山的自卫大队指挥官宋国玺，率部配合远征军到芭蕉水与日军作战，胜利归来的第二天，在指挥所旁的巨石上挥笔写下了“以戈待敌”4个大字和“一九四四年特制”几个小字后，又在距指挥所约3公里的尖山通往缅甸小路的石崖上写下了“泰山石敢当”5个大字，并让尖山村石匠崔裕海把这些字打刻出来，成为边疆

---

① 当地百姓叫做大营盘。

② 关于日军伤亡的数字存在差异，《沧源县志》记载，参加此次战斗的机枪手彭汉清回忆打死敌人700来人。但据事后参与打扫战场的李小发老人回忆，在战场上见到日本人及杂牌军死的人很多，大概300多人，仅是鹿砦前就有100多人。

少数民族同胞共担国难、不畏强敌英雄气概的永恒见证。

班洪自卫队成立后，主要担任侦察和阻击由萨尔温江东进的日寇。1943年秋，远征军第二军33师97、98团进阿佤山防务，班洪自卫队第1、2大队随远征军进驻南大，第3大队进驻金厂坝，其他大队武装负责在后方征集粮食、肉食、蔬菜等，供应给远征军和自卫队，运送伤员，同时配合打一些较大的歼灭战。如1943年底，班洪自卫队配合远征军在金厂坝一战中歼敌60多人，在芒艾、芒鸠等地突袭日军，缴获枪支数十支、子弹300多发、马刀800余把。

卡佤山抗日游击队主动发起对日的多次突袭，如第1大队在1943年进攻日军的大中弄据点，因兵力不足向西盟及澜沧的地方武装石秉均求援，双方联手攻下大中弄并驻守两个月，被日军再度夺回后，与独立中队联络再度进攻大中弄，未成功后撤退到莫烈王地。驻滚弄日军于1943年10月派出小野搜索队向新地方游击队发起进攻，张万美率领的游击队在土林、班楷阻击日军达10余天，并将其引入深山老林，但由于司令谢应麟指挥失误，张万美部损失惨重，新地方失守，游击队不得不把司令部撤到沧源永和，第六大队也撤到了勐董。此后谢应麟被撤职，李开文接替游击队司令，与第1大队联系之后联合夹攻新地方成功。

1943年冬，日军进攻班弄，驻守的远征军及班弄地方武装无法抵挡后撤，班弄失守被焚烧，抗日守军撤到帕岔山。1944年2月，日军再度进攻，迫使结板寨和桂花场的抗日守军后撤，退到罗厚坝双方激战，抗日守军失利退到帕岔山，在帕岔山山脚双方激战三天三夜，最终打败进犯日军。

（张荷群）

附　录

蒋介石为台儿庄大捷致各省市电

（1938年4月8日）

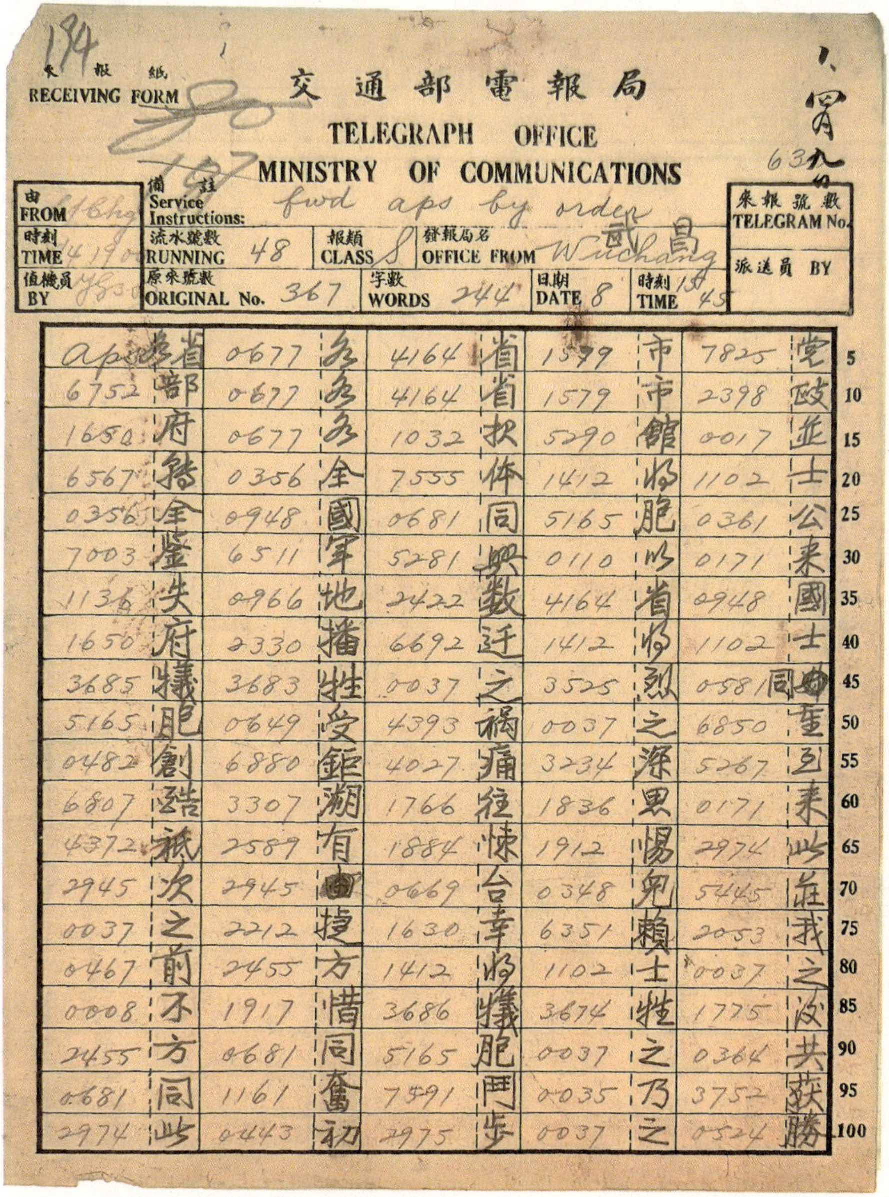

184

來報紙 RECEIVING FORM

交通部電報局

TELEGRAPH OFFICE

MINISTRY OF COMMUNICATIONS

由 FROM	備註 Service Instructions: fwd aps by order		來報號數 TELEGRAM No.
時刻 TIME 4 1900	流水號數 RUNNING 48	報類 CLASS S	發報局名 OFFICE FROM Wuchang 武昌
值機員 BY	原來號數 ORIGINAL No. 367	字數 WORDS 244	日期 DATE 8	時刻 TIME 10 45	派送員 BY

ap	各省	0677	各	4164	省	1579	市	7825	党	5
6752	部	0677	各	4164	省	1579	市	2398	政	10
1650	府	0677	各	1032	抗	5290	館	0017	並	15
6567	轉	0356	全	7555	體	1412	將	1102	士	20
0356	全	0948	國	0681	同	5165	胞	0361	公	25
7003	鑒	6511	軍	5281	與	0110	以	0171	來	30
1136	失	0966	地	2422	數	4164	省	0948	國	35
1650	府	2330	播	6692	遷	1412	將	1102	士	40
3685	犧	3683	牲	0037	之	3525	烈	0581	同	45
5165	胞	0649	受	4393	禍	0037	之	6850	重	50
0482	創	6880	鉅	4027	痛	3234	深	5267	至	55
6807	踏	3307	湖	1766	往	1836	思	0171	來	60
4372	祇	2587	有	1884	悚	1912	惕	2974	此	65
2945	次	2945	[illegible]	0669	台	0348	兒	5445	莊	70
0037	之	2212	捷	1630	幸	6351	賴	2053	我	75
0467	前	2455	方	1412	將	1102	士	0037	之	80
0008	不	1917	惜	3686	犧	3674	牲	1775	後	85
2455	方	0681	同	5165	胞	0037	之	0364	共	90
0681	同	1161	奮	7591	鬥	0035	乃	3752	獲	95
2974	此	0443	初	2975	步	0037	之	0524	勝	100

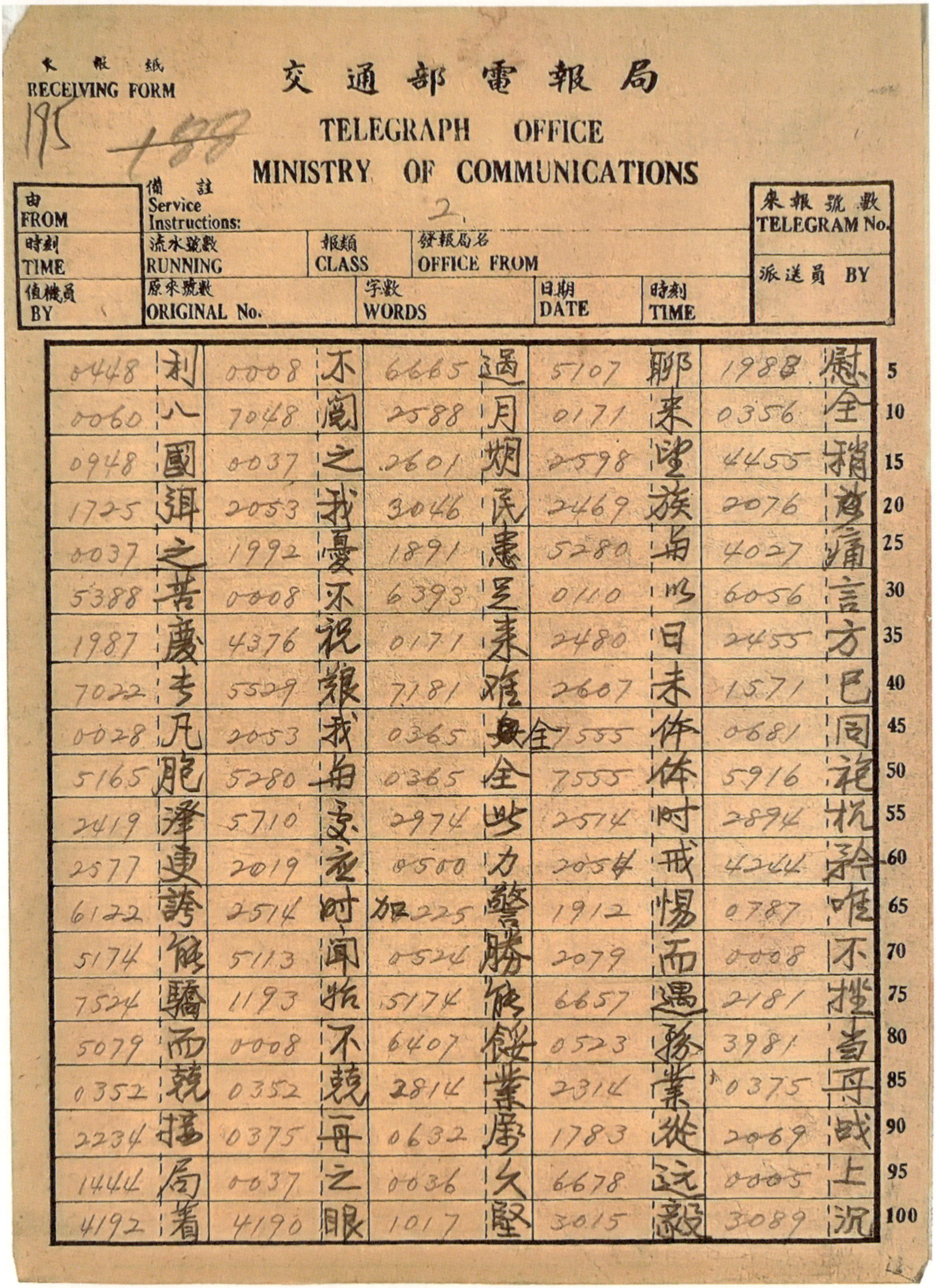

來報紙
RECEIVING FORM

195 ~~188~~

交通部電報局
TELEGRAPH OFFICE
MINISTRY OF COMMUNICATIONS

由 FROM	備註 Service Instructions: 2.				來報號數 TELEGRAM No.
時刻 TIME	流水號數 RUNNING	報類 CLASS	發報局名 OFFICE FROM		派送員 BY
值機員 BY	原來號數 ORIGINAL No.	字數 WORDS	日期 DATE	時刻 TIME	

0448	利	0008	不	6665	過	5107	聊	1988	慰	5
0060	八	7048	閻	2588	月	0171	来	0356	全	10
0948	國	0037	之	2601	烟	2598	望	4455	稍	15
1725	弭	2053	我	3046	民	2469	族	2076	[illegible]	20
0037	之	1992	憂	1891	患	5280	身	4027	痛	25
5388	苦	0008	不	6393	足	0110	以	6056	言	30
1987	廣	4376	視	0171	来	2480	日	2455	方	35
7022	专	5529	艱	7181	难	2607	未	1571	已	40
0028	凡	2053	我	0365	~~身~~全	7555	体	0681	同	45
5165	胞	5280	身	0365	全	7555	体	5916	袍	50
2419	泽	5710	受	2974	此	2514	时	2894	杭	55
2577	更	2019	应	0500	力	2054	戒	4244	矜	60
6122	誇	2514	时	加225	警	1912	惕	0787	唯	65
5174	能	5113	闻	0524	勝	2079	而	0008	不	70
7524	驕	1193	始	5174	能	6657	遇	2181	挫	75
5079	而	0008	不	6407	餒	0523	務	3981	当	80
0352	競	0352	競	2814	業	2314	業	0375	再	85
2234	振	0375	再	0632	厉	1783	從	2069	戰	90
1444	局	0037	之	0036	久	6678	远	0005	上	95
4192	着	4190	眼	1017	坚	3015	毅	3089	沉	100

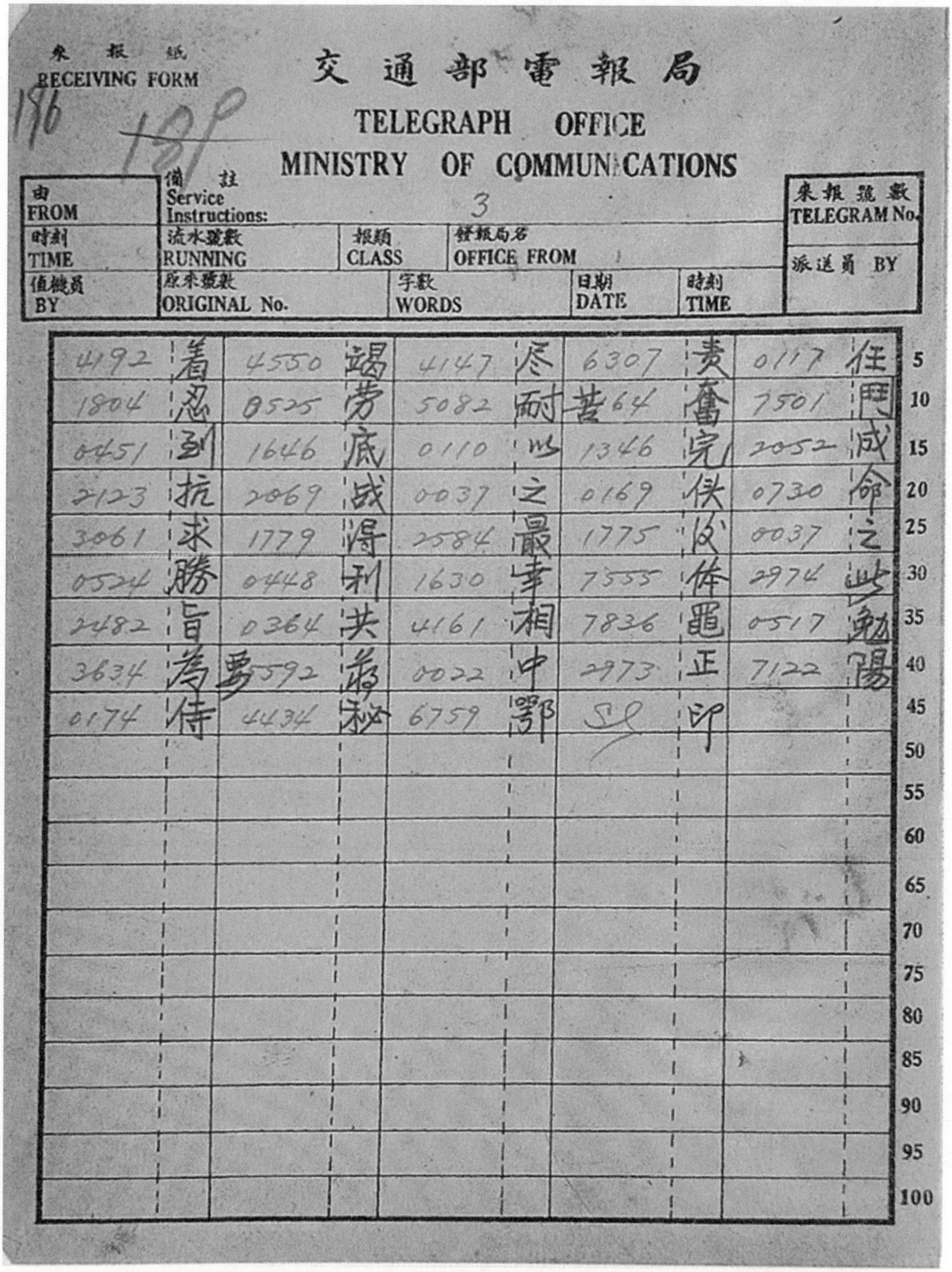

來報紙
RECEIVING FORM

186 181

交通部電報局
TELEGRAPH OFFICE
MINISTRY OF COMMUNICATIONS

由 FROM	備註 Service Instructions: 3					來報號數 TELEGRAM No.
時刻 TIME	流水號數 RUNNING	報類 CLASS	發報局名 OFFICE FROM			派送員 BY
值機員 BY	原來號數 ORIGINAL No.	字數 WORDS		日期 DATE	時刻 TIME	

4192	着	4550	竭	4147	尽	6307	责	0117	任	5
1804	忍	0525	劳	5082	耐	苦64	奮	7501	用	10
0451	到	1646	底	0110	以	1346	完	2052	成	15
2123	抗	2069	战	0037	之	0169	使	0730	命	20
3061	求	1779	得	2584	最	1775	后	0037	之	25
0524	勝	0448	利	1630	幸	7555	保	2974	此	30
2482	旨	0364	共	4161	相	7836	罷	0517	勉	35
3634	為	要592	蔣	0022	中	2973	正	7122	陽	40
0174	侍	4434	秘	6759	鄂	[illegible]	印			45

（云南省档案馆提供）

卢汉关于台儿庄伤亡情况致龙云电

（1938年4月24日）

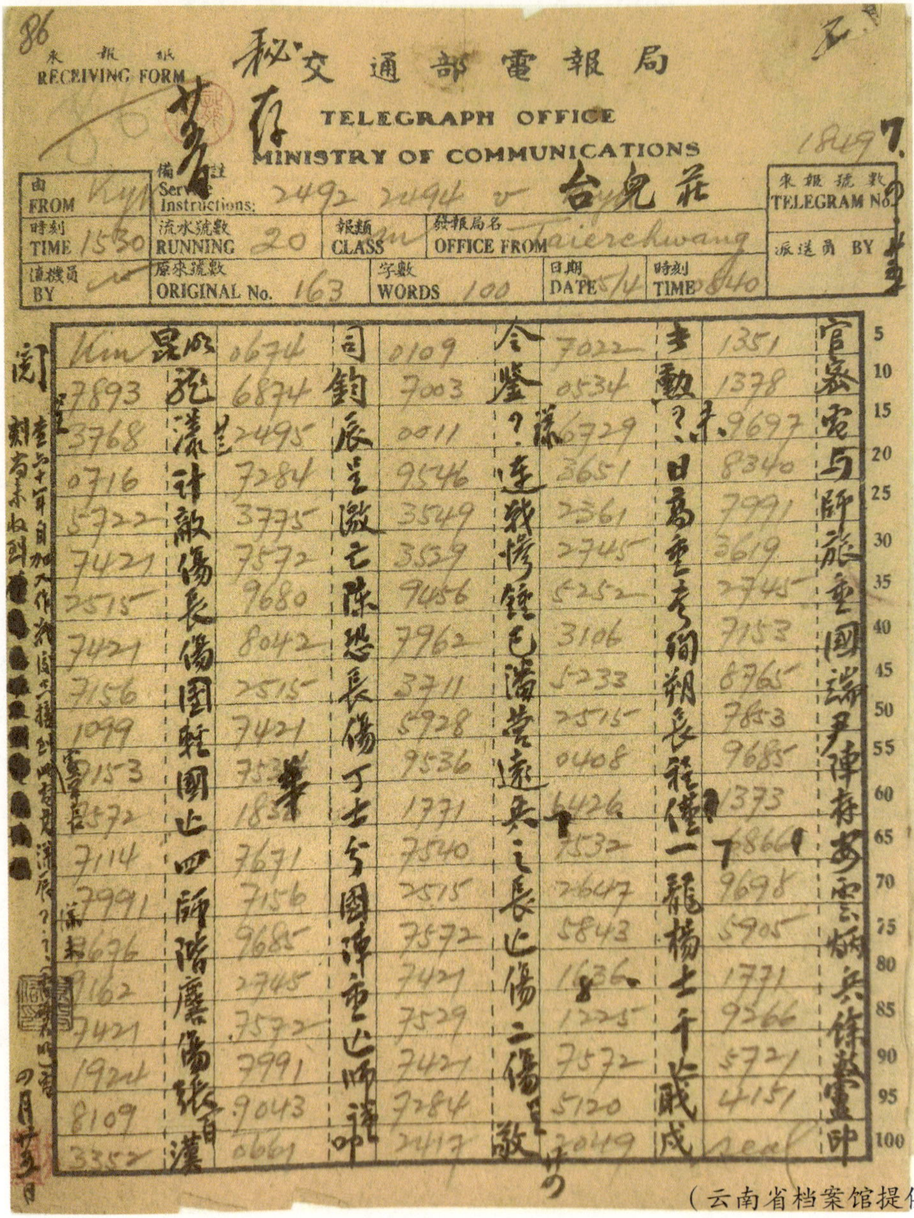
交通部電報局
TELEGRAPH OFFICE
MINISTRY OF COMMUNICATIONS
來報紙 RECEIVING FORM
備註 Service Instructions:
由 FROM
時刻 TIME
流水號數 RUNNING
報類 CLASS
發報局名 OFFICE FROM
值機員 BY
原來號數 ORIGINAL No.
字數 WORDS
日期 DATE
時刻 TIME
來報號數 TELEGRAM No.
派送員 BY

（云南省档案馆提供）

卢汉为报台儿庄战斗情形及伤亡情况致龙云电

（1938年4月26日）

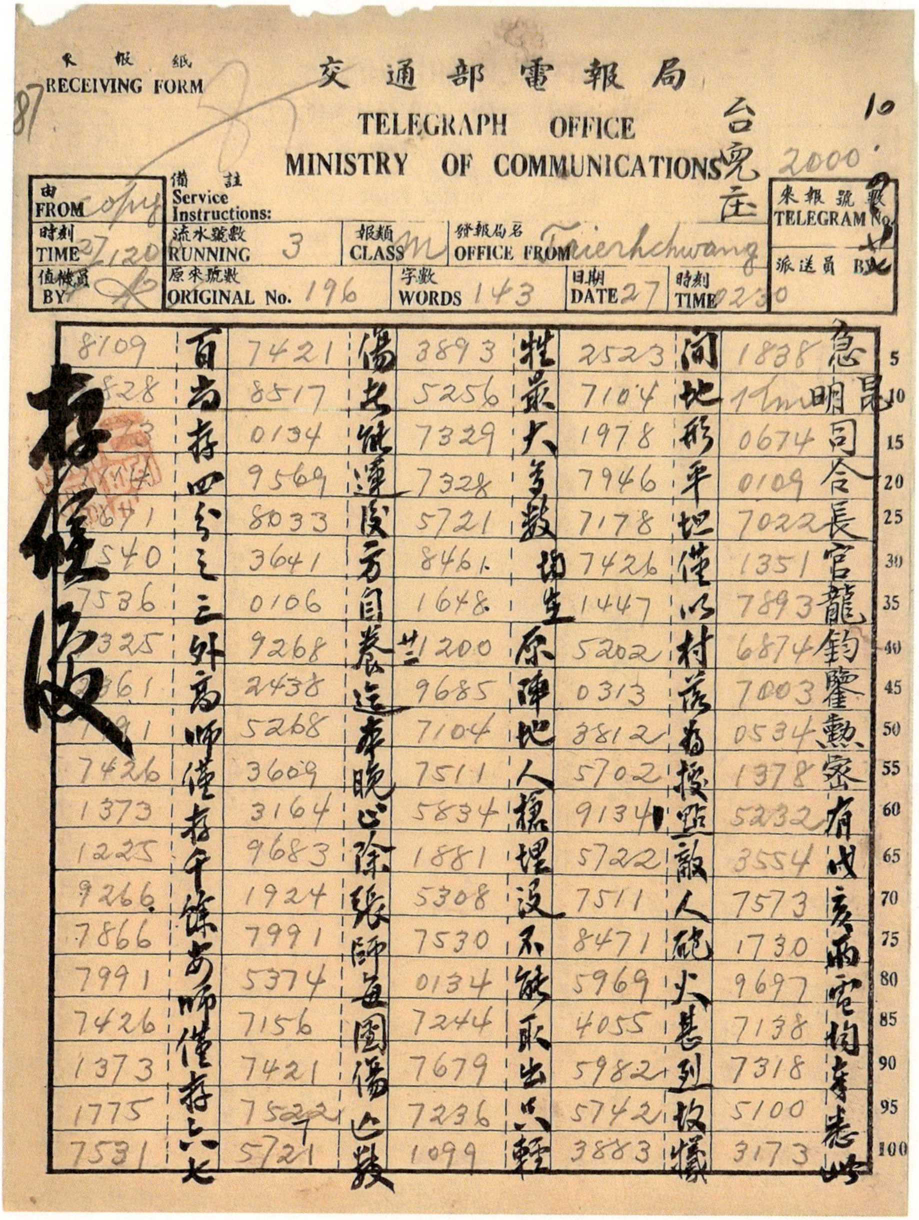

來報紙
RECEIVING FORM

交通部電報局
TELEGRAPH OFFICE
MINISTRY OF COMMUNICATIONS

由 FROM copy
時刻 TIME 27/120
值機員 BY
備註 Service Instructions:
流水號數 RUNNING 3
報類 CLASS M
發報局名 OFFICE FROM Taierhchwang
原來號數 ORIGINAL No. 196
字數 WORDS 143
日期 DATE 27
時刻 TIME 0230
來報號數 TELEGRAM No.
派送員 BY

台兒庄 2000

急 昆明 司令長官龍鈞鑒 勲密 有戌亥兩電均奉悉 卅
间地形平坦 僅以村落為據點 敵人砲火甚烈 故犧
牲最大 多數均生 原陣地人槍埋沒 不能取出 只輕
傷者能運後方 自巻迄本晚止 除張師每團傷亡殆
百 當存四分之三外 高師僅存千餘 安師僅存六七

8109	7421	3893	2523	1838	
828	8517	5256	7104	19m	
	0134	7329	1978	0674	
	9569	7328	7946	0109	
671	8033	5721	7178	7022	
540	3641	8461	7426	1351	
7536	0106	1648	1447	7893	
325	9268	1200	5202	6874	
861	2438	9685	0313	7003	
	5268	7104	3812	0534	
7426	3609	7511	5702	1378	
1373	3164	5834	9134	5232	
1225	9683	1881	5722	3554	
9266	1924	5308	7511	7573	
7866	7991	7530	8471	1730	
7991	5374	0134	5969	9697	
7426	7156	7244	4055	7138	
1373	7421	7679	5982	7318	
1775	7522	7236	5742	5100	
7531	5721	1099	3883	3173	

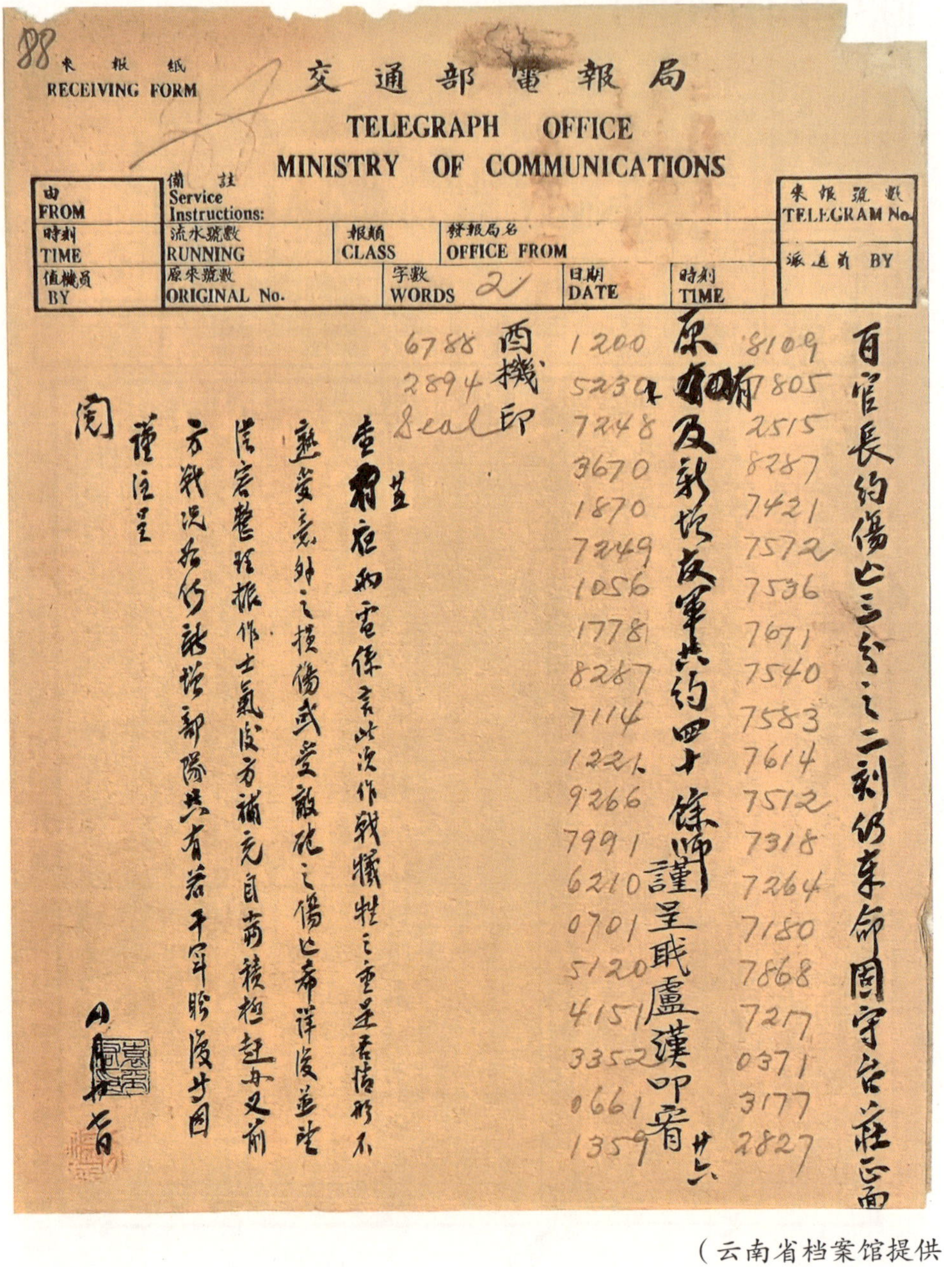

88

來報紙
RECEIVING FORM

交通部電報局
TELEGRAPH OFFICE
MINISTRY OF COMMUNICATIONS

由 FROM	備註 Service Instructions:					來報號數 TELEGRAM No.
時刻 TIME	流水號數 RUNNING	報類 CLASS	發報局名 OFFICE FROM			派送員 BY
值機員 BY	原來號數 ORIGINAL No.	字數 WORDS 21		日期 DATE	時刻 TIME	

（云南省档案馆提供）

卢汉为台儿庄战役滇军伤亡详细情况致龙云电

（1938年4月28日）

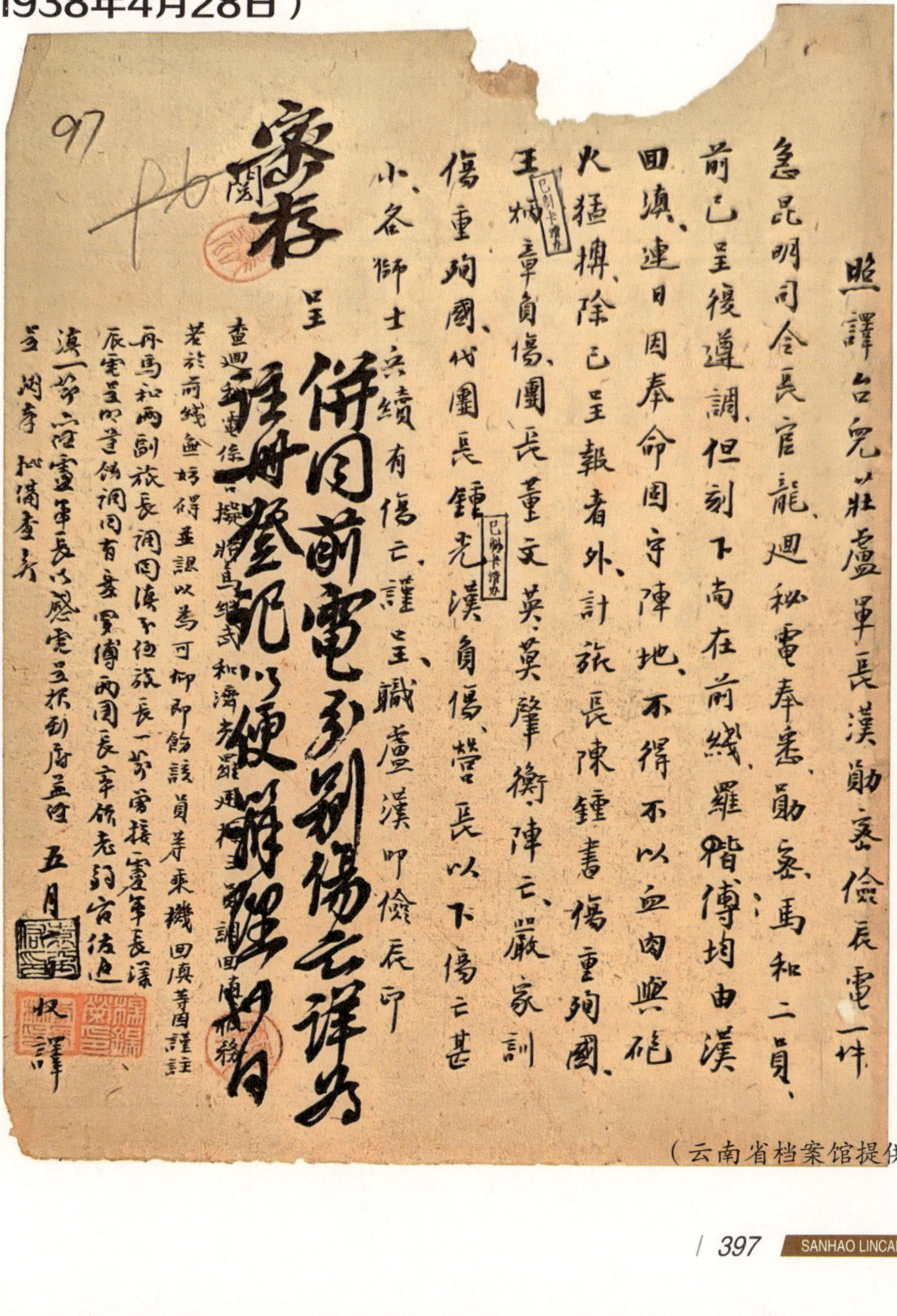
照譯台兒莊盧軍長漢勛亥儉辰電一件

急 昆明司令長官龍 迴秘電奉悉。勛亥、馬和二員、前已呈復遵調，但刻下尚在前線，羅贊傅均由漢回滇。連日因奉命固守陣地，不得不以血肉與砲火猛搏，除已呈報者外，計旅長陳鍾書傷重殉國，王炳章負傷，團長董文英、莫肇衡陣亡，嚴家訓傷重殉國，代團長鍾光漢負傷，營長以下傷亡甚小、各御士兵續有傷亡，謹呈。職盧漢叩儉辰印

密存

呈 併同前電分別傷亡詳為註冊登記以便辦理

（云南省档案馆提供）

卢汉为东庄禹王山一带战况及部队

（1938年5月4日）

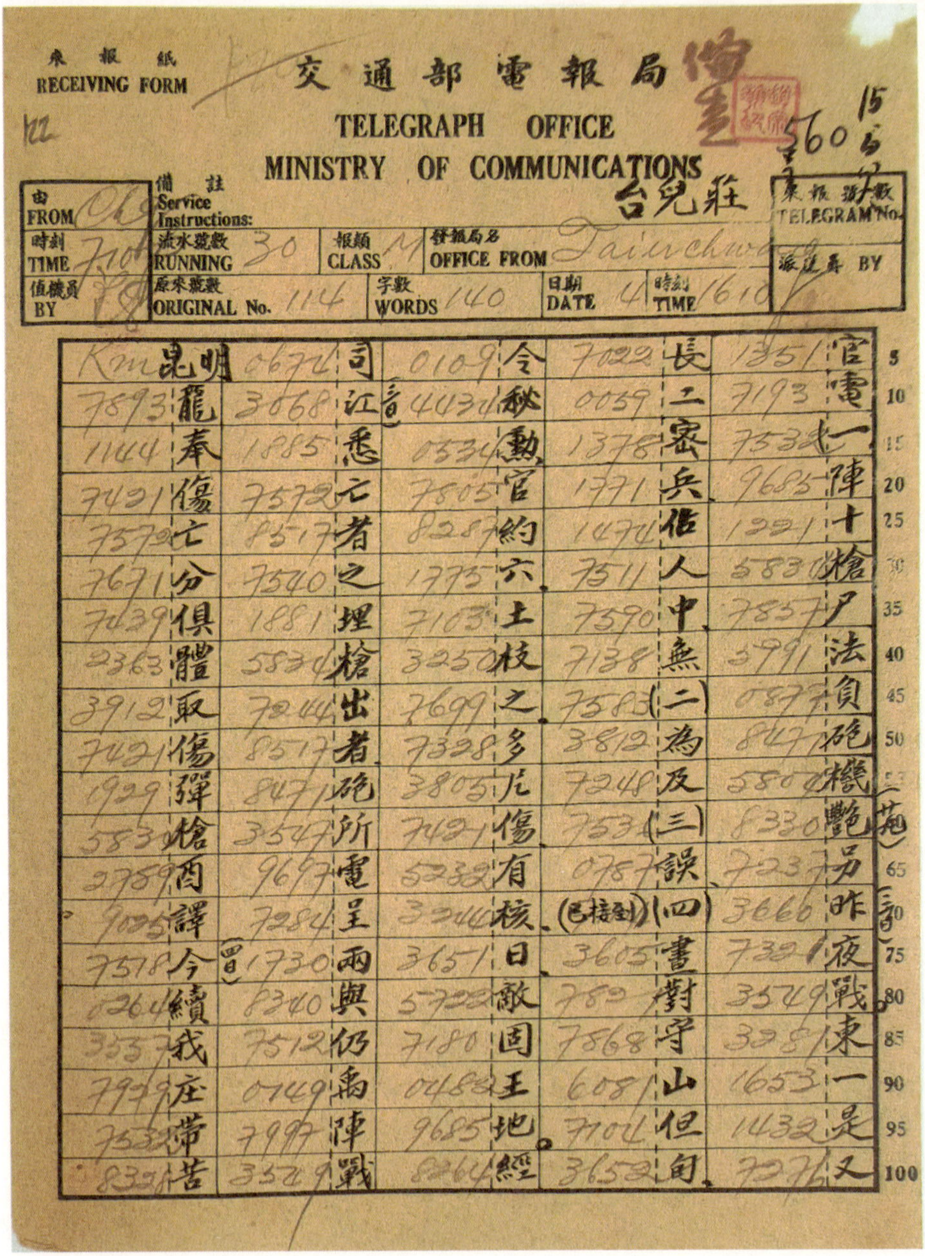

來報紙 RECEIVING FORM

交通部電報局

TELEGRAPH OFFICE

MINISTRY OF COMMUNICATIONS

台兒莊

由 FROM

備註 Service Instructions:

來報號數 TELEGRAM No.

時刻 TIME

流水號數 RUNNING 30

報類 CLASS

發報局名 OFFICE FROM Taiirchwang

派送員 BY

值機員 BY

原來號數 ORIGINAL No. 114

字數 WORDS 140

日期 DATE 4

時刻 TIME 1610

官電一陣十槍尸法負砲機艷另昨夜戰東一是又

長二審兵佔人中無(二)為及(三)誤(四)晝對守山但旬

令秋勳官約六土枝之多片傷有核日敵固王地經

司江悉亡者之埋槍出者砲所電呈兩與仍禹陣戰

昆明龍奉傷亡分俱體取傷彈槍酉譯今續我庄帯苦

亡情况致龙云电

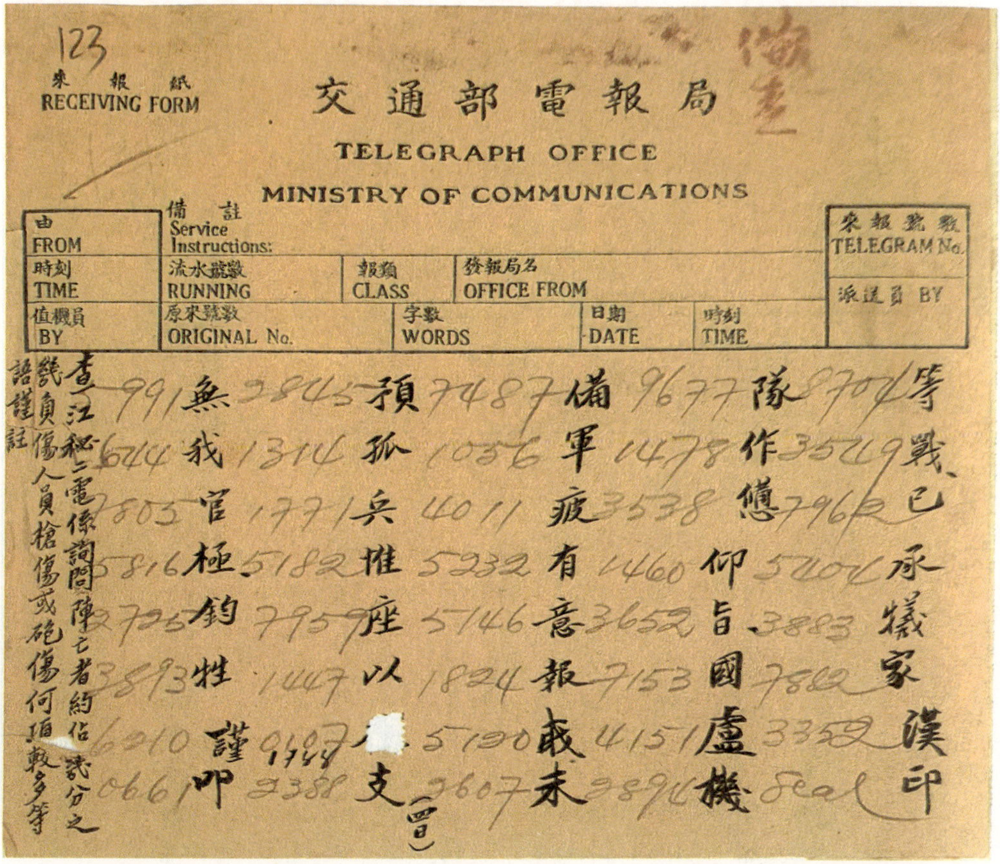
123

来報紙
RECEIVING FORM

交通部電報局
TELEGRAPH OFFICE
MINISTRY OF COMMUNICATIONS

由 FROM	備註 Service Instructions:				來報號數 TELEGRAM No.
時刻 TIME	流水號數 RUNNING	報類 CLASS	發報局名 OFFICE FROM		派送員 BY
值機員 BY	原來號數 ORIGINAL No.	字數 WORDS	日期 DATE	時刻 TIME	

991 無 2845 預 7487 備 9677 隊 8704 等
644 我 1314 孤 1056 軍 1478 作 3549 戰
1805 官 1771 兵 4011 疲 3538 傯 7962 已
5816 極 5182 推 5232 有 1460 仰 5406 承
2725 鈞 7959 座 5146 意 3652 旨 3883 犧
3813 牲 1447 以 1824 報 7153 國 7882 家
6010 謹 9407 1748 5130 義 4151 盧 3352 漢
0661 叩 2388 支 2607 未 2896 機 Seal 印

查江秘二電係詢問陣亡者約佔幾分之幾負傷人員槍傷或砲傷何項較多等語謹註

（云南省档案馆提供）

卢汉为第六十军伤亡过重奉令缩编为一个师及阵亡官长将安排运回致龙云电

（1938年6月9日）

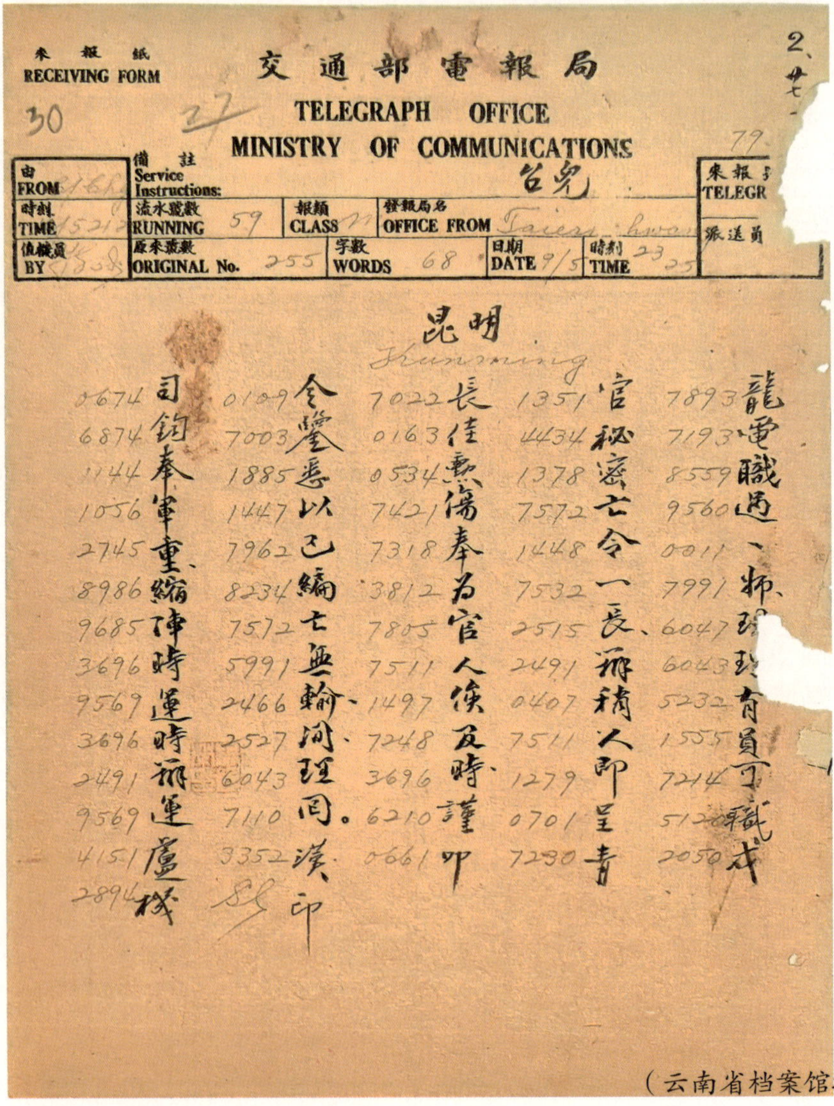

来报纸 RECEIVING FORM

交通部電報局

TELEGRAPH OFFICE

MINISTRY OF COMMUNICATIONS

由 FROM | 備註 Service Instructions: | 來報 TELEGR

時刻 TIME | 流水號數 RUNNING 59 | 報類 CLASS | 發報局名 OFFICE FROM | 派送員

值機員 BY | 原來號數 ORIGINAL No. 255 | 字數 WORDS 68 | 日期 DATE 9/5 | 時刻 TIME 23 25

昆明

Kunming

（云南省档案馆提供）

殉职团长董文英弟董文光、子董志良为请缨上阵杀敌致龙云电

（1939年5月21日）

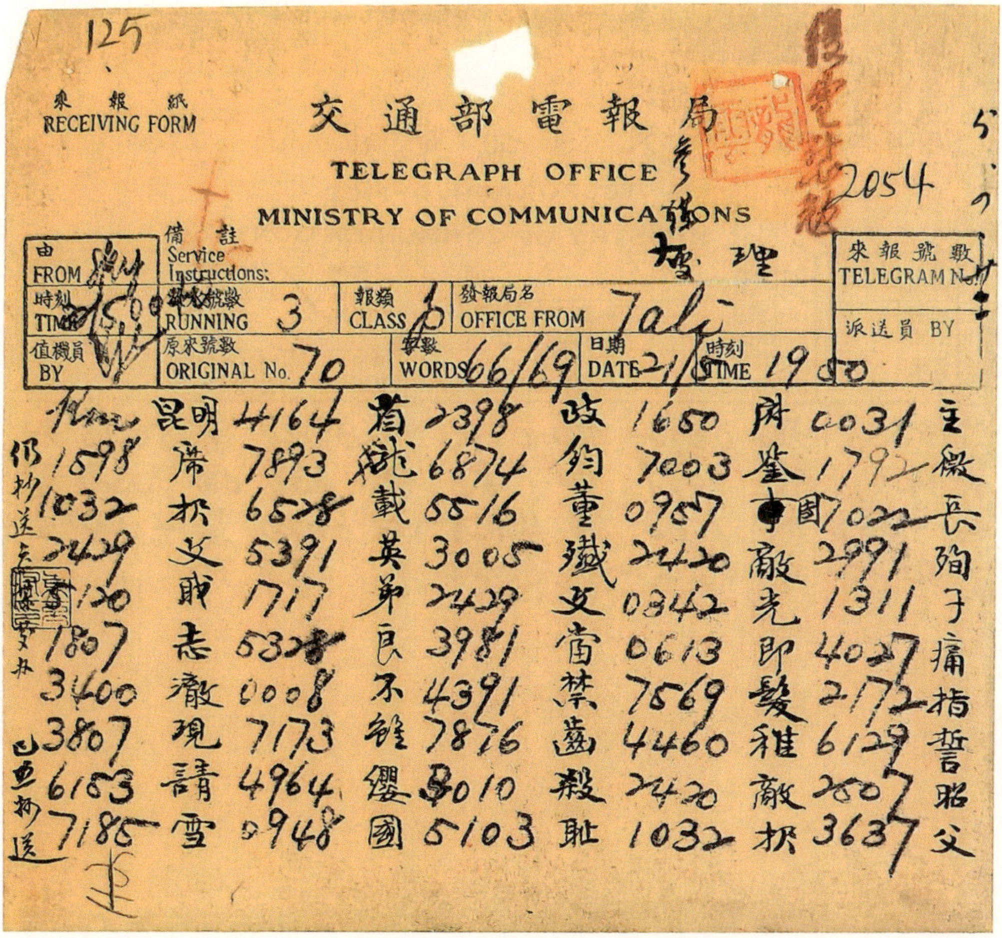

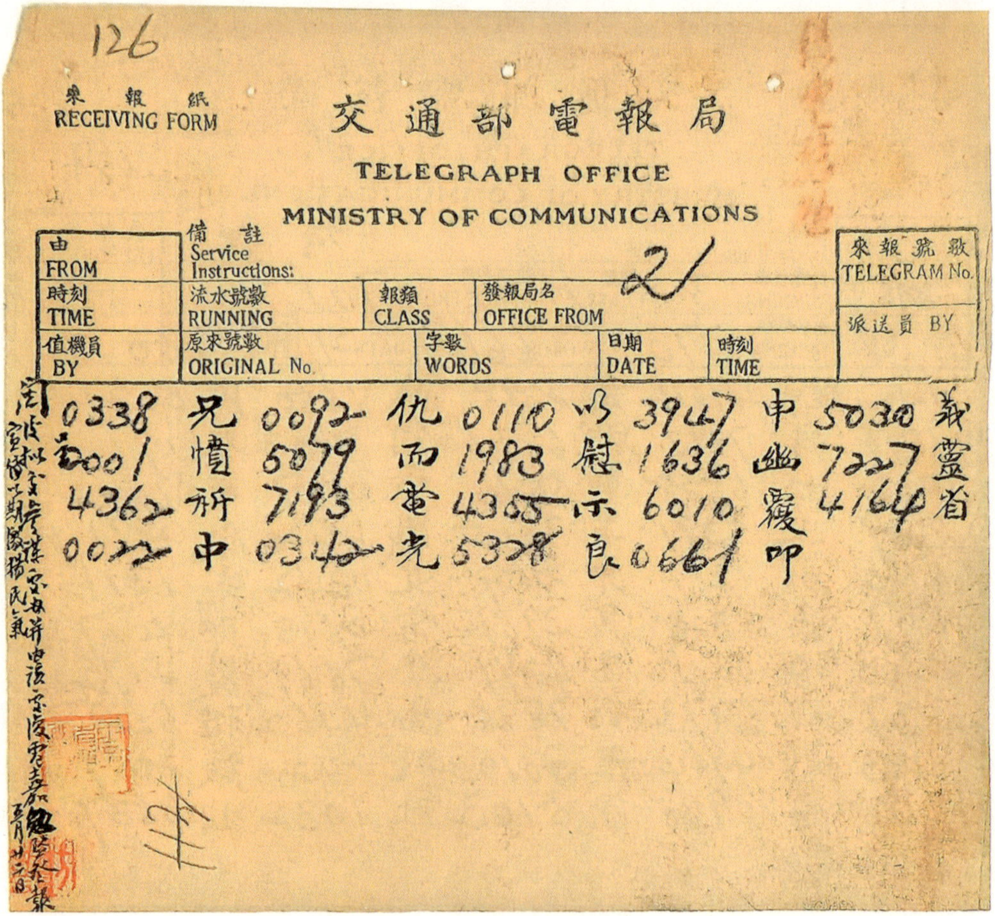

126

來報紙 RECEIVING FORM

交通部電報局

TELEGRAPH OFFICE

MINISTRY OF COMMUNICATIONS

由 FROM	備註 Service Instructions: 2			來報號數 TELEGRAM No.
時刻 TIME	流水號數 RUNNING	報類 CLASS	發報局名 OFFICE FROM	派送員 BY
值機員 BY	原來號數 ORIGINAL No.	字數 WORDS	日期 DATE	時刻 TIME

0338 兄 0092 仇 0110 以 3947 申 5030 義
0001 憤 5079 而 1983 慰 1636 幽 7227 靈
4362 祈 7193 電 4355 示 6010 寢 4164 省
0022 中 0342 光 5328 良 0661 叩

（云南省档案馆提供）

缅宁县政府关于一九四〇年十月二十六日多架敌机过境情形致云南省民政厅代电

（1940年10月27日）

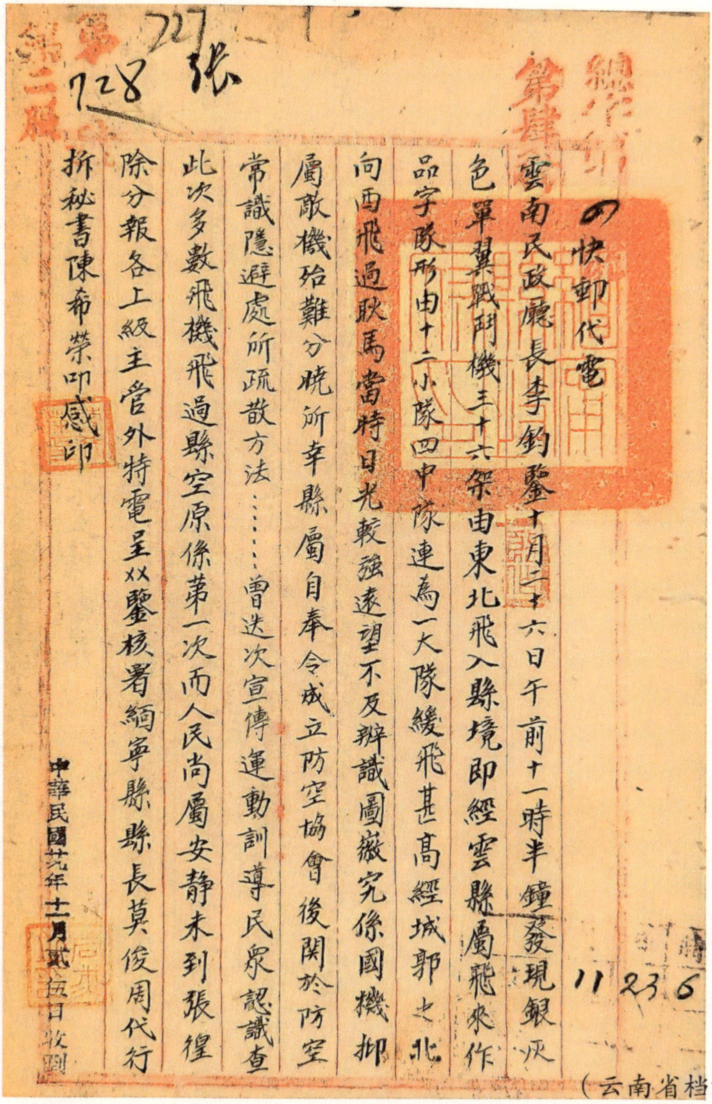

727
728 張

快郵代電

雲南民政廳長李鈞鑒十月二十六日午前十一時半鐘發現銀灰色單翼戰鬥機三十六架由東北飛入縣境即經雲縣屬飛來作品字隊形由十二小隊四中隊連為一大隊緩飛甚高經城郭之北向西飛過耿馬當時日光較強遠望不及辨識圖徽究係國機抑屬敵機殊難分曉所幸縣屬自奉令成立防空協會後關於防空常識隱避處所疏散方法……曾迭次宣傳運動訓導民衆認識查此次多數飛機飛過縣空原係第一次而人民尚屬安靜未到張徨除分報各上級主管外特電呈乂鑒核署緬寧縣縣長莫俊周代行拆秘書陳希榮叩感印

中華民國廿九年十一月貳伍日收到

11 23 6

（云南省档案馆提供）

顺宁县政府关于一九四一年五月十日遭受

（1941年6月11日）

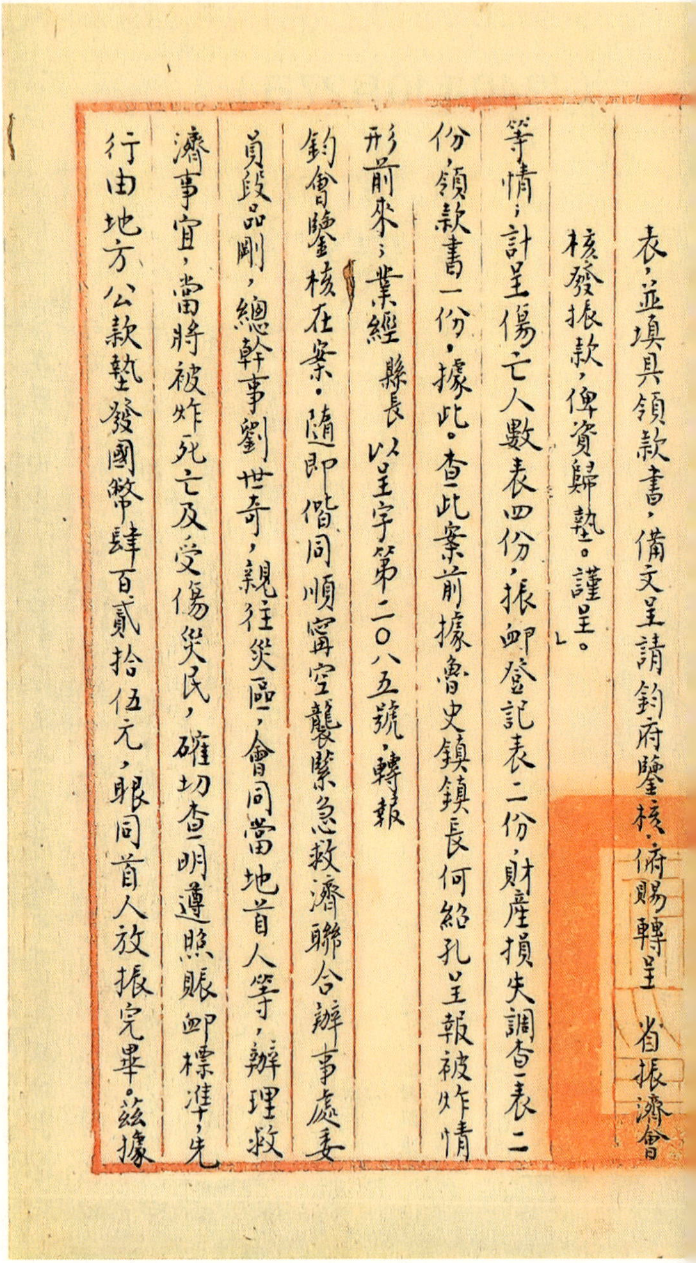

表，並填具領款書，備文呈請鈞府鑒核，俯賜轉呈 省振濟會
核發振款，俾資歸墊。謹呈。
等情，計呈傷亡人數表四份，振卹登記表二份，財產損失調查表二
份，領款書一份。據此。查此案前據魯史鎮鎮長何紹孔呈報被炸情
形前來，業經 縣長以呈字第二〇八五號，轉報
鈞會鑒核在案。隨即偕同順寧空襲緊急救濟聯合辦事處委
員段品剛，總幹事劉世奇，親往災區，會同當地首人等，辦理救
濟事宜，當將被炸死亡及受傷災民，確切查明，遵照賑卹標準，先
行由地方公款墊發國幣肆百貳拾伍元，眼同首人放振完畢。茲據

空袭人员伤亡及赈恤情形致云南省政府呈

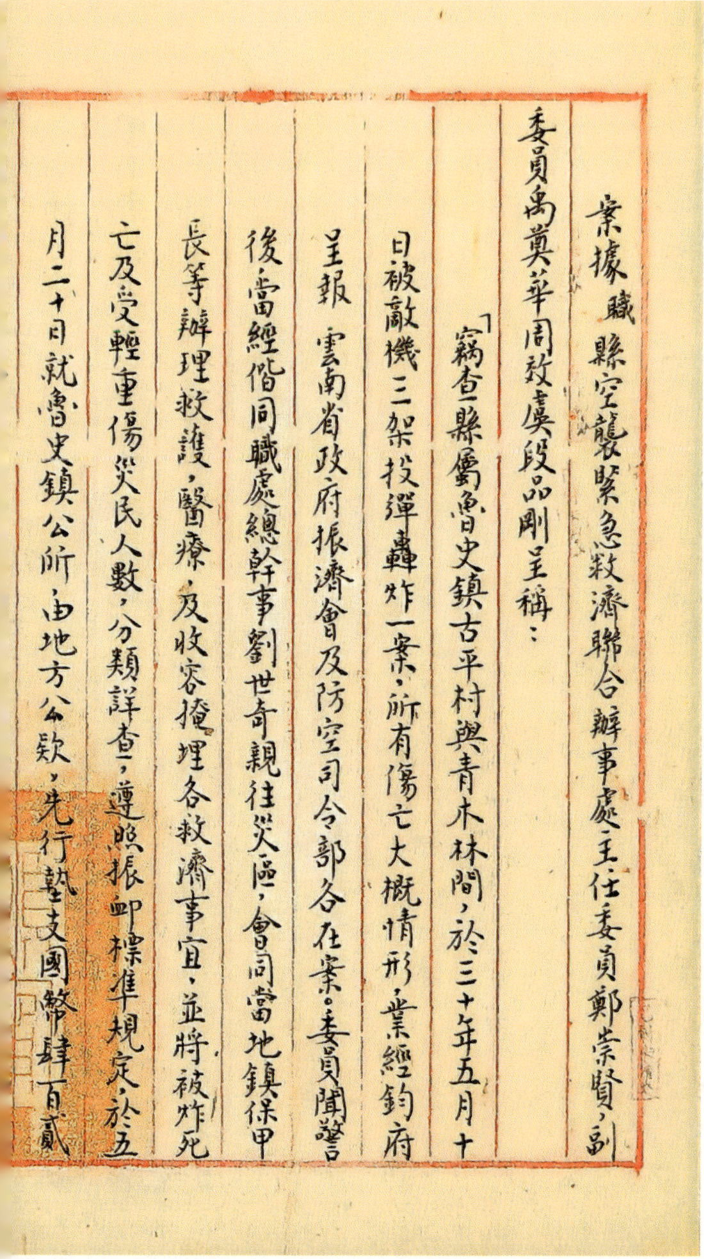
案據職縣空襲緊急救濟聯合辦事處主任委員鄭崇賢、副
委員禹奠華周效虞段品剛呈稱：
「竊查縣屬魯史鎮古平村與青木林間，於三十年五月十
日被敵機三架投彈轟炸一案，所有傷亡大概情形，業經鈞府
呈報 雲南省政府振濟會及防空司令部各在案。委員聞警
後，當經偕同職處總幹事劉世奇親往災區，會同當地鎮保甲
長等辦理救護、醫療，及收容掩埋各救濟事宜，並將被炸死
亡及受輕重傷災民人數，分類詳查，遵照振卹標準規定，於五
月二十日就魯史鎮公所，由地方公款，先行墊支國幣肆百貳

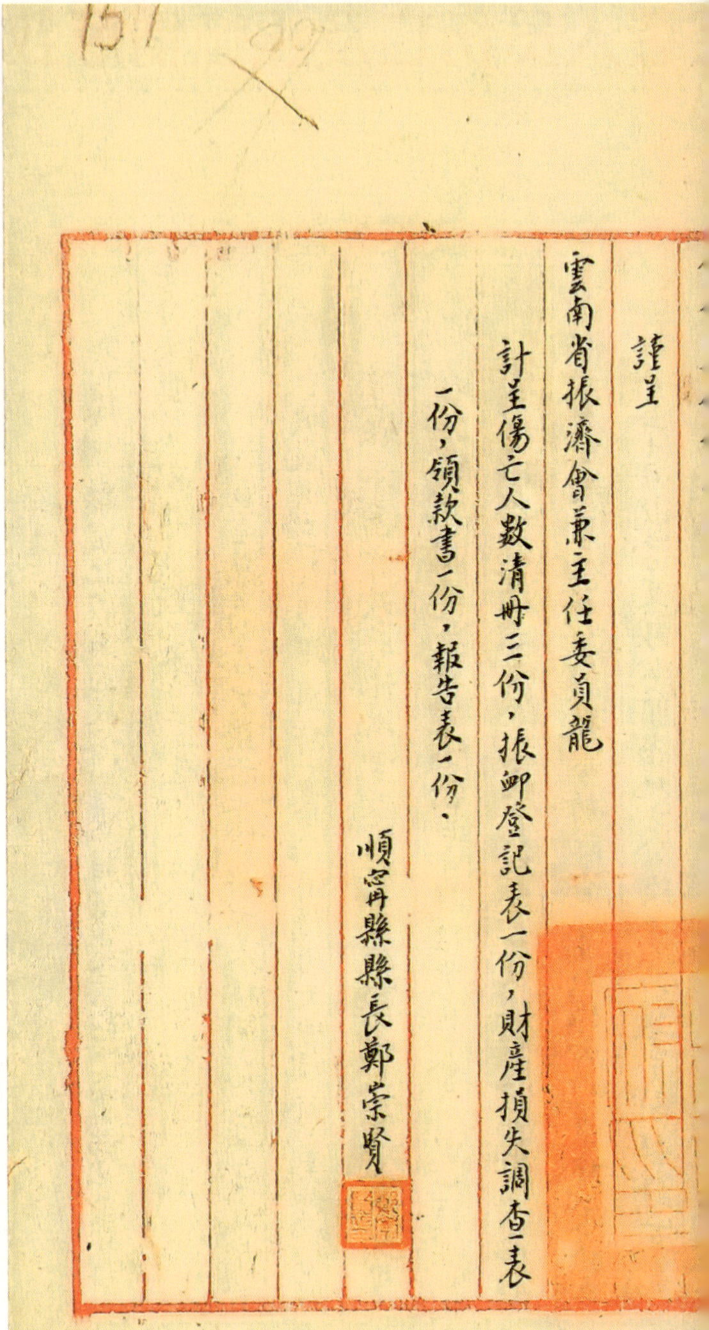

謹呈

雲南省振濟會兼主任委員龍

計呈傷亡人數清冊三份，振卹登記表一份，財產損失調查表一份，領款書一份，報告表一份。

順寧縣縣長鄭崇賢

156

呈報前情，縣長復查屬實，正核辦間，復奉
鈞府蹏日代電略開：「茲由新文銀行滙撥急振國幣肆百肆拾元，着向
該縣稅務局洽取……」等因，遵飭經處向稅局接洽，因稅局尚未准銀行通
知，須俟滙撥到局，方能兌付，再查被炸傷亡及受輕重傷災民人數，經縣
長親詣災區，依照救濟辦法，第三條規定施振，實配發國幣肆百貳
拾伍元，核與前報傷亡情形，稍有出入，係因前報時調查不甚精確之
故，茲奉撥國幣肆百肆拾元，計超過振額國幣壹拾伍元，一俟收到後，
自當歸還墊款，下餘之數，仍行滙還，所有辦理振濟情形，理合繕
具傷亡人數清冊，振卹登記表，財產損失登記表，并填具領款書，

附（一）顺宁县鲁史镇一九四一年五月十日遭受袭炸财产损失调查表

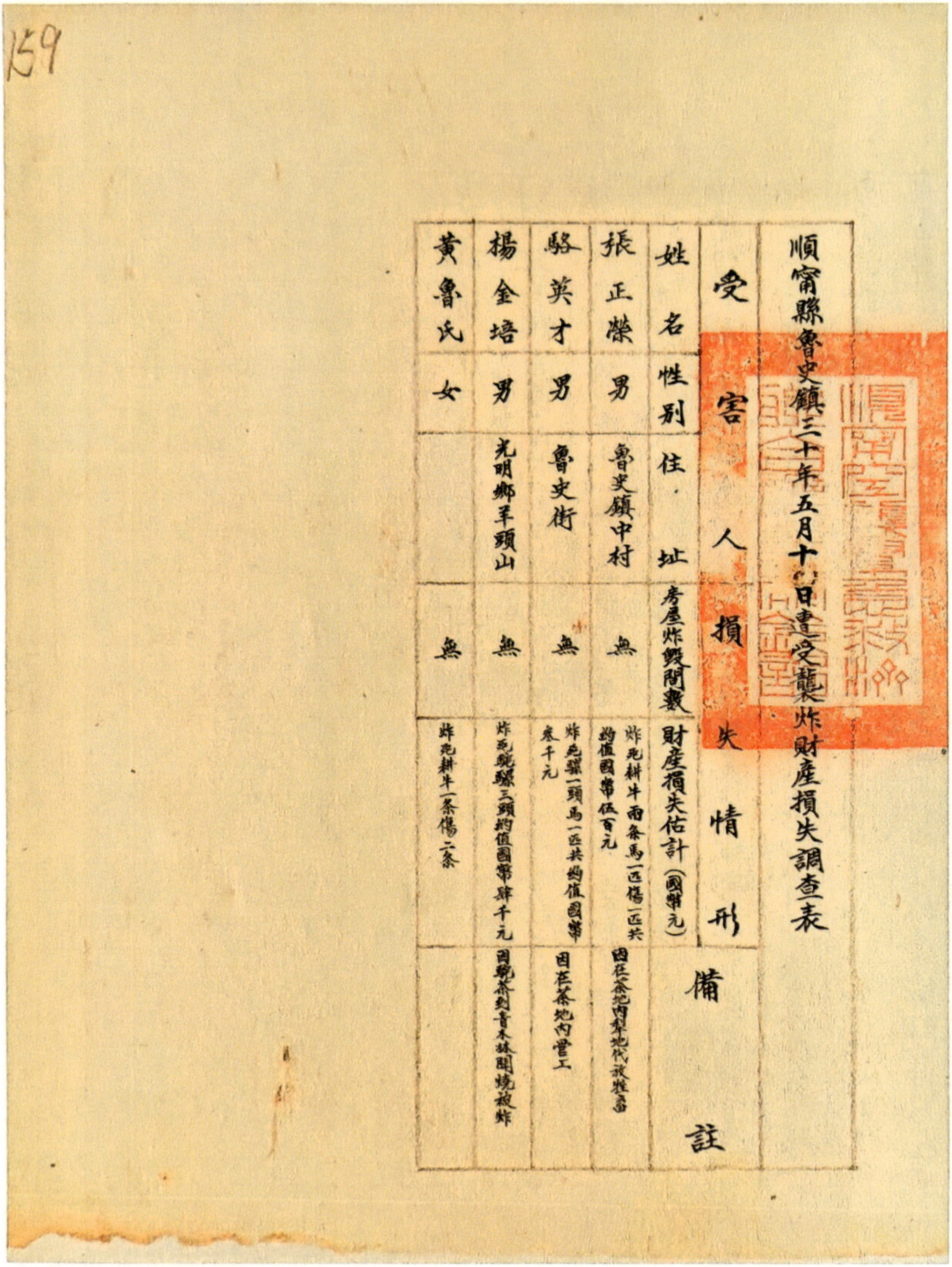

159

順甯縣魯史鎮三十年五月十日遭受襲炸財產損失調查表

受害人損失情形

姓名	性別	住址	房屋炸毀間數	財產損失估計（國幣元）	備註
張正榮	男	魯史鎮中村	無	炸死耕牛兩条馬一匹傷一匹共約值國幣伍百元	因在茶地內犁地代被炸斃
駱英才	男	魯史街	無	炸死騾一頭馬一匹共約值國幣叁千元	因在茶地內當工
楊金培	男	光明鄉羊頭山	無	炸死騾騾三頭約值國幣肆千元	因騾在剗青木林間燒被炸
黃魯氏	女		無	炸死耕牛一条傷二条	

附（二）云南省顺宁县一九四一年度遭受空袭伤亡人数报告表

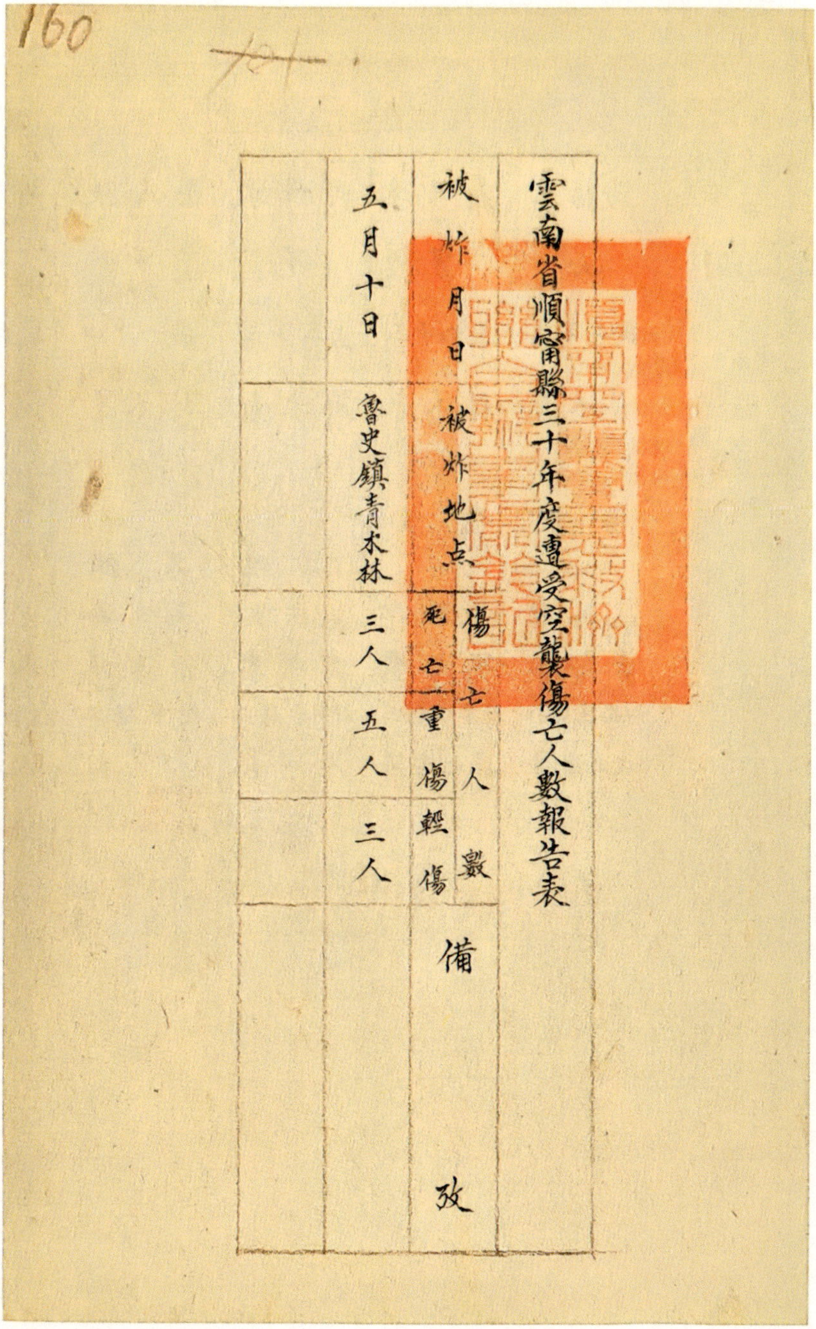

160

181

雲南省順寧縣三十年度遭受空襲傷亡人數報告表

被炸月日	被炸地点	傷亡人數 死亡	傷亡人數 重傷	傷亡人數 輕傷	備攷
五月十日	魯史鎮青木林	三人	五人	三人	

附（三）一九四一年五月十日遭受空袭损害伤亡赈恤登记表

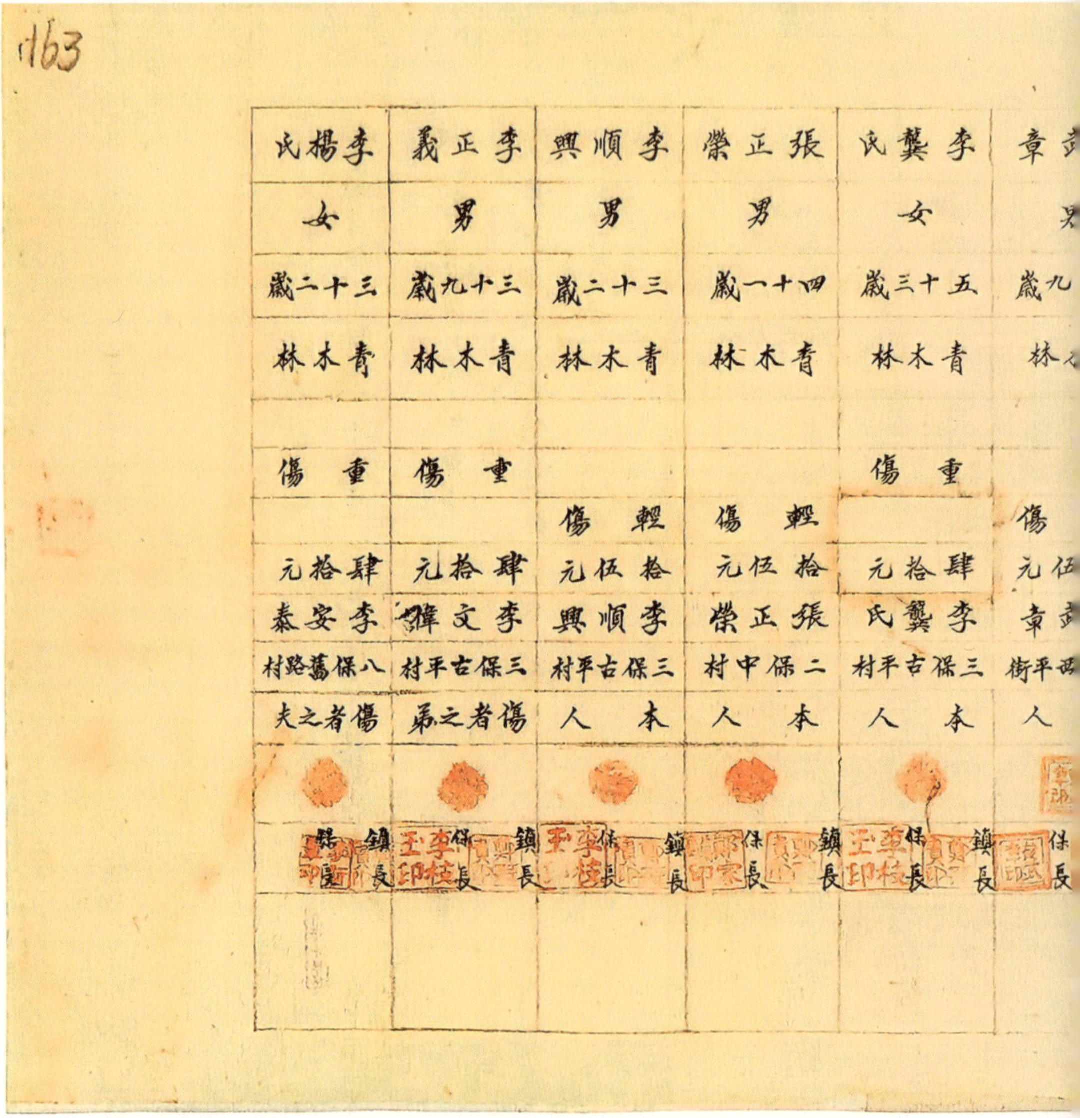

1163

武章	李龔氏	張正榮	李順興	李正義	李楊氏
男	女	男	男	男	女
九歲	五十三歲	四十一歲	三十二歲	三十九歲	三十二歲
林	青木林	青木林	青木林	青木林	青木林
	重傷			重傷	重傷
傷		輕傷	輕傷		
伍元	肆拾元	拾伍元	拾伍元	肆拾元	肆拾元
武章	李龔氏	張正榮	李順興	李文[illegible]	李安泰
西平街	三保古平村	二保中村	三保古平村	三保古平村	八保舊路村
人	本人	本人	本人	傷者之弟	傷者之夫
保長 鎮長	保長 鎮長	保長 鎮長	保長 鎮長	保長 鎮長	保長 鎮長

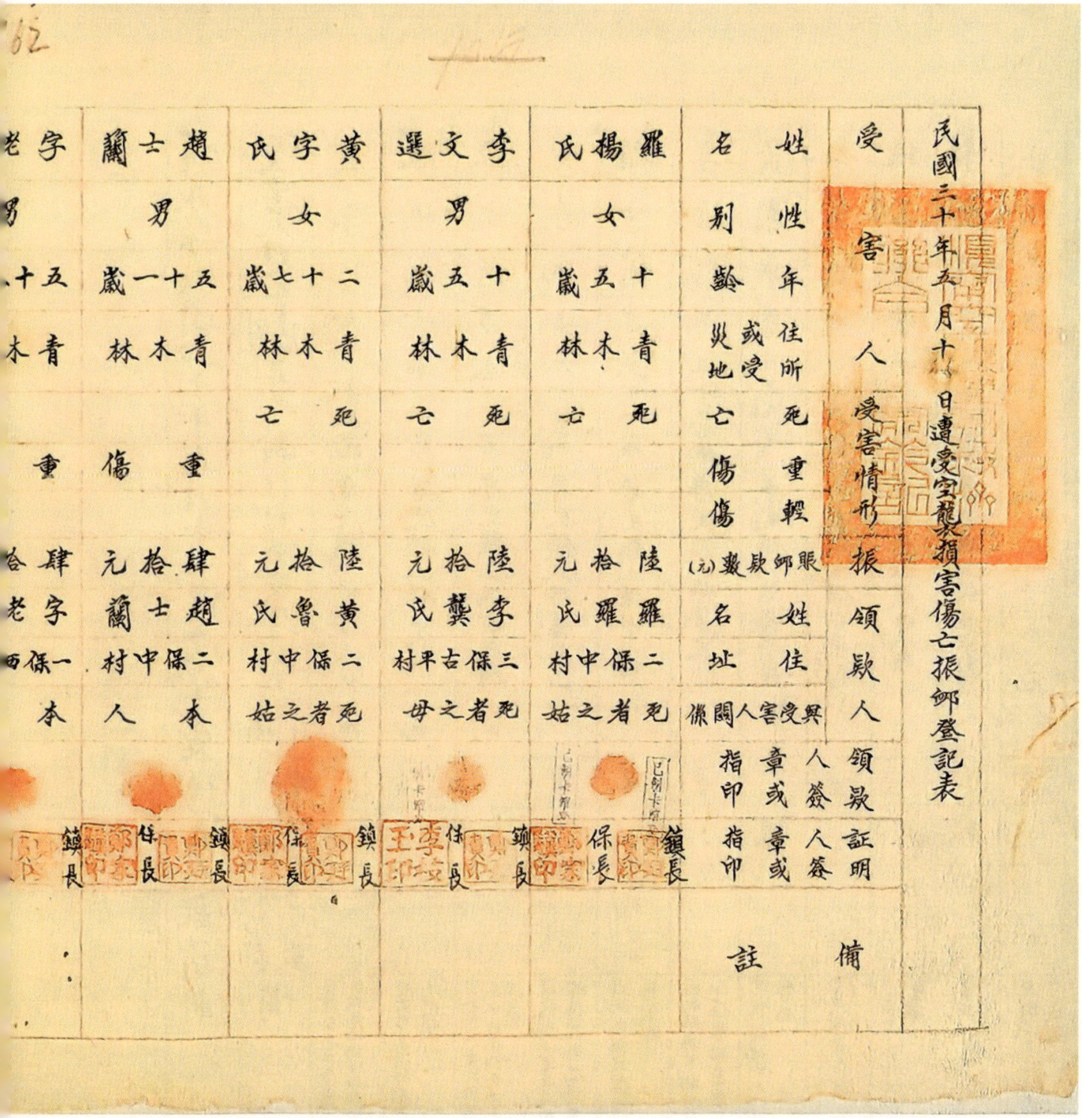

民國三十年五月十八日遭受空襲損害傷亡振卹登記表

姓名	性別	年齡	住所或受災地	死亡	重傷	輕傷	賑卹款數(元)	振卹領款人姓名	住址	與受害人關係	領款人簽章或指印	證明人簽章或指印	備註
羅楊氏	女	十五歲	青木林	死亡			陸拾元	羅羅氏	二保中村	死者之姑		保長 鎮長	
李文選	男	十五歲	青木林	死亡			陸拾元	李龔氏	三保古平村	死者之母		保長 鎮長	
黃字氏	女	二十七歲	青木林	死亡			陸拾元	黃魯氏	二保中村	死者之姑		保長 鎮長	
趙士蘭	男	五十一歲	青木林		重傷		肆拾元	趙士蘭	二保中村	本人		保長 鎮長	
字老	男	五十	青木		重傷		肆拾	字老	一保西	本人		鎮長	

附（四）顺宁县一九四一年五月十日遭受空袭伤亡人数清册

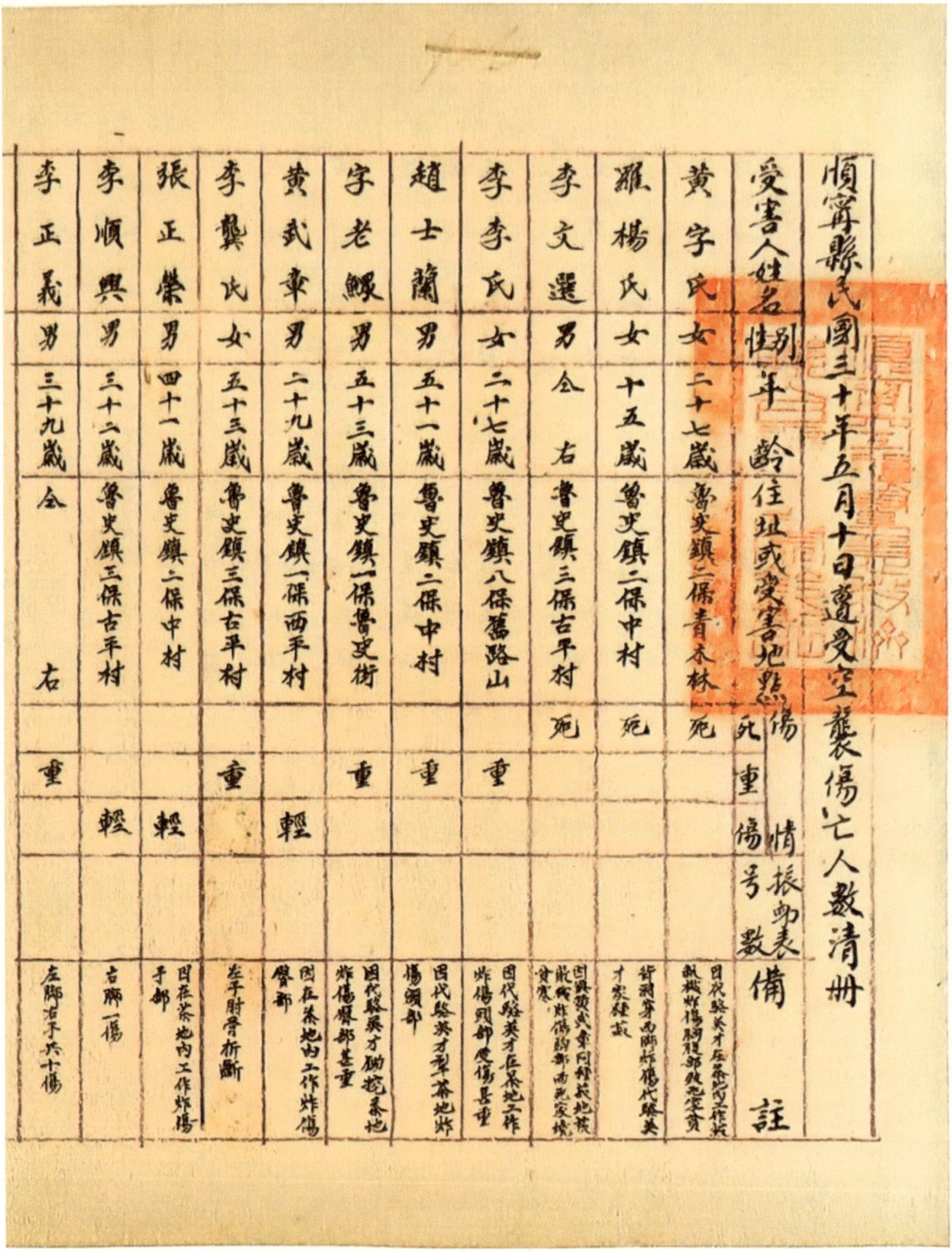

順寧縣民國三十年五月十日遭受空襲傷亡人數清冊

受害人姓名	性別	年齡	住址或受害地點	傷亡情形 死	重傷	輕傷	振恤表號數	備註
黃宇氏	女	二十七歲	魯史鎮二保青木林	死				因代聚英才在茶地工作被敵機炸傷胸腹部致死遺[illegible]
羅楊氏	女	十五歲	魯史鎮二保中村	死				背部穿兩脇炸傷代聚英才家雇工
李文選	男	仝右	魯史鎮三保古平村	死				因與[illegible]武員同在茶地被敵機炸傷胸部而死家境貧寒
李李氏	女	二十七歲	魯史鎮八保舊路山		重			因代聚英才在茶地工作炸傷頭部受傷甚重
趙士蘭	男	五十一歲	魯史鎮二保中村		重			因代聚英才犁茶地炸傷頭部
字老鰥	男	五十三歲	魯史鎮一保魯史街		重			因代聚英才翻挖茶地炸傷臀部甚重
黃武章	男	二十九歲	魯史鎮一保西平村			輕		因在茶地內工作炸傷臀部
李龔氏	女	五十三歲	魯史鎮三保古平村		重			左手肘骨折斷
張正榮	男	四十一歲	魯史鎮二保中村			輕		因在茶地內工作炸傷手部
李順興	男	三十二歲	魯史鎮三保古平村			輕		右脚一傷
李正義	男	三十九歲	仝右		重			左脚右手共十傷

附（五）顺宁县一九四一年五月十日遭受空袭轻伤人数报告表

181

114

順寧縣民國三十年五月十日遭受空襲輕傷人數報告表

受傷人姓名	性別	年齡	住址或受害地点	受傷情形	備註
黃武章	男	二十九歲	魯史鎮一保西平村	炸傷臂部	
張正榮	男	四十一歲	魯史鎮二保中村	炸傷手部	
李順興	男	三十二歲	魯史鎮三保古平村	炸傷右脚	

附（六）顺宁县一九四一年五月十日遭受空袭重伤人数报告表

180

順寧縣民國三十年五月十日遭受空襲重傷人數報告表

受害人姓名	性别	年齡	住址或受害地点	受傷情形	備註
李李氏	女	二十七歲	魯史鎮八保舊路山	炸傷頭部甚重	
趙士蘭	男	五十一歲	魯史鎮二保中村	炸傷頸部甚深	
字老鰥	男	五十三歲	魯史鎮一保魯史街	炸傷臀部甚重	
李龔氏	女	五十三歲	魯史鎮三保古平村	左手肘骨折斷	
李正義	男	三十九歲	仝右	炸傷左脚右手	

（云南省档案馆提供）

蒋介石关于加速准备抵抗日军战备的电

（1941年9月14日）

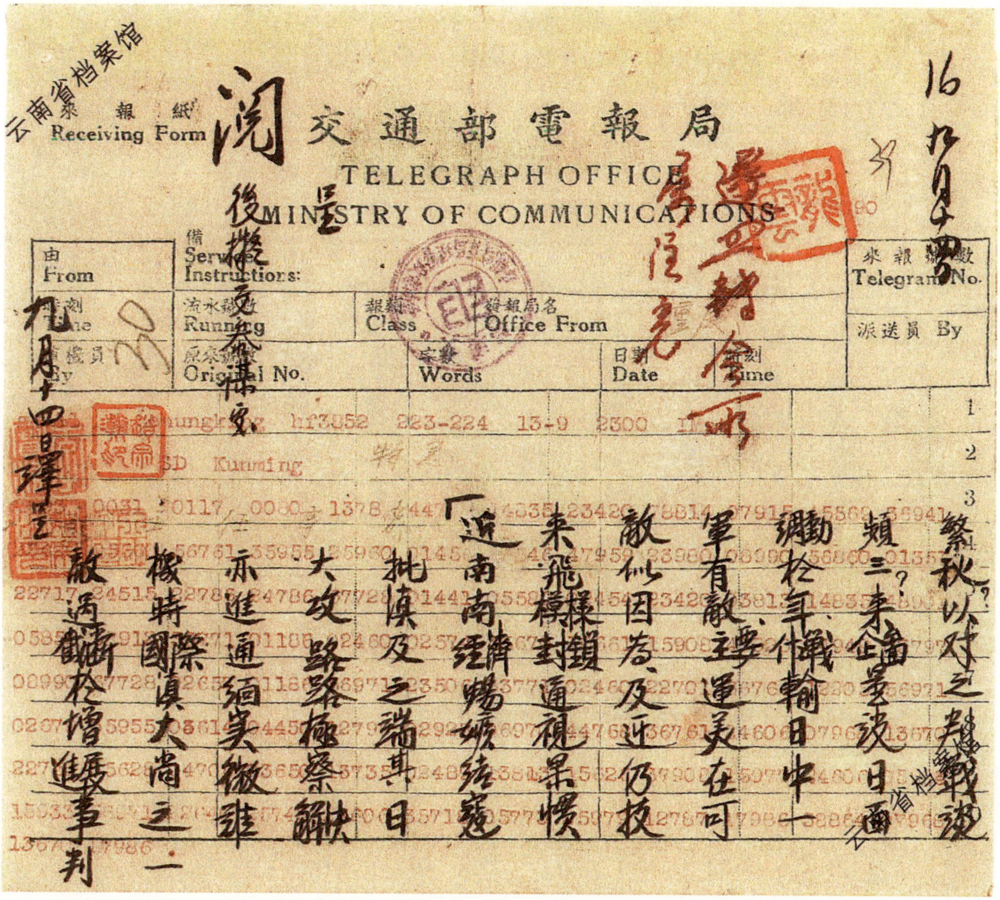

來報紙 Receiving Form

交通部電報局
TELEGRAPH OFFICE
MINISTRY OF COMMUNICATIONS

由 From
備 Service Instructions:
來報號數 Telegram No.
時刻 Time
流水號數 Running
報類 Class
發報局名 Office From
派送員 By
譯電員 By
原來號數 Original No.
字數 Words
日期 Date
時刻 Time

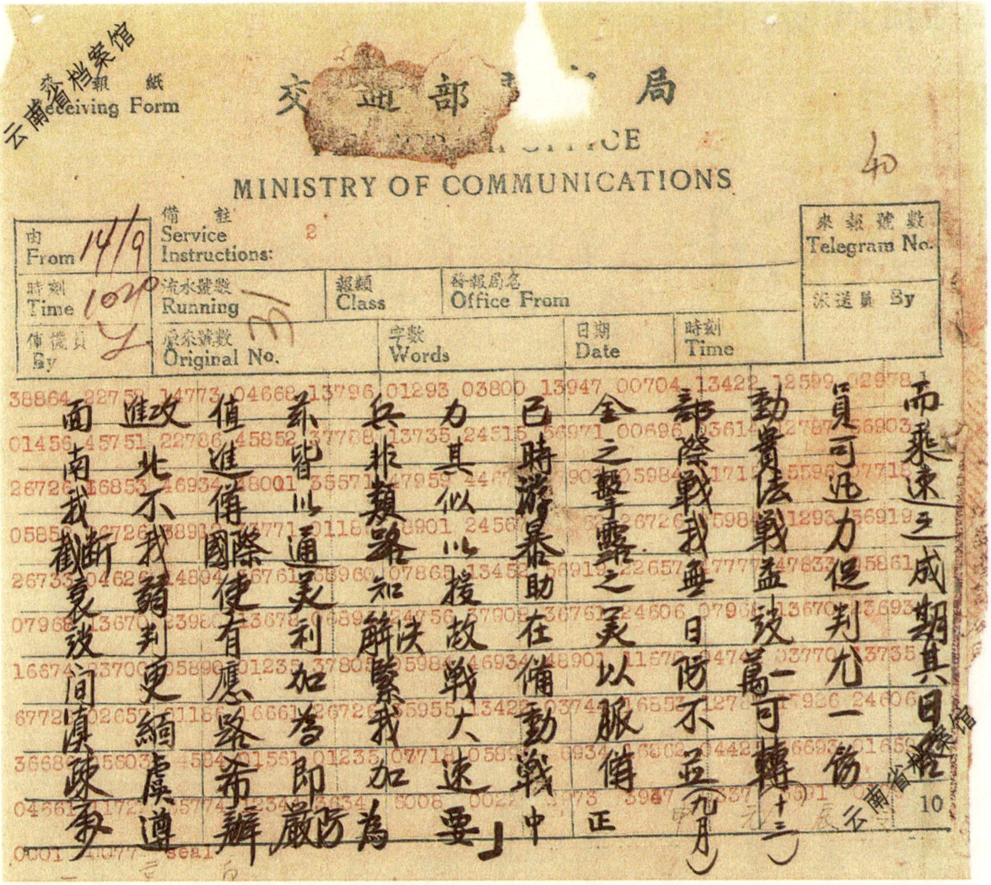
云南省档案馆
報紙
Receiving Form
交通部　局
OFFICE
MINISTRY OF COMMUNICATIONS
40
由 From 14/9
備註 Service Instructions:
來報號數 Telegram No.
時刻 Time
流水號數 Running
報類 Class
發報局名 Office From
遞送員 By
傳遞員 By
原來號數 Original No.
字數 Words
日期 Date
時刻 Time

（云南省档案馆提供）

胡忠华一本父尘抗英遗志枪决叛徒拥护抗日致龙云电

（1942年9月28日）

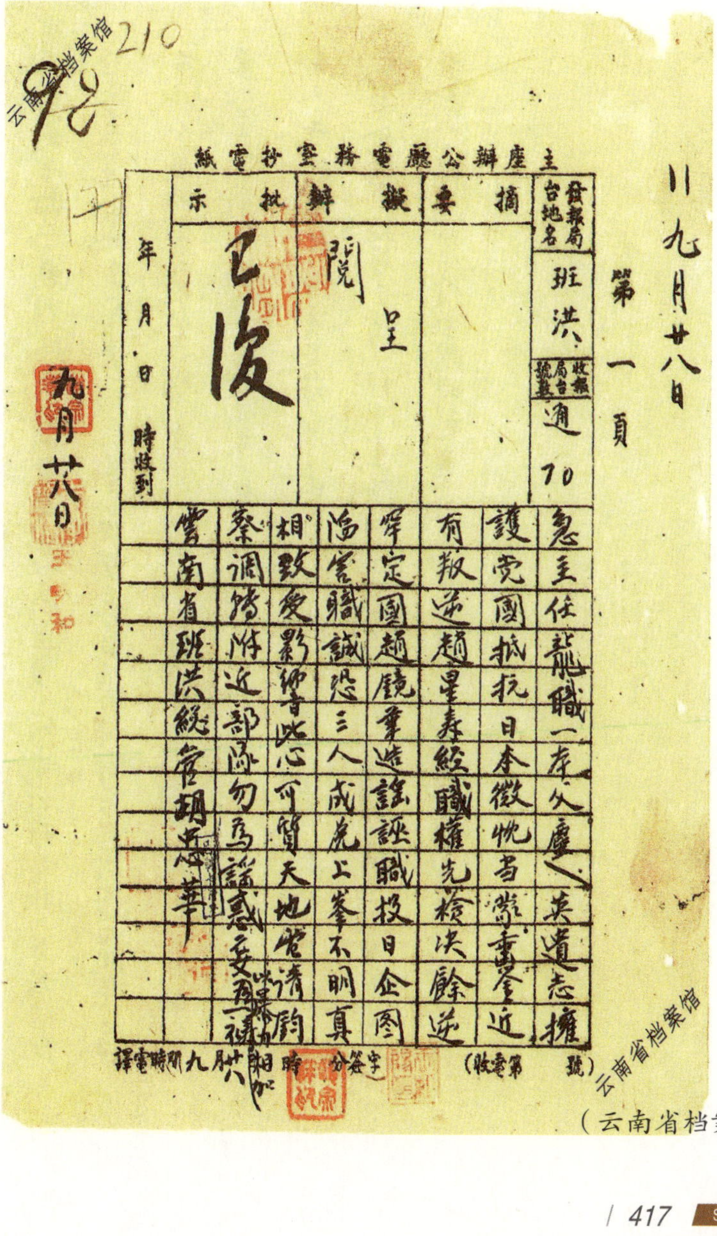
210
98

主席辦公廳電務室抄電紙

發報局台地名	摘要	擬辦	批示
班洪		閱 呈	已復
收報局台號數 通 70			年 月 日 時收到

第一頁

11九月廿八日

急主任龍：職一本父塵、英遺志擁護黨國抵抗日本徵[illegible][illegible][illegible][illegible]近有叛逆趙星壽經職槍決餘逆[illegible]定國趙鏡章造謠誣職投日企圖陷害職誠恐三人成虎上峯不明真相致受影響此心可質天地惟請鈞察調隊附近部隊勿為謠惑妄為[illegible]。雲南省班洪總管胡忠華

譯電時間九月廿八日 時 分 簽字 （收電第 號）

（云南省档案馆提供）

缅宁县县长关于办理“七七”献金运动及捐

（1941年9月27日）

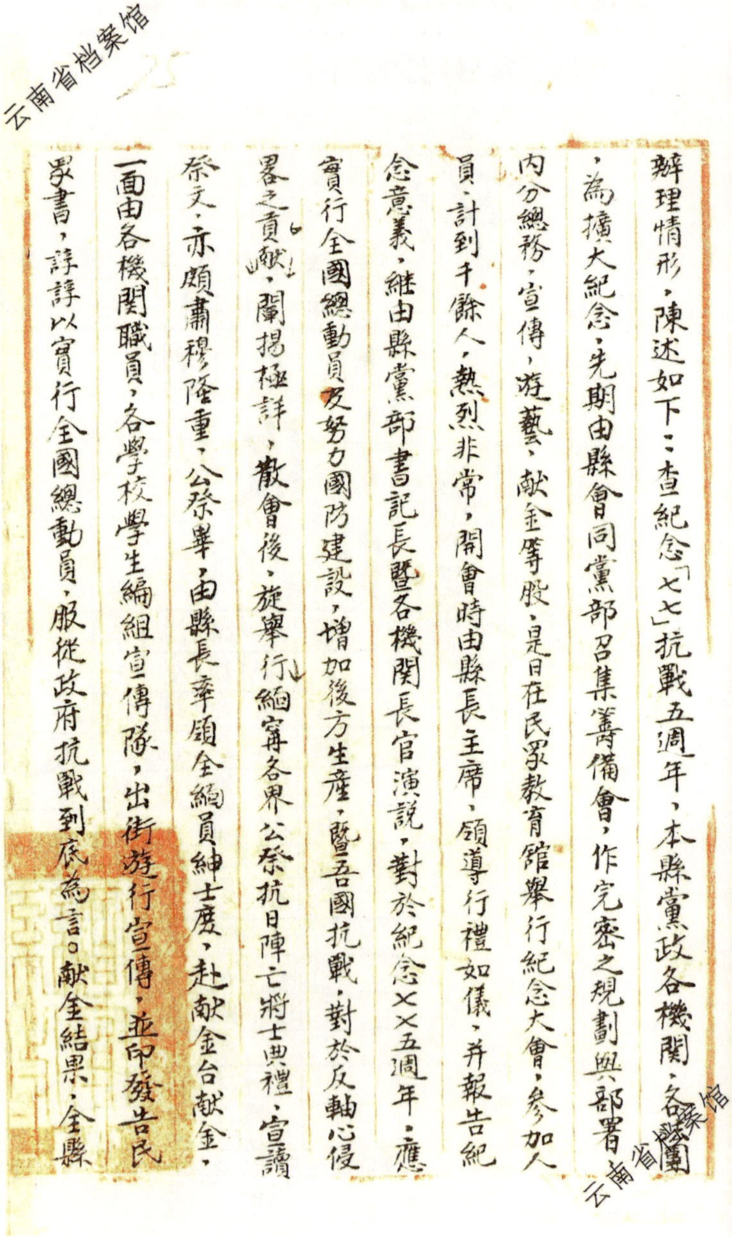

辦理情形，陳述如下：查紀念「七七」抗戰五週年，本縣黨政各機關、各團
、為擴大紀念，先期由縣會同黨部召集籌備會，作完密之規劃與部署
內分總務、宣傳、游藝、献金等股，是日在民眾教育館舉行紀念大會，參加人
員，計到千餘人，熱烈非常，開會時由縣長主席，領導行禮如儀，并報告紀
念意義，繼由縣黨部書記長暨各機關長官演說，對於紀念××五週年，應
實行全國總動員，及努力國防建設，增加後方生產，暨吾國抗戰，對於反軸心侵
畧之貢獻，闡揚極詳，散會後，旋舉行緬甯各界公祭抗日陣亡將士典禮，宣讀
祭文，亦頗肅穆隆重，公祭畢，由縣長率領全緬員紳士庶，赴献金台献金，
一面由各機關職員，各學校學生編組宣傳隊，出街遊行宣傳，並印發告民
眾書，諄諄以實行全國總動員，服從政府抗戰到底為言。献金結果，全縣

献数各情登记备查一案给云南省民政厅的呈

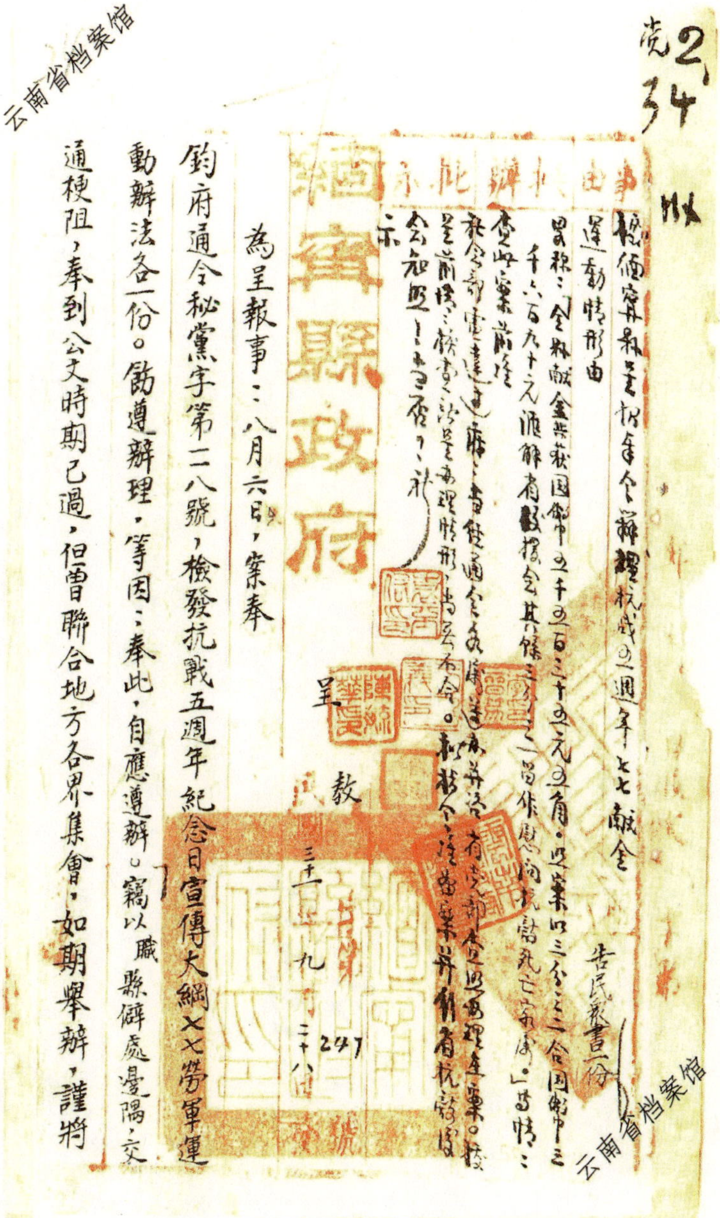
為呈報事：二八月六日，案奉
鈞府通令秘黨字第二八號，檢發抗戰五週年紀念日宣傳大綱七七勞軍運
動辦法各一份。飭遵辦理，等因；奉此，自應遵辦。竊以職縣僻處邊隅，交
通梗阻，奉到公文時期已過，但曾聯合地方各界集會，如期舉辦，謹將

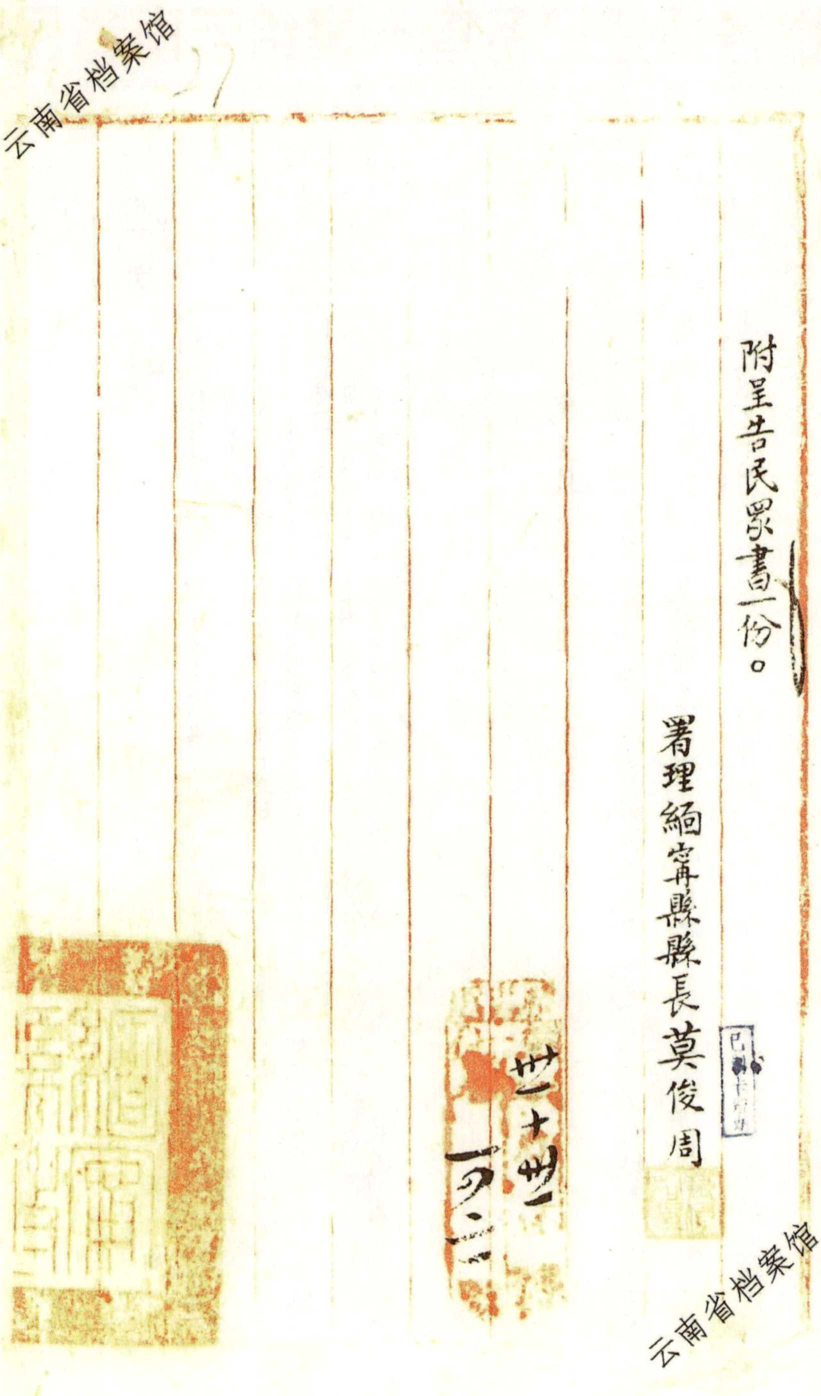

附呈告民眾書一份。

署理緬甯縣縣長莫俊周

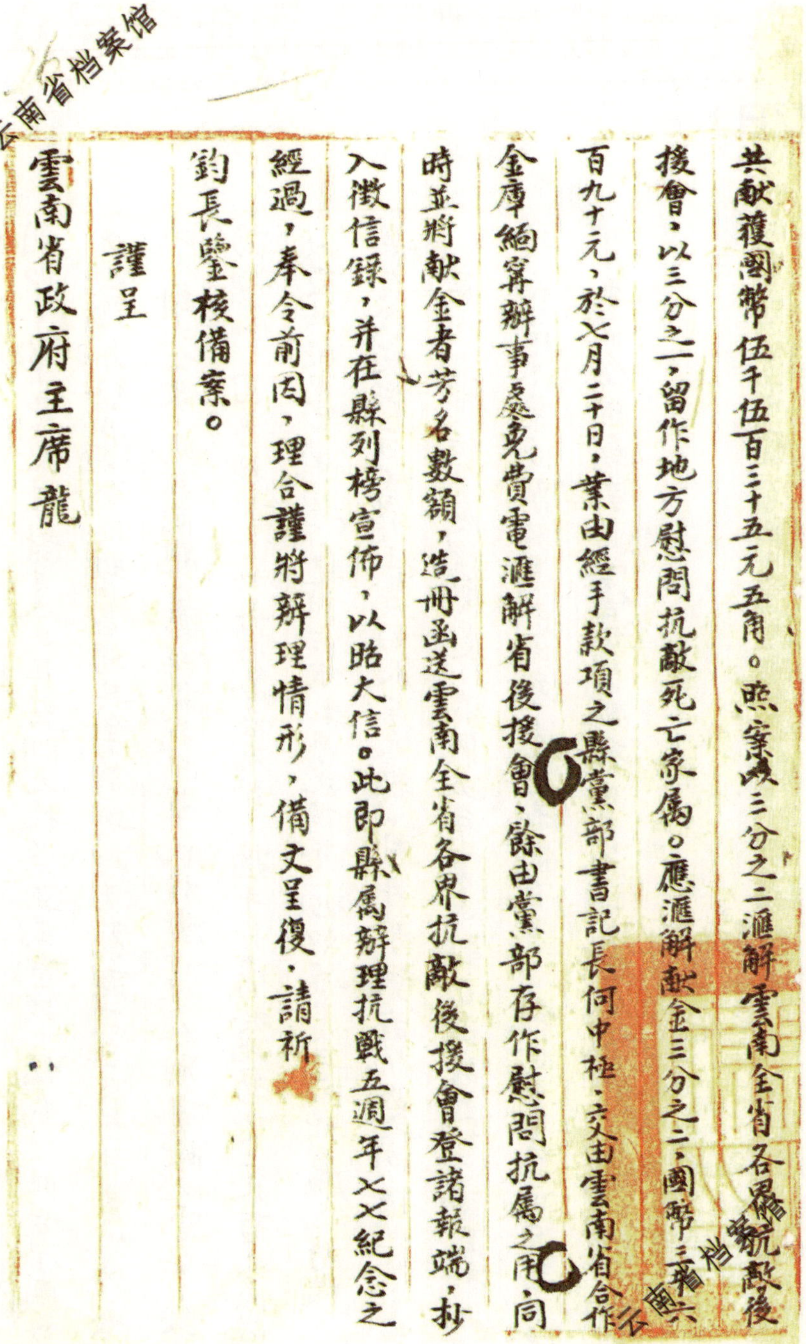

共獻獲國幣伍千伍百三十五元五角。照案以三分之二滙解雲南全省各界抗敵後援會，以三分之一，留作地方慰問抗敵死亡家屬。應滙解獻金三分之二，國幣三千六百九十元，於七月二十日，業由經手款項之縣黨部書記長何中極，交由雲南省合作金庫緬寧辦事處免費電滙解省後援會，餘由黨部存作慰問抗屬之用。同時並將獻金者芳名數額，造册函送雲南全省各界抗敵後援會登諸報端，抄入徵信錄，并在縣列榜宣佈，以昭大信。此即縣屬辦理抗戰五週年七七紀念之經過，奉令前因，理合謹將辦理情形，備文呈復，請祈

鈞長鑒核備案。

謹呈

雲南省政府主席龍

（云南省档案馆提供）

缅宁县纪念七七抗战建国五周年告民众书

（1941年9月27日）

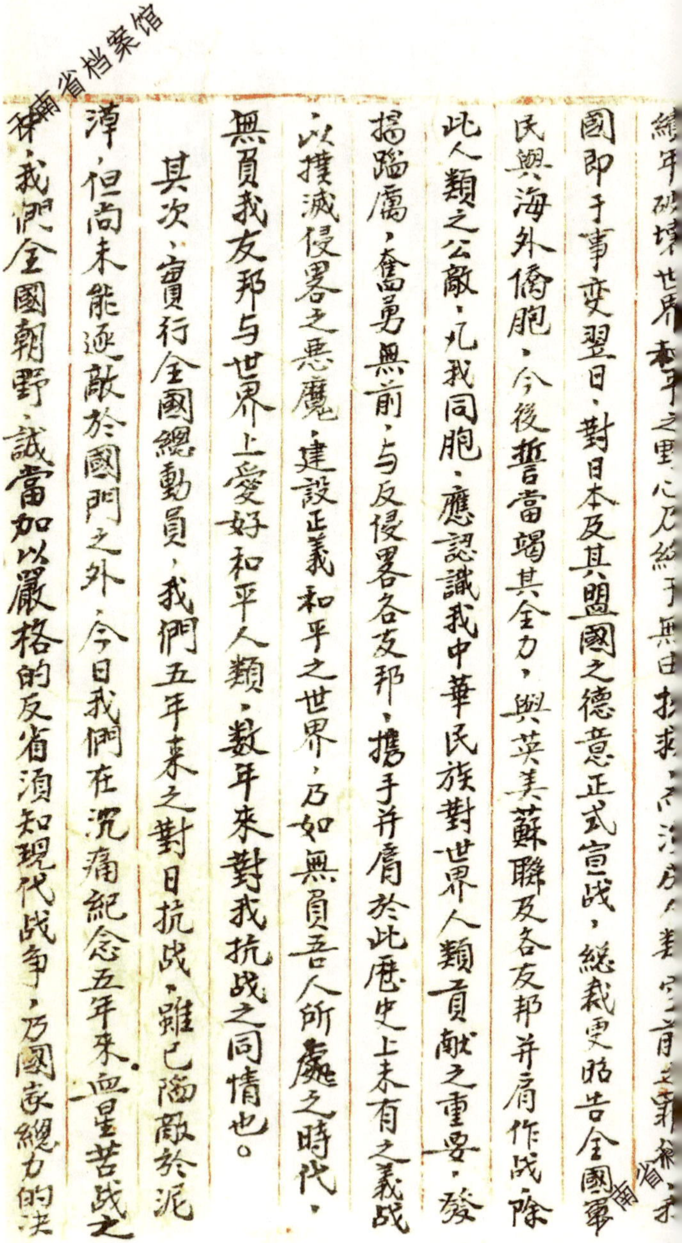

……年破壞世界和平之野心……

國即于事变翌日，對日本及其盟國之德意正式宣战，総裁更昭告全國軍民與海外僑胞，今後誓當竭其全力，與英美蘇聯及各友邦并肩作战，除此人類之公敵，凡我同胞，應認識我中華民族對世界人類貢献之重要，發揚踏厲，奮勇無前，与反侵畧各友邦，携手并肩於此歷史上未有之義战以撲滅侵畧之悪魔，建設正義和平之世界，乃如無負吾人所處之時代，無負我友邦与世界上愛好和平人類，數年來對我抗战之同情也。

其次，實行全國總動員，我們五年來之對日抗战，雖已陷敵於泥淖，但尚未能逐敵於國門之外，今日我們在沉痛紀念五年來血旦苦战之下，我們全國朝野，誠當加以嚴格的反省，須知現代战爭，乃國家總力的決

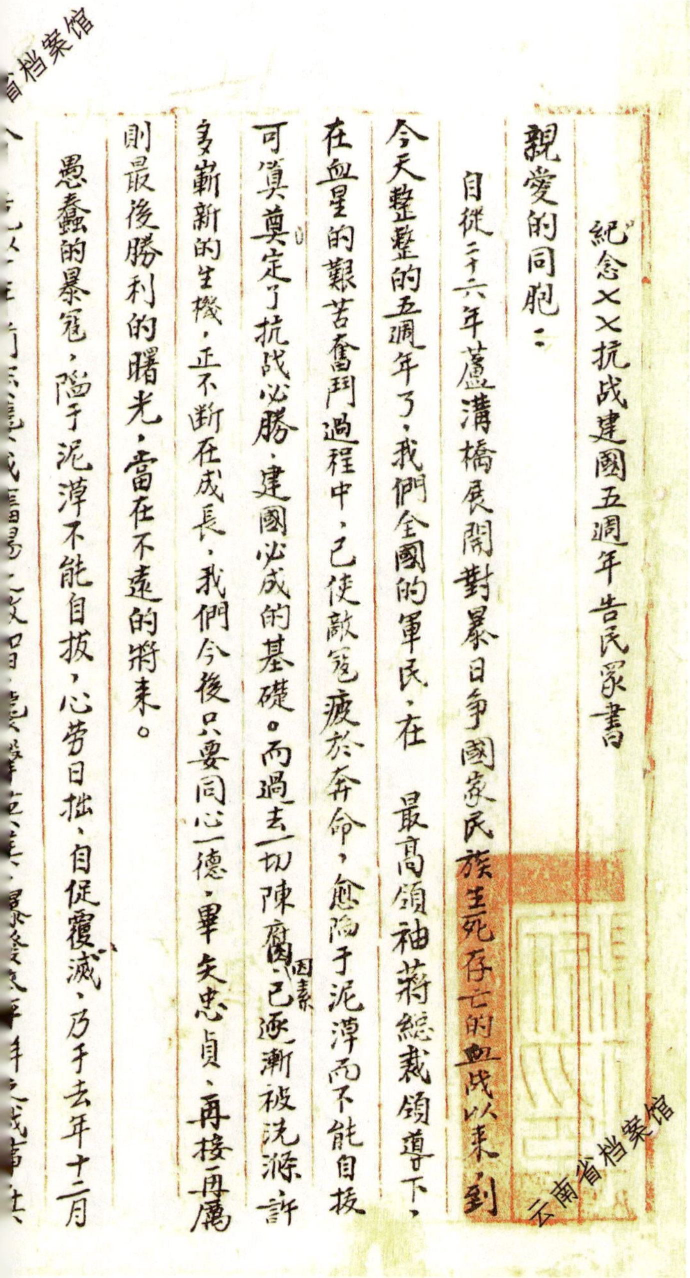
紀念七七抗战建國五週年告民眾書

親愛的同胞：

自從二十六年蘆溝橋展開對暴日爭國家民族生死存亡的血戰以來，到今天整整的五週年了，我們全國的軍民，在 最高領袖蔣總裁領導下，在血腥的艱苦奮鬥過程中，已使敵寇疲於奔命，愈陷于泥淖而不能自拔，可奠定了抗战必勝、建國必成的基礎。而過去一切陳腐因素，已逐漸被洗滌，許多嶄新的生機，正不斷在成長，我們今後只要同心一德，畢矢忠貞，再接再厲，則最後勝利的曙光，當在不遠的將來。

愚蠢的暴寇，陷于泥淖不能自拔，心勞日拙，自促覆滅，乃于去年十二月疆場，安坐後方的，應警覺於前方將士親冒矢石，日夕馳逐於槍林彈雨之中，棲遲於驕陽雨露之下，出生入死，為爭國家民族而忠勇奮戰，壯烈犧牲，堅苦卓絕，可歌可泣，應嚴肅日常生活，必節約無謂消費，唯力是視踴躍獻金，以慰勞前方勞苦功高之民族英雄，及其後方家屬，吾緬民眾，愛國不肯後人，盼即解囊捐輸，以表現吾緬全体官紳民眾愛國熱忱，鼓舞士氣，救國保鄉，有利賴焉。

中國國民黨緬寧縣黨部宣傳委員會印

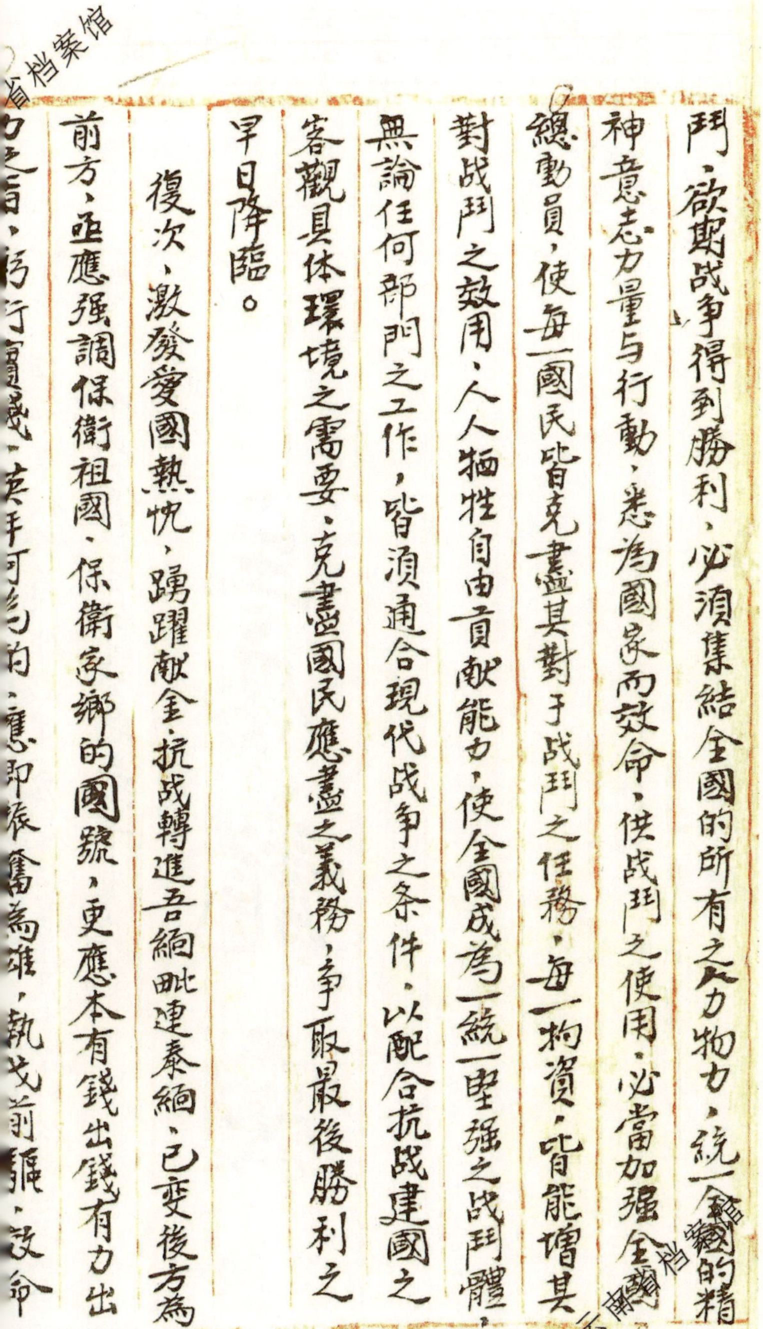

鬥，欲使戰爭得到勝利，必須集結全國的所有之人力物力，統一全國的精神意志力量與行動，悉為國家而效命，供戰鬥之使用，必當加強全國總動員，使每一國民皆克盡其對于戰鬥之任務，每一物資，皆能增其對戰鬥之效用，人人犧牲自由貢獻能力，使全國成為一統一堅強之戰鬥體，無論任何部門之工作，皆須適合現代戰爭之條件，以配合抗戰建國之客觀具体環境之需要，克盡國民應盡之義務，爭取最後勝利之早日降臨。

復次，激發愛國熱忱，踴躍獻金，抗戰轉進吾緬毗連桑梓，已變後方為前方，亟應強調保衛祖國，保衛家鄉的國號，更應本有錢出錢有力出力之旨，躬行實踐，[illegible]，應即振奮為雄，執戈前驅，效命

（云南省档案馆提供）

云南省政府奉国民政府军事委员会昆明行

（1942年5月29日）

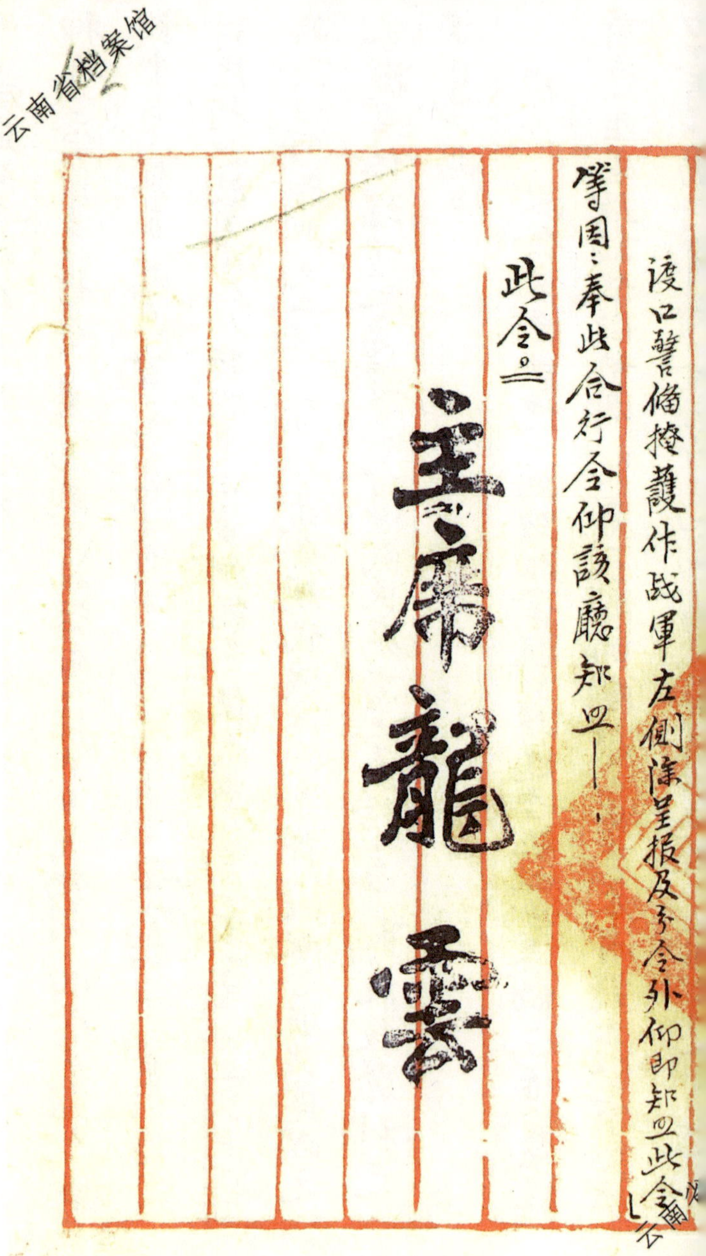
渡口警備掩護作戰軍左側除呈報及分令外仰即知照此令
等因奉此合行令仰該廳知照
此令
主席 龍雲

委任张浩为云宁区守备部指挥官的训令

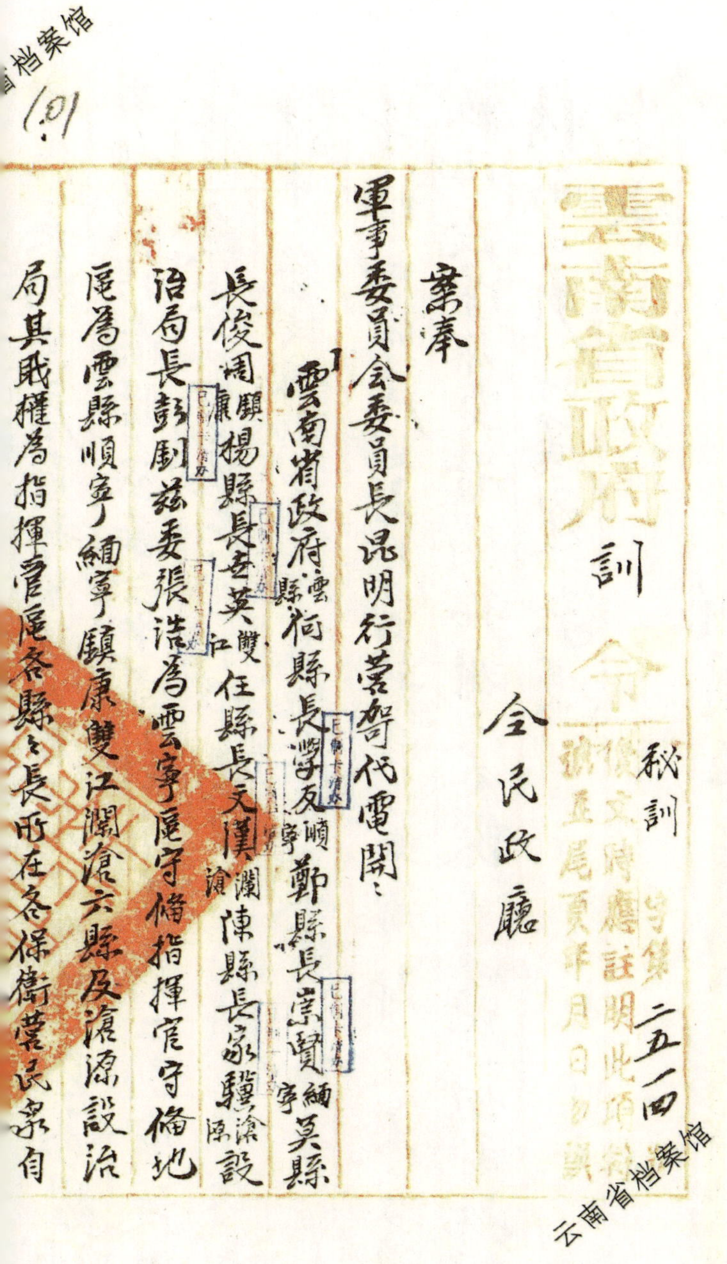
雲南省政府訓令

秘訓字第二五一四號

令全民政廳

案奉

軍事委員會委員長昆明行營寄代電開：

雲南省政府、雲縣何縣長學友、順寧鄭縣長崇賢、緬寧莫縣長俊周、鎮康楊縣長世英、雙江任縣長天漢、瀾滄陳縣長家驥、滄源設治局長彭劍：茲委張浩為雲寧區守備指揮官，守備地區為雲縣、順寧、緬寧、鎮康、雙江、瀾滄六縣及滄源設治局，其職權為指揮區內各縣縣長所在各保衛營民衆自

（云南省档案馆提供）

胡忠华一本先父故兄抗英帝国之精神

（1942年6月3日）

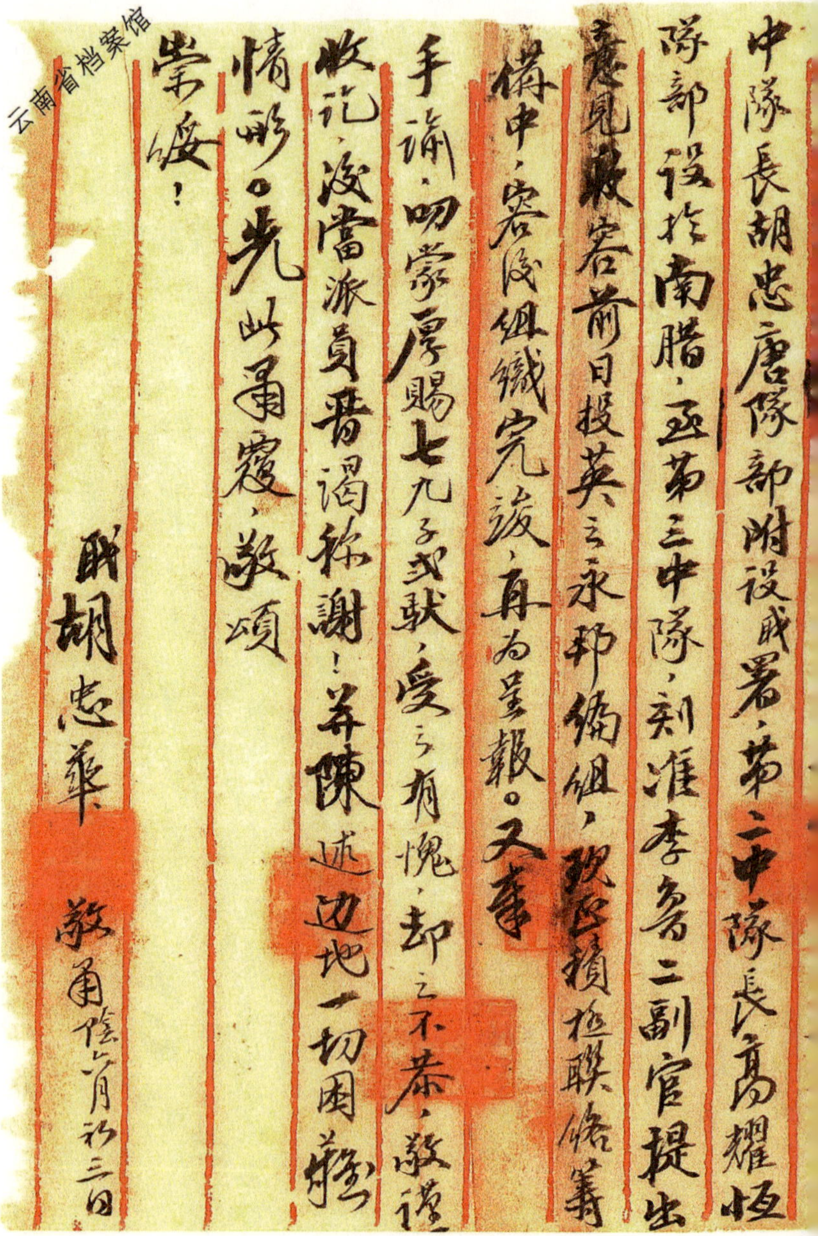

中隊長胡忠唐隊部附設戍署，第二中隊長高耀恆
隊部設於南臘，函第三中隊，刻准李多二副官提出
意見收容前日投英之永和綿組，現正積極聯絡籌
備中，容俟組織完竣，再為呈報。又奉
手諭，叨蒙厚賜七九子弹弎馱，受之有愧，却之不恭，敬謹
收訖，後當派員晋謁稱謝！並陳述邊地一切困難
情形。先此肅覆，敬頌
崇安！
職胡忠華 敬肅 陰六月初三日

抗日效忠致张浩的信

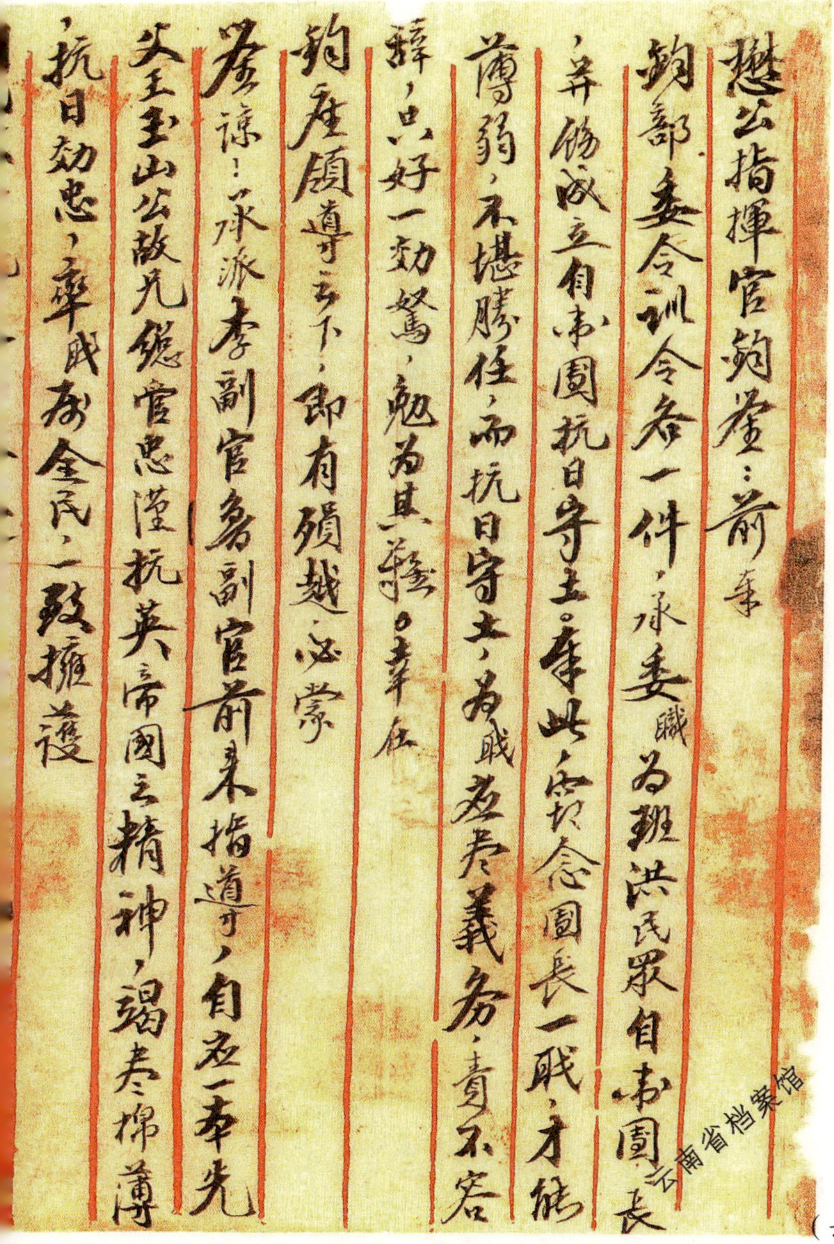
懋公指揮官鈞鑒：前年
鈞部委令訓令各一件，承委職為班洪民眾自衛團長
，並飭成立自衛團抗日守土。年來職念團長一職，才能
薄弱，不堪勝任，而抗日守土，為職應盡義務，責不容
辭，只好一効駑，勉為其難。去年在
鈞座領導之下，即有殞越，必蒙
原諒：承派李副官勇副官前來指導，自應一本先
父王玉山公故元總管忠漢抗英帝國之精神，竭盡棉薄
，抗日効忠，率民族全民，一致擁護

（云南省档案馆提供）

寻路之憾

云宁区守备指挥官张浩呈报班洪永

（1942年7月27日）

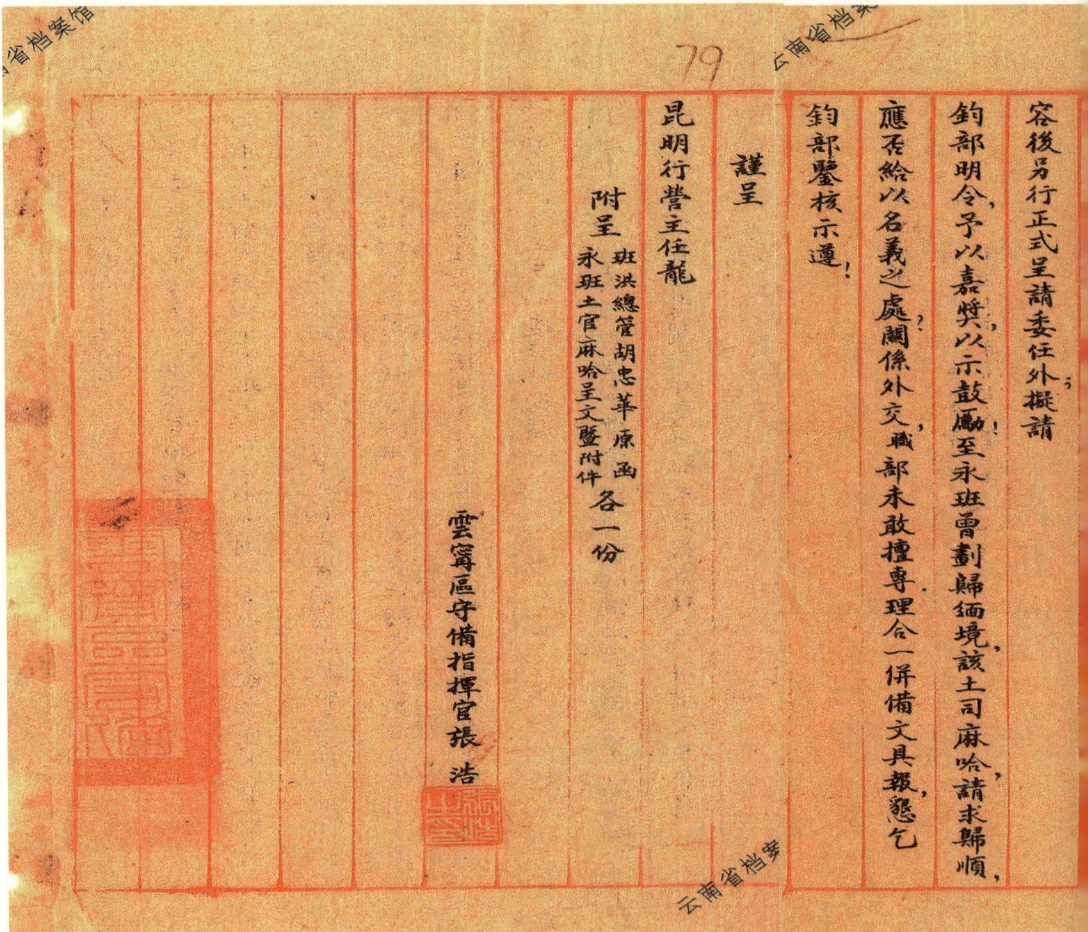
容後另行正式呈請委任外，擬請
鈞部明令予以嘉奬，以示鼓勵！至永班曾劃歸緬境，該土司麻哈請求歸順，
應否給以名義之處？關係外交，職部未敢擅專，理合一併備文具報，懇乞
鈞部鑒核示遵！
謹呈
昆明行營主任龍
附呈 班洪總管胡忠華原函
永班土官麻哈呈文暨附件 各一份
雲寧區守備指揮官張浩

两土官倾心效顺情形

呈為呈報班洪永班兩土官傾心効順詳情，請鑒核處理事。查自我軍
由緬境撤回後，敵軍一部，即進佔滾弄；派遣僧侶，利用佛教信仰，進入佧佤
山，對佧佤族衆，施行宣傳引誘，佧佤山曾一度感受動搖；職部到達鎮康
駐地後，以該區一部，已劃歸我國，關係重大，當即仰體
鈞座關懷德意，派遣職部副官李文煥、魯朝廷兩員前往進行連絡宣慰。茲
據李文煥返部報告工作經過，頗為圓滿；並携回班洪永班兩土官函報呈文
各一件，職閱悉後，當以午宥參鎮電，將班洪總管胡忠華，遵令組織自衛，効
忠抗敵，永班土官麻哈甘願納土歸降我國，誓不反叛，並組織自衛各情，呈報在
案，諒邀
垂鑒。謹再將各該土官原函原呈，暨附件，報呈，請予鑒閱，藉明真象。又查佧
佤民族，素沾我國文化，樂與我國接近，自
鈞座委任胡忠漢為班洪總管，協助劃界以後，瞻仰
鈞座威德，對我傾向尤殷；班洪區已屬我國版圖，現襲總管胡忠華，對我効
忠不貳，殊為難得！永班土官麻哈甘願納土歸順，協助抗戰，尤堪嘉尚！因特

（云南省档案馆提供）

云南省政府主席龙云就镇康县被日军

（1942年8月11日）

87

此令。

主席龍雲

飞机轰炸给省赈济会的训令

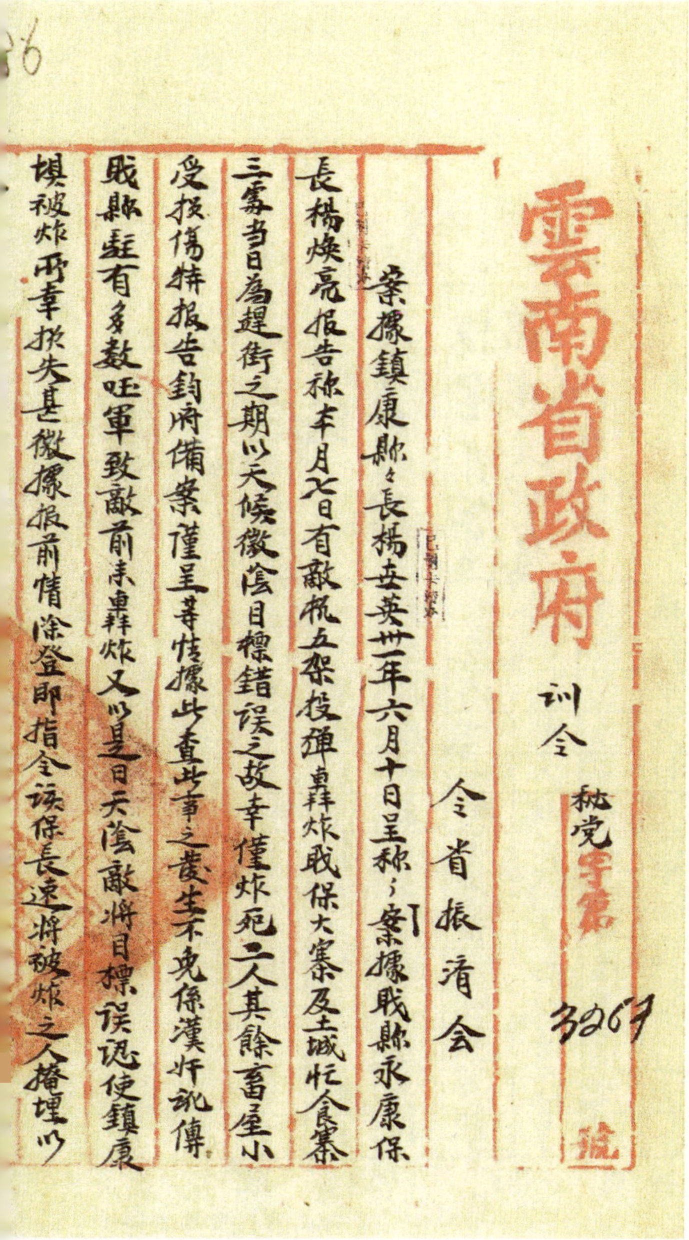
雲南省政府訓令 秘處字第3267號

令省振濟會

案據鎮康縣縣長楊安英卅一年六月十日呈稱：案據職縣永康保長楊煥亮報告稱本月七日有敵機五架投彈轟炸職保大寨及土城忙食寨三處當日為趕街之期以天候微陰目標錯誤之故幸僅炸死二人其餘畜屋小受損傷特報告鈞府備案謹呈等情據此查此事之發生不免係漢奸訛傳職縣疑有多數駐軍致敵前來轟炸又以是日天陰敵將目標誤認使鎮康縣被炸所幸損失甚微據報前情除登即指令該保長速將被炸之人掩埋以

（云南省档案馆提供）

云宁区守备指挥官张浩关于中国飞机轰炸腊戍桥梁被迫降落镇康的电

（1944年9月2日）

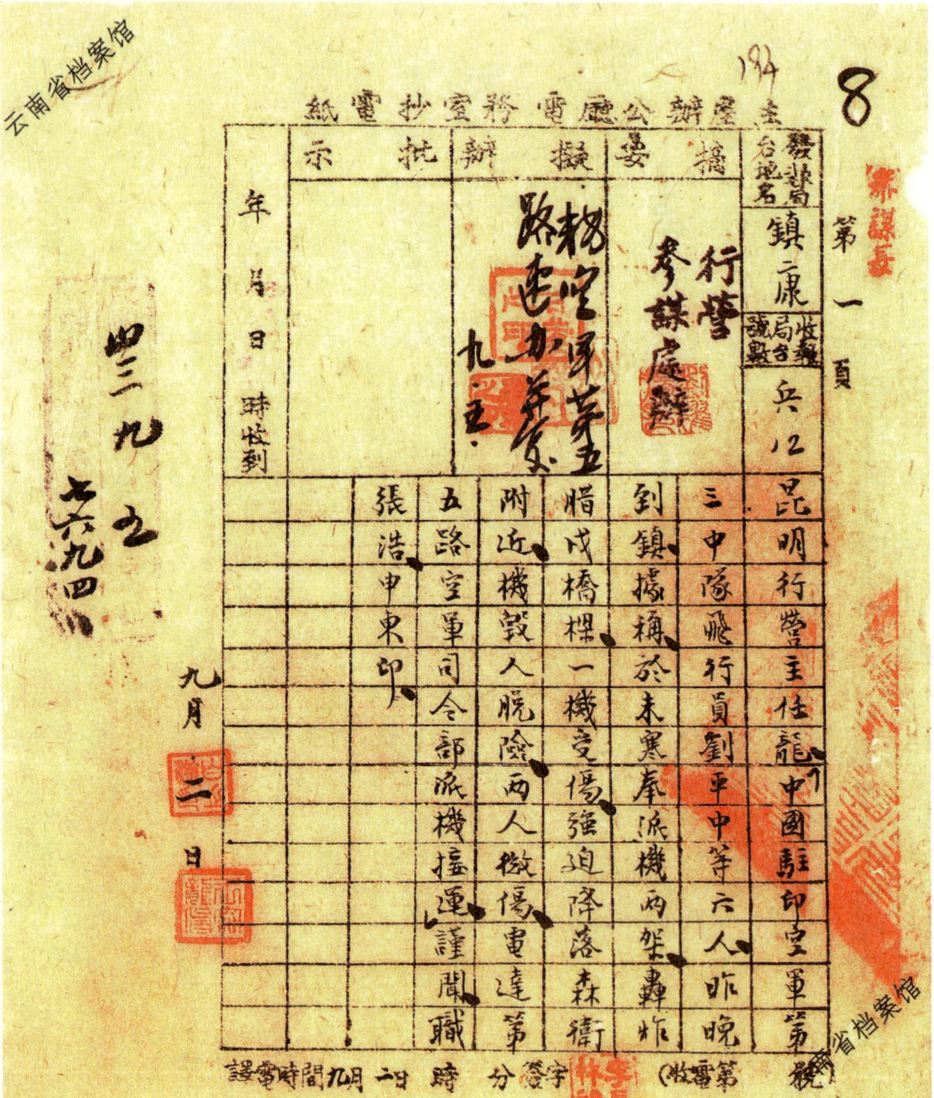
委座辦公廳電務室抄電紙

發報局名：鎮康
收報局名號數：兵12
摘要：行營參謀處辦

昆明行營主任龍：中國駐印空軍第三中隊飛行員劉平中等六人昨晚到鎮，據稱：於未寒奉派機兩架轟炸腊戍橋樑，一機受傷強迫降落森衛附近，機毀人脫險，兩人微傷。電達第五路空軍司令部派機接運。謹聞。職張浩申東印。

九月二日

第一頁

譯電時間九月二日 時 分 簽字 （收電第 號）

（云南省档案馆提供）

耿马设治局电呈敌袭孟定土司罕万贤母子率队抵抗因众寡悬殊伤亡过重弃城奔耿请派兵收复等情由

（1943年3月5日）

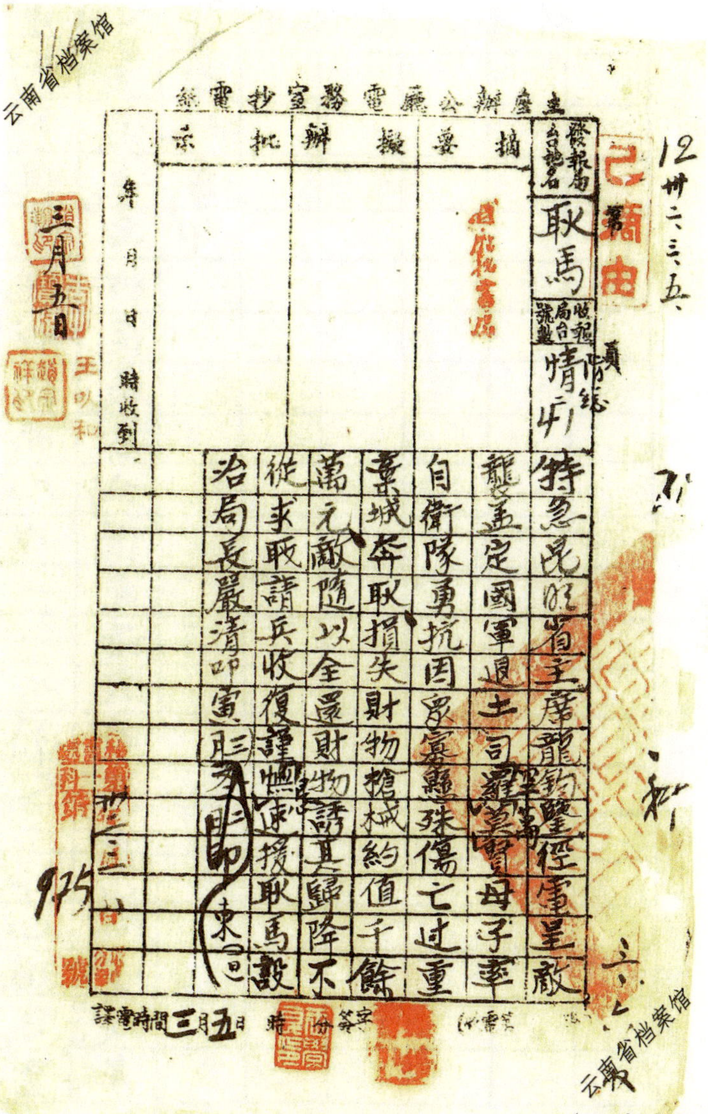
主席辦公廳電務室抄電紙

發報局台號名：耿馬

收報局台號數：情41

特急昆明省主席龍鈞鑒徑密呈敵襲孟定國軍退土司罕萬賢母子率自衛隊勇抗因眾寡懸殊傷亡過重棄城奔耿損失財物槍械約值千餘萬元敵隨以全還財物請其歸降不從求耿請兵收復謹懇速援耿馬設治局長嚴清叩寅

（云南省档案馆提供）

国民革命军第十一集团军总司令宋希濂关于

（1943年3月11日）

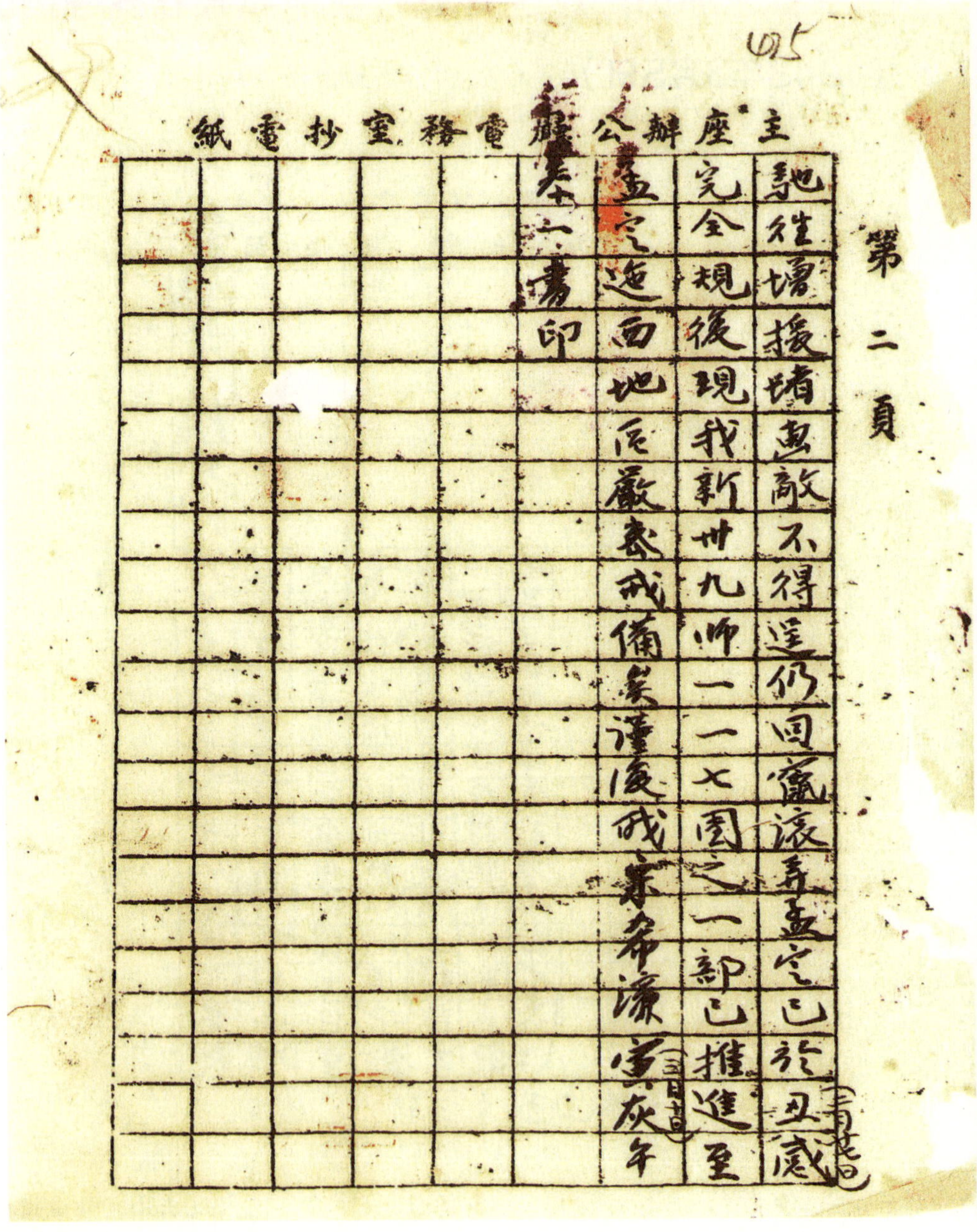
主座辦公廳電務室抄電紙

第二頁

馳往增援堵禦敵不得逞仍回竄滾弄孟定已於丑灰完全規復現我新卅九師一一七團之一部已推進至孟定迤西地區嚴密戒備謹復。職宋希濂叩。寅灰午。參十一書印

完全收复云南孟定致云南省政府主席龙云电

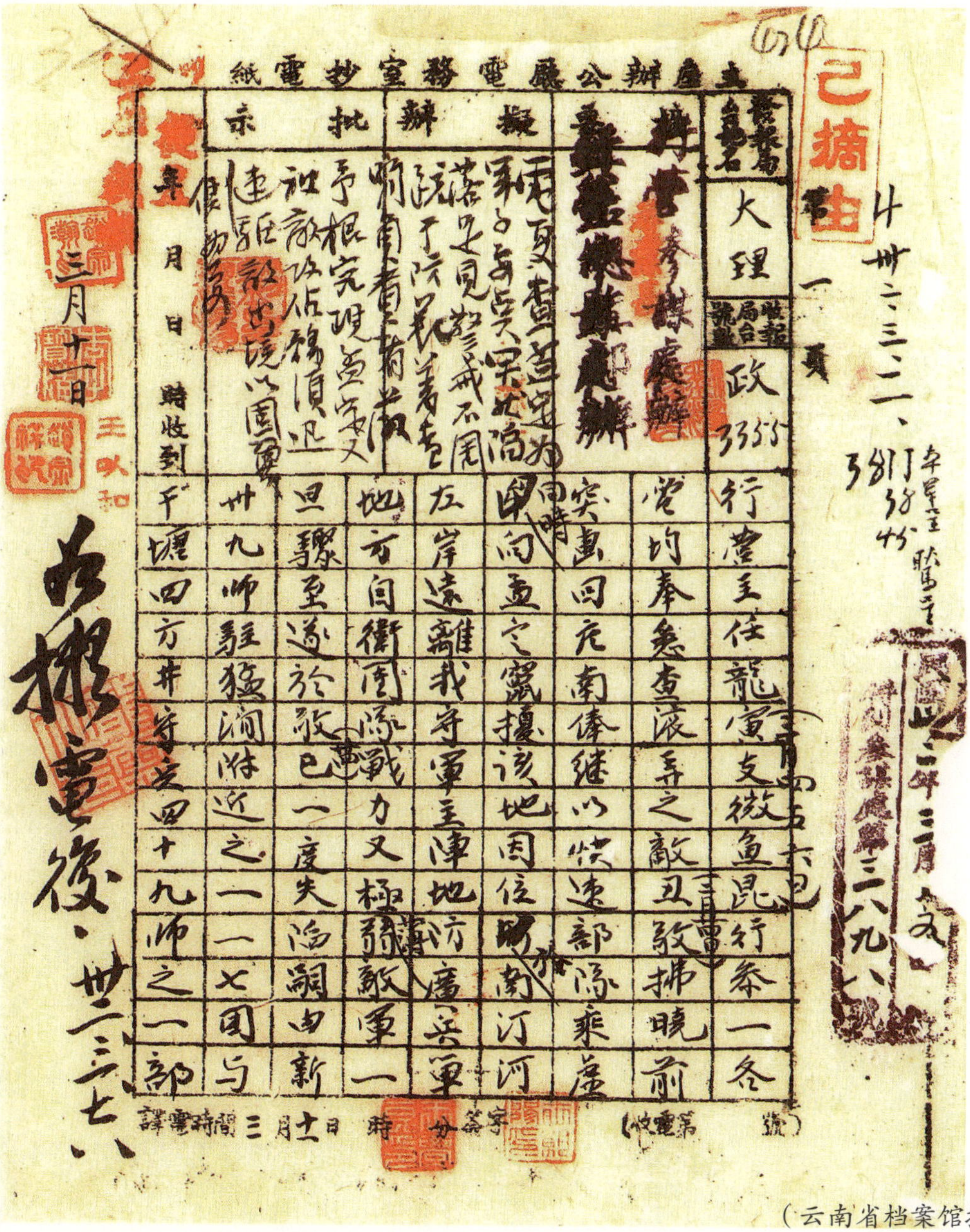

（云南省档案馆提供）

龙云嘉奖孟定土司罕万贤母子率众抗

（1943年4月23日）

此令。

主席龙○

敌及抚恤伤亡官佐的训令

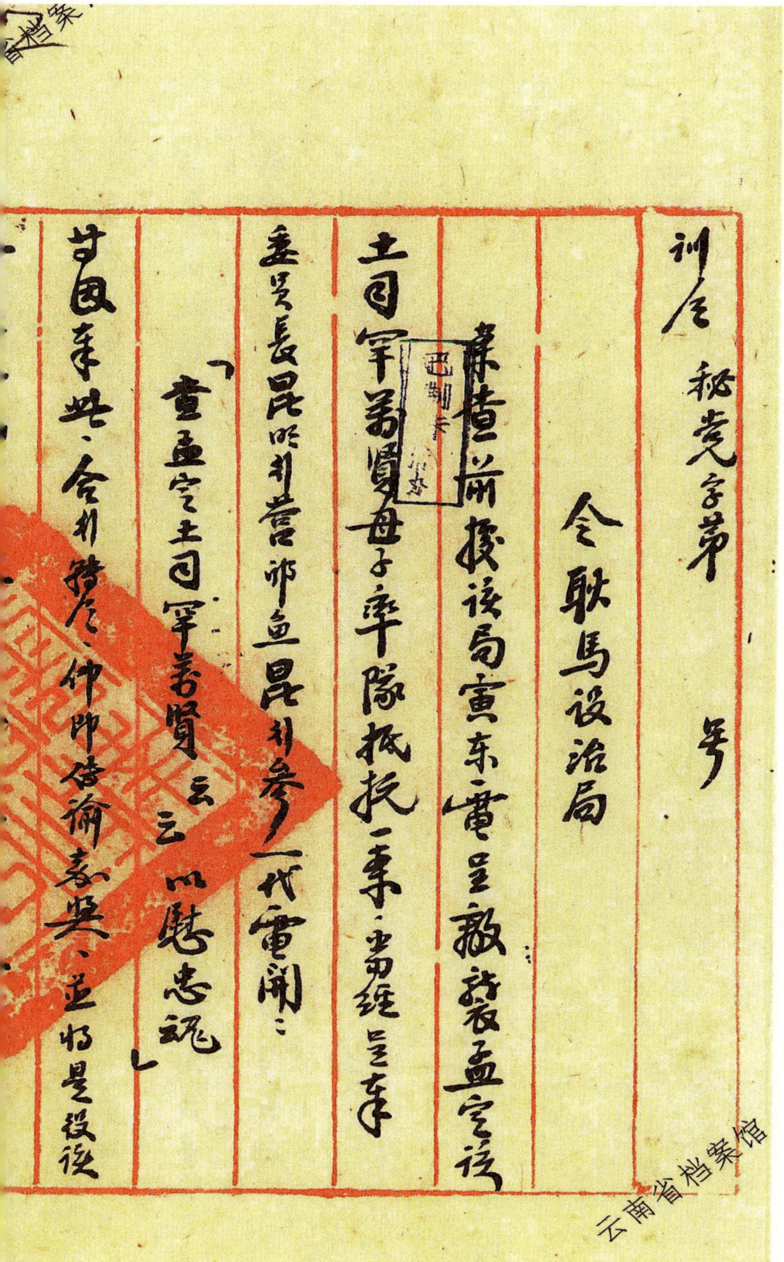
训令 秘党字第 号

令耿马设治局

案查前据该局寅东二电呈敌袭孟定后

土司罕万贤母子率队抵抗一事，当经呈奉

委员长昆明行营龙主任昆行参一代电开：

「查孟定土司罕万贤云云，以慰忠魂」

等因奉此，合行转令，仰即传谕嘉奖，并将是役伤

寻路之憾

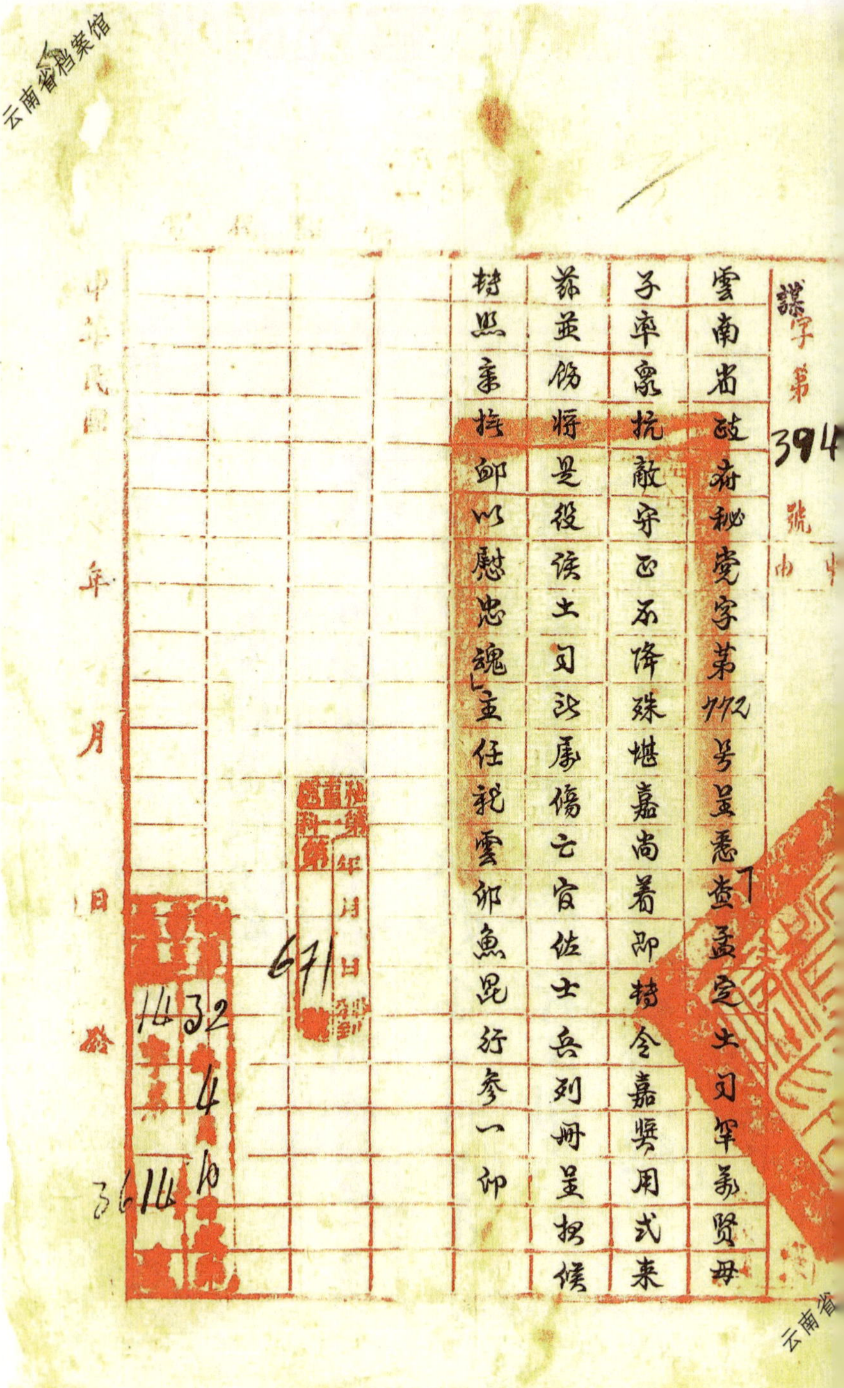
云南省档案馆
謀字第394號
雲南省政府秘覺字第772号呈悉查孟定土司罕裔賢母
子率衆抗敵守正不降殊堪嘉尚着即特令嘉獎用式來
茲並飭將是役該土司所屬傷亡官佐士兵列冊呈报候
特照章撫卹以慰忠魂主任龍雲卯魚昆行參一印
中華民國 年 月 日 發
671
1432
4
16
云南省

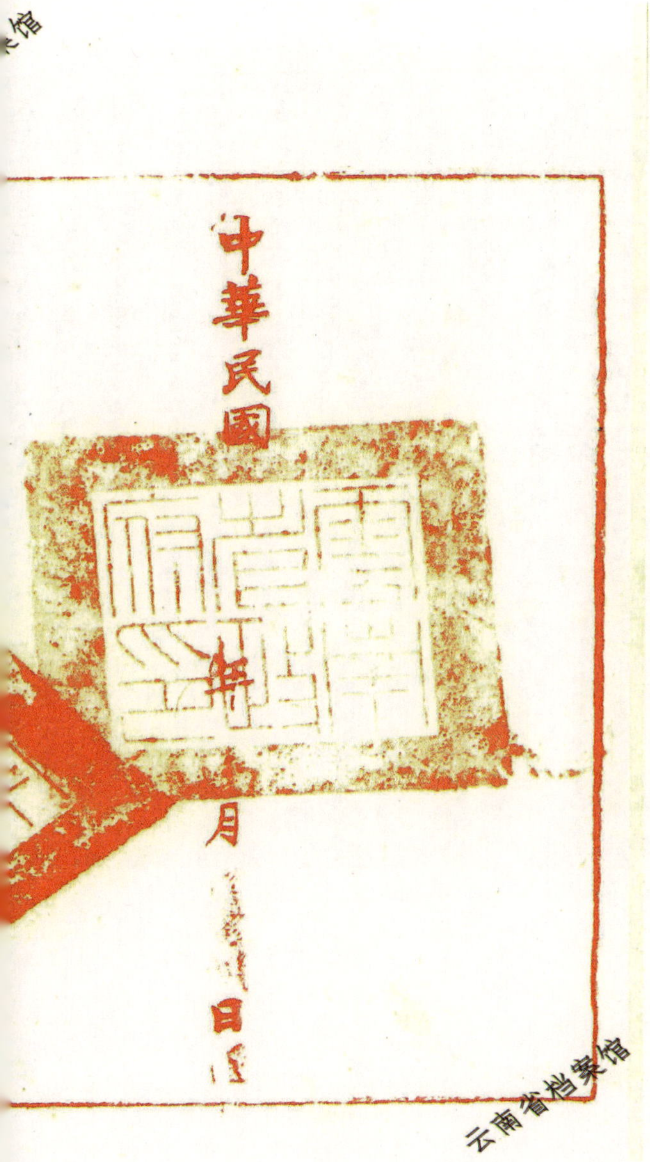
中華民國 年 月 日

（云南省档案馆提供）

勐卯抗日联防盟约

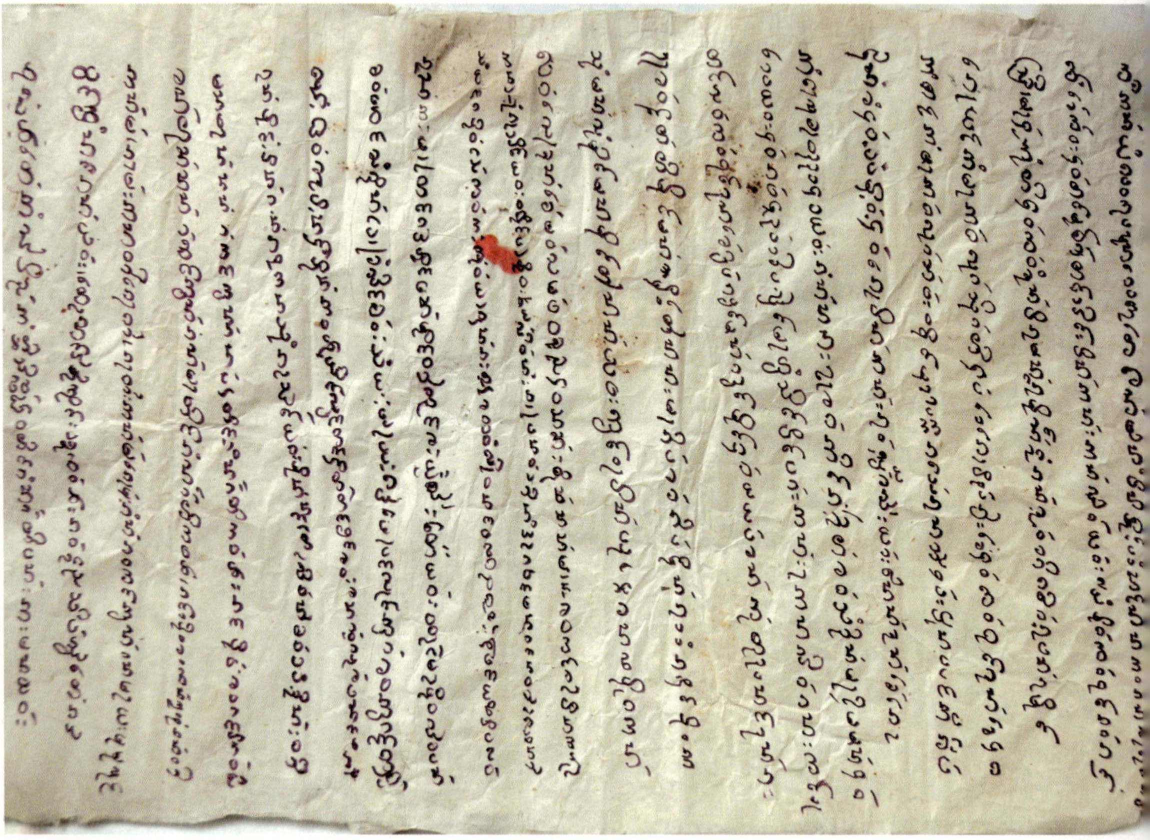

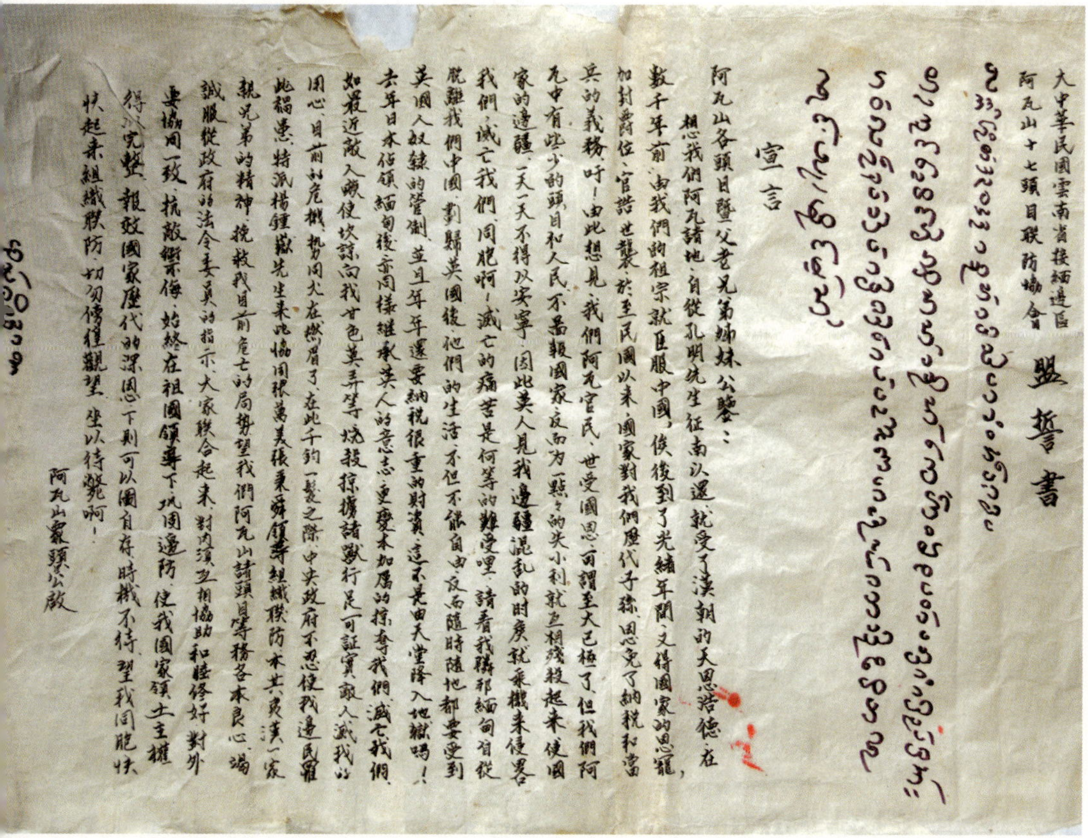

大中華民國雲南省接緬邊區
阿瓦山十七頭目联防協會

盟誓書

宣言

阿瓦山各頭目暨父老兄弟姊妹公鑒：

想我們阿瓦諸地，自從孔明先生征南以還，就受了漢朝的天恩浩德，在數千年前，由我們的祖宗就臣服中國，俟後到了光緒年間，又得國家的恩寵，加封爵位，官誥世襲，於至民國以來，國家對我們歷代子孫，恩免了納税和當兵的義務，吁！由此想見，我們阿瓦官民，世受國恩，可謂至大已極了，但我們阿瓦中有些少的頭目和人民，不思報國家反而为一點點的尖小利就互相残殺起來，使國家的邊疆，一天一天不得以安寧，因此英人見我邊疆混亂的时候就乘機来侵畧我們，滅亡我們，同胞啊！滅亡的痛苦是何等的難受哩，請看我隣邦緬甸自從脫離我們中國，劃歸英國後，他們的生活，不但不能自由，反而隨時隨地都要受到英國人奴隸的管制，並且年年還要納税很重的財資，這不是由天堂降入地獄嗎！去年日本侵領緬甸後亦同樣繼承英人的意志，更變本加厲的掠奪我們，滅亡我們，如最近敵入緬使坎諒向我甘色莫弄等燒殺掠擄諸獸行足可証實敵人滅我的同心，目前的危機，勢同火在燃眉了，在此千鈞一髮之際，中央政府不忍使我邊民罹此禍患，特派楊鍾嶽先生來此協同張萬美張秉舜等組織联防，本共夷漢一家親兄弟的精神，挽救我目前危亡的局勢，望我們阿瓦山諸頭目等務各本良心，竭誠服從政府的法令委員的指示，大家联合起来，對内須互相協助和睦修好，對外要協同一致，抗敵禦侮，始終在祖國領導下，巩固邊防，使我國家領土主權得以完整，報效國家歷代的深恩，下則可以圖自存，時機不待，望我同胞快快起来組織联防，切勿徬徨觀望，坐以待斃啊！

阿瓦山眾頭目公啟

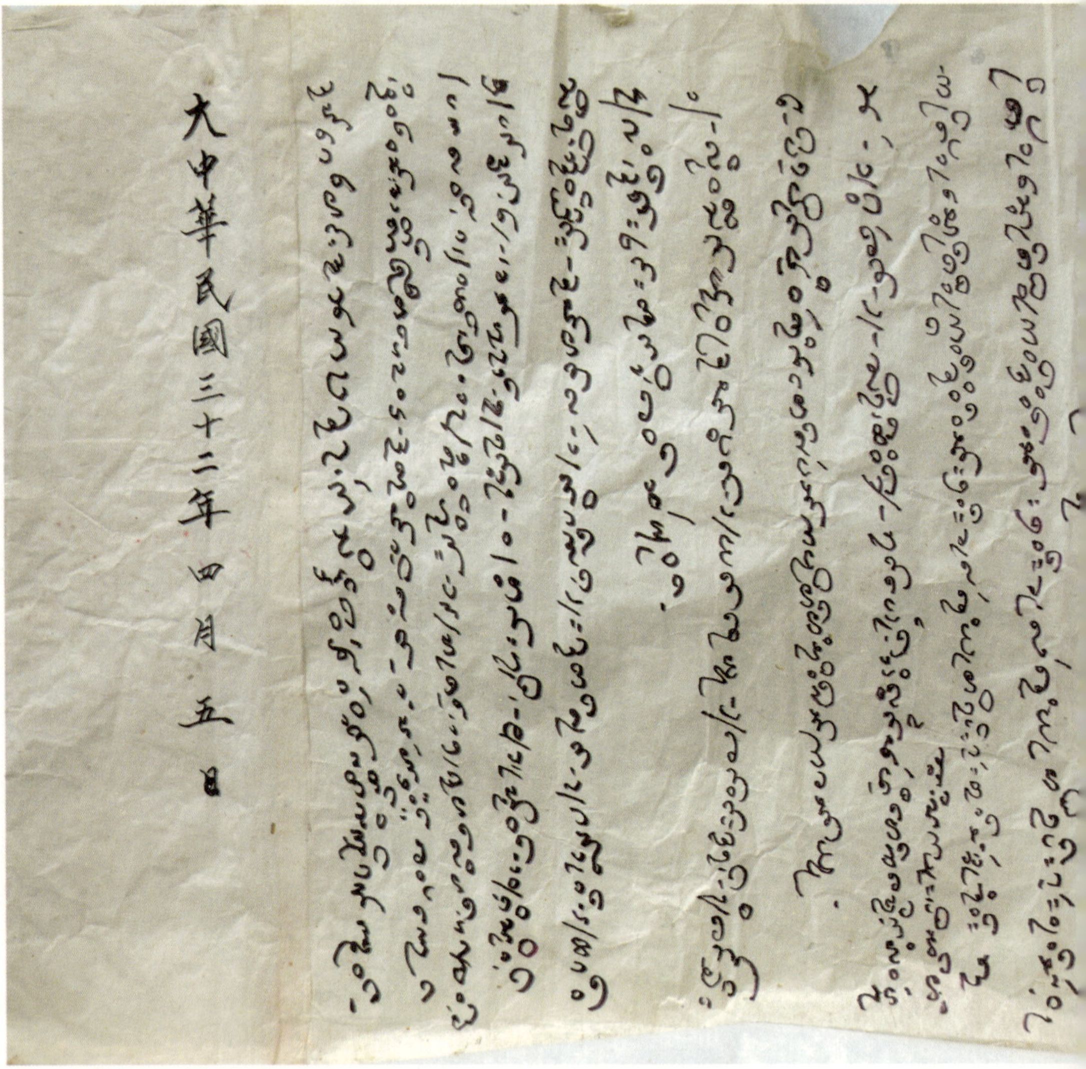
大中華民國三十二年四月五日

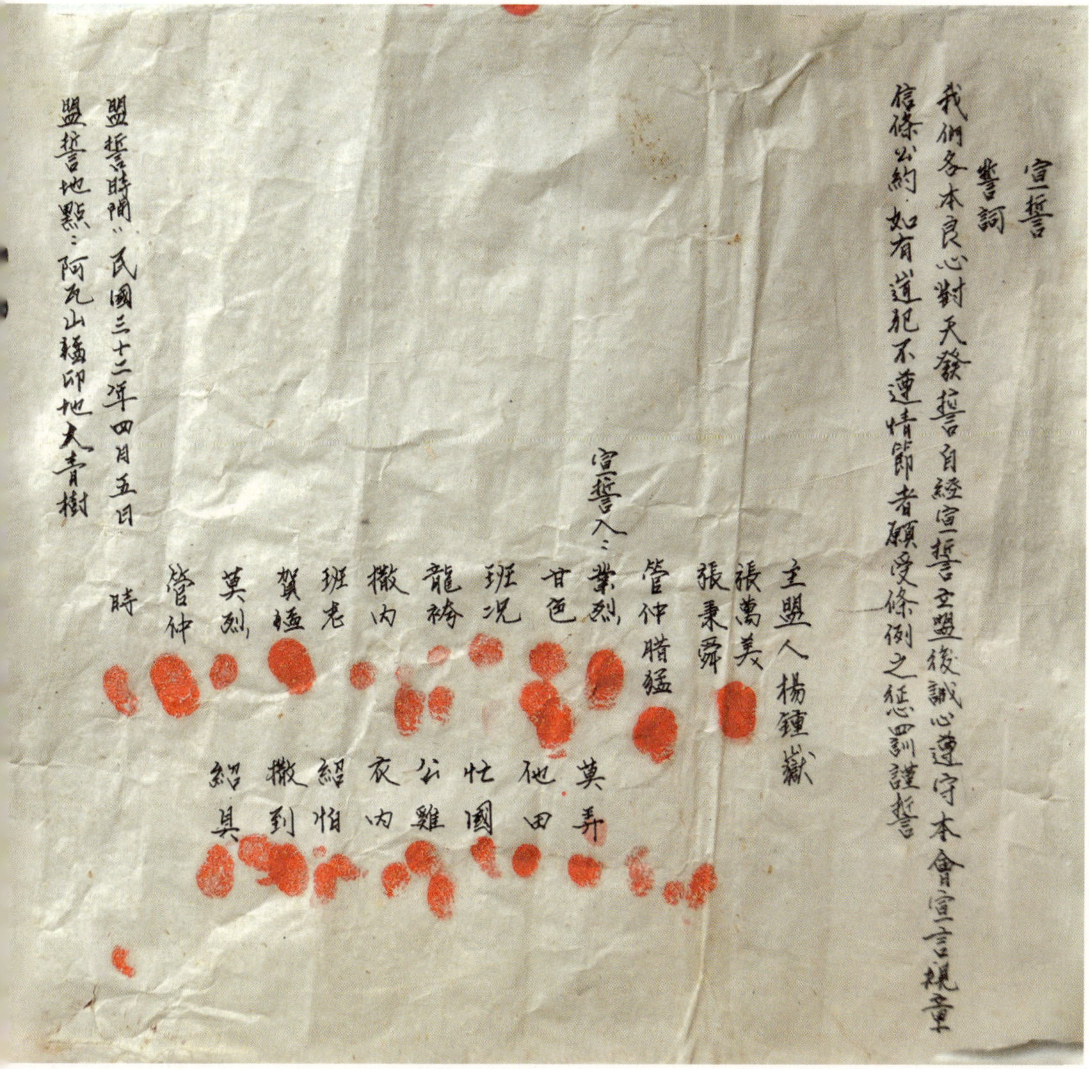
宣誓

誓詞

我們各本良心對天發誓自經宣誓立盟後誠心遵守本會宣言規章信條公約，如有違犯不遵情節者願受條例之征懲罰謹誓

主盟人 楊鍾嶽

張萬美

張秉舜

管仲腊猛

宣誓人：

業烈 莫弄

甘色 他田

班况 忙國

龍袴 公雞

撒内 衣内

班老 紹怕

賀猛 撒到

莫烈 紹具

管仲

盟誓時間：民國三十二年四月五日 時

盟誓地點：阿瓦山福印地大青樹

顺宁县政府查报抗战期间直接间接公

（1944年2月22日）

報告表各一份，備文呈請

鈞會俯賜鑒核彙轉！至財產直接損失報告表及公務員役

私人財產損失報告表等兩種表式，因無此項損失，故不填報

合併呈明。

謹呈

雲南省振濟會主任委員龍

計呈人民財產及公私財產直接間接損失報告表各一份。

順甯縣縣長雷噦雍

私人民财产损失的呈

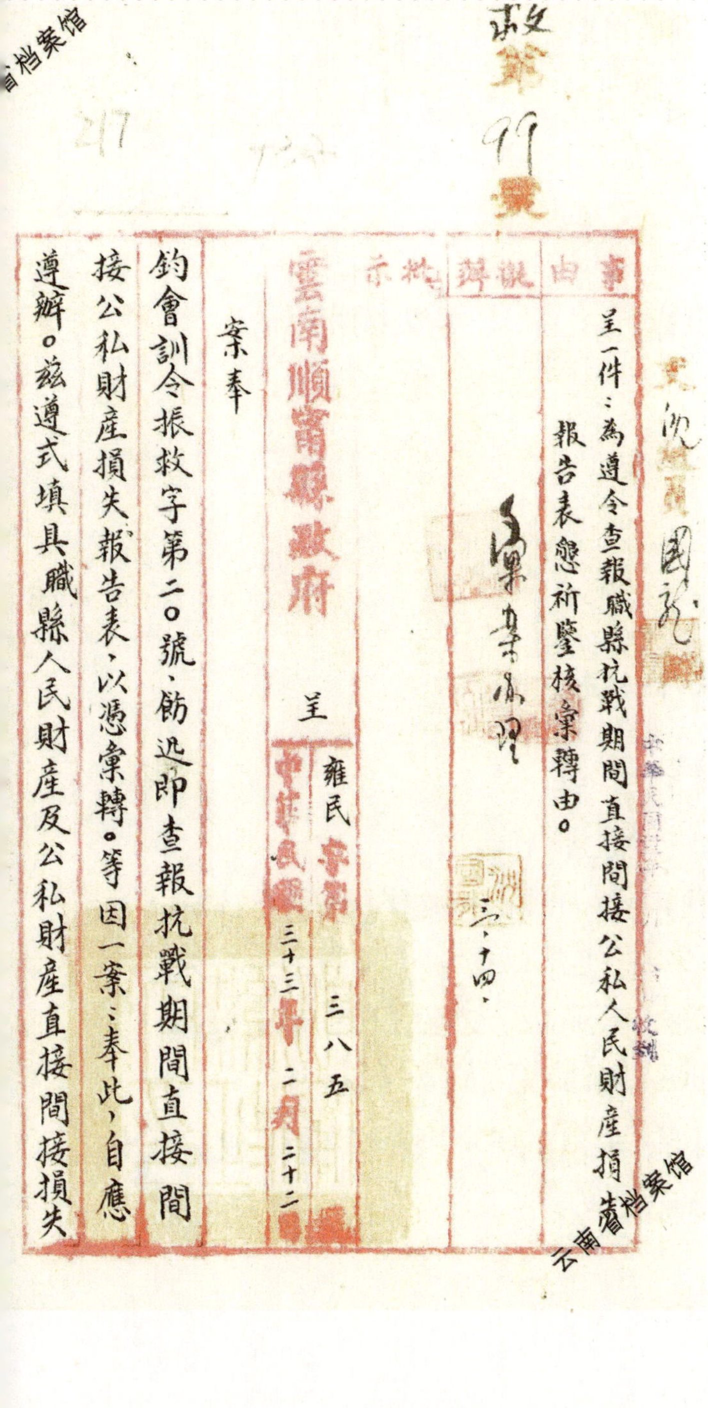
收文第99號

事由：呈一件：為遵令查報職縣抗戰期間直接間接公私人民財產損失報告表懇祈鑒核彙轉由。

擬辦

批示

雲南順寧縣政府 呈 雍民字第三八五號

中華民國三十三年二月二十二日

案奉

鈞會訓令振救字第二〇號、飭迅即查報抗戰期間直接間接公私財產損失報告表、以憑彙轉。等因一案：奉此、自應遵辦。茲遵式填具職縣人民財產及公私財產直接間接損失

顺宁县公私财产间接损失报告表（表式2）

资料时期 三十一年三月三日至 年 月 日

填送日期：三十三年二月二十二日

损失分类 金额 （单位：国币元）

共 计 公家损失国币九万七千七百九十元，私人损失约国币一百万元

迁移费

防空设备费 无

疏散费 无

救济费 国币一千五百九十元

抚恤费 国币八万七千式百元

汇报机关顺宁县政府

附注：（1）因滇缅铁路第二工程处移铁路驼运炸药八十余驮行至本县那平镇之大兴街口爆炸延火烧毁瓦房六间草房三十二间被灾死亡平民四十四人，伤六人，死伤骡马五十余匹，所有被毁房屋傢具什物及死伤骡马等损失约在国币一百万元之谱。

（2）公家损失，除炸药夥难估计外，损失抚恤费救济费国币九万七千七百九十元。

顺寧縣人民財產直接損失報告表　（表式4）

資料時期　三十年五月十日至　年　月　日

填送日期三十三年二月二十二日

損失分類	價值（單位：國幣元）
共計	國幣七千七百元
房屋	無
器具	無
現款	無
服着物	衣服三套　值國幣一百元
古物書籍	無
其他	死三人 傷八人 死牛二條 馬五匹 值國幣七千六百元

呈報機關順寧縣政府

附註：因於民國三十年五月十日被敵機三架在本縣之魯史鎮青木林古平村一帶（位於瀾滄黑惠兩江中部）投彈遭受損失。

（云南省档案馆提供）

胡忠华奉到班洪自卫支队指挥委令关

（1945年1月24日）

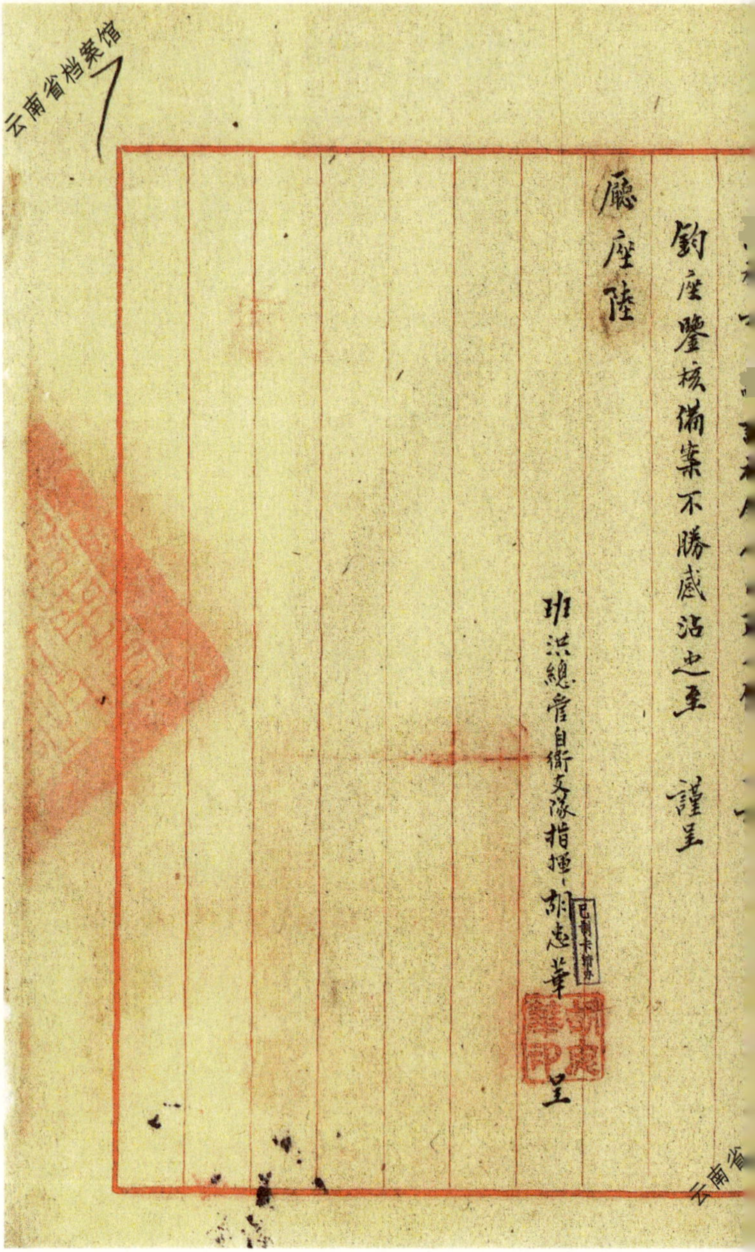

鈞座鑒核備案不勝感沾之至 謹呈

廳座 陸

班洪總管自衛支隊指揮 胡忠華 呈

防恳祈核备的呈

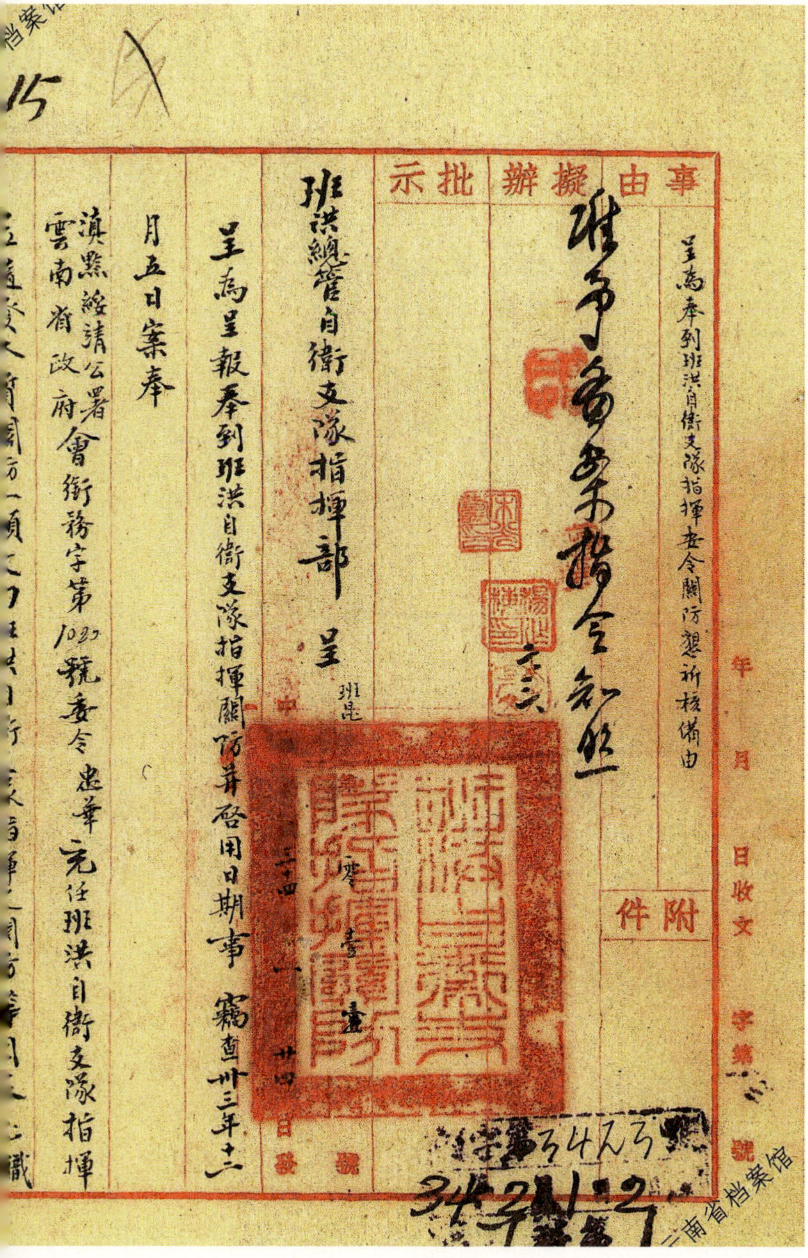

（云南省档案馆提供）

云宁区守备指挥官张浩关于美军53号运输机迫降镇康德党临时机场的电

（1945年6月28日）

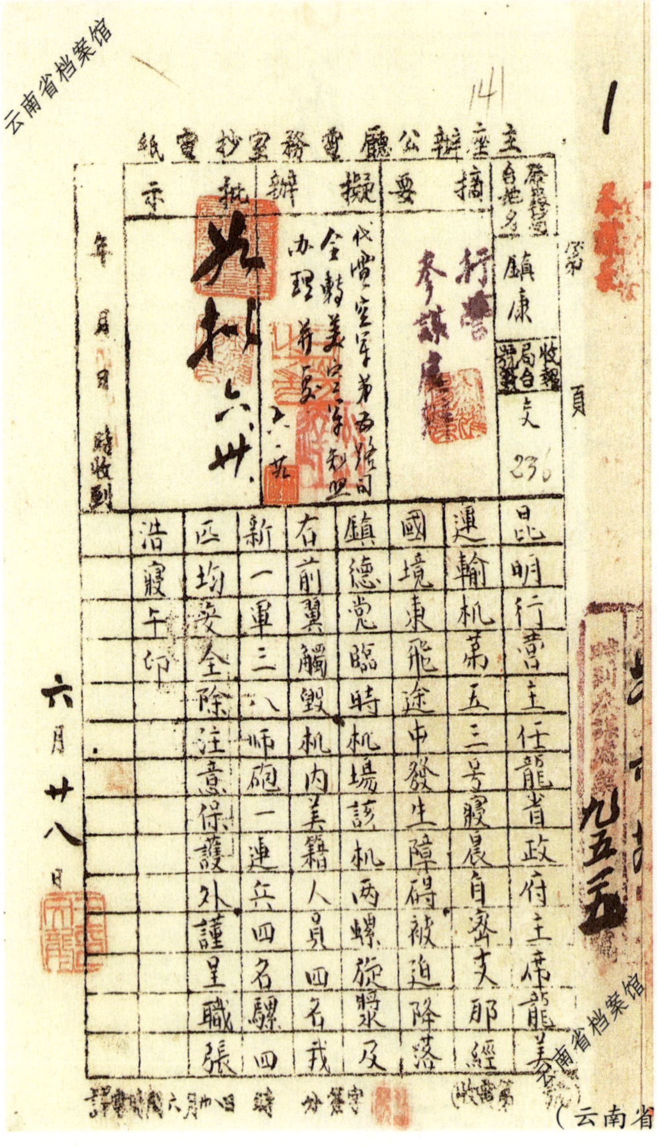
主任辦公廳電務室抄電紙

昆明行營主任龍、省政府主席龍：美運輸机第五三号艘晨自密支那經國境東飛途中發生障碍被迫降落鎮德党臨時機場，該机兩螺旋槳及右前翼觸毀，机內美籍人員四名，我新一軍三八師砲一連兵四名驟四區均安全，除注意保護外，謹呈。職張浩寢午印

六月廿八日

（云南省档案馆提供）

胡忠华关于抗战胜利祈派员会同整理借资永远安归中国巩固边疆致卢汉电

（1946年9月7日）

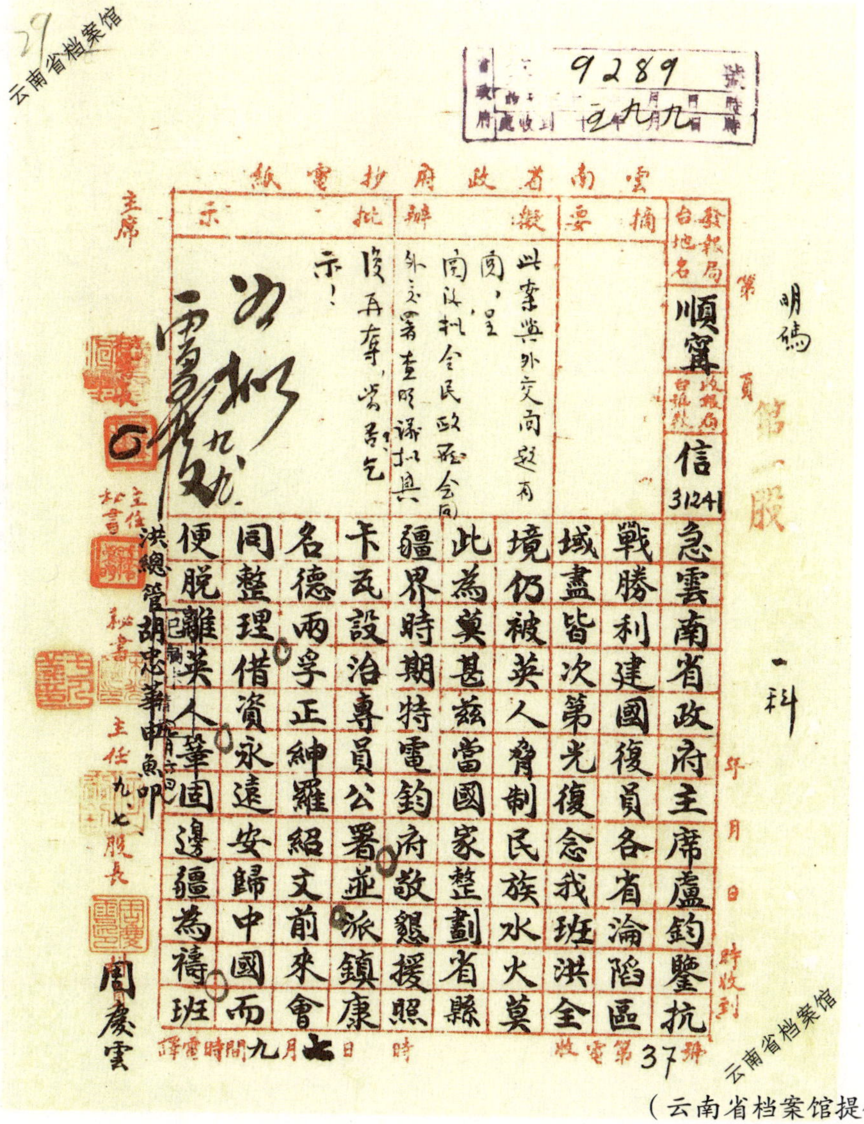
雲南省政府抄電紙

發報局台地名：順寧

收報局台地名：信 31241

急雲南省政府主席盧鈞鑒抗戰勝利建國復員各省淪陷區域盡皆次第光復念我班洪全境仍被英人脅制民族水火莫此為甚茲當國家整劃省縣疆界時期特電鈞府敬懇援照卡瓦設治專員公署並派鎮康名德兩孚正紳羅紹文前來會同整理借資永遠安歸中國而便脫離英人鞏固邊疆為禱班洪總管胡忠華申魚叩

譯電時間 九月七日 時

收電第37號

（云南省档案馆提供）

寻路之憾

国民政府重庆行辕为据何总司令报班洪王等望

（1947年5月15日）

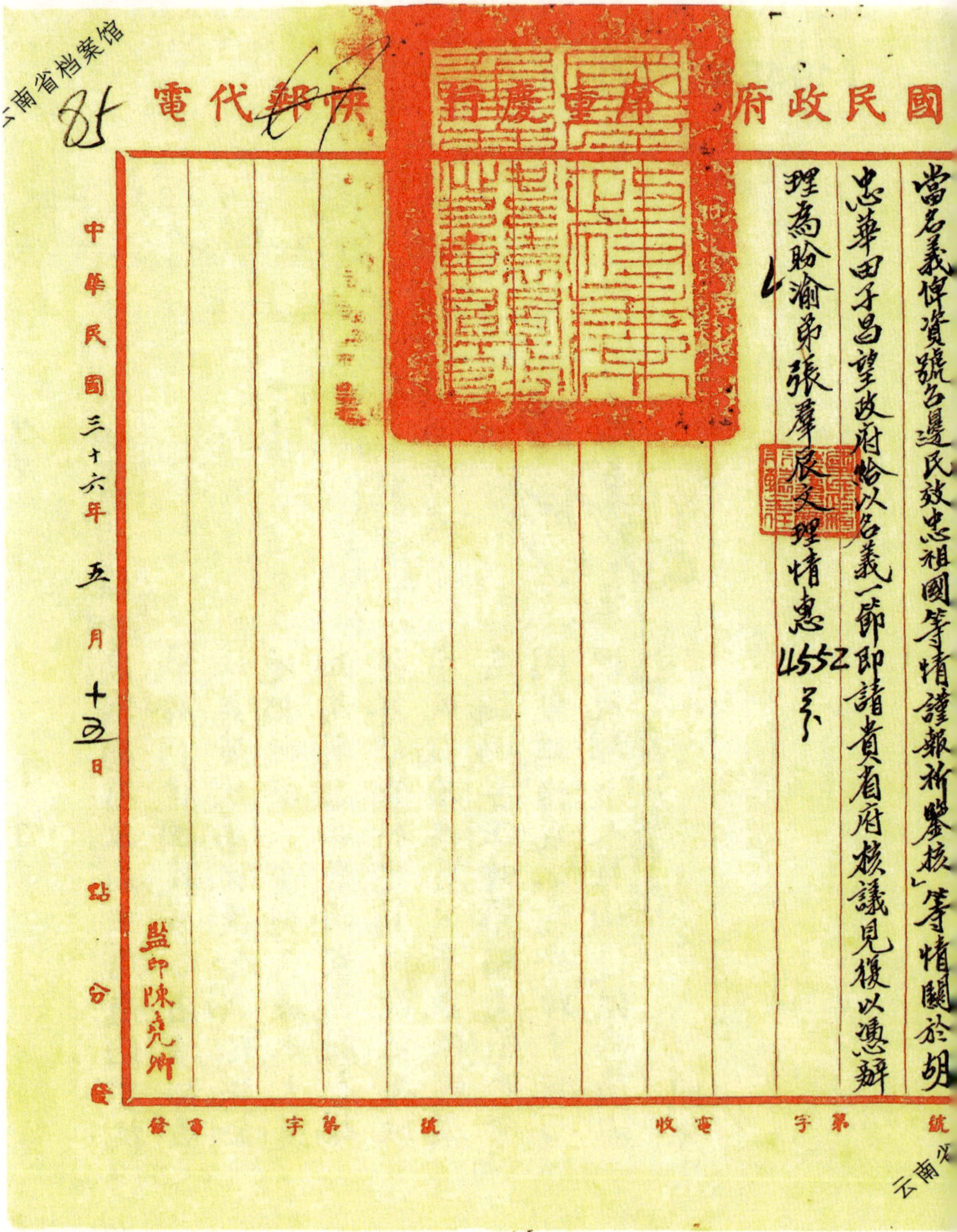

國民政府重慶行轅代電

當名義俾資號召邊民效忠祖國等情謹報祈鑒核」等情關於胡
忠華田子昌望政府給以名義一節即請貴省府核議見復以憑辦
理為盼渝弟張羣辰文理情忠 11552

中華民國三十六年五月十五日 點 分 發
監印陳亮卿

號 第 字 電收 號 第 字 電發

予以名义俾资效忠祖国等情请核议见复的代电

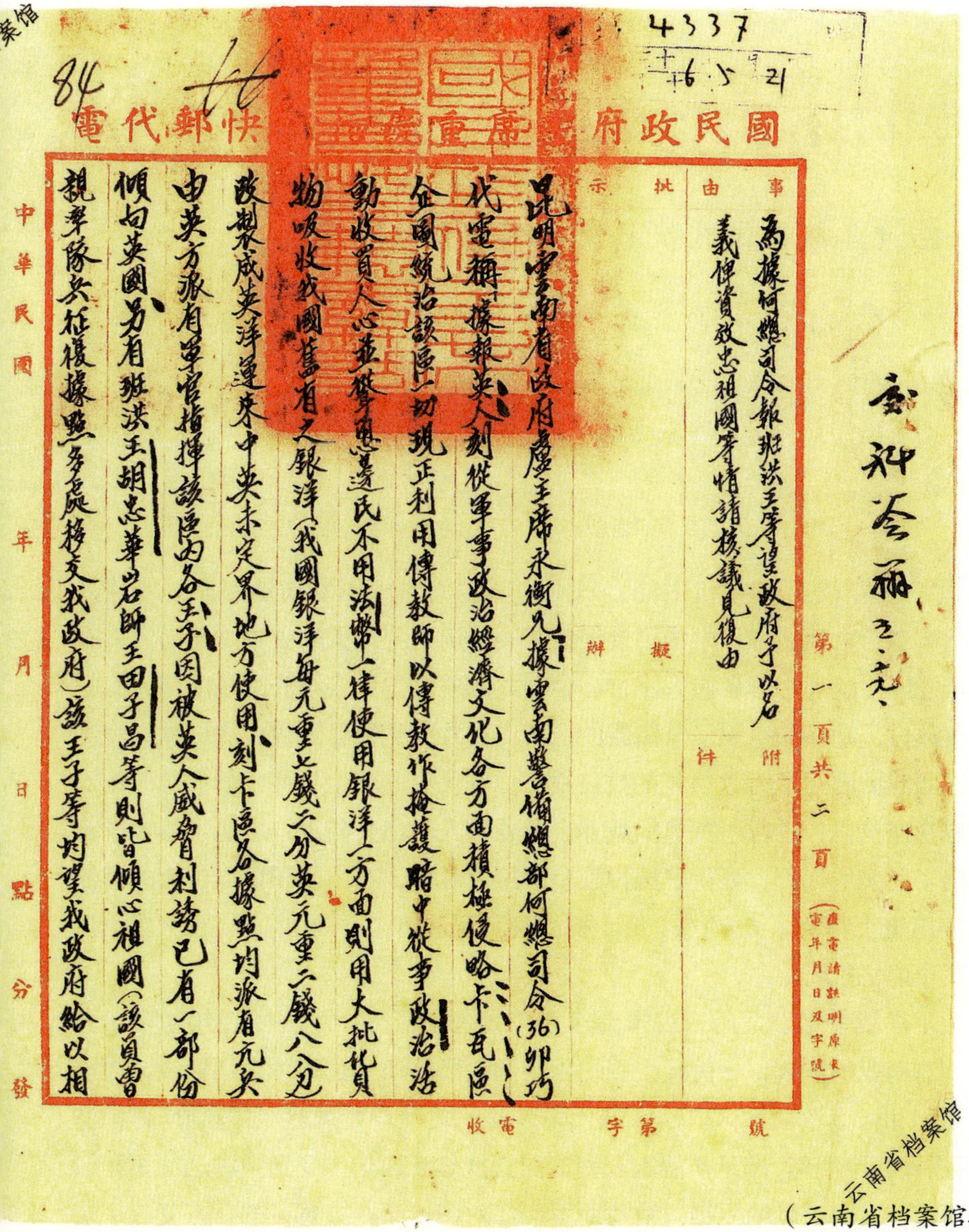
4337

國民政府主席重慶行營快郵代電

事由：為據何總司令報班洪王等望政府予以名義俾資效忠祖國等情請核議見復由

交外交部 三.二九

第一頁共二頁

（來電請註明原來電年月日及字號）

昆明雲南省政府盧主席永衡兄：據雲南警備總部何總司令（36）卯巧代電稱：據報英人刻從軍事、政治、經濟、文化各方面積極侵略卡瓦區，企圖統治該區。一切現正利用傳教師以傳教作掩護，暗中從事政治活動，收買人心，並蠱惑邊民不用法幣，一律使用銀洋，一方面則用大批貨物吸收我國舊有之銀洋（我國銀洋每元重七錢二分，英元重二錢八分），致製成英洋運來中英未定界地方使用。刻卡區各據點均派有英兵，由英方派有軍官指揮該區，各王子因被英人威脅利誘，已有一部份傾向英國，另有班洪王胡忠華、岩師王田子昌等則皆傾心祖國（該員曾親率隊兵征復據點多處移交我政府），該王子等均望我政府給以相

中華民國　年　月　日　點　分　發

收電　字第　號

（云南省档案馆提供）

辉煌的历史珍迹

——临沧各族人民在抗日战争中的重大贡献

20世纪30年代至40年代中期，日本帝国主义对中国发动法西斯的侵略战争，七七事变后全面侵华，中华民族经受了一场历史上最大的灾难。然而，具有光荣反帝爱国传统的中华各族人民，在中国共产党抗日民族统一战线的伟大旗帜下，同仇敌忾，动员和组织了全民族的抗战，在共产党领导的敌后战场和国民党领导的正面战场展开了历时14年的抗日战争。在民族面临生死存亡的危急时刻，前方后方合作抗日，进行了英勇的战斗，冒着敌人的炮火前进，忍受了最大的苦难，付出了巨大的代价，赢得了抗日战争的最后胜利，在中国和世界伟大的反法西斯战争历史上写下了光辉的一页。抗战胜利已80年，当年参加抗战流血流汗的老人至今记忆犹新。

在太平洋战争爆发之后，日本为建立“大东亚帝国”，从1942年初开始，一面扩大对南亚的进攻，一面又企图切断中国西部的滇缅公路军事运输线，而迅速入侵缅甸和云南滇西地区。日寇现代化装备的几十万大军3月占领缅甸首都仰光，4月占领整个缅甸，5月初侵入云南滇西直抵怒江西岸，受到中国远征军和云南滇西民族抗日游击队的阻击。敌我两军隔江对峙，滇西由抗日的后方变成了抗日的前线；国民党战区也由湘、鄂、赣、桂、黔战区增加了滇西战区，进行两面作战。从1942年初开始，临沧先后有从缅甸撤退的中国远征军第五、六军部分抗日官兵进驻，军部设在顺宁（今凤庆）。1943年5月至1944年5月，有远征军第二军王凌云指挥9师、33师、76师3个师的进驻，军部也设于顺宁。9师师部设在镇康德党（今永德县城），防守怒江东岸；33师师部先设于缅宁（今临翔），后前移至耿马，阻击滚弄之敌，防守耿马、沧源一线；76师师部设于云县，以后进入镇康。①

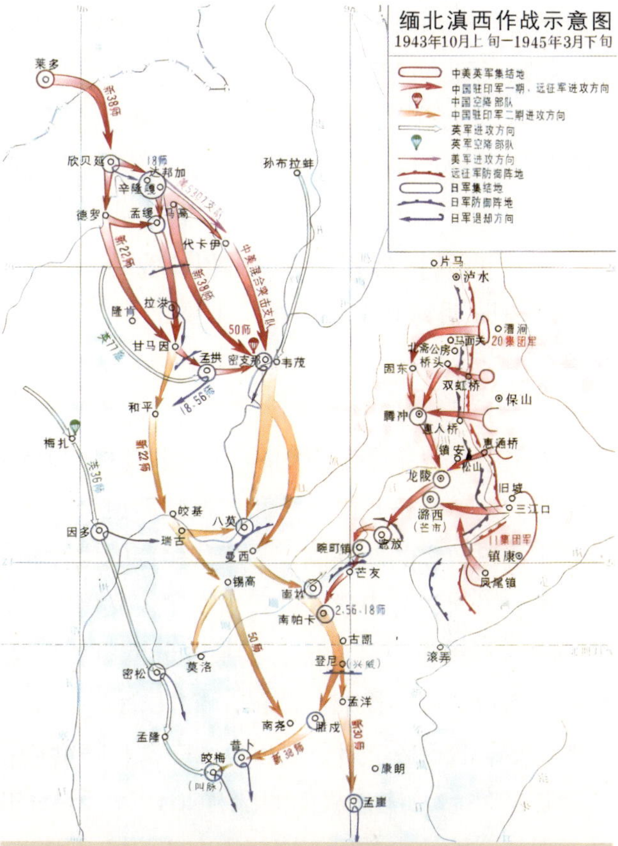

缅北滇西作战示意图

临沧各族人民从“七七”全国抗战爆发至1945年抗战胜利的8年时间中，为抗日救国作出了巨大的贡献。由于这里不是滇西抗日的主战场，这种贡献为国人少知。

临沧位于云南的西南角与缅甸毗连，又居于澜沧江和怒江之间，居住着20余个不同发展阶段的民族，是经济文化比较落后的多民族聚居区。滇西抗日爆发前，这里曾是祖国的大后方，但滇西抗战爆发后突然变为抗日的前线。不论从哪个角度讲，临沧各族人民在抗日烽火中都贡献了血汗，付出了巨大牺牲，尽到了炎黄子孙的历史责任，无愧于“天下兴亡，匹夫有责”这8个庄严的大字。当

① 当时镇康县地域含现镇康县和永德县，1963年9月，镇康县析为镇康、永德两县设置。

然，临沧各族人民的抗日救国斗争也有其地区和民族的特点。

临沧各族人民抗日救亡的贡献，从大的方面来说可分为两个阶段：第一阶段是1937年“七七”抗战爆发至1942年4月日寇占领缅甸；第二阶段是1942年5月滇西抗战爆发，中国远征军进入至1945年8月抗战胜利。

一、滇西抗战前的抗日救国活动

这段时期约有4年时间，主要活动是抗日从军、抢修滇缅公路、滇缅铁路等。

（一）抗日从军

七七事变日军炮轰卢沟桥，中国军队全面抗战的消息经昆明传到临沧边地，各县成立的“抗日救国会”和“抗敌后援会”，在国共合作抗战的旗帜下，迅即掀起了抗日救亡的新高潮，为中华民族的生存和国家的前途命运而进行不屈不挠的斗争。当时，各中学、师范组织了“义勇军”训练团队，有的即投笔从戎，许多爱国青年积极应征入伍，参加了云南省政府主席龙云组织的滇军60军、58军奔赴鲁南台儿庄和徐州、武汉，参加如台儿庄、徐州、武汉、中条山、长沙、南昌等会战。仅60军的3个师12个团中就有临沧的各族儿女约千余名。如1937年应征参加60军台儿庄大战的缅宁有264名，云县约200名，镇康370名。边疆的耿马、双江、沧源少数民族比较集中的边境县因有守边任务，未下征兵指标。上述缅宁、顺宁、云县、镇康（含今永德及镇康，下同，编者注）4县，1937-1942年，各县每年征兵任务最多500余名，最少80名，一般均在300名以上。由于“天下兴亡，匹夫有责”的爱国思想已深入人心，具有爱国爱乡传统的临沧各族青年都愿意应征入伍，杀敌立功，报效祖国，征兵任务大多都超额完成；没有从军任务的学子、独子、女子自愿报名上前线者也不少，小到15、16岁的都有。参军者戴上大红花，各阶层和父老兄弟姐妹热烈欢送。当时，临沧各地普遍流行着“好铁才打钉，好男要当兵。好钢用在刀口上，好女要嫁抗日军”的歌谣；参军者高唱着《义勇军进行曲》和《大刀进行曲》等抗日救亡歌曲，离开父母兄妹、梓里乡亲奔向抗日前线。如云县在昆明读书的巴德海、李钟瑛、胡以钦、周继武、张汝硕、徐经守、徐振芳、徐家迁、刘德新、傅芝龙、钟表位、龙叔敏、李德熙、张晓儒、林上锦、吴济、罗有组、周成跃、杨武钧、王立功等许多爱国

远征军开赴缅甸

青年在昆明投笔从戎，编入60军、58军和新3军。1938年云县独子报名参军的有水磨村在顺宁中学读书的张春华，赶回云县报名要求准许出征抗日；县城的李建中、大寨的李开仪等都是自愿报名出征抗日的独子。

（二）抢修滇缅路

1937年10月，武汉、广州落入敌手，中国的海上交通运输线被日军封锁，陆路和空中运输也受日寇控制。中国抗战军需物资的供应，特别是国际援助受到重大影响，抢修滇缅路，打通西南与缅甸、印度的国际交通线迫在眉睫。

1.抢修公路

从1937年起至1942年4月止，临沧人民参加抢修的军事运输公路（或便道）有3条：第一条是中外著名的滇缅公路，第二条是弥遮公路，第三条是保云公路。滇缅公路国人知道的较多，而弥遮公路、保云公路国人知之者则很少。

其一，抢修滇缅公路

滇缅公路修成后，在抗日战争中，特别是滇西抗战中所发挥的巨大作用是国内外军事家和历史学家早已公认的。日寇为了切断这条军事运输线，调动了陆、空军12万精锐部队占领缅甸，侵入滇西，动用空军轰炸这条运输线，由此可见这条公路对中国抗战的巨大作用。参加抢修这条公路的达20余县、10余万民工。临沧的顺宁、云县、镇康、缅宁等县共出动民工16000多名。

其二，抢修弥遮公路

弥遮公路从弥渡起至耿马孟定的遮哈寨，跨越澜沧江、罗闸河、南汀河（南定河），全长约400公里。1941年建成汽车便道、接通缅甸滚弄、腊戍。修成初期主要是为修滇缅铁路运送物资；滇西抗战爆发后，则为运送中国远征军第二军和军需物资进入临沧驻防发挥了重要作用。弥遮公路经云县、缅宁、镇康、耿马县境至孟定遮哈，临沧各县民工出动数万。另有楚雄、大理、保山数万民工也参加修筑。

其三，抢修保云公路

为了缓解滇缅公路运输负荷过重的状况和战略需要，又修保云公路。从1940年开始修建至1942年通车。此路由保山至云县与弥遮公路便道和滇缅铁路线在云县城相接。临沧境内长100多公里。顺宁负责承担昌宁湾潭至云县界牌79公里，出民工18311人，完成土石方598.37万立方米。其余路段由其他县分别完成。

2.抢修滇缅铁路

为了缓解滇缅公路繁忙紧张的运输状态和冲破日寇的海上和空中封锁，增强抗战物资的运输，从1939年起动工修筑滇缅铁路。此路在云南境内长880公里，由昆明起经楚雄、大理、临沧，到耿马县的孟定出境，与缅甸腊戍接轨，在临沧境内约400公里，第一、二工程处均设在临沧境内，每县出1个大队，食用基本自筹。临沧出工人数按“三丁抽一，五丁抽二”分配，缅宁10000人，顺宁25000人，云县15000人，镇康30000人，双江8000人，耿马10000人，沧源县5000人，合计约103000人。所经过的路线与弥遮公路路基相同。1942年4月因日军侵占缅甸而停工。当时枕木已砍好，只待铺轨；昆明至一平浪已铺轨。此路工程极浩大，除调入楚雄、大理、保山约10万民工参加修筑外，还调来了全国各地的铁路专家、工程师、技术员，设有铁路医院和铁路警察等机构；另有美国专家和美国抗疟团的援助。

此路虽因日寇入侵缅甸被迫中断，但它在政治上、军事上对全国团结抗战的鼓舞是很大的，充分显示了云南和临沧各族人民同仇敌忾、爱国抗战的坚强决心和巨大力量。且弥遮公路和铁路便道仍然为后来远征军第二军迅速进入中缅边境驻防阻击日寇发挥了不可磨灭的作用，其政治影响更大于军事价值。此铁路工程量之巨大不亚于滇缅公路，如果日军入侵缅甸的时间推迟半年左右，此路必将通车；如果这样，它必将对抗日战争以及发展云南和西南地区的经济文化产生更大的影响。

二、滇西抗战至抗日战争胜利

这一时期是从1942年5月初日寇大举入侵滇西至1945年日寇投降3年多的时间，是云南各族人民，也是临沧各族人民步入最艰难、最危急的岁月，当然也是经历生死考验和精神考验，对抗战贡献最大、最光辉的岁月。这里有支前、修机场、募捐和在战场上与日寇进行生死搏斗等活动，出色地完成了抗战第一线所承担的一切义务和肩负的历史使命。

（一）抗日支前

从1942年3月起，先后进入临沧驻防的中国远征军有甘丽初的第六军军部和39师、49师、71师，杨布所指挥的骑兵团，王凌云的第二军（军部驻顺宁）9师、33师、76师约计40000余名官兵和野战医院；另外有地方“云宁守备指挥部”的自卫武装和阿佤山区数千名的民族游击武装，合计约50000名抗日官兵和数千匹军马。这些抗日武装吃、用基本上是临沧各县各族人民负担；而且由于交通不便，还要人背马驮由山路运到驻军所在地，行程均几百公里。还要运送粮食、弹药、伤病员等，所付出的血汗和艰辛是难以全面统计和记述的。这里仅择要记述。

其一，征交数

凤庆县：大米671.54万公斤，马料（豆子或玉米）28.4万公斤，木柴500多万公斤，稻草6.5万公斤。

云县：大米2666.5万公斤，1941年另负担15万公斤。

镇康县：大米436.07万公斤，蔬菜70万公斤，香油5.4万公斤，肉1.8万公斤。

缅宁县：1942年交稻谷13万公斤，1943年交大米11万公斤。

缅宁县军民联欢慰问抗日将士

耿马、沧源、双江3县除承担33师驻军部分生活品供应外，还承担了2000余名阿佤山民族抗日游击队的全部生活供应。调查资料表明，全部食用以当地土司、头人自筹之说来推算，仅是游击队每年吃粮7.2万公斤，3年约21.6万公斤大米，还不算对远征军33师的部分供应。据有关资料记载，仅双江县1941至1945年就捐粮百余万斤。

其二，驮运支前

远征军第五军军长杜聿明及第十一集团军总司令宋希濂在回忆总结滇西抗战胜利的原因时，他们都共同认为：滇西各族人民对远征军的大力支援是滇西抗战胜利不可缺少的一个重要条件。“这场战争（滇西抗战），先后参加作战的官兵（远征军）达十六万多人，吃饭是个大问题。当时绝大部分的粮食是由滇西老百姓生产出来的，从昆明方面运济的只有很少部分，有了粮还得运到部队所在地去；同时，打仗还要更大批的弹药来补充。……当时投入这场运输的滇西老百姓，有二三十万人。尤以为军队运送粮食、弹药、伤兵的几万民夫，真是辛苦万分；……但是老百姓都忍受了这一切，因为他们知道对日本帝国主义打仗是一场民族生死存亡的战争，只有把日本强盗消灭了，赶出国土，才能安居乐业。所以，他们一方面忍受痛苦，一方面以极大的热情来支援这一次反攻。这是这一场战争所以获得胜利的决定因素。”①

宋希濂总司令下辖的第二军、第六军、第七十一军和第200师，其中第二军就驻防临沧两年左右的时间，临沧承担了1/4中国远征军官兵的军需供应。当时临沧仅有弥遮公路、保云公路汽车便道，到雨季几个月不通车；远征军又多驻防于中缅边境的崇山峻岭之中，军需物资多数靠各县人背马驮运送，还要组织担架队抬运伤病员。

缅宁：民夫31105名，运粮17745大包（每大包100公斤），合177.45万公斤。

顺宁：民夫运粮数万人次，驮马20000多匹次，主要运至镇康白沙水。

云县：运送军粮至耿马勐永、镇康白沙水135万公斤。

镇康：每天出民夫2000名以上，骡马3000匹以上。3年共出民夫14.4万多名。

其三，抢修机场

1943年，远征军总部和美国陈纳德14航空队，为了加强对怒江沿岸远征军驻军的军事供应，运送美军事顾问和远征军的高级将领、伤病员，也为了掌握中缅边境的制空权，轰炸敌人的军事据点和军事运输线，准备滇西大反攻的到来，在临沧境内先后修了勐撒机场、云城机场、德党机场和顺宁营盘机场。虽然这几个机场都是简易小型机场，但都是派当地民工赶修的。云城机场派300民工10天完成，耿马勐撒机场派300民工由土司带队督修3个月完工。由于民工们抗日杀敌心切，日夜赶修，完成得又快又好。这4个机场都起降过美国军用飞机。其中，勐撒机场由祥云空军基地调1个高射机枪连防卫，机场跑道长2400公尺，宽85公尺，每天都有陈纳德航空队的飞机来往，为滇西大反攻发挥过较大的作用。第二军军长王凌云也带高参乘飞机到过德党机场视察军务。

① 宋希濂：《滇西抗战》，第28-29页。

（二）募捐

募捐支前活动从1937年各县“抗日救国会”成立后即开始，1942年以后较多。主要是捐助和慰劳肩负抗日重任的滇西远征军。

顺宁县：1943至1945年捐“七·七献金”共计国币44万元。另有1944年中秋节慰劳捐国币225万元，以200万元交第二军留守处转前线官兵，以25万元慰劳驻县野战医院伤病员。

云县：1940至1944年捐“七·七献金”共计国币64942元；另有“云章国乐社”与顺宁“尚友社”戏班联合义演捐国币5000多元。捐不起钱的贫苦农民以做军鞋慰问76师官兵。如仅云县爱华镇1942年以后统计，共做送军鞋2400多双，最多的农户有送5双的。

镇康县：仅1941年捐“七·七献金”国币32836元。

缅宁县：1944年募公债国币19万元。

双江县：1941至1945年捐款4万多银圆。

耿马县：捐款100万国币。

当时临沧虽不是滇西抗日的主战场，无大战发生，但为了牵制西线日寇和阻击东线日寇的进攻，经常有1个军的抗日正规军驻防，各族人民对驻军的供应负担是繁重而巨大的。这里仅举一二例说明。1943年3月，远征军49师接39师换防进驻镇康德党和勐板（天池），民间负担如下：

德党人民一天的负担数：大米3000斤，香油100斤，小菜1000斤，猪油100斤，木柴1500斤，马料100斤，马草500斤。

勐板人民一天的负担数：大米55224斤，香油6130斤，小菜8000斤。该地当时居民有1534户，每户负担之重由此可见了。

（三）从军杀敌

1942年5月滇西抗战爆发后，从军杀敌有两大趋势：缅宁、顺宁、云县3县的青年从军，基本上是编入正规军，如58军、60军、新3军、远征军和青年军等部队。

耿马、双江、沧源3县毗连缅甸，少数民族较多，基本上是参加阿佤山区各游击队；镇康县大部分参加正规军，小部分则参加游击队。据不完全统计，1942-1945年各县从军人数如下：

缅宁县：1942年496名，1943年452名，1944年577名，1945年147名。

顺宁县：1942年424名，1943年547名，1944年1168名，1945年419名。

镇康县：1942年463名，1943年715名，1944年476名，1945年825名。

双江县：参加“耿沧支队”100名，参加“阿佤山游击队”174名。

耿马县：参加“耿沧支队”约370名。

沧源县：参加“耿沧支队”150名，参加“班洪自卫支队”500多名，参加“阿佤山游击队”600多名。

镇康县：参加“缅北游击队”和“阿佤山游击队”约500名。

下达各县的征兵名额，基本上都是超额完成的。如8年全面抗战中，云县征兵名额总数是1517名，实际完成1700名，超额183名，主要是青年学生直接投笔从军者较多。1943年8月云县中学初中第十班毕业生，就有张学礼、姜德熙、邓子良、潘河、潘金甲、李作相、萧德馨、罗振鼎、李瑶等投笔从军编入大理干训团。又有知识青年李镇廷、薄恩宏直接报名投入第二军，参加反攻龙陵、芒市等战役。1944年又有在顺宁中学读书的高中学生杨勋铭、钟履学报名参加了知识青年远征军到印度受训后，参加反攻缅北日军密支那战役和畹町会师。

顺宁的征兵任务也超额完成。1944年就有43名高中和师范毕业生投笔从军，其中董凤霄和赵杏华两名女生到重庆，男生到昆明北教场青年远征军207师入营。董凤霄还把家产卖掉作抗日捐款，后于1945年到日本东京参加日本投降签字仪式。

8年全面抗战期间，临沧参加正规军的有：顺宁5753名，云县1700名，缅宁2761名，镇康7000名，合计18000名（在大理、昆明等外地从军的不计内），加上阿佤山区各游击队的2000余名，共2万余名。其中60军血战台儿庄时，12个团长中有3个团长是临沧健儿，即182师1078团团长董文英（云县人）、1077团代理团长张泽（镇康县人）、183师1084团团长常子华（顺宁县人）。有在台儿庄6天连升3级的1077团代理营长肖祖惠（缅宁县人）；有曾参加武汉会战和长沙会战并负伤后，在湖南前线击落敌机一架，其战功获《中央日报》登报表彰的上尉连长王树荣（缅宁县人）；有在台儿庄战役中英勇殉国，其“勇冠三军”的英名被军部及云南省政府公祭表彰的英雄团长董文英，在各战场上，有名及无名英雄不胜枚举。全国各地的抗日战场中，不论在八路军的华北战场，还是在新四军的华东、华南战场，亦或是在国民党战场，从延安直到怒江之滨，各军种、兵种和游击队里都有临沧各族儿女英勇奋战的身影，台儿庄战役中甚至有“镇康营”“云县连”，他们大部分都壮烈牺牲。这里根据《云县文史资料》《凤庆县军事志》和《临沧县文史资料》提供的部分资料，把在台儿庄、中条山、武汉、长沙、南昌、衡阳、桂林和滇西反攻战等战役中杀敌立功晋升为排、连、营、团、旅、师、军的部分名录列下：

云县：将级4人，张季良、罗有经、魏文淦、傅其鸾；校级22人，巴德海、石治兆、刘德新、李钟瑛、严熔、严琦、杨文焕、张体贤、张鼎三、陈西鼎、周继武、林上锦、饶体义、胡以钦、黄学文、彭断贤、董文英、傅其鹤、傅其凤等；尉级107人（略）。

顺宁县：将级5名，校级66名。

其中：中共党员肖朝汉（勐佑大寨村人），为抗日而英勇牺牲。他1927年在昆明东陆大学（今云南大学）读书时加入中共云南地下组织。爱好英文、法文，可以直接阅读外文著作。后于1933年考入北平朝阳大学，改名肖汉。1935年参加“一二·九”学生爱国运动，次年加入中华民族解放先锋队并秘密加入中国共产党，宣传中国共产党的抗日主张，反对投降主义。1937年改名赵灵锋，进入延安抗日军政大学学习，毕业后参加陕甘宁边区抗日游击斗争，任连指导员，宣传抗日，组织训练民众投入抗日游击战争。1938年春，肖朝汉受组织派遣，南下广州参加抗日救亡运动，加入“广东青年抗日先锋队”，创办“抗日先声社”，宣传国共合作抗日，揭露和打击日寇；1938年7月，肖朝汉奉命奔赴增城开展抗日救亡活动，任增城县抗日自卫团第三区常备队军事教官。同年10月，日寇攻占广州，增城沦陷。他与爱人莫惠行等留增继续开展抗日救国活动。1939年10月被日寇逮捕入狱，受尽残酷拷打，宁死不屈，不幸被敌人杀害，年仅29岁，为抗日救国贡献了年轻的生命。

缅宁县：晋升师、旅、团、营、连、排等级的将士172名。其中，校级营长柴耀光在台儿庄战役中殉国。班长肖祖惠在血战6天后晋升为代理营长。

另外，在陕甘宁边区和晋察冀抗日根据地，有当时缅宁的进步青年学子刘御、蔡国铭、邓涛等先后奔赴延安参加中国共产党领导下的华北抗日救国斗争。中国科学院图书馆在《蔡国铭同志生平》一文中说：“蔡国铭同志1937年1月在陕西省富平县参加了红二方面军政治部工作后，就把自己的一生同党的事业紧紧地联系在一起。……先后在八路军一二零师政治部任摄影科长、晋绥军区政治部宣传科长，西北军区政治部文艺科长等职，为了建立和发展我军的战地摄影报道工作，忠实地记录我党我军高级负责人的光辉形象和业绩，作出了应有的贡献。”[1]刘御原名杨春瑜，笔名火星、史巴克、施巴克。1934年考入北平师范大学教育系，追求进步，爱好文艺，忧国忧民，即加入“左联”，积极投入北平学生爱国运动，担任北师大学生自治会宣传委员会负责人；1936年1月加入中国共产党，为北平“左联”支部书记，是“一二·九”运动的组织者和参加者。曾被捕入狱，经组织营救出狱，后东渡日本留学。“七七”抗战爆发后，他即辍学回国奔赴延安，首任“战歌社”社长。下面是他在延安抗日的部分活动情况：1938年1月主持了由“战歌社”组织的延安首次诗歌朗诵晚会。历任延安教育厅编审科副科长，1939年任民众剧团宣传部副主任，1940年1月出席陕甘宁边区文化界代表大会，被选为边区文协理事。1940年3月调《大众读物》社参加建社领导工作，从事诗歌创作，创作了陕甘宁边区少先队队歌歌词。后又任边区群众报社编辑，延安大学教员。

缅宁县的革命烈士邓炳荣，在抗日救亡战斗中，她已经是当地杰出的女性；她在缅宁女子师范读书时就受到在延安的姐姐邓炳贞（邓涛）和乡友蔡国铭等人的革命进步思想的影响，积极投入缅宁的抗日救亡活动，大唱延安的抗日歌曲和参加激励人们积极投入抗日活动的爱国文艺演出，后来同未婚夫杨宝槐等经昆明奔赴延安参加革命。

在延安抗日根据地战斗的刘御、蔡国铭、邓涛等经常给家乡的亲友来信，带来延安的革命进步书刊和他们的作品，有些曾在缅宁爱国进步人士创办的宣传抗日救国的《警钟》季刊发表。他们还写信了解家乡抗日救亡活动情况，鼓励缅宁的乡友积极投入抗日救亡、筑起文化长城抗战到底的斗争。

阿佤山各抗日游击队也传唱着《义勇军进行曲》和《游击队之歌》等抗日歌曲，也有的传阅中共地下党员江枕石、李晓村等和其他爱国志士带来的重庆《新华日报》等报刊和进步书籍。

---

① 《临沧文史资料选辑》第一辑。

在3年（1943-1945年）的滇西抗战中，各民族抗日自卫队在远征军和云南省政府主席龙云的支持下，作战10余次，歼敌千余名，使敌人闻风丧胆。当年耿沧游击支队在耿马河外巍峨的尖山崖石上刻下的“以戈待敌”4个大字至今尚存，表现了边疆各族人民同仇敌忾、不畏强暴、决战决胜的坚强意志和高度的爱国主义精神以及抗战必胜的民族自信心。临沧各族各界人民不论男女老少，在抗日战争中，在不同的地方以不同的方式做到了“有钱出钱，有力出力，有枪出枪”，同仇敌忾。在中国共产党建立抗日民族统一战线的旗帜下，国共合作，付出了巨大的牺牲和代价，作出了巨大的贡献。

（段世琳）

（选自中共临沧市委党史研究室、临沧市延安精神研究会编《难忘的溅血岁月》，有改动）

难忘临沧抗日溅血岁月

一、怒江烽火，大军云集临沧

1941年12月，日本偷袭珍珠港之后，为封锁中国西南国际大通道，日军于1942年3月8日占领缅甸首都仰光。3月12日，中国应英印军司令韦维尔之请求，经与美国协商，派出第5、第6、第66军组成的一支中国远征军入缅作战。远征军进入缅甸之后，虽经奋勇作战，多次重创日军，但因缅北地理条件恶劣，军队在雨季穿行于原始森林，热湿虫咬，传染病流行，造成被动局面。首先英缅军失利，继之中国远征军遭到严重损失。入缅作战的10万中国远征军，伤亡很大，抗日名将戴安澜师长也英勇阵亡。剩下的部队有两个师向北退入印度国境，其余人员分中、东两路返回云南，中路一部退入滇西镇康、耿马等县境。日军遂乘机推进，经畹町、芒市、龙陵，占领腾冲县，直抵怒江惠通桥，气势逼人。如按这个速度推进，似乎10日内，即可到达昆明。

昆明是中国抗战的大后方，当时被认为是最安全的城市，顿时变得人心惶惶。中国唯一的国际通道——滇缅公路，也被日军截断。但是，日军长驱直入，深感兵力不足，在惠通桥沿岸，遭到中国军队的顽强抵抗，双方形成隔江对峙的态势。侵占怒江西岸的日军为56师团，滇西临沧的正面之敌是第56师团所辖的第56搜索联队，占据龙陵县平戛和缅境滚弄一带。

日军兵临怒江西岸后，中国方面先后调第11、第20集团军17个师16万余人集结滇西，北起丽江县片马，南至滚弄新地方（今沧源县正面缅境佤邦勐冒县）约400公里的地段设防。今临沧境内由第11集团军第2军负责守备。军部驻顺宁县（今凤庆县），军长王凌云，辖第9师、第76师、第93师和新编第33师，部队配置在昌宁、顺宁、镇康（含今永德、镇康）、耿马、沧源、果敢一带，其中一部沿怒江东岸防守。第6军新编第39师、第49师，第71军第87师，新编第28师和军骑兵团各一部也曾过境和在耿马、镇康、沧源一带驻防轮战，仅镇驻军就达2万余人，真是“大军云集，卒伍遍野”。

二、罄竹难书，日军罪孽滔天

日军入侵滇西，给各族人民带来了深重的灾难。侵略铁蹄踏之所及，进行凶残的烧、杀、抢、掠，犯下了滔天罪行。早在1941年5月16日，日军3架飞机轰炸澜沧江青龙桥。6月4日，日军4架飞机轰炸顺宁县鲁史镇古平村，炸死炸伤农民11人、大牲畜10余头。1942年2月10日，日军由滇缅铁路附属公路进犯孟定，烧毁土司衙门和10万斤仓储粮，抢劫黄金96两，打死3人，打伤多人，波乃寨被烧光。5月4日12时许，日机先后两批共128架次，飞经顺宁上空，对人口密集的保山城、板桥、由旺镇进行狂轰滥炸，死伤2万余人，毁坏房屋2300余所。翌日，又有54架敌机连续对保山城轰炸，并投放霍乱、鼠疫等细菌。阴险凶恶的民族败类、驻保山国民党军第6旅旅长龙奎垣趁城区群众慌乱逃跑之机，抢劫大批财物后率部北逃永平县。保山县县长不但不组织救护，也逃匿至瓦窑。居民扶老携幼四处逃难，隆隆的飞机声、爆炸声、枪炮声、揪心的呻吟声不绝于耳。保山城内死尸纵横，随后霍乱流行，几个月内6万多民众悲惨地被病魔夺去了生命。5月下旬，1架日机在永康上空投弹两枚，炸死忙度农民何石林，炸死炸伤梅子寨村民的牲畜多头。6月5日，日军第56搜索联队一个大队及部分伪军2000余人，从缅甸户板经沧源县蛮鸠进犯。这股强盗，见人杀人，见房烧房，见物拖物，实行“三光”政策。烧光孟定街、沙坝、芒掌、波乃、波广、允坎等6寨290户和3座佛寺，打死打伤6人，杀猪牛20余头，烧毁粮食12万斤，强奸妇女多人，仅下城一寨受害妇女就有8人。日军所到之处，无处不搜索“花姑娘”，无论在庭院、中堂还是厨房，也不管父母当前，丈夫、兄弟在旁，当众按倒，剥衣扯裤，三五轮奸，百般蹂躏。日军将这片沉睡千年的坝子洗劫一空，罪恶之极，罄竹难书。9月7日，日军侦察机一架，进入镇康县南伞上空侦察。次日，日军百余人侵入南伞，焚烧南伞街及傣族民房70余间，把南伞抢劫一空。1943年10月16日深夜，驻怒江西岸的日军，乘橡皮艇偷渡怒江，摸上镇康县勐捧境内横山梁子，杀死在江边守谷堆的农民4人，打死打伤七道河渡口的哨兵10余人。11月17日，日伪军兵分多路猛攻怒江防线，其中镇康县罕拐渡口（今龙镇大桥附近）、沙坝渡口两路日军突破江防，侵入本地寨子进行抢掠。后遭中国军队猛烈反击，龟缩到怒江西岸。

三、群情激愤，各族民众劳军参战

日本侵略军的暴行，激起了全国各族人民的极大义愤。临沧各族人民，同全国人民一道，与日本侵略军进行了英勇不屈的斗争。许多学校师生走上街头，通过演讲、演节目等形式，宣传抗日，唤起民众抗战救国激情。为保障军需供给，阻止日军进攻而修筑的滇缅铁路，临沧6万多民工洒下了汗水和鲜血，又出动数千民工赶修耿马勐撒军用机场和顺宁营盘、镇康德党、云县田坝等简易机场，派出7000余名民工抢修滇缅公路漾濞段、龙陵段和云（县）保（山）公路，组织动员一切人力、物力和财力，全力以赴支援抗日救国。据当时《时事类编》第55期载："重军驻扎，米贵如金""物价高涨，人民难以维持生活，被迫大量迁移逃荒。"就是在这种极端困难的情况下，各族人民以国家和民族利益为重，"节衣缩食，倾家荡产"，为抗日救国大业作出了重大的民族牺牲。一位傣族老人说："日本鬼子来，是饿狼钻进羊圈，躲也是死，不如抵抗到底。"缅宁县民众为济军需成立了"后援抗敌委员会"，1942年征公粮稻谷4000公石，1943年奉征大米3406公石，1944年募公债国币10万元。双江县1941年10月至1945年5月，共捐粮百万余斤，捐款4万余银圆。1944年中秋节，顺宁开展"劳军劝募"活动，共募国币225万元，其中200万元交第2军留守处转汇前方，25万元慰劳驻县伤员。1942年初至1945年4月，镇康县共计供应蔬菜104万（市）斤、香油10.8万（市）斤、猪肉3.6万（市）斤，碾积谷作军粮5600公石。

临沧数以万计的青壮年参加抗日军队。从1937年7月7日卢沟桥事变至1945

年抗日战争胜利，仅顺宁县共征兵5753名，绝大多数参加了滇军第58、第60军，先后参加了鲁南台儿庄、山西中条山战役等，《顺宁县志》载名的阵亡官兵713人。还有一部分参加中国远征军，在滇西和缅北抗击日军。1940年顺宁省中高八班和高九班就有40多名学生弃笔从戎，开赴龙陵、腾冲抗日前线，参加反攻日军的滇西战役。来自马街农村的高九班女学生董凤霄，不仅报名参军，而且把她在顺宁的家产全部变卖捐献给国家作抗日经费，博得了“捐产从军”之美誉。

四、守土抗日，开展敌后游击战争

各族人民不愿当亡国奴，纷纷组织起来，开展敌后游击战争。在“抗日守土”的口号下，地方抗日武装先后成立。“耿沧支队”“阿佤山特区自卫队”“班洪自卫支队”等抗日武装，为协调作战指挥，还成立了“阿佤山自治指导员公署”，由傣族勐董人张万美任指导员，班洪王胡忠华为班洪守备司令官。1943年10月，张万美率阿佤山区游击队配合第2军新编第33师一部，在沧源县班洪、土林、班开一带深山密林中与日军激战十余日，歼敌百余人，缴获步枪20支和其他军用物资一批。战乱中，张万美被叛徒杀害于作战前线公明山附近。

1944年6月上旬，阿佤山游击队配合新编第33师第98团在南汀河与南棒河汇合口荨麻林一带伏击进犯的日军。从荨麻林上山只有一条唯一的狭窄小路，小路两侧尽是陡坡密林，荆棘丛生。第98团孙书圣营第4连（加强连）在这里防守，主阵地构筑在相福寨附近的岭岗上。连长周明清指挥全连190多人，在游击队和当地民众的支援下，利用居高临下、易守难攻的有利地形，伏击扫荡耿马孟定后回撤的2000多名日伪军。敌军凭兵力优势，疯狂地轮番进攻。恶战两天两夜，第4连歼敌数百人。日伪军惨遭失败后，抛尸南棒河，撤回缅境。

双江县爱国人士蒲世民，组织并率领双江各族子弟200余人，出任阿佤山区游击第3支队副司令兼第2大队大队长，率队在沧源县中缅边境一带开展游击战，沉重打击敌人，历时两年多，直至日本投降后才撤回双江。镇康县小勐统段国正被云南省政府主席龙云任命为滇西游击第1纵队缅北支队上校司令，他指挥缅北支队配合中国远征军，击溃猛戛日军，参加收复芒市作战。1944年5月，该支队联合缅北当地民众，袭击日军据点和运输补给线。8月，缅北支队夜袭小猛尼日军营地成功，歼灭日军百余人。支队中校队长何耀然率所部百余人与日军激战，血战一昼夜，因寡不敌众，弹尽粮绝，又无后援，全部壮烈牺牲在异国他乡。

抗日游击战的广泛开展，牵制了日本侵略军向中国内地进犯的力量，打乱了日军加速向滇西进攻的计划。

五、滇西会战，怒江放歌敬忠魂

在滇西抗战中，由中国空军和美国空军组成的中美空军“志愿队”，即第14航空队，在美军陈纳德将军的指挥下，分别从昆明巫家坝机场、云南驿机场、耿马勐撒机场起飞，克服高山峻岭、气候多变的困难，迎击敌机，空投粮食，攻击日军据点，战绩赫赫，被誉为“飞虎队”。当时临沧上空，机声隆隆，过境频繁，空战不断。1943年11月的一天下午1时，数架中国飞机对怒江七道河、罕拐渡沿岸日军进行轰炸扫射，使敌军损失惨重，打乱了敌人企图进攻东岸之部署。12月19日9时，3架美机追逐5架日机，在顺宁自新乡（今腰街）户口山上空激战，击落日机1架，该机上有“昭和十五年制”的字样。1944年11月1日下午，4架美机与3架日机在顺宁县犀牛镇上空激战，把入侵日机驱逐出境，美机被击伤1架，坠落在蜢蹼岩后山，飞行员塞姆少尉跳伞脱险。

中国远征军地面部队于1944年5月11日强渡怒江，开始对日军进行全线反攻。驻临沧的远征军第71军第88师及第2军各派一个加强团，由镇康七道河等渡口强渡，向龙陵、芒市方向进攻。新编第33师一个加强团，先集结在孟定四方井，后向户板、滚弄进攻。中国远征军主攻部队于9月7日攻克松山，9月14日收复腾冲，紧接着攻克龙陵、芒市、遮放，并于1945年1月20日攻克畹町，光复中国滇西所有领土。1月27日，中国远征军在缅甸芒友与在缅北作战的中国驻印军新一军胜利会师。至此，历时8个月零16天的滇西反攻战役，以中国军队取得彻底胜利而告终。

在这次反攻作战中，中国远征军不怕艰难困苦，不怕流血牺牲，打得英勇顽强。当时，在怒江前线采访的一位美军记者曾在报道中说：“中国远征军衣食都不能说十分丰足，在崇山峻岭中奋勇作战，精神至为旺盛。他们得到了反攻的机会，无不欢欣鼓舞，奋不顾身”。以松山作战为例：松山是距怒江惠通桥22公里处的制高点，日军在这个制高点的阴登山、滚龙坡、大垭口、长岭岗各修一个能独立作战又互相关联的母堡，还修有许多子堡遍及各要点。他们凭借着坚固的工事负险固守。中国远征军在多次攻击无效的情况下，在离松山顶垂直35米处的地方，秘密掘进两条地道，安装了3吨TNT炸药，随着一声巨响炸毁了山上的母堡，才攻克松山，取得战斗的胜利。松山之战打得异常惨烈。如今在山腰的远征军阵亡将士公墓上还可见到当年竖立的两块碑刻墓志写道："民国三十三年秋，我军第八军奉命收复滇西，血战百余日，伤亡官兵六千余人，始竟全功"，"查松山之敌为倭寇第五十六师团松井联队及野炮兵第三大队。本师（即第8军第103师）奉命于民国三十三年七月十二日开始攻击。赖我忠勇将士奋不顾身，前仆后继，卒于同年九月七日完全占领，歼灭顽敌三千余人……我亦阵亡官佐五十九员，士兵一千四百五十名……"。镇康县"象脚山水抗战阵亡烈士墓"，埋葬着在怒江沿岸防御作战牺牲的20余名阵亡官兵。烈士墓大门两侧有两副对联，一副"一战捐躯常向怒江怀毅魄，四郊多众齐来象水吊忠魂"；另一副"神州大陆黄帝子孙正义伸张贯日月，扶桑小岛东洋野人怪物为何动干戈"。这两副对联，在一定程度上反映了远征军官兵和当地民众对抗日阵亡将士的缅怀之情和蔑视敌人、卫我中华的豪情与壮志、顽强与坚毅，今天读来，仍令人肃然起敬。

滇西战役，共歼灭日军17229人，含俘虏326人；中国远征军伤亡48598人，其中阵亡官佐941人。

滇西抗战的胜利，对日本侵略者在缅甸的统治起到了根本性的瓦解作用，为英印缅军队的胜利创造了条件，减轻了美军进攻太平洋的侧面压力，更重要的是粉碎了日军截断中国唯一的国际通道的企图和威逼重庆政府投降的阴谋，极大地增强了中国人民抗日胜利的信心。

抗战胜利60周年了，人们怎能忘记60年前发生在这块古朴土地上的那段血染的真实历史。滇西各族人民和中国远征军的抗日爱国斗争英雄事迹以及为国捐躯将士们的英名，将永远镌刻在中华民族伟大的反法西斯胜利勋业的丰碑上。

（肖学仁）

（选自中共临沧市委党史研究室、临沧市延安精神研究会编《难忘的溅血岁月》）

虎口脱险记

1942年底，日本侵略军在占领缅甸之后，开始向阿佤山等地进犯，妄想以阿佤山为主要通道之一向内地大举进攻。这个时候，到缅甸的中国远征军已基本撤回到滇缅之间重新布防，阿佤山各地也都纷纷建立自己的武装力量，准备配合远征军抗击日军，保卫家园。班洪总管公署是国民政府在阿佤山的重要设治地区，理所当然地成为一个抗日阵地。先是第11集团军司令宋希濂委任班洪总管公署总管胡忠华为“民族抗日独立大队”大队长，大队约有100人枪，下设一个分队，主要驻防在南腊。1943年初，胡忠华对云南省政府委任班弄（现属缅甸）头目马玉昌为“卡佤山特区自卫支队”司令极为不满，认为马玉昌没有资格担任支队司令职务，执意亲自到昆明找省政府主席龙云反映，这样，龙主席又封他为“滇黔绥靖公署云南省政府班洪自卫支队指挥部”指挥，还委任岩帅头人田子昌、镇康李文焕为副指挥，南腊高耀恒为参谋长。胡忠华从昆明返回班洪后，即着手组建了自卫支队，原“民族抗日独立大队”合并自卫支队。自卫支队指挥部设在班洪总管公署内，下设6个大队，共约300人枪。各大队长及驻地情况是：

第一大队长高寿鹏，驻南腊。

第二大队长张老二，驻班洪。

第三大队长高寿华，也驻南腊。

第四大队长李育良，驻地不定。

第五大队长赵台，驻岩帅。

第六大队长胡忠国，也驻班洪。

各大队费用由驻地百姓筹集，一般情况是有钱的出钱，有粮的出粮，有枪的出枪，有人的出人。

班洪武装自卫支队成立以后，在协助远征军驻防，配合远征军歼灭进犯之敌，大力征派粮食、肉食、蔬菜供应驻军，运送伤病员等方面发挥了极其重要的作用。

1943年秋，远征军换防，由第11集团军第2军第33师进驻户算、马洛、勐撒、金厂坝（以上地方现属缅甸）、芒艾、糯娥、甘勐、南腊等地防务，设师部在甘勐，后移到南腊，指挥官为副师长黄正刚。黄指挥官到达驻地后，即派人送信来总管公署，要求一如既往地供应一些粮食和蔬菜。

1944年6月，正是雨季开始，筹集供应远征军粮食和蔬菜非常困难。一天，六太爷胡玉芳说要亲自去那底、南腊两大户筹集一些钱粮，要我多带几个人跟去。六太爷是我的亲叔，在总管公署内威望较高，我堂兄胡忠华也十分敬重他老人家，只要他想去哪儿都由他去。这样，我们临时组成了征粮征款队到了那底、南腊。那天，我们刚进寨就发觉不对头。按平时，只要我们班洪官家来，他们都会跑出来寨外迎接的，可我们都进寨了却没人来接，一个寨子乱哄哄的，到处是鸡叫狗咬声、人吆喝牲口声。我们直接到高寿华家，他已在家门口接我们，不等我们坐稳就开口说：“六太爷，衙门不知道‘伙板’（日本鬼子）已经打进来了，你们还是快点返回衙门吧。”六太爷问：“这里的远征军呢？不是还要求供应粮食给他们吗？”高答：“远征军已经向孟定方向走了，百姓都纷纷准备逃避，你们进寨时都看到了，现在寨子已乱得不成样子了。”六太爷又说：“不管怎么说，今晚还要在这里住一个晚上，明天早起早走！”第二天，我们匆匆忙忙吃罢早饭就返回班洪。一路上见到很多小贩们丢失的东西，有布匹、卷烟、糖果糕点、竹篾凳等。说实话，如果不是生死关头，我们阿佤山的人谁都丢不起这些东西的。看样子，与敌人相遇是必然的事情了。我们阿佤山称日本鬼子“伙板”，知道他们是从遥远的海上过来的。听从缅甸逃回来的华侨汉人讲，日本人很凶残，见人就杀，见物就抢，见房子就烧。当时我想如果碰上日本鬼子，那肯定是必死无疑了。果然，当我们走到那底河边时正碰上了日本鬼子。他们行动很迅速，问我们是什么人、干什么的，同时把我们包围起来，见我们个个都带着武器，就很快缴了去。我们根本没有来得及反抗就一切都结束了。他们比我们的人多10多倍。开始，日本鬼子对我们没怎么的，我们也想着他们缴械之后会放人的，可没想到当有一个军官模样的人看到我带的手枪后，突然下令捆绑我们，还通知翻译叫我们为他们带路找远征军驻地。原来，我带的手枪是龙云送给胡忠华的，枪上刻有“蒋中正”字样，难怪日本人见到枪后会突然变化。我们知道远征军已走孟定方向，可我们不能领着日本人去追打他们。这时，六太爷老谋深算地说：“远征军不是在甘勐、南腊嘛，领他们到南腊找去！”这样，我们领着日本人又返回南腊。可还没到南腊，日本人就停止前进，看来他们已经知道中国军队的动向了，估计是日本密探报告。一个日本军官朝我们发怒说：“我们不打你们。我们只是打国民党军队，现在我们要到孟定去，你们带路，要找距离最近的路走，不然一个个杀头。”于是我们只好领着日本人转回原路，来到芒老寨。到芒老寨当晚，我们当中有几个人侥幸逃掉，可这苦了我们没逃的。日本人把我们捆绑得更扎实，看守更严。第二天早上，日本人为了显示武器精良，叫芒老寨人拿出火药枪与他们比试，比试打一棵直径约1米的树干。芒老百姓只知自己的火药枪厉害，没见过更厉害的武器，大胆地进行了比试，结果可想而知了。日本军官趁机进行宣传说：“我们大日本的又小又轻便，威力比你们火药枪大得多，我们不想打你们，只想打国民党军队，打汉人，你们知道情况的要及时给我们报告。”吃过早饭，日本人就逼着我们上路，先是到班莫寨，后又到了班蔑寨。日本人决定在班蔑寨住一晚上，他们一进寨就杀猪杀鸡大吃了一顿。饭后，他们把我们关押在一边，看守也不那么严了。我是单独关押在一个百姓家里的，由一个日本兵看守。当时，我感到特别累，不过看得出来，看守我的那个日本兵比我更累，还不到半夜，他已抱着枪、坐在门槛上睡着了。这时，我脑子里唯一的念头就是逃跑的机会到了，赶快逃跑吧。于是我试探地咳了一声，见日本兵毫无反应，就悄悄摸到他身边，用尽全身力气照着他的头部狠踢了一脚，只见他没叫出声就重重地倒了下去，我飞似地从他身上跨出了门槛，然后又慢慢摸到寨子边。这个寨子全用一人多高的篱笆围栅，很牢固，因我手反捆着，钻也不是推也不是，由于怕耽误时间，最后咬咬牙，闭着眼睛使劲跳了过去。事后想想，如果不是求生欲望的驱使，恐怕是很难跳过去的。当我逃出寨之后，听到了寨里响起枪声，估计是那个看守我的日本兵苏醒正放枪找人。这时我不怎么害怕了，辨认了一下班洪方向，然后头也不回地朝着这个生我、养我的地方奔去。

（胡忠信口述　胡德扬整理）

后　记

正当全市上下深入学习贯彻党的二十大精神，把习近平总书记给沧源县边境村老支书们的重要回信精神刻在心中、化为行动、变成现实，满怀信心地开创新时代临沧社会主义现代化建设新局面的重要历史节点，《“三好”临沧——临沧文史资料选辑第十五辑》与读者见面了。

习近平总书记回信近四年来，在中共临沧市委的领导下，全市干部群众满怀“我们都是收信人”的高度自觉，掀起了“心向总书记、心向党、心向国家”实践活动的热潮。征编一套让各族干部群众看得更清、追得更远、思得更明、悟得更透，整体呈现临沧近代以来历史主题和主线、主流和本质的文史资料，就是中共临沧市委在这一实践活动中给临沧市政协专项安排的光荣任务。

进行这项工作是有很大困难的。对我们来说，基本的困难就是主观力量与客观要求之间的极大矛盾。突破临沧当代史“三个三”特点[①]的限制，讲好临沧这个云南最年轻的地级市（地区）的近代史本身就是一个地方史研究难题，要求编

---

① 临沧当代史“三个三”特点：临沧地区的解放是党的三个组织、三个专区、三支部队协同作战的历史，进而在1952年建立缅宁专区。临沧地区由于各种特殊原因形成了解放战争时期“三个三”的特点，一是从临沧地区的政区构成上看，涉及三个专区（即大理专区的云县、凤庆、缅宁；保山专区的双江、耿马、镇康；宁洱专区的沧源）。二是从党组织上看，涉及三个地区的党组织（即滇西地委的蒙化地工委、保山地委和宁洱地委）。三是从武装力量上看，涉及三支部队（即迤南边区人民自卫军第一支队，后改称“二纵”十一支队，整编时为九支队；七支队的三十一团；八支队的三十八团）。

者具有较高的理论素养和广博的历史知识。由于主观能力限制和历史资料占有甚少，目前我们远不能达到这样的要求。所幸，本书的策划、编辑、出版得到临沧市政协党组的高度重视、有关县（区）政协的积极参与、专家学者的慷慨支持，得以成书。

本书的出版首先要感谢朱昭华教授，她率先为我国学者厘清了复杂的中缅边界问题，取得一系列的学术佳绩，形成了《中缅边界问题研究》等专著，实乃功莫大焉。在本书草创之初、一筹莫展之际，2022年2月28日，我们通过苏州科技大学网站及有关工作人员帮助，得到朱昭华教授的联系方式，自此得到她的无私支持和帮助，使我们终于突破迷雾、迎来霞光。在后来的工作和交往中，朱昭华教授的学识和风度深深折服了我们。得益于她的指导，本书有了合理科学的框架结构、清晰的历史逻辑和翔实的史料支撑。最为难得的是她不但对本书编辑给予方向性指导，还对重要历史事件表述字斟句酌地提出意见。凡有所求，她总是及时准确、耐心细致地解答，这种远隔千里、未曾谋面的帮助，让我们充满温暖和力量，支撑着我们一路向前。

我们要感谢云南省政协文化文史和学习委员会原副主任、云南民族大学原校长、中国西南民族研究学会会长那金华教授，云南大学王文光教授，云南大学民族学与社会学学院龙晓燕教授等专家和学者，在本书初稿完成后百忙之中通览审阅，提出宝贵修改意见，并给予中肯的评价和大力的指导，让我们更加深刻地认识到扎根临沧、做好政协文史资料工作的责任、价值和意义。

我们要感谢云南近代史学泰斗，云南民族大学教授、云南省文史研究馆馆员谢本书老先生，虽然年事已高，手术后病榻上，仍马不停蹄地审阅书稿，提出宝贵审读意见，并为本书作序，为历史负责、时不我待的精神令人动容，即便在远隔重洋的美国加州探亲，仍心心念念本书出版，并提出临沧历史研究的新期望，犹如茫茫史海中的灯塔，为我们指引前进的方向。

我们要感谢中国文史出版社责任编辑程凤老师，在本书中途夭折之险、前功尽弃之时，她抱着对基层政协文史资料工作的炽热关爱，在出版发行方面给予悉心专业的指导，并为本书公开出版与读者见面奔走四方，花费大量心血精批细改，大到书中插图位置、小到标点符号错讹之处，均一一推敲，细致之心，于此可见。良苦用心，唯有感激。

我们要致敬走过“英国侵略者来了我们打、日本侵略者来了我们打、国民党窜匪来了我们打，共产党来了我们拥护”——临沧“三打一拥护”光荣历程的见证者、亲历者，他们通过自述和口述留下了许多宝贵的亲历、亲见、亲闻材料，用血与火镌刻出“三好”临沧顶天立地的国门形象和赤子丹心的家国情怀，为我们勇毅前行提供强大的精神力量。

本书的出版得到中共云南省委宣传部和云南省哲学社会科学办公室、云南省直机关工会联合会的资助，编撰得到云南省档案局（馆）、云南省文史研究馆、中共临沧市委党史研究室（市地方志办公室）、临沧市档案局（馆）、市图书馆、滇西科技师范学院等部门以及许多热心人士的支持和帮助，他们或提供史料、或参与撰稿、或审核把关，不同地方、不同行业、不同部门的人们同心同德、同舟共济，让我们面对困难问题时不再感到自身的渺小和无力，增添了攻坚克难的信心和勇气。在此，谨对他们表示衷心的感谢。

本书的编撰，对于我们来说是一个学习和感动的过程。回望跟着中国共产党找到回归路、跨入直过路、走上小康路、奋进强国路，在党的领导下改天换地、翻天覆地的辉煌历程，深感临沧的前途与国家命运紧密相连，新时代临沧的大好局面来之不易，讲好临沧“建设美丽家园、维护民族团结、守护神圣国土”的奋斗故事使命光荣，“三好”[①]临沧的奋斗目标任重道远。

由于本书选题内容庞杂、年代跨度久远、档案资料查找困难、亲历者健在甚少，特别是编者水平有限，书中疏漏和错误之处在所难免，祈望读者批评指正。

编　者

2025年7月

---

① 2021年8月19日，中共中央总书记、国家主席、中央军委主席习近平给云南省沧源县边境村的老支书们回信，勉励他们继续发挥模范带头作用，引领乡亲们永远听党话、跟党走，建设好美丽家园，维护好民族团结，守护好神圣国土，唱响新时代阿佤人民的幸福之歌。

图书在版编目（CIP）数据

三好临沧：临沧文史资料选辑. 第十五辑 / 中国人民政治协商会议临沧市委员会编. -- 北京：中国文史出版社, 2024. 9. -- ISBN 978-7-5205-4969-1

Ⅰ. K297.43

中国国家版本馆CIP数据核字第2024SE8532号

责任编辑： 程　凤

装帧设计： 黄　麟

出版发行： 中国文史出版社

社　　址： 北京市海淀区西八里庄路69号　　　邮编：100142

电　　话： 010-81136606　81136602　81136603（发行部）

传　　真： 010-81136655

印　　装： 云南方志印刷有限公司　云南速盈印刷有限公司

经　　销： 全国新华书店

开　　本： 787mm × 1092mm　1/16

印　　张： 31

字　　数： 503千字

版　　次： 2025年9月北京第1版

印　　次： 2025年9月第1次印刷

定　　价： 98.00元